D1732271

FRANK EYCK

Deutschlands
große Hoffnung

Die Frankfurter Nationalversammlung
1848/49

LIST

Aus dem Englischen übersetzt von Thomas Eichstätt
Originaltitel: The Frankfurt Parliament 1848—1849
Verlag: Macmillan, London, Melbourne und Toronto

Schutzumschlag von Wolfgang Taube

ISBN 3 471 77404 1

INHALT

Geleitwort von Carlo Schmid   9
Vorwort zur deutschen Ausgabe   12
Vorwort   13

I.   Der Hintergrund   15
II.   Revolution und Vorparlament   45
III.   Die Zusammensetzung der Frankfurter
        Nationalversammlung   77
IV.   Der Anfang   127
V.   Die Provisorische Zentralgewalt
        und der Reichsverweser   191
VI.   Die Grundrechte des deutschen Volkes   247
VII.   Deutschlands Grenzen   301
VIII.   Österreichische oder preußische Hegemonie?   371
IX.   Epilog   455

Bibliographie   467
Register   481

Erläuterung der Abkürzungen in den Anmerkungen   496

Zur Erinnerung an meinen Vater

GELEITWORT

Der kühne Versuch der ersten deutschen Nationalversammlung zu Frankfurt, im Lande der Deutschen zusammen mit der nationalen Einheit die Bürgerfreiheit ansiedeln zu können, ist gescheitert. Woran lag dies, da doch eine mächtige freiheitliche deutsche Nationalbewegung dieses erste deutsche Parlament trug und diesem so viele hervorragende Köpfe aus der politischen Bildungselite der Nation angehörten, und dazuhin die Türen fast ganz Europas von einem neuen Windstoß für die Freiheit der Nationen aufgerissen worden waren?

Bedeutende Historiker haben die Lösung der Frage in Untersuchungen der nationalen und internationalen Ereignisse während der ersten Jahrzehnte des vorigen Jahrhunderts zu beantworten versucht und dabei entscheidende Einblicke in die Ursachenreihen gegeben, die zu Aufstieg und Untergang der deutschen Einheits- und Freiheitsbewegung führten, um dann schließlich in den Glauben an Blut und Eisen als die einzigen großen Beweger der Schicksale der Völker umzuschlagen. An einer befriedigenden Darstellung dessen, was die »Paulskirche« in diesem historischen Kontext bedeutet hat; was im einzelnen in ihr und in ihrem Schatten vor sich ging; wie sich dabei die verschiedenen politischen Richtungen begegneten; was das Parlament in Bewegung zu versetzen vermochte; warum ihm das in den wichtigsten Fragen nicht gelingen wollte, hat es bisher gefehlt.

Diese Lücke hat Frank Eyck geschlossen. Er hat uns damit eine wertvolle Bereicherung unseres Wissens um eine der wichtigsten und dramatischsten Phasen unserer Geschichte beschert; was wir durch ihn über die achtundvierziger Jahre und ihre parlamentarischen Kämpfe erfahren, kann uns helfen, auch die Geschichte unserer Tage besser zu verstehen. Das betrifft sowohl das allgemein Menschliche als auch das spezifisch Deutsche, jene seltsame Mischung von praktischem Verstand und einem Bedürfnis, die Dinge des Staates in außerpolitischen Vernunft- und Glaubensbereichen eingebettet zu sehen, das uns so oft an der Wirklichkeit vorbeigeführt hat – auch gerade dort, wo wir glaubten, pure Realpolitik zu treiben.

Der Verfasser lehrt uns, welche Bedeutung bei der Konkretisierung der allgemeinen Begriffe – etwa der Begriffspaare Fortschritt und Erhaltung oder Demokratie und Liberalismus – die spezifischen Neigungen oder die Charakteristika des Wohnsitzes der einzelnen Abgeordneten spielten; wie sich Katholizismus und Protestantismus, Theologie und Verwissenschaftlichung des Denkens regional und national auf die Vorstellungen des Parlaments über Umfang, rechtliches Gefüge und territoriale Gliederung des gewollten Staates der Deutschen Nation ausgewirkt haben. Bei der Behandlung der Probleme, die die östlichen Provinzen Preußens aufwarfen, stoßen wir auf Gefühle, auf Geschichtsmythen, die heute noch in der deutschen Diskussion ihre Rolle spielen.

Worauf wollten die bewußten Monarchisten hinaus? Was waren ihre Gedankenwelten jenseits allen Verhaftetseins ihrer Gefühle im Herkommen und im Bedürfnis nach Gepränge? Wir erfahren aus dem Buch, daß der so bedeutungsschwere Unterschied zwischen Liberalismus und Demokratie kein gradueller war, sondern vom Prinzip her bestand: Während die »Liberalen« ganz im Sinne der englischen und der französischen Theorie im Liberalismus die Gewähr für Rechtsstaatlichkeit und Freiheit sahen, die Unterwerfung der Individuen unter die Herrschaft des Gesetzes bei gleichzeitiger Limitierung der Staatsräson und Abgrenzung eines unantastbaren Freiheitsraumes, betrachteten sich die »Demokraten« als die alleinigen »Männer des Volkes«, als eine Art von Freimaurerei, die weiß, was das Volk will. Sie sahen sich darum als die Inkarnation der volonté générale, der es jederzeit offensteht, die gerade geltende Ordnung – unter Umständen mit Gewalt – zu ändern, bis sie dem »wahren« Volkswillen, also *ihrer* Vorstellung vom Gebotenen, entspricht. Parallelen zu heute liegen auf der Hand. Außerdem: mit ihnen zog das Denken in Kategorien des Klassenkampfes in die politische Argumentation ein.

Das Buch enthält Beispiele genug, wie die Radikalen mit ihrer Verwerfung der Politik der kleinen Schritte, mit ihrem »Entweder-Oder« es zwangsläufig dazu bringen mußten, daß schließlich auch das Machbare nicht getan werden konnte, auch wenn es der Vorstellungswelt der Linken konform war.

Für und gegen den Föderalismus und für und gegen den Zentralismus sind in der Paulskirche dieselben Argumente vorgebracht worden wie noch vor zwanzig Jahren im Parlamentarischen Rat zu Bonn. Wie hier entstammen die Argumente für und wider teils methodologischen Gedankengängen, teils gemüthaften Bereichen, teils dem Interessenbereich der partikulär denkenden Bürokratien, teils – und das recht oft – parteipolitischen Erwägungen – je nachdem, ob eine Partei glaubte, auf dem einen Wege besser als auf dem anderen Machtchancen zu erhalten, an denen ihr liegen mochte.

Auf der anderen Seite zeigt uns dieses Buch auch, wie wenig vergleichbar Funktionen und Entstehung der in der Paulskirche vertretenen Politiker mit unserem Parteiwesen sind: Die heutigen Parteien haben sich von unten her auf der Ebene der Nation aufgebaut, und die parlamentarischen Gruppierungen werden von der »Organisation« gebildet; damals waren das Primäre die auf den ersten Sitzungen des Parlaments zutage tretenden Gemeinsamkeiten der Zielsetzung, der Methoden und der Interessen, und die gebietliche Organisation folgte erst später. Die Schilderung der Entstehung dieser Gruppierungen in der Paulskirche ist besonders aufschlußreich.

Frank Eyck ist ein rechtschaffener Historiker; er will nicht mehr als berichten, wie es denn eigentlich zugegangen ist. Doch man spürt, daß er an dem Drama Anteil nimmt. Vom Radikalismus hält er politisch nicht sehr viel; bei allem Respekt vor dem Mut und der moralischen Integrität einiger Linken meint er, sie hätten durch ihre arrogante Rechthaberei die vorhandenen Kompromißmöglichkeiten sabotiert. Was er ihnen jedoch am meisten vorwirft, ist, daß ihre Hybris, sich für die alleinigen Repräsentanten des Volkswillens zu halten, ihnen jedes Augenmaß für ihre tatsächlichen Möglichkeiten genommen habe. Um so mehr steht er auf seiten jener, die sich von Machiavellis realtà effetuale delle cose e non la immaginazione di esse leiten ließen.

Im übrigen ist er der Meinung, daß die Ausschlagung der Kaiserkrone durch Friedrich Wilhelm IV. nicht aus Verachtung des Volkswillens erfolgt sei, sondern aus der Erkenntnis heraus geschehen ist, daß die Annahme durch den König von Preußen Deutschland und möglicherweise Europa in den Krieg gestürzt hätte.

Carlo Schmid

VORWORT ZUR DEUTSCHEN AUSGABE

Es ist mir eine besondere Genugtuung, diese Studie über einen wichtigen Abschnitt der deutschen Geschichte dem deutschen Leser nun auch in seiner eigenen Sprache vorlegen zu können. Die Probleme, mit denen sich das Buch befaßt, sind in vieler Hinsicht auch noch heute aktuell. Dadurch entsteht leicht die Versuchung, die Ereignisse von 1848 mit den Augen der heutigen Zeit zu sehen und zu deuten. Ich bin aber der Meinung, daß der Historiker mehr für das Verständnis der Gegenwart und die Planung der Zukunft leistet, wenn er strenge historische Maßstäbe auf die Vergangenheit anwendet, statt in irgendeiner Weise die Geschichte in den Dienst der heutigen Politik zu stellen. Die »Fortschrittlichen« hatten nicht immer recht und die Kräfte der Beharrung nicht immer unrecht. Jeder Schriftsteller bevorzugt gewisse Ideologien. Als Historiker war ich bestrebt, trotz dieser Neigungen allen Seiten Gerechtigkeit widerfahren zu lassen. Hier kann ich nur die Hoffnung aussprechen, daß es mir gelungen ist. Soweit wie möglich habe ich versucht, direkt aus den Quellen zu schöpfen und meine Folgerungen unmittelbar auf sie zu stützen. Abgesehen von den einführenden Kapiteln, habe ich es daher vermieden, mich zu sehr von den Quellen zu entfernen. Obwohl die Geschichte eines Parlaments in erster Linie eine politische Angelegenheit ist, bin ich an gegebener Stelle auch, soweit es mir angemessen schien, auf andere Aspekte eingegangen, z. B. die religiösen, regionalen, wirtschaftlichen und sozialen.

Frank Eyck
Abteilung für Geschichte, Universität Calgary, Alberta. Kanada

VORWORT

Diese Studie entstand, weil es – überraschenderweise – keine ausführliche Geschichte der Frankfurter Nationalversammlung gibt, auch nicht in deutscher Sprache. Der zeitliche Abstand gestattet größere Unvoreingenommenheit, erhöht aber auch die Schwierigkeiten. Zeitweilig verworrene Zustände in Europa, die frühzeitig dazu führten, daß die Versammlungsberichte im Sommer 1849 verstreut wurden und teilweise verlorengingen, haben den Gang der Forschungen vielfältig behindert. Europäische Grenzveränderungen betrafen die Länder, welche durch Parlamentsmitglieder in Frankfurt vertreten waren, und hatten die Aufsplitterung der Archive zur Folge. Das nationalsozialistische Regime in Deutschland, die Teilung des Landes 1945 und politische Barrieren im Informationsaustausch führten zum Verlust von umfangreichem, wertvollem Primärmaterial und machten die Sammlung von Daten schwieriger und zuweilen unmöglich.

Von positiver Seite aus gesehen glückte es dem Verfasser jedoch, eine fruchtbare Zusammenarbeit mit dem Deutschen Bundesarchiv in Frankfurt am Main zu entwickeln, und er möchte dem Oberarchivrat Dr. W. Latzke und Archivrat Dr. R. Moldenhauer vom Bundesarchiv, Außenstelle Frankfurt, ebenso wie Oberarchivrat Dr. W. Klötzer vom Frankfurter Stadtarchiv für all die Hilfe danken, die sie ihm jahrelang gewährten. Zu den ausgewerteten Dokumenten gehören die Papiere zweier Frankfurter Parlamentsausschüsse: des Volkswirtschaftlichen Ausschusses und des Marineausschusses; die Aufzeichnungen einer parlamentarischen Gruppe, nämlich der Gemäßigten Linken *(Westendhall)*; einige der von den Parlamentsgruppen während der Versammlung veröffentlichte Pressekorrespondenzen und vor allem biographisches Material über Mitglieder der Frankfurter Nationalversammlung. Dankbar wird der Hilfe durch das Historische Institut der Polnischen Akademie (Polska Akademia Nauk, Instytut Historii) und durch das Deutsche Adelsarchiv in Marburg an der Lahn gedacht.

Zahlreiche Informationen über die Nationalversammlung wurden niemals systematisch geordnet. Die Berichte sind häufig unvollständig und zuweilen fehlerhaft. Sogar eine Liste der Wahlkreise, die Abgeordnete in die Frankfurter Nationalversammlung entsandten, und der Veränderungen in der Vertretung ließ sich vom Autor nur mit gewissen Schwierigkeiten anfertigen. Lochkarten dienten dazu, die biographischen Daten zu analysieren und diesen den einzelnen Einstellungen zuzuordnen, etwa in der Frage der preußischen Hegemonie und der politischen Ideologie. Es ist zu hoffen, daß sich dank dieser Forschungen ein deutlicheres Bild als bisher nicht nur von den Voraussetzungen der von der Versammlung getroffenen Beschlüsse, sondern auch im allgemeinen von der Struktur der öffentlichen Meinung in Deutschland geben läßt. Der Dank des Autors für die Zusammenstellung und die Auswertung der Lochkarten gilt der Unterstützung durch Kollegen an der sozialwissenschaftlichen Fakultät in Exeter, darunter Mr. P. J. Fletcher, Dr. H. E. S. Fisher und Mr. F. M. M. Lewes.

Das Manuskript des Buches lasen unter anderem Dr. G. P. Gooch und Professor W. N. Medlicott, die beide großen Anteil an der akademischen Laufbahn des Verfassers nahmen, und mit Dankbarkeit wird ihrer Hilfe durch wertvolle Hinweise gedacht. Ohne finanzielle Unterstützung durch den deutschen Akademischen Austauschdienst, die Britische Akademie und die Universität Exeter für Forschungsreisen in Deutschland und andere Aufwendungen hätte das Buch nicht geschrieben werden können. Diesen Institutionen sei ebenso gedankt wie Professor F. Barlow und den Kollegen des Autors am Historischen Department in Exeter, die ihm ein Semester Arbeitsurlaub ermöglichten. Die Entfernung von den großen akademischen Bibliotheken ließ sich mit Hilfe der *London Library* und des Fernleihdienstes in der Universitätsbibliothek von Exeter unter Mrs. Mary Connolly überbrücken, die die Bücherwünsche des Autors so erfüllte, daß er ihr besonderen Dank schuldet.

Zum Schluß, aber vor allem, möchte der Verfasser seiner Frau danken, die ihm half, die Liste der Wahlkreise und ihrer Abgeordneten aufzustellen, und die ihn unterstützte, achthundert Formulare mit detaillierten biographischen Daten für die Lochkarten auszufüllen; er dankt ihr für ihre Anteilnahme und Unterstützung bei der Entstehung dieses Buches.

Frank Eyck
Abteilung für Geschichte, Universität Exeter, England

I. DER HINTERGRUND

1. Vor- und Nachteile des politischen Interesses am Thema — Der Deutsche Bund — Deutschland und Frankreich

Die erste deutsche Nationalversammlung, die zwischen Mai 1848 und Mai 1849 in Frankfurt, und zwar hauptsächlich in der Paulskirche, tagte, bekannt als die »Frankfurter Nationalversammlung«, hat stets beträchtliches Interesse unter Historikern und Politikern auf sich gezogen. Und diese Aufmerksamkeit ist wohlverdient. Es ist dem Historiker unmöglich, das Werk Bismarcks oder den Ursprung der deutschen politischen Parteien zu erklären, ohne auf die Frankfurter Nationalversammlung zurückzugreifen. Ähnlich bildet dieses Parlament für den Politiker entweder ein Beispiel, mit dem es zu wetteifern, oder ein Relikt der Vergangenheit, das es auszumerzen gilt. Angesichts des verworrenen Laufs, den die deutsche Geschichte nahm, hat die erste deutsche Nationalversammlung ihre Aktualität und Frische bewahrt. Die Errungenschaften oder Fehler im Deutschland des Jahres 1848 gingen nicht einfach in das Buch der Geschichte ein. 1918 und 1945 schien ein Rückgriff auf die vergessenen Lektionen der Frankfurter Nationalversammlung wesentlich. Sogar jetzt vergeht kaum ein Jahr ohne Hinweis auf die Ideale der Paulskirche.

Dem Historiker schmeichelt das andauernde politische Interesse an seinen Problemen. Doch das macht die Arbeit für ihn nicht einfacher. Die Geschichtsschreibung ist nicht nur ein Bericht über Vergangenes, sondern auch ein Leitfaden für zukünftiges Tun. Die politisch Tätigen haben sich stets in der Geschichte nach Unterstützung für ihre politischen Kämpfe umgesehen. Die offizielle deutsche Historikerschule nach 1870 bemühte sich nicht nur darum, die Lösung Bismarcks zu rechtfertigen, sondern auch eine Rückkehr zu dem zu verhindern, was sie für die Konfusion und Ziellosigkeit der Frankfurter Nationalversammlung hielt. Bismarck-feindliche Historiker wiederum versuchten, möglichst viele positive Errungenschaften in Frankfurt zu entdecken, die sich auswerten ließen, um Deutschland mehr nach ihren eigenen Wünschen zu formen. Und tatsächlich mußten die Gründer sowohl der Weimarer wie der Bundesrepublik in gewisser Weise nach dem, was ihnen als das Zwischenspiel des Bismarckschen Reiches erschien, auf 1848 zurückgreifen. So wurde allzu oft die deutsche Geschichte als eine Folge richtiger und falscher Wendungen interpretiert. Das ist bei einem Land wie Deutschland mit einer derart turbulenten Geschichte verständlich und beinahe unvermeidlich. Die Frage nach den Fehlentwicklungen zwischen 1914 und 1918, zwischen 1933 und 1945 war ein gewaltiger Anreiz für historische Forschungen. So anregend sie aber auch sein mag: eine derartige Problemstellung provoziert Schwierigkeiten. Das Gefüge der historischen Ereignisse ist unterbrochen. Man sieht den Ablauf der Dinge nur unter einem Aspekt. Man wählt Entwicklungen aus, die diese spezielle Ansicht illustrieren, und übergeht andere. Der Autor hat sich dann auf eine bestimmte Position festgelegt, was ihn der Bewegungsfreiheit beraubt, die jeder Historiker besitzen sollte. Er verteidigt eine Seite und kritisiert die andere, statt über beiden zu stehen. Nach den konkreten Begriffen der Vor-Bismarck-Ära sind diese Schriftsteller verpflichtet, alle »Liberalen« und »Fortschrittler« gegen die »Reaktionäre« zu unterstützen, die den Fortschritt hemmen. Die Liberalen sind die Helden. Die Reaktionäre, Metternich an der Spitze, sind die Schufte. Friedrich Wilhelm IV. als Person und der Deutsche Bund als Institution verlassen die Anklagebank nie. Jene »demokratischen« Historiker sind von ihrer Schuld überzeugt. Und alles an den Helden, das nicht in die Theorie paßt, wird stillschweigend übergangen.

Diese Betrachtungsweise aufzugeben, ist nicht so einfach, wie es scheint. Die Deutschen unter den Historikern haben verständlicherweise an die Auswirkungen ihrer Veröffentlichungen auf die politische Zukunft ihres Landes gedacht. Zur Zeit der wachsenden nationalsozialistischen Agitation vor 1933 etwa konnte ein Historiker, dem an der Erhaltung der Weimarer Republik gelegen war, gut der Meinung sein, eine Darstellung liberaler Unzulänglichkeiten im Jahr 1848 werde politischen Schaden anrichten. Für den Historiker ist es stets angenehmer, auf seiten des »Fortschritts« zu stehen, als sich der Anschuldigung auszusetzen, er habe vielleicht eine Schwäche für Tyrannei und sei unempfindlich gegenüber den Leiden der Verfolgten und der Bedeutung der menschlichen und politischen Freiheit. Dieses Risiko ist aber unvermeidlich. Man sollte sich der erheblichen Mühe unterziehen, an alle Beteiligten dieselben Maßstäbe anzulegen – ob sie für oder gegen die Redefreiheit waren. Diejenigen, die einer augenblicklichen Gewährung aller Bürgerrechte widersprachen, waren nicht notwendigerweise prinzipiell gegen sie. Einige von ihnen konnten der Überzeugung sein, es sei noch nicht an der Zeit, diese Rechte zu gewähren. Zahlreiche Reformen schlugen fehl, weil man sie zu rasch erzwang. Das ist eine historische Tatsache und besagt nicht, daß dem Historiker die bürgerliche Freiheit gleichgültig sei. Während er seine eigenen Ansichten darüber haben kann oder vielleicht auch muß, welche Regierungsform er *heute* für ein bestimmtes Land als die günstigste hält, darf er doch nicht sein historisches Bild durch politische und ideologische Scheuklappen beeinträchtigen. Unbeschadet des augenblicklichen Nutzens muß jede Einstellung zu den Problemen von 1848 von der extremen Rechten bis zur extremen Linken auf ihren Wert geprüft werden. So geht es nicht an, diejenigen als pure Obstruktionisten abzustempeln, die auf Beibehaltung der Verbindung mit Österreich drangen. Dies tun zahlreiche Historiker, die, seien sie pro- oder anti-bismarckisch, eine Trennung Österreichs von Deutschland begrüßen. Wenn eine Seite ein Recht auf ihre Absichten hatte, so auch die andere. Es ist absurd, politische Agitation als ehrenhaft und edel darzustellen, wenn sie den preußischen Führungsanspruch vertrat, und als intrigant, wenn sie diesen Anspruch bestritt.

Die Historiker neigten dazu, ohne allzu genaue Prüfung die These der deutschen Liberalen und Radikalen von 1848 gelten zu lassen, der Deutsche Bund sei überholt gewesen. Darauf haben sich die preußischen und liberalen historischen Schulen – die sich in einem gewissen Maß decken – geeinigt. Beide haben den schwerfälligen Apparat und die Wirkungslosigkeit des Deutschen Bundes sowie die Aufteilung des Landes in so viele Staaten lächerlich gemacht. Wo der Bund aus seinem Schlummer erwachte und sich zur Aktion aufraffte – oder von Metternich dazu getrieben wurde –, wird er für die von ihm ausgeübte Unterdrückung verurteilt. Der Bund konnte immer nur das Falsche tun.

Der Deutsche Bund entstand 1815 in Wien; er sollte nach dem Napoleonischen Zwischenspiel, das dem endgültigen Zusammenbruch des Heiligen Römischen Reiches neun Jahre zuvor gefolgt war, den deutschen Staaten einen gemeinsamen Rahmen verschaffen. Man erwog zahlreiche andere Pläne, darunter auch die Schaffung einer neuen Kaiserkrone, fand dies aber nicht realisierbar. Es gibt keinen Beweis dafür, daß die Zersplitterung Deutschlands damals so weit überwunden war, um die Bildung eines geeinten deutschen Staatswesens zu gestatten. Trotz der Woge deutschen Nationalgefühls, die zwischen 1812 und 1815 über das Land hinging, war die Loyalität der Deutschen gegenüber ihren Staaten – sei es Preußen, sei es Bayern oder auch Coburg – immer noch stark. Oftmals neigten Autoren bei dem Versuch, das Aufkommen der deutschen Nationalbewegung zu erklären, dazu, ihre Anfänge vorzuverlegen und ihre Stärke zu übertreiben. Dazu gab es andere, die aus politischen Gründen versuchten, ihrem Volk eine Geschichte zu schaffen – eine Gewohnheit in allen neuen Nationen, nicht nur in der deutschen. Die Unterschiede in der Stärke des Nationalgefühls zwischen 1870 und 1815 wurden oft durch die vom Nationalismus erzeugten Emotionen verwischt. Der Ausbruch eines starken Gefühls für Deutschland in den letzten Jahren der Napoleonischen Ära geht auf mehrere Faktoren zurück, die sich nicht alle leicht ins nationale Schema fügen. Die ganze Frage kompliziert sich noch durch die schwankenden Beziehungen Deutschlands zu Frankreich in den frühen Dekaden des Jahrhunderts, die im Jahre 1870 ihre Klärung fanden. 1814 war Frankreich der Feind. Die Franzosen hatten einen großen Teil des Landes erobert und unterworfen, und Deutsche aus allen Gegenden halfen, als *Deutsche* und als Preußen, Bayern oder was immer sie waren, zusammen, um die Fremden zu vertreiben. Nicht zuletzt war die deutsche Einstellung ein Teil des allgemeinen europäischen Aufbegehrens gegen die Napoleonische Tyrannei. Doch Frankreich war nicht nur ein Feind, es war auch ein Freund, und die Freundschaft in diesem Sinne hörte erst 1870 auf. In der ersten Hälfte des 19. Jahrhunderts stellte Frankreich für zahlreiche Deutsche eine geistige Heimat dar, und ein unaufhörlicher Strom deutscher Pilger höchst unterschiedlicher politischer Anschauungen und sozialer Herkunft zog nach Paris. Einige von ihnen ließen sich dort auf längere Zeit nieder – freiwillig wie Wilhelm von Humboldt oder gezwungenermaßen wie Heinrich Heine. Paris war ein Kulturzentrum, das in Deutschland seinesgleichen nicht hatte. Viele Deutsche machten sich französische politische Ideen zu eigen, und ohne deren Einfluß wäre die deutsche Geschichte zwischen 1815 und 1850 völlig anders verlaufen. Während der Revolutionszeit und unter Napoleon kamen Franzosen nicht nur als Eroberer, sondern gleicherweise als politische Mentoren nach Deutschland. Französische Staatsvorstellungen, vom Begriff der Nationalität bis zur neuen Stellung des Bürgers, waren damals in Deutschland trotz ihrer Verbindung mit den erobernden Armeen willkommen. Die nationalen Grenzen waren noch nicht so entschieden gezogen.

Die Fürsten des Rheinbundes — und zeitweilig sogar Friedrich Wilhelm III. von Preußen — fanden es nicht schwierig, mit Napoleon zusammenzuarbeiten, nur weil er Franzose war. Die süddeutschen Staaten, die von Napoleon großen Gebietszuwachs erhielten, verdankten dem von ihm übernommenen bürokratischen System viel. Der *Code Napoléon* wurde den linksrheinischen Staaten zum geschätzten Besitz, den sie auch nach 1815 beibehielten. Paradoxerweise ermöglichten die Franzosen mit ihrer neuen Betonung der Bürgerverantwortung die Woge eines allgemeinen Nationalgefühls, das die oft unwilligen deutschen Fürsten zum Kampf gegen Frankreich veranlaßte. Zum Unglück für Deutschland wiesen die aus Frankreich gekommenen politischen Ideen nicht alle in dieselbe Richtung, nicht einmal die wichtigsten, wie diejenigen, welche man als die offizielle französische Politik in Deutschland während der Napoleonischen Ära ansprechen kann. Das lag nicht allein darin, daß diese Ideen ein Gemisch aus dem revolutionären Erbe und seiner Übernahme durch Napoleon darstellten. Sogar die ursprünglichen Ideen aus den Jahren um 1790 hatten bei der administrativen Anwendung durch französische Behörden sowohl in Frankreich wie anderswo sonderbar widersprüchliche Auswirkungen auf die Stellung des Individuums. Einerseits wurden unveräußerliche Rechte jedes einzelnen, unabhängig von sozialer Stellung, Reichtum, Religion und anderen Faktoren, bekräftigt. Andererseits kam es zur bewußten Stärkung der Staatsgewalt. Unabhängig von den Differenzen zwischen den herrschenden republikanischen Gruppen in Frankreich bildete diese doppelte Betonung der individuellen Rechte und eines gestärkten Staates im allgemeinen die gemeinsame Basis. Theoretisch brauchten sich die beiden Ziele nicht zu widersprechen. Denn es lag ihnen die Anschauung zugrunde, der Staat werde im Interesse der ihn bildenden Bürger geführt. Doch schon nach 1790 war es in Frankreich klargeworden, daß selbst die Existenz gewisser demokratischer Institutionen nicht notwendigerweise den Konflikt zwischen individueller Freiheit und Staatsgewalt löste. Dies Dilemma bestand bereits vor dem Auftreten Napoleons, und es ergibt sich unabhängig von allem Nationalismus. Dieser Punkt ist für die Frankfurter Nationalversammlung bedeutsam, weil es dort kaum in der Mitte oder auf der Linken Gruppen gab, die unbeeinflußt von diesen grundlegenden vornapoleonischen französischen Konzeptionen waren. Dieses Problem ist in besonders akuter Form bei den Liberalen der Frankfurter Nationalversammlung vorhanden, und zuweilen war man der Ansicht, das Dilemma beruhe ausschließlich auf fundamentalen Widersprüchen zwischen Liberalismus und Nationalismus. Es gab jedoch schon einen potentiellen Widerspruch in den vornapoleonischen politischen Prinzipien Frankreichs, die einen Ausgangspunkt für den deutschen Liberalismus in der ersten Hälfte des 19. Jahrhunderts darstellten. Natürlich läßt sich die nationalistische Doktrin nicht völlig von dem Problem lostrennen; denn die Franzosen verbreiteten nach 1790 diese Lehre über den ganzen europäischen Kontinent als eine der Konsequenzen aus der veränderten Stellung des Bürgers im Staat. Selbstbestimmung folgte unmittelbar auf die Selbstregierung. Waren die Menschen Bürger einer Republik und nicht Fürstenuntertanen, ließ sich ihr Einfluß nicht auf die Kontrolle der Angelegenheiten in einem Staat beschränken, dem sie zufällig gemeinsam angehörten. Sie konnten sich von einem Staat trennen, mit dem sie nicht übereinstimmten, einen neuen bilden oder sich einem anderen anschließen. Das Recht des Bürgers, über sein eigenes Geschick zu bestimmen, ließ sich nicht durch Staatsgrenzen eindämmen. Hier gab es beträchtliche Reibungspunkte zwischen den Rechten des Individuums und denen der Gemeinschaft, was aber die Hoffnung auf eine Aussöhnung nicht ausschloß.

Napoleon unternahm nichts, um den Ideenkonflikt zwischen Individuum und Gesellschaft, den er vom Revolutionsregime erbte, gedanklich zu lösen. Er stärkte sowohl Individuum wie Staat, wie es am deutlichsten der *Code Napoléon* zeigt. Sicherungen des einzelnen wie das Geschworenensystem fanden sich unmittelbar neben den grausamsten Strafen. Denen, die damals als Bürger zweiter Klasse betrachtet wurden, wie beispielsweise die Juden, gewährte Napoleon größere Rechte. Gleich anderen französischen Regierungen nach der Revolution von 1789 lehnte auch das Erste Kaiserreich weiterhin eine Klassen- oder Religionsdiskriminierung ab. Gleichzeitig lockerte Napoleon im Prinzip den Griff des Staates auf die Gesellschaft nicht, wenn auch seine Methoden weniger hart waren als diejenigen seiner Vorgänger. Die gesamte Regierungsmaschinerie wurde verfeinert. Allenthalben verstärkte man die zentrale Kontrolle und entwickelte ein leistungsfähiges bürokratisches System, um die Regierungsbefehle wirksamer zu machen. Teils durch Zwang, teils aufgrund freiwilliger Nachahmung schlugen Napoleonische Anschauungen in Deutschland Wurzeln. Das bürokratische System bot die Möglichkeit, in den vergrößerten Staaten des Rheinbundes, die aus einer Vielzahl kirchlicher wie weltlicher Territorien gebildet worden waren, einen Zusammenhalt zu schaffen, den man anders kaum zustande gebracht hätte.

Die intellektuelle Basis dieser französischen Prinzipien war rein ratio-
nalistisch. Historische Rechte berücksichtigte man nicht. Institutionen aller Art wurden weggewischt, von Zwergfürstentümern bis hin
zu Ständeversammlungen. Betroffen waren davon also nicht nur die
Rechte von Individuen, sondern auch diejenigen von Gruppen, die
ihre Vertretung verloren. Während gewisse repräsentative Körperschaften, wie etwa in Hamburg, oligarchisch geworden waren, zeigt
das Beispiel Englands in dieser Epoche, daß man sogar veraltete Institutionen anpassen und neu beleben konnte. Der französische Rationalismus, der die Spannung zwischen Individuum und Staat nicht
aufhob, präjudizierte jedoch die Zukunft, indem er eine »englische«
Lösung auf der Basis einer allmählichen Entwicklung von Ständever-
tretungen zu Parlamenten erschwerte. Es gab zwar unter den Liberalen von 1848 noch immer solche, die, wie der Historiker Dahlmann[1], eher in England als in Frankreich das nachahmenswerte politische Vorbild sahen. Aber sie befanden sich im Nachteil. Nur in
Württemberg blieben die historischen Stände lebensfähig. Wie die
Freien Reichsstädte zeigen, nahmen die Stände häufig einen zu eng-
stirnigen Standpunkt ein und wurden oligarchisch. Mit der möglichen Ausnahme von Württemberg herrschte wenig volkstümliche
Begeisterung für die Übernahme historischer Institutionen. Auch bestand vom nationalen Gesichtspunkt aus die Gefahr, daß die Entwicklung von Institutionen innerhalb der Staaten nur die Spaltung
Deutschlands verschärfen würde. Die einzelnen Staaten bildeten jedoch die einzigen Einheiten, in denen sich Reformen durchführen ließen.
Im Jahre 1815 konnte man die »souveränen« Staaten nicht mehr
ignorieren. Sie verdanken ihren Ursprung einer völlig anderen
Vorstellung als der, die sie sich jetzt zu eigen machten. Napoleon hatte
sie als Satelliten vorgesehen, die französische Befehle ausführten. Die
meisten von ihnen hatten dem Rheinbund unter französischem Pro-
tektorat angehört. Die Könige von Bayern, Württemberg und Sachsen waren nicht die einzigen, die sich nach dem Ende der französischen
Kontrolle auf eigene Füße gestellt sahen und nun selbst über ihre Probleme nachdenken mußten. Diese Fürsten und ihre Minister strebten
verständlicherweise hauptsächlich die Selbsterhaltung an, und dies wurde zu einem Faktor beim Friedensschluß. Die Historiker fragten sich
zuweilen, warum die Alliierten auf der deutschen Landkarte nicht *ta-
bula rasa* machten. Diese Frage übersieht die grundsätzliche Uneinig-

[1] Vgl. S. 41.

21

keit der Alliierten, den Nutzen einzelner Staaten für die eine oder andere europäische Macht und die offenkundige Unlust – wenn nicht Unmöglichkeit – mehr als unbedingt nötig zu zerstören oder zu ändern. Sowie man einmal das Überleben mittlerer Staaten wie Bayern und Sachsen als Tatsache akzeptiert hatte, war eine organische deutsche Einheit unmöglich geworden. Interventionen der Großmächte in deutschen Angelegenheiten mußten zwangsläufig so lange dauern, bis ein geeintes Deutschland geschaffen war. Dieses Interesse der Mächte war völlig legitim. Die großen europäischen Staaten konnten die Existenz eines Machtvakuums im Herzen Europas nicht gestatten. Rußland, Österreich, Preußen und Großbritannien hatten direkt oder indirekt mitgewirkt, Deutschland von der französischen Kontrolle zu befreien, und sie mußten notwendigerweise einen Einfluß auf die Zukunft haben – zumal so lange, wie die deutschen Staaten untereinander nicht einig waren. Ebenso wie die deutschen Fürsten nur zu gern bereit gewesen wären, Napoleons Unterstützung gegeneinander auszunützen, so nahmen sie jetzt begierig am europäischen Schachspiel teil.

Unter diesen Umständen war eine lockere Assoziation der deutschen Staaten die naheliegende Lösung. Jeder andere Plan war völlig unrealistisch. Der Deutsche Bund wurde zum Bestandteil des Wiener Vertragswerks, und die Interessen der europäischen Mächte waren gewahrt. Diese offensichtliche ausländische »Bevormundung« Deutschlands lehnten die Verteidiger der nationalen Einigung später ab. Doch 1815 und in den folgenden Jahrzehnten hatte Deutschland durch die Regelung gewisse Vorteile. Das Bewußtsein, daß alle europäischen Großmächte sich selber durch eine Änderung der Situation in Deutschland betroffen fühlen mußten, war auch ein Abschreckungsmittel gegen eine Aggression durch eine von ihnen. Da Frankreich den wahrscheinlichsten potentiellen Aggressor darstellte, war dies ein weiterer Grund, den Deutschen Bund zum Bestandteil des Wiener Vertragswerks zu machen, das in erster Linie eine nochmalige Bedrohung des europäischen Friedens durch Frankreich verhüten sollte. In dem halben Jahrhundert, in dem der Deutsche Bund existierte, gab es keine Verletzung rein deutschen Territoriums durch eine ausländische Macht. Obgleich das kein Beweis für die Wirksamkeit des Deutschen Bundes ist, verwirklichte sich doch in der Tat hierin eine seiner hauptsächlichen Absichten. Rußland und Frankreich hatten nur soviel Einfluß auf die deutschen Angelegenheiten, wie ihnen die deutschen Fürsten zugestanden.

Ein anderer Grund für eine »europäische« Lösung der deutschen Frage im Jahr 1815 war das direkte Interesse zweier Großmächte an Deutschland. Obwohl Metternich durchaus bereit war, österreichische Ansprüche auf deutsche Gebiete, um ein abgerundetes Territorium zu erhalten, aufzugeben, betrachtete er die Beibehaltung des österreichischen Einflusses auf Deutschland als unerläßlich, damit das habsburgische Reich ungeschmälert und seine europäische Position erhalten blieb.

Da Österreich entschlossen war, Deutschland nicht loszulassen, und da Preußen durch den Erwerb des Rheinlands mehr als bisher über die ganze Breite des Landes engagiert war, blieben zwei Großmächte mit Deutschlands Zukunft befaßt, von denen keine sich der anderen unterordnen wollte. Überdies beabsichtigte weder Preußen noch Österreich in höherem Maße in dem Deutschen Bund aufzugehen, als sie bereit gewesen waren, ihre eigenständige Existenz außerhalb des Heiligen Römischen Reiches preiszugeben. Sie bestanden darauf, unabhängig von ihrer Stellung in Deutschland Großmächte zu bleiben, und traten nicht mit ihren sämtlichen Territorien dem Bund bei. So mußten die Bande, welche die deutschen Staaten einschließlich der »deutschen« Teile Österreichs und Preußens zusammenhielten, recht locker bleiben. Und das kam auch den mittleren deutschen Staaten wie Bayern und Württemberg zugute.

Der Deutsche Bund gab ein Rahmenwerk ab, das sich später weiterentwickeln ließ. Der Vertrag, der den Bund ins Leben rief, bereinigte 1815 keine Fragen, zu deren Lösung die Zeit noch nicht reif war. Die Bestimmung über den Erlaß von vaterländischen Verfassungen blieb vage. Nach dem Wegfall der französischen Führung fand das Land keine leichte Lösung seiner Probleme. Dafür war Zeit nötig. Ein Vierteljahrhundert lang hatte die deutsche Landkarte ein unstetes Bild geboten. Einige Gebiete wechselten in diesem Zeitraum mehrmals die Besitzer. Das Land, seine Staaten und seine einzelnen Regionen brauchten Zeit, um sich abermals zu konsolidieren. Sie mußten einen neuen Ausgleich zwischen den Kräften der Veränderung und der Beharrung finden. Die jungen Staaten brauchten Zeit, sich in ihrer Existenz zu festigen, ihre eigenen Möglichkeiten zu entdecken und dann zusammenzuwirken, um dem Bund Inhalt zu geben.

Der Weg zur deutschen nationalen Einheit führte durch die Hauptstädte der Mitgliedsstaaten, zumindest der größeren. Darin lag jedoch eine Gefahr. Denn die Stärkung der einzelnen Staaten durch den Ausbau ihrer Institutionen, etwa in Richtung parlamentarischer Vertretung, konnte in der Tat eine mögliche Einigung erschweren. Es gehörte zur Ironie dieser Zeit, daß alle diejenigen, die eine nationale Einheit befürworteten, sich ihre Aufgabe dadurch erschwerten, daß sie in ihren Staaten parlamentarische Körperschaften einrichteten. Und doch war ihr stärkster Beweggrund für den Wunsch, die politischen Institutionen ihrer Staaten zu liberalisieren, mit dem Ziel verbunden, sämtliche deutsche Staaten näher zueinander zu bringen. Es gab tatsächlich das berechtigte Empfinden, daß sich die deutsche Einigung nur durch die Kraft der öffentlichen Meinung bewerkstelligen lasse und daß ein starker Druck auf die Fürsten vonnöten sei, um sie auch nur zur teilweisen Preisgabe ihrer Souveränität zu veranlassen. Dennoch erkannten die Kritiker in der Opposition vor 1848 nicht ausreichend deutlich, daß die Fürsten nicht das einzige Hindernis für die nationale Einheit waren, daß es vielmehr zahlreiche andere partikularische Kräfte gab.

Die Epoche von 1815 bis 1848 war keine Zeit, in der das Bewußtsein, zu Deutschland zu gehören, kontinuierlich gewachsen wäre. Es gab bestimmte Markierungspunkte, so 1840 die Furcht vor einem französischen Einfall während der orientalischen Krise. Nach der Begeisterung in den Befreiungskriegen, die nicht alle Gebiete in gleicher Weise ergriff, kam es zu einer gewissen Abkühlung, ausgenommen in der jüngeren Generation, die gegen Frankreich gekämpft hatte und deren Angehörige nach dem Krieg vielfach an den Universitäten studierten. Die neugebildeten Staaten hatten ein wachsames Auge auf die politischen Tendenzen, die an den Universitäten zutage traten. Im Gegensatz zu den Träumen von einer entfernten Zukunft, repräsentierten diese Staaten die gegenwärtige Wirklichkeit. Herrscher und Regierungen waren verpflichtet, Gesetz und Ordnung vor weiteren Umsturzversuchen zu bewahren. Sie und der Deutsche Bund unterzogen sich dieser Aufgabe mit beträchtlicher Energie, besonders wenn man die praktischen Schwierigkeiten berücksichtigt. Die Karlsbader Beschlüsse von 1819 beweisen, daß der Deutsche Bund nötigenfalls ein handlungsfähiges Organ war. Gleichzeitig half die Vielfalt souveräner Staaten, die Situation derer zu erleichtern, die mit ihrer Obrigkeit in Schwierigkeiten gerieten. Die Opposition hatte vielartige Komponenten, aber kein klares Leitprinzip; sie reichte von den sehr Radikalen bis zu den ganz Gemäßigten. Angesichts der dem freien politischen Leben auferlegten Beschränkungen fällt es schwer, die exakten Ziele und Gruppierungen in der Opposition klar zu erkennen. Mit der Entwicklung des parlamentarischen Lebens trat, vor allem nach 1830, die Opposition zusehends an die Öffentlichkeit, doch selbst in den Jahren unmittelbahr vor 1848 ließ sich die Grenzlinie zwischen Gemäßigten und Radikalen nicht immer deutlich ziehen.

Die Historiker neigten dazu, den Konflikt vor 1848 mehr aus dem Blickwinkel der Opposition als aus dem der Regierungen zu betrachten. Das ergibt sich aus einer natürlichen Sympathie für die Unterlegenen, für die schwächere Seite – jedenfalls auf den ersten Blick. Es entsteht der Eindruck, daß diejenigen, die sich den Machthabern widersetzten, für die Freiheit kämpften. Und die Regierungen zwischen 1815 und 1848 werden, bewußt oder unbewußt, in unserer Vorstellung allzuleicht mit dem Totalitarismus unserer Zeit gleichgesetzt. So scheint die Opposition immer im Recht, die Regierungsgewalt stets im Unrecht zu sein.

Angesichts aller Schwierigkeiten machten die meisten deutschen Regierungen nach 1815 keinen schlechten Anfang. Im großen und ganzen bemühte man sich, Probleme – ohne allzu starken Rückgriff auf Ideologien – pragmatisch zu lösen. Es kam nicht zur allgemeinen Entlassung von Ministern und Beamten aus der Zeit des französischen Einflusses. In Bayern behielt man eine Weile den leitenden Minister von Montgelas. Reformer wie Boyen und Wilhelm von Humboldt blieben in Preußen zunächst im Amt. Die Regierungen richteten sich auf eine Haltung mit autoritären Akzenten ein, die von den Exzessen der französischen Besetzung ebenso weit entfernt war wie von den Sicherungen eines Verfassungsstaates. Nach 1815 gab es unter den Fürsten wie unter den Ständen niemanden mehr, der wie Napoleon mit einem Federstrich althergebrachte Rechte aufheben konnte. Zwar fehlte es nicht an zahlreichen internen Verwaltungsmaßnahmen, welche die Regierungen vornehmen durften, ohne jemanden zu fragen, doch die Beibehaltung des Rheinischen Rechts nach dem *Code Napoléon* in mehreren deutschen Staaten zeigt, daß der Regierungsgewalt Grenzen gesetzt waren. Die Regierungen sahen häufig ihr natürliches Bestreben, in ihren Staaten eine institutionelle Einheit zu schaffen, vereitelt, und sie hatten weniger Freiheit als ihre demokratischen Nachfolger, eingebürgerte Rechte abzuschaffen. Für die Gesetzgebung mußte man im allgemeinen die Billigung der Stände einholen. Überdies besaßen diese deutschen Regierungen nach 1815, ohne parlamentarische Unterstützung – mit bemerkenswerten Ausnahmen wie Hannover unter dem Herzog von Cumberland – größe-

ren Respekt vor bestehenden Rechten als ihre öffentliche Rückendeckung genießenden Nachfolger. Nach dem Ende der französischen
Herrschaft agierte das Beamtentum wieder sehr viel langsamer und
behutsamer.

Französische bürokratische Methoden ließen sich nur in den größeren Staaten erfolgreich anwenden. Zweifellos begann für die preußische Beamtenschaft eine Periode größerer Wirksamkeit. In den kleineren Staaten paßten die französischen Prinzipien kaum zu dem, was
mehr einem Familienunternehmen glich. Diese Vielfalt der Regierungsweisen ist in Rechnung zu stellen, will man das Gewicht der
Unterdrückungsmaßnahmen nach etwa 1819 ermessen.

Die schwerfälligen patriarchalischen Regierungen dieser Zeit hatten
keine Lust zu wirksamer politischer Aktivität. Sie waren viel zu sehr
damit beschäftigt, ihr eigenes Haus in Ordnung zu halten. Der Irrsinn eines politischen Mordes zwang sie jedoch dazu. 1819 ermordete
der Student Sand den Dramatiker Kotzebue, der zeitweilig im Dienst
der Russen gestanden hatte. Sand war wohl ein Wahnsinniger, der aus
eigenen Stücken handelte, er hatte seine gefährlichen Ideen von einer
der Studentenbewegungen, der Deutschen Burschenschaft, übernommen. Diese Vereinigung ging in den Jahren ab 1815 von der Universität Jena aus, um alle Deutschen zu vereinigen und die partikularistischen Tendenzen der Landsmannschaften zu bekämpfen, die sich im
Sinn der alten germanischen Stämme und der bestehenden Staaten gebildet hatten. Sand ging aus eigenem Antrieb vor und nahm dabei
vages Gerede über Tyrannei ernst. Er handelte nicht im Namen der
Burschenschaft, doch zahlreiche Studenten billigten den Mord oder
sahen ihn zumindest nicht als Verbrechen an.

Der Anschlag von 1819 ebenso wie der »Frankfurter Wachensturm«,
der 1833 den Sitz des Deutschen Bundes gewaltsam zu erobern
suchte, rüttelte Herrscher und Minister aus ihrer Selbstzufriedenheit
auf. Offenbar brodelten in vielen Köpfen revolutionäre Ideen. Die vor
allem nach 1819 von den Regierungen ergriffenen Maßnahmen waren umfassend und häufig sehr hart. Die Universitäten wurden strenger kontrolliert. Man entließ nach eingehenden Untersuchungen
zahlreiche Universitätslehrer. Studenten wurden verhaftet und in einigen Fällen zu Festungshaft verurteilt – einem ehrenvolleren und
weniger strengen Freiheitsentzug, der auf politische Delikte stand.
Man richtete ein umfangreiches Spitzelsystem gegen Verdächtige ein.
Die Bekämpfung von Ideen durch Unterdrückung hat etwas Erniedrigendes an sich, und die vom Bund und den Regierungen angewand-

ten Methoden waren oft roh. Doch die Machthaber konnten nicht passiv bleiben. Die Verschwörer mochten zwar Amateure sein, aber das machte sie um so gefährlicher; denn in ihrem Fanatismus waren sie durchaus bereit, in Unternehmen ohne alle Erfolgsaussichten ihr eigenes Leben und das anderer aufs Spiel zu setzen. Die Verantwortung der Regierungen ließ sich nicht deswegen aufheben, weil eine Anzahl Professoren und Studenten, die für das Volk im ganzen überhaupt nicht repräsentativ waren, mit dem Gedanken spielten, Deutschland ihre halb durchdachten Reformpläne aufzudrängen. Die Regierungen nahmen, was sie für die politischen Verirrungen von Studenten hielten, sehr ernst, da sie aus dieser Quelle ihre zukünftigen Verwaltungs- und Justizangehörigen entnehmen mußten. Im allgemeinen vergaß man die politischen Unbesonnenheiten der Jugend bald wieder. Es kam zwar zu unnötigen Brutalitäten, doch zahlreiche festgenommene Studenten wurden von ihren Gefängnisleitern sehr freundlich behandelt. Wie es ihnen auch während der Untersuchungen ergangen war, die meisten von ihnen konnten schließlich doch in den Staatsdienst eintreten oder Akademiker werden. Viele derjenigen, die wegen ihrer Verbindung mit der Burschenschaft Freiheitsstrafen verbüßt hatten, stiegen zu hohen Regierungsposten auf. Der Staat jener Zeit war in der Politik nicht grundsätzlich auf Vergeltung bedacht, weniger als die heutigen demokratischen Institutionen. Auch erschwerte die Existenz zahlreicher zwischenstaatlicher Grenzen die Verfolgung. Die Memoiren von Mitgliedern der Frankfurter Nationalversammlung berichten immer wieder vom Entkommen aus Gefangenschaft, von Flucht vor drohender Verhaftung, vom heimlichen Grenzübertritt in andere deutsche Staaten oder ins Ausland. Die Aufteilung Deutschlands in viele souveräne Staaten bot häufig denen Zuflucht und Arbeitsmöglichkeit, die mit ihrem eigenen Staat in Schwierigkeiten geraten waren. Die Unvollkommenheit der Regierungsorganisation, von den Liberalen beklagt, hatte auch ihr Gutes.

Im großen und ganzen waren die Fürsten und Minister jener Zeit nicht grausam. Es gab Ausnahmen. König Ludwig I. von Bayern, nicht der übelste Herrscher, entwickelte zuweilen persönliche Rachsucht. Zwei Angehörige der Frankfurter Nationalversammlung, der Würzburger Universitätslehrer W. J. Behr und der medizinische Schriftsteller J. G. Eisenmann, verdankten ihre lange politische Haft hauptsächlich ihrem König. Auch die lange Kerkerhaft des Marburger Rechtslehrers Sylvester Jordan – eines weiteren Abgeordneten der Frankfurter Nationalversammlung – im Kurfürstentum Hessen-Kassel, einem der am übelsten regierten deutschen Länder, darf nicht unerwähnt bleiben. Diese Fälle werden dadurch nicht besser, daß sie in der Zeit zwischen 1815 und 1848 seltene Ausnahmen bildeten. Sie lassen sich kaum als Teil des Regierungssystems betrachten, auch nicht in dem Sinne, daß sie von anderen Herrschern gebilligt worden wären. Bei Beurteilung der Gesamtsituation sollte man daran denken, daß Eingriffe in die Universität und die Schwierigkeiten, die man einer freien Verbreitung von Nachrichten in den Weg legte, vor allem die Gebildeten betrafen. Die Volksmassen berührten diese Unterdrückungsmaßnahmen nicht.

Die extremen politischen Tendenzen einiger Deutscher Burschenschafter zeigten, daß die Jugend nach der stürmischen Periode der Befreiungskriege noch nicht das Gleichgewicht gefunden hatte. Die Fürsten einschließlich des preußischen Königs hatten 1812 und 1813 Abneigung gezeigt, einen ideologischen Krieg zu führen, und zwar nicht nur, weil dies ihrer Vorstellung vom Status des Herrschers zuwiderlief, sondern gleicherweise, weil sie die Exzesse von volkstümlichen Bewegungen während der Französischen Revolution erlebt hatten. Eine möglicherweise sprengkräftige Dynamik fand sich bei Persönlichkeiten wie dem preußischen General Gneisenau, dem Schriftsteller Ernst Moritz Arndt und der zugegebenermaßen komplexeren Gestalt des Reichsfreiherrn vom und zum Stein. Diese Reformer waren nicht unbedingt friedliebender oder toleranter als die ziemlich schwerfälligen Männer auf den meisten Thronen. Sie besaßen ein absolutes Vertrauen auf ihre Fähigkeit, ungeachtet aller Hindernisse weitreichende Änderungen durchzuführen, und sprachen sich für eine rücksichtslose Ausbeutung des militärischen Sieges aus. Da sie hochbegabt waren, waren sie um so gefährlicher. Man kritisierte den prosaischen Friedrich Wilhelm III. häufig, er habe für diese Leute keinen Platz in seiner Regierung gehabt. Seine nüchterne Einschätzung der Lage war dem Frieden und der Stabilität vielleicht zuträglicher. Doch die von jenen Männern in verschiedenem Maße vertretenen Ideen ließen sich aus dem Geist der Jugend nicht entfernen; sie bildeten einen der Ausgangspunkte für die zahlreichen ideologischen Strömungen, die 1848 so weitreichende Folgen haben sollten.

Vor allem litten diese preußischen Reformer unter der Lethargie der Regierung. Zweifellos hätten sie zwischen 1812 und 1815 gern rasch umfassende Änderungen im Inneren wie im Äußeren vorgenommen. Im Fall des Freiherrn vom Stein wird die Analyse noch komplizierter durch die Schwierigkeit, die Grundprinzipien zu finden, die seine Politik sowohl als leitender preußischer Minister wie als russischer Vertreter beim Besatzungsrat in Deutschland von 1813 bis 1815 bestimmten. In Preußen unternahm er von 1807 bis 1808 die ersten Schritte einer Staatsreform. Er verbesserte den Status der Minister, die bisher nur Werkzeuge in der Hand des Königs gewesen waren. Er wirkte dabei mit, das Amt eines leitenden Ministers einzurichten und ein eindeutiges Regierungsverfahren festzulegen, in dessen Rahmen zu handeln der König einwilligte. So entstanden die Rudimente des Verfassungsstaates, der sich freilich deutlich von einer konstitutionellen Monarchie mit einer Regierung auf parlamentarischer Basis unterschied. All dies war völlig unentbehrlich für die Modernisierung der Regierung, welche spezielle Verfassungsform man auch immer schließlich übernahm. Eine schwierige Interpretationsfrage erhebt sich bei Steins Anwendung des repräsentativen Prinzips auf die Gemeindeverwaltung. Da er auf Betreiben Napoleons bald entlassen wurde, ist nicht bekannt, welche Rolle diese Neuorganisation in einem Gesamtkonzept der Reform gespielt hätte. Wollte Stein im ganzen die örtlichen Institutionen mehr stärken als die zentralen? Ein gewisser Konservativismus findet sich bei ihm etwa in dem Versuch, an seinen Rechten als Reichsfreiherr des Heiligen Römischen Reichs festzuhalten, was sich schlecht mit seinem Reformeifer und seinem späteren Radikalismus vereinbaren läßt. Die Rücksichtslosigkeit, mit der Stein als russischer Gouverneur während der letzten Phasen der Napoleonischen Kriege seine Befehle den deutschen Fürsten aufzwang, und sein Beharren auf harten Friedensbedingungen für Frankreich machten ihn in der Kompromißstimmung von 1815 und der folgenden Jahre untragbar.

Gneisenau, Blüchers höchst erfolgreicher Stabschef bei Belle-Alliance, teilte viele Ideen mit Stein, vor allem dessen Wunsch nach einem harten Frieden. Der Schriftsteller Ernst Moritz Arndt, den Stein während des Feldzugs 1812/13 als Propagandachef beschäftigte und der später Abgeordneter der Frankfurter Nationalversammlung werden sollte, stellte einen anderen Politikertyp dar. Stein wie Gneisenau waren nur in begrenztem Maß deutsche Nationalisten neuen Schlags. Doch in Arndts Betonung der deutschen Überlegenheit und in seinem Franzosenhaß klangen bereits neuartige Untertöne mit. Ähnlich wie Fichte entwickelte Arndt eine Theorie, auf die sich ein radikales Konzept eines deutschen Nationalismus gründen ließ.

Der Anstoß für den deutschen Nationalismus kam aus Frankreich, doch die deutsche Variante hatte ihre völlig eigene Prägung. In erster Linie verliehen die vom Heiligen Römischen Reich übriggebliebenen internationalen Elemente den Deutschen eine Sonderposition. Wenn man auch das Heilige Römische Reich mit einem deutschen Staat keineswegs gleichsetzen kann, so ist es trotzdem richtig zu sagen, daß im Lauf der Jahrhunderte die Deutschen in diesem Reich unter allen Nationen die bedeutsamste Rolle spielten. Daher konnten sie eine besondere Stellung in der christlichen und europäischen Welt beanspruchen. Das Konzept des Weltbürgertums besaß, auch unabhängig von dieser historischen Basis, im Deutschland der ersten Hälfte des 19. Jahrhunderts eine gewisse Realität. Das Fehlen eines nationalen oder auch nur eines entsprechenden territorialen Staatswesens für das ganze Gebiet hatte dem Universalismus Raum gelassen. Vielleicht mehr als die englischen und die französischen Schriftsteller und Denker betrachteten die deutschen die ganze Welt mit ihrer Geschichte und Wissenschaft als ihr Aktionsfeld, wie das Beispiel Goethes zeigt. Diese Einstellung trug den Deutschen zu Recht den Namen eines Volks der Dichter und Denker ein. Die Errungenschaften der deutschen Gelehrsamkeit waren erstaunlich. In der Geschichtsschreibung legten die großen deutschen Historiker des 19. Jahrhunderts den Grund, auf dem ihre Nachfolger in zahlreichen Ländern aufbauen sollten. Mochten auch diese deutschen Historiker in der Geschichte anderer Länder ihre eigenen Probleme wahrnehmen und mochte dies auch tatsächlich ihre Auffassung färben, so brachte doch keine andere europäische Nation ein gleiches Interesse für fremde Länder auf. Das Ausmaß dieser Gelehrsamkeit ist auch besonders für die Frankfurter Nationalversammlung bedeutsam, da in diesem Parlament zahlreiche Wissenschaftler vertreten waren.

Über die Deutschen in diesem Sinn zu schreiben ist heute viel schwieriger, als es im letzten Jahrhundert gewesen wäre, denn wir wissen, zu welchen Zwecken sich die Ansprüche des deutschen Volkes auf seine Sonderstellung ausnutzen ließen. Im 19. Jahrhundert dagegen konnten diese über-nationalen Ideen nur gefährlich werden, falls man sie zur Bekräftigung nationaler Ansprüche verwandte. Sicherlich dachte Goethe nie in diesem Sinne. Mit ihm gingen die deutschen

Nationalisten ins Gericht, weil er sich nicht um die Schaffung der politischen deutschen Einheit kümmerte. Eine breite Kluft trennte die alten Internationalisten von den neuen Nationalisten, und sie verabscheuten sich gegenseitig. Gleichzeitig aber fanden sich Elemente des Weltbürgertums in den nationalen Doktrinen Fichtes, Jahns und Arndts.

In der Ära des europäischen Konzepts und des Kongreßsystems hätte der deutsche Über-Nationalismus eine nützliche Rolle spielen können. Der Deutsche Bund war dazu wie geschaffen. Doch fand er keine ausreichende Unterstützung, vor allem nicht in der jüngeren Generation. Die Befreiungskriege von 1813 bis 1815, die man als Teil einer europäischen Bewegung zur Befreiung des Kontinents von fremder Tyrannei hätte verstehen können, galten der öffentlichen Meinung in Deutschland vor allem als nationaler Krieg gegen die Franzosen. Der Keim des französischen Konzepts der Nationalität schlug im deutschen Geist allmählich Wurzel. Der Über-Nationalismus verlor seine zentrale Stellung und wurde zu einem gelegentlichen, aber auch potentiell gefährlichen Anhängsel des deutschen Nationalismus.

In dieser Studie wird der Begriff Nationalismus in neutralem Sinn gebraucht und nötigenfalls durch ein Adjektiv näher bestimmt. Das Wort soll das Bestreben bezeichnen, einen deutschen Nationalstaat in welcher Form auch immer zu schaffen. Es gab Verwirrung oder zumindest mangelnde Übereinstimmung darüber, welches die Basis dieses neuen deutschen Staates sein sollte. Den bezeichnenden deutschen Beitrag zu diesem komplexen Problem bildete die Betonung der Sprache, wie sie zum erstenmal Herder herausgestellt hatte. Dieses sprachliche Kriterium wurde auch von anderen nationalen Bewegungen benutzt, war aber nur beschränkt anwendbar. Der Umstand, daß sie deutsch oder etwas Ähnliches wie deutsch sprachen, bedeutete nicht unbedingt, daß sich die Bewohner eines bestimmten Gebiets an Deutschland anschließen wollten. Die Bevölkerung Straßburgs sprach zwar einen deutschen Dialekt, wollte aber kaum die französische Oberhoheit aufgeben. Es gab dann auch in der Tat Definitionsprobleme; was genau machte die deutsche Sprache aus? Umfaßte sie auch deutsche Dialekte, und konnte man das Flämische wirklich als eine Form des Deutschen ansehen? Es wäre abermals unzulässig gewesen, politische Konsequenzen aus der Tatsache zu ziehen, daß in den Niederlanden eine dem Deutschen verwandte Sprache gesprochen wurde. Es gab noch andere Schwierigkeiten mit dem sprachlichen Kriterium. Mußte man alle Menschen mit deutscher Muttersprache, wo immer sie lebten, in den neuen deutschen Staat einbeziehen? Darüber hinaus stellte dieses Prinzip allgemein in Grenzgebieten eine Verlockung dar, den Sprachunterricht an den Schulen aus politischen Gründen zu beeinflussen. Menschen wurden gezwungen, ihre eigene Sprache aufzugeben und eine neue zu erlernen. Ein unglückliches, noch immer nicht abgeschlossenes Kapitel der europäischen Geschichte hatte begonnen.

Deutsche Gelehrte – wie die Brüder Grimm, von denen einer der Frankfurter Nationalversammlung angehörte – spielten eine führende Rolle bei der Systematisierung der Sprachforschung. Hier ließ sich, wie auf so vielen anderen wissenschaftlichen Gebieten, die Grenze zwischen Gelehrsamkeit und Politik nicht eindeutig ziehen. Diese Vermengung von akademischem und politischem Leben, so charakteristisch für die Frankfurter Nationalversammlung, rührte hauptsächlich vom Fehlen eines Nationalstaates und von den Beschränkungen her, die der Verbreitung politischer Informationen auferlegt waren. Die Arbeitskraft vieler der fähigsten Männer wandte sich der Gelehrsamkeit zu als einem Ersatz für politisches Handeln, das ihnen damals noch versagt war. Doch die politischen Zusammenhänge ihrer wissenschaftlichen Betätigung kamen ihnen nie ganz aus dem Sinn. Die Versammlungen deutscher Literatur- und Sprachwissenschaftler, die in den Jahren vor 1848 abgehaltenen Germanistentage, wurden zum Nährboden des deutschen Parlamentarismus im Revolutionsjahr.

In weiterem Sinn war das Sprachstudium Teil eines neu erwachten Interesses an der Vergangenheit, welches das mehr statische Geschichtsverständnis des 18. Jahrhunderts ablöste. Die romantische Bewegung gewann mächtigen Einfluß, nachdem der Glaube an die Vernunft als Universalprinzip nachgelassen hatte. Man erkannte, daß die Geschichte der Nationen sehr verschieden war, und man fand das Menschenbild der Philosophen des 18. Jahrhunderts, gelinde gesagt, unausgereift. Den normalen Vernunftmenschen, den einige Philosophen der Aufklärung vorausgesetzt hatten, gab es nicht. Die Ära der Französischen Revolution hatte gezeigt, daß einfache philosophische Heilmittel, wie die Abschaffung von Königen, die Menschen nicht unbedingt zu vernünftigeren Individuen machten. Allgemeine Prinzipien gerieten etwas aus der Mode, und das Interesse für Verschiedenheit und Unterschiede lebte auf.

Die romantische Bewegung, die in Europa den Höhepunkt ihres Einflusses in der ersten Hälfte des 19. Jahrhunderts erreichte, ergriff zahlreiche Gebiete des Lebens und hatte vielfältige Folgen. Für die Probleme, die in diesem Buch behandelt werden, besaß die Romantik ursprünglich Bedeutung durch das aufkommende Interesse an der Vergangenheit Deutschlands. Die Sammlung der Volksmärchen durch die Brüder Grimm spielte hierbei eine Rolle. Die Deutschen verstanden ihre Geschichte und ihre Sprache allmählich als nationales Erbe und als Grundlage einer gemeinsamen Kultur. In Deutschland bekräftigte die Romantik zudem in gewissem Sinn die Neigung, den unangenehmen Realitäten des Lebens auszuweichen. Indessen brauchte die Romantik dies nicht unbedingt zur Folge zu haben. Weder mußte die Vergangenheit für Gegenwart und Zukunft unwesentlich sein, noch mußte ihr Studium unausweichlich zur Wirklichkeitsflucht führen. In Deutschland neigte man aber zu einer Idealisierung der Vergangenheit, sie erschien viel besser als die widrige Gegenwart. Diese Einstellung vermittelte den von der Romantik Beeinflußten keinen Sinn für die Realität.

Die romantische Bewegung leistete in Fragen der Verfassungstheorie durch die Entdeckung demokratischer Elemente in der entfernten teutonischen Vergangenheit, wie dem Geschworenengericht und dem politischen Wahlsystem, einen wesentlichen Beitrag. Diese teutonische Freiheit stellte man dem »französischen Absolutismus« entgegen. Es ist nicht Sache des Neugeschichtlers, sich in die Kontroversen über mittelalterliche Geschichte einzulassen – aber er muß sich fragen, ob Historiker mit politischen Absichten den Vergleich zwischen Vergangenheit und Gegenwart nicht zuweilen übertreiben. In seinen Gemeindereformen wurde Stein von diesen Theorien und dem englischen Beispiel beeinflußt. Es gab hannoverische Denker im Umkreis Steins mit ähnlicher Auffassung.

In Württemberg bestärkten die Entdeckungen der romantischen Epoche Autoren wie den Dichter Uhland – gleichfalls Abgeordneter der Frankfurter Nationalversammlung –, die sich für »das gute alte Recht« der Stände einsetzten. Im ganzen jedoch hatte dieses deutsche Gegengift gegen französische Ideen wegen der mangelnden historischen Kontinuität in Deutschland wenig Zukunft.

Auf religiösem Gebiet hatte die romantische Bewegung sowohl negative wie positive Auswirkungen. In der betont nationalen Studentenbewegung, wie der Deutschen Burschenschaft, führte die Romantik keineswegs zur Kirche zurück. Die Glorifizierung deutscher Einrichtungen und die Betonung der deutschen Überlegenheit hielten die Studenten von den Kirchen fern und führten sie zu einer Ersatzreligion, die aus allen möglichen Elementen, wie beispielsweise der Naturanbetung, zusammengesetzt war. Das soll jedoch nicht abstreiten, daß die Burschenschaft das Niveau der Studenten gehoben hat. Die Moral wurde hochgehalten und bildete einen Teil der Verbindungssatzung. Man wird an die puritanische Haltung erinnert. Aber offenbar wurde die Immoralität hauptsächlich wegen ihrer weltlichen Folgen verurteilt, so daß die puritanische Parallele nicht ganz stimmt – es sei denn in der beiden eigenen Intoleranz. In der Burschenschaft war ein Sturz in Ungnade unwiderruflich; es gab keinen Weg zurück; christliche Barmherzigkeit fehlte. All das machte die Satzung, so ehrenhaft sie teilweise sein mochte, etwas hochtrabend. Ihre Götter waren von dieser Welt.

Die Romantik erwies sich jedoch auch für viele als eine Brücke zu den Kirchen. Das neubelebte Interesse am Mittelalter erweckte in Friedrich Schlegel und seinem Kreis die Vision einer in einer universellen Kirche begründeten sittlichen Ordnung. Wie andere Romantiker war er zur katholischen Kirche übergetreten. Die romantische Bewegung hatte in der deutschen katholischen Kirche, die so lange passiv gewesen war, zu einer Neubelebung geführt. Der Augenblick erwies sich als günstig, da die Napoleonische Ordnung die kirchliche Herrschaft aufgehoben hatte und die Kirche in Deutschland sich nun – unabgelenkt durch weltliche Aufgaben – auf die Seelsorge konzentrieren konnte. Ein neuer Typ des katholischen Priesters und Prälaten, dem Religion an erster Stelle stand, ohne daß er dabei die politischen Realitäten übersehen hätte, trat in Erscheinung; ihn repräsentierte etwa Wilhelm von Ketteler, der zur Frankfurter Nationalversammlung gehörte. Diese Generation war tief religiös und entschlossen, die Beziehungen zwischen Kirche und Staat auf eine Basis zu stellen, die dem katholischen Glauben eine möglichst weite Verbreitung gestattete. In der Periode nach 1815 traten diese Männer erst allmählich auf den Plan. Unter ihnen gab es viele Meinungsverschiedenheiten über die innere Organisation ihrer Kirche – etwa über die Stellung der Bischöfe – und über ihre Pflichten gegenüber dem Staat. Und wie im Staat gerieten demokratische und autoritäre Prinzipien miteinander in Wettstreit. Außerdem stand die ganze Frage des Verhältnisses zum Papsttum offen; der Begriff »ultramontan« hat die Sachlage nur verwirrt, ohne zu einer Klärung zu führen.

In einem katholischen Staat wie Bayern waren die Minister und Politiker in den Jahren vor 1848 meist bewußt katholisch, zumal nach der Entlassung des aufgeklärten Ministers Graf Montgelas im Jahr

1817. Allgemein jedoch nahmen in Deutschland die Katholiken nur langsam an der Politik aktiven Anteil. In Preußen wurden sie 1837 durch die auf Befehl Friedrich Wilhelms III. erfolgte Verhaftung des Kölner Erzbischofs von Droste-Vischering aufgeschreckt. Der Meinungsstreit zwischen dem Erzbischof und der preußischen Regierung hing mit der Frage der katholisch-protestantischen Mischehen zusammen. Der Standpunkt des Erzbischofs war zweifellos ein Teil des allgemeinen katholischen Bestrebens, die Position der Kirche nach den vielen politischen Kompromissen der Vergangenheit wieder zu festigen. In diesem Sinn gehörte Droste-Vischering zu der neuen Bewegung, die von ihren Gegnern als ultramontan oder klerikal verschrien wurde. Dem alternden Erzbischof ging dabei die politische Geschmeidigkeit zahlreicher jüngerer Kleriker ab. Abgesehen jedoch von derartigen religiösen Konflikten war vor 1848 in Deutschland der katholische Anteil am politischen Leben erheblich geringer als derjenige der Protestanten. Die Katholiken wurden – wesentlich mehr als die Protestanten – von dem fast religiösen Eifer abgestoßen, mit dem man häufig die Notwendigkeit einer deutschen nationalen Einheit befürwortete. Einigen galt deutscher Nationalismus als Ersatzreligion. Das bedeutete nicht, daß alle Führer jener Bewegung irreligiös gewesen wären. Es gab viele fromme Protestanten unter ihnen. Einige von ihnen stimmten jedoch auch in den Chor jener ein, für die es kein höheres Ziel gab als die Erfüllung der deutschen nationalen Bestrebungen. Da die Protestanten an eine Staatskirche gewöhnt waren, konnten sie das leichter akzeptieren als die Katholiken. Zusätzlich mußte die universalistisch eingestellte katholische Kirche ihre Hemmungen gegen das Streben nach rein nationalen Zielen überwinden.

Eine grundsätzliche Meinungsverschiedenheit, die sich auf die Dauer nicht übergehen ließ, herrschte zwischen den deutschen Liberalen und den Katholiken. Die deutschen Liberalen standen stark unter dem Einfluß des französischen Rationalismus. Sie nannten sich häufig »fortschrittlich« oder »freisinnig«. Eine Folgerung aus dieser Namensgebung war die Hoffnung, die Liberalen würden alte Vorstellungen überwinden wie beispielsweise die Annahme, es sei den Priestern gestattet, Ungläubige, um sie zum christlichen Glauben zu bekehren, zu überrumpeln. Da es vor 1848 keine organisierten politischen Parteien geben konnte, sind alle derartigen Begriffe ungenau. Indessen fehlte es in den Reihen der Oppositionellen vor 1848 nicht an religiösen Freidenkern, wie den rheinischen Industriellen Gustav Mevissen, der Mitglied der Frankfurter Nationalversammlung und der Reichsregierung war.

Die Einstellung der Katholiken zur deutschen Einigung wurde 1848 und 1849 zu einem wesentlichen Faktor. Ganz abgesehen von Österreich befanden sich in zahlreichen Gegenden Deutschlands die Katholiken in der Mehrheit, so im Südosten und im Westen. Die führenden Oppositionsredner des vorwiegend katholischen Rheinlands im Preußischen Vereinigten Landtag von 1847 waren jedoch Protestanten, darunter Mevissen, der damals vor der Kammer die Katholiken – und überhaupt alle Christen – mit einer Rede vor den Kopf stieß, in der er Jesus Christus, Sokrates und Hus in einem Atemzug als Männer erwähnte, die mit der sittlichen Ordnung ihrer Zeit in Konflikt geraten seien. In all den Jahren nach 1815 stellte die weitgehende Allianz von Liberalismus und Nationalismus in Deutschland das mögliche zukünftige Gewicht der Katholiken wenig in Rechnung. Die erste große Demonstration der nationalen Studentenbewegung, der Burschenschaft, war das Wartburgfest, 1817, die 300-Jahrfeier des Anschlags der 95 Thesen gegen den Mißbrauch des Ablasses an die Tür der Schloßkirche zu Wittenberg durch Martin Luther. Die Wahl dieses Jahrestags bewies, trotz aller Phrasen über das eine Deutschland samt Österreich mit seinen Millionen von Katholiken, Gleichgültigkeit gegenüber dem, was die Katholiken über eine deutsche Einigung empfinden mochten. Gleichgültigkeit ist indessen oft ein zu schwaches Wort, um die Haltung der Liberalen gegenüber den Katholiken zu kennzeichnen. Die Erneuerung des Katholizismus sah sich hier erheblich größerer Feindseligkeit ausgesetzt als die Neubelebung der protestantischen Kirche durch den Pietismus. Die liberale Unfreundlichkeit dem Katholizismus gegenüber stammte übrigens nicht vorwiegend aus dem freidenkerischen Element, das Leute wie Mevissen vertraten. Die Einstellung der Mehrzahl der Liberalen zur katholischen Kirche läßt sich am deutlichsten in der Bewegung des Deutschkatholizismus erkennen.

4. Deutschkatholizismus — Wachsende Differenzen zwischen gemässigten Liberalen und Radikalen

Die Deutschkatholiken sind weit weniger bekannt als die Altkatholiken der siebziger Jahre. Indessen ist die frühere Bewegung die interessantere, da sie aus zahlreichen Quellen auch jenseits der rein religiösen hervorging. Wie gleichzeitig in England standen politische und religiöse Bestrebungen in enger Wechselbeziehung. Der Deutschkatholizismus war ein Protest gegen die besondere Form, die die religiöse Erneuerung in der katholischen Kirche nach 1840 annahm. In Preußen hatte die Thronbesteigung Friedrich Wilhelms IV. die Position der Katholiken gestärkt. Der neue König, ein tief religiöser Mensch, mit Neigung zum protestantischen Pietismus, war entschlossen, die Wunden zu heilen, die nach der Behandlung beider Kirchen durch seinen Vater noch offenstanden. Wie Bismarck im Kulturkampf kam Friedrich Wilhelm III. nicht nur mit der katholischen, sondern auch mit der protestantischen Kirche in Konflikt. Die zwangsweise Gründung der Preußischen Unierten Evangelischen Kirche durch Friedrich Wilhelm III. im Jahr 1817 konnte nicht durchgeführt werden, ohne empfindliche Gewissen in Not zu bringen. Der neue König war seinen protestantischen wie seinen katholischen Untertanen wohlwollend gesinnt, auch gegenüber denen, die Zusammenstöße mit der Krone gehabt hatten. Er erleichterte die Lage der protestantischen Dissidenten. Die Situation war für die Katholiken während seiner ersten Regierungsjahre mindestens so gut wie in jedem andern katholischen Staat in Deutschland. In seiner Fürsorge für Millionen von Untertanen eines anderen Bekenntnisses entsprach der König nicht nur den Forderungen der Gerechtigkeit und seinem eigenen Wunsch nach Aussöhnung zwischen den christlichen Kirchen; er stärkte auch die politische Position Preußens in Deutschland.

Im allgemeinen waren die Liberalen nicht ganz glücklich über die neue Schlüsselposition, die den Katholiken im Königreich zufiel. Für sie besaßen diese Veränderungen am Berliner Hof einen bedrohlichen Beiklang: sie schienen ein neues Bündnis zwischen Thron und Altar anzubahnen, das sich gegen die liberale Bewegung richtete. Trotz einer gewissen Lockerung des Drucks von seiten der Regierung zeichnete sich die neue Herrschaft tatsächlich durch größere Strenge gegen religiöse Unorthodoxie an den Universitäten aus. Unter Friedrich Wilhelm III. hatte im ganzen rationalistische Indifferenz gegenüber religiöser Abweichung und Gleichgültigkeit geherrscht. Zahlreiche Universitätslehrer wie die Hegelianer Ruge[2] und Nauwerck[3] — beide später Abgeordnete der Frankfurter Nationalversammlung — bekamen die Auswirkungen zu spüren. Die »liberale« Theologie schien bedroht. Diese religiösen Fragen hatten auch politische Aspekte.

Diejenigen, die befürchteten, durch das Bündnis von Thron und Altar an die Wand gedrängt zu werden, hatten in der Mitte der vierziger Jahre das Empfinden, ihre Stunde sei gekommen. Damals entstand in der katholischen Kirche eine Protestbewegung gegen die auf Betreiben des Bischofs Arnoldi erfolgte Ausstellung von Reliquien in Trier. Anführer war ein exkommunizierter Priester: Johannes Ronge. Zweifellos spiegelten sowohl die Ausstellung dieser Reliquien wie auch die Reaktion darauf tiefe Gefühle wider, die sich in diesen Vorgängen manifestierten. Vermutlich betrachteten einige jener Katholiken, welchen die größere Aktivität der Bischöfe und die Verfestigung der Disziplin nicht behagten, die Ereignisse von Trier als Signal. Eine verhältnismäßig kleine Gruppe von Männern, die von Rom abfielen und die Bewegung des Deutschkatholizismus gründeten, erhob den Anspruch, die wahre katholische Kirche zu vertreten. Rückblickend erscheint sie bedeutungslos, und tatsächlich hatten auch nicht einmal alle Abgefallenen ausschließlich Glaubensmotive für ihr Verhalten. Die Bewegung entstand teilweise aus Unzufriedenheit mit der Autorität, der sich jede Kirche, wie alle anderen Organisationen, zuweilen entgegengestellt sieht. In der Tat wäre die ganze Bewegung in kurzer Zeit zusammengebrochen, hätte sie nicht von außen Unterstützung erhalten. Die Liberalen interessierten sich aus zwei Gründen für den Deutschkatholizismus. Eine große Anzahl von ihnen, darunter diejenigen, die 1847 die Zeitung der nationalen Bewegung, die *Deutsche Zeitung*, gründeten, dachten in den Begriffen einer deutschen Nationalkirche, die Protestanten wie Katholiken einschloß. Es überrascht, daß einige der hervorragendsten und intelligentesten Liberalen dieser Epoche, wie Mathy[4], Mittermaier[5], Bassermann[6] und Gervinus[7] — alle später Mitglieder der Frankfurter Nationalversammlung — eine derart elementare Fehlrechnung anstellten. Wie konnten sie auf den Gedanken verfallen, daß die wenigen deutschkatholischen Gemeinden, die in Gegenden wie Sachsen und Schlesien aufblühten, einen bedeutsamen Teil des deutschen Katholizismus repräsentierten? Falls diese Männer nun erkannten, wie wichtig eine gesicherte Mitarbeit der Katholiken an ihren Plänen für eine nationale Einheit war, so gingen sie auf

[2] Vgl. S. 81. [3] Vgl. S. 220. [4] Vgl. S. 54 f. [5] Vgl. S. 44. [6] Vgl. S. 41. [7] Vgl. S. 41.

sonderbare Weise vor. Denn es konnte gewiß nichts geben, das die deutschen Katholiken mehr gegen die Kreise der *Deutschen Zeitung* aufgebracht hätte, als dieser — völlig vergebliche — Versuch, ihre Kirche zu unterminieren.

Die radikaleren Elemente der Opposition wollten ebenfalls den Deutschkatholizismus ihren Zwecken dienstbar machen, doch — von ihrem Standpunkt aus gesehen — auf logischere Weise als die gemäßigten Liberalen. Für Robert Blum[8] in Sachsen, der bald Führer der Linken in der Frankfurter Nationalversammlung werden sollte, ergab sich hier die Gelegenheit eines Schlages gegen die etablierte Ordnung im allgemeinen. Das besagt nicht, daß Blum dem religiösen Aspekt des Deutschkatholizismus gleichgültig gegenübergestanden hätte. In Wirklichkeit erhielt Blums Radikalismus, teilweise die Folge seiner Erfahrungen sozialen und wirtschaftlichen Elends, einen kräftigen Antrieb durch seinen Zusammenstoß mit den katholischen Geistlichen, die ihn in seiner Kindheit unterrichtet hatten. Jahrelang war er nicht mehr praktizierender Katholik. Die neue Bewegung schien ihm eine Möglichkeit zu bieten, Katholik zu sein, ohne die Seiten der Kirche ertragen zu müssen, die ihm mißfielen. Blum wirkte an der Bildung der Deutschkatholischen Gemeinde in Leipzig mit. Er war antiklerikal und bestritt das Recht der Kirche, den einzelnen die Dogmen aufzuzwingen. Vermutlich glaubte er an eine allgemeine christliche Religion mit einem Minimum an Organisation.

In Anbetracht der engen Verbindung zwischen Politik und Religion lassen sich in Deutschland bis 1847 drei starke Kräfte unterscheiden. Da gab es die von den Konservativen in Staat und Kirche unterstützten Regierungen; dann die katholische Kirche, zuweilen ein Pfeiler der etablierten Ordnung, doch zuweilen — wie eine Zeitlang in Bayern unmittelbar vor 1848 — in Opposition stehend, und zum dritten die »liberale« Opposition. Der Begriff »liberal« läßt sich nicht präzis anwenden, da politische Parteien in dieser Ära der Pressezensur und autoritärer Eingriffe in die freie Betätigung unbekannt waren. In der Tat gaben sich Angehörige der Opposition alle Mühe, den Eindruck einer Partei zu verwischen und zu betonen, daß ihnen das Gemeinwohl ebenso sehr wie der Regierung am Herzen liege. Mitglieder der verschiedenen Ständeversammlungen spielten eine zunehmende wichtige Rolle in den Jahren von 1830 bis 1848. Ihre tatsächliche Macht war hauptsächlich auf die legislative Aufgabe beschränkt, neue Gesetze zu billigen. Auf subtilere Weise jedoch besaßen die Op-

[8] Vgl. S. 134 ff.

positionsführer — ohne eine Aussicht, vor 1848 selber zu Amt und Würden zu kommen — in den verschiedenen Staaten erhebliches Ansehen als »Volksmänner« und als Sprecher für die deutsche Sache. Sie konnten den Ministern stets vorhalten, sie als Opposition repräsentierten das Volk. Dieser jahrelang immer wieder erhobene Anspruch hatte 1848 schließlich die Stellung der alten Minister untergraben. Er erwies sich dann aber bald als einigermaßen leere Prahlerei.

Während des allmählichen Übergangs zu wirksamen Parlamenten, der nach der französischen Revolution von 1830 großen Auftrieb erhielt, ergab sich die beträchtliche Schwierigkeit, Abgeordnete entsprechenden Formats zu finden. Dieses Problem rührte nicht nur von der vergleichsweise geringen politischen Erfahrung der Volksmassen her, sondern auch von einer durch Vermögens- und Aufenthaltsqualifikationen verursachten künstlichen Beschränkung der an einer Mitgliedschaft in den Ständen Interessierten. Eine fortwährende Spannungsquelle bildete das Recht der Regierungen, ihren Beamten den Urlaub für parlamentarische Dienste zu verweigern. Da in politischen Dingen versierte Beamte stets einen hohen Prozentsatz der Parlamentskandidaten bildeten, nahm dieses Problem beträchtliche Dimensionen an. Es bestand die Gefahr, daß die Regierungen die Parlamente mit abhängigen Beamten »vollstopften« oder daß sie die Macht besaßen, die Ernennung gewählter Angehöriger der Legislative zu verhindern. Die Regierungen waren jedoch berechtigt, darauf hinzuweisen, daß ins Parlament gewählte Beamte zwischen beiden Positionen zu wählen hätten. Auch konnte keine Regierung übermäßige Freude darüber empfinden, Beamte — oft niedrigeren Ranges — zu haben, die ihre Politik im Parlament angriffen. In vielen Fällen schieden Beamte, denen der Urlaub zur Übernahme ihrer Sitze in den Ständen verweigert worden war, unter erheblichen wirtschaftlichen Opfern aus dem Staatsdienst aus. Heinrich von Gagern, ein Beamter des Großherzogtums Hessen-Darmstadt und später Präsident der Frankfurter Nationalversammlung, gab seine Stellung auf, weil der Ministerpräsident Du Thil, der ihn nicht mochte, Schwierigkeiten wegen seiner Beurlaubung machte. Gagern besaß eigene finanzielle Mittel, aber trotzdem bereitete er sich wegen seiner politischen Ansichten erhebliche Ungelegenheiten. Für andere war der Verlust des Einkommens wesentlich lähmender. Da die Universitätsprofessoren ebenfalls Staatsbeamte waren, war der Kreis der auf Zustimmung der Regierung Angewiesenen recht beachtlich.

Es paßte den Regierungen ins Konzept, die gesamte Opposition als

Feind des Regimes anzusehen, und sie versuchten kaum, zwischen den einzelnen Elementen zu unterscheiden. Im allgemeinen war die Opposition als gefährlich verschrien, weil sie »liberal« war. Die Risse zwischen den ziemlich gemischten Oppositionsgruppen wurden immer wieder verklebt, weil die Regierungen sie unterschiedslos verfolgten und die Oppositionellen so zum Zusammenhalten zwangen. Die spätere Spaltung der Opposition in eine gemäßigte liberale und eine radikale Gruppe läßt sich am deutlichsten in dem Staat erkennen, dessen Regierung allmählich auf die liberalen Einflüsse einging und sogar liberale Elemente in sich aufnahm, nämlich im Großherzogtum Baden.

Die badische Abgeordnetenkammer zog die Aufmerksamkeit ganz Deutschlands auf sich; das hohe Niveau ihrer Debatten und ihre verhältnismäßig entspannte Atmosphäre erweckte Interesse weit über das Großherzogtum hinaus. Zahlreiche führende Köpfe der Frankfurter Nationalversammlung wie Welcker[9], Mittermaier, Mathy und Bassermann erwarben ihre Erfahrungen in Karlsruhe. Neben diesen Männern, die im Parlament den Kern der Mitte bildeten, saßen in der badischen Kammer andere mit radikaleren Neigungen, vor allem Friedrich Hecker, der 1848 zwei Aufstände anführte. Hecker war durch und durch Revolutionär und entschlossen, gründliche soziale Veränderungen durchzuführen, obwohl er nicht in jeder Hinsicht zur Anhängerschaft von Karl Marx gehörte. Im Jahr 1847 stellten die badischen gemäßigten Liberalen fest, daß sie immer mehr von den Radikalen angegriffen wurden. Diese Entwicklung ließ einen Teil des großen liberalen Problems der Zukunft voraus ahnen: die mittlere Position der Liberalen zwischen links und rechts, die ihnen gewisse taktische Vorteile, aber auch die Gefahr einbrachte, zwischen den Extremen zerrieben zu werden. Es bedeutete für die gemäßigten Liberalen einen unerwünschten Umschwung, als man ihnen vorhielt, sie repräsentierten das Volk nicht ausreichend; bisher hatten sie sich im öffentlichen Ruhm sonnen können. Die Aufspaltung der Opposition äußerte sich im Offenburger Manifest der Radikalen vom September 1847 und in der Antwort der gemäßigten Liberalen von Heppenheim im folgenden Monat. Es wäre freilich falsch, die Förmlichkeit und Klarheit der Trennung zu überwerten. Einige, wie der Führer der badischen Opposition, Adam von Itzstein, schwankten unschlüssig zwischen den beiden Flügeln hin und her. Nicht alle Politiker waren eindeutig festgelegt, und noch zur Zeit der Wahlen zur

[9] Vgl. S. 38.

Frankfurter Nationalversammlung im Mai 1848 konnten die Wahlmänner oft nicht feststellen, welcher Richtung ein bestimmter Politiker angehörte. Tatsächlich klärte sich die Position zahlreicher Parlamentarier erst allmählich im Verlauf der Ereignisse. Für die dramatischen Tage von 1848 und die folgenden Jahre ist diese Verwirrung nicht überraschend.

Auch in Preußen gab es mit dem Zusammentritt des ersten Vereinigten Landtags, 1847, bedeutsame Entwicklungen. Obwohl die Liberalen allen Grund hatten, mit dem Ausmaß der verfassungsmäßigen Konzessionen von seiten des Königs unzufrieden zu sein, verlieh der Landtag dem politischen Leben gewaltigen Aufschwung. Viele führende Persönlichkeiten aller Schattierungen, die später in der Frankfurter Nationalversammlung saßen, zogen im Berliner Landtag zum erstenmal die Aufmerksamkeit auf sich.

Kurz vor den revolutionären Ereignissen vom Februar und März 1848 gab es in Deutschland wenig Anzeichen für Unruhe oder Aufruhr in der Bevölkerung. Auch wenn es an der politischen Front ruhig blieb, so befand sich Deutschland trotzdem durch die zunehmende Industrialisierung inmitten beträchtlicher wirtschaftlicher und sozialer Veränderungen. Viele profitierten von dieser Entwicklung, doch die meisten verloren zunächst einmal. Die Tage verhältnismäßig leichten Auf- oder Abstiegs auf der gesellschaftlichen Leiter – unterhalb der Aristokratie und oberhalb der Armen – schwanden allmählich dahin. Wie neu diese gesellschaftlichen Veränderungen waren, läßt sich aus dem Leben von Mitgliedern der Frankfurter Nationalversammlung ersehen, die zumeist in vorindustrieller Zeit aufgewachsen waren; viele von ihnen hatten sich aus einfachen Verhältnissen und Armut emporgearbeitet. Während der folgenden Generationen sollte dies wesentlich schwerer werden. Um sich geschäftlich niederzulassen, benötigte man nun weit mehr Kapital, als ein Handwerksgeselle haben mußte, wenn er Meister wurde. Diese Entwicklung führte zu einer starreren Klassenstruktur. Natürlich ist es müßig zu behaupten, die alte Zunft- und Gildengesellschaft habe nicht auch die Unbeweglichkeit begünstigt. Bis zu den Reformen der Napoleonischen Ära hatte es manche Hindernisse für den Übergang von einem Stand zum anderen gegeben. Doch die ersten Jahrzehnte des 19. Jahrhunderts erlebten den Wegfall starrer Barrieren, von denen einige – wenn auch auf andere Weise – durch die Industrialisierung wieder aufgerichtet wurden. Viele befürchteten, unausweichlich selbst bei einigen Fähigkeiten, dem Proletariat wegen Mangels an Kapital, ohne

das ein Geschäft nicht zu gründen war, anheimzufallen. Handwerksgesellen, die nicht mehr Meister werden konnten, weil kleinere Betriebe
schlecht gingen, bildeten eine große Quelle der Unzufriedenheit. Ihre
Einstellung neigte insofern zum Konservatismus, als sie industrielle
Neuerungen verhindern wollten und die Rückkehr zu einem Zunftsystem forderten. Politisch konnten sie sich jedoch als revolutionär
erweisen. In dieser Zeit der Veränderung gab es mannigfache wirtschaftliche und soziale Übel. Diese Unzufriedenheit erklärt, weswegen
die deutsche Revolution nach ihrem Ausbruch eine so uneinheitliche
und oft widersprüchliche Unterstützung erhielt. Doch die Hauptforde-
rungen in der deutschen Revolution von 1848 waren vor allem politischer Natur: konstitutionelle, radikale und nationale Forderungen.
Obwohl es vor der Revolution keine ernstliche Bedrohung für die
Fortdauer des **Deutschen Bundes gab, bedeutete dies** doch nicht, daß
sich das politische Gleichgewicht in Deutschland für alle Zeiten erhalten ließ. Nach der französischen Juli-Revolution von 1830, die
tiefgreifende Auswirkungen auf Deutschland zeitigte, wurde es wesentlich schwieriger, den Stillstand der zwanziger Jahre beizubehalten. Man gewährte mehr Verfassungsrechte, in den einzelnen Staaten
traten mehr Parlamente in Aktion, 1847 in gewisser Form sogar in
Preußen. Das Metternichsche System des Status quo war zusammengebrochen, und diese Veränderungen mußten, wie der Kanzler selber
eingestand, weitere nach sich ziehen. Auch der schweizerische Sonderbundkrieg von 1847 beeinflußte die öffentliche Meinung in
Deutschland.
In welche Richtung diese Änderungen führen würden, war unklar.
Offensichtlich wandte sich die Entwicklung von der Autokratie ab
und steuerte einer wachsenden Kontrolle der Exekutive durch die
Legislative zu. Bereitete sich eine »gemischte« Regierungsform wie
im zeitgenössischen England vor? Oder so etwas wie die konstitutionelle Monarchie in Belgien? Sollte gar eine Republik wie in der
Schweiz oder in den Vereinigten Staaten von Amerika zur Nachahmung anregen? Würde Deutschland vielleicht seine eigene Regierungsform ausbilden? Auf nationaler Ebene lautete die Frage, ob der
Deutsche Bund den augenblicklichen Notwendigkeiten, etwa durch
die Schaffung eines nationalen Parlaments neben dem bestehenden
Bundestag, der sich aus Regierungsabgesandten zusammensetzte, anpassen könnte. Wie ließen sich die bei der Zusammenführung von
Staaten auftretenden Probleme lösen, wenn fast jedes Land durch religiöse Spaltung zerrissen und mit derartig unterschiedlichen Ge-

schichtstraditionen belastet war? Viele richteten ihren Blick auf Preußen, das durch die Schaffung des Zollvereins und durch die Errichtung eines großen Zollgebiets in Deutschland bis 1848 bewiesen hatte, daß es imstande war, die Initiative zu ergreifen. Andere jedoch sahen mißtrauisch auf diesen protestantischen, militaristischen und bürokratischen Staat.

Die politischen Kräfte, die diese Fragen zu klären anfingen, bildeten sich allmählich, wenn auch häufig unwahrnehmbar. Immer noch gab es die Regierungen, die nichts anderes als ein gemeinsames Interesse an ihrer Selbsterhaltung verband. Die Opposition spaltete sich nach und nach in gemäßigte und radikale oder demokratische Richtungen auf. Eine andere Rolle spielten die bisher politisch nicht gebundenen Massen der Katholiken und der weniger Wohlhabenden, die in vielen Fällen identisch waren. Falls man das Männerwahlrecht einführte: Wie würden diese beiden Massengruppen stimmen? Die Demokraten entfalteten eine wachsende Aktivität in ihrem Bemühen, die Massen zu ihrer Unterstützung zu mobilisieren. Diese radikale Agitation beunruhigte die gemäßigten Liberalen gegen Ende 1847 sehr, und sie waren sich der Gefahr wohl bewußt, besonders in Baden. Die Liberalen waren sich weniger der Bedeutung der katholischen Bevölkerung bewußt. Vermutlich dachten sie, sie kämen auch ohne deren Stimmen zurecht — eine unglückliche Fehlkalkulation. Sonst könnte man kaum begreifen, daß sie bereit waren, eine Zeitung für die deutsche Sache — die *Deutsche Zeitung* — mit geringer katholischer Unterstützung oder ohne eine solche zu starten, und daß viele von ihnen willens waren, mit der Idee des Deutschkatholizismus zu liebäugeln. Oder hatten sie ein vorwiegend protestantisches Deutschland ohne Österreich im Sinn? Man gewinnt den Eindruck, die gemäßigten Liberalen hätten ihre Ideen nicht zu Ende gedacht und sie wollten es sich in der Hoffnung, daß die Zeit für sie arbeite, bequem machen.

Die Machtprobe kam für die Liberalen nur zu bald.

II. REVOLUTION UND VORPARLAMENT

1. Die Pariser Revolution — Eine französische Invasion? —
Soziale Unruhen in Deutschland — Liberale Minister —
Die Radikalen

Die Frankfurter Nationalversammlung trat erst Mitte Mai zusammen, aber ihre Fundamente wurden in den drei vorangehenden ereignisreichen Monaten gelegt. Allgemein ist man heute der Meinung, daß der Sturz König Louis Philippes am 24. Februar 1848 eine Kettenreaktion auslöste, die Deutschland veränderte. Es besteht aber keine Übereinstimmung darüber, ob dieser Anstoß von außen notwendig war, um die Dinge in Fluß zu bringen. Unter diesen Umständen fällt die Beweislast denen zu, die behaupten, die Deutschen hätten auch ohne Anregung vom Ausland mit den Reformen beginnen können. Es stimmt, daß keine völlige Stagnation herrschte, wie Radowitz' Vorschlag zu einer Reform des Deutschen Bundes vom 20. November 1847[1] zeigt. Einer der führenden rheinischen Liberalen beklagte jedoch am 11. Februar 1848 den Mangel öffentlichen Interesses an politischen Fragen[2]. Die Annahme, die auch der Autor dieses Buches teilt, daß ein Anstoß von außen nötig gewesen sei, ist kein Vorwurf gegen die Deutschen von 1848. In Zeiten des Friedens und der Ruhe waren die europäischen Mächte stark genug, um fundamentale Änderungen in Deutschland zu verhindern. Der Deutsche Bund bildete einen Pfeiler der europäischen Ordnung, und tiefgreifende Veränderungen daran bedeuteten eine Bedrohung der Wiener Verträge, welche jedenfalls die Ostmächte nicht zu dulden bereit waren; mit der Unterstützung durch England und Frankreich konnte man auch nicht unbedingt rechnen. Die Hauptverantwortung für den Status quo in Deutschland trugen die drei Ostmächte, und zwei ihrer Herrscher gehörten dem Deutschen Bund an. Obwohl Preußen eine beträchtliche Militärmacht besaß, war die preußische Regierung gezwungen, über die Schulter nach St. Petersburg und

[1] Meinecke, *Radowitz*, 50. [2] Hansen, *Mevissen*, II, 330.

45

nach Wien zu blicken. So bildeten Rußland und Österreich die Hauptstützen der konservativen Ordnung Deutschlands. Nur wenn diese Mächte mit eigenen Problemen oder anderen wichtigen Dingen befaßt waren, lockerte sich ihr Griff auf Deutschland. Dies war sowohl den Oppositionspolitikern, die ständig über den russischen Einfluß in Deutschland herzogen, wie auch den Fürsten, die sich auf die Hilfe aus St. Petersburg und Wien verließen, gut bekannt. In normalen Zeiten hatten diese beiden Hauptstädten zahlreichen Höfen fast von Tag zu Tag Anweisungen gegeben. Doch nach der französischen Februarrevolution waren sich Herrscher wie der König von Württemberg und der Großherzog von Oldenburg darüber im klaren, daß sie nicht mit russischer oder österreichischer Rückendeckung rechnen konnten. Sie mußten die Tatsache akzeptieren, daß sie im Augenblick – und sogar schon vor den Revolutionen in Wien und Berlin Mitte März – auf sich selber angewiesen waren. Diese deutschen Fürsten wußten auch, daß sich die Behörden in St. Petersburg und Wien mehr um die allgemeine Situation in Europa, die durch die Errichtung einer Republik in Frankreich entstanden war, kümmerten als um das, was in einem der kleineren deutschen Staaten passieren würde. Es war bekannt, daß sich die Russen über die Polen Sorgen machten, die Österreicher über die Italiener und einige andere unter ihrer Herrschaft stehende Nationalitäten – ganz abgesehen von der allgemeinen Unruhe in ihrem eigenen Volk. Vom reinen Machtstandpunkt aus konnten die Deutschen im nichthabsburgischen Deutschland fast die ganze Zeit bis November 1848 ohne Furcht vor Österreich oder Rußland tun, was sie wollten. Bis Fürst Schwarzenberg seinen Einfluß als erster Minister Österreichs spürbar machte, war das habsburgische Reich, durch Revolution und innere Zwiste gespalten, nicht in der Lage, in Deutschland einzugreifen. Eine russische Intervention war politisch kaum möglich, ganz abgesehen von militärischen Schwierigkeiten: solange die Habsburger nicht auf ihrem Gebiet die Ordnung völlig wiederhergestellt hatten, mußten russische Truppen für Österreich bereitstehen. Und tatsächlich halfen die Russen 1849 mit, die ungarische Revolution niederzuschlagen. Ein britisches Eingreifen war unwahrscheinlich, es sei denn in Schleswig-Holstein. Also waren die Deutschen, nachdem gegen Juni jede Gefahr aus Frankreich offensichtlich geschwunden war, fast ein halbes Jahr lang außerhalb der habsburgischen Reichsgrenzen ihre eigenen Herren.
Nicht zufällig hatten die französischen Revolutionen von 1830 und von 1848 tiefgreifende Folgen in Deutschland. Das 1815 geschlagene

Frankreich war die einzige der fünf europäischen Großmächte, die möglicherweise ein Interesse daran hatte, den Wiener Vertrag zu brechen. Ein Regimewechsel in Paris, und noch dazu ein gewaltsamer, mußten gespenstische Erinnerungen an die Französische Revolution und die Napoleonische Ära erwecken. Die Ablösung des Bourbonen Karl X. durch Louis Philippe Herzog von Orléans war für die europäischen Legitimisten schlimm genug gewesen und hatte zu einer gewissen Liberalisierung in Deutschland geführt. Die Abschaffung der Monarchie nach der Abdankung Louis Philippes und die Proklamation der zweiten Republik bedeutete einen noch härteren Schlag. Nun herrschte Unsicherheit darüber, ob die neue französische Regierung die europäische Ordnung respektieren würde: zum erstenmal seit dem Wiener Vertrag hatte sich eine europäische Großmacht nicht allein ihres Herrschers entledigt, sondern auch die Republik ausgerufen. Damals gab es in Europa wenige Republiken, und die vorhandenen konnten nicht alle als politisch sehr fortschrittlich gelten, zumal wenn man an die erstarrte oligarchische Herrschaftsform in den deutschen Freien Städten dachte. Wenn ein republikanisches Regime für zahlreiche Regierungen und Wohlhabende einer Bedrohung der bestehenden politischen und Sozialordnung gleichbedeutend war, so hauptsächlich dank der wieder heraufbeschworenen Erinnerung an die Erste Französische Republik. Außerdem gab es jedoch noch zwei andere Republiken, an die in der Epoche von 1848 sowohl ihre Feinde wie ihre Bewunderer sehr viel dachten.

Die Parteigänger des monarchischen Legitimismus sahen in der Schweiz und in den Vereinigten Staaten von Amerika unliebsame Beispiele von gelungenen Revolten. 1847, also in der jüngsten Vergangenheit, hatten sich die Hoffnungen der Ostmächte zerschlagen, als die Schweizerische Eidgenossenschaft den Sonderbund-Aufstand niederwarf. Was Metternich an der Schweiz verdroß, gewann ihr die Zuneigung der Deutschen Liberalen und Radikalen. Viele von ihnen fanden dort in den Jahren vor 1848 Zuflucht. Die Deutschen der Opposition vor 1848 bewunderten die Art, wie die Schweiz demokratische Spielregeln im öffentlichen Leben verwirklichte. Einige von ihnen gaben sich der Hoffnung hin, das schweizerische Beispiel nachzuahmen und Monarchie und Standesunterschiede in Deutschland abzuschaffen. Die Existenz einer Insel mit verhältnismäßig großer politischer Freiheit und Gleichheit im Herzen Europas war den legitimistischen Mächten ein Dorn im Auge. Die republikanische Schweiz war schlimm genug. Eine französische Republik mußte noch übler sein. Denn niemand vermochte zu sagen, zu welcher radikalen Innen- und Außenpolitik das neue französische Regime imstande war. Frankreich konnte abermals zu einem revolutionären Zentrum werden, das möglicherweise ganz Europa infizierte und erneut die Abschaffung von Thronen und Besitzrechten auslöste. Wie kein anderes Ereignis stimulierte und ängstigte die Februarrevolution die Deutschen – halb willkommen, halb gefürchtet. Die ganze Zwiespältigkeit der Haltung von Deutschland gegenüber Frankreich trat erneut zutage. Die Deutschen konnten nicht beides haben: sie konnten nicht die gleiche äußere Sicherheit wie unter dem System Metternichs genießen, wenn sie jetzt das Ende der europäischen Bevormundung ihres Landes bejubelten. Doch die französischen Vorstellungen waren damals nicht immer ganz logisch. Politische Heilslehren konnten zur Unterdrückung führen, und der Unterschied zwischen Befreiern und Eroberern ist bekanntlich geringfügig. Ein Frankreich, das zur Zeit seine europäischen Verpflichtungen nicht erkannte, mochte auf den Gedanken kommen, seine »natürliche« Grenze am Rhein wiederherzustellen. Und ein neuer französischer Einfall auf deutsches Gebiet ließ sich nicht ausschließen.

Diese Gefahr einer französischen Invasion drängte sich den Herrschenden und Beherrschten in Deutschland nicht weniger auf als die übrigen politischen und ideologischen Folgen der Februarrevolution. Die Fürsten hatten die doppelte Sorge, sich von einer neuerlichen Invasion und gleichzeitig einer Revolution im Innern konfrontiert zu sehen, und dies zu einer Zeit, da sie nicht mit russischer oder österreichischer Hilfe rechnen konnten. Sie vermochten selber wenig zu tun, um Frankreich von dem Versuch eines Einfalls abzuhalten. Aber an der Beziehung zu ihren Untertanen konnten sie etwas ändern. Es war ihnen klar, daß die deutschen Staaten sich innere Uneinigkeit im Fall einer französischen Invasion kaum leisten konnten.

Außerhalb der Regierungskreise empfanden nur die Radikalen ungetrübte Freude über die Ereignisse in Frankreich. Sie jubelten über den radikalen Umschwung und ließen sich durch die Aussicht eines möglichen französischen Einfalls auf deutsches Gebiet nicht schrecken. In dieser Phase wären sie bereit gewesen, die Franzosen als Befreier willkommen zu heißen. Die gemäßigteren Opponenten der Vormärz-Regierungen jedoch betrachteten die Entwicklungen in Frankreich nicht als reinen Segen. Sie begrüßten das politische Tauwetter in Deutschland, aber sie waren voller böser Ahnungen und Unruhe hinsichtlich der Auswüchse und Brutalitäten, die den Ausbruch in Paris gekennzeichnet hatten. Beckerath, einer der rheinischen Liberalen, äußerte in einem Brief vom 27. Februar 1848 seine Besorgnis, die konstitutionelle Entwicklung in Deutschland könne unter den Pariser Ereignissen leiden, weil sie die Opposition in den Augen der Regierung möglicherweise diskreditierten. Die politische Reform rücke angesichts der Gefahr von außen auf den zweiten Platz[3]. Während Beckerath die Auswirkungen des französischen Kriegszustands auf die Haltung der Regierungen mißdeutete, nahm er zutreffend die große Gefahr wahr, die einer kontinuierlichen politischen Entwicklung in Deutschland durch Gewaltanwendung erwuchs. In dieser Hinsicht war die Februarrevolution ein unglücklicher Ausgangspunkt für die deutschen Reformen.

Der Erfolg der Pariser Gewaltaktionen ging nicht spurlos an den unteren deutschen Gesellschaftsschichten vorbei. In zahlreichen Gegenden Westdeutschlands erhoben sich die Bauern gegen die privilegierten Klassen, vor allem gegen die Standesherren, zerrissen Urkunden über herrschaftliche Ansprüche und plünderten Besitztümer. Andere griffen jüdische Gläubiger an. Diese Gewaltakte kamen spontan und unorganisiert zustande, sie spiegelten tief wurzelnde Empfindungen des Volks, verliefen aber abseits vom Hauptstrom der politischen Entwicklung. Die politischen Radikalen oder Demokraten mochten zwar zuweilen diese soziale Unzufriedenheit für sich ausnützen – sie können jedoch nicht mit diesen sozialrevolutionären Tendenzen identifiziert werden.

Die Sozialaufstände bildeten, neben der Drohung einer französischen Invasion, die zweite *kurzfristige* Ursache, die die Fürsten zu Konzessionen geneigt machte. Die Angriffe auf Eigentum zeigten den Fürsten und zahlreichen Angehörigen der bürgerlichen Opposition, wie nötig es für sie war, gemeinsame Sache zu machen. Plötzlich wurden den Fürsten die *langfristigen* Forderungen der Liberalen, die Regierungen enger an die öffentliche Meinung zu binden, sinnvoll. Angesichts der äußeren und inneren Bedrohungen erschien dieser Plan jetzt unumgänglich und zudem vernünftig. Später erfuhr die plötzliche Billigung liberaler Forderungen durch die Fürsten eine andere Deutung. Auf der radikalen Linken hieß es, die Fürsten seien in ihrer Zusammenarbeit mit den Liberalen nie aufrichtig gewesen, sie hätten einfach die liberalen Minister nur für ihre eigenen Zwecke ausgenutzt und stets beabsichtigt, so rasch wie möglich wieder zu ihren alten »reaktionären« Methoden zurückzukehren. Während einige Fürsten

[3] Ebd. II, 332.

gewiß diese Strategie erwogen, übersieht die Theorie doch das Gefühl echter Erleichterung, das die meisten Fürsten bei der Entscheidung empfanden, ihre Regierungen zu liberalisieren. Als in den zehn Tagen nach dem 4. März 1848 zwölf wichtige Herrscher außerhalb Preußen und Österreich den liberalen Forderungen nachgaben, war der Entschluß, die Reform zu billigen, im allgemeinen völlig aufrichtig und echt: er bedeutete den einzigen Ausweg aus einer vollkommenen politischen Sackgasse. Man kann wohl schwerlich diesen Fürsten in jenen stürmischen Tagen, als niemand genau wußte, was die nächste Stunde bringen würde, komplexe, langfristige Pläne zuschreiben. Die Monarchen waren nur die ersten von mehreren Gruppen, die 1848 und 1849 in den Strudel der Ereignisse gerieten, deren Ausgang sie kaum vorhersehen konnten.

Abgesehen von den sozialen Aufständen erfolgte in den mittleren und kleinen Staaten der Übergang zur Liberalisierung im allgemeinen ohne viel Blutvergießen. Im ganzen gesehen war es ausreichend, Gewalt anzudrohen, ohne wirklich zu ihr Zuflucht zu nehmen. Diese plumpe Methode, die Obrigkeit zu zwingen, erwies sich vermutlich als unvermeidbar in einer Zeit, in der die Möglichkeiten, Regierungspolitik und öffentliche Meinung in Übereinstimmung zu bringen, noch ungenügend entwickelt waren. Die Fürsten hatten keine Handlungsfreiheit mehr. Sie erkannten die starke Unterstützung für die liberalen Forderungen und hofften, aus ihrem neuen Bündnis Nutzen zu ziehen.

Nach der Machtübernahme durch die Liberalen zeigten sich jedoch gewisse Mängel. Die gemäßigten Liberalen des Rheinlands und Südwestdeutschlands hatten nie damit gerechnet, auf der Woge eines Volksaufstands an die Macht zu kommen. In ihrem Glauben an allmähliche Übergänge hatten sie beabsichtigt, ihre Partei nach und nach aufzubauen und aus ihrer parlamentarischen Position möglichst viel herauszuschlagen. Sie waren nicht darauf gefaßt, auf den Schultern des Volkes in eine Machtposition gehoben zu werden. Sie waren geistig unvorbereitet, ihre Ideen nur halb ausgearbeitet. Ihre Staatstheorie war zu statisch. Sie hielten sich für die Repräsentanten des Volkes *par excellence* und für alle Zeiten; und sie konnten sich kaum eine Zeit vorstellen, in der eine andere Gruppe mehr Anspruch haben würde, das Volk zu vertreten. In dieser Hinsicht waren sie weit hinter den Whigs oder Liberalen Großbritanniens oder ähnlichen politischen Parteien, etwa in Frankreich oder den Vereinigten Staaten von Amerika, zurück. In der Tat machten es sich die gemäßigten Liberalen mit ihrem Konzept einer repräsentativen Regierung allzu leicht. Sie überzeugten die Fürsten davon, daß das liberale System brauchbar sei, aber sie verwiesen nicht auf die Schwierigkeiten, die sie in jenen hektischen Wochen selber nur ganz allmählich entdeckten. Bis zu einem gewissen Grade konnten die Fürsten daher später mit Recht behaupten, sie seien von den Liberalen nicht ganz fair behandelt worden.

Während der folgenden politischen Kämpfe bestand die Hauptsorge der Liberalen darin, daß sie sich von nun an an zwei Fronten schlagen mußten. Die Wahlkämpfe 1847 in Baden hatten ihnen bereits einen Vorgeschmack davon gegeben, aber nur in vergleichsweise milder Form. Mit der Intensivierung des politischen Lebens im Jahr 1848 verschärfte sich auch der Wettstreit um den Anspruch, das Volk zu repräsentieren. Das alte liberale Konzept, zwischen einer für das Volk nicht repräsentativen Regierung und einer das Volk vertretenden Opposition zu unterscheiden, fiel wie ein Bumerang auf sie zurück, als Liberale zu Ministern ernannt wurden. Liberale in verantwortlicher Position, die zuweilen Unpopuläres tun mußten, bekamen jetzt ihre eigene Medizin zu schlucken. Sie sahen sich von Politikern der Linken, die unbelastet von der Machtverantwortung waren, als Volksfeinde angeprangert. Die Demokraten oder Radikalen erwiesen sich für die Liberalen als wesentlich gefährlicher, als es die alten »reaktionären« Regierungen jemals gewesen waren. Vor 1848 konnten die Regierungen die Liberalen in ihrer persönlichen Freiheit beeinträchtigen und verfolgen, doch diese Verfolgung machte die Opposition um so populärer. Die Möglichkeiten der Radikalen, die Liberalen anzugreifen, waren viel beschränkter, obwohl man zuweilen auch zu Terror und sogar zu Gewalttaten griff. Aber die Radikalen konnten die Liberalen mit Worten geißeln, sie durch Drohung bei den Wählern diskreditieren und sie daher gelegentlich zu einer Handlungsweise zwingen, die den Gemäßigten mißfiel. Seit dem Februar befanden sich die Liberalen in einem Dilemma. Sie wollten die Einheit der alten liberal-demokratischen Koalition aus den vergangenen Oppositionszeiten erhalten. Sie verlangten die größtmöglichste Unterstützung, um die Herrscher zu beeindrucken. Nur durch Erhaltung der Koalition mit den Demokraten konnten sie der Notwendigkeit entgehen, sich zu sehr auf die Hilfe der Fürsten stützen zu müssen. Natürlich erkannten die Demokraten, wie lebenswichtig ihr Bündnis mit den Liberalen war, und sie zeigten sich — von ihrem Standpunkt aus zu Recht — entschlossen, für ihre Unterstützung einen

Preis zu verlangen. Im März blieb den Liberalen nichts übrig als der Versuch, die Tür nach links offenzuhalten. Sie hatten damals keine andere Wahl. Um dies zu tun, mußten sie aber Punkte eines politischen Programms akzeptieren, die ihnen nicht paßten, und sich auf Zweideutigkeiten einlassen, die ihnen und ihrer Sache nicht gut bekamen.

Die gemäßigten Liberalen waren durchaus bereit, mit den Fürsten zusammenzuarbeiten. In der konstitutionellen Monarchie erkannten sie zahlreiche Vorteile. Doch die Demokraten zwangen sie, als Gegenleistung für ihre Unterstützung etwas von der Doktrin der Volksherrschaft zu schlucken, die den Fürsten ein rotes Tuch war. Nach dieser Theorie konnte »das Volk« eine neue Ordnung in Deutschland ohne Rücksicht auf die Fürsten ausrufen. In ihrer rein rationalistischen Einstellung sahen sie mit Verachtung auf verschiedene ihnen seltsam erscheinende Symptome der historischen Entwicklung herab. Aufgrund solcher Voraussetzungen waren die Radikalen nicht bereit, die Tatsache zu akzeptieren, daß die Fürsten die Macht und sogar einige Popularität besaßen. Die Demokraten konnten die Position der Fürsten nur durch eine zweite Revolution erschüttern. Die gemäßigteren Liberalen dagegen hatten einen wesentlich klareren Blick für die Stärke der Fürsten. Selbst diejenigen, die *persönlich* mehr zu einer republikanischen Regierungsform neigten — wie Mathy, der in der Schweiz gelebt und gearbeitet hatte, und Römer aus Württemberg mit seiner Gleichheitstradition —, waren berechtigterweise davon überzeugt, daß jeder Versuch, die Fürsten auszuschalten, wie es einige Demokraten beabsichtigten, zu einem erbitterten und langen Bürgerkrieg führen mußte. Abgesehen von der Theorie fürchteten die Liberalen, die auf die Erhaltung der demokratischen Unterstützung bedacht waren, angesichts der Notwendigkeit, mit den Fürsten zu verhandeln — wie etwa über die Neuordnung Deutschlands —, sich eine Blöße zu geben. Sie ließen in ihrer Beziehung zu den Fürsten eine unwirkliche Atmosphäre entstehen, was sich später als ernstes Hemmnis erweisen sollte.

Während die Trennungslinie zwischen den gemäßigten Liberalen und den Demokraten nicht immer klar zu ziehen war (überdies gab es Zwischengruppen), bestand ein grundsätzlicher Unterschied darin, daß die Liberalen mehr zum Pragmatismus neigten als die ziemlich doktrinären Demokraten. So waren die Liberalen bereit, die historische Situation als Ausgangspunkt zu akzeptieren und eine Änderung im einzelnen zu versuchen, wohingegen die Demokraten eine völlig neue Ordnung schaffen wollten. Andererseits war dies auch der Unterschied zwischen denen, die die stufenweisen englischen Lösungen im Auge hatten, und jenen, welche eine augenblickliche Änderung nach französischem Muster anstrebten. Die meisten gemäßigten Liberalen schenkten geschichtlichen Ursprüngen Beachtung und waren daher oft dagegen, englische Institutionen nach Deutschland zu verpflanzen. Sobald nun mehreren gemäßigten Liberalen Regierungsverantwortung gegeben war, wurde auch die rationalistische Proklamation der Grundrechte, ungeachtet der Umstände, zu einem probaten Knüppel, mit dem sich auf die liberalen Minister einschlagen ließ. Denn diese mußten gelegentlich die Grundrechte wegen illegaler Handlungen eben jener Demokraten außer Kraft setzen.

Liberale und Demokraten hatten aber gemeinsame Wurzeln, und so gab es eine Anzahl Ziele, die man in der ersten Märzhälfte 1848 zusammen verfolgen konnte. Beide Gruppen waren sich einig über die Notwendigkeit, die parlamentarischen Institutionen zu stärken, »reaktionäre« Minister loszuwerden und sie durch Männer zu ersetzen, die Berührungspunkte mit der öffentlichen Meinung hatten. Sie verabscheuten die Publikationszensur und die zahlreichen Beschränkungen, die der Äußerung und der Verbreitung politischer Informationen auferlegt waren. Sie wollten ein demokratisches Entscheidungsverfahren unterstützen. Gleicherweise stimmten sie darin überein, daß ein deutscher Nationalstaat wünschenswert sei, obwohl sie über die Methoden, einen solchen zu schaffen, verschiedener Meinung waren. Unter der »allgemeinen Volksbewaffnung« verstanden beide etwas anderes; die Liberalen dachten dabei vor allem an Gefahren von außen, die Demokraten dagegen hauptsächlich daran, eine Waffe zur Unterstützung ihrer innenpolitischen Pläne zu schmieden. Die beiden Gruppen waren auch uneins über das wünschenswerte Ausmaß des Wahlrechts, und hier gaben die Liberalen anfänglich nach und akzeptierten das allgemeine Männerwahlrecht, obwohl sie zunächst ein beschränkteres Wahlverfahren vorgezogen hätten. Im nächsten Jahr wurde den Liberalen zusehends klarer, wie unklug sie gewesen waren, dem Männerwahlrecht zuzustimmen. Sie hatten in dieser wichtigen Angelegenheit ihre Ideen über stufenweisen Fortschritt aufgegeben und damit ihre ganze Position untergraben. Sie versuchten, ihr Zugeständnis zurückzunehmen, mußten dies aber unter widrigen Umständen tun und sahen sich schließlich gezwungen, ihre Position erneut zu ändern.[4] Sie machten die Erfahrung, daß eine

[4] Vgl. S. 382.

53

gemäßigte Partei kaum von einer plötzlichen allgemeinen Erweiterung des Wahlrechts profitieren konnte. Man fragt sich, ob die Radikalen tatsächlich in der Lage waren, den Liberalen im März 1848 diese Beute abzujagen. Die liberale Konzession erklärt sich vermutlich dadurch, daß die Gemäßigten nicht beim Wettlauf um die allgemeine Popularität zurückbleiben wollten und sich dabei nicht ausreichend im klaren waren, wieviel sie opferten. Insgesamt sorgten die Radikalen dafür, daß viel mehr festgelegt wurde, als den Liberalen recht war: daß nicht nur der Aktionsbereich der Fürsten, sondern auch derjenige der liberalen Minister eingeschränkt wurde. Im Grunde waren die Liberalen bereit, den Fürsten, wenn auch nicht völlig, so doch sicher in höherem Maß als die Demokraten, zu vertrauen. Sie waren willens, den Fürsten eine recht beachtliche Stellung zu belassen, und vertrauten auf ihre eigene Fähigkeit, mit ihnen zurechtzukommen. Die Demokraten mißtrauten den Monarchen und wollten sie der Macht berauben, solange sie sie nicht ganz abschaffen konnten.

2. Die Heidelberger Versammlung — Revolution in Wien und Berlin — Das Vorparlament

Wenn auch mit gewissen Schwierigkeiten, so bestand im März das Bündnis zwischen Liberalen und Demokraten noch. Am 5. März 1848 veröffentlichten auf der Heidelberger Versammlung von 51 bekannten Persönlichkeiten aus fast allen Teilen Deutschlands, vorwiegend jedoch aus dem Westen und dem Südwesten, Führer der beiden Gruppen von so divergierenden Auffassungen wie Bassermann und Hecker ein gemeinsames Programm mit der Forderung nach einer deutschen Nationalvertretung.[5] Die Heidelberger Versammlung war die erste der zahlreichen – inoffiziellen und offiziellen – Körperschaften, die sich in den folgenden Wochen in Deutschland bildeten und die die Durchführung der Sache schwieriger statt leichter machten. Einige dieser Versammlungen verdankten ihren Ursprung Gewohnheiten, die sich in der Zeit vor 1848 herausgebildet hatten, als inoffizielle Zusammenkünfte die fehlenden offiziellen und repräsentativen Institutionen, vor allem für das gesamte Deutschland, ersetzten. Als

[5] Erklärung in Huber, Dokumente, I, 264.

in der neuen Ära liberale Minister leitende Stellungen in den Staatsregierungen übernahmen, untergruben diese Körperschaften nicht
nur die Stellung der Fürsten, sondern auch gerade eben diese Regierungen. Der Gedanke an ein deutsches Nationalparlament, sowohl
von den Liberalen wie von den Demokraten erwünscht, lag in der
Luft. Seine Form jedoch wurde in wichtigen Einzelheiten durch die
Initiative der Heidelberger Zusammenkunft bestimmt, und sie wäre
völlig anders ausgefallen, wäre die Einberufung des Parlaments den
Staatsregierungen durch ihre Minister beim Deutschen Bund überlassen worden. Abermals verloren die Demokraten keine Zeit, und
die Heidelberger Versammlung trat unmittelbar vor der Zeit-
spanne von zehn Tagen zusammen, in denen die meisten deutschen
Staaten ehemalige gemäßigte Oppositionspolitiker als Minister einsetzten. Einige von ihnen waren in Heidelberg anwesend. Wären
diese Männer bereits im Amt gewesen, hätten sie auf jener Versammlung kaum einen außerhalb der Regierungen liegenden Schritt zur
Einberufung eines deutschen Nationalparlaments unterstützt. Die
Heidelberger Zusammenkunft betrachtete die Vorbereitungen für
dieses Parlament als ihre vornehmste Aufgabe. Die Versammlung
nahm diese Arbeit mit beträchtlicher Energie in Angriff und verursachte eine Reihe von Ereignissen, die zum Vorparlament und zum
Fünfziger-Ausschuß führten. Tatsächlich kam es im Zuge dieser Entwicklung zur Abschaffung der Bundesversammlung, die noch immer
eine nützliche Rolle hätte spielen können,[6] und zur Vermehrung der
Hindernisse auf dem Wege zu einer Verständigung mit den Fürsten.
Dieses Ergebnis war von den Liberalen nicht beabsichtigt und erschwerte die Durchführung ihrer Pläne. Die Demokraten hatten es jedoch vor-
ausgesehen, was ihr überlegenes taktisches Geschick in dieser Phase
beweist. Die gleiche, an Skrupellosigkeit grenzende Entschlossenheit
kennzeichnete den Gebrauch, den die Demokraten vom Siebener-
Ausschuß machten; ihm hatte die Heidelberger Versammlung die
Aufgabe übertragen, die Einladungen für eine weitere Zusammenkunft zur Vorbereitung einer konstituierenden Versammlung, die
später kurz Vorparlament hieß, zu versenden. Das Vorparlament
sollte vorwiegend aus Männern bestehen, die in gesetzgebenden Versammlungen tätig gewesen waren; dem Siebener-Ausschuß blieb es
jedoch freigestellt, eine Anzahl anderer aufzufordern, deren Anwe-

---

[6] Etwa nach der Meinung von Jürgens, einem Angehörigen des rechten Zentrums in
der Frankfurter Nationalversammlung (vgl. seine Schrift *Zur Geschichte*, I, [1850]
in den ersten Kapiteln). Über Jürgens vgl. ADB, XIV; BSTH.

senheit von Wert sein konnte. Adam von Itzstein, ein Mitglied des Siebener-Ausschusses, der vor ihrer Aufspaltung in Gemäßigte und Demokraten die Opposition in Baden geführt hatte, wurde von den Gemäßigten verdächtigt, das Vorparlament überwiegend mit Radikalen besetzt zu haben.[7] Das Vorparlament sollte am 31. März zusammentreten, als sich die allgemeine Situation bereits erneut geändert hatte.

Die zehn Tage nach der Heidelberger Versammlung brachten den Übergang zu liberalen Regierungsverhältnissen in fast allen Staaten, abgesehen von Preußen und Österreich. In Hessen-Darmstadt machte der konservative Minister Du Thil Heinrich von Gagern[8] Platz, einem Mitglied der gemäßigten Heppenheimer Versammlung[9] und des Heidelberger Treffens, der in der Frankfurter Nationalversammlung eine zentrale Rolle spielen sollte. König Wilhelm I. von Württemberg, einer der entschlossensten Herrscher, machte die bezeichnende Feststellung, man könne nicht gegen Ideen aufs Pferd steigen.[10] Friedrich Römer, ein anderer Oppositionspolitiker, der geschickt zwischen den liberalen und demokratischen Flügeln lavierte und ebenfalls in Heppenheim und Heidelberg gewesen war, wurde sein leitender Minister. Dieser starken Persönlichkeit war es nicht gegeben, zur Zufriedenheit der Liberalen oder zu derjenigen der Demokraten zu handeln. Obwohl in einer Schlüsselposition in der Stuttgarter Regierung, besaß er noch genügend Energie, einen bedeutenden Beitrag zur Frankfurter Nationalversammlung zu leisten.[11] In Baden ersetzte ein weiterer Teilnehmer von Heppenheim und Heidelberg, der berühmte Theoretiker des Liberalismus und Publizist Welcker,[12] den konservativen Blittersdorf als Gesandter beim Deutschen Bund. In Sachsen wurde Ludwig von der Pfordten, der einige Jahre zuvor in Bayern wegen seiner liberalen Anschauungen bestraft worden war, Minister. Sogar König Ernst August von Hannover (der Herzog von Cumberland), der bei seiner Thronbesteigung 1837 in einen heftigen Verfassungskonflikt geraten war, gab nach und überließ dem entschiedenen Oppositionellen Stüve eine leitende Stellung in der Regierung. Stüve, einer der interessantesten Politiker dieser Epoche, paßt

[7] Vgl. Jürgens, *Zur Geschichte*, I, 25.
[8] ADB, XLIX; Wentzke und Klötzer, *Deutscher Liberalismus.*
[9] Vgl. S. 25.
[10] Gegenüber dem russischen Gesandten in Stuttgart, Fürst Gortschakow (vgl. Valentin, *Geschichte*, I, 352).
[11] ADB, XXIX; Köhler, *Römer*; BSTH.
[12] ADB, XLI; Wild, *K. T. Welcker*; BSTH.

in kein Schema, am wenigsten in das des Liberalismus.[13] In all diesen Staaten war die Verfassungsreform gut in Gang. Die Kursänderungen waren im allgemeinen beschlossen worden, ehe die Nachrichten von den durchgreifenden Wandlungen in Wien bekannt wurden. Mit der österreichischen Revolution setzte eine neue Phase ein, in der man, um politische Änderungen zu erreichen, nicht nur mit Gewalt drohte, sondern sie auch anwandte. Nur in den beiden Großstaaten Österreich und Preußen kam es zu regelrechten bewaffneten Zusammenstößen, ehe das Regime völlig auf die liberalen Forderungen einging.

Überall im habsburgischen Reich verfolgten die politisch Interessierten die Entwicklungen in Frankreich und Deutschland mit gespannter Aufmerksamkeit. Es gab zahlreiche Fragen, die der Lösung harrten und die dank Metternichs eisernem Griff öffentlich nicht so erörtert worden waren, wie sie es verdient hätten. Der Doyen der europäischen Staatsmänner war fast vierzig Jahre vorher zum Außenminister ernannt worden. Seit 1821 war er Staatskanzler. Nicht nur unter den Liberalen oder den Radikalen gab es viele, die die Ernennung eines Jüngeren mit neuen Vorstellungen über die zahlreichen anstehenden Probleme für lebenswichtig hielten. Das habsburgische Reich war in seiner konstitutionellen Entwicklung beträchtlich hinter den deutschen Staaten zurück. Weithin herrschte politisches Interesse, doch infolge der Unterdrückung hatte sich die Unzufriedenheit, statt sich offen äußern zu können, in gefährlichem Maß angestaut. Am 13. März 1848 brach sie mit dem Sturm auf das Haus, in dem in Wien die Stände tagten, aus. Studenten, und zwar vorwiegend radikale, waren die Hauptbeteiligten an dieser Gewaltaktion. Metternich trat zurück und flüchtete dann nach England. Das bedeutete das Ende einer europäischen Ära. Die neuen liberalen Regierungen konnten nun freier atmen. Bald darauf stimmte die Habsburger Monarchie unter Druck der Einberufung eines österreichischen Parlaments zu.

Die Verfassungsversprechen der habsburgischen Monarchie von Mitte März 1848 stellten den Frieden im österreichischen Reich nicht wieder her. Es blieb fast während des ganzen Jahres 1848 und auch noch nachher in einem intermittierenden Kriegszustand. Zwei völlig getrennte Fragen vermischten sich im Bürgerkrieg des habsburgischen Reiches. Einerseits spielte der Kampf zwischen der dynastischen Partei und den Demokraten, andererseits die wachsende Antipathie zwischen den Nationalitäten, besonders zwischen Deutschen

[13] Stüve, *J. C. B. Stüve;* Stüve, *Briefwechsel.*

und Slawen, eine Rolle. Die österreichischen Mitglieder der Frankfurter Nationalversammlung gehörten allen Schattierungen dieses ideologisch nationalen Ideenkonflikts an. Die Einstellung in Frankfurt zum Einschluß Österreichs in den zukünftigen deutschen Staat oder zu dessen Ausschluß davon wechselte ebenso mit den Nachrichten über die augenblicklichen Machtverhältnisse in Wien wie das Gewicht, das man sowohl der österreichischen Regierungsmeinung wie der Parlamentsmeinung beimaß. Zumeist konnte man 1848 österreichische Einwände übergehen, da sie nicht durchgesetzt werden konnten. Doch auch die Österreich wohlwollend Gesinnten befanden sich in einem Dilemma. Denn wo gab es eine authentische österreichische Stimme in dieser Bürgerkriegszeit? Während einerseits die inneren Schwierigkeiten Österreichs eine Chance für ein Deutschland ohne Österreich boten, ließ sich andererseits doch keine endgültige Form der deutschen Einheit finden, solange die österreichische Position nicht geklärt war.

Die Wiener Revolution fand ihren Widerhall in Berlin. Schon ehe die Nachricht von Metternichs Rücktritt eintraf, war es zu Zusammenstößen zwischen Bürgern und Militär gekommen. Nach Bekanntwerden der Nachrichten aus Wien verstärkten sie sich. König Friedrich Wilhelm IV. versprach eine Verfassung, weigerte sich aber zuerst, der Forderung nach Abzug der Truppen aus Berlin nachzugeben. Am 18. März feuerte das Militär auf Demonstranten vor dem königlichen Schloß; es gab zahlreiche Verletzungen, darunter auch tödliche. Doch nun gab der König, der vor länger dauernden Straßenkämpfen zurückschrak, nach. Das meiste Militär wurde aus Berlin abgezogen. Der König akzeptierte die deutschen Farben Schwarz-Rot-Gold und entblößte sein Haupt vor den Toten des 18. März. Am 19. März wurde die Regierung umgebildet, allerdings unzulänglich. Die verspätete Konzession des Königs in der Verfassungs- und deutschen Einheitsfrage löste außerhalb Preußens nur Geringschätzung aus. Daher mußten die Verfechter der preußischen Führerschaft in Deutschland auf einen günstigeren Augenblick für ihre Pläne warten. Am 29. März wurde ein rheinischer Liberaler, Ludolph Camphausen, Ministerpräsident und ein anderer, David Hansemann, Finanzminister. Es war die ausdrückliche Aufgabe dieser Regierung, Friedrich Wilhelm IV. bei der Politik der Verfassungsreform und der Anteilnahme an der deutschen Frage sowie in der Fortführung des Krieges gegen Dänemark wegen Schleswig-Holsteins, in den sich der König bereits eingelassen hatte, zu unterstützen. Die Interessen des Königs und der Liberalen trafen sich in der Entschlossenheit, die anarchischen Verhältnisse in Berlin zu beenden und die Ordnung wiederherzustellen. Weder von Camphausen noch von Hansemann, die sich ihr Ansehen als Geschäftsleute im Rheinland geschaffen hatten, konnte man erwarten, daß sie mit der fast schon fanatischen Entschlossenheit der Berliner radikalen Gruppen sympathisierten, die bereit waren, zum Bürgerkrieg als dem letzten Mittel zu greifen.

Als das Vorparlament am 31. März 1848 zusammentrat, befanden sich in den meisten deutschen Staaten außerhalb Österreichs liberale Minister im Amt. Überall war eine Verfassungsreform zugesagt. Vom radikalen Standpunkt aus war all dies nur ein Teilerfolg. Denn nur selten kamen Demokraten, wie Oberländer in Sachsen, in die Regierungen. Alles in allem hatten die gemäßigten Liberalen das Rennen gemacht. Um so mehr waren die Radikalen daher entschlossen, das Vorparlament für ihre Zwecke zu nutzen.

Anders als die unter der Autorität des Deutschen Bundes rechtmäßig gewählte Frankfurter Nationalversammlung war das Vorparlament ein inoffizielles — allerdings sehr mächtiges — Gremium. Ende März bis Anfang April galt es tatsächlich, angesichts des Mißkredits, unter dem die Bundesversammlung litt, als die repräsentativste Institution in Deutschland. Doch obwohl es großes öffentliches Ansehen genoß, war es genaugenommen nicht repräsentativ für das Land im ganzen. Österreich hatte nur zwei Vertreter, obgleich ihm nach den offiziellen Berechnungen des Deutschen Bundes, nach der Bundesmatrikel, fast ein Drittel der Parlamentssitze zustand. Preußen, das nach der Bundesmatrikel auf Österreich folgte, war besser vertreten. Es hatte im Vorparlament 141 Abgeordnete, die jedoch hauptsächlich aus dem westlichen Teil des Königsreichs kamen. Da zur gleichen Zeit der Preußische Vereinigte Landtag in Berlin zusammentrat, konnten viele preußische Deputierte nicht am Vorparlament teilnehmen. Angehörige der preußischen Gemeindeversammlungen wurden daher gleichfalls zugelassen, wodurch sich die Auswahl noch willkürlicher gestaltete. Es war eine Ironie, daß das zweitgrößte Kontingent der 574 Mitglieder, nämlich 84, aus Hessen-Darmstadt kam, während das größere und wichtigere Bayern nur 44 Abgeordnete stellte. Insgesamt waren der Westen und der Südwesten auf Kosten der anderen Gebiete übermäßig vertreten.

Das Vorparlament besaß nur eine begrenzte Aufgabe und Autorität. Es hatte den Zusammentritt des eigentlichen Parlaments vorzubereiten, obwohl selbst in dieser Hinsicht seine Beratungen nicht ausschlaggebend waren. Nach der Verfassung hatte die Bundesversammlung des Deutschen Bundes die Wahlen zum deutschen Parlament zu veranstalten. Die Bundesversammlung machte einen rapiden Verjüngungsprozeß durch, als die liberalen Staatsregierungen neue Vertreter zum Bund entsandten. Häufig waren diese Gesandten in ganz Deutschland für ihre oppositionelle Standfestigkeit bekannt. Auch wo es keinen Vertreterwechsel gegeben hatte, war der derzeitige Geschäftsträger an die Instruktionen der jeweiligen Regierung in seinem Heimatstaat gebunden. Außerdem waren der Bundesversammlung durch die Staatsregierungen siebzehn »Männer des öffentlichen Vertrauens« beigeordnet. Zu ihnen gehörten Dahlmann[14], einer der 1837 entlassenen Göttinger Professoren, für Preußen, der Dichter und frühere Oppositionspolitiker Uhland[15] für Württemberg, der Befürworter der deutschen Einheit im badischen Parlament, Bassermann[16], für sein Großherzogtum, und der Herausgeber der *Deutschen Zeitung*, Gervinus[17], für die Freien Städte. So waren zahlreiche gemäßigte Liberale, aber auch einige, die, wie Uhland, sich später der Linken näherten, damals mit der Bundesversammlung assoziiert, die sie so lange angegriffen hatten. Die Bundesversammlung war nun ein gefügiges Werkzeug in ihren Händen und tat, was sie wollten, und zwar in solchem Maße, daß sie zu Unrecht noch mehr an Prestige verlor. Außer für jemanden, der den Deutschen Bund und die Bundesversammlung völlig verdammte, hatte es nichts Sonderbares an sich, daß die Versammlung heute Metternich und morgen Heinrich von Gagern gehorchte. So etwas war in der zentralen Körperschaft einer Konföderation unvermeidlich.

Die extreme Linke war davon überzeugt, die Bundesversammlung sei an sich von Übel und keine Reform könne daran etwas verbessern. Der Führer dieser Gruppe, der badische Oppositionelle Friedrich Hecker[18], stand in striktem Gegensatz zur gemäßigten liberalen Politik, die die Kontinuität wahren und die traditionellen Regierungsorgane behalten wollte. Hecker und sein Mitstreiter Gustav von Struve,[19] der ebenfalls aus Baden kam, wollten so rasch wie möglich und um jeden Preis eine Republik schaffen. Angeregt von Danton

[14] ADB, IV, V; Springer, *F. C. Dahlmann;* Christern, *Dahlmanns ... Entwicklung;* NDB; BSTH.
[15] ADB, XXXIX; Reinöhl, *Uhland;* BSTH; etc.
[16] ADB, II; Bassermann, *Denkwürdigkeiten;* Harnack, *Bassermann;* NDB; BSTH.
[17] ADB, IX; Gervinus, *Hinterlassene Schriften;* BSTH.
[18] ADB, L; BSTH.
[19] BSTH.

und Robespierre, beabsichtigten sie einen unbarmherzigen Konvent und ein Revolutionskomitee einzurichten, um dadurch die weitreichenden politischen und gesellschaftlichen Veränderungen zu bewerkstelligen, die sie vor Augen hatten. Im Grunde war diese extreme Linke insofern undemokratisch, als sie bereit war, auch die freiesten Wahlen auf der Basis eines breiten Wahlrechts nicht anzuerkennen, falls sich die Ergebnisse als enttäuschend erweisen sollten. Jede Versammlung verfügte nur so lange über die Mitarbeit der Radikalen, als diese in der Lage waren, die Entscheidungen zu beeinflussen.

Ebenso bedeuteten Menschenrechte, die sie nur dann ernsthaft forderte, wenn sie ihr verweigert wurden, der extremen Linken wenig. Sobald selber an der Macht, war die extreme Linke nicht bereit, Redefreiheit und Sicherungen gegen willkürliche Verhaftung zu erlauben, wenn diese ihre weitreichenden Pläne störten.

Hecker und seine Verbündeten entschieden sich dafür, im Vorparlament den letzten Versuch zu machen, ihre Ziele mit friedlichen Mitteln zu erreichen. Es kam ihnen eigentlich nicht sehr darauf an, ob es mit oder ohne Gewalt abging, solange sie nur das Gewünschte erreichten. Sie erkannten bald, daß das Vorparlament sich ihren Wünschen nicht fügen würde. Falls dennoch das Unwahrscheinliche geschähe und sie sich durchsetzten, hätten sie sich in einer stärkeren Position befunden. Und tatsächlich konnten sie für einen Teil ihres Programms mit einer recht ansehnlichen Anhängerschaft rechnen — auch von seiten mancher, die gewöhnlich nicht zu ihren Parteigängern gehörten. Unter den weniger radikalen Mitgliedern der Linken gab es viele, denen die Mäßigung der liberalen Minister nicht behagte.

3. Richtlinien für die Wahlen zur Nationalversammlung — Die Stellung Schleswigs

Am Tag, bevor das Vorparlament in der Frankfurter Paulskirche seine Beratungen aufnahm, beschloß die Bundesversammlung, die Regierungen der Staaten aufzufordern, sie sollten in denjenigen ihrer Territorien, die zum »deutschen Staatensystem« gehörten, Wahlen abhalten. Um Verzögerungen zu verhindern, teilte die Bundesversammlung die Anzahl der Sitze nach den offiziellen Bevölkerungsstatistiken der Bundesmatrikel[20] auf. Diese Aufstellung war hoffnungslos veraltet, man hatte sie seit 1819 nicht wesentlich geändert. Die Bevölkerung war im allgemeinen um fünfzig Prozent gewachsen. Das wäre zwar nicht bedeutsam gewesen, wenn die Zunahme überall gleich gewesen wäre, aber natürlich hatten einige Landesteile ein größeres Bevölkerungswachstum als andere. Jedes Gebiet von 70 000 Bewohnern (Männer, Frauen und Kinder) sollte durch einen Abgeordneten vertreten sein. Auch jeder der sechzehn Staaten, die nach der Bundesmatrikel weniger als 70 000 Einwohner hatten, bekam einen Abgeordneten zugestanden. Die Vertreter der Nation sollten in Frankfurt, dem Sitz der Bundesversammlung, zusammentreten – eine Entscheidung von großer Tragweite, wenn auch nicht unbedingt der gestellten Aufgabe zuträglich, so doch für die Bundesversammlung naheliegend. Die Wahlen sollten in aller Eile stattfinden. Die Bundesversammlung verzichtete darauf, den Staatsregierungen einen Wahlmodus vorzuschlagen, und regte nur an, diese Wahlen sollten in Übereinstimmung mit dem zur Zeit der Wahl geltenden Recht der jeweiligen Staaten abgehalten werden. Dies gestattete Änderungen der bestehenden Wahlgesetze, wenn man sie rechtzeitig vor den Wahlen vornahm. Als sehr vernünftig erwies sich die Weigerung der Bundesversammlung, die Lage durch einen Versuch zur Verbesserung der Bundesmatrikel oder durch detaillierte Anweisung an die Mitgliedsländer zu verwirren. Andererseits geschah aber auch nichts, um eine Einheit des Wahlrechts herzustellen.

Daher konnte das Vorparlament eine sinnvolle Aufgabe erfüllen, indem es allgemeine Grundsätze für die Wahlen im ganzen Land proklamierte. Die wesentlichste Frage in diesem Zusammenhang, die die Bundesversammlung unentschieden gelassen hatte, war die nach der Ausdehnung des Wahlrechts. In diesem Punkt nahm die Linke, die extreme wie die gemäßigte, das Vorparlament im Sturm und setzte sich fast restlos durch. Schließlich wurde beschlossen, jeder Untertan eines Staates im Deutschen Bund solle das Stimmrecht haben, wenn er volljährig und selbständig – d. h. nicht in abhängiger[21] Stellung – sei. Das betraf nur die Männer: den Ausschuß der Frauen vom Wahlrecht hielt das Vorparlament für so selbstverständlich, daß es ihn nicht einmal erwähnte. Die einzige Niederlage, welche die Linke in

[20] Roth und Merck, Quellensammlung, I, 188 ff.
[21] Nicht selbständig, d. h. abhängig, war etwa ein Hausknecht oder ein Empfänger von Armenunterstützung.

diesem Zusammenhang erlitt, betraf die Aufnahme einer Klausel über
»Unabhängigkeit«. Diese Einschränkung wurde tatsächlich im Fünfziger-Ausschuß angefochten, den das Vorparlament bis zum Zusammentritt der Frankfurter Nationalversammlung als »Wachhund« bestehen[22] ließ. Der Einwand gründete sich darauf, daß dieser Teil der
Abstimmung nicht in den stenographischen Aufzeichnungen enthalten war. Die Schriftführer des Vorparlaments, zu denen mehrere
Mitglieder der Linken gehörten, konnten jedoch anhand der offiziellen Aufzeichnungen nachweisen, daß das Vorparlament beschlossen
hatte, das Wahlrecht auf die wirtschaftlich Unabhängigen zu beschränken. Das ließ jedoch die Frage der Definition weiterhin ungeklärt. Wie bei allen anderen Zweideutigkeiten, lag die Interpretation
auch hier bei den Staatsregierungen, die in der Auslegung weit voneinander abwichen.

Die gemäßigten Liberalen versuchten später, in der Frankfurter
Nationalversammlung ein eingeschränktes Wahlrecht einzuführen.
Warum akzeptierten sie dann im Vorparlament so leicht eine Lösung,
die jedenfalls in der Theorie dem allgemeinen männlichen Stimmrecht
sehr nahekam? Es gab mehrere Gründe für diese Passivität. Das Vorparlament zeichnete sich nicht durch eine besonders ordentliche Verfahrensweise aus. Der Präsident, ein hervorragender Jurist aus Baden,
Mittermaier[23], der die dortige Zweite Kammer präsidiert hatte, ließ
sich durch die Galerie einschüchtern, die hauptsächlich die Linke unterstützte. Jede Rede oder Stimmabgabe, die dem »Volk« als ein Verrat an seinen Rechten erschien, löste heftige Mißfallenskundgebungen aus. Häufig gelang es den Rednern nicht, sich vernehmbar zu
machen. In dieser Atmosphäre konzentrierten sich die Führer der gemäßigten Liberalen auf das, was sie für die Kernfragen hielten, vor
allem auf die der »Permanenz«. Sie waren entschlossen, den Versuch
zu verhindern, das Vorparlament permanent bis zum Zusammentritt
der Frankfurter Nationalversammlung tagen zu lassen und es als
einen Konvent im Sinn der Französischen Revolution zu verwenden.
Sie besaßen einfach nicht die Kraft, um alles zu kämpfen. Schon jetzt
zeigte sich der Faktor der persönlichen Ermüdung, der im Lauf des
folgenden Jahres immer spürbarer wurde. Zahlreiche gemäßigte
Liberale konnten nur wenig Zeit von ihren anderen Tätigkeiten ab-
zweigen. Heinrich von Gagern, der seinen Einfluß im Vorparlament
zunächst durch das Vertrauen, das seine Persönlichkeit erweckte, und

[22] Für Vorparlament und Fünfziger-Ausschuß vgl. Jucho, *Verhandlungen*.
[23] ADB, XXII; BSTH.

durch den Ernst seiner Bemühungen gewann, zwischen Radikalen und Gemäßigten zu vermitteln, mußte möglichst rasch nach Darmstadt zurückkehren, wo er Ministerpräsident war. Ein gemäßigter Liberaler aus Baden wie Mathy[24] machte sich Sorgen über die zukünftige Haltung der Radikalen in seinem Staat und drängte nach Hause. Abgesehen davon wurde jedoch auch führenden Liberalen wie Bassermann in dieser Phase offenbar nicht bewußt, wie gefährlich ihnen eine zu rasche Ausdehnung des Wahlrechts werden konnte. Sie machten sich nicht klar, daß sie unter den veränderten Umständen ihre Vor-März-Popularität nicht mehr für gegeben nehmen konnten. In ihrem Bestreben, die Massen an sich zu binden, hofften sie, eine endgültige Spaltung zwischen Liberalen und Radikalen abzuwenden, die durch einen Streit über das Wahlrecht in den Bereich des Möglichen gerückt wäre. Und schließlich hatten sie das Empfinden, man brauche das Vorparlament vielleicht nicht so ernst zu nehmen, wenn man es rasch wieder nach Hause schicken konnte. Warum sich durch eine Abstimmung über das allgemeine Wahlrecht, das überhaupt nicht viel bedeutete, graue Haare wachsen zu lassen? Falls man so rechnete, war es eine Fehlkalkulation. Denn die Bundesversammlung billigte die meisten Beschlüsse des Vorparlaments, und es fiel einem Parlament, das – bei allen praktischen Mängeln – auf der theoretischen Grundlage des allgemeinen männlichen Stimmrechts gewählt worden war, schwer, das Wahlprinzip zu ändern, dem es seine Existenz verdankte. Zahlreiche gemäßigte Liberale verloren das Vertrauen zum allgemeinen Wahlrecht während ihres erbitterten Kampfes mit den Radikalen in der Frankfurter Nationalversammlung. Aber den Luxus, ein eingeschränktes Stimmrecht zu befürworten, konnten sie sich nur dann leisten, wenn ihre Beziehungen zu den Radikalen so gespannt waren, daß sie durch deren Feindschaft nichts zu verlieren hatten. Dies hilft mit, ihre schwankende Haltung zu erklären.

Der Linken mißlang es, das Vorparlament zur Empfehlung direkter Wahlen zu bringen. Die Demokraten meinten, von direkten Wahlen zu profitieren, die Gemäßigten nahmen an, durch indirekte zu gewinnen. Dies war eine Spezialfrage, und die Gemäßigten setzten sich ohne große Mühe durch, indem sie scheinbar dem Prinzip direkter Wahlen zustimmten, während in Wirklichkeit alles den Staatsregierungen überlassen blieb. Normalerweise war die Wahl zur Frankfurter Nationalversammlung denn auch indirekt. Die Stimmberechtig-

[24] ADB, XX; Freytag, *K. Mathy*; Mathy, *K. Mathy*; BSTH.

ten wählten Wahlmänner, die ihrerseits die Abgeordneten bestimmten.

Ein Versuch, die Bundesmatrikel revidieren zu lassen, schlug fehl. Das hätte die Wahlen verzögert. Zum Ausgleich dafür beschloß man, die Wahlkreise von 70 000 auf 50 000 Einwohner zu reduzieren. Auf jeden kleineren Staat und jeden Überschuß von 25 000 Bewohnern kam ein Abgeordneter.

Wirklich einig war sich das Vorparlament in der Erklärung, daß es keine Diskriminierung aufgrund von Religion oder sozialem Stand geben dürfe und daß Flüchtlinge, die zurückgekehrt waren, um ihre Bürgerrechte wieder wahrzunehmen, stimmberechtigt und als Parlamentsmitglieder wählbar seien. Eine Wahl nach bestimmten Ständen war ausgeschlossen. Ferner konnte niemandem ein Parlamentssitz versagt werden, weil er in einem Staat gewählt wurde, dessen Untertan er nicht war. Die Bundesversammlung billigte am 7. April all diese Beschlüsse des Vorparlaments als Grundlage für die Wahlen zur deutschen Nationalversammlung[25].

Das Vorparlament debattierte diese Dinge nicht nur für Deutsche oder die Bewohner der zum Deutschen Bund gehörigen Territorien. Dieses Gremium, dessen Tätigkeit auf fünf Tage beschränkt war und das sich ohne ausreichende Unterlagen mit zahlreichen Fragen befassen mußte, forderte die Aufnahme Schleswigs, ebenso diejenige Ost- und Westpreußens in den Deutschen Bund.

Obwohl die Bundesversammlung willens war, nach Möglichkeit den Wünschen des Vorparlaments entgegenzukommen, war die Angelegenheit Schleswigs keine rein innenpolitische, und sie mußte behutsam behandelt werden. Die Schleswig-Holstein-Frage sollte die Aufmerksamkeit der Großmächte jahrelang auf sich ziehen, und sie gehörte zu den dornigsten Diskussionspunkten, mit denen sich die Frankfurter Nationalversammlung zu beschäftigen hatte. Die Probleme dieser Herzogtümer waren bezeichnend für die Schwierigkeiten beim Übergang von dynastisch-territorialen zu modernen Nationalstaaten. Der zwiespältige Status der Herzogtümer, die teils zu Dänemark, teils zu Deutschland gehörten, bereitete erst dann Schwierigkeiten, als es Dänemark wie Deutschland für notwendig erachteten, ihre Verwaltungen zu modernisieren und ihre Staaten vorwiegend auf das Nationalitätsprinzip zu gründen. Unter diesen strengeren Bedingungen war es nicht mehr möglich, gleichzeitig zwei Staatssystemen anzugehören, wie es bei Holstein (nicht aber bei Schleswig) der Fall

[25] Verordnung in Huber, Dokumente, I, 274.

war. Denn der dänische König war zugleich Herzog von Holstein und damit Mitglied des Deutschen Bundes. Bald nach der Gründung dieses Bundes pochten die Herzogtümer, die beide in Personalunion mit dem Königreich Dänemark standen, zunehmend auf ihre Rechte, teils in Übereinstimmung mit dem ausdrücklichen Verfassungsprinzip, daß die Stände konsultiert werden mußten, aber zum Teil auch, um deutschen Status zu verlangen. Weder die Deutschen noch die Dänen verhielten sich ganz folgerichtig. Die Schwäche des deutschen Arguments bestand darin, daß Holstein zwar ethnisch tatsächlich deutsch war, Schleswig jedoch nur zum Teil. Nordschleswig war hauptsächlich dänisch. Die Befürworter der deutschen Sache, wie Dahlmann, Droysen und die Brüder Beseler, begründeten ihren Fall jedoch nicht völlig mit dem Selbstbestimmungsrecht. Sie behaupteten, den Herzogtümern sei garantiert worden, sie würden nie voneinander getrennt und unterlägen dem salischen Erbfolgegesetz, das nur eine männliche Nachfolge in der männlichen Linie gestattete. Da die männliche Linie der dänischen Königsfamilie am Aussterben war, hätte dies die Loslösung der beiden Herzogtümer von der dänischen Krone bedeutet, auf die auch Angehörige der weiblichen Linie ein Anrecht hatten. Vom deutschen Standpunkt aus hatten diese Überlegungen den Vorteil, daß man beim Erlöschen der männlichen dänischen Linie beide Herzogtümer völlig für Deutschland beanspruchen konnte und daß sich inzwischen jeder Versuch der Dänen vereiteln ließ, etwas in bezug auf die Herzogtümer zu unternehmen. Im Endeffekt verwendete man das Argument etablierter historischer Rechte, um den neuen Nationalismus zu unterstützen, ohne aber Positionen preiszugeben, die sich nicht durch nationale Ansprüche decken ließen. Nur einen flüchtigen Augenblick lang schenkten die Deutschen im März der Frage Beachtung, ob man den Dänen in Nordschleswig das Selbstbestimmungsrecht einräumen solle.

Den Dänen erschien die Frage in einem völlig anderen Licht. Sie wollten einen lebensfähigeren Staat schaffen, indem sie möglichst gründlich die Unterschiede zwischen den Territorien beseitigten, die das dänische Königreich ausmachten. Orla Lehmanns Dänische Eider-Partei, die am 21. März 1848 in Kopenhagen an die Macht kam, war durchaus bereit, Holstein zu opfern, falls sich Schleswig völlig der dänischen Monarchie eingliedern ließe. Am selben Tag verfügte die dänische Regierung die Aufnahme Schleswigs in den dänischen Staat, ohne die schleswigschen Stände zu konsultieren. Das Gesuch der deutschen Notabeln in den Herzogtümern, Schleswig möge sich dem

Deutschen Bund anschließen, wurde zurückgewiesen. Mit der Eingliederung des Herzogtums Schleswig in Dänemark betrat die dänische Regierung einen Weg von zweifelhafter Legalität. Auch Dänemark ignorierte, wenn es ihm ungelegen war, das neue Prinzip der Selbstbestimmung, das den eigentlichen Antrieb für die Änderung darstellte. Man unternahm den Versuch, Südschleswiger, die bisher eine Sonderposition innegehabt hatten und der deutschen Sache gewogener waren als der dänischen, zu vollen dänischen Staatsangehörigen zu machen. Daraufhin erklärten die Führer der deutschen Bewegung in den Herzogtümern, ihr Herzog – der dänische König – habe seine Handlungsfreiheit preisgegeben, indem er sich der Dänischen Eider-Partei ausgeliefert habe. Sie bildeten eine provisorische Regierung für die Herzogtümer, der Wilhelm Beseler[26] (später Mitglied der Frankfurter Nationalversammlung) und der Sohn des Herzogs von Augustenburg angehörten, den die deutsche Partei für den rechtmäßigen Erben der Herzogtümer beim Erlöschen der männlichen dänischen Linie ansah. Die provisorische Regierung erklärte, in dieser Notlage sei die Bevölkerung der Herzogtümer berechtigt, sich den aus Kopenhagen entsandten dänischen Truppen und Beamten zu widersetzen. Obgleich die provisorische Regierung den Streit in Wirklichkeit als einen Kampf zwischen Deutschen und Dänen verstand, war sie doch so vorsichtig, den Fall in traditionellen Rechtsbegriffen darzustellen und sich nicht ausschließlich auf das Selbstbestimmungsrecht zu stützen.

Die Sache der Deutschen in diesen Herzogtümern war eine der wenigen Fälle, in denen verschiedene deutsche Regierungen, einschließlich der preußischen, sogar vor dem März 1848 mit der liberal-nationalen Bewegung sympathisierten. Als in der zweiten Märzhälfte die Angelegenheit in den Herzogtümern zur Krisis kam, herrschte über die Hilfe für ihre deutschen Landsleute vermutlich größere Übereinstimmung zwischen allen Teilen der Bevölkerung als in jeder anderen Frage. Über Schleswig-Holstein gab es keine Differenzen zwischen gemäßigten Liberalen und Radikalen. Sogar einige Herrscher empfanden Sympathie für die rebellischen Untertanen ihres Mitmonarchen. Die Herzogtümer wurden zum Testfall der deutschen Nationalbewegung. Zahlreiche Deutsche meinten, solange die deutschen Ansprüche in den Herzogtümern nicht verwirklicht seien, führe die ganze Bewegung zu nichts. Sie betrachteten die Entschlossenheit, den Herzogtümern durchzuhelfen, als ein Anzeichen des Engagements für die

[26] ADB, XLVI; Schweickhardt, *W. Beseler;* NDB; BSTH.

deutsche Sache. Das Vorparlament erachtete die Eingliederung Schleswigs in den Deutschen Bund für recht und angemessen und stimmte ohne Zögern entsprechend ab. Man vergaß, die dänische Seite zu sehen, wie auch die Dänen vergaßen, die deutsche Seite zu sehen. In gewisser Hinsicht aber befanden sich die Dänen in der besseren Position. Diplomatisch bekamen sie weit kräftigere Unterstützung als die Deutschen. In Deutschland weigerten sich viele Leute, den bitteren diplomatischen und wirtschaftlichen Zusammenhängen einer Frage ins Auge zu sehen, die einige Gebiete mehr betraf als andere[27].

Die Mängel des Vorparlaments traten bei seiner Behandlung der Schleswig-Frage deutlich zutage. Im Verlauf einer sehr kurzen Sitzung zögerte dieses Gremium nicht, sich auf ein höchst kompliziertes internationales Problem einzulassen, ohne auch nur einen Ausschuß zum Studium der Angelegenheit einzusetzen. Die Abstimmung führte nicht zur Eingliederung Schleswigs in den Deutschen Bund, da die Bundesversammlung nichts unternahm – und es vermutlich auch nicht konnte. Allerdings stärkte die Haltung des Vorparlaments die Position der provisorischen Regierung in den Herzogtümern. Und sie sorgte mit dafür, daß Schleswig in der Frankfurter Nationalversammlung vertreten war.

Die Bundesversammlung nahm Schleswig nicht in den Deutschen Bund auf, wie sie es mit Ost- und Westpreußen und Teilen von Posen tat. Freilich war auch Posen keine rein innenpolitische Angelegenheit, da die polnische Frage Rußland auf den Plan bringen mußte. Doch im Vergleich mit Schleswig bildete das Problem Posen ein Kinderspiel, denn die Elbe-Herzogtümer gingen nicht nur östliche, sondern auch westliche Großmächte an. Einer der wenigen Punkte, in denen Großbritannien und Rußland übereinstimmten, war ihr Widerstand gegen eine Ausdehnung Deutschlands nach Norden und die Unterstützung der dänischen Monarchie. Die Bundesversammlung fürchtete die Großmächte mehr als die öffentliche Meinung in Deutschland. Um einen europäischen Krieg zu vermeiden, ging sie nur so weit wie möglich, d. h. bis kurz vor eine Eingliederung Schleswigs.

Die dringendste Frage bildete die Militärhilfe für die provisorische Regierung. Denn ohne sie hätten dänische Truppen die beiden Herzogtümer überrannt. Noch vor Zusammentritt des Vorparlaments hatte der preußische König militärische Unterstützung zugesagt,

[27] Vgl. S. 295 f.

doch zunächst blieben die Truppen in Holstein, also innerhalb der Grenzen des Deutschen Bundes. Nach einem fehlgeschlagenen Versuch, den Konflikt friedlich beizulegen, drangen im April preußische Truppen in Schleswig ein und schließlich auch noch in Jütland. Die Bundesversammlung unterstützte den Einmarsch in die Herzogtümer und unternahm weitere Schritte, um der deutschen Bewegung zu helfen; so gestattete sie Vertretern der provisorischen Regierung, gewisse Funktionen in der Bundesversammlung zu übernehmen, die vorher der dänische Gesandte ausgeübt hatte. Am 25. Mai zogen sich die preußischen und andere deutsche Truppen auf die nördliche deutsche Volkstumsgrenze zurück und räumten, offensichtlich aus diplomatischen Gründen, um Vermittlungsvorschläge zu ermöglichen, Jütland und Nordschleswig. Das war der komplizierte und ungeordnete Stand der Dinge, mit dem sich die Frankfurter Nationalversammlung bald nach ihrem Zusammentritt konfrontiert sah.

4. Die Eingliederung Ost- und Westpreussens und von Teilen Posens in den Deutschen Bund — Der Fünfziger-Ausschuss — Heckers Aufstand in Baden

Auch in anderen Fragen wich das Vorparlament diplomatischen Komplikationen nicht aus. Die Teilung Polens bezeichnete man als »schmachvolles Unrecht«. Eine vom Vorparlament gefaßte Resolution sprach von der »heiligen Pflicht des deutschen Volkes, an der Wiederherstellung Polens mitzuwirken«. Die deutschen Regierungen wurden aufgefordert, unbewaffnete, heimkehrende Polen ungehindert durchreisen zu lassen und ihnen die nötige Hilfe zu leisten. Diese Empfindungen spiegelten damals zweifellos ein echtes Interesse für die Polen, obwohl sie in gewissem Maß einer Abneigung gegen Rußland – Polens größtem Feind – entsprangen, das sich wegen der Unterstützung des Metternichschen Systems durch den Zaren die lebhafte Gegnerschaft der einstigen Opposition zugezogen hatte. Jene Resolution war jedoch mit anderen gekoppelt, die nicht völlig mit ihr übereinstimmten. Das Vorparlament sprach sich für die Eingliederung Ost- und Westpreußens in den Deutschen Bund aus, ohne die Polen in Westpreußen zu fragen, ob sie diese Überführung wollten.

Diese Provinzen und Posen hatte man, obwohl sie zum Königreich Preußen gehörten, bisher nicht in den Deutschen Bund aufgenommen, teils aus Achtung vor Völkern, die nicht dem Heiligen Römischen Reich angehört hatten, und teils deshalb, weil der preußische König durch den Besitz von Territorien außerhalb des Deutschen Bundes seine Unabhängigkeit betonen wollte. Die Bundesversammlung billigte die Forderung auf Eingliederung Ost- und Westpreußens. Im April verlangte die preußische Regierung zudem, den größten Teil der Provinz Posen einzugliedern, was auch geschah.[28] Inzwischen steigerten sich die Spannungen zwischen Deutschen und Polen bis zum Ausbruch offener Kämpfe. Die einseitige Festlegung einer Volkstumsgrenze durch die Deutschen in einer Provinz mit derart gemischter Bevölkerung wie Posen konnte den Polen nicht als besonders freundliche Handlung erscheinen.

Durch die Eingliederung dieser Territorien änderte sich die Position Preußens völlig. Das Königreich Preußen besaß jetzt, anders als Österreich, kaum irgendwelche Gebiete außerhalb des Deutschen Bundes. Nach der (im Hinblick auf die Eingliederung von Ost- und Westpreußen und von Teilen Posens) revidierten Bundesmatrikel rückte Preußen jetzt, unmittelbar vor Österreich, an die erste Stelle. Es hatte seine relative Freiheit als europäische Großmacht außerhalb des Deutschen Bundes gegen eine potentielle Führungsposition innerhalb Deutschlands eingetauscht. Der Zeitpunkt für diesen Schritt war nicht günstig, da das preußische Prestige in Deutschland nach der offensichtlichen Unentschlossenheit und dem Frontenwechsel Friedrich Wilhelms IV. während der Berliner Revolution nunmehr einen Tiefpunkt erreicht hatte. Infolgedessen war Preußen jetzt gezwungen, wenn seine Unternehmungen überhaupt etwas bedeuten sollten, seine Führerschaft in Deutschland durchzusetzen. Doch eine entschiedenere deutsche Politik steckte voller großer Gefahren. Würde Österreich ruhig zusehen, wenn ihm Preußen die Führungsrolle in Deutschland abnahm? Konnte Preußen einen neuen Verbündeten als Ersatz für Rußland finden, das es mit seiner Polen- und Dänemarkpolitik vor den Kopf gestoßen hatte? England bildete die einzige Möglichkeit, doch dieses Land war ebenfalls über das deutsche Vorgehen, vor allem in bezug auf Schleswig-Holstein, verärgert.

Zu einem gleichen Maß an Übereinstimmung kam es im Vorparlament nicht, als es um mehr innenpolitische Dinge ging. Ein Antrag Heckers, das Gremium solle bis zum Zusammentritt der Frankfurter

[28] Vgl. S. 57.

Nationalversammlung »permanent« tagen, wurde mit 368 gegen 148 Stimmen abgelehnt. Obwohl Hecker bei zahlreichen Angehörigen der Linken außerhalb seines eigenen Extremistenkreises Unterstützung fand, zeigte die Versammlung keine Lust, die Rolle eines Konvents zu spielen. Die beträchtliche gemäßigte Mehrheit sah angesichts der liberalen Staatsregierungen und einer einsichtigen Bundesversammlung keine Notwendigkeit dafür. Als Kompromiß blieb ein Ausschuß des Vorparlaments, der Fünfziger-Ausschuß, in Tätigkeit.

Jetzt erkannte Hecker, daß die Versammlung entschlossen war, sich auf das zu beschränken, was er für halbe Maßnahmen hielt. Er und seine Gruppe entschieden sich, aus dem Gremium auszutreten, als ein gegen die Bundesversammlung gerichteter Antrag in seiner ursprünglichen extremen Form nicht durchging. Dieser Antrag verlangte, die Bundesversammlung solle sich von ihren »verfassungswidrigen Ausnahmebeschlüssen lossagen und die Männer aus ihrem Schoße entfernen, die zur Hervorrufung und Ausführung derselben mitgewirkt haben«. Vom rein praktischen Standpunkt aus war eine derartige Resolution völlig überflüssig, da die Bundesversammlung der öffentlichen Meinung jetzt recht willfährig war. Der Antrag wurde nur aus taktischen Gründen eingebracht. Es gehörte zum Vorgehen der Linken, bestehende Institutionen zu schwächen und dadurch ein Höchstmaß an Änderungen zu erreichen. Als Hecker auszog, folgte ihm nur eine Handvoll Abgeordnete. Viele von denen, die mit ihm gestimmt hatten, blieben im Versammlungssaal und gaben zu Protokoll, sie hielten es für ihre Pflicht, sich der Mehrheit zu unterwerfen. So spaltete Hecker die Linke. Obwohl er und seine Anhänger nochmals in den Sitzungssaal der Paulskirche zurückkehrten, waren Hecker und Struve überzeugt, daß die Zeit des Redens vorüber sei. Durch Abwesenheit verdarben sie sich die Chancen, in den Fünfziger-Ausschuß gewählt zu werden.

Während Hecker das Vorparlament boykottierte, ehe er nochmals zurückkehrte, debattierte die Versammlung einen etwas verworrenen Antrag Alexander von Soirons,[29] eines badischen Rechtsanwalts, der Vorsitzender des Fünfziger-Ausschusses werden und eine gewisse Rolle in der Frankfurter Nationalversammlung spielen sollte. Sein Antrag enthielt den Satz, »daß die Beschlußfassung über die künftige Verfassung Deutschlands einzig und allein der vom Volke zu wählenden Nationalversammlung zu überlassen« sei,[30] also der Frankfurter Nationalversammlung. In der anschließenden längeren Debatte

[29] ADB, XXXIV; G. Mohr, *A. v. Soiron.* [30] Jucho, *Verhandlungen,* I, 132.

wurde darauf hingewiesen, daß der Antrag zwei Seiten habe. Er beschränke die Kompetenz des Vorparlaments, weil eine derart unrepräsentative Körperschaft nicht berechtigt sei, die Tätigkeit eines regelrecht gewählten Parlaments zu präjudizieren. Dieses Argument fand im allgemeinen Zustimmung bei den gemäßigten Liberalen, während zahlreiche Abgeordnete der Linken durchaus bereit waren, das Vorparlament kurzerhand Entscheidungen fällen zu lassen, wie unrepräsentativ es auch immer sein mochte. Der andere Aspekt des Antrags betraf die zukünftige Beziehung zwischen der Frankfurter Nationalversammlung und den Regierungen, wenn es darum ging, die Artikel der deutschen Verfassung festzulegen. Der Antrag ließ sich so verstehen, daß er den Fürsten und den Staatsregierungen jeden Einfluß auf die Verfassung verwehrte. Als man Soiron aufforderte, seine Absichten zu erläutern, sprach er sich, bei einem seiner Versuche, das zu tun, für das Prinzip der Volkssouveränität aus. An einer anderen Stelle seines Antrags wollte Soiron offenbar zeigen, daß selbst ohne Heckers Einwirkung das Vorparlament durchaus willens sei, diese Theorie zu unterstützen. Welcker, der sich zu einem der führenden Politiker von 1848/49 entwickelte, äußerte nachdrücklich seine Einwände gegen die Theorie von der Volkssouveränität. Der Antrag wurde angenommen, nachdem Soiron erklärt hatte, daß die Nationalversammlung tun könne, was sie wolle, da sie allein zu entscheiden habe – also auch die Regierungen konsultieren.

Die Abstimmung über die Permanenz brachte die erste große Scheidung zwischen Gemäßigten und Liberalen, obwohl Raveaux,[31] ein Radikaler und Befürworter der Permanenz, darauf verwies, daß einige seiner politischen Freunde in diesem Fall gegen ihn stimmten. Das Vorparlament zeigte zweifellos den Parlamentariern, wie wichtig Zusammenkünfte kleinerer Gruppen außerhalb der Sitzung waren; hier wurde über Taktiken entschieden, und das begünstigte die Bildung deutscher politischer Parteien — ein Verfahren, das man dann in der Frankfurter Nationalversammlung weit ausgiebiger übte. Private Zusammenkünfte zur Entscheidung über die Kandidaten für den Fünfziger-Ausschuß, der dem Vorparlament folgte, sind gut bezeugt. Es gibt sogar während der Debatten im Vorparlament Hinweise auf diese Konklaven — darunter höchst kritische. Das Gremium beschloß, seltsamerweise auf Antrag des Radikalen Robert Blum,[32] jedes Mitglied des Vorparlaments solle fünfzig Stimmen für den Aus-

---

[31] ADB, XXVII; BSTH.
[32] ADB, II; H. Blum, *R. Blum;* Bergsträsser, *Frankfurter Parlament;* vgl. auch S. 22.

schuß abgeben können. Obwohl dies in vieler Hinsicht die sinnvollste Methode war, gestattete sie der Mehrheit, eine Gruppe von fünfzig Gemäßigten zu wählen und die radikale Minderheit völlig auszuschalten. Von Robert Blum als einem Angehörigen dieser Minderheit hätte man erwarten sollen, daß er eine andere Richtung verfolgte. In der Tat ging die Gefahr vorüber. Nach einer ausführlichen Diskussion bei einer privaten Zusammenkunft der Gemäßigten entschied man sich, eine Anzahl Radikaler, allerdings keine extremen, in die eigene Liste aufzunehmen. Unter den Gewählten befanden sich Robert Blum selber, Adam von Itzstein, Johann Jacoby aus Königsberg, Heinrich Simon aus Breslau und Raveaux aus Köln — alles Männer, die in der Folgezeit, vor allem in der Frankfurter Nationalversammlung, führende Rollen auf der Linken spielen sollten. Sie führten die Liste an. Die gemäßigte Mehrheit hatte wenig Mühe, ihre maßgeblichen Repräsentanten durchzubringen.

Die Funktionen des Fünfziger-Ausschusses waren nicht klar definiert, was später zu erheblichen Reibungen führte. Allgemein herrschte Einigkeit, daß der Ausschuß für baldige Wahlen zur Frankfurter Nationalversammlung und für die Einhaltung der vom Vorparlament aufgestellten Regeln sorgen sollte.

Man kann der Ansicht sein, das Resultat des Vorparlaments sei ein Pakt zwischen Gemäßigten und Radikalen gewesen. Doch dies setzte eine Klarheit der politischen Abgrenzung voraus, die damals noch nicht existierte. Das Vorparlament trat am Ende von vier aufregenden Wochen zusammen, wie sie Deutschland vorher nicht erlebt hatte. Abgesehen von den Doktrinären gab es wenige Leute, deren Anschauungen nicht durch die ständig wechselnden Umstände beeinflußt gewesen wären, und diese waren stärker als die politischen Führer. Es bildeten sich rudimentäre politische Gruppen, aber im allgemeinen war man noch nicht so weit, um sich auf lange Sicht entscheiden zu können, wo man politisch stand und mit wem man zusammenarbeiten wollte. Daher bestanden noch keine Voraussetzungen für die Bildung politischer Parteien. Zu jedem Angehörigen des Vorparlaments, dessen politische Haltung damals einigermaßen feststand, gab es einen, der von einer Gruppe zur anderen wechseln mochte. Hecker und Struve fanden es unmöglich, mit der übrigen Versammlung zu arbeiten, weil sie sowohl extremer als auch doktrinärer waren. Sie verachteten die taktischen Erwägungen anderer Mitglieder der radikalen Linken, die bereit waren, abzuwarten. Als es April wurde, stand noch nicht fest, wie weit die praktische

Politik durch ebendiese Differenzen in der theoretischen Anschauung, die das Vorparlament in Gemäßigte und Radikale teilten, beeinflußt wurde. Am Ende der Debatte über Soirons Antrag über die Funktionen des kommenden Parlaments konnten ernste Zweifel bestehen, ob die Anerkennung oder die Ablehnung der Volkssouveränität überhaupt einen Unterschied bedeuteten. Politiker mit entgegengesetzten Ausgangspunkten, etwa diejenigen, die ein Maximum an Änderungen, und die anderen, die möglichst wenige anstrebten, konnten schließlich angesichts der Umstände zu ähnlichen Schlüssen über eine den Umständen entsprechend mögliche Politik kommen. Einige, die — wie Mathy — theoretisch eine Republik wollten, waren bereits davon überzeugt, daß die Beibehaltung monarchistischer Institutionen Deutschland am wenigsten spalten würde.

In dieser sich ständig wandelnden Situation spiegelte das erreichte Gleichgewicht zwischen Radikalismus und Mäßigung die Empfindungen im Vorparlament und vermutlich auch in der allgemeinen öffentlichen Meinung genau wider. Es war eine Zeit des Beginns. Die Wahlen zum eigentlichen Parlament standen noch bevor. Alles blieb im Fluß – nur Hecker und seine Anhänger gewannen die Überzeugung, daß die Zeit des Debattierens vorüber sei.

Das an Frankreich und die Schweiz grenzende Baden war lange politisch vorangegangen. Nun wurde, hauptsächlich dank Hecker, dieses fortschrittliche Großherzogtum zum Schauplatz eines Bürgerkriegs. Die Vorbereitungen Heckers und Struves waren nur leicht getarnt und warnten diejenigen im Großherzogtum ausreichend, die einen Umsturz von Recht und Ordnung durch eine unrepräsentative Minderheit nicht dulden wollten. In Baden begannen die gemäßigten Liberalen – unter der Drohung eines Hecker-Putsches – ihren undankbaren Kampf an zwei Fronten, gegen die Radikalen auf der Linken und gegen die »Reaktionäre« auf der Rechten. Den bei ihrem Machtantritt erhobenen Anspruch der gemäßigten Liberalen, »das Volk« zu vertreten, unterminierten nun ihre radikaleren Rivalen. Noch mehr schadete den gemäßigten Liberalen möglicherweise die Anschuldigung ihrer radikalen Kritiker, sie hätten die gemeinsamen Ideale verraten, indem sie sich mit den Kräften der »Reaktion« verbündeten. Schließlich zwang Hecker die Liberalen, Dinge zu tun, die sie in ihrer Oppositionszeit verurteilt hatten und die sie lieber nicht getan hätten.

Es war Mathy, der als Abgeordneter und Bürger – noch nicht als Minister – den entscheidenden Schritt gegen die Hecker-Verschwörung unternahm, der zum vorzeitigen Ausbruch des Aufstandes führte. Mathy war ein Mann von großer Charakterstärke und Überzeugungskraft, der es jahrelang vorgezogen hatte, in der Schweiz zu leben und sich als Lehrer seinen Lebensunterhalt zu verdienen. Dort war er sehr beliebt, und man bot ihm das Bürgerrecht an. Auch später erwog er noch, in ein Land zurückzukehren, dessen demokratische Einrichtungen er und viele zeitgenössische Liberale und Radikale bewunderten. Da es bis dahin keine formelle Trennung zwischen gemäßigten Liberalen und Radikalen gab, waren Mathy die Absichten der extremen Radikalen gut bekannt. Er wollte einen von ihnen, den Konstanzer Journalisten Fickler, davon abhalten, sich einem Aufstand anzuschließen, der nicht nur illegal, sondern politisch absurd war, da der Großherzog weitreichende Zugeständnisse gemacht hatte. Als Fickler an seinen Absichten festhielt, nahm er ihn am 8. April am Bahnhof von Karlsruhe fest. Die Linke vergaß Mathy diese Tat nie – auch diejenigen nicht, die Heckers Aufstand mißbilligten. Mathys Eingreifen, das die Pläne der Aufrührer in Unordnung brachte, trug vermutlich zur verhältnismäßig leichten Niederschlagung der Revolte bei Kandern bei. Bei dieser Aktion fand der Befehlshaber der Truppen, General Friedrich von Gagern, wahrscheinlich der bedeutendste der Brüder, den Tod.

Kurz nach dem Mißerfolg seines Aufstands beschloß Hecker, in die Vereinigten Staaten auszuwandern, und war von der Frankfurter Nationalversammlung abwesend. Er wurde für den badischen Wahlkreis Thiengen gewählt, aber die Nationalversammlung erklärte seine Wahl im August für ungültig.[33] Von seiner Anhängerschaft gehörte nur Ignaz Peter, den er zum »Statthalter« von Konstanz ernannt hatte, dem Parlament an. Dort spielte er weniger als Redner eine Rolle, sondern vielmehr als Gegenstand der Debatte darüber, ob man seine Immunität aufheben solle,[34] um ihn verhaften zu lassen. So war die Hecker-Gruppe in der Frankfurter Nationalversammlung praktisch nicht vertreten. Diese fast restlose Ausschaltung der extremsten Fraktion vom Parlament kam dessen Tätigkeit zugute. Doch dies bedeutete zugleich, daß ein Teil der tatsächlichen Opposition nicht im Parlament, sondern außerhalb zu finden war. Die der Versammlung angehörenden radikalen Linken waren sicher durch Heckers Mißerfolg ernüchtert. Sie erkannten, daß die Zeit für eine erfolgreiche Rebellion nicht reif war.

Der Fünfziger-Ausschuß, der Soiron zu seinem Vorsitzenden wählte,

[33] Vgl. S. 252. [34] Vgl. S. 247.

leistete keinen wesentlichen positiven Beitrag zur Entwicklung. In vieler Hinsicht bewirkte das Hinzufügen eines weiteren Gremiums zu all den bereits bestehenden nur eine Verzögerung der Dinge. Eine seiner Aktionen verdient Erwähnung, weil sie als Präzedenzfall für die Frankfurter Nationalversammlung diente. Nach einigen Ausschreitungen des Militärs gegen die Liberalen in Kassel im Kurfürstentum Hessen Anfang April sandte der Ausschuß Delegierte dorthin, um seine Mißbilligung über das Geschehene kundzutun und Sicherungen für die Zukunft zu schaffen. Die seit März an der Macht befindliche liberale Regierung versicherte den Delegierten, sie werde strenge Maßnahmen gegen alle reaktionären Versuche vornehmen, den konstitutionellen Fortschritt zu vereiteln.

Hauptsächlich befaßte sich der Ausschuß mit Problemen, die sich aus den bevorstehenden Wahlen zur Frankfurter Nationalversammlung ergaben; davon wird im folgenden Kapitel die Rede sein.

III. DIE ZUSAMMENSETZUNG DER FRANKFURTER NATIONALVERSAMMLUNG

1. Durchführung der Wahlen durch die Staaten — Die veraltete Bundesmatrikel — Beschränkungen des Stimmrechts — Direkte und indirekte Wahlen

Nach der veränderten Bundesmatrikel des Deutschen Bundes waren in den einzelnen Territorien des Bundes 649 Abgeordnete in die deutsche Nationalversammlung zu wählen. Obwohl Schleswig dem Bund nicht eingegliedert war, wählte man dort doch fünf Mitglieder in die Nationalversammlung. Auch die winzige Herrschaft Kniphausen verlangte eine Vertretung, getrennt vom Großherzogtum Oldenburg, in dem es gelegen war, und fügte der oldenburgschen Quote einen weiteren Abgeordneten hinzu. Während die Durchführung der Wahlen in den Händen der einzelnen Staaten lag, entschied die Nationalversammlung selber darüber, wer Anrecht auf einen Sitz hatte; sie akzeptierte die sechs zusätzlichen Mitglieder und erhöhte ihre Abgeordnetenzahl auf insgesamt 655.

Die Einzelstaaten handelten bei der Organisation der Wahlen »im Auftrage« des Deutschen Bundes. Das war die korrekte Methode, die Beschlüsse der Bundesversammlung auszuführen. Die Staaten hatten sich an die Grundanweisung zu halten, die jedem Staat die Anzahl seiner Sitze zuteilte und auch einige allgemeine Prinzipien enthielt.[1] Die Einteilung der einzelnen Staaten in die erforderlichen Wahlkreise bereitete erhebliche Schwierigkeiten. Die Wahlkreise, denen je ein Sitz zustand, sollten normalerweise jeweils 50 000 Bewohner vertreten. Ausgangspunkt war jedoch nicht die augenblickliche Bevölkerung, sondern die der Bundesmatrikel von 1818 aufgrund der Einwohnerzahlen von 1816. In den dreißig inzwischen vergangenen Jahren aber war die Bevölkerung erheblich angewachsen, und die Zuwachsrate wechselte von Staat zu Staat, von Region zu Region. Bei Gebieten,

---

[1] Vgl. S. 43 ff.

die, wie Ost- und Westpreußen und Teile von Posen, dem Bund eingegliedert wurden, berechnete man die Sitzzuteilung, indem man die
tatsächliche Bevölkerung um ein Drittel, etwa 35 Prozent, verringerte,
um sie auf einen Nenner mit den Provinzen des Königreichs Preußen
zu bringen, die dem Deutschen Bund bereits angehörten. Die Gesamtbevölkerung der von der Bundesmatrikel erfaßten Gebiete stieg von
knapp 32 Millionen im Jahr 1818 auf etwa 42 Millionen 1847, so daß
eine auf dem nationalen Durchschnitt basierende Reduzierung weit
geringer gewesen wäre, nämlich rund 26 Prozent.[2] Während die Bevölkerung Preußens in diesen dreißig Jahren um etwa 54 Prozent und
diejenige Sachsens um rund 53 Prozent gewachsen war, hatte sie in
den österreichischen Teilen des Deutschen Bundes nur um zirka 27
Prozent und in Bayern um etwa 24 Prozent zugenommen. Infolgedessen hatte ein preußischer Wahlkreis durchschnittlich 77 000 Einwohner, ein österreichischer lediglich rund 63 000. Diese Abweichungen waren von einiger Bedeutung, da die betroffenen Staaten
unterschiedliche Interessen in der Frage der deutschen Einheit hatten
und auch in ihrer ideologischen Vertretung voneinander abwichen.
Im Zahlenverhältnis gab es zwei weitere Verzerrungen. Es blieb
jedem Staat überlassen, seine Sitzquote in Wahlkreise aufzuteilen.
Selbst wenn es den Statistikern festzustellen gelang, wie viele *tatsächliche* Bewohner ein durchschnittlicher Stimmbezirk haben sollte, war
es offensichtlich unmöglich, sie gleich groß zu machen, selbst nicht in
den größeren Staaten. Natürlich beachtete man bei Festlegung der
Wahlkreise historische und administrative Grenzen. Österreich
brachte einige auffallende Ungleichheiten zuwege. In der Steiermark
schwankten die Wahlkreise zwischen 85 000 und 38 000 Bewohnern.
Die beiden kleinsten hatten zusammen eine geringere Bevölkerung
als der größte.[3] Dem Historiker, der sich einen Weg durch den
Dschungel abweichender Vorschriften in den verschiedenen Staaten
sucht, gereicht die Entdeckung zum Trost, daß einige sogar die Männer von 1848 verwirrten. In Tirol wurden 17 Abgeordnete statt der
14 gewählt, die diesem Land zustanden. Offensichtlich kamen die
Tiroler mit dem Unterschied zwischen dem tatsächlichen Bevölke-
rungsstand und der Eintragung in der Bundesmatrikel nicht zurecht.
Das *kann* ein absichtlicher Irrtum gewesen sein, um die Vertretung
der deutschen Teile zu verstärken, obwohl bei der Debatte über die

---

[2] Die Wahlstatistiken beruhen hauptsächlich auf Dieterici, *Mitteilungen*, vor allem I,
14 ff.; Repgen, *Märzbewegung*, bis einschließlich 138.
[3] Ibler, *Wahlen*.

Angelegenheit in der Frankfurter Nationalversammlung auch die italienischen Mitglieder die Regelung verteidigten, denn bei einer Verringerung der Tiroler Vertretung hätte jeder verloren.[4] Abgesehen von Kniphausen war dies der einzige Fall einer Über-Vertretung. Zu geringe Vertretung kam häufiger vor.

Dieses österreichische Durcheinander war – zumindest in seinem Ausmaß – nicht typisch für die Wahlen in den deutschen Staaten. In Preußen arbeitete, wie detaillierte Untersuchungen für das Rheinland zeigen,[5] eine fähige statistische Behörde die Aufteilung der Wahlkreise im Verhältnis zur tatsächlichen Bevölkerung aus, und die Oberpräsidenten der Provinzen versuchten im großen und ganzen, die Wahlkreise gerecht aufzuteilen. So schwankten die Bevölkerungszahlen in den Wahlbezirken des Rheinlandes nur zwischen 89 000 und 68 000.

Diskrepanzen gab es nicht nur in der Größe der Wahlkreise, sondern auch in derjenigen der Urwahlbezirke, in denen die Urwähler einen Wahlmann bestimmten. In Preußen repräsentierte ein Wahlmann mindestens 300, höchstens aber 999 Wähler.[6] Die Festlegung der Urwahlbezirke zur Abstimmung über die Wahlmänner in der ersten Phase des Verfahrens konnte das Resultat der Wahlen erheblich beeinflussen. Dieser Umstand entging nicht der Aufmerksamkeit der Behörden.

Die von der Bundesversammlung festgelegten allgemeinen Richtlinien waren zu ungenau, um die Willkür der Landesregierungen bei der Einrichtung der Wahlkreise und der Urwahlbezirke auszuschalten. Weniger frei waren die Staaten in der Behandlung der Frage, wer stimmberechtigt sei, doch auch hier waren sie nicht völlig gebunden. Eine grundsätzliche Schwierigkeit ergab sich aus dem Fehlen eines deutschen Staatsbürgerrechts. Verständlicherweise beschränkten die Länder das Wahlrecht auf ihre eigenen Bürger. Das war übel für die vielen, die Bürger des einen Staates und Bewohner eines anderen waren und am Wahltag nicht in ihre Heimat kommen konnten; aber eine doppelte Stimmabgabe wurde auf diese Weise erschwert. Um Mißbrauch zu verhindern, hatten die meisten Staaten festgelegt, daß die Stimme am Wohnort abzugeben sei. Die Aufstellung genauer Wählerlisten, die oft in zwei oder drei Wochen fertig sein mußten, erforderte offensichtlich derart strenge Bestimmungen. Es blieb keine

[4] Wigard, *Stenographischer Bericht*, V, 3482. Im folgenden nur mit Band- und Seitenzahl zitiert.
[5] Repgen, *Märzbewegung*, z. B. 137 ff.
[6] Roth und Merck, Quellensammlung, I, 267 f.

Zeit, gegengeprüfte Listen anzulegen, nicht einmal innerhalb der Provinzen eines großen Staates. Das bedeutete abermals eine gewisse Wahlbehinderung, denn nicht jedermann konnte in der vorgeschriebenen Zeit seinen zuständigen Wohnort erreichen.

Das Recht der jeweiligen Länder bestimmte das Wahlalter, doch wegen der bestehenden unterschiedlichen Gesetze war dies innerhalb eines Staates, ja selbst einer Provinz, nicht immer einheitlich. Im preußischen Rheinland wurden die Männer in verschiedenen Gegenden mit 21, 24 oder 25 Jahren volljährig. Weniger Schwierigkeiten bereitete die Definition, wer im Besitz der für die Stimmabgabe nötigen vollen Bürgerrechte war, obwohl sich auch das von Staat zu Staat unterschied.

Die größte Entscheidungsfreiheit blieb den Staaten durch die Ungenauigkeit des Begriffs »Selbständigkeit«, wie ihn das Vorparlament formuliert hatte.[7] Es ließ sich unter dem gleichen Recht eng und weit interpretieren. In Preußen galt in diesem Sinn jedermann als selbständig und folglich als stimmberechtigt, es sei denn, er erhielt Unterstützung aus der Armenkasse. In Österreich erklärte man »im Dienstverhältnis stehende Personen« für unselbständig. Die Praxis wechselte von Provinz zu Provinz, da es den einzelnen Statthaltern überlassen war, die Bestimmung nach den jeweiligen Verhältnissen auszulegen. In der Steiermark blieb Tagelöhnern, Dienstboten und Handwerksgesellen das Stimmrecht versagt.[8] In Bayern durfte nur wählen, wer unmittelbar an den Staat Steuern entrichtete. Diese Beschränkungen forderten viel Zeit und Aufmerksamkeit vom Fünfziger-Ausschuß, den das Vorparlament in Frankfurt zurückgelassen hatte, ohne daß dabei viel erreicht wurde.[9] So waren in Staaten wie Österreich und Bayern wesentliche Teile der Bevölkerung von der Wahl ausgeschlossen, während in Preußen ein fast allgemeines Wahlrecht der Männer herrschte.[10]

In den meisten Staaten verlief die Abstimmung geheim. In Österreich jedoch gab es die öffentliche Wahl. In der Steiermark zum Beispiel mußte der Wähler seine Stimme öffentlich und mündlich abgeben. In Niederösterreich waren unterschriebene Stimmzettel abzugeben.

Zwei weitere Dinge waren zu regeln: die Wählbarkeit als Wahlmann und als Parlamentsabgeordneter. Im allgemeinen konnte Wahlmann

[7] Vgl. S. 43.
[8] Einige der wichtigsten Wahlgesetze finden sich bei Roth und Merck, Quellensammlung, I, 267 ff. Für Österreich vgl. Ibler, *Wahlen*.
[9] Jucho, *Verhandlungen*, II.
[10] Vgl. auch Hamerow, *Elections;* cf. Repgen, *Hitlers Machtergreifung*, 10, Anm. 15.

nur werden, wer im entsprechenden Stimmbezirk wohnte und wahlberechtigt war. Im zweiten Punkt hatte sich die Bundesversammlung eindeutig ausgesprochen: Das gewählte Parlamentsmitglied mußte nicht notwendigerweise Bürger des Staates sein, den es vertrat. Die verschiedenen staatlichen Wahlgesetze hatten nur passende Formulierungen dafür zu finden.

Es gibt noch einen Aspekt dieser Wahlen, der einer Erklärung bedarf. Gewöhnlich wurde zusätzlich zum Abgeordneten ein Stellvertreter oder Ersatzmann gewählt. In einigen Gegenden, so in Teilen Österreichs und Bayerns, wählte man zwei Ersatzmänner. Normalerweise fand die Wahl des Ersatzmannes gleichzeitig mit der des Abgeordneten statt. In Bayern jedoch bestimmte man die Ersatzmänner gesondert. Der Wahlmodus war bedeutsam, da er darüber entscheiden *konnte*, ob der Ersatzmann die gleichen oder völlig gegensätzliche Anschauungen vertrat wie der Abgeordnete. Ein Parlamentsmitglied nannte den Ersatzmann den »Widerpart des Abgeordneten«.[11] In manchen Fällen war der Ersatzmann eines gemäßigten Abgeordneten ein Radikaler, wie sich gegen Ende der Frankfurter Nationalversammlung nach dem Rücktritt von Mitgliedern des Zentrums zeigte.[12] In zahlreichen anderen Fällen jedoch hingen Abgeordneter und Ersatzmann denselben Ansichten an. Häufig betrachtete man, wie auch der Wahlmodus sein mochte, die zwei Stimmen miteinander verbunden. Für einen Anwärter auf volle Mitgliedschaft war es nicht ungewöhnlich, zum Trost als Ersatzmann bestellt zu werden.

Für die gleichzeitige Wahl eines Ersatzmannes sprach die Tatsache, daß beim Ausscheiden oder Tod des Abgeordneten eine Nachwahl vermieden wurde. Doch die automatische Nachfolge eines Ersatzmanns konnte zur Vertretung einer Minderheit führen.[13] Die Lage wurde nicht besser durch die Verwirrung, die in diesem Ersatzmannsystem und seiner widersprüchlichen Anwendung herrschte. Die Zweideutigkeit des Begriffes Stellvertreter, die einen zeitweiligen Ersatz bedeuten *konnte*, machte die Handhabung nicht leichter, ebensowenig die sonderbare Beschränkung der Ersatzmannrolle in Preußen, wo die Stellvertreter nicht automatisch nachrückten, sondern in vielen Fällen neue Wahlen stattfinden mußten. Der Nationalversammlung blieb es überlassen, einige der Schwierigkeiten zu klären, die sich aus der Wahl von Ersatzmännern ergaben.

[11] Arneth, *Aus meinem Leben*, I, 206.
[12] Vgl. S. 386.
[13] Der Fünfziger-Ausschuß verhinderte diese Praxis in Sachsen (vgl. Jucho, *Verhandlungen*, II, 109 ff.; Philippson, *Über den Ursprung*, 50 ff.).

Da die Wahlen von den Landesregierungen organisiert wurden, kam es bei der Durchführung zu beträchtlichen Abweichungen. Die wohl weitreichendsten Unterschiede betrafen die Beschränkungen des Wahlrechts und den Wahlmodus. Direkte Wahlen gab es nur in Württemberg, im Kurfürstentum Hessen, in Schleswig, Holstein, Frankfurt, Hamburg und Bremen.[14] In allen übrigen Staaten wählten die Stimmberechtigten Wahlmänner, die ihrerseits die Parlamentsabgeordneten bestimmten. Viele andere Verfahrensweisen konnten sich ebenfalls auf das Ergebnis auswirken, etwa die strikte Anwendung des Mehrheitsprinzips. In den meisten Staaten war beim ersten Wahlgang eine absolute Mehrheit erforderlich. Es ist jedoch schwierig, etwas Allgemeingültiges über den Einfluß von Verfahrensfragen dieser Art auf die Resultate zu sagen.

2. WAHLEN IM HABSBURGERREICH — TSCHECHISCHE UND SLOWENISCHE OPPOSITION GEGEN DIE TEILNAHME — DAS DRÄNGEN DER DEUTSCHEN AUF WAHLEN IN BÖHMEN UND SLOWENIEN

Die Wahlen fanden hauptsächlich Ende April und Anfang Mai statt, doch das Wahlverfahren zog sich noch bis weit in den Mai hin. Sogar danach fanden aus verschiedenen Gründen in manchen Wahlkreisen neue Abstimmungen statt. Die Termine für die ursprünglichen Wahlen beeinflußten das Resultat auf verschiedene Weise. Die Eile, mit der man die Wahlen festsetzte, ließ wenig Zeit für einen Wahlkampf, auch nicht im elementaren Sinn, wie er 1848 in Deutschland möglich gewesen wäre. Auf den ersten Blick könnte man meinen, das Fehlen nationaler Parteiapparate und nationaler Schlagworte habe eine zuverlässige Spiegelung der örtlichen Anschauungen ermöglicht. Was man auch von heutigen Wahlkämpfen halten mag, es wird doch immerhin der Versuch gemacht, die verschiedenen Auffassungen in wichtigen Fragen darzulegen, und die Kandidaten haben ihre Einstellung zu formulieren. Unterschiedliche politische Parteien, denen die Kandidaten angehören, setzen sich öffentlich mit den Tagesproblemen auseinander und müssen ihre Anschauungen vertreten. Bei den Wahlen zur Frankfurter Nationalversammlung gab es keine formel-

[14] Huber, *Deutsche Verfassungsgeschichte*, II, 608.

len politischen Parteien, lediglich lockere Verbindungen von Leuten mit gleicher Einstellung zum Staat und zu regionalen und lokalen Fragen, die aber nicht das ganze Land miteinbezog. Um von einem erfolgreichen Kandidaten Schlüsse auf die Meinung der Wählerschaft zu ziehen, ist der örtliche Hintergrund genau zu untersuchen. Denn es ist nicht unbedingt so, daß etwa die Wahl eines »Liberalen« in jedem Staat das gleiche bedeutete, nicht einmal überall in einem und demselben großen Staat wie beispielsweise Preußen. Überdies mußten sich die Kandidaten nicht immer vor der Abstimmung dem Wahlkreis stellen. Zahlreiche prominente Persönlichkeiten wurden gewählt, ohne daß sie formell kandidiert hatten, in einigen Fällen fragte man sie vorher überhaupt nicht. Man könnte meinen, das politische Programm dieser Männer, die »eingeladen« wurden, Parlamentsmitglieder zu werden, sei den Wahlmännern so gut bekannt gewesen, daß das Verfahren dadurch keine Einbuße erlitt. Das ist nicht haltbar. Die einzige Möglichkeit, die Anschauungen eines Kandidaten zu erkunden, bestand darin, daß man ihn fragte. Wer sich nicht persönlich um einen Sitz bewarb, hatte seine genauen Ansichten über politische Tagesfragen überhaupt nicht öffentlich geäußert. Einige waren im Grunde »unpolitisch«, aber unfreiwillig mit den Behörden zusammengestoßen. Diejenigen, die politischen Fragen immer aufgeschlossen waren, hatten nicht unbedingt die Möglichkeit, ein politisches Programm zu formulieren oder es weithin bekanntzumachen. Selbst wenn sie unter der Zensur vor 1848 ihre Anschauungen hatten publizieren können, mußten sie jetzt ihre Einstellungen zu Themen klarlegen, die sich in den Wochen seit der Revolution ergeben hatten. Für all das war die Zeit reichlich kurz bemessen. Die meisten hatten nicht einmal Gelegenheit und Muße gehabt, ihre Stellung zu überdenken. Die Ereignisse spielten sich dafür allzu rasch ab. So bestanden beträchtliche Irrtumsmöglichkeiten bei der Wahl der Kandidaten. Außer in gewissen Gegenden mit intensiver politischer Tätigkeit wie dem Rheinland[15] herrschte häufig eine bodenlose Unkenntnis der Ideen, für die die Kandidaten eintraten.

Welche allgemeine Aussagen lassen sich, wenn überhaupt, über dieses politische Labyrinth machen? Drei Themen waren so gewichtig, daß alle, oder doch einige von ihnen, das ganze Land betrafen: das nationale, das ideologische und das religiöse.

Die nationale Frage stand zweifellos im Vordergrund. Die Wahlen galten dem ersten deutschen Nationalparlament, und es war jeder-

[15] Vgl. Repgen, *Märzbewegung*.

mann klar, daß es die Hauptaufgabe dieses Gremiums sei, das Land zu
einigen, was sonst auch immer noch zur Debatte stehen mochte. Die
Übernahme eines Sitzes in der Frankfurter Nationalversammlung bedeutete jedoch nicht notwendigerweise Sympathie für eine deutsche
Einigung. Die nicht-deutschen Nationalitäten, die die Bildung eines
Nationalstaats nicht wünschten, wie die Tschechen, die Italiener und
die Polen in der preußischen Provinz Posen, sahen sich vor der Entscheidung, entweder von Frankfurt fernzubleiben und so keinen Einfluß auf das dortige Geschehen zu haben oder sich in der deutschen
Nationalversammlung in der Minderheit zu befinden. Die Tschechen
entschieden sich dafür, Frankfurt zu boykottieren. Die Italiener der
österreichischen Provinz Tirol gingen ebenso wie die Polen des Wahlkreises Buck und Samter im preußischen Posen nach Frankfurt. Sie
lehnten eine Eingliederung der von ihnen vertretenen Gebiete in
einen deutschen Nationalstaat ab; die Stellung einiger anderer Nicht-
Deutscher, wie der Luxemburger und Limburger, war dagegen weni-
ger eindeutig. Nicht einmal alle deutschstämmigen Abgeordneten der
Frankfurter Nationalversammlung zeigten sich von einer deutschen
Einigung begeistert. Viele Preußen sorgten sich um die Rolle ihres
Staates mit seiner Geschichte und Tradition in einem geeinten
Deutschland. In einigen mittleren Staaten wie den Königreichen
Hannover und Bayern verschanzte man sich gründlich hinter dem
Partikularismus. Für die Österreicher brachte die Annahme der deutschen Einigung erhebliche Probleme mit sich, da sie bereits einem ge-
wichtigen Staatensystem, dem habsburgischen Kaiserreich, angehörten. Die Deutschen in Österreich konnten Ende April oder Anfang
Mai 1848 keine eindeutige Auskunft über ihre Einstellung zur Einigung Deutschlands geben. Sie mußten zwei Faktoren in Rechnung
stellen, die noch nicht geklärt waren. Zunächst widerstrebte ihnen
wahrscheinlich ein von Preußen geführtes Deutschland, wogegen sie
diesem Projekt unter österreichischer Hegemonie wohl eher geneigt
waren – in der Annahme, die Beziehungen zwischen den beiden Staa-
tensystemen ließen sich befriedigend regeln. Sodann hing vieles von
der Zukunft des ganzen Habsburgerreiches ab, die 1848 zuweilen
zweifelhaft war. Der westliche Teil der Monarchie hatte noch keine
Zeit gehabt, sich die Probleme, denen man gegenüberstand, völlig
klarzumachen, geschweige denn, sie zu lösen. Der hektische Gang der
Ereignisse seit Metternichs Sturz Mitte März war ruhigen Überlegungen nicht zuträglich. Die Wahlen zur Frankfurter Nationalversammlung fanden hauptsächlich vor dem Wiener Aufstand vom 15. Mai

statt, der das politische Leben in Österreich radikalisierte und die Spaltung zwischen gemäßigten Liberalen und Radikalen besiegelte. Die Wahlen zum österreichischen Parlament fielen dagegen in den Juni. Die Resultate für Frankfurt waren ideologisch gemäßigter als die für Wien; das war ähnlich wie die Entwicklung in Preußen, wo die Wahlen tatsächlich gleichzeitig stattfanden.

Es gab gewisse fundamentale Unterschiede zwischen den Wahlen für die Frankfurter Nationalversammlung im habsburgischen Kaiserreich und anderswo. Alle übrigen Staaten waren, von Preußen abgesehen, in der deutschen Nationalversammlung mit ihren sämtlichen Territorien vertreten. Im Fall Preußens blieb nur ein Teil der Provinz Posen ausgeschlossen. So mußten die anderen Staaten wohl oder übel mitmachen, wogegen das Habsburgerreich, mit seiner zahlreichen Bevölkerung außerhalb des Wahlgebiets, nicht unbedingt seinen Teil zu Frankfurt beizutragen brauchte. Das Kaiserreich besaß eine von Deutschland unabhängige internationale Existenz, wie hoch sein Einsatz in Deutschland auch sein mochte. Es war der einzige für Frankfurt wählende Staat, der in Deutschland keine übergeordnete Größe sehen mußte. Anders auch als Preußen konnte Österreich erwarten, daß es von Deutschland zumindest als gleichrangig behandelt werde.

Überdies waren das Habsburgerreich und Preußen die einzigen für Frankfurt wählenden Staaten, die wesentliche nicht-deutsche Völkerschaften hatten. Während Preußen jedoch eine vorwiegend deutsche Bevölkerung besaß, befanden sich die Deutschen im habsburgischen Kaiserreich nicht in der Mehrzahl. Selbst in den für Frankfurt wählenden Gebieten gab es erkleckliche nicht-deutsche Gruppen, die Tschechen in Böhmen und Mähren, die Slowenen in der Steiermark, in Kärnten, Krain, Görz, Triest und Istrien, die Italiener in Südtirol. Nationalitätsstatistiken lassen sich bekanntlich schwer objektiv zusammenstellen, doch eine sorgsame Analyse der brauchbaren Statistiken zeigt, daß der deutsche Vorsprung vor den Nicht-Deutschen, wenn überhaupt vorhanden, nur gering war.[16]

Diese beiden Faktoren – die nur teilweise Zugehörigkeit des Habsburgerreichs zum Deutschen Bund und das Gewicht der nicht-deutschen Völkerschaften – unterscheiden Österreich gründlich von den anderen für Frankfurt wählenden Staaten. Sie erklären die völlig andere Einstellung einer Wählerschaft zu den Frankfurter Wahlen, die von beträchtlichem Interesse bis zur Gleichgültigkeit, ja zur Feindse-

---

[16] Quellen in Hain, Handbuch; *Gegenwart*, III, 1 ff.; Burian, *Nationalitäten;* Grafenauer, *Ethnic Conditions.*

ligkeit reichte. In dem multinationalen Österreich, das nur teilweise zum Deutschen Bund gehörte, wurde die Frage der Teilnahme an den Wahlen selber zum Streitgegenstand, während anderswo – mit geringen Ausnahmen – der Wahlkampf im Rahmen der Wahlentscheidungen selber stattfand. Die Tschechen und die meisten Slowenen machten ihre Einstellung zur deutschen Einigung dadurch klar, daß sie nicht wählten. Die Behörden konnten die Wählerschaft nicht zur Stimmabgabe zwingen, selbst wenn sie es gewollt hätten. Und in der Tat waren die amtlichen Stellen im habsburgischen Kaiserreich von den Wahlen für Frankfurt noch weniger begeistert als die anderer Staaten. Der österreichische Hof und die Regierung waren sich deutlich bewußt, wie nützlich ihnen die anderen Nationalitäten gegen ihre deutschen Untertanen sein konnten. Besonders in Wien sahen sich die Behörden dem ideologischen und nationalen Druck der Deutschen ausgesetzt. Die Radikalen, die der Hof und die Regierung aus der Nähe beobachten konnten, waren Deutsche. In mannigfacher Weise bedeutete die deutsche Nationalbewegung für das Überleben des habsburgischen Kaiserreichs eine noch größere Bedrohung als die Forderungen der Magyaren. Diese befanden sich zumindest innerhalb des Kaiserreichs, und die Hoffnung, daß sich für sie eine Lösung finden lassen würde, ohne die Monarchie zu zerreißen, bestand halbwegs zu Recht. Die Gefahr der deutschen Nationalbewegung lag für das Habsburgerreich darin, daß es keine einfache Antwort auf die deutsche Forderung nach einer besonderen Verbindung der deutschen Teile des Kaiserreichs mit einem geeinten Deutschland gab. Den Machthabern der habsburgischen Monarchie mußte eine Nationalbewegung, die Unterstützung außerhalb des Landes fand – wie die der Italiener damals oder später der Südslawen –, besonders beängstigend erscheinen. Die deutsche Herkunft der Dynastie und die deutsche Abstammung zahlreicher führender Persönlichkeiten änderten nichts daran. Denn in ihren verantwortlichen Stellungen verfolgten all diese Männer und Frauen, wie die Erzherzogin Sophie, die Mutter des künftigen Kaisers Franz Joseph, als höchstes Ziel die uneingeschränkte Erhaltung des habsburgischen Kaiserreichs. Das war eine natürliche, fast unvermeidliche Reaktion auf die Gefahren, in denen sich das Reich in den ersten Wochen nach dem Rücktritt Metternichs befand. Man fürchtete, jede Schwäche angesichts eines Angriffs von außen (durch Sardinien auf die Lombardei) oder von innen (in Venedig durch italienische Nationalisten oder anderswo durch radikale Elemente) werde schwere Folgen für die Existenz des Reiches haben. Obwohl man einige verbale Konzessionen machte und Forderungen nach Verfassungsrechten zustimmte, gab es, sogar für die gemäßigten Minister nach Metternichs Sturz, klare Grenzen für eine Versöhnungspolitik. Tatsächlich fiel es den Ministern leichter, sich nationalen deutschen als allgemein radikalen Forderungen zu widersetzen. Es gab einen wahren konstitutionalistisch-radikalen Ansturm nach dem Ende des Metternich-Regimes; die beiden Elemente waren noch nicht deutlich voneinander geschieden. Offener Widerstand gegen diese Bewegung erwies sich als fast unmöglich, obwohl sie sich durch taktische Klugheit auf Gebiete ablenken ließ, wo sie keinen wesentlichen Schaden anrichten konnte. Die Opposition gegen die deutsche Nationalbewegung war für die Minister weit weniger gefährlich, zumal sie nicht offen geübt werden mußte. Hof und Regierung waren an Druck von verschiedenen Gruppen gewöhnt. Sie gingen möglichst lange den Weg des geringsten Widerstands. Ideologisch wurden sie gewöhnlich in eine bestimmte Richtung – die radikale – geschoben, und zwar weiter, als ihnen recht war. In der nationalen Frage befanden sie sich in einer viel glücklicheren Lage, da der aus verschiedener Richtung ausgeübte Druck sich neutralisierte, so daß man jedermann versichern konnte, man wolle gern helfen, wenn man nur tun könnte, was man wolle. Die Deutschen wünschten Wahlen in den tschechischen Gebieten Böhmens und Mährens, die Tschechen dagegen lehnten das ab. Die Regierung unternahm überhaupt nichts, sondern überließ alles den örtlichen Behörden und der Wählerschaft. Die deutsche Nationalbewegung wurde mit ihren eigenen liberalen Waffen geschlagen. Ähnliche Situationen ergaben sich in den slowenischen Bezirken im Süden. Hof und Regierung in Wien sahen nicht ein, wozu sie eine deutsche Nationalbewegung unterstützen sollten, die vielleicht das habsburgische Kaiserreich sprengen würde. Tschechische und slowenische Proteste gestatteten es den Ministern, den Deutschen ihre Hilfe zu verweigern, ohne das geringste Risiko einzugehen. Die deutsche Kampagne im Habsburgerreich begann daher mit einer Niederlage.

In der ernsten Situation, in der sich das Kaiserreich befand, konnte das deutsche Argument, wie wichtig es sein mochte, den habsburgischen Einfluß in Deutschland zu erhalten, nur wenig Gewicht haben. In tieferem Sinn spiegelte die Haltung der Regierung die alles andere überschattende und weit verbreitete Beschäftigung mit den österreichischen Problemen wider. Das Beharren auf einer Stärkung des deutschen Einflusses hatte bei einer übernationalen Regierung keine gute Chance. Auch durften die Minister mit einigem Recht bezweifeln, ob die Deutschen in Österreich die künftige Beziehung zwischen der habsburgischen Monarchie und dem vorgesehenen neuen deutschen Staat richtig durchdacht hatten.

Die politischen Vorkämpfer nahmen undeutlich wahr, daß das Ausmaß der Union zwischen den beiden Staatssystemen geklärt werden müsse. Dies kristallisierte sich in der Frage »*Bundesstaat oder Staatenbund*« heraus — eine Formulierung, die den Wunsch nach einer engen Verbindung zwischen Österreich und Deutschland als einer Gegebenheit voraussetzte. Man forderte die Wähler auf, sich je nach ihrer Neigung zu einer der beiden Lösungen in Listen einzutragen.[17] Eines machte diese Alternative nicht klar, nämlich welche Territorien dem vorgesehenen Staatenbund oder Bundesstaat angehören sollten. Sollte die ganze habsburgische Monarchie in einen deutsch-österreichischen Bund eingehen, einschließlich z. B. des Königreichs Ungarn, das keine Abgeordneten nach Frankfurt entsandte?[18] Im Frühjahr und Frühsommer 1848 spielte die Begeisterung über den plötzlichen Zusammenbruch des Widerstandes gegen Reformen eine zu große Rolle, als daß man die praktischen Schwierigkeiten nüchtern hätte beurteilen können. Die Befürworter eines österreichischen Anschlusses an Deutschland sahen nur ihre eigenen Probleme. Vor Mitte Mai erwartete niemand, auch keiner der Parteigänger einer engen Verbindung Österreichs mit Deutschland, einen Zerfall des habsburgischen Kaiserreichs. Man wollte das Reich sicher nicht zerreißen. Doch die meisten dachten offenbar nicht an die Probleme, die sich aus dem Anschluß an einen deutschen Nationalstaat und der gleichzeitigen Erhaltung des Habsburgerreichs ergaben. Die feindselige Haltung der Slawen zu den Wahlen nach Frankfurt bedarf weniger Erklärung als das Interesse der Deutschen an diesen Wahlen. Die Lebensfragen des habsburgischen Kaiserreichs ließen sich nur durch ein Gremium oder durch Gremien entscheiden, die das ganze Reich vertraten und sich ausschließlich mit seinen Angelegenheiten befaßten. Selbst wenn sich die Tschechen und Slowenen zur Mitwirkung bewegen ließen, wäre nur ein Rumpf des Habsbur-

---

[17] Ibler, *Wahlen*, 108.
[18] Einer der wenigen Österreicher, die in dieser Frage deutliche Vorstellungen hatten, war Johann Perthaler, der später der Frankfurter Nationalversammlung angehörte; vgl. Kuranda, *Großdeutschland*, 106 ff. Perthaler wollte eine Vereinbarung für die gesamte Habsburger Monarchie mit Deutschland, am besten auf der Basis einer Bundesunion mit den beiden Staaten, aber unter österreichischer Führung. Über Perthaler vgl. auch ADB, XXV; NÖB, V; BSTH.

gerreichs in Frankfurt vertreten gewesen, wo die Österreicher leicht durch die anderen überstimmt werden konnten. Die Staatsparlamente Österreichs und Ungarns mußten für das Kaiserreich bedeutsamer sein als die deutsche Nationalversammlung in Frankfurt. Dennoch zeigten die Deutschen in der habsburgischen Monarchie erhebliches Interesse an den Wahlen für Frankfurt und verwandten große Energie darauf, daß sie in möglichst weitem Rahmen stattfanden. Da sich von den österreichischen Behörden wenig Eifer für die deutsche Nationalversammlung erwarten ließ, hing die Zahl der nach Frankfurt Delegierten sehr von freiwilligen und inoffiziellen Bemühungen ab. Infolgedessen gründete man in Wien ein »Zentralkomitee für die Wahlen zur deutschen Nationalversammlung in Frankfurt«. In größeren Orten bildeten sich Unterausschüsse.

Während die Nicht-Deutschen im Habsburgerreich die Frage der Frankfurt-Wahlen rein im Hinblick auf die Donaumonarchie betrachten mußten, sahen viele der österreichischen Deutschen in der Zukunft Deutschlands und der habsburgischen Monarchie zwei Seiten desselben Problems. Sie wollten gleichzeitig den überlegenen deutschen Einfluß auf die Führung des Kaiserreichs und den österreichischen Einfluß in Deutschland erhalten. Bei dem kritischen Zustand des Habsburgerreiches im Frühjahr und Sommer richtete sich die Aufmerksamkeit wohl vorwiegend auf den deutschen Einfluß in Österreich. Und in der Tat betrachteten die Deutschen in der habsburgischen Monarchie die Wahrung des österreichischen Einflusses auf Deutschland als ein Mittel, ihre Position in Österreich zu stärken. Da die Nationalitätenfrage das überragende Problem des habsburgischen Reiches bildete, waren sowohl die Wichtigkeit, die die deutschen Österreicher der Vertretung in Frankfurt beimaßen, wie auch die Opposition der Tschechen und der Slowenen dagegen völlig logisch. Beide Seiten folgten dem Diktat ihrer nationalen Interessen, die sie mit der üblichen Intoleranz und Einseitigkeit der damaligen Nationalbewegungen verfolgten.

Verständlicherweise brauchte die Begeisterung der Wiener Bevölkerung für die deutsche Sache einige Zeit, um sich zu entwickeln. Obwohl sie sich vor allem gegen die anderen Nationalitäten richtete, wurde sie durch die nicht sehr willkommenen Nachrichten über die preußische Initiative in der deutschen Frage aufgrund der Berliner Märzrevolution genährt. Anfang April sah man in Wien allenthalben die deutschen Farben Schwarz-Rot-Gold. Während Anton Springer, der sich später gleicherweise als Kunst- und politischer Historiker auszeichnete, die Anhänglichkeit an Deutschland für oberflächlich hielt[19], beobachtete ein anderer Zeitgenosse, der Historiker und Politiker Josef Alexander von Helfert in den Kreisen der Gebildeten eine bedeutsame Loyalitätsverlagerung von Wien nach Frankfurt.[20] Nach Helfert war nur der deutsche Teil Tirols Österreich völlig ergeben. Der Widerspruch zwischen diesen Urteilen zweier fachkundiger — wenn auch nicht unvoreingenommener — Beobachter der politischen Bühne überrascht angesichts ihres Engagements in dem Kampf nicht. Springers Skepsis bezüglich der Stärke der deutschen Gefühle in Österreich ist verständlich bei dem großdeutschen Österreicher aus Böhmen, der sich nach der Revolutionszeit in Deutschland niederließ. Helferts Zweifel an der Loyalität der deutschen Österreicher gegenüber der habsburgischen Monarchie in einem zu Beginn des 20. Jahrhunderts veröffentlichten Alterswerk paßt zum glühenden Glauben eines getreuen Anhängers der Habsburgermonarchie an die breite multinationale Grundlage des Reichs. Im großen und ganzen unterstützen die Deutschen in Österreich die deutsche Sache, um die Positionen ihrer nationalen Gruppe zu festigen.

Der Druck führender deutscher Organisationen wie des Politisch-Juridischen Lesevereins[21] und des Zentralkomitees[22] in Wien, der teilweise auf Betreiben des Fünfziger-Ausschusses in Frankfurt erfolgte, war nötig, um die österreichischen Behörden zur Veranstaltung der Wahlen für die deutsche Nationalversammlung zu veranlassen. Die österreichische Regierung war nicht die einzige, die eine Mahnung brauchte. Die Abhaltung von Wahlen in den deutsch besiedelten Teilen Österreichs stand nie wirklich in Frage, da die Regierungen Ficquelmont und Pillersdorf die Linie des geringsten Widerstands verfolgten. Anders sah es aus, wenn ein Druck in entgegengesetzter Richtung auf die österreichischen Minister erfolgte. Das mächtige Nationalkomitee in Prag beschloß, die Wahlen zur Frankfurter Nationalversammlung in Böhmen und womöglich auch in Mähren zu boykottieren. Der Tschechenführer Palacky lehnte in einem berühmten Brief an den Fünfziger-Ausschuß die Einladung zur Teilnahme ab[22a]. Das Prager Nationalkomitee war ein vorwiegend tschechisches Gremium, hatte aber ursprünglich in der ersten Zeit nach der März-Revolution eine Anzahl deutscher Mitglieder. Obgleich es kei-

---

[19] Anton Springer, *Geschichte Österreichs*, II, 254 ff.
[20] Helfert, *Geschichte*, I, 448 ff.
[21] Vor 1848 der Treffpunkt der liberalen Opposition.
[22] Vgl. S. 68.
[22a] Jucho, *Verhandlungen*, II, 82.

nen offiziellen Status besaß, übte es angesichts der schwachen Behörden beträchtliche Macht aus. Dem Frankfurter Fünfziger-Ausschuß bereitete die Lage in Böhmen große Sorge, und er entsandte eine Abordnung dorthin, bestehend aus dem ausgezeichneten württembergischen Staatsbeamten Wächter und dem bekannten Journalisten böhmischer Abstammung und jüdischen Glaubens Kuranda. Diesen beiden relativ gemäßigten Parteigängern der deutschen Sache schloß sich in Prag inoffiziell Schilling als weiteres Mitglied des Fünfziger-Ausschusses an. Dieser Wiener Arzt, später ein Abgeordneter der gemäßigten Linken in Frankfurt, war entschieden pro-deutsch und anti-slawisch eingestellt. Die beiden offiziellen Delegierten bemerkten rasch, daß ihnen ihr inoffizieller Bundesgenosse einen Bärendienst erwies. Die tschechischen Führer wiederholten die Argumente, die Palacky in seinem Brief beredt vorgetragen hatte. Für sie hatten die Tschechen ihren Platz innerhalb des Habsburgerreiches, aber außerhalb von Deutschland. Schließlich sei es völlig unlogisch, aus der böhmischen Mitgliedschaft im Deutschen Bund zu folgern, Böhmen werde sich einem deutschen *Nationalstaat* anschließen. Wenn die Deutschen ihre Angelegenheiten auf nationaler Ebene behandeln wollten, seien die Tschechen zu Gleichem berechtigt. Schilling antwortete auf den tschechischen Standpunkt mit der Androhung von Gewalt, und die Gespräche wurden begreiflicherweise abgebrochen, ohne daß eine Verständigung erzielt wurde.[23] Inzwischen hatte das Prager Nationalkomitee bereits die Zusicherung der Wiener Regierung erhalten, Böhmen werde nicht zu Wahlen für Frankfurt gezwungen werden. Ein deutscher Versuch, diese Zusage widerrufen zu lassen, blieb erfolglos, obwohl die Wiener Behörden bezeichnenderweise jeder Delegation versicherten, auf ihrer Seite zu stehen. So überließ die Regierung die Angelegenheit dem individuellen Handeln. Das Zentralkomitee in Wien und der Deutsche Ausschuß in Prag[24] förderten deutsche Kandidaturen in Böhmen und Mähren — eines der verhältnismäßig wenigen Beispiele für eine Wahlorganisation auf breiter regionaler Basis. Während die meisten Abgeordneten der Frankfurter Nationalversammlung in den Wahlkreisen gewählt wurden, in denen sie lebten, oder doch zumindest in den verhältnismäßig kleinen territo-

[23] Jucho, *Verhandlungen*, II, 298 ff.
[24] Für den Deutschen Ausschuß in Prag vgl. den Bericht des radikalen Autors Moritz Hartmann, eines Deutsch-Böhmen jüdischer Herkunft, der führenden Anteil an der Organisation der Wahlen hatte und selber einen Sitz gewann. Seine autobiographische Skizze über diese Periode erschien unter dem Titel *Bruchstücke revolutionärer Erinnerungen* und findet sich im Quellenverzeichnis.

rialen oder geographischen Gebieten, in denen der Wahlkreis lag, überschritt der Prozentsatz der zu Abgeordneten gewählten Böhmen und Mähren, die dort nicht ansässig waren, die Norm.

Die Berichte der Abgesandten an den Fünfziger-Ausschuß nach ihrer Rückkehr aus Prag enthielten zwei Anklagen[25]. Die eine befaßte sich mit dem tschechischen Terror. Drohungen gegen Minderheiten waren an der Tagesordnung, da Recht und Ordnung unterminiert waren. Die Opfer waren hier nicht die »Reaktionären« — auch nicht die Liberalen —, sondern die Anhänger anderer nationaler Bewegungen. Es ging nicht um ideologische Fronten. Ob sich die Tschechen in Böhmen schlimmer benahmen als andere damalige Nationalisten, einschließlich der deutschen, ist zu bezweifeln. Die andere Beschwerde betraf die geringe Unterstützung der deutschen Sache in Böhmen durch viele, die man als Deutsche bezeichnen konnte. Doch die ethnische Unterscheidung selber war nicht einfach, wie die Namen einiger Führer der tschechischen Bewegung, wie etwa Rieger, erkennen lassen. Ohne Zweifel hielten es zahlreiche Deutsche in diesen Tagen nicht für klug, ihre deutsche Gesinnung deutlicher zu zeigen, als es auch andere nationale Minderheiten in Grenzgebieten während unruhiger Zeiten normalerweise tun. Aus dem Vorwurf der Illoyalität läßt sich hauptsächlich schließen, daß sich die Deutschen im habsburgischen Kaiserreich nicht bewußt waren, welche Fortschritte die tschechische Nationalbewegung in der Ära Metternich gemacht hatte, und daß sie die Unterstützung für die deutsche Sache in Böhmen überschätzten.

In den tschechischen Gebieten und in einigen gemischten Bezirken Böhmens fanden überhaupt keine Wahlen statt. In anderen, von Tschechen wie von Deutschen bewohnten Teilen Böhmens weigerte sich ein großer Prozentsatz der Wählerschaft, an der Wahl teilzunehmen. So erschienen in der Stadt Kaplitz 82 von 100 Wahlmännern zur Abstimmung, aber 78 von ihnen verweigerten die Stimmabgabe. Nur vier wählten den Abgeordneten und seinen Ersatzmann[26], wodurch das demokratische Verfahren zur Farce wurde. Der Abgeordnete, der in Linz ansässige und aus Böhmen stammende Chirurg Wilhelm Huber, nahm seinen Sitz erst im August 1848 ein, da er nichts von seiner Wahl wußte: die österreichischen Behörden hatten ihn nicht davon unterrichtet[27]. Die Versammlung gestattete ihm

[25] Jucho, *Verhandlungen*, II, 283 ff.
[26] Helfert, *Geschichte*, II, 55.
[27] *Umrisse*, 193.

Teilnahme und Stimme, und er übte sie bis zu seinem Rücktritt im April 1849 aus.

Einige Wahlen in Böhmen verzögerten sich wegen der tschechischen Opposition. In Prag erfolgte am Nachmittag des 22. Mai – als die Frankfurter Nationalversammlung bereits tagte – die Ankündigung, am folgenden Tag seien zwei Abgeordnete und zwei Ersatzleute für Frankfurt zu wählen. Die Plakate mit Einzelheiten über das Wahlverfahren wurden abgerissen. Offenbar registrierte man nur drei Stimmen[28]; dies ist wohl zum Teil auch auf einen Lohnstreik der Drucker zurückzuführen, der die Ausgabe zusätzlicher Anweisungen der Regierung verhinderte. All diese Vorkehrungen zeigen, wie Entschlußlosigkeit auf seiten der Behörden mit plötzlichen Energieausbrüchen abwechselten. Die Kurzfristigkeit der Ankündigung geht vermutlich auf die Furcht vor der tschechischen Opposition zurück. Die Behörden hofften, eine Angelegenheit rasch zu erledigen, die ihrem Wesen nach reichlich Vorbereitung und Nachdenken erforderte.[29]

Die Formlosigkeit dieser Wahlvorbereitungen in Böhmen spiegelt der Bericht des deutsch-böhmischen Schriftstellers Josef Rank[30] über seine eigene Wahl in seinen Erinnerungen wider: »Im August 1848 erhielt ich ganz unerwartet einen Brief von meinem Vater, in welchem er mir anzeigte, daß meine Heimat sich nicht länger hinhalten lassen wolle, die Abgeordnetenwahl nach Frankfurt vorzunehmen, daß ich die Ausschreibung der Wahl beim Ministerium veranlassen möge und überzeugt sein könne, zum Abgeordneten gewählt zu werden, da nur die Deutschen der Grenzbezirke zu wählen entschlossen sind. Ich ging zum Minister Pillersdorf, setzte ihm die Verhältnisse meiner Heimat auseinander, sagte, daß die Deutschen nicht gehindert bleiben dürften, die Wahl nach Frankfurt vorzunehmen, nachdem die Tschechen sich dagegen wehren und ersuchte ihn, einen deutschen Wahlbezirk auszuschreiben und die Wahl so rasch als möglich vornehmen zu lassen. Der Minister kam mir äußerst freundlich entgegen, sagte, daß die Wahlen nach Frankfurt ja auch für Böhmen längst bewilligt und, wie ich wüßte, in deutschen Bezirken bereits vollzogen seien; er sei gerne bereit, dem Wunsche meiner Böhmerwalder Heimat zu entsprechen. Er hielt Wort; an den Statthalter von Böhmen

---

[28] Dies beeinträchtigt einigermaßen die Behauptung in der *Gegenwart* I, 69, die Prager Bevölkerung sei zu zwei Dritteln deutsch gewesen.
[29] Helfert, *Geschichte*, II, 272 ff.
[30] Wurzbach, XXIV, 336; ADB, LIII.

erging telegrafisch der Auftrag, den Wahlkreis meiner Heimat festzustellen und die Wahl sofort auszuschreiben – und 12 Tage später
erhielt ich die Nachricht, daß ich in Bischofteinitz aus der Wahl als
Abgeordneter hervorgegangen sei ...«[30a]

So zogen sich wegen des Drucks und Gegendrucks die Erstwahlen zur
Frankfurter Nationalversammlung bis in den August hin, als zahlreiche ursprüngliche Abgeordnete bereits abgelöst waren. Auch Rank
kann sehr wohl wegen des tschechischen Boykotts von einer Minderheit des Wahlkreises gewählt worden sein, oder zumindest durch eine
kläglich reduzierte Wählerschaft. Er selber berichtet, er sei vorher bei
der Wahl zum österreichischen Reichstag in seinem Heimatort geschlagen worden, da sein tschechischer Gegner vier Stimmen mehr
erhalten habe.[31]

Den Tschechen gelang es zweifellos, eine beachtliche Anzahl von Wahlen
in Böhmen zu verhindern oder zu erschweren. Weniger erfolgreich waren
sie in dieser Hinsicht in Mähren.

Wie die Tschechen widersetzten sich die Slowenen einem Anschluß
an das neue Deutschland, weil sie im Habsburgerreich bleiben wollten. Die slowenische Nationalbewegung erstrebte die Bildung eines
Königreichs Slowenien, das vor allem aus den slowenischen Gebieten
in Krain, Kärnten, der Südsteiermark und der adriatischen Region im
Rahmen des habsburgischen Kaiserreichs bestehen sollte. Doch nicht
alle Slowenen hielten sich an die Aufforderung ihrer Nationalbewegung, die Wahlen zu boykottieren. Und man verhinderte die Abstimmungen für Frankfurt hier nicht so erfolgreich wie bei den Tschechen.
Das überrascht nicht, weil die Slowenen über einen weiteren Raum
verstreut lebten als die Tschechen und nur in Krain ein klares Übergewicht über die anderen Nationalitäten besaßen. Im Gubernium
Küstenland, dem Adriagebiet, waren die Italiener heftige Rivalen,
vor allem in der Gegend von Triest, auch wenn die Deutschen nur
einen Bruchteil der Bevölkerung darstellten. In Kärnten und in der
Steiermark bildeten die Slowenen, obwohl sie nur etwa ein Drittel
der Bevölkerung ausmachten, in den südlichen Teilen feste Blöcke; in
diesen Provinzen hatten die Deutschen eindeutig die Oberhand. In
Kärnten richtete die slowenische Opposition gegen die Wahlen für
Frankfurt sehr wenig aus. Etwas erfolgreicher waren die Slowenen in
der Niedersteiermark. In einigen Wahlkreisen wurden die Wahlen
verhindert, in anderen boykottierte die Mehrheit die Abstimmung,

[30a] Rank, *Erinnerungen,* 333 f.
[31] Rank, *Erinnerungen,* 333.

und es kam zu einer Minderheitswahl. In den beiden anderen Provinzen, wo die Slowenen am stärksten waren, in Krain und im Küstenland, waren Minderheitswahlen das übliche. An anderen Orten wurden die Wahlen verhindert oder Slowenen gewählt, die nie nach Frankfurt gingen. Es gab jedoch auch einzelne Beispiele deutscher Kandidaten, wie das Alexanders von Auersperg (der Dichter Anastasius Grün)[32], die mit slowenischer Unterstützung gewählt wurden. Die Behörden übten nur geringe Kontrolle aus.[33]

Die Tschechen und die Slowenen waren – ebenso wie die Polen – auf dem Slawischen Kongreß vertreten, der am 2. Juni 1848 in Prag begann.[34] Deutscher und slawischer Nationalismus hatten eine ihrer vielen gemeinsamen Wurzeln in der Lehre Herders,[35] und das Erwachen des deutschen Nationalbewußtseins mußte auch das der Slawen stärken. Zwar waren fast alle Erstwahlen zur Frankfurter Nationalversammlung vorüber, als der Kongreß begann, doch verschärften die Vorbereitungen für das Treffen sicherlich die Spannungen zwischen Deutschen und Slawen. In Wirklichkeit brachte der Kongreß für die Slawen keinen rechten Segen, da er wesentliche Differenzen in der Einstellung der einzelnen Gruppen gegenüber den aktuellen Problemen ans Licht brachte.

3. Die Wahlen in Südtirol — Allgemeine Faktoren bei den Wahlen zur Frankfurter Nationalversammlung — Wahlausschüsse

Sechzig Wahlkreise der habsburgischen Monarchie waren im Frankfurter Parlament nicht vertreten. Die Zahl der gewählten Abgeordneten, die ihre Sitze einnahmen, betrug 133 von insgesamt 193 möglichen (unter Berücksichtigung der tirolischen Über-Vertretung). Die fehlenden Wahlkreise lagen in den tschechischen und slowenischen Gebieten – die meisten, nämlich 45, in Böhmen; dort übernahm man nur 23 von 68 Sitzen, also nur ein gutes Drittel. Da die Deutschen in Böhmen nach offiziellen Statistiken etwa 39 Prozent der Bevölke-

[32] ADB, X; BSTH, NDB.
[33] Apih, *Slowenische Bewegung*; Helfert, *Geschichte*, I, 467 ff.
[34] Namier, *1848: Revolution*, vor allem 91 ff.
[35] Kohn, *Pan-Slawism*, 1 ff.

rung ausmachten, ist dies ein klägliches Ergebnis, auch wenn die Behörden den deutschen Bevölkerungsanteil etwas zu hoch ansetzten. Zahlreiche Distrikte hatten eine gemischte Bevölkerung, und wären die Deutschen wirklich mit dem Herzen bei der Frankfurter Sache gewesen, so hätten wohl wesentlich mehr Sitze besetzt werden können. Zweifellos waren zahlreiche ethnisch Deutsche an der Einigung Deutschlands völlig uninteressiert.

Anders lagen die Dinge in den von Italienern bewohnten Teilen Südtirols. Ursprünglich richteten sich die Gefühle gegen jede Vertretung in Frankfurt, doch der katholische Priester und Theologe Baron Giovanni a Prato aus Roveredo, der 1848 im Trentino eine führende Rolle übernahm, überredete die Bevölkerung zur Beteiligung.[36] Die Italiener in Südtirol konnten es sich bei aller Feindlichkeit gegen die habsburgische Herrschaft nicht leisten, einen unabhängigen Weg zu verfolgen. Während sich die slawischen Gruppen hauptsächlich oder völlig innerhalb der habsburgischen Reichsgrenzen befanden und ihre Zukunft im Kaiserreich erblickten, lebte die Mehrheit der Italiener jenseits dieser Grenzen, und die Bevölkerung des Trentino setzte ihre Zukunft auf diese italienischen Brüder. Da ihre Loyalität außer Frage stand, konnten die Tschechen und die Slowenen ihren Einfluß in der habsburgischen Monarchie spürbarer geltend machen als die Italiener. Die Italiener in Südtirol hatten zwischen Revolution und Zusammenarbeit zu wählen. Nach einem vergeblichen Aufstand bei Tione im April[37] war ihnen klar, daß sie wenig Chancen hatten, erfolgreich gegen die habsburgische Herrschaft zu rebellieren. Die Machthaber waren entschlossen, die österreichischen Erblande zu halten, was auch in der Lombardei und in Venetien geschehen mochte. Vier führende Adelige des Trentino, darunter Graf Giuseppe Festi, der im Mai für Frankfurt gewählt wurde und in der Versammlung mitwirkte, wurden Anfang April verhaftet.[38] Im ganzen habsburgischen Kaiserreich war keine Provinz der Dynastie gegenüber loyaler und dem Anschluß an Deutschland zugeneigter als Tirol. Sir Lewis Namier meinte, die Italiener hätten sich an den Wahlen zur deutschen Nationalversammlung in der Hoffnung beteiligt, »dort die nationalen Ansprüche des Trentino bestätigt zu bekommen«.[39] Politische Realisten konnten im Frühjahr und Frühsommer 1848 diese

[36] Marchetti, *Trentino*, I, 183 ff.; vgl. auch Wurzbach, XXIII.
[37] *Gegenwart*, IV, 94.
[38] Marchetti, *Trentino*, I, 107.
[39] Namier, *Nationality and Liberty*, 178.

Aussicht kaum unter die praktikablen Möglichkeiten rechnen. Ein wahrscheinlicherer Grund für die Beteiligung bestand darin, daß die Bevölkerung des Trentino, außerstande, die habsburgische Herrschaft abzuschütteln, jede günstige Gelegenheit nutzen mußte, um sich Gehör zu verschaffen. Sechs Wahlkreise waren durch Italiener vertreten.

Daher traten nicht alle 133 Abgeordneten aus der habsburgischen Monarchie für die deutsche Einigung oder auch nur für den deutschen Charakter ihrer Wahlkreise ein. Die sechs Italiener verringerten die Zahl auf 127. Überdies wurden von den restlichen Abgeordneten einige unter zweifelhaften Umständen gegen den Mehrheitswillen in ihren Kreisen gewählt. So hatten vermutlich 120 bis 125 Wahlkreise oder rund zwei Drittel der möglichen Sitze des Habsburgerreichs deutsche Vertreter. Da sich allein der westliche Teil der Monarchie, in dem die Hauptmasse der deutschen Bevölkerung lebte, an den Wahlen für Frankfurt beteiligte, zeigt sich daran noch besser als an den notwendigerweise subjektiven Bevölkerungsstatistiken, wie gegenstandslos die Behauptung war, das habsburgische Kaiserreich sei deutsch.

Für fast alle nicht eingenommenen Sitze war der slawische Boykott im Habsburgerreich verantwortlich. Im Königreich Preußen blieb nur ein Sitz der Provinz Ost- und Westpreußen unbesetzt, und zwar vermutlich der eines nicht-deutschen Wahlkreises. Das übrige Defizit hatte nichts mit Nationalitätsfragen zu tun. Der Wahlkreis Thiengen in Baden entsandte keinen Vertreter, weil er auf der Wiederwahl des nicht wählbaren Hecker bestand. Hier ging das Nichtvertretensein eines Kreises nicht auf die fehlende Wahlbereitschaft der Wähler zurück, sondern auf die Weigerung der Frankfurter Nationalversammlung, Hecker als Mitglied zuzulassen.[40] Normalerweise blieb die Anerkennung von Abgeordneten der Versammlung selber überlassen, in einem Fall jedoch griffen die Behörden ein und erklärten eine Wahl aus einem ähnlichen Grund wie dem, der die Nationalversammlung zur Ablehnung Heckers bewog, für nichtig. In Südtirol wählte die Bevölkerung von Riva am Gardasee zunächst Dr. Giacomo Marchetti, der im April nicht weit entfernt in Tione ein Revolutionsregime gebildet und dann hatte nach Mailand fliehen müssen, das sich damals in den Händen der italienischen Nationalbewegung befand. Die österreichische Regierung erklärte die Wahl kurzerhand für null und nichtig und setzte eine neue an. Trotz eines Protests akzeptierten

[40] Vgl. S. 252.

die Italiener in dem Wahlkreis die Ablehnung der Regierung und wählten erst Giovanni a Prato (der für Roveredo annahm) und dann Francesco Antonio Marsilli, der den Sitz übernahm.[41] Sowohl Deutsche wie Nicht-Deutsche mußten im Zusammenhang mit den Wahlen zur Frankfurter Nationalversammlung rasch schwierige Entscheidungen treffen. Unter den Deutschen ist das Dilemma derjenigen in Österreich am verständlichsten. In unterschiedlichem Maße konnten auch zahlreiche Deutsche aus anderen Staaten, die *prinzipiell* die deutsche Einheit befürworteten, mit Recht behaupten, ihre Stimmabgabe in der Versammlung werde von den *genauen* vorgeschlagenen Bedingungen abhängen. Sie sahen sich gezwungen, die deutsche Einheit nicht nur unter staatlichen oder regionalen Gesichtspunkten zu betrachten, sondern sich zu fragen, was für ein Deutschland zu schaffen man sie eingeladen hatte. Das war eine in erster Linie ideologische Angelegenheit.

Politiker und Wählerschaft gewöhnten sich erst allmählich an die Vorstellung einer Spaltung zwischen gemäßigten Liberalen und Radikalen, nachdem sie vor 1848 jahrelang in der Opposition zusammengearbeitet hatten, wenngleich in einzelnen Staaten, wie etwa in Baden, die Risse schon vor der Revolution zutage getreten waren. In diesem Großherzogtum waren infolge von Heckers Aufstand vom April die Fronten für die Wahl eindeutiger abgesteckt als in den meisten anderen Teilen Deutschlands. Doch selbst hier war die Position mancher Politiker zur Zeit des ersten Wahlganges, der aufgrund der verworrenen Lage erst zwischen 13. und 18. Mai stattfinden konnte, nicht klar umrissen.[42] Nachdem die Rebellion niedergeschlagen war, verhielten sich sämtliche Anhänger Heckers, soweit sie sich auf freiem Fuß befanden, sehr vorsichtig, um der Verhaftung und dem Gericht zu entgehen. Wer radikale Änderungen, aber nicht gleich offene Rebellion wollte, mochte wahrscheinlich nicht Gefahr laufen, mit Hecker identifiziert zu werden.

Ideologische Erwägungen mußten sich auf die Einstellung zur Einheit auswirken. Sämtliche Richtungen, von den Gemäßigten bis zu den Radikalen und von den Föderalisten bis zu den Zentralisten, setzten sich nur dann mit Nachdruck für einen deutschen Staat ein, wenn dieser ihren ideologischen und konstitutionellen Vorstellungen entsprach. Umgekehrt konnten sie erbittert gegen eine deutsche Einigung opponieren, wenn Bedingungen gestellt wurden, die mit ihren

---

[41] Marchetti, *Trentino*, I, 185.
[42] Philippson, *Über den Ursprung*, 62.

Grundanliegen in Widerspruch zu stehen schienen. Zur Zeit der Wahl ließ sich noch nicht ermessen, wie genau sich die Vorstellungen über Einheit und Ideologie wechselweise beeinflußten, denn dies sollte großtenteils von Ereignissen abhängen, die noch nicht eingetreten waren und die man kaum vorhersagen konnte.

Es gab noch einen anderen Gesichtspunkt, unter dem man das neue Deutschland betrachten konnte: den religiösen. Ein Katholik wollte natürlich wissen, ob seine Kirche in dem neuen Staat gesichert sein würde. Ihn mußten eine römisch-katholische Führerschaft und die Aussicht auf ein Deutschland anziehen, in dem seine Glaubensgenossen die Mehrheit bildeten. Eine protestantische Führung und die Wahrscheinlichkeit, dem anderen großen Bekenntnis zahlenmäßig zu unterliegen, stieß ihn eher ab. Daher waren die drei Fragen, die der Einheit, der Ideologie und der Religion, eng miteinander verbunden.

Normalerweise wurden die deutschen Mitglieder der Frankfurter Nationalversammlung in der Annahme gewählt, sie seien bereit, sich für die deutsche Einheit einzusetzen. Im großen und ganzen wählten Gegenden, die nicht an der Spitze der Einigungsbewegung standen, so etwa Hannover und Altbayern, auch keine für die deutsche Sache besonders begeisterten Abgeordneten. Ideologisch gab es einen Gegensatz zwischen gewissen traditionell radikalen Gebieten, wie der Rheinpfalz, dem Großherzogtum Baden, Teilen der Königreiche Württemberg und Sachsen und der preußischen Provinz Schlesien auf der einen Seite, und dem verhältnismäßig gemäßigten übrigen Land andererseits. Sogar in vorwiegend gemäßigten Gegenden, wie dem preußischen Rheinland, waren einige Städte radikal. Wie die anderen Beispiele freilich zeigen, blieb der Radikalismus nicht auf die Städte beschränkt. Es wäre gewiß falsch, radikale Städte dem gemäßigten Land gegenüberzustellen. Der Radikalismus war stark in Gebieten mit Mißständen, wie in Schlesien, wo neue Produktionsmethoden menschliches Elend auslösten, an Orten, in denen alte Handwerkskunst durch Industrie ersetzt wurde, und in landwirtschaftlichen Bezirken, in denen man die herrschaftlichen Privilegien ablehnte. Dort gab es sozialistische und kommunistische Elemente, freilich kaum im marxistischen Sinn. Schließlich war noch der religiöse Faktor vorhanden. In einigen römisch-katholischen Hochburgen, wie der preußischen Rheinprovinz und Altbayern, wurden Protestanten nur unter Schwierigkeiten gewählt. Auf der anderen Seite kam es kaum zu Wahlen von Katholiken in vorwiegend protestantischen Gebieten wie Brandenburg.

Ganz allgemein gesagt, gab es zur Zeit der Wahl eine ungefähre Aufteilung in Konservative verschiedener Schattierung, gemäßigte Liberale sowie Demokraten mit stärkerer oder schwächerer radikaler Neigung. Zusätzlich fanden sich alle ideologischen Unterschiede überschneidend katholische und in geringerem Maße protestantische Gruppen.

Vielen Kandidaten wäre es sehr schwergefallen, sich in eine dieser Kategorien einzuordnen, die damals zwar bekannt, aber noch nicht so scharf umrissen waren, wie die Historiker sie zu betrachten geneigt sind. Nicht nur nominell – da es keine Parteietikette gab, die sich die Kandidaten anheften konnten –, sondern auch tatsächlich wurden weniger Prinzipien gewählt als Persönlichkeiten. Das zeigt sich deutlich an der hohen Anzahl prominenter Lokalgrößen, die Sitze erwarben, zuweilen ohne Rücksicht auf ihre politischen Anschauungen, sofern diese überhaupt bekannt waren. Man hielt es für wichtiger, ausgezeichnete Leute aus den höheren Berufsständen für Frankfurt zu wählen, wo ausführlich über wesentliche Verfassungsfragen debattiert werden würde, als für die Landesparlamente. Das erklärt mit den hohen Anteil von »Honoratioren« in der Frankfurter Nationalversammlung. Man hat den Eindruck, daß viele hauptsächlich wegen des Ansehens gewählt wurden, das sie sich als Gelehrte, Juristen und Beamte erworben hatten. Hier spürt man etwas von der deutschen Vorliebe für den anerkannten Fachmann im Gegensatz zur englischen Bevorzugung des Amateurs mit gesundem Menschenverstand. Allerdings unterlag der Kreis der für die Wahl in Frage kommenden Persönlichkeiten gewissen Einschränkungen. Normalerweise wurde nur gewählt, wer sich in den – zugegebenermaßen ziemlich weiten – Bereich der erstrebenswert scheinenden politischen Haltung einreihen ließ. Ein radikaler sächsischer Wahlkreis hätte kaum einen Konservativen gewählt, und ein typisch gemäßigt Liberaler kaum einen Radikalen. Die Honoratioren bildeten eine ausreichend große Gruppe, aus der man sich jemanden mit der richtigen politischen Färbung und der passenden Religion aussuchen konnte. Das persönliche Element äußerte sich auch in der Vorliebe für Männer, die unter dem Regime vor 1848 gelitten hatten. Von ihnen wurde eine beträchtliche Zahl gewählt. Daher bedeutete die Wahl eine Kombination von persönlichen, politischen und religiösen Faktoren.

Zu dieser Zeit, in der die Autorität der Regierungen sehr gering war, durfte man nicht mit Sicherheit auf die Mitwirkung der Öffentlichkeit an den Wahlen rechnen. Sie konnten nicht einfach von den Behörden angeordnet werden. Damit sie tatsächlich erfolgreich verliefen, war eine gewisse freiwillige Anstrengung von seiten der Bevölkerung nötig. Dies erreichte man durch die Einrichtung von Wahlausschüssen in zahlreichen Wahlkreisen. Die Ausschüsse besaßen keinen offiziellen Status, hatten aber beträchtlichen Einfluß. Einige von ihnen hatten sich ursprünglich als Aktionskomitees gebildet, um sicherzustellen, daß die Regierungen die Wahlen tatsächlich vorbereiteten, und um dies notfalls an ihrer Stelle zu übernehmen.[43] So übten sie Druck auf die preußische Regierung aus, als die preußische Kammer von sich aus Abgeordnete für Frankfurt nominierte, und erzwangen die Annullierung dieser »Wahlen«. Diese Wahlausschüsse bestanden einfach aus denjenigen, die zu jener Zeit in einem Wahlkreis politisch am aktivsten waren, und repräsentierten daher weitgehend diese Aktivisten. In ihrer Zusammensetzung tendierten sie, zum Nachteil der Gemäßigten, die sich wesentlich langsamer organisierten, nach links. Die Ausschüsse veranstalteten öffentliche Versammlungen zur Diskussion aktueller Fragen und zur Aufstellung der Kandidaten. In einigen Fällen erstellten sie sogar Kandidatenlisten, welche im folgenden offiziellen Verfahren zuweilen, aber nicht unbedingt, Billigung fanden. Die Ausschüsse übernahmen wesentliche Aufgaben; so schrieben sie an mögliche Kandidaten und forderten sie auf, sich zu bewerben, und gelegentlich fragten sie sie auch nach ihren politischen Ansichten. Wer den Ausschuß für seine politischen Anschauungen gewinnen konnte, hatte einen wesentlichen Schritt in Richtung Wahlsieg getan.

Im großen und ganzen arbeiteten die Ausschüsse unabhängig voneinander auf lokaler Ebene und waren nicht imstande, die Wahlen in einem größeren Gebiet zu koordinieren, wie die große Zahl doppelter und dreifacher Kandidaturen zeigt. Es gab jedoch auch schon eine Anzahl regionaler Körperschaften, die auf nationaler, ideologischer oder religiöser Basis wirkten. Der erste Typ war vor allem in nichtdeutschen und Grenzgebieten tätig, wie z. B. in Böhmen und Mähren[44] und in Schleswig-Holstein. Der ideologische Kampf innerhalb des deutschen Lagers spielte sich auf andere Weise ab. Vertreter der einzelnen Gruppen, etwa der gemäßigten Liberalen und der Radikalen, mochten zusammen einem örtlichen Wahlausschuß angehören, wobei jeder versuchte, einen Vorteil über den anderen zu gewinnen. Aber gleichzeitig gab es auch informatorische Kontakte zwischen Leuten gleicher Anschauung in einem größeren Gebiet, wie unter den

[43] Repgen, *Märzbewegung*, 131 ff. [44] Vgl. S. 68 ff.

rheinischen Liberalen und den badischen Radikalen. Diese Bemühungen beschränkten sich gewöhnlich auf eine Region. Daher reichten sie kaum aus, die Tätigkeit zwischen den westlichen und den östlichen Teilen der preußischen Monarchie oder des bayerischen Königreichs zu koordinieren. Selbst innerhalb eines Staates fiel die Zusammenarbeit häufig kläglich aus. Andernfalls hätten die badischen Radikalen einen Verlust von Sitzen durch die mehrfache Wahl Itzsteins kaum riskiert.[45] Sehr zweifelhaft ist, ob andere politische Gruppen außer den gemäßigten Liberalen und den Radikalen eine organisierte Tätigkeit in größerem Maßstab ausübten. Die Konservativen waren durch die kürzlich gemachte Erfahrung mit der Revolution noch zu sehr vor den Kopf geschlagen, um fühlbar in Erscheinung zu treten.

4. Der Katholizismus

Zu einer neuen Entwicklung im Leben der politischen Gruppierungen im Frühjahr 1848 führte die Bildung einer organisierten römisch-katholischen Bewegung. Das bedeutet nicht, daß die Katholiken im gesamten Wahlgebiet für die Frankfurter Nationalversammlung dieselbe Linie in allen politischen oder auch nur in allen religiösen Fragen verfolgt hätten. In einem so weiten Gebiet mit einer so großen Bevölkerung war das nicht zu erwarten. In den Ende 1848 dem Deutschen Bund angehörenden Ländern überwogen die Katholiken noch immer dank dem Einschluß von Teilen des Habsburgerreichs. Es gab etwa 24 Millionen Katholiken gegen rund 21 Millionen Protestanten und eine halbe Million Juden. Die übrigen Gruppen – Mennoniten, Zigeuner, Griechisch-Orthodoxe und Mohammedaner – zählten nur einige Tausend. In den österreichischen Teilen des Deutschen Bundes bildeten die zwölf Millionen Katholiken eine überwältigende Majorität, da es hier nur etwas mehr als eine Viertelmillion Protestanten und 120 000 Juden gab.[46] Ohne Österreich wären die Katholiken in Deutschland unbedingt in der Minderheit gewesen. Dies war

---

[45] Itzstein wurde siebenmal gewählt. Vgl. Philippson, *Über den Ursprung*, 62.
Über Itzstein vgl. ADB, XIV; *Umrisse*, 199; BSTH.
[46] *Gegenwart*, III, 17; Dieterici, *Mitteilungen*, III, 1 ff.

nur ein Grund dafür, daß sie eine österreichische Führerschaft der preußischen vorzogen; andere Dinge kamen hinzu. Von den Katholiken innerhalb und außerhalb Preußens ließ sich kaum große Begeisterung für einen Hohenzollernstaat erwarten. Obwohl sich ihre Lage seit der Thronbesteigung Friedrich Wilhelms IV. sehr gebessert hatte, erbitterte sie die Erinnerungen an den Kölner Kirchenstreit noch immer. Und wenn es jetzt auch im preußischen Kultusministerium eine katholische Abteilung gab, die sich mit religiösen und erzieherischen Fragen befaßte, konnten die Katholiken nie vergessen, daß sie in einem von Protestanten regierten Staat eine Minorität von sechs zu zehn bildeten. Damals war kein einziger Minister der preußischen Regierung katholisch.[47] Weder in der Zivilverwaltung noch in der Justiz waren die Katholiken in einem ihrer tatsächlichen Zahl entsprechenden Maß vertreten. Obwohl daran hauptsächlich die protestantische Majorität schuld war, spielten ihr die Katholiken doch zuweilen durch eine gewisse Abkehr von der Welt und durch ein zahlenmäßig weit geringeres Interesse am Bildungswesen in die Hände. Auf die Katholiken außerhalb der Hohenzollernlande konnte ein protestantisches Preußen kaum eine so starke Anziehungskraft ausüben wie das katholische Österreich unter einem Herrscher ihres Bekenntnisses.

Die katholische Auffassung mußte sich grundsätzlich von derjenigen der gemäßigten Liberalen oder der Radikalen unterscheiden. Diese ideologischen Richtungen dachten in Begriffen einer hauptsächlich politischen Lösung. Für die katholische Partei standen Glaubensfragen an erster Stelle. Erstes Ziel der Katholiken war es, sich die freie Religionsausübung, unbehelligt von weltlichen Einmischungen, zu sichern und zugleich die christliche Struktur des Staates beizubehalten. Um diese beiden Absichten, die sich in gewissem Sinn widersprachen, möglichst in Einklang zu bringen, wandelte sich die katholische Meinung von der Forderung nach Trennung von Kirche und Staat zu der nach einer unabhängigen Kirche um.[48] Ein praktizierender Katholik war hauptsächlich an diesen Dingen interessiert. Alle Änderungen in der politischen Struktur wurden zwangsläufig von diesen Gesichtspunkten aus betrachtet. Der Schock der Revolution konfrontierte die Katholiken mit der Notwendigkeit, in die politische Arena einzutreten, um ihre geistlichen Ziele zu erreichen. Die Art, wie die Regierun-

[47] Vgl. das Zitat aus einem Brief des Kölner Erzbischofs Geissel von 1845 in Bachem, *Vorgeschichte*, I, 151/2.
[48] Vgl. S. 230 ff.

gen vor 1848 die Dinge betrieben hatten, gefiel ihnen nicht. Ihre Kritik beschränkte sich nicht auf protestantische Staaten, denn es war der katholische König Ludwig I. von Bayern[49], der während der Lola-Montez-Affäre einen der schwersten Zusammenstöße mit der klerikalen katholischen Bewegung dieser Zeit hatte. Die Katholiken kannten die Mängel dieser Staaten, andererseits aber besaßen die Monarchien eine gewisse christliche Grundlage. Die völlige Unsicherheit der Zukunft mußte den Katholiken deutlich machen, daß sie zu sehr geneigt waren, eine bestimmte staatliche Unterstützung des Christentums als selbstverständlich zu betrachten. Sie hatten sich nun zu fragen, was aus der rechtlich geregelten Stellung der christlichen Kirchen in Deutschland würde, falls gesinnungsmäßig Radikale wie Hecker oder auch wie Ruge[50] oder Blum (ein abtrünniger Katholik und späterer Deutschkatholik) an die Macht kämen. Sie konnten nicht mehr abseits stehen. Da ihre Hauptziele jedoch nicht die der maßgeblichen politisch-ideologischen Bewegungen waren, hatten sie eine starke Verhandlungsposition. Es gab zahlreiche Beispiele katholischer Ausschüsse, die von politischen Gruppen in Glaubensdingen Zusagen zu erlangen trachteten.[51] 1848/49 bildeten die Katholiken keine politische Partei. Sie waren bereit, mit jeder Richtung zusammenzuarbeiten, die sich willens zeigte, ihre Forderungen zu erfüllen. Vielleicht ist dies einer der Gründe dafür, daß trotz der Aktivität der katholischen Gruppen die Zahl ihrer gewählten Glaubensgenossen nicht so groß war, wie man vielleicht erwarten möchte.[51a] Obwohl es für sie wünschenswert war, wenn nach Möglichkeit ein Vertreter ihres Bekenntnisses gewählt wurde, zeigten sich die Katholiken auch geneigt, mit Vertretern anderer Bekenntnisse zu verhandeln, welche die notwendigen Bürgschaften leisteten. Diese Zusagen machte man häufig sehr bereitwillig, da die katholische Unterstützung attraktiv war – vor allem für die gemäßigten Liberalen gegen ihre politischen Widersacher rechts und links. So kam es zu zahlreichen für beide Seiten vorteilhaften und sicher völlig legitimen Vereinbarungen. Wie die Katholiken willens waren, mit jeder politischen Gruppe zu verhandeln, die auf ihre Bedingungen einging, so verteilten sie sich dann auch über sämtliche politische Parteigruppierungen; allerdings waren sie auf der Rechten und im Zentrum stärker vertreten als auf der Linken. In dieser Übergangsperiode der katho-

---

[49] Vgl. S. 12.
[50] ADB, XXIX; Nerrlich, *Ruges Briefwechsel;* Neher, *Arnold Ruge;* BSTH.
[51] Zum Beispiel im Rheinland. [51a] Vgl. S. 99.

lischen Kirche unter Papst Pius IX. blieben für die Katholiken zahlreiche religiöse und politische Fragen offen, da ein Gleichgewicht zwischen demokratischen und autokratischen Elementen in der Kirchenorganisation noch nicht bestand. Diejenigen unter ihnen, die sich auf öffentliche Angelegenheiten einließen, hatten nicht unbedingt dieselbe religiöse oder politische Überzeugung. In Glaubensdingen reichten die Schattierungen von den sogenannten »Ultramontanen« oder »Klerikalen« bis zu den »liberalen Katholiken« und sogar zu denen, deren Ansichten die Hierarchie für dogmatisch bedenklich hielt. Einige prominente Katholiken in der Frankfurter Nationalversammlung – wie der Bonner Professor Knoodt[52] – waren in Verdacht geraten, von den Lehren der Kirche abgewichen zu sein. Andere – wie Döllinger[53] – sollten später mit der Kirche wegen der Unfehlbarkeitslehre brechen. Das war nicht verwunderlich in einer Zeit rascher politischer und religiöser Veränderungen mit all ihren – oft subtilen – Wechselwirkungen. Dementsprechend vertraten auch nicht alle katholischen Abgeordneten dieselbe politische Meinung. Die zwei stärksten Gruppen unter ihnen waren erstens diejenigen, die sich weigerten, ausschließlich mit einer politischen Gruppierung in Verbindung zu stehen – eine Haltung, die viele nach Frankfurt entsandten kirchlichen Würdenträger einnahmen –, und zweitens diejenigen, die im weiteren Sinne dem Zentrum angehörten. Doch selbst die dem Zentrum Gewogenen stimmten nicht immer mit den Liberalen überein; als Katholiken sahen sie sicher viele Dinge – etwa die preußische Führerrolle in Deutschland oder den Ausschluß Österreichs – in einem anderen Licht. In der Frankfurter Nationalversammlung gab es eine Anzahl Katholiken auf der Rechten, aber verhältnismäßig wenige auf der Linken, die in Verbindung zum politischen Katholizismus standen. Bei den katholischen Massen fanden allerdings die Radikalen beträchtliche Unterstützung, wie die Erfolge sehr links orientierter Kandidaten in Teilen des Rheinlands zeigen.[54] Selbst dort, wo es örtliche Wahlabsprachen gab, ließen radikale Wahlergebnisse eine Unterstützung durch das Volk erkennen.

Die Katholiken hatten sich stets *ad hoc* für Fragen eingesetzt, die sich gerade stellten. Doch jetzt ergriffen sie in einem weiteren Bereich die Initiative. Von den Liberalen und den Radikalen lernten sie manches über politische Theorie, und bald hatten sie im Umfang ihrer politi-

[52] Vgl. Schnabel, *Zusammenschluß*, 78; ADB; Repgen, *Märzbewegung*, 261.
[53] ADB, XLVIII; Friedrich, *Döllinger;* NDB; BSTH.
[54] Ludwig Simon in Trier, Raveaux in Köln und Wesendonck in Düsseldorf.

schen Organisation die gemäßigten Liberalen zweifellos überholt. Mit am auffallendsten war es, daß die Kirche, die stark autokratische Züge besaß und zwischen 1815 und 1848 lieber mit den Regierungen verhandelte, jetzt bereit war, sich aufs demokratische Feld zu begeben. Nach den Revolutionen von 1848 öffnete sich vom Frühjahr an plötzlich ein großes Reservoir an Massenunterstützung für das politische Leben, nämlich die gläubigen Katholiken.

So kam es in der katholischen Kirche Deutschlands zu einer gewissen Abkehr vom Jenseitigen, obwohl man die geistlichen Ziele fest im Auge behielt. Eine Einschränkung blieb, da sie zum Wesen der ganzen geistlichen Auffassung gehört. Für einen gläubigen Katholiken konnte eine politische Partei niemals derart an erster Stelle stehen wie für einen agnostischen Radikalen oder auch für gewisse protestantische Liberale. Doch ein Katholik durfte eine Partei aktiv unterstützen. Die geistlichen Vorbehalte der Katholiken machten sich eher in ihrer Einstellung zur deutschen Einigung bemerkbar. Viele unter ihnen, so der Tiroler Theologe Beda Weber[55], verbargen ihre Verachtung für den götzendienerischen Nationalismus nicht. Ihr Internationalismus wie ihre geistliche Wertordnung hinderten die Katholiken auch weiterhin daran, sich mit ganzem Herzen an der deutschen Einheitsbewegung zu beteiligen. Zweifellos spielten auch hier Erwägungen der Religionsstatistik eine Rolle. Doch der Hauptgrund lag tiefer.

Keine statistische Tabelle der Wahlresultate für das ganze Land könnte – auch wenn sie sich aufstellen ließe – genau den verwickelten Zusammenhang von politischen, religiösen und nationalen Faktoren wiedergeben. Liberalismus bedeutete im westlichen Teil der preußischen Monarchie etwas anderes als im östlichen, wie auch die Frankfurter und Berliner Parlamente und Minister selbst dann voneinander abwichen[55a], wenn sie ursprünglich aus demselben politischen Lager kamen. Außerdem verhindert ein technischer Umstand die Darstellung der Ergebnisse der Hauptwahlen auch da, wo die Abgeordneten säuberlich in Kategorien aufgeteilt werden könnten. Es gab keine deutliche Trennung von Haupt- und Nachwahlen in den einzelnen Wahlkreisen. Die Erstwahlen in den Kreisen entschieden nicht immer darüber, wer ins Parlament einzog, da zahlreiche Gewählte aus dem einen oder anderen Grund die Wahl nicht annahmen. Einige konnten in einem bestimmten Wahlkreis nicht akzeptiert werden, weil sie auch

---

[55] ADB, XLI; Weber, *Charakterbilder;* Wurzbach, LIII.
[55a] Vgl. S. 171 f.

in einem anderen gewählt worden waren und sich zwischen zwei Sitzen entscheiden mußten. Andere sahen sich außerstande, in die Frankfurter Nationalversammlung einzuziehen, da sie in Landesparlamente gewählt oder zu Ministern ernannt worden waren und das Gefühl hatten, ihren Pflichten in der deutschen Nationalversammlung nicht gleichzeitig nachkommen zu können. Wieder andere waren vor ihrer Wahl nicht gefragt worden und lehnten einfach ab. Außer wenn nach dem Recht des Staates der Ersatzmann unter bestimmten Umständen nachrücken konnte und er noch zur Verfügung stand, mußte eine neue Wahl stattfinden, und dieses Verfahren ging weiter, bis alle Sitze besetzt waren. Das Folgende ist der Versuch einer impressionistischen Skizze über die Resultate in den drei Teilen des Wahlgebietes: in Preußen, in den kleineren Staaten und im habsburgischen Kaiserreich.

5. Wahlresultate in Preussen

In Preußen wurden die Wahlen für die deutsche und die preußische Nationalversammlung ursprünglich von denselben Wahlmännern vorgenommen, wenn auch nicht mit dem gleichen Resultat in ideologischer oder religiöser Hinsicht. Diese offensichtliche Folgewidrigkeit ist nicht so überraschend, wie sie auf den ersten Blick scheint. Oft schlug ein einziger örtlicher Wahlausschuß die Kandidaten für beide Wahlen vor. Wo es mehrere ausgeprägte Gruppierungen gab, bemühte man sich dabei, die Hauptschattierungen der öffentlichen Meinung wiederzugeben. Da einschließlich der Ersatzmänner vier Personen gewählt werden mußten, ergab sich die Gelegenheit, unterschiedliche Meinungen zu Wort kommen zu lassen. Jedoch läßt sich aus diesem Verfahren sicherlich nicht auf einen Kuhhandel oder ein Bündnis zwischen den Gruppen schließen. Es ging dabei lediglich um ein erstes Aussieben der Kandidaten in den inoffiziellen Gremien, die in den Wochen nach der Revolution ins Leben traten. So gestatteten die Verhältnisse im Rheinland den drei Hauptgruppen Katholiken, Liberalen und Radikalen einen weiten Spielraum.[56] Gegenseitige Zugeständnisse waren um so leichter, als es keine allgemeine Vorliebe für Berlin oder Frankfurt gab. Im Rheinland hielt man Frankfurt zwar

[56] Für Köln z. B. vergl. Repgen, *Märzbewegung*, 245 ff.

im großen und ganzen für wichtiger als Berlin, doch der Kölner Erzbischof Geissel war anderer Ansicht und ließ sich für die preußische Nationalversammlung aufstellen. Ganz allgemein kamen in Preußen sowohl Frankfurt wie Berlin zu ihrem Anteil an befähigten Leuten. Wie im Fall Österreich war das Landesparlament radikaler als die Vertretung in der Frankfurter Nationalversammlung. Einerseits ging das auf die verschiedenen Aufgaben der parlamentarischen Gremien und auf die Reibungen zurück, die sich aus dem engeren Kontakt der österreichischen und preußischen Parlamente zu ihren Regierungen ergaben. Andererseits zogen, zum Teil wegen der unterschiedlichen Aufgaben, die Parlamente in Berlin und Wien einen unnachgiebigeren Menschenschlag an, der sich hauptsächlich für praktische Regierungsaufgaben interessierte, wogegen sich der mehr akademisch oder theoretisch veranlagte Abgeordnetentyp — der deswegen auf seinem Gebiet nicht weniger entschlossen sein mußte – eher nach Frankfurt hingezogen fühlte. Die Bevorzugung einer bestimmten Richtung durch die Wahlmänner war in allen Fällen ebenso bedeutsam und half mit, diejenige der Kandidaten zu bekräftigen. Bei den Wahlen für Frankfurt hielten die Wahlmänner sicher nach Leuten Ausschau, die gebildet genug waren, um die komplexen Verfassungsprobleme zu überblicken, welche die deutsche Nationalversammlung auftragsgemäß lösen sollte. Das erklärt bestimmte Merkmale in der Zusammensetzung der Frankfurter Nationalversammlung.[57] Die so gegebenen Bildungsvoraussetzungen schlossen – wo man sie streng befolgte – zahlreiche Berufsgruppen, wie Handwerksmeister, Gastwirte, Brauer, Fleischer und Volksschullehrer, aus; sie waren denn auch in Frankfurt kaum zu finden, dagegen in Berlin in bemerkenswerter Anzahl vertreten. Da der Radikalismus einen Großteil seiner Kraft aus diesen Gruppen bezog, war die Linke in Frankfurt schwächer als in Berlin. Außerdem interessierten sich die Radikalen, die die Notwendigkeit schneller Erfolge betonten, mehr für die Landesparlamente, wo sie einen weiteren Spielraum für die Verwirklichung ihrer naheliegenden Ziele vorfanden, als für die langfristige Arbeit in Frankfurt.

Wie auch anderswo in Deutschland ist eine Verallgemeinerung der Wahlergebnisse in Preußen schwierig, da einerseits die Persönlichkeiten und andererseits politische und religiöse Anschauungen mit wechselndem Anteil eine Rolle spielten. Aber es gab in der politischen Gegenüberstellung und im Wahlergebnis regionale Unterschiede.

[57] Vgl. S. 93 ff.

Wie zu erwarten, ging es im Wahlkampf hauptsächlich in überwiegend römisch-katholischen Gegenden um religiöse Fragen — jedoch weniger in zumeist protestantisch bevölkerten Gebieten, es sei denn dort, wo sich der Protestantismus offenkundig in der Defensive befand. Kraft ihrer zahlenmäßigen und politischen Führungsposition waren die Protestanten gewöhnlich in der Lage gewesen, sich Gehör zu verschaffen. Den Katholiken bot der durch die Wahlen zustande gekommene Verfassungsapparat eine erste Gelegenheit, ihren religiösen Forderungen einen entsprechenden politischen Ausdruck zu verleihen, wovon sie auch vollen Gebrauch machten.

In Preußen war der Wandel innerhalb der verschiedenen Gruppen, selbst seit den Wahlen zum Vereinigten Landtag im Jahr zuvor, recht erstaunlich und läßt sich nicht einfach durch eine Gesetzesänderung erklären. Gewiß hatten die Katholiken unter der Zensur gelitten; sie erhoben den Vorwurf, die Machthaber hätten sie diskriminiert und ihre Sache unterdrückt, während sie ihren Gegnern, etwa den Deutschkatholiken, gestatteten, die ihre zu vertreten.[57a] Auch die Liberalen hatten unter der Zensur gelitten, doch der Blaustift kam keinem ihrer Rivalen zugute. In Wirklichkeit errangen die Liberalen Sympathien dank ihrer Streitigkeiten mit dem Zensor, der sie zugleich in gewissem Maße vor ihren extremeren Verbündeten auf der Linken schützte. Während sich die Liberalen vor 1848 im Ruhm der Popularität sonnten, sahen sich die Katholiken in ihrer politischen Aktivität durch das Gefühl gehindert, nicht nur die Machthaber seien gegen sie, sondern auch die Mehrzahl der Bevölkerung. Dieser Eindruck, eine Tendenz zur Weltabkehr und eine negative Einstellung zum Bildungswesen und zu neuen Ideen trugen zur vergleichsweise politischen Passivität der Katholiken vor 1848 bei. Die Abschaffung der Zensur und die bedrängte Lage der Herrschenden im Jahr 1848 ließen die Katholiken plötzlich spüren, daß es der Mühe wert sei, sich in den politischen Kampf einzulassen. Sie waren durchaus bereit, die liberalen Errungenschaften auszunutzen, doch im Endeffekt lief das auf eine Bedrohung der liberalen Schlüsselposition hinaus. Die Liberalen mußten lernen, daß das Volk sein Vertrauen jederzeit auf eine andere politische Gruppe übertragen konnte. Im Rheinland, über das es die beste und vollständigste Wahluntersuchung gibt[57b], läßt sich sehr deutlich sehen, wie die gemäßigten Liberalen von den Katholiken in den Schatten gestellt wurden.

[57a] Bachem, *J. Bachem*, I, 153 ff.
[57b] Repgen, *Märzbewegung*.

Obwohl die gemäßigten Liberalen häufig schon von der Gunst der Katholiken abhängig waren, mußten sie es auch noch mit radikalen Konkurrenten aufnehmen, vor allem in städtischen Gebieten, und hier wieder hauptsächlich in den industrialisierten Städten mit all ihren wirtschaftlichen und sozialen Unruhen. Zu Erfolgen der Radikalen kam es in beiden Hälften der Monarchie, im Osten beispielsweise im Berliner Gebiet und in Schlesien. Die landwirtschaftlichen Gegenden des Ostens hielten im großen und ganzen dem Radikalismus stand, vor allem dank der gesicherten Position, die der Landadel innehatte. In diesen Distrikten wurde sogar verschiedentlich konservativ gewählt, was sich wohl am besten aus persönlichen Motiven erklärt.

So gingen aus den Wahlen zur Frankfurter Nationalversammlung in Preußen vier hauptsächliche Gruppierungen, wenn auch nur in embryonaler Form, hervor. Insgesamt bildeten die gemäßigten Liberalen in der Monarchie die stärkste Gruppe. Im Parlament fanden sie die Unterstützung zahlreicher Katholiken. Diese Liberalen waren im allgemeinen die Vorläufer der Nationalliberalen der sechziger Jahre. Die Katholiken wurden durch die Wahl zur zweitstärksten Gruppe, in der Frankfurter Nationalversammlung gingen sie jedoch in politischen Gruppierungen auf. Sie waren Vorboten der Zentrumspartei.

Die Radikalen hatten weniger Erfolg als die gemäßigten Liberalen oder die Katholiken. Sie waren sogar schon damals eine ungleichmäßige Gruppe. Die Gemäßigten unter ihnen wurden schließlich in den sechziger Jahren Mitglieder der Fortschrittspartei. Die nicht-marxistische kommunistische Bewegung Dr. Gottschalks in Köln boykottierte die Wahlen.[58] Zwar hielten sich Marx und Engels auf preußischem Gebiet auf, aber es gibt wenige Anzeichen dafür, daß sie die Wahl in Richtung ihrer eigenen besonderen Ansichten beeinflußt hätten. Der Frankfurter Nationalversammlung gehörte nur ein Mitglied ihres engeren Kreises an, nämlich der Breslauer Schriftsteller Wilhelm Wolff[59], obwohl andere mit Marx in seinen früheren, weniger radikalen Phasen zusammengearbeitet hatten.

Die Konservativen schnitten am schlechtesten ab. Man brachte sie allzusehr mit dem unpopulären Regime der Zeit vor 1848 in Verbindung, und sie waren im Vergleich zur öffentlichen Meinung im ganzen Land in der Frankfurter Nationalversammlung sicherlich zu schwach vertreten. In den Wochen nach der Revolution stieg die anti-

[58] Repgen, *Märzbewegung,* 245 ff.
[59] BSTH.

konservative Flut viel zu hoch, als daß das Volk den Mut gehabt hätte, diese Gruppe zu unterstützen. Aber es gab in Preußen selbst noch im Frühjahr 1848 mehr stille Konservative, als die Wahlresultate erkennen ließen, geradeso wie die Lautstärke der Radikalen das Ausmaß ihrer Anhängerschaft übertrieb. Im Augenblick stimmten zahlreiche Konservative für gemäßigte Liberale, außer wenn sie Katholiken waren und entsprechende Kandidaten ihres eigenen Bekenntnisses hatten. Die zu geringe Vertretung der Konservativen bedeutete nicht nur, daß die Liberalen auf die Dauer zu stark vertreten waren, sondern auch, daß viele prominente liberale Abgeordnete konservative Neigungen hatten und in Zeiten, die dem Konservativismus günstiger gewesen wären, weiter rechts gestanden hätten. Ein gewisser Abfall der liberalen Anhängerschaft nach beiden benachbarten politischen Richtungen hin war in nicht allzu entfernter Zukunft fast unvermeidlich: nach rechts jedenfalls im ländlichen Osten der Monarchie mit seiner angestammten herrschenden Klasse und nach links in den Gebieten, die industrialisiert wurden.

Die anfänglichen Wahlen wurden hauptsächlich mit religiösen und politisch-ideologischen Argumenten ausgetragen. Obwohl es in zahlreichen Wahlaufrufen Hinweise auf die deutsche Einigung gab, ließ sich im April und Mai kaum vorhersehen, welche Art von Entscheidungen von der Frankfurter Nationalversammlung erwartet wurde. Im ganzen war die deutsche Einheit keine Parteienangelegenheit, es sei denn für die dogmatischen Opponenten auf der Rechten. Die alten preußischen Territorien, vor allem die des Ostens, legten erheblichen Wert darauf, preußische Institutionen am Leben zu erhalten. Das neu hinzugekommene Rheinland fühlte sich dem preußischen Staat gegenüber kaum zur Loyalität verpflichtet, und katholische Interessen forderten eine Beibehaltung Österreichs, was eine preußische Führungsrolle unmöglich gemacht hätte. Die preußische Hegemonie in Deutschland fand in der Monarchie hauptsächlich unter den Protestanten in den alten preußischen Ländern Unterstützung. Die Katholiken, selbst diejenigen in preußischen Erwerbungen aus dem 18. Jahrhundert, wie etwa Schlesien, betrachteten eine Führung der Hohenzollern in Deutschland sicherlich mit Vorbehalt.

Die Frage der deutschen Einigung stellte sich schärfer und dringlicher in den kleineren Staaten. Preußen und das habsburgische Kaiserreich konnten auf eigenen Füßen stehen, aber dazu waren vielleicht nicht einmal Bayern oder Hannover imstande. Für das »Dritte Deutschland« (das dritte Mitglied der Trias)[60] schienen im Frühjahr 1848 definitive Vorstellungen über die zukünftige Gestalt Deutschlands lebenswichtig zu sein. Daher bildeten hier mehr als in Preußen die Anschauungen über die deutsche Einigung neben der Religion und der Ideologie einen Faktor in den Wahlen, zumal in Bayern und Hannover, zwei der mittleren Staaten. In Hannover und im katholischen Altbayern herrschte wenig Begeisterung für eine deutsche Einheit. Diese Gebiete waren verhältnismäßig immun gegen den Radikalismus, denn im Frühjahr und Sommer 1848 brachte die Linke kaum Sympathie für die Interessen der einzelnen Staaten auf, die sie für anachronistische Überbleibsel hielt und völlig mit den verabscheuten Fürsten identifizierte. Im katholischen Altbayern konnten sich die Konservativen vergleichsweise gut behaupten, da die klerikale Partei von ihrem politischen Martyrium während Lola Montez' Einfluß auf den Hof profitierte.[61] In den jüngeren Teilen Bayerns, wo die katholische Kirche weniger Anhänger hatte, fiel die Wahl anders aus. Franken mit seiner vielfältigen politischen und religiösen Herkunft zeitigte gemischte Ergebnisse. Die vorwiegend protestantische Rheinpfalz, seit langem ein Zentrum des Radikalismus, wählte extrem links.

So wie Bayern war auch Hannover eine Hochburg des Partikularismus. Unter der Führung Stüves[62] ging Hannover weithin eigene Wege. Der Partikularismus schnitt dort verhältnismäßig gut ab, und die Vertretung lag hauptsächlich in den Händen von Hannoveranern, die, wenn auch nicht unbedingt im gleichen Maß wie Stüve, darauf achteten, daß die Interessen ihres Staates gewahrt blieben. Meist wurden dort Gemäßigte gewählt, darunter einige Konservative.

In den meisten übrigen mittleren Staaten verhinderte das Zustandekommen einer starken *radikalen* Vertretung das Beharren auf Län-

---

[60] Den Trialismus, eine Form der Zusammenarbeit zwischen dem übrigen Deutschland, befürworteten Staatsmänner in Süddeutschland als ein Mittel, den österreichisch-preußischen Dualismus zu überwinden.
[61] Vgl. S. 81. [62] Vgl. S. 38.

derrechten. Neben der Rheinpfalz waren Baden und das Königreich Sachsen ausgesprochen radikal, ebenso wie Teile Württembergs, Hessens und Nassaus. In Württemberg mit seiner demokratischen und oft schon republikanischen Tradition ließ sich die Grenze zwischen Liberalismus und Radikalismus nur schwer ziehen. Der leitende Minister Römer, der schließlich im Juni 1849 das Rumpfparlament in Stuttgart gewaltsam auflöste, nahm sowohl als württembergischer Minister wie auch als Frankfurter Abgeordneter halbwegs eine mittlere Position ein, wobei er *in Praxis* vielleicht mehr einer gemäßigten Anschauung folgte, obwohl er *in Theorie* Republikaner war[63]. Die Mehrheit der ursprünglich Gewählten hatte eine ähnliche Einstellung wie Römer, es gab jedoch auch eine gewisse Vertretung durch Radikale, wenngleich nirgends in dem Maß wie im benachbarten Baden. Gleicherweise befanden sich in den hessischen Staaten und in Nassau die Radikalen in der Minderheit. Hier stimmte man überwiegend für Gemäßigte wie Heinrich von Gagern, den Ministerpräsidenten in Hessen-Darmstadt. Auch Schleswig-Holstein, die Hansestädte, Mecklenburg, Oldenburg und Braunschweig wählten im großen und ganzen gemäßigt.

In den nicht-deutschen Herzogtümern Luxemburg und Limburg wurden Vertreter der einheimischen nationalen Gruppen gewählt. In Schleswig-Holstein war die Vertretung natürlich auf Deutsche beschränkt.

7. Wahlresultate im habsburgischen Kaiserreich

In der Habsburger Monarchie stand die nationale Frage im Vordergrund. Das Resultat läßt sich am besten an der Zahl jener Wahlkreise ablesen, die eine Vertretung in Frankfurt billigten bzw. ablehnten.[64] Abgesehen von den Italienern, die für Südtiroler Kreise nach Frankfurt kamen, befürworteten die österreichischen Abgeordneten eine Beibehaltung der Verbindung zwischen dem Kaiserreich und Deutschland.[65] Der radikalen Minderheit war die Bildung eines Bundesstaats einschließlich Österreichs sympathischer als der gemäßigten

[63] Bassermann, *Denkwürdigkeiten*, 67. [64] Vgl. S. 92.
[65] Im Herbst verfolgte die Linke zeitweilig einen anderen Kurs. Vgl. S. 71 ff.

Mehrheit, die einen Staatenbund bevorzugte. Man sollte aus dem Verhältnis zwischen Gemäßigten und Radikalen der Frankfurter Nationalversammlung nicht allzu viel herauslesen, da vor dem Wiener Aufstand vom 15. Mai die ideologische Frage erst an zweiter Stelle stand. Vor den Wahlen hatte sich die Grenze noch nicht deutlich abgezeichnet, und häufig gaben persönliche Gründe den Ausschlag. Die radikale Anhängerschaft war in den Städten stärker als auf dem Land. Nur Tirol wählte eine stattliche klerikale Delegation. Trotz der Konkurrenz des österreichischen Reichstags wurde ursprünglich eine große Anzahl von Männern gewählt, die sich in verschiedenen Lebensbereichen ausgezeichnet hatten. Zweifellos kennzeichnete persönliches Ansehen – und nicht so sehr eine bestimmte Ideologie – diejenigen deutschen Österreicher, die man für die richtigen Leute für Frankfurt hielt. In den Städten kam es zu einigen harten Wahlkämpfen. Im Wiener Wahlkreis Josephstadt unterlag der Dichter Friedrich Hebbel dem bekannten Anwalt und Staatsbeamten Joseph von Würth[66] — hauptsächlich wohl deshalb, weil er kein gebürtiger Österreicher und erst vor einigen Jahren zugezogen war. Würth war bekannt und hatte bessere Verbindungen. Außerdem gehörte er dem Zentralausschuß für die Frankfurter Wahlen an. Auch die »Opposition« gegen Metternich aus der Zeit vor 1848 war vertreten, unter anderem durch Anton Ritter von Schmerling[67] (den späteren Minister), den Dichter Anton Alexander von Auersperg (Anastasius Grün)[68] und Franz Philipp von Somaruga[69] (der in Österreich wichtige Ämter bekleiden sollte).

8. Der Wechsel von Abgeordneten während der Sitzungsdauer

Längst bevor der letzte Wahlkreis im August seinen Vertreter für Frankfurt gewählt hatte[70], war eine ganze Anzahl Abgeordneter bereits wieder ausgeschieden. Während der ersten zwei oder drei Monate war daher die Mitgliederzahl schwankend, und später besserte sich die Lage auch nicht. Deshalb ist die zweckmäßigste Methode, bei der Analyse der Zusammensetzung des Parlaments als

[66] ADB, LV; Wurzbach, LVIII.   [67] ADB, LVI; Arneth, *Schmerling*; BSTH.
[68] Vgl. S. 73.   [69] Wurzbach, XXXV.   [70] Vgl. S. 72.

Grundlage die fast achthundert Abgeordneten zu nehmen, die in irgendeiner Phase tatsächlich der deutschen Nationalversammlung in Frankfurt angehörten.[71] Abgeordnete, die lediglich im Rumpfparlament in Stuttgart vertreten waren, bleiben in diesem Zusammenhang unberücksichtigt.

Für die Mehrzahl der Wahlkreise änderte sich die Vertretung nicht. Andere dagegen waren nacheinander durch zwei, drei und in einem Fall sogar durch vier Abgeordnete vertreten.

Wahlkreise mit ununterbrochen demselben Abgeordneten	418
Wahlkreise mit zwei aufeinanderfolgenden Abgeordneten	156
Wahlkreise mit drei aufeinanderfolgenden Abgeordneten	22
Wahlkreise mit vier aufeinanderfolgenden Abgeordneten	1
Gesamtzahl der vertretenen Wahlkreise	597

Diese Zahlen gehen nicht ganz auf, weil Heinrich Henkel[72] im Juli als Abgeordneter eines Kreises im Kurfürstentum Hessen zurücktrat, da er die Versammlung nicht für ergiebig genug hielt, aber für einen anderen Kreis desselben Staates Anfang 1849 wieder einzog. Vermutlich hatte er seine Ansicht über die Frankfurter Nationalversammlung geändert und war jetzt – im Gegensatz zu den meisten anderen Leuten – zufriedener mit ihr.

Angesichts der Neuheit der ganzen Situation sind die vielen Veränderungen im Parlament im kurzen Zeitraum eines Jahres nicht überraschend. Im Augenblick der Wahlen ließ sich kaum genau vorhersagen, wie anstrengend die Abgeordnetenpflichten sein würden und wie lange das Parlament tagen würde. Sicherlich erwarteten oder erhofften zahlreiche Abgeordnete eine kurze Sitzungszeit. Wenige sahen die intensive Aktivität voraus, die sich in Frankfurt innerhalb und außerhalb der Kammer entfaltete. Die Mehrzahl der Mitglieder hatte nicht genug politische Erfahrung, etwa aus Landesparlamenten, um zu beurteilen, ob ihr Temperament in die parlamentarische Arena paßte. Häufig hatte man sie überhaupt nicht gefragt, ob sie kandidieren wollten. Zahlreiche Abgeordnete, vor allem solche, die

---

[71] Die Abgeordnetenanalyse für die Frankfurter Nationalversammlung basiert hauptsächlich auf folgenden Quellen: Franz Wigard, *Inhaltsverzeichnis; Parlaments-Kalender;* ADB; BSTH; NDB; ÖBL; *Biographisches Jahrbuch und Deutscher Nekrolog;* H. Niebours Kurzbiographien der Vertreter einzelner Gebiete; MdR; gelegentliche biographische Hinweise in der Literatur aus der Zeit und über sie; Akten des Deutschen Bundesarchivs; etc.
[72] ADB, XI; BSTH.

nicht im näheren Umkreis Frankfurts wohnten, entdeckten rasch, daß sie sich zwischen beruflicher und parlamentarischer Tätigkeit entscheiden mußten. Andere waren gleichzeitig in ihre Landesparlamente gewählt worden und stellten fest, daß sie, ohne rechtlich dazu gezwungen zu sein, einen ihrer Sitze aufgeben mußten. In diesem Punkt waren Abgeordnete aus benachbarten Staaten abermals im Vorteil. Sogar einige Staatsminister, wie Römer aus Stuttgart und und Hergenhahn aus Nassau, behielten ihre Sitze in Frankfurt. Römer gelang es, hier und in Stuttgart gleicherweise eine bedeutende Rolle zu spielen. Andere Frankfurter Abgeordnete mußten aus gesundheitlichen oder familiären Gründen ausscheiden. Letzten Endes hielten diejenigen ganz durch, die an der politischen Aufgabe in Frankfurt zutiefst interessiert waren, unter ihnen einige der großen Gestalten des Parlaments. Während es in Frankfurt tagte, verlor das Parlament mehrere Mitglieder durch Tod, fünf durch natürlichen[73] und drei weitere durch Mord und Hinrichtung. Felix Fürst Lichnowsky[74] und Hans von Auerswald[75] wurden bei den Septemberunruhen in Frankfurt ermordet, und Robert Blum ließen die österreichischen Behörden im November wegen seiner Beteiligung am Wiener Aufstand hinrichten. Während der beiden letzten Monate kam es zu einem Massenauszug von Abgeordneten, von denen nur einige ersetzt wurden. Die Methode der Ablösung wechselte. Zuweilen rückte der Ersatzmann nach, oft fand aber eine Neuwahl statt. Wo der Ersatzmann zum Zuge kam, vertrat er häufig eine Meinung, die derjenigen seines Vorgängers[76] entgegengesetzt war.

Was die Abgeordneten in politischer und religiöser Hinsicht auch immer trennen mochte, so bleibt die Frage nach dem, was sie verband, zu beantworten. Abgesehen von Ausländern wie den Italienern und den aufeinanderfolgenden polnischen Vertretern eines Wahlkreises in Posen, setzten sich alle mehr oder weniger leidenschaftlich für die Zukunft Deutschlands ein. In den großen Augenblicken des Parlaments konnte dieses starke politische und noch mehr kulturelle Band heftige Parteidifferenzen überbrücken. Wenige Deutsche kamen in der Absicht nach Frankfurt, die deutsche Einigung überhaupt zu verhindern. Die Deutschen, die nicht daran glaubten — wie Bismarck damals —, gingen normalerweise nicht nach Frankfurt. Es gab zu dieser Zeit nicht wenige Gegner der deutschen Einigung, und ihre Abwesenheit ist in Rechnung zu stellen, wenn man entscheiden will, wie repräsentativ

---

[73] Baur, Brunck, Smets, Wiebker und Wirth. [74] ADB, XVIII; BSTH.
[75] ADB, I. [76] Vgl. S. 61.

die Frankfurter Nationalversammlung war und welches Gewicht ihr zukam. Eben weil ihr hauptsächlich Männer angehörten, die den Deutschen Bund für reformbedürftig hielten, stand für die überwiegende Mehrheit ganz allgemein eine Rückkehr zu den Verhältnissen vor der Märzrevolution nicht einen Augenblick zur Debatte. Wen die öffentliche Meinung mit der Ära Metternich identifizierte, der blieb automatisch von der Frankfurter Nationalversammlung ausgeschlossen. Die Rechte war sehr schwach. Wie die Identifizierung mit den Regimes vor 1848 ein Wahlhindernis darstellte, so galt der Widerstand gegen sie als positives Befähigungsmerkmal. Wenigstens ein Sechstel der Abgeordneten hatte in höherem oder geringerem Maß politische Verfolgungen erlitten: von den langen Gefängnisstrafen Behrs, Sylvester Jordans und Eisenmanns[77] bis zu den kleinlichen Freiheits- und Berufsbeschränkungen, die vielen auferlegt worden waren. Zumindest achtzehn Abgeordnete waren politische Emigranten gewesen, und eine Anzahl von ihnen kehrte erst nach der Revolution nach Deutschland zurück. Mehr als ein Fünftel der Parlamentsmitglieder hatte vor 1848 Landes-, Provinz- oder Gemeindeversammlungen angehört, und zwar meist in der Opposition. Eine geringe Zahl von Staatsministern aus der Zeit vor 1848 wurde in die Nationalversammlung gewählt, aber nur solche, die sich deutlich der Unterdrückung widersetzt hatten, wie der ehemalige sächsische Minister Bernhard von Lindau[78] oder der frühere preußische Minister Maximilian von Schwerin-Putzar[79]. Die Disqualifikation erstreckte sich überraschenderweise nicht auf Staatsbeamte, auch nicht auf höhere, wie Richter und Staatsanwälte, die reichlich vertreten waren.[80]

9. Örtliche Faktoren — Honoratioren

342 der 799 Parlamentsmitglieder, also etwa 43 Prozent, wurden dort gewählt, wo sie wohnten, nämlich im selben Wahlkreis oder ganz in der Nähe. Von diesen 342 waren 101 oder fast 30 Prozent örtliche Honoratioren, mithin Leute, die dank ihrer sozialen oder beruflichen Bedeutung eine führende Rolle am Ort spielten: ein Großgrundbesit-

[77] Vgl. S. 12. [78] ADB, XVIII; BSTH.
[79] ADB, XXXIII; BSTH. [80] Vgl. S. 95.

zer der Gegend, der maßgebliche Beamte oder der Besitzer des größten kaufmännischen Unternehmens am Ort. Zwar ist die Klassifizierung in vielen Fällen eindeutig, aber es bleibt Ansichtssache, wieweit man weniger prominente Vertreter mitzählen kann. Worauf es bei dieser Übersicht ankommt, ist festzustellen, ob der Abgeordnete seine Wahl lediglich der Tatsache verdankt, daß er an dem Ort, der ihn gewählt hat, wegen seiner lokalen Position in hohem Ansehen stand. Bei etwa hundert Abgeordneten scheint dies der Fall gewesen zu sein. Auch über diese Zahl hinaus waren die Honoratioren, womit Männer in führender Position in der Gesellschaft wie im Geschäfts- und Berufsleben gemeint sind, in großer Zahl vertreten. Wer aus ihren Reihen dort zum Abgeordneten gewählt wurde, wo er wohnte, arbeitete oder Grundbesitz hatte – oder alles dies zugleich –, war charakteristisch für den Typ von Abgeordneten, aus denen sich die Frankfurter Nationalversammlung zusammensetzte.

Die Vertretung stellte noch immer eine örtliche, staatliche oder regionale Angelegenheit dar. Wo Abgeordnete weit entfernt von ihrem Wohnsitz gewählt wurden, gab es häufig einen besonderen Grund dafür. So wie in Schleswig-Holstein, das einen Mann wie Dahlmann delegierte, um zu zeigen, daß der Kampf der Deutschen in den Herzogtümern eine nationale deutsche Sache war, und um sich in seiner Person die Unterstützung durch eines der einflußreichsten Parlamentsmitglieder zu sichern. Dahlmann, einer der Göttinger Sieben, war damals Professor in Bonn, wo er als Protestant nicht leicht gewählt worden wäre.

Das Ausmaß des Rückgriffs auf Ortsfremde überschritt in Böhmen und Mähren gleichfalls den nationalen Durchschnitt. Unter diesen Vertretern Böhmens war der einzige Fall, in dem ein Frankfurter Parlamentsmitglied aus dem Habsburgerreich nicht habsburgischer Untertan war. Die Verbindung zwischen diesem Pfeiler des »Jungen Deutschland«, dem Dichter Heinrich Laube, der damals in Leipzig lebte, und Böhmen war reichlich dürftig. Laube hatte mehrmals in Karlsbad Kur gemacht und wurde in eben dem Kreis gewählt, in dem das berühmte Bad lag. In zahlreichen Fällen freilich stammten die betreffenden Abgeordneten aus der Gegend, in der sie gewählt worden waren, oder hatten dort gearbeitet. Dahlmann war Professor in Kiel und Sekretär der holsteinischen Stände gewesen.

Gliedert man das Parlament in zehn Hauptberufsgruppen auf und
ordnet man dabei jeden Abgeordneten nach seiner Hauptbeschäftigung
im Jahr 1848 (abgesehen von der politischen) ein, so kommt man der
Größe nach zu folgendem Ergebnis:[81]

Tabelle 1
(* Im öffentlichen Dienst)

	Zahl der Abgeordneten	Prozent-satz
*Staats- und Gemeindebeamte (abgesehen von anderen im Staatsdienst Tätigen, die gleichfalls mit * bezeichnet sind)	157	19,7
Juristen (ohne Richter und Staatsanwälte)	130	16,3
*Universitäts- und Schullehrer	123	15,4
*Richter und Staatsanwälte	119	14,9
Geschäftsleute	75	9,4
Gutsbesitzer	68	8,5
Kleriker (falls nicht hauptamtlich Lehrer)	45	5,6
Schriftsteller, Journalisten	36	4,5
Ärzte (abgesehen von Universitätslehrern)	25	3,1
*Offiziere	15	1,9
Noch ohne Beruf	2	0,2
Unbekannt	4	0,5
Insgesamt	799	100,0

Es läßt sich leicht erkennen, daß Berufe ohne höhere Bildungsvoraussetzungen dürftig vertreten waren. Mindestens 764 oder 95,5 Prozent
hatten ein Gymnasium besucht, und wenigstens 653 oder 81,6 Prozent waren auf der Universität gewesen. Der Bildungsgrad seiner Abgeordneten wirkte sich beträchtlich auf den Charakter des Parlaments und faktisch auch auf die ganze deutsche nationale und liberale
Bewegung aus. Die kulturellen Werte, die sie auf dem Gymnasium
und der Universität mitbekommen hatten, bildeten ein starkes Band
zwischen den Parlamentsmitgliedern.

[81] Cf. die Zusammensetzung des britischen Unterhauses in dieser Zeit bei William O.
Aydelotte, *The House of Commons in the 1845*, History *XXXIX* (Oktober 1854).

Nicht nur, daß eine erhebliche Mehrheit der Abgeordneten die Universitätserfahrung teilten: die meisten von ihnen hatten Jura studiert. 249 oder 31,1 Prozent waren als Richter, Staats- oder Rechtsanwälte tätig, ohne die Universitätsrechtslehrer zu zählen. Überdies bildete das Rechtsstudium die normale Voraussetzung für die höhere Beamtenlaufbahn. Vor allem war die Frankfurter Versammlung ein Juristenparlament. Die Anwesenheit so vieler im Recht erfahrener Männer erwies sich bestimmt als nützlich. Es half zum Beispiel beim Entwurf komplexer Gesetzgebung. Andererseits verwandte man wohl eine übertriebene Aufmerksamkeit auf Interpretation von Begriffen und Verfahrensfragen. Es wäre aber unfair, die Rechtswissenschaft dafür verantwortlich zu machen, denn gute Juristen möchten mit einiger Berechtigung behaupten, das Beharren auf einer vergleichsweise unwichtigen Sache passe nicht zum juristischen Denken, und ein fähiger Jurist komme sofort auf den Kern des Problems.

Entsprechend ihrer Ausbildung stand die Mehrzahl der Abgeordneten im Staats- oder Gemeindedienst. Für ein Parlament, das mit der Vergangenheit brechen wollte, ist der hohe Anteil von Staatsbeamten überraschend. Auch wenn man von den Universitäts- und Schullehrern absieht, die sich nicht unbedingt mit den Regierungen von vor 1848 identifizieren lassen und bekanntermaßen häufig gegen sie opponierten, hatten drei in der Frankfurter Nationalversammlung vertretene Gruppen an der Durchführung der Regierungsbefehle vor 1848 mitgewirkt: die Verwaltungsbeamten, die Richter und Staatsanwälte, die Offiziere – insgesamt 291 Abgeordnete oder etwa 36 Prozent. Natürlich waren sie nicht sämtlich bei Regierungen oder in Gemeindebehörden beschäftigt, die öffentliche Kritik erfuhren, noch hatten sie alle verdammenswerte Handlungen begangen. Einige waren verhältnismäßig jung, andere dagegen hatten höhere Stellungen im Staatsdienst oder der Verwaltung inne.

Unter den Gewählten befanden sich zwei Zensoren, der Österreicher Karl Eduard Bauernschmid[82] und der Bayer Sebastian Daxenberger.[83] In Anbetracht dessen, daß die Zensur ein Hauptangriffsziel der ehemaligen Opposition darstellte, ist es seltsam, derartige Leute in der Frankfurter Nationalversammlung zu finden.

Das Ausmaß, in dem Beamte in die Nationalversammlung gewählt wurden, kann als Beweis gelten, daß die Regierungen vor 1848 nicht so *grundsätzlich* schlecht waren, wie es die Opposition darzustellen

[82] Speidel, *Bauernschmid* (1910), I; ÖBL; BSTH.
[83] ADB, XLVII; Schärl, *Zusammensetzung*, 313.

versuchte. Zweifellos hatte es schwere Mißbräuche und zahlreiche Fälle ungerechter Freiheitsstrafen gegeben. Doch die Opposition zielte mit ihrer Kritik auch auf Angelegenheiten, die man auf mehr als eine Weise betrachten konnte, wobei die Kritiker der Regierungen nicht unbedingt recht hatten. Wegen der Unbeugsamkeit der Machthaber vor 1848 und angesichts der begrenzten Möglichkeiten einer friedlichen Änderung lag die Versuchung nahe, alle diese Fragen in einen Topf zu werfen und als massive Anklage gegen diese Regierungen, und fast gegen Regierungen überhaupt, zu verwenden. Historiker, die ihr Material sorgsam sichten müssen, haben oft zu einer Verzerrung des Bildes beigetragen, indem sie gewisse Aspekte hervorhoben und in neueren Zeiten über die Epoche von 1815 bis 1848 vor dem Hintergrund des Totalitarismus schrieben. Die Wähler von 1848 ließen sich nicht ganz so sehr durch die Übertreibungen der liberalen und radikalen Propaganda gefangennehmen.

In Wirklichkeit erwies sich das politische System vor 1848 in Österreich und vielen anderen Staaten durch die Unterdrückung *öffentlicher* Kritik indirekt dafür verantwortlich, daß der Staatsdienst zu einem Zentrum der Opposition wurde. Die Beamten waren im altmodischen *autokratischen* Staat – anders als im späteren *totalitären* – weniger als die allgemeine Öffentlichkeit von den Beschränkungen der Nachrichtenverbreitung und der Meinungsäußerung betroffen. Dadurch erklärt sich die Existenz einer Gruppe von Staatsbeamten, die zwar an die Ausführung der Regierungsanweisungen gebunden war, aber gewisse Einwände gegen vieles hatte und eine Änderung erhoffte. Überdies begünstigten die Bestimmungen über die Wählbarkeit in Landesparlamente vor 1848 die Beamten.

Juristische Ausbildung und Staatsdienst standen als vorwiegende Merkmale der Frankfurter Parlamentsmitglieder obenan. Die Bezeichnung »Professorenparlament« trifft weniger zu. Zahlreiche Träger des Professorentitels unter den 123 Lehrern waren keine Universitäts-, sondern Gymnasialprofessoren, wenn auch häufig Gelehrte von Rang. Ihre Zahl reicht nicht an die der beiden führenden Gruppen heran.

Unter den kleineren Gruppen wiesen Geschäftsleute und Gutsbesitzer hinsichtlich Aktivität und Besitz beträchtliche Unterschiede auf. Die Grenze zwischen Großen und Kleinen läßt sich nicht immer leicht ziehen. Doch die Mehrheit in beiden Gruppen bildeten Männer mit beachtlichem Vermögen. Es gab keine Bauern und nur wenige kleine Geschäftsinhaber. Der Schlossermeister Nägele aus Württemberg war insofern eine Ausnahme, als sein Hauptberuf ein manueller war. Auch er hatte eine gute Schulbildung.[84] Die »arbeitende Klasse« im Sinn einer ungebildeten, besitzlosen Klasse, wie sie etwa das Industrieproletariat darstellte, fand man in der Nationalversammlung nicht.

Ein anderes Bild ergibt sich, wenn man die gesellschaftliche Herkunft der Abgeordneten analysiert. Ein beträchtlicher Anteil, ungefähr zwanzig Prozent, war aus vergleichsweise einfachen Verhältnissen in höhere Berufslaufbahnen zu Reichtum und einem angesehenen sozialen Status aufgestiegen. Die überwiegende Mehrzahl der Abgeordneten jedoch hatte Väter, welche die im Parlament hauptsächlich vertretenen Berufe ausübten. 130 Mitglieder führten vor dem Namen ein »von« als Zeichen des Adels, der in vielen Fällen jedoch noch sehr neu war.

52 Abgeordnete oder knapp 6,5 Prozent, waren Geistliche,[85] 34 von ihnen katholische Priester, darunter vier Bischöfe. Ein deutschkatholischer und 14 protestantische Geistliche gehörten dem Parlament an. Bei drei Geistlichen läßt sich die Konfession nicht feststellen. Nicht alle katholischen Priester zogen mit dem Segen ihrer kirchlichen Oberen in die Nationalversammlung ein. Wenigstens sechs von ihnen hatten Schwierigkeiten mit ihren kirchlichen Vorgesetzten, und zwar vor allem wegen ihres Engagements für die von der Kirche verurteilten Lehren von Wessenberg, Hermes und Günther. Johann Wilhelm Joseph Braun[86], einen Anhänger Hermes', hatte die preußische Regierung auf Betreiben der katholischen Kirche von seinem Amt als Professor für katholische Theologie in Bonn entbunden; Braun blieb gläubiger Katholik. Ein anderer Bonner Professor, Peter Knoodt, ein Schüler Günthers, befaßte sich nach uraltem Brauch damit, das Christentum auf den neuesten Stand der Wissenschaft zu bringen, indem er religiöse Lehren mit der Philosophie zu versöhnen suchte. Auf recht fragwürdige Weise verglich er die durch die Märzrevolution gewonnene Freiheit mit derjenigen, die Jesus Christus seinen Anhängern erwarb.[87] Knoodt gehörte dem katholischen Verein in der Frankfurter Nationalversammlung an.[88] Es überrascht, daß ihn die »liberale« Enzyklopädie *Die Gegenwart* »ultramontan« nennt.[89] Die

---

[84] Vgl. Niebour, *Biographisches.*
[85] Sieben von ihnen sind in der Berufstabelle auf S. 95 als Universitätslehrer geführt, da dies ihr Hauptberuf war.
[86] ADB, IV; BSTH.
[87] Artikel über Knoodt in ADB, LI.
[88] Repgen, *Märzbewegung*, 261.
[89] *Gegenwart*, V, 180.

vier anderen Priester standen in ernsthafterem Konflikt mit der Kirche. Joseph Sprissler, Priester im Fürstentum Hohenzollern (einer katholischen Enklave in Württemberg), wurde 1849 nach seiner Kampagne gegen das Zölibat und seinem öffentlichen Lob für Luther von seinem Amt suspendiert.[90] Ein Priester aus Hohenzollern und Mitglied der Frankfurter Nationalversammlung, Joseph Blumenstetter, war ein enger Verbündeter Sprisslers. Der rheinpfälzische Geistliche Franz Tafel bewarb sich 1845 bei den Deutschkatholiken um ein Priesteramt,[91] ohne daß etwas daraus wurde. 1851 entzog ihm die katholische Kirche nach seiner Beteiligung am revolutionären Stuttgarter Rumpfparlament von 1849 sein Amt.[92] Der Priester Dominikus Kuenzer aus Konstanz, der von 1830 bis 1842 im badischen Parlament mitgewirkt hatte, zog sich den Tadel der Kirchenbehörden für hartnäckige, aber erfolglose Bemühungen zu, die bischöfliche Autorität durch die Errichtung von Synoden mit einem gewissen Laienanteil zu begrenzen. Kuenzer war sowohl religiös wie politisch radikal. Er gehörte dem Rumpfparlament an.[93]

Knoodt — wie Döllinger — brach später mit der katholischen Kirche wegen der Verkündigung des Unfehlbarkeitsdogmas. Noch ein weiterer prominenter katholischer Kleriker in der Frankfurter Nationalversammlung, der Bonner Theologieprofessor Franz Xaver Dieringer, protestierte gegen die Proklamation dieses Dogmas, unterwarf sich aber schließlich; er gab jedoch seinen Lehrstuhl auf.[94]

11. DEUTSCHKATHOLISCHE UND JÜDISCHE ABGEORDNETE

Obwohl in dem von den Wahlen erfaßten Gebiet die katholische Bevölkerung gerade überwog, hatten die Protestanten — zusammen mit einigen Angehörigen Freier Gemeinden — die Mehrheit im Parlament. Dies geht hauptsächlich auf die Massen-Stimmenthaltungen in über-

[90] Information aus dem Akt über Sprissler im Bundesarchiv.
[91] Krautkrämer, *Kolb*, 112 ff. und 178.
[92] H. Niebour, *Vertreter der Rheinpfalz*, 101.
[93] Artikel über Kuenzer in ADB, XVII; Weech, *Badische Biographien*, I, 482 ff.; BSTH, II. Nach Pfülf, *Ketteler*, I, 159, wurde Kuenzer im August 1848 exkommuniziert.
[94] Artikel über Dieringer in ADB, V. Vgl. auch NDB.

wiegend katholischen Wahlkreisen im habsburgischen Kaiserreich zurück, es zeigt aber auch, daß der politische Druck der katholischen Pfarrer auf die Wählerschaft in diesem Fall nicht so groß war, wie protestantische Kritiker oft vermuteten.

Eine kleine Anzahl Abgeordneter gehörte weder der protestantischen noch der katholischen Kirche an. Es gab acht Deutschkatholiken, fünf Juden, zwei Mennoniten und einen Anhänger der Griechisch-Orthodoxen Kirche. Der führende preußische Liberale Beckerath,[95] der in der Provisorischen Zentralgewalt Reichsfinanzminister wurde, war einer der beiden Mennoniten; der andere war der Kaufmann Brons aus Emden. Zu den Deutschkatholiken gehörte der Führer der gemäßigten Linken, Robert Blum. Unter den Abgeordneten jüdischen Glaubens waren der Verfechter jüdischer Rechte, Gabriel Riesser,[96] als Vizepräsident des Parlaments sehr beliebt; Ignaz Kuranda,[97] der Herausgeber der Zeitschrift *Grenzboten,* der sich intensiv für die Erhaltung des deutschen Einflusses in Böhmen einsetzte; der Verleger Moritz Veit[98] aus Berlin; und (gegen Ende) der berühmte Politiker und praktische Arzt Johann Jacoby[99] aus Königsberg. Weitere elf Abgeordnete waren Konvertiten jüdischer Abstammung. Zu ihnen gehörten: Heinrich von Gagerns weithin geschätzter Nachfolger als Parlamentspräsident, Eduard Simson;[100] Moritz Heckscher,[101] der 1848 zeitweilig Reichsaußenminister war; Johann Hermann Detmold,[102] der große Satiriker des Parlaments und spätere Reichsminister; Heinrich Simon,[103] der Führer des rechten Flügels der Linken; und der Dichter Moritz Hartmann,[104] der, wie Kuranda, die deutschen Interessen in Böhmen vertrat.[105] Die hohen Ehren, die das Parlament den Ab-

---

[95] ADB, II; NDB; BSTH.

[96] Isler, *Riessers Schriften;* BSTH.

[97] ADB LI; BSTH.

[98] ADB, XXXIX; Geiger, *Briefwechsel;* GJNB.

[99] ADB, XIII; BSTH.

[100] ADB, LIV; Simson, E. v. Simson; BSTH.

[101] ADB, XI; BSTH.

[102] ADB, V; Stüve, *Briefwechsel;* NDB; BSTH; Detmold, *Taten und Meinungen.*

[103] ADB, XXXIV; Jacoby, *H. Simon.*

[104] ADB, X; Wittner, *M. Hartmann;* BSTH; NDB.

[105] Cf. die nicht völlig zuverlässige, während des NS-Regimes in Deutschland erschienene Schrift: Siegfried Erasmus, *Die Juden in der ersten deutschen Nationalversammlung 1848/49.* Vgl. GJNB. Wenigstens zwei Parlamentsmitglieder, der spätere österreichische Minister Johann Nepomuk Berger und der Historiker Max Duncker, hatten jüdische Mütter. Die erste Frau des Historikers und Schriftführers im Verfassungsausschuß der Nationalversammlung, Johann Gustav Droysen, stammte aus einer ursprünglich jüdischen Familie. Der Radikale Oskar von Reichenbach heiratete eine Jüdin.

geordneten Gabriel und Eduard Simson, ersterer ein betonter Vertreter seines jüdischen Glaubens, letzterer jüdischer Abstammung, zuteil werden ließ, zeigen, daß es keine religiösen oder rassischen Vorurteile gab.

Einige Abgeordnete waren entweder areligiös oder antireligiös. Der katholisch erzogene Mevissen hatte mit der Religion gebrochen.[106] Aber es fällt schwer, statistisch festzustellen, wie viele Parlamentsmitglieder irreligiös waren – eine Sache, über die kein Außenstehender befinden kann.

12. ALTERSGRUPPEN — EHEMALIGE ANGEHÖRIGE DER BURSCHENSCHAFT

Die Altersgruppierung verdient einiges Interesse. Der älteste Abgeordnete, der Schriftsteller Arndt, wurde 1769 geboren, die jüngsten entstammten dem Jahrgang 1825. Die große Mehrheit von etwa 75 Prozent wurde zwischen 1796 und 1815 geboren. Die Zahl der vor 1796 geborenen Abgeordneten war größer als die der nach 1815 geborenen. Daher waren in der größten Altersgruppe die ältesten Parlamentarier knapp über Fünfzig, die jüngsten Anfang Dreißig. Doch welchen Unterschied gab es in den politischen Erfahrungen, die sie geprägt hatten! Die zwischen 1796 und 1800 Geborenen konnten sich, anders als die Jüngeren, noch gut an Napoleon auf der Höhe seiner Macht erinnern. Die um 1796 zur Welt Gekommenen waren alt genug, um noch an der Befreiung Deutschlands von der Napoleonischen Herrschaft teilgenommen zu haben. Einer der Jüngsten unter ihnen, der 1799 geborene Heinrich von Gagern, hatte bei Waterloo gekämpft. Die meisten derjenigen, die sich zwischen 1813 und 1815 gegen Napoleon erhoben hatten, waren etwas älter und gehörten zu der in Frankfurt nur spärlich vertretenen früheren Generation. Das erklärt, warum von nur etwa 41 Abgeordneten, also rund fünf Prozent, eine Teilnahme an den Befreiungskriegen gegen Frankreich bekannt ist.

Die Alterszusammensetzung der Frankfurter Nationalversammlung kam der Burschenschaft,[107] die 1815 gegründet worden war, mehr

---

[106] *Umrisse*, 213 ff.; ADB, LIII; Hansen, *Mevissen;* BSTH.
[107] Vgl. S. 11 f.

zugute, da die meisten nach 1795 geborenen Abgeordneten wohl nach dem Krieg studiert hatten. Die Burschenschaft wurde jedoch 1819 verboten, wenn auch die Mitgliedschaft heimlich weiterbestand. Angesichts der notwendigen Geheimhaltung sind Unterlagen nicht immer verfügbar. Die Mitgliedschaft von 92 (insgesamt 11,5 %) Abgeordneten, die der Burschenschaft angehörten, ist bekannt. Doch auch unter diesen gab es mehrere, die sich schließlich enttäuscht von einigen Tendenzen gegen diese wandten, so etwa Alexander Pagenstecher.[108] Einige Abgeordnete kamen aus anderen, mehr regional gebundenen Studentenverbindungen, den Landsmannschaften oder Corps.

Eine andere, in der Versammlung gut vertretene Bewegung propagierte das Turnen, vor allem, um ein Gefühl der Einheit zu schaffen und damit die nationale Sache zu stärken. Sowohl ihr Gründer in der Napoleonischen Zeit, der Turnvater Friedrich Ludwig Jahn,[109] wie der viel jüngere Otto Leonhard Heubner,[110] der die Idee 1833 im Königreich Sachsen lancierte, gehörten der Nationalversammlung an, und zahlreiche weitere Abgeordnete waren Turner. Die Bewegung unterlag ähnlichen politischen Beschränkungen wie die Burschenschaft.

In den Biographien der Parlamentsmitglieder gibt es wenige Hinweise auf Freimaurer.[111] Dank der Geheimhaltung, die das Freimaurertum umgibt, beweisen die dürftigen Informationen nicht unbedingt seinen geringen Anteil am Parlament.

Dies war die Zusammensetzung der Versammlung, die fast ein Jahr im Mittelpunkt der deutschen politischen Bühne stand.

---

[108] Pagenstecher, *Lebenserinnerungen*, I, 51 ff.; ADB, XXV; BSTH.
[109] ADB, XIII; BSTH.
[110] Vgl. ADB, L; Meinel, *Heubner*.
[111] Einer der wenigen Fälle, in denen eine Mitgliedschaft erwähnt wird, ist der des hallensischen Buchhändlers, Verlegers und Schriftstellers Schwetschke. Er hatte auch der Burschenschaft angehört. Schwetschke war einer der Abgeordneten, die aus der offiziellen Protestantischen Kirche austraten und sich einer Freien Gemeinde anschlossen. Vgl. ADB, XXXIII.

IV. DER ANFANG

1. HEINRICH VON GAGERN

Trotz der Vorbereitungsarbeiten im Fünfziger-Ausschuß waren die ersten Tage der Frankfurter Nationalversammlung eine Zeit der Prüfung. Das überrascht nicht, da die Nationalversammlung sich erst Organisation und Geschäftsordnung schaffen mußte. Solange sich die Versammlung nicht rechtmäßig konstituiert hatte, waren keine verbindlichen Entscheidungen möglich. Als das Parlament formell zu tagen begann, erforderte die Abwicklung der Geschäfte eine Regelung. Verständlicherweise akzeptierte die Versammlung nicht immer sofort und unbesehen die vorgeschlagenen Verfahrensweisen, daher brauchte sie eine beachtliche Anlaufzeit.

Anfang Mai hatten die bereits anwesenden Abgeordneten einen Ausschuß, in dem der hervorragende Heidelberger Staatsrechtslehrer, Professor Robert Mohl[1] mit zwei anderen Männern[2] zusammenarbeitete, beauftragt, eine Geschäftsordnung auszuarbeiten[3]. Im Abschnitt I über »Einleitende Maßregeln« hatten Mohl und seine Mitarbeiter klugerweise empfohlen, sowie 350 Abgeordnete in Frankfurt eingetroffen seien, solle unter dem Präsidenten des Fünfziger-Ausschusses eine Sitzung zur Wahl eines vorläufigen Parlamentspräsidenten stattfinden. Wenn man von Anfang an einen offiziellen Vorsitzenden hätte, und zwar jemanden wie den badischen Anwalt Alexander von Soiron, der in der Leitung von Debatten sehr erfahren war, könnte man viel Zeit sparen. In den Anmerkungen zum Geschäftsordnungsentwurf hatten die Verfasser eigens davor gewarnt, den Alterspräsidenten den Vorsitz führen zu lassen. Sie wiesen darauf hin, daß der älteste Abgeordnete wahrscheinlich nicht so gut imstande sei,

[1] ADB XXII; Mohl, *Lebenserinnerungen;* BSTH.
[2] Murschel und Schwarzenberg, vermutlich Ludwig.
[3] »Entwurf einer Geschäfts-Ordnung«. Archivrat Dr. Moldenhauer vom Bundesarchiv, Außenstelle Frankfurt, verschaffte dem Autor freundlicherweise eine Manuskriptkopie seines Essays *Geschäftsverfahren der Frankfurter Nationalversammlung,* und der Autor ist ihm dafür sehr zu Dank verpflichtet.

eine große und unorganisierte Versammlung zu leiten, wie seine jüngeren Kollegen. Ihrer Ansicht nach hatte es immer zu Chaos und Zeitverlust geführt, wenn ein kleineres Parlament den Alterspräsidenten mit dem Vorsitz betraute.[4] Sie hätten im Fall der Frankfurter Nationalversammlung, die ihren Rat mißachtete, kaum ahnungsvoller sein können.

Die anfängliche Hoffnung, die Nationalversammlung am 1. Mai 1848 eröffnen zu können, hatte sich nicht erfüllt. Erst nach Monatsmitte war eine für den Beginn ausreichende Anzahl Abgeordneter in Frankfurt eingetroffen. Eine Versammlung von mehr als dreihundert Volksvertretern im Kaisersaal des berühmten Römers beschloß am 17. Mai, am folgenden Tag zu einer mehr offiziellen Sitzung wieder zusammenzutreten. Trotz der Warnung Mohls und seiner Kollegen im Geschäftsordnungsausschuß entschied man, am 18. Mai den Alterspräsidenten mit dem Vorsitz zu betrauen. Gemäß dieser Vereinbarung versammelten sich am 18. Mai nachmittags um 3 Uhr etwa 380 ins erste deutsche Parlament gewählte Abgeordnete im Kaisersaal des Römers und wählten den Alterspräsidenten. Der älteste zur Amtsübernahme bereite Parlamentarier war der Anwalt und Richter Friedrich Lang[5] aus Hannover, der dort nicht nur dem Staatsparlament angehört hatte, sondern auch zeitweilig dessen Präsident gewesen war. Langs politische Dienste lagen freilich zum großen Teil weit vor dem hannoverschen Staatsstreich von 1837. Er war nun ein Mann von Siebzig, der den Anstrengungen einer Parlamentsleitung nicht mehr gewachsen war, obwohl seine Landsleute im Welfen-Königreich anders über seine Fähigkeiten dachten, als sie ihn nach seiner Rückkehr wieder zum Parlamentspräsidenten machten. Unter seinem Vorsitz hatte die Frankfurter Nationalversammlung unnötigerweise einen stürmischen Anfang, in dem einige Abgeordnete kein günstiges Zukunftszeichen erblickten.

Der nur wenig jüngere Bernhard von Lindenau, der 1830/31 als Minister die Verfassung des Königreichs Sachsen mitgeschaffen hatte, wurde zum stellvertretenden Alterspräsidenten gewählt. Die acht jüngsten Mitglieder bestimmte man zu Schriftführern. Nach den Wahlen zogen die Abgeordneten feierlich in die benachbarte Paulskirche, wo bereits das Vorparlament getagt hatte und wo die Nationalversammlung während ihrer Frankfurter Zeit meistens zusammentrat. Dieser festliche Augenblick prägte sich der Erinnerung der

---

[4] Entwurf einer Geschäfts-Ordnung, 12 f.
[5] Niebour, *Die Hannoverschen Abgeordneten*, 146 f; Bundesarchiv.

Abgeordneten lebenslang ein. Die schwarz-rot-goldenen Fahnen, die in großer Zahl an den meisten Gebäuden flatterten, symbolisierten die Hauptaufgabe der Versammlung: die Schaffung eines geeinten Deutschland. Für kurze Zeit überbrückte der Glaube an das gemeinsame Ziel die sehr realen Meinungsverschiedenheiten darüber, wie dies zu erreichen sei.

In der Paulskirche nahmen die Abgeordneten unter dem Vorsitz des Alterspräsidenten ihre Beratungen auf. Als Lang nach einer kurzen Einführung eine Botschaft der Bundesversammlung verlesen wollte, in der sie die Versammlung für konstituiert erklärte, wurde er von einem anderen Anwalt aus Hannover, Freudentheil, schroff unterbrochen;[6] dieser beantragte, die Versammlung solle sich feierlich selbst für konstituiert erklären. Auf die Frage des Vorsitzenden nach den Wünschen der Versammelten standen alle Abgeordneten von den Sitzen auf, hoben die rechte Hand und riefen dreimal: »Die Versammlung ist konstituiert! Sie lebe hoch!« So wenigstens lautet der unter der Leitung von Franz Wigard, einem Dresdener Kurzschriftlehrer, herausgegebene Stenographische Bericht.[7] Bezeichnenderweise vermelden die Berichte stürmischen Beifall nicht nur von der Nationalversammlung, sondern auch von der Galerie.[8] Diese Reaktion wies schon am ersten Tag auf eine Hauptschwierigkeit der Versammlung hin, und zwar auf den Druck von außen. Als der Alterspräsident fortfuhr, die Botschaft der Bundesversammlung zu verlesen, kam er nicht sehr weit und bat schließlich einen der Alterssekretäre, nämlich den späteren österreichischen Erziehungsminister Stremayr,[9] für ihn zu lesen. Die Bundesversammlung begrüßte in dieser Botschaft die Nationalversammlung und wünschte ihr Erfolg. Gegen die Bundesversammlung herrschte in mancher Beziehung jedoch eine derartige Abneigung, daß auf eine feindselige Rede des Mainzer Anwalts und extremen Radikalen Zitz,[10] von dem noch die Rede sein wird, keine Antwort folgte.

Das ungeordnete Vorgehen hatte die dringende Notwendigkeit einer Geschäftsordnung unterstrichen. Der nächste Redner beantragte, die Versammlung solle sich an den Entwurf Mohls und seiner Kollegen

---

[6] ADB VII; *Umrisse*, 17; BSTH.
[7] Wigard, *Stenographischer Bericht*, künftig ohne Titel nur nach Band- und Seitenzahl zitiert. Über Wigard vgl. ADB XLII.
[8] I, 4.
[9] Wurzbach XL; Stremayr, *Erinnerungen*.
[10] ADB XLV.

halten. Ein weiterer extremer Radikaler, der Düsseldorfer Anwalt Wesendonck,[11] schlug statt dessen eine kurze provisorische Geschäftsordnung vor, die er selber entworfen hatte.[12] Die darauf folgende Debatte konnte die Fragen zunächst nicht lösen, doch zuletzt kam man zu einem Kompromiß. Um Zeit zu sparen, nahm man vorläufig die von Mohl und seinen Kollegen erarbeitete Geschäftsordnung en bloc an. Ein fünfzehnköpfiger Ausschuß sollte zur Berichterstattung über die Verfahrensregelung gewählt werden.[13] Dies enthob die Versammlung der Notwendigkeit, die zahlreichen Klauseln des Entwurfs einzeln durchzugehen. Von jetzt an konnte sich das Präsidium wenigstens an eine Reihe von Vorschriften halten, auch wenn die Übergangszeit noch beträchtliche Probleme brachte und die Rechte der Abgeordneten so umfassend waren, daß sie eine rasche Geschäftsentwicklung gefährdeten.

Nun setzte sich – besonders unter den Gemäßigten – zusehends die Einsicht durch, daß die Versammlung ein stärkeres Präsidium benötige. Mit der Annahme der provisorischen Geschäftsordnung stand der Weg zur Wahl eines Präsidenten offen. Unglücklicherweise geriet das Parlament bei der Frage, wer die Versammlung bei der Wahl eines vorläufigen Präsidenten leiten solle, ins Stocken. Der Alterspräsident hatte faktisch den Vorsitz. Aber nach dem soeben angenommenen Entwurf Mohls hatte die Wahl unter Leitung des Präsidenten im Fünfziger-Ausschuß stattzufinden.[13a] Schließlich entschied man sich, die Wahl der Beamten nach der provisorischen Geschäftsordnung vorzunehmen, dem Alterspräsidenten aber den Vorsitz zu lassen.[14] Die Wahlen wurden auf den folgenden Tag festgesetzt. Vor der Vertagung entschied die Versammlung eine wichtige Frage, indem sie die Veröffentlichung stenographischer Berichte billigte, auch wenn diese keinen offiziellen Charakter[15] wie die Protokolle[16] haben sollten. Ein Antrag des katholischen Bischofs von Münster, Johann Georg Müller,[17] die Versammlung möge Gottesdienste abhalten, um für ihr Werk den göttlichen Segen herbeizuflehen, wurde abgelehnt.[18]

Hinter den Kulissen herrschte eine beträchtliche Aktivität. Sowohl die Linke wie die Gemäßigten unternahmen große Anstrengungen, sich zu organisieren und Einfluß auf die parlamentarischen Vorgänge

---

[11] Klötzer, »Abgeordnete« in Wentzcke, *Ideale*, 305; Wesendonck, »Erinnerungen«; *Deutscher Nekrolog*, V (1900) Sp. 125; Zucker, *Forty-Eighters*, 354; Bundesarchiv.
[12] I, 5.
[13] *Entwurf einer Geschäftsordnung*, I, 2. [13a] I, 9. [14] I, 11.
[15] I, 12. [16] Hassler, *Verhandlungen*. [17] ADB LII. [18] I, 14.

zu nehmen. Verständlicherweise rückte die Wahl des provisorischen Präsidenten in den Brennpunkt der Aufmerksamkeit. Der protestantische Minister Jürgens aus Braunschweig hatte seit den Sitzungen des Fünfziger-Ausschusses einen Kreis von Leuten um sich geschart, die sich im allgemeinen für die Errichtung einer konstitutionellen Monarchie einsetzten.[19] Unter ihnen fanden sich Angehörige des späteren rechten Zentrums (*Casino*), jedoch auch einige Abgeordnete, die sich später der Rechten und dem linken Zentrum anschlossen. Wie Jürgens in seinem Werk über die Frankfurter Nationalversammlung betont, hielt die Gruppe eine Zusammenarbeit zwischen den Gemäßigten für sehr wichtig, um der Aktivität der Radikalen zu begegnen.[20] Obgleich die Gemäßigten später behaupteten, die Linke sei ihr organisatorisch voraus gewesen, zeigten sie doch bei ihren ersten Unternehmungen große Entschiedenheit und kein geringes Talent bei der Stimmenwerbung. Ihrer Meinung nach war Heinrich von Gagern der einzige, der mit Würde die parlamentarische Arbeit leiten und zugleich den Einfluß der Radikalen bremsen könne. Gagerns Ansehen datierte aus der Zeit des Vorparlaments.[21] Er war der wohl populärste konstitutionelle Minister des Südwestens, des Herzens der liberalen Bewegung. Große Anteilnahme zeigte man ihm, als sein Bruder Friedrich[22] den Soldatentod erlitt. Die beiden Brüder verband nicht nur die Familienzugehörigkeit, sondern auch ein gemeinsamer Glaube an die Zukunft Deutschlands.

Heinrich von Gagern sollte später die führende Rolle in der Frankfurter Nationalversammlung übernehmen, zunächst als Präsident und dann von Dezember an als Ministerpräsident der Provisorischen Zentralgewalt. In ungewöhnlichem Maße verfügte er über die Eigenschaften, die man in diesem Parlament und in gewisser Weise damals auch in weiten Teilen des deutschen Volkes für die wichtigsten hielt.

Gagern stammte aus einer hervorragenden Familie. Sein Vater, der Reichsfreiherr Hans von Gagern, stieg vom Dienst in den nassauischen Ländern zum niederländischen Gesandten beim Wiener Kongreß auf. Nachdem er seine öffentlichen Ämter niedergelegt hatte, schrieb er Bücher über vielfältige politische und soziale Themen und förderte die gemäßigte Sache in der Ersten Kammer im Großherzogtum Hessen in Darmstadt. Als Freund Steins und Gegner Napoleons hielt er sich an viele historische Traditionen, wobei er zugleich die Notwendigkeit von

[19] Biedermann, *Erinnerungen* 3.
[20] Jürgens, *Zur Geschichte*, I, 115.
[21] Vgl. S. 44. [22] Vgl. S. 55.

Änderungen einsah. Mit seinen Geschwistern profitierte Heinrich von Gagern von der gepflegten Atmosphäre seines Elternhauses und von den weitgespannten nationalen und internationalen Beziehungen seines Vaters.[23] Der älteste Sohn Hans von Gagerns, Friedrich, trat in die Armee der Niederlande ein, diente einige Jahre in Ostindien und stand im Dienst des Großherzogtums Baden, als er im April 1848 bei Kandern den Tod fand.[24] Der jüngste Sohn, Max, der zusammen mit seinem Bruder Heinrich der Frankfurter Nationalversammlung angehörte und ebenfalls in die Reichsregierung eintrat, diente eine Zeitlang in der niederländischen Armee, bemühte sich dann aber um eine akademische Laufbahn in Bonn. 1840 trat er in herzoglich nassauische Dienste und war einige Jahre der Gesandte Nassaus in den Niederlanden. Als Kind eines protestantischen Vaters und einer katholischen Mutter wurde Max, wie die anderen Söhne, protestantisch erzogen, während die Töchter katholisch aufwuchsen. Friedrich und Heinrich waren dezidierte Protestanten, Max dagegen wurde 1843 katholisch, zum Verdruß Heinrichs.

Heinrich von Gagern, mit dem sich diese Studie hauptsächlich befaßt, wurde 1799 geboren und war gerade alt genug, um 1815 an der Schlacht bei Waterloo teilzunehmen. Nach dem Krieg studierte er Rechtswissenschaften und hatte wesentlichen Anteil an der Gründung der Burschenschaft. Nach Abschluß seiner Ausbildung trat er in den Dienst des Großherzogtums Hessen und wurde 1832, wie viele andere Beamte, Mitglied der Zweiten Kammer. Weithin unter dem Einfluß seines Bruders Friedrich wurde Heinrich zu einem scharfen Kritiker der Verhältnisse in Deutschland. Das vereinfachte ihm seine doppelte Stellung als verhältnismäßig untergeordneter Staatsbeamter und als Angehöriger der Legislative nicht gerade, zumal sie durch seine schlechten Beziehungen zum leitenden Minister Du Thil und durch sein heftiges Temperament schon belastet war. 1833 beschloß er, sich die politische Freiheit dadurch zu sichern, daß er aus dem Staatsdienst ausschied. Obwohl er keineswegs wie die politischen Märtyrer vor 1848 zu leiden hatte, war sein Schritt dennoch mutig. Die Familie Gagern war wohlhabend, aber nicht reich. Heinrich verlor etwas von seinem Einkommen und dadurch von seiner finanziellen

---

[23] Treitschke, *Historische und politische Aufsätze*, I, 153—206; Rössler, *Zwischen Revolution und Reaktion*.
[24] Heinrich schrieb die Biographie seines Bruders: *Das Leben des Generals Friedrich v. Gagern* (3 Bde., 1856/57).

Unabhängigkeit innerhalb der Familie. Der Vater, der ihn zwar für einen Hitzkopf und politischen Unruhegeist hielt, gestattete dem Sohn immerhin, eines der Familiengüter zu übernehmen: Monsheim in Rheinhessen, noch innerhalb des Großherzogtums. Heinrich warf sich mit großem Eifer auf die Landwirtschaft und wurde schließlich Präsident des Landwirtschaftlichen Vereins der Provinz Rheinhessen. Einige Jahre gehörte er der Ständeversammlung nicht an, doch Anfang 1847 kehrte er dorthin zurück und festigte sofort seine Position als führender konstitutionalistischer Parlamentarier. Ein Jahr später, am 5. März 1848, übernahm er von Du Thil die Regierung von Hessen-Darmstadt. Obgleich Heinrich von Gagern Westeuropa einschließlich Frankreichs bereist hatte, waren ihm der Norden und der Osten Deutschlands nicht vertraut. Wie sicher Heinrich auch auf dem heimischen Boden Hessen-Darmstadts sein mochte, so ordnete er sich doch bereitwillig dem weiteren Blick und der größeren Welterfahrung seines älteren Bruders unter. In der Familie Gagern galt es als ausgemacht, daß in zukünftigen deutschen Angelegenheiten Friedrich und nicht Heinrich eine führende Rolle vorbehalten sei. Der alternde Vater, dem zwar die Ansichten Friedrichs und Heinrichs zuweilen Kummer bereiten mochten, war dennoch stolz auf seine Söhne, besonders auf den ältesten, und teilte die dem holländischen General erwiesene Bewunderung. Nach der Schlacht von Kandern mußte Heinrich, der bei allen sonstigen Qualitäten nicht die starke Persönlichkeit Friedrichs besaß, die Lücke ausfüllen. Er tat dies mit aufrichtiger Zurückhaltung, sicher ohne ungebührlichen Ehrgeiz, auf die Aufforderung seiner Freunde hin und in Erinnerung an seinen Bruder. Obwohl Heinrich im Schatten des älteren Bruders stand, befähigte ihn nicht zuletzt seine parlamentarische Erfahrung, die Friedrich völlig abging, zur Präsidentschaft in der Frankfurter Nationalversammlung. Damit hatte er bis zur Bildung einer deutschen Regierung hinsichtlich der Einigung Deutschlands die bedeutendste Stellung inne. Es gab noch andere Mitglieder des Frankfurter Parlaments, die sich gleicherweise vor der Revolution in der Opposition und dann im Amt bewährt hatten. Doch Männer wie der württembergische Minister Römer oder der nassauische Minister Hergenhahn[25] besaßen nie eine so große Anhängerschaft wie Heinrich von Gagern. Im Mai 1848 sah es so aus, als besäße Heinrich mehr als jeder andere Abgeordnete des Parlaments die notwendige Qualifikation, um die Sache zum erfolgreichen Abschluß zu bringen.

[25] ADB XII; BSTH.

Sein Ansehen in einer Versammlung, der zahlreiche bedeutende Vertreter der Hauptberufe angehörten, bedarf sicher einer Erklärung. Er hatte keine überragende Intelligenz, er war umständlich, bis er zum Kern der Sache kam, zuweilen unbeholfen in seinen Formulierungen als Debattenredner. Aber er erwarb sich wie wenige andere einen selbstverständlichen Respekt.

Um die Wahl Heinrich von Gagerns zum provisorischen Präsidenten zu sichern, überließen die Gemäßigten möglichst wenig dem Zufall. Sie druckten Stimmzettel, auf denen Gagern als Präsidentschaftskandidat und Soiron, der Präsident des Fünfziger-Ausschusses, als Bewerber um die Vizepräsidentschaft aufgeführt waren.[26] Dieses Verfahren lehnte die Linke ab, welche die Wahl ihres Führers Robert Blum betrieb. Die Gemäßigten irrten sich in einer bedeutsamen Organisationsfrage. Es gab zwei Angehörige der Versammlung mit dem Namen Gagern: Heinrich und seinen Bruder Max. Ein Abgeordneter beantragte sofort, alle Stimmzettel, die nur den Familiennamen Gagern enthielten, für ungültig zu erklären. Schließlich machte Venedey,[27] ein radikaler Schriftsteller aus Köln, den hilfreichen Vorschlag, alle Stimmen Heinrich von Gagern zuzuerkennen, falls niemand aufstehe und erkläre, er habe Max gemeint, und seinen Stimmzettel zurückforderte.[28] Niemand meldete sich in diesem Sinn. Heinrich von Gagern war mit überwältigender Mehrheit zum vorläufigen Präsidenten gewählt. Er erhielt 305 von 397 Stimmen. 85 wurden für Soiron abgegeben und nur drei für Blum. Offensichtlich hatte die Linke eingesehen, daß es sinnlos sei, Blum kandidieren zu lassen; sie unterstützte statt dessen Soiron. Obwohl auch Soiron ein Gemäßigter war und sich dem rechten Zentrum (Casino) anschloß, war er sowohl durch seine berühmte Rede im Vorparlament[29] als auch durch den Umstand, daß er Präsident eines Gremiums gewesen war, das ein wachsames Auge auf die Tätigkeit der deutschen Regierungen gehabt hatte, für die Linke akzeptabel. Alle Beobachter stimmten darin überein, daß sich die Atmosphäre in der Paulskirche plötzlich verwandelte, als Gagern das Präsidium übernahm. Der Publizist und Politiker Rudolf Haym vom rechten Zentrum, der als einer der Jüngsten Alterssekretär war, schrieb in seinem Versammlungsbericht von der neuen Hoffnung, die das Parlament in diesem Augenblick erfüllte.[30] Hayms Zeugnis ist von besonderem Interesse, da er der Autor einer hervorragenden Zusammenfassung über

[26] Jürgens, *Zur Geschichte*, I, 115. [27] ADB XXXIX. [28] I, 16 f. [29] Vgl. S. 51 f.
[30] Haym, *Deutsche Nationalversammlung*, I, 10. Über Haym vgl. seine Autobiographie *Aus meinem Leben;* Rosenberg, *R. Haym;* BSTH.

die Versammlung des Preußischen Vereinigten Landtages war, die kurz vorher stattgefunden hatte.[31] Diesen Eindruck, den Gagerns Übernahme der Präsidentschaft hervorrief, bestätigt auch der Mann, der nicht nur unter Gagern als Vizepräsident diente, sondern ihm auch im Präsidentenamt folgte, nämlich der angesehene Jurist Eduard von Simson. Wie dessen Sohn, Bernhard von Simson, berichtet, sprach sein Vater häufig anerkennend von dem Wechsel in der Atmosphäre; es sei gewesen, »als wenn ein des Fahrens Kundiger am Boden schleifende Zügel ergriffen hätte«.[32] Haym und Eduard Simson gehörten beide zum rechten Zentrum. Daß der Eindruck von der veränderten Atmosphäre nicht auf Gagerns Freunde beschränkt blieb, zeigt sich in der günstigen, wenn auch etwas ironischen Beschreibung der Vorgänge durch einen politischen Gegner, den protestantischen Geistlichen und Lehrer Wilhelm Zimmermann aus Stuttgart, welcher der extremen Linken angehörte.[33]

Die deutlichste Erklärung des Erfolgs, den Gagern in der Frankfurter Nationalversammlung hatte, stammt von dem Wiener Staatsarchivar und Historiker Alfred Arneth,[34] auch wenn sich das Zeugnis auf einen späteren Zeitpunkt bezieht. Arneth zog erst im November 1848 ins Parlament ein, als Gagerns Präsidentschaft schon fast zu Ende war. Der österreichische Abgeordnete hatte den Wiener Reichstag aus der Nähe beobachten können. Nachdem er Gagern in Frankfurt als Präsidenten erlebt hatte, kam er zu dem Schluß, daß der Präsident des österreichischen Parlaments, Anton Strobach, sich kaum in einem Atem mit Gagern nennen lasse.[35] Arneth gibt zu, daß Strobachs kluge Verhandlungsführung durchaus Wertschätzung verdiene, doch dann spricht er von dem ungünstigen Eindruck, den er durch sein »wenig gewinnendes Äußeres«, durch »seine schmächtige, engbrüstige Persönlichkeit« und seinen böhmischen Akzent machte. Dagegen stellt er Gagerns »hohe und kraftvolle Gestalt« und seine »wirklich imposante Persönlichkeit«. Und er schreibt: »Mit welch majestätischem Ernste wußte er seines Amtes zu walten, und wie glockenrein klang sein tiefes und sonores Organ durch die ... Paulskirche!«[36]

In seiner Empfänglichkeit für Form war Arneth sicher ein typischer

[31] Haym, *Reden und Redner.* [32] Simson, *E. v. Simson,* 100.
[33] Zimmermann, *Deutsche Revolution,* 599. Über Zimmermann vgl. ADB XLV; BSTH. [34] ADB XL; Arneth, *Aus meinem Leben;* ÖBL; NDB; BSTH.
[35] Anton Strobach, nominell zwar einer der Vizepräsidenten, hatte die Hauptlast des Vorsitzes mit dem Polen Smolka zu teilen. Vgl. Springer, *Geschichte Österreichs,* II 405. [36] Arneth, *Aus meinem Leben,* I, 207 f.

Abgeordneter der Frankfurter Nationalversammlung. Gagerns Erfolg in der Paulskirche wäre unmöglich gewesen, hätte er nicht weitverbreitete Gefühle über die Zukunft Deutschlands zum Ausdruck gebracht. Doch daß er, und nicht ein anderer Protagonist der Verfassungsentwicklung und der deutschen Einigung, zum Symbol dieser Bestrebungen wurde, kam ebenso von sichtbaren Zeichen wie seiner Erscheinung und seiner Stimme wie von seiner politischen Eignung. Arneths Hinweis auf den Vorsitzenden des österreichischen Reichstags zeigt, daß es nicht genug war, ein guter Präsident zu sein: man mußte auch entsprechend aussehen.

Ein Wort zieht sich wie ein roter Faden durch die Kommentare über Heinrich von Gagern. Allenthalben wird sein edles Wesen betont. Eduard Simson beeindruckte seine »stattliche, edle Erscheinung«,[37] und sogar der praktische Arzt Pagenstecher aus Elberfeld, ein notorischer Kritikaster, gebraucht die Formulierung: »der wahrhaft edle« Gagern.[38] Der Tübinger Philosoph Vischer, der etwas links von Gagern stand, schrieb über die erste Rede des neuen Präsidenten: »Da war Adel, da war Männerwert und Männerwürde, da war Trost, jetzt ist mir die Seele wieder leicht.«[39] Haym meint, Gagerns Präsidentschaft sei von dem Glanz sittlicher Würde umgeben.[40]

Ludwig Bamberger, ein liberaler Reichstagsabgeordneter während der Kanzlerschaft Bismarcks, aber damals noch ein revolutionärer Radikaler, berichtete eine Zeitlang für seine Mainzer Zeitung über die Frankfurter Nationalversammlung. In seinen Memoiren schrieb er, er habe nur zwei Männer gekannt, die verstanden hätten, durch die »Würde des Auftretens« die parlamentarische Präsidentschaft auszudrücken: Gagern im Frankfurter Parlament und Eduard von Simson im Berliner Reichstag. Bamberger betonte dies, da für sein Empfinden der Reichstag des Bismarck-Reichs zu wenig Wert auf Form legte.[41] Obwohl sich die deutsche Empfänglichkeit dafür sicher bis über die Jahrhundertwende hinaus erhielt, zeigen Bambergers Bemerkungen doch, daß eine Atmosphäre wie die in der Paulskirche nur eine vergleichsweise kurze Zeit bestand.

Edles Wesen, Männlichkeit, Energie, Würde, Ernst, Sittlichkeit: Das waren Gagerns offenkundige Eigenschaften, die so viel Bewunderung hervorriefen. Diese Idealisierung oder Vergötterung des Präsidenten

---

[37] Simson, *E. v. Simson*, 100. [38] Pagenstecher, *Lebenserinnerungen*, II, 48.
[39] Rapp, *F. Th. Vischer*, 17. Über Vischer vgl. ADB XL; Vischer, »Mein Lebensgang«; BSTH. [40] Haym, *Deutsche Nationalversammlung*, I, 10.
[41] Bamberger, *Erinnerungen*, 85.

bedeutete eine Gefahr für die Zukunft. Konnte er die in ihn gesetzten Erwartungen erfüllen? Erhoffte man sich nicht wirklich zu viel von einem einzigen Menschen? Zahlreiche Frankfurter Abgeordnete idealisierten auf diese Weise nicht nur ihren Vorsitzenden, sondern das ganze deutsche Volk: Ein Volk, das, verglichen mit anderen Nationen, denen diese Eigenschaften abgingen, edel, mutig und aufrichtig sei. Gagern wurde zur Verkörperung dieses idealisierten Deutschen. Die hochgebildeten Männer der Paulskirche entwickelten diese Vorstellungen vermutlich aus der sonderbaren Mischung zweier Geistesströmungen: einer Romantisierung sowohl des christlichen Mittelalters als auch der heidnischen Antike. Die Suche nach dem Ideal entstammt offensichtlich der Entdeckung einer besseren, ritterlicheren und auch christlicheren Welt im Mittelalter durch die Romantiker. Gleichzeitig findet sich das durch die Brille des 19. Jahrhunderts gesehene heidnische Ideal des vollkommenen oder fast vollkommenen griechischen und römischen Heroen. Nichtchristliche Elemente überwiegen. Die Vergötterung von Mitmenschen stieß die Katholiken mehr als die Protestanten ab, und es ist vielleicht nicht purer Zufall, daß nur einer der genannten Berichterstatter, nämlich Arneth, Katholik war.

Heinrich von Gagern selber blieb bei aller ihm erwiesenen Bewunderung bescheiden. Was auch seine Fehler sein mochten: Arroganz oder auch nur Einbildung gehörten nicht dazu. Gagern blieb sich seiner Grenzen bewußt. Seine große Begabung lag, von gelegentlicher Barschheit abgesehen, in seiner Fähigkeit, aktuelle Gedanken wiederzugeben und herauszukristallisieren, was er schon vor 1848 durch seine führende Rolle in Fragen der Verfassungsentwicklung und der deutschen Einheit bewiesen hatte. In der Frankfurter Nationalversammlung gelang es ihm zuweilen, ein überraschendes Maß an Einheit dadurch zu erzielen, daß er eine Formulierung prägte, die den Vorteil hatte, alle Meinungsschattierungen zu befriedigen, die aber mit dem Nachteil verbunden war, das eigentliche Problem unberücksichtigt zu lassen. Diese Neigung zeigte sich in seiner ersten Rede als vorläufiger Präsident. Gagern sagte, das Parlament beziehe die Autorität für seine Aufgabe, eine Verfassung für ganz Deutschland zu schaffen, aus der »Souveränität der Nation«. An dieser Stelle erwähnen die stenographischen Berichte ein »stürmisches Bravo«.[42] Gagerns Formulierung war genau genug, um die Linke zufriedenzustellen, welche die Theorie der Volks-

[42] I, 17.

souveränität vertrat, und ausreichend schwach, um die Gegner dieser Doktrin in der Mitte zu beruhigen. Dagegen gab sie keine Antwort auf die Frage, in welchem Umfang Verhandlungen zwischen der Frankfurter Nationalversammlung und den Landesregierungen stattzufinden hätten.

Gagerns erster Konkurrent um die Präsidentschaft, Alexander von Soiron, wurde zum Vizepräsidenten gewählt. Da er für einige Mitglieder der Linken akzeptabel war, erhielt er noch mehr Stimmen als Gagern bei der Präsidentenwahl: 341 von 392. Blum bekam 26 Stimmen, Dahlmann 10, und auf verschiedene andere entfielen 15. Obwohl Soiron nicht mit der Würde Gagerns präsidierte, besaß er eine gewisse herzliche Freundlichkeit, die zuweilen recht nützlich war. Vervollständigt wurde das Präsidium durch die Wahl von zwei Alterssekretären, dem späteren österreichischen Minister von Stremayr und dem österreichischen Anwalt Riehl als provisorischen Schriftführern.

Die provisorische Geschäftsordnung befaßte sich im Abschnitt 2 bis in gewisse Einzelheiten hinein mit der Prüfung der Beglaubigungsschreiben. Während die Wahlen in den Händen der Landesregierungen lagen, nahm das Parlament für sich allein das Recht in Anspruch, über die Zulassung der Abgeordneten zu entscheiden. Der Entwurf Mohls[43] schlug vor, der Präsident der Versammlung solle sich davon überzeugen, daß die Anzahl der jedem Staat zustehenden Vertreter nicht überschritten sei. Jeder Überschuß an Abgeordneten sei durch Los zu eliminieren. Um das Zulassungsverfahren zu beschleunigen, verschob man diese Prozedur. Zwei Klauseln der Geschäftsordnung über die Wahl von »Abteilungen« faßte man zusammen. Diese Abteilungen entstanden nach entsprechenden Vorbildern in den französischen und badischen Kammern, sie hatten die Aufgabe, die Arbeit der Vollversammlung rascher zu gestalten. Eben diese fünfzehn Abteilungen sollten sowohl die Beglaubigungen der Abgeordneten prüfen wie die Wahl der Parlamentsausschüsse vornehmen. Der Historiker Johann Gustav Droysen gehörte zu denen, die während der Vorbereitungen zur Frankfurter Nationalversammlung die Bildung der Abteilungen unterstützten. Am 12. Mai notierte er in seinem Tagebuch, »wir kommen sonst ins Bodenlose.«[44] Jedes Mitglied der Versammlung wurde durch Los einer Abteilung zugewiesen. Außerdem entschied man, die Beglaubigungen der ersten Abteilung seien durch die nächste zu prüfen, die der ersten durch die zweite, und so fort. In Über-

---

[43] Mohl, II, 1. [44] Vgl. Hübner, *Droysen*, 807.

einstimmung mit dem Entwurf Mohls (II, 6) waren fragliche Wahlergebnisse einem Zentralausschuß vorzulegen, der sich aus den Vorsitzenden der Abteilungen zusammensetzte. Die Versammlung beschloß, daß jeder vom Zentralausschuß vorgeschlagene Ausschluß im Plenum zu behandeln sei.[45]

Der Vorteil dieser Bildung von Abteilungen für die Geschäftsführung liegt auf der Hand. Das Problem, Beglaubigungen zu prüfen und Ausschüsse zu wählen, ließ sich so auf übersichtliche Proportionen zurückführen. Für einen parlamentarischen Fünfzehner-Ausschuß wählte jede Abteilung einen Abgeordneten. So brauchte jeder Abgeordnete nur eine Stimme abzugeben, während man bei einer Ausschußwahl durch das Plenum jeweils fünfzehnmal die Anzahl der Kandidatennamen hätte auszählen müssen. In Abwesenheit organisierter politischer Parteien spielten die Abteilungen eine nützliche und in der Tat notwendige Rolle. Man verstand sie nicht als reine Wahlapparate. Um die Wahlen vernünftig auszuüben, mußten sich ihre Mitglieder kennenlernen. Ihre erste Handlung, die Wahl ihrer Vorsitzenden und Schriftführer wie auch der Mitglieder für den »Ausschuß für die Geschäftsordnung«, war eine Sache auf gut Glück, da sich die Abteilungsangehörigen zumeist erst vor kurzem getroffen hatten. Zunächst gab es in den Abteilungen, oder wenigstens in einigen von ihnen, einleitende Diskussionen über Punkte der Tagesordnung für die folgende Sitzung. Sowie jedoch die parlamentarische Arbeit in Gang gekommen war, gerieten die Abteilungen in den Schatten der politischen Klubs und der Parlamentsausschüsse. Sie waren rein zufällige Gruppierungen und konnten keinen Wettbewerb mit Gremien aufnehmen, die entweder aus politisch Gleichgesinnten bestanden oder aus Leuten, die eine gemeinsame Aufgabe verband.

[45] I, 27.

Es dauerte nicht lange, bis die Versammlung, die eben begonnen hatte, sich selber zu organisieren, sich veranlaßt sah, mehrere prinzipielle Fragen zu klären. Eine von ihnen ergab sich aus dem Antrag des radikalen Kölner Abgeordneten, Franz Raveaux. Sein Vater, ein gebürtiger Franzose und zeitweilig Republikaner, wurde später ein guter preußischer Beamter im Rheinland, obwohl er – offensichtlich unbewußt – auch noch in seiner neuen Stellung revolutionäre Lieder summte, von denen sein Sohn behauptete, sie hätten ihm seine radikalen politischen Gefühle eingeflößt.[46] Franz Raveaux wurde 1810 in Köln geboren, desertierte nach einem Zusammenstoß mit einem Landwehrmajor aus der preußischen Armee, kämpfte 1830 als Freiwilliger in der belgischen Armee und 1834 auf der »konstitutionellen« Seite in Spanien und wurde von den Carlisten gefangengenommen. 1836 kehrte er nach Köln zurück, wo die Behörden ein aufmerksames und scharfes Auge auf ihn hielten. Raveaux scheint offenbar keinen Versuch gemacht zu haben, sich unauffällig zu verhalten. Der offizielle Bericht besagt: »Bei seiner Ankunft trug er eine rote Mütze, deren Boden schwarz und deren Besatz golden war, jedoch übrigens Zivilkleidung. Sein Paß lautete: François Raveaux, capitaine au service de S. M. la reine constitutionelle d'Espagne. Er renommiert, zwei Orden in Spanien erhalten zu haben . . . und erregt durch seine Erzählungen Aufmerksamkeit.«[46a]

Nachdem er die Strafe für seine frühere Fahnenflucht abgesessen hatte, ließ sich Raveaux auf verschiedene Tätigkeiten ein: von Politik und Journalistik bis zum ziemlich einträglichen Betrieb einer Zigarrenfabrik. Bei den Kölner Unruhen während der Martinskirmes von 1846 setzte er sich für die Rechte der Bürger ein; für die Beschimpfung eines Leutnants erhielt er eine kurze Gefängnisstrafe. Anschließend wurde er in den Kölner Stadtrat und zum Vorsitzenden der Karnevalsgesellschaft gewählt – was wohl bezüglich der Anerkennung durch seine Mitbürger ein Zeichen von gleicher Bedeutung war. Die rheinischen Karnevalsgesellschaften spielten in der Zeit vor 1848 eine politische Rolle. Das überrascht nicht, da es sicherer war, eine kritische Äußerung über Staatsangelegenheiten scherzhaft statt

---

[46] Vgl. Bergsträsser, *Frankfurter Parlament*, 224, Zitat nach dem Meißener Anwalt Hallbauer.

[46a] Auszug aus den Akten des Geheimen Staatsarchivs, in Hansen, *Rheinische Briefe*, II, 77.

direkt zu machen. Die Gesellschaften spielten die Rolle des Hofnarren früherer Zeiten.[47] Im Frühjahr 1848 wurde Raveaux stellvertretender Kommandant der Kölner Bürgerwehr. Er ist ein interessantes Beispiel eines Radikalen, bei dem extremistische und gemäßigtere Phasen abwechselten. Im Vorparlament brach Raveaux, obwohl ein Radikaler, mit Hecker und beugte sich der Mehrheitsentscheidung gegen die »Permanenz«.[48] Seine Abenteuer fanden mit der Frankfurter Nationalversammlung kein Ende.[49]

Während der zweiten Sitzung beantragte Raveaux am 19. Mai, daß jene Abgeordneten aus Preußen, die auch in die Preußische Nationalversammlung in Berlin gewählt worden waren, das Recht haben sollten, beide Sitze einzunehmen. Das Preußische Parlament war für den 22. Mai einberufen, und soweit Raveaux informiert war, hatten die preußischen Behörden von den Abgeordneten verlangt, sich für einen der beiden Sitze zu entscheiden.[50] In der Begründung seines Antrags ging Raveaux noch weiter und verlangte, nirgendwo in Deutschland sollten legislative Körperschaften einberufen werden, solange die Nationalversammlung in Frankfurt tagte. In der Motivierung seines Antrags ließ Raveaux keinen Zweifel an der weitreichenden Bedeutung seiner Vorschläge aufkommen. Er forderte eine sofortige Abstimmung der Versammlung ohne Überweisung des Antrags an einen Ausschuß, wie es die Geschäftsordnung normalerweise vorsah, und zwar angeblich deshalb, weil die Sache keinen Aufschub gestatte. In Wirklichkeit war Raveaux nicht besonders scharf darauf, die Schwierigkeiten zu lösen, die die Doppelwahlen in Preußen verursachten. Die betroffenen Abgeordneten waren, wie Raveaux vermutlich wußte, für den Abend zur Erörterung dieser Frage verabredet. Sie ließ sich wohl auch ohne Hilfe der Frankfurter Nationalversammlung regeln. Und was die Dringlichkeit anging, so konnte man sehr wenig tun, um die Berliner Situation am 22. überhaupt noch zu beeinflussen. Als es Raveaux nicht gelang, das Parlament zu überrumpeln, stimmte er bereitwillig einer gemächlicheren Behandlung der Frage zu und konzentrierte sich dabei auf das Verfassungsprinzip, um dessentwillen er die Sache überhaupt zur Sprache gebracht hatte.

Obwohl Raveaux nicht offiziell im Namen der Linken auftrat, waren seine Strategie und Taktik doch typisch für deren Verhalten in der Frankfurter Nationalversammlung. Von Anfang an war es ihre Hauptabsicht, die Volkssouveränität zu erreichen. Das logische Ziel bildete die Errichtung einer deutschen Republik. Inzwischen mußte

[47] Vgl. Bamberger, *Erinnerungen*, 29. [48] Vgl. S. 51. [49] ADB XXVII. [50] I, 18.

man jede Gelegenheit nutzen, um die Stellung der Fürsten und vor allem des preußischen Königs als Repräsentanten des monarchischen Systems im außerösterreichischen Deutschland zu schwächen. Die Frankfurter Nationalversammlung diente der Linken hauptsächlich als Rammbock, um die Fundamente der monarchischen Ordnung zu erschüttern. Die Methode, diese Absicht im Parlament zu verwirklichen, bestand in der Anwendung einer Schocktaktik: im Versuch, die Versammlung in Furcht zu versetzen. Immer wieder brachten linke Abgeordnete Dringlichkeitsanträge ein, die sie mit dem Argument der Zeitknappheit ohne ausführliche Diskussion und unter Umgehung der normalen Prozedur einer Ausschußberatung durchzubringen suchten. Die Unterstützung durch die Galerie kam der Linken beim Versuch, die Unentschiedenen einzuschüchtern, gelegen. All das mag hart klingen, aber Angehörige der Linken hätten es wohl dennoch nicht unbedingt für eine ungerechte Beurteilung gehalten. Die Radikalen im Frankfurter Parlament waren hauptsächlich eine Gruppe von Aktivisten, die zu wissen glaubten, was das Volk wollte. Sie betrachteten sich als dessen wahre Vertreter, auch wenn sie im Parlament überstimmt wurden. Um diesen Anspruch zu bekräftigen, verwiesen sie auf die Flut von zumeist radikalen Petitionen an die Frankfurter Nationalversammlung.[51] Die örtlichen »demokratischen« Zusammenschlüsse wie Volksvereine, Demokratische Vereine und so weiter waren zweifellos sehr aktiv, jedoch allzusehr bestrebt, den gemäßigten Parlamentsmitgliedern das Vertrauen zu entziehen und deren »Abberufung« zu fordern, wenn auch vergeblich. Die Linke hatte ihr eigenes Sendungsbewußtsein. Ihre Führer glaubten zu wissen, was die Lage erforderte, und daß sie die Unterstützung der Volksmassen hätten. Mehr und mehr waren sie über die gemäßigte Mehrheit in der Nationalversammlung verzweifelt, die — wie die Linke meinte — mit ihrer Methode eines allmählichen Fortschritts den Volkswillen verfälschte und die Revolution zum Mißlingen verurteile. Die Radikalen behaupteten, »Demokraten« zu sein. Die theoretische Schwäche ihrer Position störte sie so wenig, daß sie sich sehr bald für die Anwendung von Gewalt, jetzt nicht mehr gegen unrepräsentative Tyrannen, sondern gegen rechtmäßig gewählte Parlamente und konstitutionelle Regierungen, die von repräsentativen Versammlungen gestützt wurden, aussprachen. Wo Überredung nichts mehr half, zeigten sie sich bereit, auf die Barrikaden zu steigen. Gleicherweise waren die Mitglieder der Linken willens, ihre Theorien

[51] Sie sind in Wigard, *Stenographischer Bericht*, ab I, 15 ff., aufgeführt.

über die Übel des Partikularismus zu revidieren, wenn es ihnen nicht gelang, die Zentrale zu beherrschen. All dies soll nicht eine Kritik an der Linken, sondern eine Feststellung der Konsequenzen ihrer Prinzipien sein. Die gemäßigten Liberalen mochten vom Schrumpfen ihrer Popularität überrascht sein, aber sie waren zumindest bereit, sich einer ungünstigen Wählerentscheidung zu unterwerfen. Die messianische Linke verstand sich als Vollstrecker eines unklaren »allgemeinen Willens« im Sinne Rousseaus. Wenn parlamentarische Wahlen und Abstimmungen diesem allgemeinen Willen in der Interpretation durch die Linke entsprachen, konnte man sie respektieren. Falls nicht, durfte die Linke nach freiem Ermessen alle verfügbaren Mittel ergreifen, um sicherzustellen, daß dieser ihnen allein geoffenbarte wahre allgemeine Wille sich durchsetzte.

Raveaux schrieb der Frankfurter Nationalversammlung bis auf weiteres das alleinige Recht zu, Verfassungsberatungen abzuhalten. Dafür hatte er einen guten Grund; denn andernfalls könnten die Nationalversammlung und die Landesparlamente sich gegenseitig ausschließende Gesetze verabschieden. Sein Vorschlag enthielt jedoch Gefahren. Zahlreiche dringende Aufgaben warteten in den Staaten auf parlamentarische Behandlung. Falls Verfassungsgremien in den einzelnen Hauptstädten nicht hätten zusammentreten dürfen, so wäre die Verfassungsentwicklung in den Staaten weithin in ihrem Vormärzstadium steckengeblieben, und die liberalen Minister wären, ohne parlamentarische Rückendeckung, den Launen und dem Gutdünken der Herrscher ausgesetzt gewesen. Den Bürgern dieser Staaten wären damit gleichzeitig gewisse demokratische Rechte vorenthalten worden. Diese offensichtlichen Ungereimtheiten störte die Linke nicht. Für die neuen liberalen Minister der Landesregierungen hatte sie wenig übrig. Sie glaubte ernstlich, diese Minister in Preußen, Baden, Württemberg und anderswo hätten sich in eine falsche Position manövrieren lassen, und hielt diese für kurzlebige Stützen der alten Ordnung, wofür sie wenig Dank zu erwarten hätten. Sie glaubte, daß die Fürsten, wenn sie ihre Macht nur erst wieder in Händen hätten, sich rücksichtslos von den liberalen Ministern befreien würden. Die Linke lehnte liberale Verfassungskompromisse ab und kämpfte für eine radikale Änderung der politischen Situation. Nach Ansicht ihrer Führer konnte die Zusammenarbeit zwischen den liberalen Ministern und ihren Herrschern nicht von Dauer sein. Je eher offenbar wurde, was ihnen als Truglösung erschien, desto besser. Die Linke war überzeugt, daß in Deutschland zur Vervollständigung der ersten Revolution eine zweite notwendig sei. Unglücklicherweise war Heckers Aufstand in Baden — dem sich viele ihrer Anhänger angeschlossen hätten und in den einige verwickelt gewesen waren[52] — zusammengebrochen. Doch in den ersten Tagen der Frankfurter Nationalversammlung traf die Nachricht von dem erfolgreichen Aufstand in Wien vom 15. Mai ein, die zur Folge hatte, daß die österreichischen Behörden der Wahl eines Ein-Kammer-Reichstags auf der Grundlage des allgemeinen männlichen Wahlrechts zustimmten. Angehörige der Linken in der Nationalversammlung glaubten, daß die öffentliche Stimmung in Deutschland auf ihrer Seite stünde und daß, wie immer auch die Wahlen zur deutschen Nationalversammlung ausgefallen waren, die Masse der Bevölkerung geschlossen radikal und der liberalen Halbheiten müde sei. Die Ereignisse zeigten, daß die Linke allzu rosige Ansichten über ihre radikale Anhängerschaft im Lande hatte. Auch waren die Demokraten — wenigstens zu Anfang — der Ansicht, der Partikularismus stehe und falle mit den Fürsten und die einzelnen Staaten hätten keinen Platz im Herzen ihrer Bürger. Sie verkannten, daß viele Staaten, Fürsten und Dynastien im Lauf der Jahre kräftige Wurzeln geschlagen hatten.

Für die Linke, wenn sie sich hätte entscheiden müssen, war das Erreichen ihrer ideologischen Ziele wichtiger als die Schaffung der deutschen Einheit. In den ersten Tagen der Frankfurter Nationalversammlung stützten die Radikalen ihre Politik immer noch auf die Voraussetzung, daß diese beiden Bestrebungen in Einklang zu bringen seien. Sie wollten Deutschland einigen, um die von ihnen als wichtig erachteten demokratischen Institutionen einführen zu können.

Im Jahre 1848 konnten die Deutschen nicht umhin, politische Anregungen hauptsächlich aus dem Ausland zu beziehen, was für eine nationale Bewegung als seltsam gelten mag. Jahrelang hatten jedoch alle, außer den entschiedensten Verteidigern der alten Ordnung, die konstitutionellen Entwicklungen in anderen Ländern mit gespanntem Interesse verfolgt, zumal es zu Hause kein aktives politisches Leben gab. Auf sonderbare und wahrscheinlich völlig unbeabsichtigte Weise hatte in Deutschland die Zensur diese Neigung, nach dem Ausland zu blicken, verstärkt. Es war weniger gefährlich, über Verfassungsforderungen in fremden Ländern als über die Vorgänge im eigenen Land zu schreiben. Überdies war eine Anzahl der politisch Aktivsten ge-

[52] So Ignaz Peter, einst Heckers »Statthalter« in Konstanz, der in der Frankfurter Nationalversammlung saß, obwohl ihm in Baden ein Strafprozeß drohte.

zwungen gewesen, im Ausland Zuflucht zu suchen, und sie kehrten 1848 erfüllt von dem zurück, was sie draußen erlebt hatten. Einige von ihnen wurden Abgeordnete der Frankfurter Nationalversammlung. Auch hierbei hatte die Unterdrückung, obwohl sie im allgemeinen ein Hemmschuh war, die politische Erziehung gefördert. Die Länder, in die politisch Verfolgte fliehen konnten, waren diejenigen Nachbarn, die radikale Bestrebungen freundlich oder wenigstens nicht feindselig betrachteten: die Schweiz, Belgien und Frankreich. Weder die Niederlande noch Dänemark übten eine Anziehungskraft auf die Radikalen aus, die sich natürlicherweise hauptsächlich für Frankreich oder die Schweiz entschieden und häufig z. B. von einem Land zum anderen reisten, wie der Philosoph Ruge. Die revolutionäre Tradition der Franzosen und die republikanischen Institutionen der Schweiz standen dem Herzen der Radikalen näher als die konstitutionelle Monarchie Belgiens oder etwa Englands. Nach dem Scheitern der Revolution von 1848 kamen jedoch eher die Vereinigten Staaten von Amerika für die Extremisten als dauerndes Auswanderungsziel in Frage als während der Zeit vor 1848, in der sie nach einem vorübergehenden Asyl in den Deutschland benachbarten Staaten suchten.

In der Frankfurter Nationalversammlung wurden die linksstehenden Abgeordneten durch die Anziehungskraft der französischen Revolutionstradition von ihren gemäßigteren Gegnern getrennt; diese traten mehr für eine konstitutionelle Monarchie, wie die englische und belgische, ein. Wo die Radikalen die politische Karte Deutschlands nach rationalen Grundsätzen und ohne Rücksicht auf historische Traditionen und Grenzen neu zeichnen wollten, wie das in Frankreich nach der Revolution von 1789 geschehen war, wünschten die gemäßigteren Gruppen die Wahrung und Übernahme des historisch Überlieferten. Zu Beginn der Frankfurter Nationalversammlung strebten die Radikalen einen Einheitsstaat nach dem Muster der Französischen Revolution an. Obwohl sie eine gewisse Sympathie für die Verfassung der Vereinigten Staaten von Amerika empfanden, wollten sie sicherlich nicht deren Föderalismus kopieren. Erst als die Radikalen daran verzweifelten, das Zentrum – Frankfurt – zu beherrschen, änderten sie ihre Einstellung in der Frage der Rechte der Einzelstaaten. Inzwischen richteten sie ihre Aufmerksamkeit auf die Hauptstädte einiger Länder, wie z. B. Dresden, in der Hoffnung, daß ihnen eine zweite Chance geboten würde, ihre Ziele zu verwirklichen.

Es handelte sich bei Raveaux' Antrag um fundamentale Doktrinen der Linken. Die Volkssouveränität bildete die Ausgangsbasis. Das Nationalparlament war als gewählter Repräsentant des Volkes berechtigt, allen, auch den Fürsten und den Regierungen, Anweisungen zu erteilen. Das Parlament besaß uneingeschränkte Macht. Als Vertretung des Volkes konnte es entscheiden, wie weit seine Kompetenz in den Angelegenheiten der Nation reichte. Es hatte »Kompetenz-Kompetenz«. Was immer die Bundesversammlung von der Aufgabe der Frankfurter Nationalversammlung halten mochte: ihr stand es zu, über jede beliebige Sache zu entscheiden. Die Linke wünschte gegenwärtig eine Parlamentsregierung, sie wollte die Frankfurter Nationalversammlung als Konvent im Sinne der Französischen Revolution etablieren. Die Bundesversammlung sei zu ignorieren. Landesregierung und Herrscher hätten einfach auszuführen, was die Nationalversammlung bestimmte. Die Radikalen drängten die Versammlung, mit den Herrschern in der einzigen Sprache zu reden, die diese ihrer Meinung nach verstünden, nämlich derjenigen der Knute. Nichts lag den Demokraten ferner, als die Herrscher zu umwerben. Keine Seite verschwendete an die andere irgendwelche Liebe. Die Herrscher hatten eindeutig zu verstehen gegeben, was sie von den Radikalen hielten, als sie nach der Märzrevolution fast überall liberale und nicht radikale Minister ernannten. Diese Haltung der Herrscher bestärkte die Radikalen nur in ihrer Meinung über die Fürsten. Die beiden Seiten hatten nichts gemeinsam, und sie wußten es. Die Linke hegte den Verdacht, die Fürsten suchten die Arbeit der Frankfurter Nationalversammlung dadurch zu sabotieren, daß sie Landesparlamente einberiefen, welche die Einigung durch eine mit der Reichsverfassung unvereinbaren Gesetzgebung aufhalten würden. Die Verfassungsrechte der Landesparlamente und der von ihnen getragenen Regierungen wurden von der Linken immer dann ignoriert, wenn sie ihr im Weg standen.

Wenn die Linke oft wichtige Angelegenheiten übereilt durchbringen wollte, war diese negative Einstellung zu Form und Verfahren nicht nur auf ihre Hoffnung zurückzuführen, taktisch erfolgreich zu sein. Sie wurzelte wesentlich tiefer. Die Linke war mehr an einem Eingehen auf augenblickliche Notwendigkeiten und an einem Dialog mit der öffentlichen Meinung interessiert als daran, die Geschäftsordnung strikt einzuhalten. Die der Öffentlichkeit zugängliche Galerie bildete für die Radikalen ein unentbehrliches Bindeglied zu dem durch die Versammlung repräsentierten Volk. Die Demokraten hielten nichts davon, die Abgeordneten von der Außenwelt zu isolieren, um eine ungestörte und unparteiische Diskussion zu ermöglichen. Sie begrüßten Petitionen von Vereinigungen und Einzelpersonen. Sie wünschten möglichst wenige Zwischenglieder zwischen den Parlamentsabgeordneten und ihren Wählern. Man weiß nicht, welche Haltung die radikalen Volksvertreter damals eingenommen hätten, wäre der Massendruck von der anderen Seite ausgegangen.

Raveaux setzte sich nicht durch, und vermutlich rechnete er auch gar nicht mit einer sofortigen Entscheidung. Die Gründe für ein Abweichen von der üblichen Verweisung an einen Ausschuß waren nicht überzeugend genug gewesen. Bereitwillig akzeptierte Raveaux eine Verschiebung der Debatte über das weitere Vorgehen im Sinn seines Antrags auf Montag, den 22. Mai: auf eben den Tag, an dem die preußische Nationalversammlung zusammentreten sollte; so opferte er sein Hauptargument, das der Dringlichkeit.[53] Als die Debatte am 22. Mai wieder aufgenommen wurde, hatte der Präsident bereits 17 Änderungsvorschläge in Händen; die verschiedenen Einstellungen zu Raveaux' Antrag reichten von der Unterstützung bis zur strikten Ablehnung.[54] Nach einer kurzen Debatte beschloß die Versammlung mit deutlicher, wenn auch nicht überwältigender Mehrheit, den Antrag an einen Ausschuß zu überweisen. In dieser Phase fand die Linke noch eine gewisse Unterstützung durch Abgeordnete, die sich später dem gemäßigten Flügel des Hauses anschließen sollten; unter ihnen war auch der Vizepräsident Soiron.[55] Inzwischen wählten die Abteilungen einen Ausschuß zur Berichterstattung über Raveaux' Antrag. Ehe man über den Bericht debattieren konnte, mußte sich das Haus mit einem weiteren radikalen Antrag befassen, den der Mainzer Abgeordnete Zitz einbrachte.

[53] I, 30. [54] I, 39 ff. [55] I, 44.

Franz Heinrich Zitz, ein Mainzer Anwalt von Mitte Vierzig, verdankte wie Raveaux seine wachsende Popularität zum Teil dem Umstand, daß er Präsident einer Karnevalsgesellschaft war. In den Anfängen der Revolution gehörte er zusammen mit Hecker, Struve und Blum zu der in ganz Deutschland bekannten Handvoll radikaler Heroen. Als Mitglied der hessisch-darmstädtischen Zweiten Kammer hatte er sich im März aktiv daran beteiligt, der Regierung Konzessionen abzuringen. Zitz war einer jener vielen gewandten Redner, die 1848 ohne entschiedene politische Begabung plötzlich prominent wurden. Ludwig Bamberger, der ihn gut kannte und einigen Einfluß auf ihn besaß, nannte ihn einen typischen Mainzer, der ein lebhaftes und heiteres Temperament mit einem guten und festen Charakter verbinde. Die exaltierte Mainzer Schriftstellerin Kathinka Halein hatte durch Selbstmorddrohung Zitz erpreßt, in eine Heirat mit ihr einzuwilligen. Er verließ sie nach der Trauung, um sie nie mehr wiederzusehen, obwohl – sehr zu seinem Mißfallen – die Rosen der vernarrten Frau selten unter dem Tribut fehlten, den man dem populären Politiker zollte. Zitz schloß sich der extremen Linken *(Donnersberg)* in der Frankfurter Nationalversammlung an und beteiligte sich im Juni 1849 am pfälzischen Aufstand. Bamberger meinte, er hätte gern ein Übereinkommen mit den Fürsten gesehen. Aber er konnte der Versuchung nicht widerstehen, bei seinen Reden auf Beifall abzuzielen. Das war einer der Faktoren, die ihn zu einem extremeren Kurs trieben.[56]

Seit den Tagen der Französischen Revolution bildete Mainz eines der radikalen Zentren in Deutschland, die unter dem starken Einfluß französisch-republikanischer Ideen standen. Obwohl ein Teil des Großherzogtums Hessen-Darmstadt, war Mainz eine von preußischen und österreichischen Truppen besetzte Festung des Deutschen Bundes. Lange Zeit waren die Beziehungen zwischen dem preußischen Militär und den Mainzer Bürgern gespannt, während die österreichischen Soldaten mit der einheimischen Bevölkerung recht gut auskamen. Die Reibungspunkte zwischen den preußischen Truppen und der Einwohnerschaft wuchsen noch durch die Gründung einer Bürgergarde im März 1848. Die preußischen Soldaten machten sich über die Ausbildung der Amateure lustig. Am 21. Mai spitzte sich

[56] Bamberger, *Erinnerungen,* bes. 27 ff., 75 ff.; ADB XLV.

die Lage durch ein Gefecht zwischen den Bürgern und dem preußischen Militär zu, wobei vier Soldaten getötet wurden, während die Bürger nur Verwundungen erlitten. Die Zivilisten wurden aber zuerst getroffen. Daraufhin verlangten der österreichische und der preußische Militärkommandant in einem Ultimatum an die Zivilbevölkerung die Ablieferung aller Waffen binnen zwei Stunden und die Auflösung der Bürgergarde. Andernfalls werde die Stadt beschossen. Nach einer Verlängerung des Termins gab die Stadt nach. [57]

Bald nach Beginn der Sitzung der Frankfurter Nationalversammlung am 23. Mai bat Zitz, über die bedrohliche Lage in Mainz sprechen und einen Dringlichkeitsantrag einbringen zu dürfen. Er gab einen langen und detaillierten Bericht über die Zusammenhänge, die zu den dramatischen Mainzer Ereignissen geführt hatten. Wie zu erwarten war, behandelte Zitz als Chef der Bürgergarde die Geschehnisse in seiner Heimatstadt nicht ganz objektiv. Für ihn waren seine Mitbürger unschuldige Lämmer, die durch nichts den Zorn der preußischen Wölfe gereizt hatten. Zitz nutzte die Gelegenheit. Indem er über die Handlungen der Kommandanten und ihrer Leute herzog, konnte er zwei der wichtigsten Angriffspunkte der Radikalen treffen: das Militär und Preußen. Um diese Wirkung zu steigern, ließ er die Österreicher leichter davonkommen, obwohl der österreichische Kommandant zusammen mit seinem preußischen Kollegen das Ultimatum unterzeichnet hatte. Die preußischen Offiziere und Soldaten wurden als Bestien hingestellt.

Zitz beantragte, die deutsche Nationalversammlung solle eingreifen, um eine Reihe von Änderungen in Mainz zu bewirken. Die Kommandanten seien anzuweisen, alle kürzlich ergriffenen Sondermaßnahmen zurückzunehmen. Gemeine und Unteroffiziere[58] sollten nicht berechtigt sein, außerhalb des Dienstes Uniform zu tragen, und die preußischen Truppen sollten bis zu ihrer Ablösung außerhalb der Stadt lagern. Zitz folgte dem Beispiel Raveaux', indem er das Haus aufforderte, ohne Zwischenschaltung eines Ausschusses eine Entscheidung zu fällen. Als er das Rednerpult verlassen wollte, wurden ihm Briefe überreicht, die, wie er sagte, darauf hinwiesen, daß sich die Lage in Mainz abermals verschlechtert habe. Falls diese Briefe tatsächlich in diesem Augenblick eingetroffen sein sollten, kamen sie zur rechten Zeit. Wieder ein Versuch, das Parlament zu überrumpeln.

[57] I, 53 ff., vor allem 93 ff.; Bamberger *Erinnerungen*, 74 ff., 98 ff.
[58] Es ist interessant, daß dieser »Demokrat« die Offiziere mit Patent zu erwähnen unterließ.

Die Mainzer Ereignisse waren zweifellos eine Angelegenheit, die öffentliche Besorgnis erregte. War aber die deutsche verfassunggebende Versammlung das richtige Gremium, sich damit zu befassen? Die Bundesversammlung, der die Bundesfestung unterstand, hatte ihre Existenz keineswegs aufgegeben. Auch die Regierungen der Einzelstaaten bestanden weiter. Bis jetzt war nichts über die genauen Funktionen der deutschen Nationalversammlung, über ihr Verhältnis zur Bundesversammlung und zu den Landesregierungen entschieden. Die gegen Raveaux' Antrag erhobenen Einwände trafen auch auf den von Zitz eingebrachten zu, nur mit dem Unterschied, daß die Mainzer Angelegenheit von unmittelbarer praktischer Bedeutung war. Falls Zitz recht hatte, befanden sich die Mainzer Bürger noch immer in Gefahr.

Wie immer die Rechtslage in Mainz war: Zitz versuchte sicher, ebenso wie Raveaux, das Haus dazu zu bringen, eine aktive Rolle weit über die Verfassungsarbeit hinaus zu übernehmen. Die beiden radikalen Abgeordneten wünschten, die Nationalversammlung solle die bestehenden Obrigkeiten nötigenfalls überwachen und ihnen Weisungen erteilen. War die Versammlung aber dazu berechtigt und befähigt? Es herrschten beträchtliche Zweifel, ob Eingriffe in die Exekutive tatsächlich zum Auftrag dieses Parlaments gehörten. Noch ungewisser war es, ob die Landesregierungen, vor allem stärkere, wie die preußische, Anordnungen der deutschen Nationalversammlung befolgen würden; die Radikalen zeigten sich durchaus bereit, eine Herausforderung durch die Landesregierungen anzunehmen, denn sie glaubten, bei einer Kraftprobe zu siegen. Der Historiker muß sich fragen, ob sie ihre Aussichten nicht falsch einschätzten. Sicher wies die radikale Position eine entschiedene Folgewidrigkeit auf. Sosehr die Demokraten über den preußischen Militarismus herzogen, so verließen sie sich doch wie die deutsche Bewegung im allgemeinen beim Kampf gegen die Dänen in Schleswig-Holstein auf die preußischen Truppen. Obwohl die Linke zu Anfang die Rechte anderer Nationalitäten betonte, gab sie sich bezüglich der Elbe-Herzogtümer im ganzen kompromißlos. Außerdem nahm Zitz keine Rücksicht auf die strategische Bedeutung von Mainz für die Verteidigung Deutschlands gegen eine mögliche Bedrohung durch Frankreich.

Nach einem Verfahrensstreit wurde Zitz' Antrag an einen Ausschuß überwiesen.[59] Es gab sicher, auch unter der Linken, nur wenige Abgeordnete, die für eine Beschränkung der Diskussion auf das Plenum

[59] I, 62.

eintraten. Die Gemäßigten beharrten darauf, daß die Sache, nachdem sie einmal zur Sprache gekommen war, restlos untersucht würde. Der radikale Abgeordnete Carl Vogt,[60] der in diesem Fall eine vermittelnde Linie einschlug, hatte beantragt, einen Untersuchungsausschuß nach Mainz zu schicken. Man überließ es dem Ausschuß, selbst zu entscheiden, ob Untersuchungen an Ort und Stelle stattfinden sollten.

Der Ausschuß entsandte sofort mehrere Abgeordnete nach Mainz. Am 26. Mai debattierte das Haus über den Bericht des Ausschusses.[61] Obwohl das Militär nicht entlastet wurde, erkannte man die Schwierigkeiten der Festungsbefehlshaber samt ihrer Verantwortung für die Verteidigung Deutschlands voll an. Die wenige Tage vorher von Zitz gegebene Beschreibung bezeichnete der Bericht als voreingenommen. Wer auch an dem Geschehen die Schuld trug: Der Ausschuß betrachtete Vorbeugungsmaßnahmen als wesentlich für die Zukunft. Garnisoneinheiten sollten ausgetauscht werden, aber von einem Abzug der preußischen Truppen war nicht eigens die Rede. Überdies sollte die Bürgergarde wieder aufgestellt werden, wenn sich entsprechende Vereinbarungen treffen ließen, allerdings nur in einem durch die Festungsordnung bedingten Rahmen. Die Empfehlungen waren gemäßigt und begünstigten gewiß nicht die antipreußische Partei. Eine Ausschußminderheit sprach sich dafür aus, nichts zu unternehmen.

Zitz war mit dem Bericht des Ausschusses nicht zufrieden, aber Blum, der als einer seiner Mitglieder an der Untersuchung in Mainz teilgenommen hatte, sah jetzt ein, daß die Empfehlungen das Beste waren, das sich im Sinn der Linken erreichen ließ. Denn wie die Debatte zeigen sollte, empfanden zahlreiche Gemäßigte die recht vorsichtigen Vorschläge des Ausschusses als zu weitgehend. Den Standpunkt dieser Gruppen des Hauses trug ein Abgeordneter, der die Frankfurter Nationalversammlung positiv wie negativ stark beeinflussen sollte, mit Nachdruck vor, nämlich: Anton von Schmerling.[62] Dieser Angehörige des niederen österreichischen Adels wurde 1805 geboren, studierte Rechtswissenschaft und trat in den Justizdienst, schied aber 1847 als liberaler Gegner des Metternich-Regimes wieder aus. Er hatte vor kurzem die Stellung eines österreichischen Präsidialdelegierten beim Deutschen Bund in Frankfurt übernommen, aber dies hinderte ihn nicht, seinen Sitz in der Nationalversammlung einzunehmen, in die

[60] ADB XL; Vogt *Aus meinem Leben;* Misteli, *C. Vogt,* BSTH.
[61] I, 93 ff. [62] I, 102 ff.

ihn ein niederösterreichischer Wahlkreis entsandt hatte. Durch seine erste Rede im Haus während der Debatte über den Zitz-Antrag begründete er seine führende Stellung in der Nationalversammlung. Bei der allgemeinen Feindseligkeit gegen die Bundesversammlung läßt sich gewiß nicht behaupten, daß er seinen Erfolg seiner offiziellen Stellung verdankte. Welcker, der Baden in der Bundesversammlung vertrat, war durch seine Doppelstellung in seiner Aufgabe in der Nationalversammlung eher behindert. Schmerling wies das zweifelhafte indirekte Kompliment für die österreichischen Truppen in Mainz zurück, das er als einen Versuch betrachtete, Zwietracht zwischen den Teilen der Garnison zu säen. Er verteidigte das Recht der preußischen Soldaten, Provokationen zu vergelten, und schob die Schuld für die Unruhen geradezu den Mainzer Bürgern in die Schuhe. Die zukünftige Einteilung der Truppen nannte er eine Sache der Militärbehörden. Daher beantragte er den Übergang zur Tagesordnung. Schmerling war einer der wenigen Abgeordneten, die damals genügend Mut besaßen, sich dem entgegenzustemmen, was als Flutwelle der öffentlichen Meinung galt. Er war sicher ein Mann von großer Entschiedenheit, was sich auch während der Septemberunruhen in Frankfurt zeigen sollte. Er drückte sich in scharfer Weise aus und machte keinen Versuch, Differenzen zu überbrücken. Höhere staatsmännische Feinheit und Geschmeidigkeit gingen ihm möglicherweise ab. In einer Hinsicht ließ er eine beachtliche Voraussicht erkennen, als er nämlich von der Bedeutung der Bundesfestung Mainz für die Verteidigung Frankfurts und des Parlaments gegen einen Angriff sprach – was im September wahr werden sollte.

Ein weiterer Vertreter der anti-radikalen Seite, Felix von Lichnowsky, erwies sich als ebenso furchtlos. Der gut dreißigjährige katholische Magnat aus Schlesien hatte in den anderthalb Jahrzehnten seiner Mannesjahre schon so viel Aufregendes erlebt, wie den meisten nicht in ihrem ganzen Leben beschieden ist. Nach dem Dienst in der preußischen Armee war er nach Spanien gegangen, um auf der anti-konstitutionellen Seite für Don Carlos zu kämpfen. Er wurde verwundet und kehrte nach verschiedensten Abenteuern nach der Thronbesteigung Friedrich Wilhelms IV. in seine Heimat zurück. Seine Memoiren machten ihn als Autor bekannt. Dem Preußischen Vereinigten Landtag von 1847 gehörte er als Abgeordneter der Rechten an.[63] Wie Schmerling unternahm Lichnowsky in seinen Reden nichts, um die Spannung zu mildern, und seine scharfen Bemerkun-

[63] Vgl. Haym, *Reden und Redner*, 5 ff.

gen trugen ihm den Haß der Radikalen innerhalb und außerhalb des Parlaments ein, wofür er im September so teuer bezahlen mußte. Doch anders als Schmerling sprach Lichnowsky mit einer gewissen Eleganz und mit der Selbstsicherheit eines Mannes von Rang und Vermögen. Er war eine zu bedeutende Persönlichkeit und politisch zu erfahren, um unter allen Umständen jeden Zentimeter Boden zu verteidigen. Eine Zeitlang schloß er sich mit Bedacht dem rechten Zentrum *(Casino)* statt der Rechten an. Extrem war er eher in der Form als im Wesen. Er brachte Farbe in das Haus und alle außer seinen unduldsamsten Gegnern dürften seine rednerische Fähigkeit geschätzt haben. Er war imstande, die Versammlung zu fesseln, und konnte sich gewiß nicht über mangelndes Interesse von seiten der Galerie beklagen. Er war einer der wenigen Redner der Nationalversammlung, deren rhetorische Begabung aus den stenographischen Berichten ersichtlich ist. Fürst Lichnowsky griff Zitz und seinen Mainzer Kreis unbarmherzig an.[64] Abgeordnete aus Schleswig forderte er auf, die Ehre der preußischen Armee zu verteidigen, worauf zwei Vertreter der Elbe-Herzogtümer ihren Dank für die hervorragenden Leistungen und die vorbildliche Haltung der preußischen Truppen aussprachen. Damit waren selbst die zaghaften Empfehlungen des Untersuchungsausschusses abgetan. Eine stattliche Mehrheit stimmte für Übergang zur Tagesordnung[65], obwohl eine Anzahl Gemäßigter sich auf die Seite der Minderheit stellte.[66]

[64] I, 105 ff. [65] I, 104. [66] I, 115 f.

Nun war der Weg frei für eine Entscheidung über den Antrag Raveaux', dessen Beratung man wegen der dringlicheren Situation in Mainz verschoben hatte. Der Ausschußbericht und die Debatte[67] konzentrierten sich auf das Hauptthema der Beziehungen zwischen der deutschen Nationalversammlung und anderen Verfassungsgremien. Die Frage, ob Abgeordnete zugleich in Frankfurt und Berlin tätig sein durften, die Raveaux ursprünglich an erste Stelle gerückt hatte, geriet in den Hintergrund, wogegen der Antragsteller nicht protestierte. Zweifellos hatte Raveaux das beherrschende Verfassungsproblem von Anfang an im Sinn gehabt. Der Ausschuß konnte sich nicht einigen und formulierte vier verschiedene Anträge, die wie gewöhnlich von der extremen Rechten bis zur extremen Linken reichten. Dieser Ausschuß war sehr einflußreich; er umfaßte viele bedeutende und sogar dominierende Persönlichkeiten. In der verhältnismäßig großen Anzahl starker Persönlichkeiten mag leicht die Schwäche des Ausschusses gelegen haben. Die Frankfurter Nationalversammlung brauchte einige Zeit, um das ideale Ausschußmitglied hervorzubringen. Welche Auswirkung die Persönlichkeiten auch immer hatten: Es traten vier hauptsächliche Ansichten über die Verfassungslage zutage, je eine der Rechten, des rechten Zentrums, des linken Zentrums und der Linken. Diese sollten, mit der zusätzlichen dreifachen Unterteilung der Linken, zu den vier Hauptgruppen des Hauses führen. Obwohl sich die Vierteilung während der Debatte über den Antrag Raveaux' ergab, hatten viele Abgeordnete noch nicht die Position im Hause eingenommen, die ihrer politischen Gesinnung wirklich entsprach. Das ergibt sich deutlich aus den Unterschriften unter den vier Anträgen.[68]

Erwartungsgemäß bestritt die Rechte die Legitimation der Frankfurter Nationalversammlung, die Beziehungen zwischen der Verfassung, die das Haus für ganz Deutschland schaffen sollte, und den Konstitutionen der einzelnen Staaten einseitig festzulegen. Die Rechte erwies den durch die Geschichte geheiligten Institutionen tiefen Respekt. Das rationalistische Vorgehen, die Zukunft Deutschlands von Frankfurt aus zu bestimmen, galt ihr als Ketzerei. Sowie die Frankfurter Nationalversammlung eine Verfassung entworfen habe, sei es an der Zeit, auf dem Verhandlungsweg mit den Einzelstaaten ein Übereinkom-

[67] I, 121 ff. [68] I, 124 f.

men zu treffen. Daher beantragten vier Abgeordnete, im Vertrauen darauf, daß die Staaten rechtzeitig die nötigen Schritte unternehmen würden, eine »motivierte Tagesordnung«.[69] Diese waren Vincke, Eduard Simson, Somaruga und Neuwall.[70] Nur Vincke sollte bei der Rechten bleiben und zur gegebenen Zeit ihr Führer werden. Eduard Simson und Somaruga schlossen sich dem rechten Zentrum an, in dem Simson als einer ihrer führenden Persönlichkeiten hervortrat. Neuwall wurde sogar Mitglied des linken Zentrums. Vincke hielt, als er seinen Antrag einbrachte, eine der Hauptreden der Debatte.[71]

Georg von Vincke war einer der hervorragendsten deutschen Parlamentarier der Mitte des 19. Jahrhunderts. Als Sproß eines alten westfälischen Adelsgeschlechts wurde er 1810 als Sohn des später wohlbekannten Oberpräsidenten von Westfalen geboren; er studierte Rechtswissenschaft und trat in den Staatsdienst. 1837 wurde er zum Landrat von Hagen gewählt. 1843 gehörte er als Mitglied der Ritterschaft den westfälischen Provinzständen an. Hier begann er seinen großen Kampf für die Bewahrung und wenn möglich die Neubelebung der Rechte der Stände – einen Streit, der schon einige Jahre zuvor mit großer Heftigkeit in Württemberg ausgetragen worden war. Während des Preußischen Vereinigten Landtags von 1847 wurde Vincke in ganz Deutschland berühmt, als er sich nachdrücklich für die Wahrung der Verfassungsrechte gegen die Krone einsetzte. Er und sein Vater, der während der Napoleonischen Kriege nach England geflohen war, standen im Bann des englischen politischen Beispiels. Georg von Vincke beharrte wie Burke auf historischer Kontinuität. Seine mit juristischer Präzision durchdachten Reden wurden durch Formulierungen belebt, in denen sich Brillanz mit Knappheit verband. Kein Wort war überflüssig, kein Satz deplaciert. Vincke wollte intellektuell überzeugen, nicht emotional bewegen. Als geborener Redner im besten Sinn konnte er seine Ansichten deutlich und lebhaft darstellen. Im Vereinigten Landtag sprach er vom »Acker des Rechtes«, den seine Vorfahren jahrhundertelang gepflügt und von dem sie zahlreiche kostbare Früchte geerntet hätten. Vinckes Konservativismus hatte nichts mit einem engen Legitimismus zu tun, für den stets die neueste politische Umwälzung – falls sie ein autokratischer Monarch veranlaßt hatte – als durch die Geschichte und als göttliche Stiftung geheiligt galt. Sein historisches Verständnis hatte einen viel

[69] Das war weniger abrupt als der einfache Antrag »Übergang zur Tagesordnung«.
[70] Erasmus, *Die Juden;* Bundesarchiv. [71] I, 135 ff.

weiteren Horizont, und er versuchte, jene Institutionen aufzudecken, denen, wenn auch in neueren Zeiten vernachlässigt, man sich in der Zukunft fruchtbringend anpassen konnte. Vinckes Konservativismus war wählerisch und durchaus bereit, Irrwege aufzugeben. Wie bei seinem Lehrer Burke verbanden sich in Vinckes politischem Denken liberale mit konservativen Elementen. So nahm er aufgrund sich ändernder Zustände, nicht aus Inkonsequenz, im Links-Rechts-Spektrum der verschiedenen Gremien, denen er während seiner politischen Karriere zwischen 1843 und 1870 angehörte, nicht immer die gleiche Position ein. Vinckes Prinzipien blieben unverändert. Sein Hauptziel war es, die historische Kontinuität und die Verfassungsentwicklung gegen diejenigen zu verteidigen, die ihnen Schaden zuzufügen suchten. Vor 1848 und von Ende 1850 an waren sie hauptsächlich von der Monarchie bedroht, während in der Revolutionszeit die Hauptgefahr von der Linken kam. So ist leicht zu verstehen, daß Vincke in der Frankfurter Nationalversammlung auf der Rechten saß, obwohl er im Preußischen Vereinigten Landtag weiter links stand und sich auch in den fünfziger Jahren, als die Bedrohung durch die Revolution vorüber war, wieder links von der Mitte befand. Während der Dauer seiner politischen Laufbahn sah sich Vincke gezwungen, mit vielen anderen zusammenzuarbeiten, die seine Überzeugungen nicht unterschrieben. Gewiß repräsentierten in der Frankfurter Nationalversammlung einige von Vinckes Kollegen von der Rechten einen starren, unfruchtbaren Konservativismus, den der Burke-Schüler aus Westfalen nie teilte.[72]

In vieler Hinsicht war Vinckes parlamentarische Technik das genaue Gegenteil derjenigen Heinrich von Gagerns. Während sich Gagern durch beschwörende Worte auszeichnete, in denen jeder das finden konnte, was er hören wollte, wodurch er eine breite Anhängerschaft fand, war Vincke in seiner Argumentation präzis, fast pedantisch und kümmerte sich offenbar nicht darum, ob ihm jemand beipflichtete. Während Gagern in den ersten Monaten der Frankfurter Nationalversammlung nicht nur dem Namen nach Führer der Mehrheit war, blieb Vinckes Gefolge 1848 klein. Zu dieser Zeit hatte er sich damit abgefunden, eine ziemlich unpopuläre Minderheit zu vertreten. Sehr zäh hielt er die Fahne der Rechten hoch. Wie im Vereinigten Landtag verstand er es, sich in der Nationalversammlung Gehör zu verschaffen. Er war einer der wenigen Redner auf der rechten Seite des Hau-

---

[72] Haym, *Reden und Redner* 55 ff.; ADB XXXIX.

ses, die auch die Galerie zum Schweigen bringen konnten. Vincke gelang dies, indem er zugab, vieles von dem, was er sagen würde, widerspreche der Meinung zahlreicher Abgeordneter, seine Rede werde vermutlich heftig kritisiert, und dies lasse sich am besten und gründlichsten am Ende durch Mißfallenskundgebungen ausdrücken. Selbst seine Gegner konnten einem Redner, der seine Anschauungen klar und furchtlos, aber ohne Bosheit darlegte, den Respekt nicht versagen. Die Rechte war die einzige Gruppe im Hause, die überhaupt keine Aktion im Zusammenhang mit Raveaux' Antrag wünschte. Während sogar ein Großteil der Mitte der Nationalversammlung eine gewisse Macht über die Einzelstaaten einzuräumen bereit war, wollte Vincke nicht zugeben, daß die Frankfurter Nationalversammlung mehr sei als eines unter mehreren Organen, die über die zukünftige Struktur Deutschlands zu befinden hätten. Es lag im Wesen der Mitte, einen Ausgleich zwischen rechts und links zu versuchen. Dies gab Vincke Gelegenheit, mit Genuß auf die Widersprüchlichkeiten in den Anträgen aus der Mitte hinzuweisen, nach denen sich die Einzelstaaten im Lauf der Zeit der deutschen Verfassung anzupassen hätten, ohne dabei konsequent den vollen Weg der Volkssouveränität zu gehen. Vincke sagte, falls er sich zwischen den Anträgen der Mitte und der Linken entscheiden müßte, spräche viel für die Linke, die mit ihrer Forderung nach der ausschlaggebenden Macht für die Nationalversammlung zumindest folgerichtig denke. Er jedoch bestreite entschieden die Behauptung der Linken, die Frankfurter Nationalversammlung sei das einzige für die zukünftige deutsche Verfassung zuständige Organ. Er forderte das Haus auf, die Tatsachen, auch unangenehme, ins Auge zu fassen — etwas, worauf sich die Frankfurter Nationalversammlung auch später nicht gut verstand. Wie traurig es auch sein mochte, es gebe noch keine deutsche Nation. Es bestünden noch 38 verschiedene deutsche Nationen. Die deutschen Staaten hätten nur einen gewissen Teil ihrer Souveränität in der Bundesakte von 1815 aufgegeben, die noch immer das Grundgesetz Deutschlands sei. Es sei die Aufgabe der Versammlung, über diesen verzweifelten Zustand hinauszukommen, und deswegen befänden sich die Abgeordneten hier. Doch solange noch keine neue Lösung gefunden sei, repräsentierten die alten Mächte weiterhin das deutsche Volk. Vincke forderte diejenigen, die seiner Meinung nicht zustimmten, dazu auf, deutlich zu erklären, wie sie das deutsche Volk definierten. Nach welchem Kriterium wolle man entscheiden, wer dazugehöre und wer nicht? Falls zu Deutschland alle gehören sollten, die deutsch sprächen, wie manche wünschten[73], dann müsse man die in Frankreich lebenden Elsässer mit aufnehmen, die Tschechen und Nordschleswiger aber ausschließen. Seien die Abgeordneten bereit, diese Konsequenzen zu ziehen? Vincke beendete seine Rede, die zu neuerlichem Nachdenken viel Stoff lieferte, mit einem Aufruf zur Einigkeit.

Zwei weitere Anträge brachten Angehörige des Zentrums ein, beide aus dem Ausschuß zum Antrag Raveaux'. Sie hoben sich deutlich von dem der Linken und dem der Rechten ab. Von den Ansichten der Rechten unterschieden sie sich in der Feststellung, daß etwas zu unternehmen sei. Andererseits lehnten sie die Interpretation der Linken ab, für welche die deutsche Nationalversammlung das einzige für die Schaffung einer Verfassung zuständige Gremium war. Die beiden Vorlagen schlugen unterschiedliche Methoden vor, wie die Verfassungen der Einzelstaaten mit der gesamtdeutschen Verfassung in Einklang zu bringen seien. Ein Abgeordneter, der sich später dem linken Zentrum anschließen sollte, der Koblenzer Anwalt Johann Peter Werner, brachte den folgenden Antrag ein:

»Die deutsche Nationalversammlung . . . erklärt: daß alle Bestimmungen einzelner deutscher Verfassungen, welche mit dem von ihr zu gründenden allgemeinen Verfassungswerke nicht übereinstimmen, nur nach Maßgabe des letztern als giltig zu betrachten sind, ihrer bis dahin bestandenen Wirksamkeit unbeschadet.«[74]

Sieben andere, damals ebenfalls zur Mitte gehörende Ausschußmitglieder schlugen eine andere Verfahrensweise vor. Ihr Antrag lautete: »Die . . . Nationalversammlung . . . erklärt, daß alle Bestimmungen deutscher Verfassungen, welche nach Vollendung des allgemeinen Verfassungswerkes mit diesem nicht übereinstimmen, abzuändern, und mit der deutschen Verfassung in Einklang zu bringen sind.«[75] Dieser Antrag wurde eindrucksvoll unterstützt von dem Berichterstatter des Ausschusses, dem württembergischen Minister Römer, einem Liberalen, der zur Mitte zählte, ohne sich mit einem der Klubs völlig zu identifizieren. Die anderen Unterschriften stammten ebenfalls von hervorragenden Abgeordneten. Es waren: Hermann von Beckerath, Bankier aus Krefeld und ehemaliges Mitglied der liberalen Opposition im Preußischen Vereinigten Landtag; Adolf Lette[76], der in Berlin einen hohen Verwaltungsposten innehatte; der bayerische Nationalökonom Professor Friedrich von Hermann[77]; der Hambur-

---

[73] So in Ernst Moritz Arndts Gedicht »Was ist des Deutschen Vaterland?« mit dem Vers »Soweit die deutsche Zunge klingt«, den Vincke zitierte.
[74] I, 125. [75] I, 124. [76] ADB XVIII; Bergsträsser, »Briefe«; BSTH. [77] ADB XII; BSTH.

ger Advokat Johann Gustav Heckscher; der berühmte Verfasser des erstmals 1831 erschienenen Buches: *Briefwechsel zweier Deutscher,* der württembergische liberale Jurist Paul Pfizer[78]; und sein Landsmann, der Staatsbeamte Adolf Schoder[79]. Der zeitliche Abstand macht die Frage verzeihlich, warum sich diese sieben und ihr Ausschußkollege Werner nicht auf einen gemeinsamen Wortlaut einigen konnten. Es ist sogar schwierig, zu entscheiden, welcher der Anträge der radikalere und welcher der gemäßigtere war. Fragen der Persönlichkeit hatten an den Unterschieden wohl ebensoviel Anteil wie Prinzipien. Auch ein Antrag der Linken[80] befaßte sich mit dem von Raveaux aufgeworfenen Thema. Er betonte, daß die deutsche Nationalversammlung »einzig und allein« berechtigt sei, über die deutsche Verfassung zu bestimmen, und daß die Gesetze der deutschen Einzelstaaten nur insofern gültig seien, als sie mit der deutschen Verfassung übereinstimmten. Zu dem anderen von Raveaux vorgebrachten Punkt schlug der Antrag vor, daß nur die Nationalversammlung selber ihre Mitglieder von der Pflicht entbinden könne, an den Beratungen teilzunehmen. Die Unterzeichner, alle Mitglieder des Ausschusses für den Antrag Raveaux', waren Wilhelm Michael Schaffrath[81], ein Jurist aus Sachsen, radikal; Georg Friedrich Kolb[82], Journalist und Verleger aus Speyer, einer der bekanntesten Oppositionellen in der bayerischen Pfalz vor 1848, und der junge demokratische Schriftsteller Moritz Hartmann aus Böhmen[83]. Schaffrath und Hartmann schlossen sich später der extremen Linken an, während Kolb im allgemeinen zur gemäßigten Linken neigte.

Keiner der beiden extremen Anträge hatte Aussichten auf Erfolg. Die Wahl des Plenums lag zwischen den beiden anderen Anträgen aus dem Ausschuß. Ihre Parteigänger verbissen sich jetzt ineinander und griffen die Fassung der jeweiligen Gegenseite heftig an. Römer, der Autor des Siebenerantrags und Berichterstatter des Ausschusses, bezeichnete Werners Vorschlag als völlig unausführbar, da die Nationalversammlung nach der Ausarbeitung der Verfassung nicht in der Lage sei, als Revisionsgremium für sämtliche konstitutionellen Staaten Deutschlands zu tagen.[84] Werner entgegnete, es sei nicht möglich, nach dem Vorschlag Römers und seiner Kollegen achtunddreißig Kammern und Regierungen die Klauseln der Nationalverfassung diskutieren zu lassen.[85] Hinter den verschiedenen vorgeschlagenen

---

[78] ADB XXV; BSTH. [79] ADB XXXII. [80] I, 125.
[81] *Umrisse 61;* Bundesarchiv; MdR. [82] Krautkrämer, *Kolb;* BSTH.
[83] Vgl. S. 99 f. [84] I, 129. [85] I, 138 f.

Methoden stand die Frage, ob man die Einigung Deutschlands auf dem Wege über den Föderalismus oder den Zentralismus herbeiführen solle. Die Linke trat damals für das zentralistische Prinzip ein, nicht nur aus allgemeiner Überzeugung, sondern auch weil sie noch immer hoffte, das Zentrum des Nationalstaats zu beherrschen und auf diese Weise ihren Ideen Nachdruck verleihen zu können. In dieser Hinsicht war der Antrag Werners dem Herzen der Linken näher als derjenige Römers und seiner Freunde, der den einzelnen Staaten mehr Einfluß einräumte. Jedoch blieb die Frage streitig, ob es »demokratischer« sei, die Funktionen der Landesparlamente zu beschneiden, statt ihnen das Recht zur Mitarbeit zuzubilligen. Während vier Befürworter des Römer-Antrags: Beckerath, Pfizer, Lette und Heckscher sich später dem rechten Zentrum anschließen sollten, tendierten die übrigen drei – Römer, Schoder und Hermann – mehr zum linken Zentrum. Römer selber war theoretisch Republikaner,[86] obwohl er einsah, daß diese Regierungsform damals für Deutschland nicht anwendbar war. Werner stand sicher nicht weiter links als etwa Schoder. Es ist kein Zufall, daß drei der sieben aus Württemberg kamen, dessen Bevölkerung stark in der Geschichte des Landes verwurzelt war. Dieser Staat liefert das deutlichste Beispiel für die Tatsache, daß der Partikularismus nicht auf die Herrscher beschränkt blieb, sondern eine starke volkstümliche, hier sogar eine radikale Basis besaß. Beckerath und Lette waren Protestanten aus den älteren Teilen der preußischen Monarchie, und Heckscher – ebenfalls protestantisch – kam aus der Freien Stadt Hamburg. Alle drei hingen in stärkerem oder geringerem Maß den Traditionen ihrer Staaten an. Hermann war ein bayerischer Partikularist, obwohl Protestant und aus der Freien Reichsstadt Dinkelsbühl stammend, die erst nach seiner Geburt Bayern eingegliedert worden war. Es war nicht ohne Bedeutung, daß der Befürworter des Konkurrenzantrags, Werner, ein Katholik aus Koblenz war, der erst, als er heranwuchs[87], Untertan des preußischen Königs geworden war. So stand er der Zukunft des Hauses Hohenzollern und seiner Herrschaft ziemlich gleichgültig gegenüber.

Raveaux besaß ein gutes Gefühl für Atmosphäre. Schon im Vorparlament hatte er seinen Sinn für den richtigen Zeitpunkt gezeigt und seine Bereitschaft bewiesen, eine gemäßigtere Position als die extreme

---

[86] Bassermann, *Denkwürdigkeiten* 67.
[87] Werners Leben ist schlecht belegt. Er wurde 1798 in Koblenz geboren und starb dort 1869 (Bundesarchiv).

Linke einzunehmen, falls ihm das vorteilhaft erschien. Er genoß durchaus seine Rolle als Brückenbauer zwischen der Linken und Teilen der Mitte. Als Raveaux am 19. Mai die Diskussion über das Verhältnis zu den Landesparlamenten eröffnete, war er ungeduldig gewesen und hatte sich hauptsächlich auf Unterstützung von links verlassen. Als ihm jedoch der rasche Erfolg versagt blieb, wurde er gewahr, daß eine feinere Taktik nötig war. Die undifferenzierten Methoden der extremeren Abgeordneten der Linken stießen ihn ab, und er versuchte, ein linkes Zentrum im Holländischen Hof zu gründen, dem ursprünglichen Treffpunkt der Linken, ehe sie in den Deutschen Hof umzog. Zunächst schien dieses linke Zentrum im Holländischen Hof sich unter der Führung Raveaux' gut zu entwickeln. Am 26. Mai billigte dort eine gut besuchte Versammlung Werners Antrag, der nun Raveaux' Segen erhielt.[88] Die Niederlage Zitz' hatte wohl vielen Abgeordneten und auch Raveaux gezeigt, daß die Linke durch eine unnachgiebige Haltung nur in Gefahr geriet, das übrige Parlament gegen sich zu einigen. Fraglos konnte Raveaux' linkes Zentrum am 27. Mai einen Triumph feiern. Obwohl die Sieben aus dem Ausschuß und ihre Anhänger mit schwerem Geschütz Werners Antrag zu vernichten suchten, wurde im Verlauf der Debatte klar, daß Raveaux durch seine Eingangsrede[89] die Richtung bestimmt hatte. Er distanzierte sich sofort von dem radikalen Antrag Schaffraths und sprach sich eindeutig für Werners Fassung aus. Von seinem Standpunkt aus verzichtete er nur darauf, den Ausschließlichkeitsanspruch des Hauses auf die Entscheidung über die Verfassung zu wiederholen. Aber dieses Recht hatte bereits das Vorparlament verlangt, und es brauchte nicht erneut gefordert zu werden, wie er in seiner Rede betonte. Selbst wenn die beiden gemäßigten Vorlagen die Frage nicht lösten, ob außer der Frankfurter Nationalversammlung noch jemand über die deutsche Verfassung mitzureden habe, bestanden sie doch auf einer Gleichschaltung der Gesetzgebung der Einzelstaaten. Dies genügte Raveaux, und er zog Werners Fassung vor, weil er glaubte, Römers Vorschläge ließen den Landesparlamenten zu viel Spielraum, um Unheil anzurichten. Als gegen Ende der Debatte die starke Unterstützung für Werners Antrag offenkundig wurde, appellierte Raveaux an die Linke, ihren Antrag zurückzuziehen,[90] was Schaffrath bereitwillig tat.[91] Römer, der als Berichterstatter das letzte Wort hatte, weigerte sich bezeichnenderweise einzulenken.[92] Doch

---

[88] Biedermann, *Erinnerungen* 7 f.; Droysen, Tagebuch für den 24. Mai 1848 in Hübner, *Droysen* 813. [89] I, 127 ff. [90] I, 152 ff. [91] I, 153. [92] I, 153 f.

diese Hartnäckigkeit schadete nichts, denn als es zur Abstimmung über Werners Antrag kam, wurde er fast einstimmig angenommen. Weniger als zehn Abgeordnete stimmten nicht dafür.[93] Einen flüchtigen Augenblick lang fühlte sich das Haus einig, aber es war nicht leicht abzusehen, welche greifbaren Vereinbarungen man durch die Formel über die Staatsverfassung erzielt hatte. Die ursprünglich von Raveaux aufgeworfene praktische Frage, was mit den Abgeordneten zu geschehen habe, die Parlamentssitze zugleich in Frankfurt und Berlin innehatten, war überhaupt unter den Tisch gefallen. Erst die Zukunft konnte zeigen, ob das linke Zentrum, das eben seinen ersten Sieg errungen hatte, zu einem ausreichenden Zusammenhalt fähig war und ob es mit der Führungsrolle im Hause rechnen konnte.

[93] I, 155.

Obwohl man mit Verfahrensstreitigkeiten viel Zeit vergeudete, hatten die ersten zehn Tage den Abgeordneten doch Gelegenheit gegeben, bei der Suche nach einem Präsidenten und beim Beziehen von Stellungen angesichts der von Raveaux und Zitz eingebrachten Anträge ihre politischen Freunde zu entdecken. Während Zitz ungewollt einen Zusammenschluß der Gemäßigten gegen die Linke bewirkt hatte, war es Raveaux gelungen, auf der politischen Landkarte ein linkes Zentrum einzutragen, das mit manchen Zielen der Linken sympathisierte. Zwar wurde später reichlich klar, wie schwierig es war, nach links ausgerichtete Tendenzen mit gemäßigten zu vereinigen, doch stellte während der Anfänge der Frankfurter Nationalversammlung das linke Zentrum offenbar eine ideale strategische Position dar. Seine Mitglieder konnten sich gewisser demokratischer Prinzipien rühmen, ohne allzu extrem zu sein. Nötigenfalls vermochten sie leicht nach links oder mehr zur Mitte zu rücken. Das war die augenblickliche Stärke und die künftige Schwäche des linken Zentrums.

Raveaux war nur einer unter mehreren aktiven Abgeordneten, die aus streng umgrenzten parteipolitischen Stellungen auszubrechen suchten, indem sie um den Kern ihrer politisch eng Verbündeten herum eine größere Gruppierung schufen. Er bildete nicht als erster eine parlamentarische Gruppe, denn Robert Blum (dessen Anhänger er zuerst war) war ihm darin zuvorgekommen. Bis zu seiner schicksalhaften Abreise nach Wien im Oktober war Blum der Hauptführer der Linken. Er wurde 1807 in Köln unter französischer Herrschaft geboren. Seine recht gebildete Familie erlebte schwere Zeiten, und während seiner Kindheit bekam der zukünftige Parlamentarier häufig bittere Armut zu spüren. Katholische Priester kümmerten sich um seine Ausbildung, aber laut Berichten seines Sohnes Hans[94] stand er schon in jungen Jahren der Katholischen Kirche sehr kritisch gegenüber. Angeblich enthüllte er Mißbräuche, wofür er bestraft wurde.[95] Nachdem er eine Zeitlang Handwerksgeselle und Fabrikar-

---

[94] H. Blum, *R. Blum* 26 ff. Vgl. auch ADB II; Bergsträsser, *Frankf. Parlament* 333 ff.
[95] Hans Blum war erst sieben Jahre alt, als sein Vater hingerichtet wurde, und er konnte daher in seiner Biographie keinen umfassenden Eindruck vermitteln. Bei seinem Versuch, seine eigene Bismarck-Verehrung mit der Loyalität des Sohnes gegenüber seinem Vater in Einklang zu bringen, hat seine Beschreibung nur einen geringen Quellenwert.

beiter gewesen war, wurde Blum Theaterdiener und stieg schließlich zum Kassierer auf. Nebenher betrieb er seine Ausbildung weiter und begann publizistisch zu wirken. Seit 1840 wohnte er in Leipzig, wo er aktiven Anteil am kulturellen und politischen Leben nahm. Berühmt wurde er durch sein Eingreifen bei den Zusammenstößen zwischen Truppen und Bürgern im August 1845 in Leipzig, wodurch er mithalf, die schweren Unruhen beizulegen. Die Regierung dankte es ihm nicht und unternahm dafür einen vergeblichen Versuch, ihn unter Anklage zu stellen, was seine Popularität noch erhöhte. Sowohl als ehemaliger Katholik wie als politisch Radikaler begrüßte Blum die Bewegung des Deutschkatholizismus[96] und half mit, eine Gemeinde dieser Konfession in Leipzig zu gründen. Außerdem etablierte er sich als Buchhändler, Publizist und Verleger politischer Zeitschriften. Offenbar saß er auch eine kurze Gefängnisstrafe im Zusammenhang mit seiner journalistischen Tätigkeit ab. Wie sein Sohn berichtet, beherbergte er oft polnische Revolutionäre und war in ihre Pläne eingeweiht, die Zitadelle von Krakau gewaltsam einzunehmen.[97] Da sein Sohn diese Tätigkeit kritisierte, die ein nationalistischer Reichstagsabgeordneter der Bismarck-Ära kaum schätzen konnte, dürfte die Information wohl stimmen. Die Debatten der Frankfurter Nationalversammlung sollten noch zeigen, wie komplex die Einstellung der verschiedenen Gruppen, einschließlich der Linken, anderen Nationalitäten gegenüber war. Wenn Robert Blum vor 1848 einige Polen gegen diejenigen Mächte unterstützte, die Polen geteilt hatten, so wäre ihm dabei doch nicht eingefallen, daß er auf diese Weise indirekt den Einfluß seiner deutschen Landsleute in Posen schwächen könnte. In jenen Jahren glaubten die deutschen Radikalen, daß es eine grundsätzliche Interessengemeinschaft derer gebe, die unterdrückt wurden, sei es durch ihre eigenen Regierungen oder durch andere Nationalitäten, gleichgültig, ob es sich um Deutsche, Slawen, Magyaren, Franzosen handelte. Die Nationalität erschien den deutschen Radikalen einfach als ein Aspekt der Volkssouveränität. Die möglichen Komplikationen kamen ihnen nicht zum Bewußtsein. Sogar schon vor dem Zusammentritt der Frankfurter Nationalversammlung hatten einige von ihnen ihre Haltung gegenüber anderen Nationalitäten geändert, wie das Beispiel Schillings im April 1848 in Prag zeigt.[98] Im Vorparlament setzte sich Blum als Führer jenes Teils der Linken durch, der bereit war, im parlamentarischen Rahmen zu wirken. Vor 1848 war er schon in Sachsen und anderen Teilen Deutschlands gut bekannt; nun wurde er zu

[96] Vgl. S. 20 ff. [97] H. Blum, *R. Blum* 234 ff. [98] Vgl. S. 70.

einem Politiker von nationalem Rang. Als Angehöriger des Fünfziger-Ausschusses blieb er nach der Auflösung des Vorparlaments in Frankfurt und hatte so die Gelegenheit, Abgeordnete der Frankfurter National-versammlung bei ihrem Eintreffen im Mai für seine Gruppe zu gewinnen. Obwohl überzeugter Extremist, wie sein weiteres Leben noch zeigen sollte, war er doch bereit, im Augenblick Klugheit walten zu lassen und auf seine Zeit zu warten. Wie Raveaux, aber von einem anderen Standpunkt aus, wollte er eine große linke Partei bilden, die möglichst weit in das Zentrum hineinreichen sollte. Daher hieß er, zunächst im *Holländischen Hof* und dann im *Deutschen Hof*, Abgeordnete mit gemäßigterer politischer Einstellung willkommen und suchte, der Rechten und dem Zentrum möglichst viele Parlamentarier abspenstig zu machen. Diese im Grunde vernünftige Taktik konnte die beiden extremen Flügel seiner Gruppe nicht befriedigen, und sie war wohl mit daran schuld, daß sich Raveaux zum selbständigen Vorgehen entschloß. Blums enge Freundschaft mit zahlreichen extremen Radikalen in der Nationalversammlung, darunter mit seinem Schwager, dem gleichfalls aus Leipzig kommenden Schriftsteller Georg Günther,[99] war allgemein bekannt. Am tiefsten enttäuschten Blums Kompromisse diejenigen Ultraradikalen, die schließlich den *Deutschen Hof* verließen und sich als extreme Linke im *Donnersberg* sammelten — dessen Name ziemlich gut zu diesen Polterern paßte. Trotz aller Meinungsverschiedenheiten galt Blum, solange er lebte, als führende Gestalt der Linken in der Frankfurter Nationalversammlung. Welche Vorbehalte seine Kollegen auch gegen seine Person hegen mochten: sie bewunderten seine Rednergabe. Blum war ein geborener Redner, und wenige Mitglieder der Linken kamen ihm darin gleich. Gegenüber Akademikern wie Vogt und Ruge besaß er den Vorteil, daß er aus eigener Erfahrung über die arbeitenden Massen sprechen konnte. Das verlieh seinem Eingreifen im Parlament Authentizität.

Zur Zeit der Abstimmung über den Antrag Raveaux' lag die Anzahl derer, die sich als Angehörige der Linken betrachteten, in dem fünf-hundertköpfigen Parlament wohl erheblich unter hundert. Gustav Rümelin, Rektor einer höheren Schule in Württemberg und Mitglied des linken Zentrums, schrieb am 30. Mai in einem Bericht für den *Schwäbischen Merkur*, Blum habe nur eine Anhängerschaft von vierzig bis fünfzig Leuten, dazu eine gleiche Anzahl von Sympathisieren-

---

[99] Vgl. S. 53, Anm. 1 über Blum. Vgl. auch Fontane, »Von Zwanzig bis Dreißig«, 130 ff.

den.[100] Die Linke umspannte ein weites Spektrum politischer Einstellungen, die, auch ohne die Anwesenheit Heckers, von eindeutigen Revolutionären wie Ruge bis zu Christian Schüler,[101] einem Richter aus Jena, reichten, der laut Wilhelm Stahl, dem Volkswirtschaftler aus Erlangen, »längst kein Republikaner mehr« war.[102] Die Grenzlinie zum Zentrum mußte fließend sein. Die Linke einte ihr Haß auf die bestehende Ordnung, vor allem auf die Bundesversammlung. Es überrascht daher nicht, daß sie, relativ und absolut, sowohl den größten Anteil an Leuten umfaßte, die vor 1848 unter der Obrigkeit gelitten hatten, als auch an politischen Flüchtlingen, die nach der Revolution nach Deutschland zurückgekehrt waren. Überraschender ist wohl, daß sie einen höheren Prozentsatz von Angehörigen der Burschenschaften aufwies als das Zentrum.[103] Nach Rümelins Bericht vom 30. Mai 1848 kamen die meisten Mitglieder der Linken aus dem Rheinland und Süddeutschland. Tatsächlich eroberte sie keinen großen Anteil der Sitze im Rheinland, soweit dies zu Preußen gehörte, doch einige der von dorther stammenden Angehörigen des linken Flügels, wie die Anwälte Ludwig Simon[104] aus Trier und Hugo Wesendonck aus Düsseldorf, waren sehr bekannt und spielten bei den Besprechungen innerhalb der Linken eine führende Rolle. Der Zahl nach bildete das süddeutsche Kontingent die stärkste Gruppe der Linken, besonders dann, wenn man die zu Bayern gehörige Rheinpfalz mit hinzunimmt. Baden und Württemberg waren vorwiegend von der Linken vertreten. Die meisten Abgeordneten der Linken waren Protestanten, aber es gab auch Katholiken und sogar einige Priester unter ihnen. Ebenso saß die Mehrzahl der Deutschkatholiken auf der Linken.

In beruflicher Hinsicht glich das Bild der Linken weitgehend dem in den übrigen Gruppierungen des Parlaments. Wie üblich überwogen Juristen, Beamte und Lehrer. Erwartungsgemäß waren die Offiziere hier weit schwächer vertreten als anderswo: tatsächlich saß kein einziger aktiver Offizier auf den Bänken der Linken, obwohl einige ihrer Abgeordneten das Offizierspatent besessen hatten.[105] Besonders

---

[100] Rümelin, *Aus der Paulskirche* 4. Über Rümelin Vgl. ADB LIII; BSTH; Schnizer, *Rümelins politische Ideen.*
[101] Niebour, »Die Vertreter Thüringens« 403 f.
[102] Gerber, »Briefe« 8, Brief vom 21. Mai 1848.
[103] Die Vertretung ehemaliger Burschenschafter in der Rechten war minimal.
[104] ADB XXXIV.
[105] So war der Anwalt Wilhelm Schulz aus Hessen-Darmstadt Offizier der preußischen Armee gewesen, aber nach einer Gefängnisstrafe für politische Betätigung 1821 entlassen worden.

hoch war in der Linken die Zahl der Schriftsteller, Journalisten und praktischen Ärzte. Damals stellte der freie Schriftsteller den charakteristischen Typ des Linkspolitikers dar. Das Überwiegen der verhältnismäßig wenigen Ärzte auf den Bänken der Linken kann ein Zufall sein. Möglicherweise spiegeln jedoch diese Praktiker die Affinität des naturwissenschaftlichen Denkens zur rationalistischen Einstellung der Linken in dieser Periode wider. Und was die soziale Herkunft betrifft, so saßen absolut und relativ im Zentrum mehr Abgeordnete aus Arbeiterfamilien als links. In der Versammlung war Blum weniger ein typischer Vertreter der Linken als die Intellektuellen und Akademiker, die Schriftsteller und Dichter, deren Alltagsprobleme und deren Bildung sich stark von denen des Industrieproletariats unterschieden. Im Hinblick auf die Altersgruppierung läßt sich feststellen, daß die Mehrzahl der nach 1820 Geborenen der Linken angehörte. Das überrascht nicht. Freilich waren hier auch die älteren Generationen vertreten; so der 1775 geborene Adam von Itzstein, der in der Zeit vor 1848 badischer Oppositionsführer gewesen war.

Ihre ideologische Grundlage bedeutete für die Linke sowohl Stärke als auch Schwäche. Sie bezog Kraft aus einem Sendungsbewußtsein und aus ihrer Gewißheit, die richtige politische Diagnose zu stellen und mit den von ihr vorgeschlagenen Mitteln auf der richtigen Bahn zu sein. Doch eben diese Gewißheit jedes einzelnen Mitgliedes mußte zuweilen zu Schwierigkeiten führen; denn es kam unvermeidlich zu Meinungsverschiedenheiten über den geeigneten Zeitpunkt und die zu befolgende Taktik. Einer ideologischen Partei fällt es schwerer, zu einem Kompromiß zu gelangen, besonders in Dingen, die sich ihrem Wesen nach nicht unbefangen betrachten lassen und leicht Dogmen werden. So hatte die Linke ihren Anteil an Umgruppierungen. Bis zum 28. Mai hatte Raveaux seine Anhänger aus Blums *Deutschem Hof* herausgelotst und dem linken Zentrum zugeführt. Dem extremen Radikalen Wilhelm Zimmermann, Professor für Geschichte und Deutsche Literatur am Stuttgarter Polytechnikum, zufolge hatte sich der linke Flügel entschlossen, am Abend nach Raveaux' Sieg im Parlament,[106] aus dem *Deutschen Hof* auszuziehen. Die meisten Beobachter jedoch meinen, die extreme Linke habe erst Ende Juni den *Donnersberg*-Klub gegründet.[107]

---

[106] Zimmermann, *Deutsche Revolution* 641.
[107] So Eisenmann, *Parteyen* 43; Biedermann, *Erinnerungen* 18.

Ein Vordringen der Linken in das Zentrum war von dem Ausmaß des Radikalismus auf der extremen Linken begrenzt. Je extremer der linke Flügel war, um so weniger konnte die Linke im linken Zentrum neue Anhänger gewinnen. Dieses Problem bestand auch noch nach der Abspaltung der extremen Linken, als man den Versuch unternahm, durch eine lockere Verbindung, nämlich durch die *vereinigte Linke*, eine gewisse Zusammenarbeit zwischen den einzelnen Gruppen der Linken zu erhalten. Dies wurde durch den Umstand erleichtert, daß sich nicht alle Angehörigen der Linken der speziellen Gruppe anschlossen, die ihren persönlichen radikalen oder gemäßigten Anschauungen entsprach. So hätte der Führer der linken Hauptgruppe im *Deutschen Hof*, Robert Blum, weit besser zu den Extremisten gepaßt. In ähnlicher Weise gab es einige Abgeordnete der linken Gruppe nahe dem Zentrum, vor allem Raveaux und der ehemalige schlesische Richter Heinrich Simon, die während der Dauer der Frankfurter Nationalversammlung meist viel radikaler dachten, als ihre Position in der Versammlung vermuten ließ.

Obgleich es der Linken zuerst gelungen war, eine Parteiorganisation zu begründen, so hatte ihre Einheit doch Grenzen. In gewissem Maß täuschte der nach außen gewahrte Anschein von Geschlossenheit und Entschiedenheit. Die Linke war sich in ihrer Opposition einig und schien infolgedessen ihrer selbst sicher zu sein. Aufgrund ihrer zahlenmäßigen Schwäche hatte sie kaum Gelegenheit, ihre Geschlossenheit einer wirklichen Probe dadurch zu unterziehen, daß sie ein positives Programm von praktischem Wert formuliert hätte. So auf sich allein gestellt, geriet die Linke in der Nationalversammlung in eine für sie enttäuschende Lage. Deshalb schieden einige Angehörige der extremen Linken wie der Philosoph Ruge bald aus dem Parlament aus, in der Hoffnung, sie könnten die Sache der Linken anderswo unter vorteilhafteren Bedingungen verfechten.[108] Nach Ansicht der Linken boten einige Landesparlamente, etwa die in Berlin oder Dresden, bessere Möglichkeiten.

Einen linken Flügel mußte es geben, obwohl sich zu Beginn sein Ausmaß und sein Zusammenhalt nicht vorhersagen ließen. Das Vordringen der Linken in das Zentrum verfehlte seine Wirkung auf die Parteikonstellationen im übrigen Parlament nicht. Das ist ein Grund für die Bedeutung von Raveaux' Versuch, ein starkes linkes Zentrum zu

---

[108] Offiziell hörte Ruge am 10. November 1848 auf, dem Frankfurter Parlament anzugehören, war jedoch schon vorher längere Zeit abwesend gewesen. Vgl. Neher, *Arnold Ruge* 192 ff.

bilden. Denn offensichtlich würde diese Partei ihre Anhänger aus einer auf dem rechten Zentrum basierenden Gruppe beziehen. Das linke Zentrum konstituierte sich nach Raveaux' Sieg Ende Mai im *Holländischen Hof.* Wie Raveaux selber kamen viele seiner Mitglieder aus dem *Deutschen Hof.*[109] Andere Mitglieder hatten sich vermutlich vorher noch nicht festgelegt; denn nur die Linke war in dieser Phase einigermaßen organisiert. Die im *Holländischen Hof* zusammengekommene Gruppe erwies sich als so gemischt, daß die Kernmannschaft im Juni in den *Württemberger Hof* umzog.[110] Die Aufgabe, die sich das linke Zentrum gestellt hatte, war nicht leicht zu erfüllen. Da es ebenfalls der Nationalversammlung das alleinige Recht zusprach, über die Verfassung zu entscheiden, wollte das linke Zentrum etwas haben, wodurch es sich von der Linken unterschied. Es setzte sich daher zum Ziel, für eine gemäßigtere Version der Volkssouveränität zu sorgen. Denn nur auf dieser Basis ließen sich Radikale und Gemäßigte zusammenbringen. Auf der einen Seite gab es die radikalen Gegner des Regierungssystems von vor 1848 wie Raveaux selber und den ehemaligen Richter und erklärten Oppositionellen Heinrich Simon aus Breslau, auf der anderen die gemäßigteren Kritiker wie den Universitätslehrer und Journalisten Karl Biedermann[111] aus Leipzig und den hamburgischen Juristen und Vorkämpfer für die jüdischen Rechte, Gabriel Riesser. Die erste Gruppe verlangte durchgreifendere Änderungen als die zweite. Bei der Struktur dieses Klubs kam es zu weiteren Abspaltungen, und jede Vereinbarung über eine gemeinsame Politik traf auf Schwierigkeiten. Gabriel Riesser berichtete am 10. Juni nach Hause, die aktivsten Angehörigen des linken Zentrums seien sich noch nicht einig, welche Politik die Gruppen in der nächsten Hauptfrage, der Bildung einer provisorischen Zentralgewalt, verfolgen solle.[112] Angesichts der Verschiedenartigkeit ihrer Mitglieder läßt sich schwer etwas Allgemeines über diesen Klub sagen. Seine ausgeglichene regionale Zusammensetzung und das beträchtliche Gewicht, das dem Dritten Deutschland (den Teilen außerhalb der preußischen und der habsburgischen Monarchie) in ihm zukam, sind die vielleicht bezeichnendsten Merkmale.

---

[109] Biedermann, *Erinnerungen* 7.
[110] a. a. O.
[111] Biedermann, *Erinnerungen;* ders., *Mein Leben;* Schneider, *Großdeutsch oder Kleindeutsch;* NDB; BSTH.
[112] Isler, *G. Riessers Schriften I* 555.

Für die Linke war eine gemeinsame Ideologie das einigende Band, für
das linke Zentrum war es eine schwerer zu definierende komplexe Einstellung zu politischen Fragen. Die Parteien des rechten Zentrums und
der Rechten besaßen außer der politischen Ideologie noch verschiedene andere Möglichkeiten des Zusammenschlusses.[113] Sie konnten
sich auf der Basis einer Religion treffen oder sich nach den Regionen
gruppieren, aus denen die Abgeordneten kamen, oder beide Elemente
miteinander verbinden. Die erfolgreichsten regionalen Verbindungen
waren die der Österreicher in der *Sokratesloge* und die der Bayern im
Pariser Hof. Die letzteren trafen sich offenbar hauptsächlich gesellig
und widmeten sich dem Münchner Bockbier, das ihnen ein Kollege,
der bayerische Kultusminister Hermann von Beisler,[114] stiftete. Der
österreichische Klub in der *Sokratesloge* hatte größere politische Bedeutung. Hier schuf die österreichische Regierung den Vertretern des
habsburgischen Reiches eine ausgezeichnete Möglichkeit, sich zu treffen und ihre Taktik zu beraten. Die *Sokratesloge* gab Schmerling in
seiner offiziellen Position als Präsidialgesandter beim Deutschen
Bund die Gelegenheit, einen Kern von Anhängern um sich zu sammeln, so daß er während der folgenden Monate in Parlament und Regierung eine Schlüsselstellung einnehmen konnte. Die *Sokratesloge*
stützte sich vor allem auf die gemäßigteren Abgeordneten unter den
Österreichern und nicht so sehr auf die Radikalen. Da sie auch Nicht-
Österreichern offenstand, wurde sie allmählich zu einem Brennpunkt
der Aktivität des rechten Zentrums.[115] Die Preußen verteilten sich
über die einzelnen Gruppen (wobei sie freilich im rechten Zentrum
dominierten), es gelang ihnen nie, einen eigenen Klub zu bilden. Manche Klagen waren darüber laut, daß dies ihren politischen Einfluß
schmälere. Um dem nach Möglichkeit abzuhelfen, traf man sich am
31. Mai im *Hirschgraben,* wo Vincke ein politisches Programm forderte, das offen darauf abzielte, die deutsche Kaiserkrone dem König
von Preußen zu verleihen.[116]

---

[113] Parteiprogramme in Eisenmann, *Parteyen.*
[114] Gerber, »Briefe« 22, Brief vom 30. Mai 1848. Über Beisler vgl. ADB II; NDB;
BSTH.
[115] Pagenstecher, *Lebenserinnerungen* II 61 f.; Biedermann, *Erinnerungen* 5 f.
[116] Raumer, *Briefe I,* 35 ff.

Ob die Zersplitterung die preußische Sache tatsächlich hemmte, ist schwer zu entscheiden. Konnten die Preußen ihren Einfluß durch den Zusammenschluß auf ein Maximum steigern? Das brauchte nicht unbedingt so zu sein. Auch das Gegenteil konnte der Fall sein. Als Reaktion auf eine preußische Partei mochten sich andere Abgeordnete gleichfalls zum Zusammenschluß nach Ländern verpflichtet fühlen. Jene preußischen Vertreter, die darauf drängten, daß ihr Staat und ihre Dynastie die Führung bei der Einigung Deutschlands übernähmen, gewannen wahrscheinlich mehr Einfluß, wenn sie sich mit Abgeordneten aus anderen Staaten verbanden und diese zu ihrem Standpunkt bekehrten. Bestimmt hätte eine rein preußische Partei die preußischen Abgeordneten der Gelegenheit beraubt, andere Norddeutsche und diejenigen Süddeutschen – etwa aus den badischen und württembergischen Kontingenten – zu umwerben, die einer preußischen Hegemonie gewogen waren, so zum Beispiel Bassermann, Mathy und Pfizer. Insgesamt profitierte die preußische Sache von einer anfänglichen Verteilung der Abgeordneten in andere Gruppen.

Ähnliche Organisationsprobleme erwuchsen im religiösen Bereich für die Katholiken. Da in konfessioneller Hinsicht die preußische Nationalversammlung wohl wichtiger war, hatte sich der führende katholische Kleriker, Erzbischof Geissel aus Köln, lieber für Berlin als für Frankfurt wählen lassen. In Berlin wurde die Strategie festgelegt, der die Katholiken Deutschlands folgten. Nachdem sie anfänglich die Bildung einer katholischen Partei befürwortet hatten – wie sie später entstand –, hielten es Geissel und seine Freunde für besser, die katholischen Abgeordneten in politischer Hinsicht ihre eigenen Wege gehen zu lassen und die Zusammenarbeit auf religiöse Angelegenheiten zu beschränken. Diese Taktik übernahm man auch in Frankfurt, wo der weit weniger entschiedene Fürstbischof von Diepenbrock aus Breslau nach Anweisungen seines entschlosseneren Amtsbruders in der Preußischen Nationalversammlung handelte. Diepenbrock hätte beim Kölner Kirchenkonflikt 1837[117] lieber noch die andere Wange hingehalten. Deshalb hatten ihm die Kampfeslustigen vorgeworfen, er sei schwach und nicht sehr glaubensstark. Der Breslauer Fürstbischof, der einer altadeligen Patrizierfamilie Westfalens entstammte, empfand die Atmosphäre in Frankfurt nicht als zuträglich und schied, wie einige seiner geistlichen Brüder, sobald er konnte, wieder

[117] Vgl. S. 19.

aus. Er besaß kein parlamentarisches Talent, und ohne Geissels Betreiben hätte er überhaupt nichts unternommen. Diepenbrocks Passivität erklärt sich zum Teil aus seinem schlechten Gesundheitszustand. Als einer der jüngsten Frankfurter Abgeordneten, die noch an den Napoleonischen Kriegen teilgenommen hatten, war er 1848 nur fünfzig Jahre alt. In Frankfurt war er sehr krank, er starb 1853.[118]

In der zweiten Juniwoche traf sich Diepenbrock mit den führenden Katholiken der Frankfurter Nationalversammlung. Zusammen mit zwei hervorragenden, nicht dem geistlichen Stand angehörenden Abgeordneten, dem preußischen General Joseph Maria Radowitz[119] und August Reichensperger[120], einem Richter aus der preußischen Rheinprovinz, veranstaltete er ein zweites Treffen am 14. Juni. Das Ergebnis war die Gründung der *Katholischen Vereinigung,* der katholische Abgeordnete der Frankfurter Nationalversammlung, unabhängig von ihrer politischen Zugehörigkeit, beitreten konnten. Radowitz wurde zum Vorsitzenden, Reichensperger zu seinem Stellvertreter gewählt. Als Vorsitzender achtete Radowitz darauf, daß sich die Vereinigung auf die Erörterung religiöser Fragen beschränkte und nicht politisierte, obwohl sich natürlich die Trennungslinie zwischen den beiden Bereichen nicht immer leicht ziehen ließ.

Die Katholische Vereinigung entschied sich schließlich für das *Steinerne Haus* als Treffpunkt. Mitte Juni war dieses Gebäude bereits das Hauptquartier der Rechten im Frankfurter Parlament, was bei den Historikern einige Verwirrung anrichtete, zumal Radowitz in beiden Gremien als Vorsitzender fungierte. Dennoch waren die beiden Klubs völlig unabhängig voneinander, aber viele Mitglieder der Katholischen Vereinigung gehörten dem rechten Zentrum an. Radowitz' Persönlichkeit sowie seine Politik in der Katholischen Vereinigung riefen unter seinen Glaubensgenossen Beunruhigung hervor.[121]

Radowitz war der Sohn eines ursprünglich katholischen Freidenkers und einer protestantischen Mutter und lernte den Glauben seiner Väter erst als junger Mann kennen. Trotz der religiösen Gleichgültigkeit in seinem Elternhaus wurde er bald ein überzeugter Katholik, obwohl er niemals »klerikal« oder »ultramontan« war. Er war der Enkel ei-

[118] ADB V; Reinkens, *M. v. Diepenbrock;* Lilli, *Bischofskonferenzen* 55.
[119] ADB XXVII; Radowitz, *Gesammelte Schriften,* bes. III 352—496 (Berichte aus der Nationalversammlung); P. Hassel, *Radowitz I* (1905); Meinecke, *Radowitz;* BSTH. [120] Pastor, *A. Reichensperger;* Wegener, *P. Reichensperger;* BSTH.
[121] Meinecke, *Radowitz* 154 ff.; Pastor, *Max v. Gagern* 267 f.; Schnabel, *Zusammenschluß* 57 ff.

nes ungarischen Offiziers,[122] der sich nach seiner Gefangennahme durch die Preußen 1745 entschlossen hatte, in Norddeutschland zu bleiben. Joseph Maria von Radowitz wurde 1797 im Harz als Untertan des Herzogs von Braunschweig geboren. Als Elfjähriger wurde er Kadett, und in der Napoleonischen Ära erhielt er einen Teil seiner Ausbildung in Frankreich. Als westfälischer Artillerieleutnant wurde er 1813, auf der Seite Napoleons kämpfend, bei Leipzig verwundet. Dann trat er in die Armee des Kurfürstentums Hessen ein – eines der politisch rückständigsten deutschen Staaten – und fiel schließlich wegen seiner Kritik an der Mißwirtschaft des Kurfürsten in Ungnade. 1823 wechselte er zur preußischen Armee über, was zum Wendepunkt seiner Karriere wurde. Radowitz war das Musterbeispiel des damals in Deutschland häufig anzutreffenden gebildeten Offiziers. Einem solchen Mann bot Preußen Möglichkeiten, die sich ihm in einem kleinen Staat nie eröffnet hätten. Interessanterweise zog es der Katholik Radowitz nicht vor, in den Dienst der habsburgischen Monarchie zu treten. Die josefinische Tradition des österreichischen Staates sprach den tief religiösen Offizier nicht an. In Preußen war er sicher, eine Gruppe von Christen, darunter auch Protestanten, zu finden, die das Verhältnis zwischen Politik und Religion so sahen wie er selber. Er fühlte sich mehr zu Hause in den konservativen protestantisch-pietistischen Kreisen Berlins, wo er ein naher Freund des damaligen Kronprinzen und späteren Königs Friedrich Wilhelm IV. wurde. Der Kölner Kirchenstreit warf seinen Schatten auf die Zusammenarbeit zwischen katholischen und protestantischen Vertretern der Idee eines christlichen Staates; gleichwohl gelang es Radowitz, die herzlichen Beziehungen zu seinen protestantischen Freunden, ohne daß er in religiösen Dingen Konzessionen machte, aufrechtzuerhalten. Als preußischer Militärbevollmächtigter bei der Bundesversammlung in Frankfurt kannte Radowitz die Mängel des Deutschen Bundes genau, und er sprach sich mehrmals für Reformen aus. Zeitweilig stand er unter dem Einfluß Hallers und seiner Theorien über einen christlichen Staat auf ständischer Grundlage. Doch nichts war von der Wahrheit weiter entfernt als sein Ruf, ein bigotter Katholik und politischer Erzkonservativer zu sein. Er war konservativ, doch nicht im Sinn des Stillstandes; seine Unabhängigkeit und Bildung paßten weder in diesem noch einem anderen Lebensabschnitt in eine enge Kategorie.

[122] So Meinecke, *Radowitz*, 3. Laut Friedrich von Holstein vom deutschen Außenministerium stammte die Familie Radowitz aus Serbien. N. Rich und M. H. Fisher (Hrsg.), *The Holstein Papers I* (1955), 98.

Anfang 1848, nahezu 25 Jahre nachdem er als Fremder nach Preußen gekommen war, hatte sich General von Radowitz, der vertraute Ratgeber des Königs und inzwischen wohlbekannte Autor, eine führende Position nicht nur in seiner Wahlheimat, sondern in Deutschland überhaupt geschaffen. Dies dürfte alle Hoffnungen und Aspirationen weit übertroffen haben, die er 1823 vielleicht je gehegt haben mochte, als sein Geschick einen Tiefstand erreicht hatte. Ähnlich wie zahlreiche andere führende Gestalten des 19. Jahrhunderts, wie der Reichsfreiherr vom Stein und Hardenberg, paßte er sich rasch und gründlich dem preußischen Staat an. Doch dabei gab es gewisse Grenzen, die vermutlich mehr auf seinen Katholizismus zurückzuführen waren als auf seine Geburt außerhalb Preußens oder seine ausländische Abstammung. Radowitz verhehlte niemandem seinen Glauben an den Auftrag Preußens, doch als Katholik konnte er sich nie völlig in einem Land zu Hause fühlen, das hauptsächlich einem anderen Bekenntnis anhing, auch nicht, nachdem er die Gräfin Voss geheiratet hatte, eine Frau aus einer alten protestantischen Familie. Er war sich bewußt, daß er aus mehreren Gründen nie voll akzeptiert werden würde. Nach der Märzrevolution von 1848 sah er ein, daß er Leuten mit einer annehmbareren politischen Vergangenheit Platz machen mußte. Als Fünfzigjähriger schied er aus der preußischen Armee aus. Gern hätte er einen Sitz in der Preußischen Nationalversammlung eingenommen, doch das ließ sich nicht bewerkstelligen. Dagegen wählte ihn ein westfälischer Wahlkreis in die deutsche Nationalversammlung. Die Wahlmänner – hauptsächlich Katholiken, aber auch einige konservative Protestanten – kannten ihn aus seinen Schriften, die sie sorgfältig prüften. Sie wählten den orthodoxen Katholiken, den Konservativen und Freund des Königs anstelle eines weniger orthodoxen Katholiken. Die Unterstützung durch eine katholische Mehrheit und eine protestantische Minderheit war Radowitz angenehm, da er sich stets sehr zu den gläubigen Protestanten hingezogen fühlte.[123]

Radowitz übte in der Frankfurter Nationalversammlung, teilweise dank seiner engen Beziehung zu Friedrich Wilhelm IV., beträchtlichen Einfluß aus. Doch umgab ihn ein Anflug des Geheimnisvollen, und er wurde nie so populär wie Vincke, die andere maßgebende Gestalt der Rechten. Der Mann mit den feinen Gesichtszügen und der ziemlich undeutschen Erscheinung wurde eher respektiert und sogar gefürchtet als geliebt.

[123] Meinecke, *Radowitz*, bes. 1—79; Treitschke, *Deutsche Geschichte,* bes. V 20 ff. in der Ausgabe von 1920.

Selbst unter seinen Glaubensgenossen traf Radowitz auf eine gewisse Zurückhaltung. Obwohl er seinen Katholizismus sehr ernst nahm, war er nicht bereit, sich völlig den Interessen seiner Kirche zu widmen, überdies interpretierte er diese weiter und großzügiger als viele andere Abgeordneten. Mit seiner subtilen und scharfen Intelligenz sah Radowitz nur zu deutlich die der Bildung einer katholischen Partei innewohnenden Gefahren. Er fürchtete, daß sich die Kluft zwischen den beiden großen Bekenntnissen nur noch vergrößern und daß sich unabsehbare Probleme ergeben würden, wenn man eine politische Partei auf eine religiöse Überzeugung gründete. Natürlich gefiel es nicht allen, daß sich Radowitz weigerte, die Katholische Vereinigung zu einer politischen Partei werden zu lassen. Einer seiner Gegner in dieser Frage war Wilhelm von Ketteler, damals katholischer Priester in Westfalen, später Bischof von Mainz und Bismarcks Gegner im Kulturkampf. Ketteler gehörte wie Diepenbrock der Frankfurter Nationalversammlung nur widerstrebend an. Seine kirchlichen Oberen mußten ihn gewaltsam zum Bleiben zwingen. In einem undatierten Brief aus Frankfurt berichtete Ketteler im Sommer seinem Bruder:

... In unserem Katholischen Club ist eine große Aufregung. Viele wollen durchaus ihn zu einer politischen Partei umgestalten, um dadurch mehr Gewicht in der Versammlung zu gewinnen. Es kann dies ein großes Schisma veranlassen, da Radowitz dann unfehlbar austreten würde. Ich weiß nicht, was ich dazu sagen soll, neige jedoch mehr für als dagegen. Radowitz hemmt uns offenbar und bindet uns in preußischem Interesse, und sosehr ich ihn schätze und hochachte, so ist dies unbedingt von größtem Nachteil. Wenn mich der »Geistliche« nicht abhielte, so wäre ich ganz entschieden für eine politische Partei aus einigen Rheinländern, Westfalen und Bayern, denn es ist kaum auszuhalten in unserem politischen Indifferentismus.[124]

Vom katholischen Standpunkt aus hatte die Nationalversammlung zwei – miteinander zusammenhängende – Probleme zu lösen: Sie mußte zunächst über den Umfang des geplanten deutschen Staates befinden und dann die Stellung der Kirchen darin festlegen. Logischerweise war die erste Frage vor der zweiten zu entscheiden, obwohl man in Wirklichkeit bei der parlamentarischen Diskussion die Reihenfolge umkehrte. Hinsichtlich der Hauptfrage lag es offensichtlich im katholischen Interesse, möglichst viele Glaubensgenossen

---

[124] Pfülf, *Ketteler*, I, 158. Die genaue Datierung des Briefes ist ungewiß. Vgl. auch ADB XV; BSTH.

zu behalten. Nach den Bevölkerungszahlen konnten sie nur durch den Einschluß von großen Teilen des Habsburgerreichs die Mehrheit bekommen. Insofern ist es sonderbar, daß Ketteler die Österreicher überhaupt nicht erwähnte. Tatsächlich dachte er wohl an eine preußisch-bayerische katholische Partei, die eine reichlich unbequeme Partnerschaft mit sich gebracht hätte. Selbst von ausschließlich katholischem Gesichtspunkt betrachtet, erscheint Kettelers Vorschlag nicht genügend überlegt, da der Zusammenschluß seiner Glaubensgenossen kaum zu einer parlamentarischen Mehrheit in Frankfurt geführt hätte.[125] Ketteler konnte nicht damit rechnen, daß unter den katholischen Abgeordneten mit gemäßigter orthodoxer Einstellung jeder einzelne seine Religion über alles andere stellen würde. Zahlreiche preußische Katholiken, und nicht nur Radowitz selber, zeigten keine Neigung, die katholischen Interessen bis zum letzten zu verfechten, so daß sie z. B. mitgeholfen hätten, die Pläne für eine preußische Hegemonie zu vereiteln. Nicht alle Katholiken zeigten sich willens, die Frage der deutschen Einigung vorwiegend unter katholischem Gesichtswinkel zu sehen.

Der Gedanke, eine katholische politische Partei zu bilden, hatte unter rein religiösem Aspekt noch weniger Aussichten auf Erfolg. Wie Radowitz erkannte, gab es gewisse gemeinsame religiöse Interessen. In religiösen Fragen lagen die Streitpunkte nicht so sehr zwischen den Katholiken und den anderen Christen als zwischen den Christen einerseits und den Nicht- oder Antireligiösen und den Angehörigen anderer Religionen (also hauptsächlich den Juden) auf der anderen Seite. In rein katholischer Sicht und im Hinblick auf die Verteilung der Religionen in der Nationalversammlung ließ sich am meisten durch Zusammenarbeit mit Nicht-Katholiken erreichen. Im großen und ganzen herrschte in der Frankfurter Nationalversammlung eine starke Neigung zur Parteienbildung aufgrund allgemeiner, jedoch nicht so sehr aufgrund religiöser Interessen. Die Katholiken konnten keine gemeinsame politische Front bilden, da sie sich über alle Gruppierungen von der Rechten bis zur extremen Linken verteilten, wenn auch ihr Anteil nach links hin abnahm. Obgleich politischer und religiöser Extremismus während dieser Zeit häufig Hand in Hand gingen, war das breite Spektrum politischer Ideologien unter den Katholiken ein schlechtes Vorzeichen für eine religiöse Einheit. Von einem Volksvertreter wie dem Dekan Kuenzer aus Konstanz, der, auch wenn er noch nicht exkommuniziert war, gewiß nicht in gutem Einverneh-

[125] Vgl. S. 99.

men mit seinen kirchlichen Vorgesetzten stand, konnte man nicht erwarten, daß er mit Bischöfen und orthodoxen Laien in der Katholischen Vereinigung in politischer oder religiöser Hinsicht zusammenarbeitete.[126] Selbst unter Katholiken, die religiös mehr orthodox und politisch gemäßigter waren, herrschte kaum Einigkeit über Themen wie die Stellung des Klerus und die Machtbefugnis des Papstes. Dies war unvermeidlich in einer Zeit der Neubesinnung, die den Bereich des Glaubens nachdrücklich beeinflussen mußte.

Ketteler, der vor allem in seinem letzten Lebensjahrzehnt nach dem Preußisch-Österreichischen Krieg von 1866 einer der entschlossensten Führer der katholischen Kirche Deutschlands wurde, war damals noch durch sein notorisches Ungestüm beeinträchtigt. Weder er selber noch diejenigen, die mit ihm zusammenkamen, konnten das vergessen, denn an seine stürmische Jugend erinnerte seine fehlende Nasenspitze, die er als Angehöriger des Corps Westfalen, einer der Landsmannschaften, bei einem Studentenduell eingebüßt hatte.[127] Kettelers Ideen über die Katholische Vereinigung in dem erwähnten Brief waren unreif, aber sie sind als Thema interessant und zeigen die Opposition zu der klaren, von Radowitz geförderten Richtung. Es überrascht nicht, daß sich Radowitz' besser durchdachte Strategie durchsetzte.

Radowitz könnte sehr wohl noch etwas anderes im Sinn gehabt haben. Der Kern einer katholischen klerikalen Partei hätte aus Vertretern der Rechten oder zumindest aus Angehörigen des rechten Flügels im rechten Zentrum bestanden. Dies hätte vielleicht zu einer Identifizierung der politischen Rechten mit der katholischen Partei führen können und die Protestanten der Rechten zum Austritt veranlaßt. In der Tat konnte eine katholische Partei die Rechte aufsplittern – eine Entwicklung, die Radowitz in seiner zweiten Rolle als Vorsitzender der Rechten höchst unerwünscht gewesen wäre. Obwohl sich eine Zeitlang sowohl die Katholische Vereinigung wie die politische Rechte im *Steinernen Haus* trafen und auch einen gemeinsamen Führer hatten, konnte sich Radowitz ein Vermischen der beiden Organisationen am wenigsten leisten.

Da weder religiöse noch regionale Abhängigkeiten den Hauptgrund für einen politischen Zusammenschluß abgeben konnten, mußten das rechte Zentrum und die Rechte sich vorwiegend auf gemeinsame

---

[126] ADB XVII und Weech, *Badische Biographien*, I, 482—487, erwähnen nichts von der Exkommunikation Kuenzers, die nach Pfülf, *Ketteler*, I, 159 am 31. August 1848 erfolgte. [127] Vgl. S. 11.

politisch-ideologische oder konstitutionelle Auffassungen stützen. Die beiden Gruppen konnten entweder eine vereinigte politische Partei oder zwei getrennte Parteien bilden. Die Rechte drängte auf eine gemeinsame Partei. Denn damals wollte fast jeder — und selbst mancher auf der Rechten — fortschrittlich erscheinen. Daher war ein Zuwachs von links her attraktiver als ein solcher von rechts. So fand das rechte Zentrum weit weniger Gefallen an der Vorstellung einer einzigen Partei als die Rechte. Durch den Anschein, reaktionär zu sein, hatte das rechte Zentrum allzuviel zu verlieren. Potentiell konnte es weit mehr Anhänger vom linken Zentrum zu sich herüberziehen als von der kleinen Rechten, und es zahlte sich nicht aus, mögliche Zuzügler von links vor den Kopf zu stoßen, indem man eine Handvoll Abgeordnete der Rechten aufnahm. Die Bemühungen einiger Abgeordneten der Rechten, eine gemeinsame Partei zu gründen, waren daher zum Scheitern verurteilt, obwohl eine taktische Zusammenarbeit gelegentlich nötig war, d. i. wenn man der Linken eine Niederlage bereiten wollte. Fürst Lichnowsky und ein Abgeordneter aus Pommern, Alexander von Wartensleben,[128] bemühten sich besonders aktiv um die Bildung einer großen konservativen Partei. Doch ihre Namen schreckten eher ab, als daß sie anzogen.[129] Da es nicht gelang, eine gemeinsame Partei zu schaffen, bildeten sich zwei getrennte Gruppen.

Ehe sich ein rechtes Zentrum organisieren ließ, waren beträchtliche Schwierigkeiten zu bewältigen. Zweifellos hätten viele im rechten Zentrum gern die Bildung einer breiteren zentralen Gruppierung gesehen, doch den Weg dazu hatten Leute wie Raveaux verstellt. Von Anfang an strebte das rechte Zentrum danach, die dominierende Gruppe im Parlament zu werden und die Basis zur Unterstützung einer deutschen Zentralregierung abzugeben. Angesichts dieser Ziele war es bereit, die Geschlossenheit zu opfern, und es begrüßte eine gewisse Vielfalt der Anschauungen unter der Voraussetzung, daß keine Ideen ermutigt würden, die sich auf eine zweite Revolution oder auf ein Rückgängigmachen der ersten richteten. Das rechte Zentrum trat für einen Ausgleich der revolutionären und der reaktionären Kräfte ein, wie ihn die liberalen »Märzminister« etwa in Baden und Württemberg zu wahren suchten. Seine Politik galt einem geeinten

---

[128] Niebour, »Die Abgeordneten Pommerns«, 166—67; Auskünfte durch das Deutsche Adelsarchiv in Marburg und das Bundesarchiv.
[129] Gerber, »Briefe« 22; Brief vom 30. Mai 1848: »Die Bildung eines konservativen Klubs will nicht gelingen. Überall drängen sich Wartensleben und Lichnowsky voran, und von ihnen will man nichts wissen.«

Deutschland auf der Basis einer konstitutionellen Monarchie. Die Abgrenzung gegen die beiden benachbarten Gruppen war nicht eindeutig. Die Rechte räumte den Fürsten ein größeres, das linke Zentrum ein geringeres Mitbestimmungsrecht beim Verfassungsentwurf ein als das rechte Zentrum. Positionswechsel innerhalb des rechten Zentrums und vor allem vom und zum linken Zentrum hin fanden recht häufig statt.

Das rechte Zentrum stellte die Mehrheit derjenigen, die für Heinrich von Gagern als Parlamentspräsident gestimmt hatten.[130] Der Kern bestand aus gemäßigten Liberalen, vorwiegend aus Honoratioren verschiedener Berufe: in erster Linie aus Staatsbeamten, Juristen, Geschäftsleuten und Universitätslehrern. Die Partei setzte sich jedoch nicht nur aus Universitäts-Professoren zusammen, sondern ganz allgemein aus führenden Männern vieler Berufsgruppen. Sie waren Pioniere, die mit Energie, gesundem Menschenverstand und Geschick die fälligen oder überfälligen Erneuerungen in ihren Wirkungsbereichen durchsetzten: Leute wie Mevissen, der wesentlichen Anteil am Bau von Eisenbahnen hatte, und Gelehrte wie Jacob Grimm, Dahlmann, Johann Gustav Droysen und Georg Beseler, die in ihren jeweiligen akademischen Disziplinen neue Forschungsmethoden anwandten. Es waren Menschen, die in der Politik eher das bereits Vorhandene entwickeln und anpassen wollten, statt von einer völlig neuen Basis auszugehen. Sie hatten häufig in ihren Berufen viel erreicht und wollten sich nun in der Politik versuchen – einige in der Überzeugung, hier ebenso erfolgreich zu sein. Andere hatten sich bereits als Verwaltungsbeamte an Regierungsgeschäften beteiligt, so Adolf Lette, der in der Landwirtschaft neue ökonomische und soziale Ideen einführte. Mit Ausnahme derer, die schon vor 1848 im Rahmen der politischen Verhältnisse genügend Spielraum für ihre Fähigkeiten gefunden hatten, waren sie von der Unzulänglichkeit des Regierungssystems irritiert und enttäuscht. In gewisser Weise erregte dies ebenso viel Widerspruch unter ihnen wie die Beschränkungen der Meinungsfreiheit. Diese Partei wurde ihrer Beschaffenheit nach besonders von der englischen Praxis, Bestehendes anzupassen, beeinflußt, weit mehr als von den radikalen Methoden, welche in der öffentlichen Meinung mit Frankreich verbunden wurden. Obwohl sich viele Männer mit ähnlicher Berufserfahrung und sogar nicht wesentlich anderer Anschauung eher dem linken als dem rechten Zentrum anschlossen, legte letzteres mehr Gewicht auf historische Faktoren.

[130] Vgl. S. 106 ff.

Das rechte Zentrum umfaßte alle Landesteile – wenn auch preußische Vertreter gewöhnlich in der Mehrzahl waren – und alle hauptsächlichen Denominationen. Diese Spannweite verschaffte ihm beträchtliche Macht, schwächte freilich auch zuweilen seinen Zusammenhalt. Ohne die Mannigfaltigkeit in seiner Anhängerschaft hätte es nie seine numerische Stärke erlangt. Was Stahl zu Beginn des Parlaments am 23. Mai schrieb, blieb das ganze Jahr 1848 gültig: »... die gemäßigte Partei ... hat keine Konsolidation. Wir werden in den Resultaten stets zusammentreffen, aber es fehlt uns das Kompakte, wie stets der Majorität...«[131]

Den Hauptantrieb für die Bildung des rechten Zentrums gaben der protestantische Pastor Karl Jürgens aus Braunschweig und zwei führende rheinländische Geschäftsleute: Mevissen und Beckerath. Etwa vom 25. Mai an erörterten sie die Gründung eines *comité directeur,* das den Einfluß des rechten Zentrums in der Nationalversammlung verbreitern sollte.[132] Ende Mai war die Partei nach langen Beratungen einigermaßen etabliert; allerdings bestand sie aus zu vielen unterschiedlichen Elementen, um sich öffentlich zu einem schriftlich festgelegten Programm zu bekennen. Ende Juni schließlich zog die Gruppe in ihr Hauptquartier, unter dessen Namen sie bekannt wurde, nämlich in das *Casino.* Abgesehen von einer Handvoll Mitglieder der Rechten und einigen Unabhängigen schlossen sich dieser Partei alle an, die rechts vom linken Zentrum standen.

Die Rechte bildete sich zuletzt. Radowitz war der Gründer und Führer dieser Gruppe, welche die Bezeichnung Partei zu vermeiden trachtete. Der Klub wurde formell am 7. Juni im *Steinernen Haus* konstituiert, das Lokal blieb bis zur Neubildung im Herbst sein Hauptquartier. Vincke trat dem *Steinernen Haus* nicht bei.[133] Wie klein der Klub auch sein mochte, so besaß die Rechte wenig Zusammenhalt und war mehr durch gemeinsame Aversionen als durch positive Überzeugungen geeint. Die preußischen, hannoveranischen und bayerischen Partikularisten hatten wenig miteinander gemein – eine der Schwierigkeiten, mit denen sich jede föderalistische und antizentralistische Partei zu befassen hat. Der Anteil der Katholiken, besonders derer mit »klerikalen« Anschauungen, lag höher als in den anderen Gruppen. In gleicher Weise waren aber auch

---

[131] Gerber, »Briefe«, 15.

[132] Jürgens, *Zur Geschichte,* I, 115; Hansen, *Mevissen,* II, 379; Hübner, *Droysen* (Tagebuch) 808 ff., bes. Eintragungen vom 22. und 29. Mai 1848.

[133] Jürgens, *Zur Geschichte,* II, 51.

Verfechter des Protestantismus vertreten. Die Rechte stellte eine hauptsächlich preußische, im ganzen konservative christliche Gruppe dar, die bei der Begründung eines geeinten Deutschland für die Einzelstaaten Mitbestimmungsrecht beanspruchte. Einer ihrer hervorragenden Abgeordneten war der Jurist Hermann Detmold aus Hannover, ein enger Verbündeter des leitenden hannoveranischen Ministers Stüve[134] und wie dieser entschlossen, die Rechte der Einzelstaaten gegenüber der Nationalversammlung zu sichern. Detmold schrieb die Satire *Thaten und Meinungen des Herrn Piepmeyer, Abgeordneten zur constituierenden National-Versammlung zu Frankfurt (1848/49);* sie karikierte den popularitätssüchtigen Abgeordneten, der nie aufhörte, einem Ziel nachzujagen, das stets am Horizont auftauchte, aber nur zeitweilig in Reichweite kam. Trotz ihrer geringen Anzahl verfügte die Rechte in Radowitz und Vincke über zwei der wirkungsvollsten Redner im Parlament.

So bestanden Mitte Juni vier der fünf Hauptgruppen in der Nationalversammlung, die sich mit wechselnder Mitgliedschaft während der zweiten Hälfte des Jahres 1848 hielten. Nur die Linke war noch nicht völlig in zwei Gruppen gespalten; diese Bewegung fand Ende Juni mit der Abspaltung der extremistischen *Donnersberg*-Gruppe seinen Abschluß. Im allgemeinen Rahmen der fünf Parteien gab es jedoch noch eine Anzahl Zwischengruppierungen.

---

[134] Wie Stüve mißfiel Detmold der Katholizismus. Vgl. Stüve, *Briefwechsel.*

Für ihre offizielle Arbeit bedurfte die Versammlung nun einer endgültigen Geschäftsordnung. Der dafür eingesetzte Ausschuß arbeitete
rasch und ging mit seinen Vorschlägen von Mohls Entwurf aus.[135]
Zusätze und Änderungen klärten im großen und ganzen die Bestimmungen. Als die Debatte über die Vorschläge des Ausschusses am 29.
Mai begann,[136] wurde bald klar, daß jeder Versuch, den Entwurf
Paragraph um Paragraph zu erörtern, außerordentlich viel Zeit
kosten würde. Schließlich stimmte eine erhebliche Mehrheit einem
Antrag zu, nach dem die vom Ausschuß erarbeitete Geschäftsordnung en bloc gebilligt wurde,[137] wobei es aber jeweils fünfzig Abgeordneten freistand, wann immer sie wollten, die Änderung einer bestimmten Vorschrift zu beantragen.[138] Alle vier Wochen sollte jeder
Abgeordnete durch Los einer der fünfzehn Abteilungen zugewiesen
werden.[139] Jede Abteilung mußte die Wahl der Abgeordneten aus
einer anderen Abteilung auf ihre Gültigkeit prüfen.[140] Zweifelhafte
Wahlen hatte ein »Ausschuß für Prüfung der Legitimationen« oder
»Central-Wahlausschuß« zu erörtern, der sich aus den fünfzehn Ab-
teilungsvorständen zusammensetzte und der dem Plenum zu berichten
hatte, das die endgültige Entscheidung traf.[141] Der Vorsitzende und
andere Beamte der Versammlung waren zu wählen, sowie 350 Abgeordnete anerkannt waren.[142] Der Vorsitzende oder Präsident und
seine beiden Vizepräsidenten waren mit Stimmzetteln alle vier Wochen
durch die absolute Mehrheit der Abstimmenden zu wählen. Diese drei
Vorsitzenden konnten wiedergewählt werden.[143] Außerdem sollte das
Haus acht Schriftführer oder »Sekretäre der Versammlung« wählen.[144]
Angesichts der vor kurzem gemachten Erfahrungen wurde die Kontrolle des Vorsitzenden über die Zuhörer verstärkt. Er erhielt nun das
Recht, Sitzungen zu schließen, falls die Ordnung gestört war, die dafür
Verantwortlichen auszuschließen und notfalls die Galerie räumen zu
lassen.[145] Die Sitzungen waren grundsätzlich öffentlich, konnten jedoch
in gewissen Fällen auch geheim abgehalten werden.[146] Die Versammlung sollte bei Anwesenheit von zweihundert Abgeordneten beschlußfähig sein.[147]

---

[135] Vgl. S. 102 ff. [136] I, 163. [137] I, 163 ff. [138] I, 173 f.
[139] *Entwurf einer Geschäfts-Ordnung*, I, 1. Die folgenden Anmerkungen beziehen sich
auf deren Bestimmungen.
[140] I, § 2. [141] I, § 5. [142] I, § 4. [143] II, § 10.11. [144] II, § 12.
[145] II, § 14. [146] II, § 16—17. [147] III, § 18.

Alle vom Plenum zu behandelnden Themen waren zur Vordebatte an die Abteilungen zu überweisen.[148] Nach entsprechender Erörterung der Angelegenheit und nachdem die Meinung ihrer Abgeordneten durch eine Abstimmung festgestellt war, sollte jede Abteilung mit absoluter Mehrheit jemanden aus ihren Reihen in einen Ausschuß wählen, der dann dem Plenum Bericht zu erstatten hatte.[149] Die Stellung der Parlamentsausschüsse war genau festgelegt, da man ihre Bedeutung vollauf erkannte. Die Anwesenheit der Hälfte ihrer Mitglieder – normalerweise waren es fünfzehn, in Ausnahmefällen jedoch mehr – machte sie beschlußfähig. Aus ihrer Mitte hatten sie einen Vorstand, dessen Stellvertreter und einen Schriftführer zu wählen. Jeder Abgeordnete hatte die Auffassungen von Mehr- oder Minderheit in seiner Abteilung vorzutragen, war jedoch bei seiner eigenen Stimmabgabe im Ausschuß nicht an die Meinung derer gebunden, die ihn gewählt hatten. Die Ergebnisse der Beratungen sollte ein von der Mehrheit des Ausschusses gewählter Berichterstatter dem Plenum unterbreiten.[150] Bei der zufälligen Zusammensetzung der Abteilungen konnte ihnen das Plenum gestatten, die Ausschußvertreter nicht aus ihren eigenen Reihen zu wählen und sogar das ganze Wahlverfahren so zu ändern, daß jedes Abteilungsmitglied fünfzehn Namen für einen Ausschuß vorschlagen konnte.[151] Diese Methode lief auf die Wahl der Ausschüsse durch das Plenum hinaus, außer wenn sie um Zeit zu sparen in den Abteilungen erfolgte.

Die Klausel, nach der die Abteilungen nicht nur ihre eigenen Angehörigen in Ausschüsse wählen durften, berücksichtigte die Möglichkeit, daß mehrere Fachleute für eine bestimmte Frage zufällig derselben Abteilung angehörten. Jeder Ausschluß qualifizierter Leute mußte sich um so schädlicher auswirken, als eine Bestimmung der Geschäftsordnung die Aussschüsse daran hinderte, Verbindung mit Regierungsbehörden oder Einzelpersonen aufzunehmen, solange sie keine Sonderermächtigung hatten, Regierungsangehörige oder Privatpersonen als Zeugen oder Experten vorzuladen.[152]

Eine Minderheit von wenigstens drei Abgeordneten in einem Ausschuß besaß das Recht, einen Minderheitsbericht vorzulegen.[153] Die Berichte oder Anträge eines Ausschusses mußten gedruckt werden und den Abgeordneten des Plenums mindestens vierundzwanzig Stunden vor einer Debatte vorliegen.[154]

Alle Anträge aus dem Plenum waren normalerweise dem entsprechen-

[148] IV, § 19. [149] IV, § 20. [150] IV, § 21. [151] IV, § 22.
[152] IV, § 24. [153] IV, § 25. [154] IV, § 26.

den Ausschuß zur Beratung zu überweisen. Wo kein geeigneter Ausschuß bestand, war der Antrag kurz zu begründen, und er galt als abgelehnt, wenn ihn nicht wenigstens zwanzig Abgeordnete unterstützten.[155] Wenn er diese Hürde genommen hatte, konnte die Vollversammlung die Angelegenheit den Abteilungen zur Vordiskussion überweisen.[156] Eine Plenardebatte über einen Antrag war frühestens vierundzwanzig Stunden nach Verteilung des Textes an die Abgeordneten möglich.[157] Ausnahmen von dieser Bestimmung waren nur bei Formalfragen und bei Angelegenheiten gestattet, welche das Plenum für äußerst dringend oder für völlig unwichtig erachtete.[158] Andererseits konnte man Verbesserungsvorschläge oder »Amendements« jederzeit im Verlauf einer Debatte einbringen. Allerdings hatte die Versammlung das Recht, die Prüfung eines Verbesserungsvorschlags zu fordern und die Sitzung bis zum Vorliegen eines Berichts zu unterbrechen.[159] Der Vorsitzende besaß die sehr ausschlaggebende Berechtigung, die Tagesordnung festzulegen, die er am Ende einer Sitzung für die nächste anzukündigen hatte.[160] Gleicherweise entschied er über die Reihenfolge der Fragen, die dem Haus am Ende einer Debatte vorzulegen waren.[161] Den Schluß der Debatte konnten zwanzig Abgeordnete beantragen.[162] Abgestimmt wurde normalerweise durch Erheben von den Sitzen und Sitzenbleiben.[163] Ein Zusatz — offenbar auf Betreiben der Linken — gestattete eine namentliche Abstimmung, wenn sie wenigstens fünfzig Abgeordnete beantragten.[164] Abordnungen waren im Plenum nicht zugelassen.[165] Soweit die Hinweise auf die Geschäftsordnung.

Die Versammlung verlor keine Zeit, das Provisorium zu beenden. Bei der nächsten Sitzung, am 31. Mai, waren mehr als fünfhundert Abgeordnete formell bestätigt,[166] und man konnte nun das reguläre Präsidium wählen. Heinrich von Gagerns Wahl als Präsident durfte als gesichert gelten, doch die Mehrheit für ihn übertraf sogar die Erwartungen seiner Anhänger. Er erhielt 499 von 518 Stimmen und damit eine wohlverdiente Anerkennung des Hauses für die gute Leitung der Versammlung während der schwierigen ersten zehn Tage. Jetzt legte er sein Ministerpräsidentenamt in Hessen-Darmstadt nieder. Soiron als erster stellvertretender Vorsitzender schnitt diesmal etwas

[155] V, § 29. [156] V, § 30. [157] V, § 31. [158] V, § 32. [159] V, § 33.
[160] V, § 34. Den Parlamentspräsidenten unterstützte bei der Sichtung von Abgeordnetenanträgen und von Petitionen von außerhalb der »Ausschuß für die Priorität der Anträge und Petitionen«. I, 67 ff.
[161] V, § 40. [162] V, § 38. [163] V, § 41. [164] V, § 42.
[165] VI, § 45. Soweit die Hinweise auf die Geschäftsordnung. [166] I, 184 ff.

schlechter als Gagern ab, wurde aber immer noch sehr eindeutig mit 408 von 513 Stimmen gewählt. Der bekannte österreichische Staatsbeamte und Schriftsteller Victor von Andrian-Werburg,[167] ein Angehöriger des rechten Zentrums, wurde mit 310 von 505 Stimmen zweiter Vizepräsident. In dieser Abstimmung erhielt Robert Blum von der Linken 116 Stimmen, und der österreichische Hauptmann (und spätere Feldmarschall) Carl Möring,[168] der sich keiner Partei angeschlossen hatte, aber mit dem linken Zentrum sympathisierte, bekam 66 Stimmen.

Die Geschäftsordnung ließ die Frage des Verhältnisses von Parlament und Regierung ganz offen. Dies war bei der mangelnden Einigkeit über die Rolle der Nationalversammlung unvermeidlich. Denen, die mit der Tradition des britischen Parlaments aufgewachsen sind, fällt es als seltsam auf, daß die Versammlung anfänglich ohne eine Regierung tagte, was im britischen Unterhaus undenkbar ist. Falls sich die Frankfurter Nationalversammlung, wie dies die Rechte und Teile des rechten Zentrums wünschten, auf die Rolle einer verfassunggebenden Versammlung beschränkte, ließen sich die Beziehungen zu den Landesregierungen einfach auf Verfassungsfragen beschränken. Doch die Linke und Teile des Zentrums wollten der Versammlung eine aktive Rolle zuweisen – auch wenn das einen Vorgriff auf die Verfassung mit sich bringe. Nachdem sich das Haus nun eine Ordnung gegeben hatte, mußte man diese Frage klären, die der Antrag Raveaux' zwar berührt, aber nicht gelöst hatte.

Bemerkenswerterweise enthielt die Geschäftsordnung keine Bestimmungen darüber, daß nur Abgeordnete vor dem Haus sprechen könnten und daß die Zugehörigkeit zum Parlament mit der Ausübung eines Regierungsamts unvereinbar sei. Ganz abgesehen von den Verwaltungsbeamten, Richtern, Staatsanwälten und Offizieren, die in der Nationalversammlung saßen, waren auch Gesandte und »Männer des öffentlichen Vertrauens« aus der Bundesversammlung und ebenso Staatsminister in die deutsche Nationalversammlung gewählt worden. So präsidierte Schmerling als österreichischer Gesandter der Bundesversammlung, und Welcker vertrat dort das Land Baden.[169] Die Staatsminister kamen vorwiegend aus dem Südwesten, aus Würt-

---

[167] ADB, I; Andrian-Werburg, Österreich, NDB; BSTH.
[168] ADB, XXII; Möring, Sibyllinische Bücher. Vgl. auch Wigard, I, 433; Rössler und Franz, Biographisches Wörterbuch, 592 f.
[169] Sylvester Jordan, ebenfalls Abgeordneter in Frankfurt, war zugleich Gesandter des Kurfürstentums Hessen am Sitz der Bundesversammlung. Vgl. ADB XIV; Wieber, S. Jordan; ÖBL; BSTH.

temberg (Römer, Paul Pfizer), Nassau (Hergenhahn), Hessen-Darmstadt (Jaup),[170] aber auch aus Preußen (Max von Schwerin-Putzar), Bayern (Hermann von Beisler) und Sachsen-Weimar (Wydenbrugk).[171]

In dieser Phase fiel daher denn auch keine Entscheidung zugunsten einer Gewaltentrennung oder einer hauptsächlich aus Parlamentariern gebildeten Regierung. Da die Versammlung nicht den Brennpunkt einer Regierung und damit auch keine Opposition gegen die Regierung besaß, war die Bildung parlamentarischer Gruppen selber lebenswichtig für das Funktionieren des Parlaments. Die einzelnen Abgeordneten konnten unmöglich auf eigene Faust handeln. Dies hätte die Arbeit der Versammlung verlangsamt und das anfängliche Chaos noch vergrößert. Da die politischen Gruppierungen völlig inoffiziell waren, hatte es kaum Folgen, daß sie in der Geschäftsordnung nicht erwähnt wurden. Zweifellos hatte man beim Entwurf der Bestimmungen ihre Bildung als Teil des parlamentarischen Verfahrens anerkannt. Die Parlamentsausschüsse verband die gemeinsame Aufgabe, während die politischen Gruppen durch eine bestimmte Haltung geeint waren. Dieser innere Zusammenhalt fehlte den Abteilungen. Sie erwiesen sich anfangs als nützlich: die Abgeordneten konnten sich hier kennenlernen, und die Prüfung der Beglaubigungen wurde erleichtert. Die Wahl der parlamentarischen Ausschüsse durch die Abteilungen sparte dem Plenum sicher Zeit. Doch schon während der Ausarbeitung der Geschäftsordnung im entsprechenden Ausschuß bemerkte man, daß diese Methode Schaden anrichten konnte, falls zwei Fachleute eines bestimmten Gebiets zufällig in derselben Abteilung saßen oder wenn eine Abteilung – möglicherweise aus sehr gutem Grunde – die Wahl eines ihrer Mitglieder in einen Ausschuß verhinderte, obwohl man in großen Teilen des Plenums diesen Abgeordneten für geeignet hielt. Daher gestattete die Geschäftsordnung unter bestimmten Umständen eine Abweichung vom Normalverfahren. Falls man überdies wirklich beabsichtigt hatte, den Abteilungen eine Rolle im Parlament zu überlassen, so wurde dies keineswegs durch die vierwöchentliche Neueinteilung der Abteilungsmitglieder begünstigt. Aus all diesen Gründen blieben die Abteilungen künstliche Gebilde, und man verzichtete allmählich auf ihre Verwendung. Die Konkurrenz der politischen Gruppen und der parlamentarischen Ausschüsse war zu stark für sie. Die Abgeordneten fanden einfach

---

[170] ADB XIII.
[171] ADB XLIV; Behrend-Rosenfeld, »O. v. Wydenbrugk«.

keine Zeit mehr, außer an den Plenar-, Gruppen- und Ausschußsitzungen auch noch an den Sitzungen der Abteilungen teilzunehmen. Der Verfall der Abteilungen ließ die Frage der Stärkeverteilung zwischen Plenum, Parlamentsausschüssen und politischen Gruppen offen; von ihr wird im Zusammenhang mit dem Fortschritt der Parlamentsarbeit die Rede sein.

Fand nun die Geschäftsordnung das richtige Gleichgewicht zwischen der Fähigkeit der Majorität, ihr Programm durchzusetzen, und dem Recht der Minorität auf Kritik und Verbesserungsvorschläge? Gewiß konnten sich die Abgeordneten nicht über mangelnde Gelegenheit beklagen, Fragen aufzuwerfen. Falls sie alle dieses Recht ausgenutzt hätten, wäre tatsächlich die parlamentarische Arbeit zum Stillstand gekommen; denn weder hätten die Ausschüsse die ganze Vorbereitungsarbeit bewältigen können, noch wäre dem Plenum Zeit geblieben, sämtliche Geschäfte zu erledigen. Die Geschäftsordnung begünstigte die Zusammenarbeit, indem sie, etwa in den Ausschüssen, auch kleinen Minoritäten Rechte einräumte. Bei Anträgen, für die es keinen entsprechenden Ausschuß gab, war nur die bescheidene Unterstützung durch zwanzig Abgeordnete erforderlich. Viel problematischer war die Frage, ob es einer Minderheit nicht möglich sein würde, die Arbeit der Mehrheit zu lähmen. Soweit sich die Angelegenheit durch eine Geschäftsordnung regeln ließ, bestand ein gutes Gleichgewicht, obwohl die Minorität ein wenig im Vorteil war, was jedoch in einer derartigen Versammlung zur Verhinderung einer parlamentarischen Tyrannei führte.

Man weiß aus der Geschichte des englischen Unterhauses, welche bedeutsamen Auswirkungen die rechteckige Form der Versammlungsstätte auf die Entwicklung parlamentarischer Institutionen haben kann. Die Frankfurter Paulskirche hatte man für die deutsche Nationalversammlung gewählt, da sie die größte Anzahl von Sitzen hatte. Der in den dreißiger Jahren vollendete Bau wurde rasch seiner neuen Verwendung angepaßt. Wo früher der Altar gestanden hatte, wurde der Sessel des Präsidenten aufgestellt. Orgel und Kanzel wurden durch Fahnen und nationale Embleme verdeckt. Etwas tiefer als der Tisch, an dem das Präsidium und die Schriftführer saßen, befand sich das Rednerpult, von dem aus die Abgeordneten sprachen. Das Kirchenschiff selber war so geräumig, daß sich nicht nur die rund fünfhundert Abgeordneten bequem in konzentrischen Halbkreisen um das Präsidium unterbringen ließen: Man hatte in unmittelbarer Nähe der Abgeordneten auch noch Platz für Diplomaten, Journalisten und

Zuhörer beiderlei Geschlechts. Diese Anordnung war vorteilhaft für die Journalisten, die damit leichten Zugang zu den Parlamentsmitgliedern hatten, um den sie ihre heutigen Kollegen beneiden können. Die Abgeordnetenbänke waren durch Gänge in vier Sektionen geteilt, doch wie eine erhaltene Sitzordnung zeigt,[172] nahmen die Abgeordneten nicht unbedingt den Platz in der Kammer ein, der ihrer Ideologie entsprach. Nach üblichem Verfahren hätten alle Angehörigen der Rechten rechts und alle Linken links vom Präsidenten sitzen müssen. Außerdem gab es eine große Publikumsgalerie, die zwischen fünfzehnhundert und zweitausend Zuhörer faßte.[173] Im Prinzip war es begrüßenswert, daß außer den Privilegierten im Parterre verhältnismäßig viele Bürger die Vorgänge im Parlament verfolgen konnten. Doch wie im Vorparlament störte die Galerie die Arbeit des Hauses und machte dem Präsidium ständig zu schaffen. Das gehörte zur Atmosphäre von 1848, und es fiel einer Versammlung, die ihr Entstehen indirekt einer Revolution verdankte, einigermaßen schwer, eine öffentliche Einmischung in ihre Arbeit zu verbieten. Gewiß wollte die Linke die Galerie nicht im Zaum halten, und zwar nicht nur, weil sie das Publikum als Verbündeten ansah, sondern auch deshalb, weil sie sich auf eine Repräsentationsauffassung stützte, die sich von derjenigen des rechten Zentrums unterschied. Die Gemäßigten fühlten sich als Mitglieder einer gewählten Versammlung frei, nach eigener Einsicht abzustimmen, und betrachteten sich daher nicht als Delegierte, wohingegen die Linke von den Abgeordneten verlangte, daß sie sich dem allgemeinen Volkswillen zu unterwerfen hätten. Die Unklarheit dieses Rousseauschen Begriffs erlaubte der Linken die Auslegung jenes Volkswillens selber zu unternehmen, dabei ging es aber um weit mehr als ein einfaches Verfolgen von Parteizielen. Bei anderen Gelegenheiten bestand die Linke darauf, die Abgeordneten sollten die Anweisungen ihrer Wahlkreise befolgen. Allen Forderungen der Linken nach der Abberufung bestimmter Abgeordneter, die ihren Wahlkreisen nicht mehr gefielen, widersetzten sich die Gemäßigten aufgrund der Lehre Burkes, daß die Volksvertreter keine Delegierten und daß sie für die Dauer des Parlaments gewählt seien. Auch hier ging es nicht nur um Eigeninteresse. Natürlich standen all diese Bestrebungen im Zusammenhang mit einer gemäßigten politischen Einstellung des Parlaments, gegen die lautstarken radikalen Gruppen im

---

[172] Bundesarchiv.
[173] G. Beseler, *Erlebtes*, 59; Laube, *Das erste Parlament*, I, 38; Raumer, *Briefe, I*, 275 (Brief vom August 1848).

ganzen Land, die ihre Anhängerschaft ernstlich und beträchtlich überschätzten und die kein besseres Mittel um ihre Stellung zu stärken wußten als Neuwahlen in möglichst vielen Kreisen. Der Linken bedeutete ihre Gefolgschaft auf der Galerie eine sehr notwendige und völlig passende Gelegenheit, das Parlament auf die Stimmung draußen aufmerksam zu machen. Nach Ansicht der Gemäßigten dagegen besaßen die Besucher der Galerie das uneingeschränkte Recht zuzuhören, aber hatten kein Recht, wie es in England Sitte war, sich selber in der Kammer Gehör zu verschaffen. In den revolutionären französischen Versammlungen nach 1789 nahm man gegenüber den Nichtmitgliedern eine weniger strenge Haltung ein. Obwohl die Situation in Berlin schlimmer war, terrorisierte in Frankfurt die Galerie die Abgeordneten in gewissem Maße. Die andere, weniger anfechtbare Methode der Linken, die Volksvertreter der öffentlichen Meinung zu unterwerfen, war die Forderung nach namentlicher Abstimmung. Dies veränderte nach Ansicht einiger Beobachter die Abstimmungsergebnisse.

Im Hinblick auf parlamentarische Zusammenkünfte bildete das Fehlen von Ausschußzimmern einen wenig umstrittenen Mangel der Paulskirche. Für Ausschuß- und Gruppensitzungen mußte man ebenso das Haus verlassen wie zur Erfrischung, und man kehrte häufig nicht so schnell zurück, wie man sollte. Dadurch wurde viel Zeit verloren, und man konnte, wie es auch zuweilen geschah, die Abwesenheit von Abgeordneten nutzen, um eine Blitzabstimmung zu erzwingen. Die Gasthäuser boten vielleicht nicht die besten Versammlungsstätten für die parlamentarischen Gruppen, und einige Abgeordnete nutzten die nichtpolitischen Attraktionen der Stadt in mehr als einem Sinn aus. Im ganzen freilich arbeiteten die Parlamentsmitglieder sehr intensiv. Nach den Plenarsitzungen, die möglicherweise von 10 bis 14 Uhr oder auch, mit einer zweistündigen Pause am frühen Nachmittag, bis 19 Uhr dauerten, nahmen pflichteifrige Abgeordnete oft bis spät in die Nacht an Ausschuß- und Gruppensitzungen teil, wobei sie manchmal auch mehrere Klubs besuchten, um sich verschiedene Meinungen anzuhören. Und da diese Klubs, trotz einer gewissen Formlosigkeit in einigen, eine Art parlamentarisches Verfahren anwandten, kamen die Abgeordneten nach Verlassen des Plenums in eine kaum veränderte Umgebung.

Der offizielle wie der inoffizielle parlamentarische Apparat sah sich im Juni mit der Einrichtung einer »Provisorischen Centralgewalt« auf die Probe gestellt.

V. DIE PROVISORISCHE ZENTRALGEWALT UND DER REICHSVERWESER

1. DER SLAWENKONGRESS — SCHLESWIG-HOLSTEIN

Nachdem die Versammlung ihre Organisationsprobleme erledigt hatte, konnte sie sich von Ende Mai an ernstlich den Aufgaben zuwenden, für die sie gewählt worden war. Die Uneinigkeit über die genauen Funktionen des Parlaments, die in den Debatten über die von Zitz und Raveaux eingebrachten Anträge deutlich zutage getreten war, mußte sich auch auf die weitere Arbeit auswirken. Zahlreiche gemäßigte Abgeordnete wären sehr glücklich gewesen, wenn sich die Versammlung darauf beschränkt hätte, eine Verfassung zu entwerfen. Es wurde jedoch allmählich klarer, daß sich dies lange hinziehen würde. Abgesehen von aller Ideologie erhob sich so die praktische Frage, ob das Parlament es sich leisten konnte, in der Zwischenzeit nicht auf die innen- und außenpolitischen Entwicklungen einzugehen. Der Auftrieb, den die Entwicklung durch die Februar- und Märzrevolutionen erhalten hatte, war gewiß noch nicht zum Stillstand gekommen. Und so unterschiedlich die einzelnen parlamentarischen Gruppen Vorgänge wie die Wiener Maiaufstände und die diplomatische Behandlung der Schleswig-Holstein-Frage durch die preußische Regierung auslegen mochten: über ihre Bedeutung für die Verfassungsfragen, mit denen sich die Frankfurter Nationalversammlung zu befassen hatte, waren sie sich einig.

Besonders betrafen die Ereignisse von 1848 das habsburgische Kaiserreich, weil sowohl Verfassungs- wie Nationalitätsprobleme – die in gewissem Maß zusammenhingen – in diesem Jahr akut wurden. Zur Komplikation des Ganzen trug noch der Umstand bei, daß die Territorial- und Volkstumsgrenzen innerhalb des Habsburgerreichs nicht übereinstimmten. Ende Mai und im Juni war die Lage sehr verworren. Das Königreich Ungarn, das hauptsächlich den östlichen Teil der Monarchie bildete und das außer von Magyaren noch von vielen anderen Volksgruppen bewohnt war, hatte in wachsendem Maß

Autonomie gewonnen, und zuweilen stand sogar die dauernde ungarische Zugehörigkeit zum Habsburgerreich in Frage.[1] Angesichts der zahlreichen anderen akuten Probleme, die sich dem Kaiserhaus und der österreichischen Regierung stellten, mußte man Ungarn im Augenblick sich selber überlassen. Es gab noch dringendere und aktuellere Angelegenheiten, wie den Aufstand der italienischen Provinzen und den Krieg mit Sardinien. Die Situation in Norditalien sah für Österreich bedrohlich aus, bis Radetzky gerade vor Mitte Juni Vicenza eroberte, doch bis zum Sieg war noch ein weiter Weg. Nicht einmal in den österreichischen Erblanden herrschte Friede, da außer den Volksgruppen — und oft mit ihnen gemeinsam auch die politisch Radikalen — Forderungen gegenüber den kaiserlichen Behörden erhoben. Einen Tag nach dem Wiener Aufstand vom 15. Mai flohen Kaiser und Hof nach Innsbruck, der Hauptstadt des loyalen Tirol. Die Regierung unter Pillersdorf blieb in einer wenig beneidenswerten Lage in Wien zurück, ohne vorher über die Abreise des österreichischen Hofes informiert zu werden. Die Minister standen den zunehmend hemmungslosen Elementen in der Stadt, die am 26. Mai einen zweiten Putsch unternahmen, machtlos gegenüber. Die Abreise des Hofes bedeutete einen Schlag für Wien, das durch die Anwesenheit der kaiserlichen Familie an Ansehen gewann und wirtschaftlich profitierte. Es ließ sich als Hauptstadt leichter ersetzen als Paris. Zahlreiche Regionalzentren waren nur zu froh, dem Kaiser eine Residenz zu bieten. Der Hof war nicht in dem Maße der Gnade der deutschen und Wiener Radikalen ausgeliefert, wie diese meinten. Und in der Tat bekamen die Bürger der österreichischen Hauptstadt durch den Empfang, den Innsbruck dem Kaiser bereitete, unangenehm zu spüren, daß sie in politischer Hinsicht keineswegs den westlichen Teil der Monarchie oder auch nur die deutsche Bevölkerung respräsentierten. Eben zu der Zeit, als die hauptsächlich deutschstämmigen Wiener Radikalen die Monarchie unter Druck setzten, traf in Innsbruck eine tschechische Ergebenheitsadresse an die Habsburger ein. Auf die Dauer gesehen, beeinflußten die Wiener Extremisten wohl mehr das Ergebnis nationaler als ideologischer Fragen, da sie die kaiserliche Familie veranlaßten, die Beziehungen der Monarchie zu den Deutschen neu zu überdenken. Da zahlreiche Deutsche in Wien im radikalen Lager standen, die Italiener offen rebellierten und die Magyaren auch keine zuverlässigen Untertanen waren, verdiente die

[1] Über den Empfang ungarischer Abgesandter durch die Frankfurter Nationalversammlung, vgl. S. 256.

Möglichkeit, sich mehr auf die Slawen zu stützen, ernstliche Beachtung. All diese Dinge hatten ein heikles Stadium erreicht, als am 2. Juni in Prag der Slawenkongreß zu tagen begann.[2]

Ein Versuch der Slawen, ihre Position zu stärken, war ganz natürlich zu einer Zeit, in der die Deutschen die Tschechen, Slowenen und Polen aufriefen, Vertreter in die Frankfurter Nationalversammlung zu wählen, und die Magyaren sich die Autorität über Slowaken, Kroaten und Serben zu sichern suchten. Es bereitete allerdings große Schwierigkeiten, den über drei Reiche verstreuten Slawen einen Zusammenhalt zu geben. Die Nationalitätenfrage erweckte in ihnen große Hoffnungen, aber auch Befürchtungen. Die Polen wünschten die Neugründung eines polnischen Staates, weigerten sich aber, die Ansprüche anderer slawischer Rassen, wie der Ruthenen, anzuerkennen, die früher ihre Untertanen gewesen waren. Die unterschiedlichen historischen Erfahrungen der einzelnen slawischen Völker mußten sich auf ihre Einstellung zur europäischen Ordnung auswirken und damit auch ihre ideologischen Anschauungen beeinflussen. Während die Polen auf drei Staaten aufgeteilt waren, blieben die Tschechen zusammen, auch wenn das Königreich Böhmen mit den übrigen Territorien des Hauses Habsburg verschmolzen war. Die Tschechen, die unter allen Slawen im Frühjahr und Sommer 1848 deutschem Druck am meisten ausgesetzt waren, begrüßten die Unterstützung durch ihre slawischen Brüder gegen die Deutschen. Doch die meisten Tschechen, und sicher der gemäßigte Palacky, wollten sich nicht mit dem revolutionären Komplottieren identifizieren, das in den vergangenen Jahren den Polen fast zur zweiten Natur geworden war. Sie waren einigermaßen zufrieden im Rahmen der bestehenden politischen Ordnung zu arbeiten, was für die Polen unmöglich war. Die meisten Tschechen wollten einen Zusammenstoß mit den Behörden in Prag und Wien vermeiden. Der örtliche Statthalter und die österreichischen Minister konnten gute Verbündete sein und waren es auch häufig. Die österreichischen Behörden und die Tschechen hatten eine gewisse Interessengemeinschaft, so etwa in ihrer negativen Einstellung gegenüber einer österreichischen Vertretung in der Frankfurter Nationalversammlung.

Da sie als Gastgeber des Slawenkongresses fungierten, konnten die Tschechen die Dinge eine Zeitlang unter Kontrolle halten. Am 1. Mai

[2] Springer, *Geschichte Österreichs*, II, 329 ff.; Kohn, *Pan-Slavism*, 61 ff.; Namier, *1848: Revolution*, 102 ff.; Münch, *Böhmische Tragödie*, 190 ff.; Erickson, *Panslavism*, 16 ff.

erließen die Organisatoren des Kongresses einen ziemlich aggressiven Aufruf an alle Slawen, sich zu einigen, und protestierten nebenbei gegen die Abhaltung von Wahlen zur Frankfurter Nationalversammlung im habsburgischen Kaiserreich. Um die Nicht-Slawen zu beruhigen, veröffentlichten die Tschechen am 5. Mai ein Manifest, in dem sie dem Habsburgerreich ihre Loyalität bekundeten. Gewiß hätten die österreichischen Machthaber zu keinem anderen Zeitpunkt die Publikation eines politischen Programms geduldet, das – wenn es überhaupt etwas zu bedeuten hatte – die österreichische Herrschaft über Galizien in Frage stellen mußte. Den vorsichtigen Tschechen gelang es, die vollberechtigte Teilnahme am Kongreß auf habsburgische Untertanen zu beschränken, doch während des Kongresses selber wurde die Trennwand zwischen Vollmitgliedern und Beobachtern, die nicht aus der Monarchie kamen, so dünn, daß sie alle Bedeutung verlor. Zwei überzeugte Revolutionäre, der Russe Bakunin und der polnische Philosoph Libelt aus Posen – ein preußischer Untertan – beherrschten die Versammlung. Trotz all seiner Proteste gegen die deutsche Nationalversammlung löste Libelt[3] später den Theologieprofessor Janiszewsky,[4] der auch am Kongreß teilnahm, als Vertreter eines polnisch besiedelten Posener Wahlkreises[5] in der Frankfurter Nationalversammlung ab.

Bald nach seiner Eröffnung am 2. Juni verbiß sich der Kongreß in das vom Organisationsausschuß vorgelegte offizielle Programm. Einer der Hauptpunkte war der Vorschlag einer slawischen Union innerhalb des Habsburgerreiches – ein nicht zulänglich erklärtes, undeutliches Konzept. Libelt, dem es gelang den Vorsitz in einer der drei ethnischen Sektionen[6] des Kongresses zu erringen, schlug einen Aufruf an die europäischen Nationen vor, der typisch war für die auf der Volkssouveränität beruhenden sonderbare Mischung aus Weltbürgertum und Nationalismus, die in republikanischen Kreisen von 1848 große Mode war. In dem Aufruf geißelten sie andere Rassen mit Worten, weil sie die Slawen ihrer Freiheit beraubt hätten. Sie forderten die deutschen Regierungen auf, die Rechte der Slawen und die slawische Kultur in Schlesien, Posen, Ost- und Westpreußen und der Lausitz zu respektieren. Man solle einen allgemeinen europäischen

[3] Niebour, »Vertreter der Provinz Posen«, 70 f.; Polnische Archive.
[4] Niebour, »Vertreter der Provinz Posen«, 68 f.; Mollat, *Reden und Redner,* 741; polnische Archive.
[5] Buck und Samter.
[6] Der polnisch-ruthenischen Sektion. Die beiden anderen waren die tschechoslowakische und die jugoslawische.

194

Kongreß im Namen von Freiheit, Gleichheit und Brüderlichkeit aller europäischen Nationen einberufen. Ehe die Konferenz weitere Beschlüsse fassen konnte, brachte sie der Prager Aufstand vom 12. Juni plötzlich zum Stillstand. Obwohl der Kongreß mit der Erregung, die er auslöste, den Hintergrund für den Aufstand abgab, gibt es keinen Beleg dafür, daß seine Teilnehmer die Unruhen in Gang gebracht hätten. Verständlicherweise nahm man damals, vor allem in Deutschland, häufig einen Zusammenhang zwischen den beiden Ereignissen an. In Wirklichkeit waren zumindest die gemäßigten Delegierten über die schreckliche Wendung des Geschehens entsetzt. Ein abruptes Ende ihrer Beratungen war wohl das Letzte, was sich die Organisatoren der Konferenz wünschten. Eine verhältnismäßig geringe Unruhe, ausgelöst durch tschechische Studenten, wurde durch die ungeschickte oder absichtliche Reaktion des Oberkommandierenden, Fürst Windischgrätz, zum Vorspiel der Belagerung Prags und seiner Wiedereroberung durch reguläre Truppen. So fielen Radetzkys Siege über eine feindliche Armee mit der Niederwerfung eines inneren Aufstands durch Windischgrätz zusammen. Drei Monate nach der Wiener Märzrevolution, die Metternich gestürzt hatte, war offenbar endlich eine Waffe zum Schutz der Monarchie gegen ihre äußeren und inneren Feinde gefunden worden. Windischgrätz beurteilte den Prager Konflikt richtig als eine vorwiegend ideologische Auseinandersetzung zwischen einer radikalen Jugend und den Behütern von Recht und Ordnung. Es war kein Rassenkampf, obwohl anderswo viele Deutsche ihn dafür hielten.

Viele dieser Vorgänge im Habsburgerreich, und vor allem die wachsende Aktivität der Slawen, bereiteten in Frankfurt Sorge und trugen sicher dazu bei, die Forderung nach einer provisorischen Zentralgewalt zu bestärken. In den einzelnen Gruppen der Nationalversammlung herrschten unterschiedliche Auffassungen über Wert und Unwert der Wiener Aufstände vom 15. und 26. Mai. Zahlreiche gemäßigte Abgeordnete schrieben die Schuld an den Schwierigkeiten der habsburgischen Monarchie einem sinnlosen Radikalismus zu.

Gleicherweise konnten sich die Radikalen und die Gemäßigten in der Frankfurter Nationalversammlung in ihrem Urteil über die augenblicklichen Entwicklungen in Preußen nicht einigen. Die Radikalen begrüßten die Nachricht über die Berliner Unruhen vom 15. Juni, bei denen das Zeughaus gestürmt wurde. Den Gemäßigten in Frankfurt war hingegen die mangelnde Stabilität in Preußen, das wohl den Schlüssel zur deutschen Einigung in Händen hielt, Anlaß zu ernsten

Befürchtungen. Es handelte sich dabei nicht nur um die etwaige Hilfe, die Preußen in Zukunft leisten konnte, denn die Hauptlast des Kriegs in Schleswig-Holstein trugen tatsächlich bereits preußische Soldaten. Wie sich in der Mainz-Debatte gezeigt hatte,[7] wies die radikale Position insofern eine Folgewidrigkeit auf, als die Linke alles tat, um Preußen zu schwächen, und sich zugleich darauf verließ, daß die Hohenzollern-Monarchie im schleswig-holsteinischen Konflikt die heißen Kastanien aus dem Feuer holte.

Sogar unter den gemäßigten, Preußen nicht feindlich gesinnten Parlamentsmitgliedern gab es Kritik an der militärischen und diplomatischen Behandlung der Schleswig-Holstein-Frage[8] durch die preußische Regierung. Allgemein gesprochen, herrschte der Eindruck, dieses Problem sei für ganz Deutschland von so überragender Bedeutung, daß man es nicht einem einzelnen Staat, auch nicht einem der beiden größten, allein überlassen könne. Man jubelte in Frankfurt über den Einmarsch deutscher – hauptsächlich preußischer, aber auch einiger hannoveranischer und anderer – Truppen in Jütland, in das eigentliche Dänemark, am 2. Mai. Bald erhob sich Besorgnis, als sich der Kommandierende preußische General Wrangel am 25. Mai in die Elbe-Herzogtümer zurückzog und sogar zeitweilig Nordschleswig dänischen Truppen überließ. Die Zweifel an der Entschlossenheit der preußischen Regierung, den Krieg nachdrücklich zu führen, wurden durch Meldungen über Waffenstillstandsverhandlungen mit der dänischen Regierung bestärkt. Diese begannen ernstlich mit Hilfe der schwedischen Regierung Ende Juni in Malmö, und bis zum Abschluß eines Waffenstillstands herrschte praktisch Waffenruhe.

Bei ruhiger Überlegung fanden sich genügend innere und äußere Gründe für den Wunsch der preußischen Regierung, die Feindseligkeiten mit Dänemark zu beenden. Preußen konnte zu Recht den Eindruck haben, daß es vom übrigen Deutschland nicht ausreichend unterstützt wurde. Die dänische Blockade der Nord- und Ostsee fügte Norddeutschland, und damit nicht zuletzt den Elbe-Herzogtümern, großen wirtschaftlichen Schaden zu, doch über Gegenmaßnahmen bestand keine Einigkeit. Nun erhob sich in Deutschland die laute Forderung nach der Gründung einer Flotte. Eine Flut von Schenkungen, die regelmäßig in den Parlamentsberichten erwähnt wurden, bestätigte die wirkliche Begeisterung in dieser Sache. Doch eine Flotte

---

[7] Vgl. S. 121 ff.
[8] Für eine kurze Zusammenfassung des Problems Schleswig-Holsteins, vgl. Eyck, *Prinzgemahl Albert*.

ließ sich nicht über Nacht aufbauen. Praktisch half die Propaganda für eine deutsche Flotte der preußischen Regierung recht wenig. Weit mehr fiel die Weigerung der übrigen norddeutschen Staaten, sich für den Krieg voll einzusetzen, ins Gewicht. Bei der Opposition der Großmächte gegen die deutschen Dänemarkpläne war eine starke volkstümliche Unterstützung in Deutschland um so wichtiger. Die preußische Regierung riskierte ihre Entfremdung von zwei Staaten, die oft in verschiedenen Lagern standen: Rußland und Großbritannien. In der Frankfurter Nationalversammlung herrschte weithin das Empfinden, Preußen strenge sich nicht genug an und die Versammlung müsse direkt oder indirekt eine aktivere Rolle in der Schleswig-Holstein-Frage übernehmen.[9]

Noch einen anderen Aspekt der preußischen Politik beobachtete man in Frankfurt sorgfältig. Unter dem Druck der deutschen Nationalbewegung hatte die preußische Regierung die Bundesversammlung aufgefordert, einen Teil der Provinz Posen in den Deutschen Bund einzugliedern.[10] Das hatte die polnische Bevölkerung natürlich übel aufgenommen. Es gab nun dauernde Unruhen in dieser Provinz, und die preußische Regierung schwankte zwischen einer Politik der Versöhnlichkeit und der Unterdrückung. Während zahlreiche Deutsche das Ergebnis des Schleswig-Holstein-Konflikts als entscheidende Frage der Nationalbewegung ansahen, betrachtete man im Ausland die Haltung der Deutschen den Polen gegenüber als Testfall der deutschen Aufrichtigkeit gegenüber anderen Nationalitäten.[11]

Bei all diesen inneren und äußeren Spannungen gab es sowohl Argumente für als gegen eine Konzentration der Nationalversammlung auf den Verfassungsentwurf. Einerseits konnte sie ihre allgemein akzeptierte Aufgabe am raschesten erfüllen, wenn sie ihre Aufmerksamkeit allein darauf richtete. Andererseits fiel es dem Parlament nicht leicht, sich von den in- und ausländischen Vorgängen zu isolieren. Der Wert von Verfassungsvorschlägen hing in vielen Fällen vom Ausgang der Entwicklungen — im habsburgischen Kaiserreich, in Preußen, in Schleswig-Holstein — ab, die noch nicht zum Abschluß gekommen waren. Zumindest mußte sich das Parlament über diese Ereignisse eine vernünftige Meinung bilden. Einige Abgeordnete gingen noch weiter. Sie traten dafür ein, daß die Versammlung nicht un-

[9] Über die Ereignisse, die zum Waffenstillstand von Malmö führten, vgl. S. 288 ff.
[10] Vgl. S. 50.
[11] Die wechselnde Einstellung von Gruppen der Frankfurter Nationalversammlung zu den Polen wird analysiert auf S. 269 ff.

tätig beiseite stehen solle, während andere die Angelegenheiten erledigten, die die Zukunft Deutschlands wesentlich beeinflußten. In der Tat spielte sich 1848 alles so rasch ab, daß sich schon binnen sechs Monaten – und die Verfassung konnte kaum früher fertig sein – die Situation zuungunsten Deutschlands und der Parlamentsarbeit verändert haben konnte. Zahlreiche Abgeordnete waren der Ansicht, das Ansehen der Regierungen sei so sehr erschüttert, daß weder die Einzelstaaten noch die Bundesversammlung stark genug seien, um mit den inneren und äußeren Problemen fertig zu werden. Während die Gemäßigten die Regierungen stärken wollten, um die Anarchie auszurotten und künftige Revolutionsversuche zu verhindern, hielten einige Abgeordnete der Linken den gelegentlichen Bau von Barrikaden für nötig, um Fürsten und andere »Reaktionäre« zur Räson zu bringen. Doch Deutschland konnte keinen Einfluß im Ausland gewinnen, solange seine eigenen innenpolitischen Probleme nicht in der einen oder der anderen Weise gelöst waren.

Nach dem 23. Mai kamen aus fast allen Gruppen der Nationalversammlung Anträge auf Errichtung einer Zentralgewalt. Das veranlaßte den Ausschuß für Priorität und Petitionen zur Empfehlung an das Haus, diesem Thema Vorrang einzuräumen und den entsprechenden Antrag Ludwig Simons zuerst zu erörtern.[12] Simon hatte die Wahl eines Fünfzehner-Ausschusses vorgeschlagen, der sämtliche Anträge auf die provisorische Errichtung einer Zentralgewalt prüfen sollte.[13]

Ludwig Simon, nicht zu verwechseln mit dem anderen prominenten Abgeordneten Heinrich Simon, hatte fast ein Jahrzehnt als Rechtsanwalt in Trier praktiziert. Er stammte aus dieser Stadt, die ihn in die Nationalversammlung wählte. Als Demokrat, Republikaner und vielleicht sogar Anarchist bekannte er sich offen zur extremen Linken und war ein unerbittlicher Verfechter der Lehre von der Volkssouveränität. Auf der Linken war er wohl der einzige bedeutende Redner neben Blum, nach Meinung mancher sogar noch bedeutender. Bamberger, der ihn gut kannte und schätzte, erwähnt seine angenehme Erscheinung, kritisiert aber den engen Horizont seines Wissens und seiner Bildung. In dieser Hinsicht war er also ganz untypisch für die Linke der Frankfurter Nationalversammlung, die sich rühmen konnte, unter ihren Führern viele hochgebildete Persönlichkeiten zu haben: Parlamentarier, die zu ihren drastischen Vorstellungen über notwendige Reformen des politischen Systems durch umfassende Gelehrsamkeit gelangt waren. Wenn Bamberger recht hat, beruhten Simons etwas simple politische Überzeugungen eher auf Dialektik als auf großen Erfahrungen und Kenntnissen.[14]

Am 3. Juni sprach Simon zu seinem Antrag.[15] Dadurch, daß er seinen Vorschlägen eine typisch radikale Linkswendung gab, wurde seine Rede in vieler Hinsicht zum Grundthema für die anschließenden langen Debatten. Obwohl sein Antrag den neutralen Begriff »Zentralgewalt« verwandte, sprach Simon sofort von der Notwendigkeit, einen »Vollziehungsausschuß« zu bilden. Das Modell dafür war der von der Pariser Kommune 1792 eingesetzte Vollziehungsaus-

---

[12] I, 198 f. [13] I, 199.
[14] Bamberger, *Erinnerungen*, 94 ff.; ADB XXXIV; Ludwig Simons — für diese Periode ziemlich enttäuschende — Memoiren *Aus dem Exil*, 2 Bde., 1855; Laube, *Das erste Parlament*, I, 291 ff.
[15] I, 199.

schuß. Die Bezeichnung, die Simon in voller Absicht verwandte, war, bei allen historischen Assoziationen, in sich reichlich ungenau und verursachte in der Debatte zusätzliche Schwierigkeiten. Ein Vollziehungsausschuß konnte mehr oder weniger als eine provisorische Regierung, wie sie einige Gemäßigte im Sinn hatten, sein. Simon begründete die Notwendigkeit einer zentralen Autorität zuerst mit innenpolitischen Argumenten: Man brauche vielleicht die Exekutivgewalt gegen die Anarchie, möglicherweise aber auch gegen die »alte Ordnung«, die sich der neuen nicht zu fügen wisse. Für einen Redner der extremen Linken war der erste Teil des Satzes beachtlich, doch er war vielleicht nur eine Geste. Der zweite Grund für die Notwendigkeit einer Zentralgewalt sei die außenpolitische Situation Deutschlands. Simon forderte »kräftiges Handeln« in bezug auf Italien, Polen, Böhmen und Mähren, und zwar in dem Sinne, wie die »braven Tiroler« kürzlich den Bürgern Prags erwidert hätten. Vermutlich bezog sich das auf die Ablehnung des Aufrufs eines böhmischen Abgesandten zu gemeinsamen Bemühungen zur brüderlichen Kräftigung eines unabhängigen Österreichs. Die Tiroler antworteten den Tschechen, sie sähen diesen Vorschlag einfach als einen Versuch an, die deutschen Stämme einander zu entfremden: ihre eigene Zukunft läge in Deutschland. Falls die Tschechen nicht für Deutschland seien, müsse man sie als Feinde aller Deutschen, einschließlich der Tiroler, betrachten.[16] Simon erklärte außerdem, das Fehlen einer entsprechenden deutschen Zentralgewalt beeinträchtige die Kriegsanstrengungen des Landes in Schleswig-Holstein. Man brauche eine kräftigere Führung, damit die Länder ihrer Verpflichtung nachkämen und ihr Militärsoll erfüllten. Sämtliche separatistischen Tendenzen, die in Deutschland zutage träten, ließen sich durch eine Zentralbehörde in Schach halten. Und man könne dann tatsächlich jedem Widerstand gegen den Willen der Nationalversammlung mit Kraft und Entschiedenheit begegnen.

Man spürt, wie für Simon gegen Ende der Rede die Mäßigung zu viel wurde. Die stillschweigend miteinbegriffene Drohung gegen die Länderregierungen konnte bei vielen Gruppen des Parlaments kaum Gegenliebe finden. Ganz absichtlich fiel kein Wort über die Bundesversammlung. Sie hatte nach Auffassung der Linken zu verschwinden.

Die kurze anschließende Debatte zeigte, daß man die Notwendigkeit irgendeiner Zentralgewalt weithin einsah. Die Diskussion ging um die technische Frage, ob ein neuer oder ein schon bestehender Ausschuß

---

[16] *Gegenwart*, IV, 99.

die Frage prüfen solle. Wie ein Sprecher des Prioritätsausschusses zu Recht betonte, hatte der Verfassungsausschuß[17] mit dem Entwurf einer Verfassung bereits genug zu tun. Die Überweisung eines zusätzlichen Problems an diesen Ausschuß könnte nur die Fertigstellung der Verfassung wie auch die Einrichtung einer Zentralgewalt verzögern. Eine deutliche Mehrheit des Hauses stimmte für die Einsetzung eines Sonderausschusses.[18]

Zwölf der von den Abteilungen gewählten fünfzehn Mitglieder[19] dieses Ausschusses gehörten zum Zentrum – acht von ihnen sollten sich später dem rechten Zentrum (Casino) anschließen, drei standen in Verbindung mit dem linken Zentrum (Württemberger Hof), und einer ist schwer genau einzuordnen; zwei standen eindeutig links, einer rechts. Da die Wahlen am 4. Juni stattfanden, als sich das rechte Zentrum noch nicht eigentlich konstituiert hatte, war die Trennungslinie innerhalb der Mitte nicht so deutlich wie später, und die Wahl erfolgte nicht genau nach Parteizugehörigkeit. Das rechte Zentrum war, hauptsächlich auf Kosten des linken Zentrums und etwas weniger auch der Linken, vermutlich zu stark vertreten.

Die geographische Aufgliederung des Ausschusses war ziemlich ungleichmäßig. Fünf Mitglieder kamen aus preußischen Wahlkreisen und nur zwei aus Österreich – ein Zeichen für die geringe Beteiligung der Österreicher an den in Frankfurt auf dem Spiel stehenden Dingen. Wichtiger war die dürftige Repräsentation der mittleren Staaten. Zwei Abgeordnete vertraten Bayern, zwei Sachsen (beide aus der Linken), niemand dagegen Hannover, Württemberg und Baden. Die übrigen Ausschußmitglieder kamen aus den kleineren Ländern. Die Mehrheit des Ausschusses bestand aus Protestanten, vier waren Katholiken.

Der Ausschuß hatte Gewicht und verfügte über reiche administrative, juristische und akademische Erfahrung. Sein überragender Mann war Dahlmann, einer der Göttinger Sieben[20], ein überlegener Verfassungsexperte, der für die mißglückten Organisationsvorschläge der siebzehn »Männer des öffentlichen Vertrauens« für die Zukunft Deutschlands hauptsächlich verantwortlich gewesen war. Er wurde zum Berichterstatter ernannt. Da seine Geduld durch das Mißlingen seines früheren Plans wohl gelitten hatte, war seine Wahl nicht ganz glücklich. Die Debatte über den Bericht des Ausschusses[21] begann am 19. Juni. Der Ausschuß hatte sich nicht einigen können, und man unternahm keinen Versuch, die grundsätzliche Spaltung zwischen de-

---

[17] Vgl. S. 206 ff. [18] I, 201. [19] I, 218. [20] Vgl. S. 41. [21] I, 356 ff.

nen, die eine völlige Neuerung wünschten, und den anderen, die bestehende Institutionen den augenblicklichen Erfordernissen anpassen wollten, zu verbergen. Die ersteren schreckten nicht vor den Risiken zurück, die sie durch einen Vorstoß ins Unbekannte eingingen. Sie hielten die Fundamente der politischen und sozialen Ordnung für so verfallen, daß man eine restlos neue Basis suchen mußte. Die linksstehende Minderheit des Ausschusses bildeten die beiden sächsischen Radikalen Robert Blum und Wilhelm von Trützschler, ein Dresdner Richter. Beide schlugen einen ständig extremer werdenden Kurs ein und zahlten teuer für ihren Wagemut. Blum und Trützschler sahen in der Nationalversammlung die einzige Quelle politischer Macht und forderten daher einen Vollziehungsausschuß, der ausschließlich vom Parlament zu ernennen und gebunden sein sollte, dessen Entscheidungen zu vollstrecken. Diese Vorschläge ignorierten ganz bewußt die Rechte der Länderregierungen und der Bundesversammlung. Sie hätten zur Regierung durch einen Parlamentsausschuß geführt, und nach Meinung der Mehrheit im Prüfungsausschuß wäre damit der Weg zu einer Republik frei gewesen. Da die gemäßigten Ausschußmitglieder meinten, ein Großteil der Bevölkerung hänge an der Monarchie, sahen sie in den Empfehlungen der Linken die ernste Gefahr von Bürgerkrieg und Anarchie. Der Ausschuß lehnte mit dreizehn gegen zwei Stimmen die Vorschläge Blums und Trützschlers ab.

Es war für die Ausschußmehrheit leichter, eine Lösung abzulehnen, als eine andere vorzuschlagen. Das Gremium prüfte die Möglichkeiten, die Bundesversammlung durch eine neue und stärkere Zentralbehörde zu ergänzen, kam jedoch zu dem Schluß, daß die einzige Methode, dies zu erreichen, darin bestünde, entweder die Bundesversammlung von allen dringenden Geschäften zu entlasten oder die Gesandten zu bevollmächtigen, ohne Instruktion ihrer Regierungen abzustimmen; damit wäre aber diese Institution zu einem Schatten ihrer selbst gemacht worden. Infolgedessen fand der Ausschuß in seinem System keinen Platz für die Bundesversammlung. Die Mehrheit sah den einzigen Ausweg in der Einrichtung eines Direktoriums, das provisorisch für die allgemeine Sicherheit Deutschlands verantwortlich sein sollte, wobei die Länderregierungen ihre meisten Vorrechte behalten sollten. Im Hinblick auf die österreichisch-preußische Rivalität und auf die Existenz des »Dritten Deutschland« lehnte der Ausschuß die attraktive Lösung eines einzelnen Direktors zugunsten von dreien ab. Diese Direktoren sollten von den deutschen Regierungen vorgeschlagen und von ihnen ernannt werden, nachdem die Nationalversammlung durch einfache Abstimmung ohne Diskussion die Namen gebilligt hatte. Das Direktorium wiederum würde Minister ernennen, die der Nationalversammlung verantwortlich sein sollten und sowohl Angelegenheiten von Krieg und Frieden zu regeln als auch in Übereinstimmung mit dem Parlament Verträge mit fremden Mächten zu schließen hätten. Der Entwurf einer Verfassung sollte aus den Funktionen des Direktoriums, das nach der Verfassungsannahme zu existieren aufhören sollte, ausgeschlossen bleiben. Niemand sollte zugleich dem Direktorium und der Nationalversammlung angehören können.

Diese Vorschläge wurden von elf Ausschußmitgliedern unterstützt. Die beiden Linksradikalen lehnten sie kurzerhand ab. Lindenau vom linken Zentrum regte ein gemischtes System an, bei dem ein Siebener-Direktorium teils durch die Staatsregierungen und teils durch die Nationalversammlung ernannt werden sollte. Der einzige Abgeordnete der Rechten im Ausschuß, Flottwell[22], befürwortete die Mehrheitsauffassung über die Ernennung eines Dreier-Direktoriums, hatte aber hinsichtlich der übrigen Empfehlungen gewisse Vorbehalte.

Die Ausschußmajorität besaß gewichtige Gründe für die Ansicht, daß die meisten ihrer Mitbürger an monarchistischen Institutionen hingen. Einige Sprecher der Linken bestritten in den folgenden Debatten, daß die Minderheitsempfehlungen eine republikanische Regierungsform voraussetzten. Doch die Beibehaltung der Monarchie neben einer allmächtigen einzigen Kammer war damals für die Monarchen wie für die öffentliche Meinung gleichermaßen unvorstellbar. Es ist zu bezweifeln, ob jene Erklärung der Linken buchstäblich verstanden werden darf. Auch bot der bedingungslose Zentralismus der Linken, der sich vorwiegend auf das Prestige der Nationalversammlung und die Unterstützung durch die öffentliche Meinung berief und im Notfall sogar auf revolutionäre Gewalt stützte, keine konstruktive Lösung für die verwickelten Probleme Deutschlands.

Die gemäßigten Ausschußmitglieder nahmen völlig zu Recht die Länder — zumindest die größeren — und ihre Regierungen sehr ernst, wenn sie nach einer föderalistischen Lösung der Frage im Rahmen der Monarchie suchten, was freilich zu einer weiteren Komplikation führen mußte. Denn wenn die einzelnen Herrscher weiterhin mehr sein sollten als Aushängeschilder ihrer gewählten Kammern, bedurfte ein föderalistisches System eines Organs, das gleicherweise die Ansichten

---

[22] Höherer preußischer Beamter und ehemaliger Finanzminister. ADB VIII; Laubert, *E. Flottwell;* BSTH; NDB.

der Fürsten wie der Staatsregierungen widerspiegelte. Nicht zufällig war das föderalistische System bisher nur in Republiken wie den Vereinigten Staaten von Amerika und der Schweiz eingeführt. Man stimmte allgemein darin überein, daß eine lockere Föderation — wie der Deutsche Bund, dem die Fürsten ohne allzu große Schwierigkeiten hatten beitreten können — nicht mehr ausreiche und daß man den Charakter der Bundesversammlung, falls sie bliebe, entschieden ändern müsse, um sie mit dem Konzept eines Bundesstaates in Einklang zu bringen.

Zweifellos war es nicht leicht, die notwendige Umbildung der Bundesversammlung vorzunehmen. Die Ausschußmitglieder sahen, selbst mit Hilfe eines so klugen und akademisch geschulten Denkers wie Dahlmann, keinen anderen Ausweg, als die Bundesversammlung abzuschaffen. Sie hätten mit Gewinn die Überlegung weiterverfolgen und sich fragen sollen, ob die Schwierigkeiten mit der Bundesversammlung nicht bloß symptomatisch für die grundsätzlichen Verfassungsprobleme des Landes waren, für die man noch keine Lösung gefunden hatte. Die Mängel der Bundesversammlung lagen nicht darin, daß die Vertreter der Länder ursprünglich nur nach Regierungsanweisungen handeln konnten. Ein derartiges Verbindungsgremium konnte in gewisser Hinsicht sehr nützlich sein. Nicht die Institution selber war unzureichend, sondern vorwiegend ihre Haltung gegenüber den Länderregierungen. Hätte man wirklich gemeinsame Ziele verfolgt, so wäre es auch mit der schwerfälligen Organisation von 1815 möglich gewesen, alle Schwierigkeiten zu beheben. Während der ersten Wochen nach den Märzrevolutionen konnte die Bundesversammlung verhältnismäßig schnell und reibungslos handeln, da die Regierungen zu verwirrt waren, um auf ihren vollen Rechten einschließlich dem zu bestehen, ihre Vertreter zu instruieren und Entscheidungen zu verzögern, bis sie konsultiert worden waren. Die größere Aktionsfähigkeit der Bundesversammlung wurde durch die allgemeine und verhältnismäßig gleichartige Natur der ersten Forderungen nach dem Sturz der alten Herrschaftsverhältnisse erleichtert. Doch diese Einigkeit und Gleichartigkeit bestand nicht mehr, sowie die Forderungen gebilligt und erfüllt waren. Die Zugeständnisse in Sachen Freiheit und Verfassungsentwicklung förderten die Sache der Einigung nicht unbedingt. Die Gewährung oder Erweiterung der Verfassungsrechte und die Einführung von konstitutionellen, parlamentarisch verantwortlichen Ministern bestärkte den Partikularismus, statt ihn zu schwächen. Die Feindseligkeit, die sich die Bundesversammlung vor 1848 zugezogen hatte, hielt die Gemäßigten im Ausschuß davon ab, andere Methoden zu entwickeln, welche die Mitwirkung der Länderregierungen an der Arbeit einer provisorischen Zentralgewalt gesichert hätte. In einem föderalistischen System hätte man den Nachteil der Bundesversammlung – ihre enge Verbindung mit den Regierungen – in einen Vorteil umwandeln können. Die vorgesehene Zentralgewalt brauchte ein Verbindungsgremium zu den Ländern, und dafür hätte man die Bundesversammlung leicht verwenden können. Die Mehrheitsempfehlungen versäumten es nicht nur, sinnvoll auf die Frage einer Verbindung zu den Regierungen einzugehen, sondern schlossen – in der Annahme, daß die Bundesversammlung aufgelöst werden würde – dieses Gremium weitgehend von der Diskussion über vorläufige wie endgültige Einrichtungen aus. Ein Bundessystem bedurfte nicht nur einer Bundesregierung und einer Volksvertretung, sondern auch einer Art Bundesrat oder »Staatenhaus«. Das Aufgeben der Bundesversammlung schwächte den Einfluß der Länder. In dem Maße, wie die Länderregierungen einen Schutzwall gegen eine weitere Radikalisierung darstellten, spielten die Gemäßigten im Ausschuß der Linken in die Hände. Das mochte seinen Grund zum Teil darin haben, daß die Frankfurter Abgeordneten, auch wenn sie nicht der Linken angehörten, sich in gewissem Grad nicht der allgemeinen Stimmung und dem Glauben an die Allmacht der Nationalversammlung entziehen konnten. So bekannten sie sich in gewisser Weise unbewußt zur Lehre von der Volkssouveränität. Daß die Linke die Ausbreitung dieser Atmosphäre im Parlament bewirkte, stellte – von ihrem Standpunkt aus – vielleicht ihren größten Erfolg dar, zumal bei der zahlenmäßigen Überlegenheit der Gemäßigten.

Möglicherweise enthüllt das Verhalten Dahlmanns und seiner Kollegen auch eine gewisse Inkonsequenz in der liberalen Position. Ein Verlangen nach Zentralisierung und größerer bürokratischer Wirksamkeit ließ sich schwer mit dem eingestandenen allgemeinen Wunsch der Gemäßigten vereinbaren, viele der bestehenden Staaten zu erhalten und das Prinzip der konstitutionellen Monarchie auf Bundes- und Länderebene zu fördern. Diese nach verschiedenen Richtungen führenden Tendenzen enthüllten die grundsätzliche Schwierigkeit, Freiheit und Wirksamkeit miteinander in Einklang zu bringen.

Abgesehen von aller Theorie, so lautete die praktische Frage, ob sich die Frankfurter Nationalversammlung einen Verzicht auf die enge Mitarbeit der Regierungen leisten konnte. Nach den Ereignissen des Frühjahrs war es Mode geworden zu glauben, die Regierungen würden sich stets der Situation anpassen. Doch seit dem März hatte es erhebliche Änderungen gegeben. Während sich im Frühjahr der Ruf nach Freiheit mit dem nach Einigung verbunden hatte, schlug es der Einigung keineswegs zum Vorteil aus, daß es nur im Bereich der Freiheit zu praktischen Fortschritten gekommen war. Die konstitutionelle Entwicklung hatte die Stellung der Einzelstaaten gestärkt. Die liberalen Staatsminister begeisterten sich häufig ebenso für die Rechte der Länder wie ihre Kollegen in der Frankfurter Nationalversammlung für die der Gesamtnation und des Parlaments als deren Vertretung. Diese große neue Spaltung läßt sich am besten bei den vier führenden rheinischen Liberalen erkennen.

Mevissen und Beckerath – anders als Camphausen und Hansemann – wirkten in Frankfurt. Während des Jahres 1848 wuchs bei Beckerath die Überzeugung, daß Preußen auf dem Altar der deutschen Einheit Opfer bringen müsse. Gewiß betrachtete er politische Probleme mehr unter dem Einheitsgesichtspunkt als unter dem Aspekt der preußischen Interessen. Falls es die deutsche Einheit erforderte, müßte man Preußen eben aufteilen.[23] Camphausen und Hansemann dagegen maßen als Minister der preußischen Krone dem Fortbestand ihres Staates – als konstitutioneller Monarchie – mehr Wert bei als einer deutschen Einheit. Die auseinanderstrebenden Wege dieser vier einstigen Gesinnungsgenossen veranschaulichen die Abhängigkeit der Politiker von der Atmosphäre, sei es eines Parlaments oder eines Ministeramts. Diese Einstellung war typisch für den gebildeten Deutschen von 1848 und stammte aus der Wechselbeziehung zwischen klassischen und romantischen Idealen. Zweifellos schadete dieser Meinungsunterschied sowohl der deutschen Einheit wie der konstitutionellen Entwicklung. Die Anwesenheit mehrerer Minister der Einzelstaaten in der Frankfurter Nationalversammlung[24] trug nur wenig dazu bei, die Interessen des Parlaments mit denen der Einzelstaaten in Einklang zu bringen.

Wenn sogar liberale Minister wie Camphausen und Hansemann in Preußen sich nur zögernd für die Einheit Deutschlands einsetzten und ein langjähriger Konstitutionalist wie Stüve in Hannover ihr feindselig gegenüberstand, war es völlig unrealistisch, von den Fürsten, und vor allem von denen der größeren Staaten, Begeisterung für diese Sache zu erwarten. Diese überließen einer Zentralbehörde in Deutschland ebenso ungern etwas von ihrer Macht wie ihren eigenen Untertanen. Noch mehr als ihre liberalen Minister widersetzten sie sich dem, was sie für eine Anmaßung der Frankfurter Nationalversammlung hielten. Der Widerwille Friedrich Wilhelms IV. von Preußen gegen die Versammlung wuchs mit der Beteuerung ihrer All-

[23] ADB II; Oncken, *H. v. Beckerath*; Kopstadt, *H. v. Beckerath*; Siebourg, *H. v. Beckerath*; BSTH; NDB. [24] Vgl. S. 154.

macht, und Gagerns Begriff von der »Souveränität der Nation« als Ersatz für die Lehre von der »Volkssouveränität«[25] nützte kaum etwas. Unter all diesen Umständen war es politisch unklug, daß die Mehrheitsempfehlungen eine Zurückweisung der Länderregierungen enthielten. Das Parlament konnte es sich nicht leisten, die Regierungen vor den Kopf zu stoßen, wollte es seine Ziele friedlich erreichen.

Zweifellos unterließen auch die Länderregierungen vieles. Sie waren uneinig, aufeinander eifersüchtig und häufig hauptsächlich darauf bedacht, welchen Territorialgewinn sie aus den Schwierigkeiten Deutschlands herausholen konnten. Aber zugleich fühlten sie sich durch die radikalen Elemente der Öffentlichkeit, die Gremien wie das Vorparlament und den Fünfziger-Ausschuß für sich hatten ausnutzen können, terrorisiert. Ein früherer Versuch des hessisch-darmstädtischen Gesandten in Frankfurt, von Lepel, etwas von der Bundesversammlung zu retten, wurde schleunigst von Heinrich von Gagern, dem Ministerpräsidenten des Großherzogtums, unterbunden.[26] Die grobe Behandlung, die sich die Bundesversammlung bei ihrer Begrüßung der Frankfurter Nationalversammlung gefallen lassen mußte,[27] ermunterte die Regierungen nicht zu Vorschlägen. Da die Versammlung auf die Dauer die Regierungen eher brauchte, als es umgekehrt der Fall sein würde, war es unklug für das Parlament, keinen Versuch zu machen, mit den Einzelstaaten zusammenzuarbeiten.

Anders als die Linken wollten die Gemäßigten im Ausschuß die Regierungen gewiß nicht vor den Kopf stoßen, und es zeugt für ihren Mangel an politischem Scharfsinn, daß sie es dennoch taten. Wohl gestatteten sie den Regierungen die Ernennung der Direktoren. Obwohl sie bestrebt waren, jede Einmischung in die Befugnisse der Regierungen möglichst auf ein Mindestmaß zu beschränken, unterstellten sie doch die Truppen dem Oberbefehl des Direktoriums, und das hätte die Einzelstaaten ihres vielleicht kostbarsten Besitzes beraubt. Die Preisgabe des militärischen Kommandos kam in diesen unruhigen Zeiten einer Machtabtretung gleich. Man versüßte die Pille ein bißchen durch den Versuch, allen drei Teilen Deutschlands eine Vertretung zuzubilligen. Obwohl der Bericht keine Namen nannte, gingen Gerüchte um, die Staatsregierungen hätten der Wahl der »drei Onkel« zugestimmt; diese drei Fürsten, nämlich Erzherzog Johann, Prinz Wilhelm (nicht der Prinz von Preußen, der Bruder König Friedrich Wilhelms IV.) und Prinz Karl von Bayern, hatten den österreichischen Kaiser, den preußischen und den bayerischen König zu Neffen.

[25] Vgl. S. 112. [26] Valentin, *Geschichte*, I, 528 ff. [27] Vgl. S. 104.

Aber auch so wären mehrere Mittelstaaten nicht vertreten gewesen. Außerdem erregte die Zahl der Statthalter Zweifel. Die Triumvirate hatten keine ermutigende Geschichte, wie in der Debatte betont wurde. Unter diesen Umständen würden die Staaten an der Bildung einer provisorischen Zentralgewalt nur mitwirken, falls ihnen keine andere Wahl blieb. Das würde ihnen keineswegs zusagen.

Die Debatten über die Einrichtung einer provisorischen Zentralgewalt dauerten – unterbrochen durch andere Arbeiten – vom 19. bis zum 27. Juni. Es gab eine Vielzahl von Anträgen und Verbesserungsvorschlägen, wobei häufig die Unterschrift eines Abgeordneten an zwei zuweilen widersprüchlichen Stellen auftauchte. Die Eintragungen auf der Rednerliste nahmen derart alarmierend zu, daß die Versammlung versuchen mußte, die Zahl zu begrenzen. Dies ließ sich nur durch eine parteipolitische Organisation bewerkstelligen. Die langwierige Debatte über die provisorische Zentralgewalt, die erste hochbedeutende Angelegenheit, mit der sich das Haus zu befassen hatte, beschleunigte so gewiß die Tendenz zur Festigung parlamentarischer Gruppen. In gewisser Weise war dies die letzte Debatte vor der Einrichtung straffer Parteiorganisationen, doch bedeutete dies nicht den Beginn von Parteityrannei, und es beendete auch nicht – trotz einiger gegenteiliger Beobachtungen – den Einfluß des Plenums. Es gab stets eine stattliche Zahl von Abgeordneten, die sich keiner Gruppe fest anschlossen. Obwohl man in den Klubs reichlich diskutierte, erwiesen sich manche Themen als so komplex, daß sich Abgeordnete erst während der Abstimmung entschieden. Die parlamentarischen Gruppen stellten keine weltanschaulichen oder sachlichen Zwangsjacken dar. Ihre Beschlüsse waren für die Abgeordneten nicht unbedingt bindend, und es gab nichts dem Einpeitschersystem im britischen Unterhaus Vergleichbares. Die meisten Gruppen umfaßten ein breites Meinungsspektrum. Und schließlich bestimmte das ideologische Spektrum nicht in allen Fällen die Haltung der Parlamentarier. Vor allem in religiösen Fragen kam es zu völlig abweichenden Gruppierungen, und in gewissen Dingen gab die Heimattreue den Ausschlag. Jedenfalls stand in einem Parlament, das sich zum mindesten in vier oder fünf wesentliche Gruppen gespalten hatte, vor der Debatte nichts fest. 1848 besaß keine der drei Hauptgruppen allein – weder die Linke noch die Verfechter der preußischen Hegemonie oder deren Opponenten – eine Mehrheit, was sicher die Spannung im Plenum erhöhte. Während der ganzen Sitzungszeit fielen zahlreiche wichtige Abstimmungen so knapp aus, daß sie sich nicht hätten vorhersagen lassen.

Da nur eine Handvoll von Abgeordneten bereit war, für eine Beibehaltung der Bundesversammlung einzutreten, drehte sich die Debatte um die Art der zu schaffenden Zentralgewalt, um die Methode ihrer Ernennung und um ihr Verhältnis zum Parlament und zu den Einzelstaaten. Die Linke stritt während jeglicher Phase dieses Vorgangs — sowohl vor der Bildung der provisorischen Zentralgewalt wie nachher — den Länderregierungen alle Mitwirkung ab. Die neue Institution sollte eine Dienerin des Parlaments sein, mit der Verpflichtung, die Beschlüsse der Nationalversammlung auszuführen. Somit betrachtete die Linke die Zentralgewalt, die sie Vollziehungsausschuß nannte, einfach als Parlamentsausschuß und die Versammlung selber als Exekutive. Das rechte Zentrum wollte der neuen Autorität Exekutivbefugnisse übertragen und das Parlament auf Kontroll- und Gesetzgebungsfunktionen beschränkt wissen.

Bei der Begründung ihrer Vorschläge ging die Linke von gewissen Voraussetzungen aus. Blum und Trützschler[28] nahmen ebenso wie andere Abgeordnete der Linken an, das »Volk« sei stark genug, um die Länderregierungen notfalls zur Räson zu zwingen. Man begrüßte eine Kraftprobe mit den alten Mächten. Am 20. Juni erklärte Trützschler, es sei Hochverrat, dem Volk die Souveränität vorzuenthalten, wie der Mehrheitsbericht es empfohlen habe.[29] Wenn man so argumentierte, mochten alle Mittel gerechtfertigt sein, um die Regierungen dem Volkswillen gefügig zu machen. Begriffe wie »rechtmäßige Autorität« und »Meuterei« wurden einfach in ihr Gegenteil verkehrt. Die Linke hielt es für ausgemacht, daß sich das Volk nach den Vorstellungen der radikalen Frankfurter Parlamentarier richtete, daß sich die Nationalversammlung bei ihrem Versuch, die Regierungen zum Einlenken zu zwingen, der Linken anschließen würde, und daß die Länderparlamente samt der öffentlichen Meinung im ganzen Land den Kampf gegen die Regierungen unterstützen würden. Über diese Annahme ließ sich streiten. Unter der Linken herrschten Zweifel, ob die Nationalversammlung die Rolle spielen würde, die ihr die Radikalen zudachten. So gab es Vertreter der extremen Linken, wie den Düsseldorfer Anwalt Hugo Wesendonck, die mit dem Parlament immer unzufriedener wurden und meinten, die Zeit für Blums verhältnismäßig entgegenkommende Taktik sei vorbei. Daher brachte Wesendonck einen Antrag ein,[30] nach dem die Wahl des Vollziehungsausschusses der Nationalversammlung aus den Händen genommen und der Wählerschaft überlassen werden sollte. Hinter diesem Plan stand die Annahme, das Volk neige im ganzen mehr zum Radikalismus als das Parlament. Das Volk sollte an neun verschiedenen

---

[28] ADB XXXVIII. [29] I, 415. [30] I, 359.

Orten einen neunköpfigen Vollziehungsausschuß aus den Reihen der Frankfurter Abgeordneten wählen. Es gibt wenig Anhaltspunkte dafür, daß die Ergebnisse sich irgendwie von denen in der Nationalversammlung unterschieden hätten – es sei denn, man hätte die Orte sehr geschickt, d. h. nicht repräsentativ, ausgewählt.

Wesendoncks Antrag ist ein weiterer Beweis für eine Spaltung in der Linken. Obwohl Blum sogar in dieser Phase wohl im Innersten ein überzeugter Extremist war, tat er gut daran, seine Forderungen abzuschwächen; denn nur so konnte er hoffen, die Mitarbeit des linken Zentrums zu gewinnen und sich damit eine Mehrheit zu sichern. Diese Taktik vereitelte Wesendoncks Antrag, zumindest im Augenblick. Für Blum muß diese Entwicklung ebenso bitter gewesen sein wie einen Monat zuvor, als Raveaux und seine Freunde zum linken Zentrum übertraten. Das Ende der Hoffnung, eine wirklich starke Partei der Linken zu schaffen, wurde Blum keineswegs durch den – in gewissem Grad berechtigten – Verdacht erleichtert, persönliche Abneigung gegen ihren Führer habe dazu beigetragen. Sicher besaß Blum nicht die selbstverständliche Autorität eines Radowitz, eines Vincke, eines Heinrich von Gagern oder eines Schmerling. Das mochte zum Teil eine Klassenfrage sein, aber es hatte ebensoviel mit dem Wesen politischer Parteien zu tun. Der Umstand, daß alle vier erwähnten Parlamentarier zum Adel gehörten und bei der Rechten oder dem rechten Zentrum beheimatet waren, ist kein reiner Zufall.

Trotz seiner geschwächten Position behielt Blum einen gewissen Einfluß auf seine verlorene Herde. Der Bruch mit den nach links oder rechts Abgewanderten war nicht vollständig. Trützschler arbeitete während der Ausschuß- und Plenararbeit im Hinblick auf die provisorische Zentralgewalt weiter mit Blum zusammen, wenngleich er sich Ende Juni der extremen Linken *(Donnersberg)* anschloß.[31] Dennoch löste sich die Verbindung zwischen den beiden Gruppen nicht ganz. Mitglieder der Linken im *Deutschen Hof* waren nicht unbedingt gemäßigter als ihre Nachbarn vom *Donnersberg.* Der Unterschied bestand vielleicht hauptsächlich darin, daß man im *Donnersberg* in bezug auf die Nationalversammlung schon mehr als desillusioniert war, fast die Position Heckers während des Vorparlaments erreicht hatte und Gewalt für die Lösung der Probleme Deutschlands als unvermeidlich ansah.

Wesendonck zog seinen Antrag am 22. Juni zurück, da er für sein

---

[31] Nach Zimmermann, *Deutsche Revolution,* 641, hatte Trützschler bereits am 27. Mai das Vertrauen zu Blum verloren und war ein Abtrünniger.

Projekt einer provisorischen Zentralgewalt außerhalb der Nationalversammlung nicht genügend Unterstützung erhielt, doch damit
waren die Sonderbestrebungen der extremen Linken nicht beendet.
Julius von Dieskau[32], ein sächsischer Richter, ein Extremist, obwohl
er auch nach der Spaltung offenbar eine Zeitlang zur Linken im
Deutschen Hof gehört hatte, brachte schon am 25. Mai einen Antrag
ein[33], der nicht nur das alleinige Recht zur Wahl einer neuen Zentralgewalt für die Nationalversammlung beanspruchte, sondern auch
eindeutig erklärte, diese vorgesehene Institution müsse die Regierung
für ganz Deutschland übernehmen. Wie Dieskau im Lauf der Debatte
am 22. Juni erklärte[34], forderte der Antrag Blums und Trützschlers
nur einen Vollziehungsausschuß für die Beschlüsse der Nationalversammlung. Dieskau wollte noch weitergehen und eine Regierung einsetzen. In diesem Sinne war also ein Vollziehungsausschuß weniger als
eine Regierung. Dieskau beantragte, statt der Bundesversammlung
solle die Nationalversammlung aus ihren Reihen einen Regierungs-
ausschuß für ganz Deutschland berufen. Wie er in seiner Rede erklärte, habe er die Bezeichnung Regierungskommission gewählt, um
keinen Zweifel daran zu lassen, daß das neue Organ der Nationalversammlung verantwortlich sei und die Anordnungen des Parlaments
auszuführen habe. Dieskau gelang es, in seinen Vorschlägen die zwei
Aspekte zu vereinigen, denen die Linke die größte Bedeutung beimaß: Regierungswahl und Regierungsführung durch das Parlament
sowie die Allmacht des Hauses. Dieskaus Ansichten wurden in einem
Antrag, den mehrere Mitglieder der extremen Linken, darunter der
Mainzer Abgeordnete Zitz und der Philosoph Ruge, einbrachten,
weitgehend übernommen.[35] Wegen der stärkeren Unterstützung für
den letzteren Antrag wurde der von Dieskau zurückgezogen.
Eine beachtliche Zahl von Abgeordneten des linken Zentrums einschließlich des rechten wie des linken Flügels der Fraktion, schlug
eine Änderung des Mehrheitsberichts vor.[36] Darin akzeptierten (unter anderem) Raveaux, der Stuttgarter Staatsbeamte Schoder und der
spätere Reichsjustizminister Robert Mohl im großen ganzen die Forderung der Linken, die neue Behörde habe die Beschlüsse der Nationalversammlung zu vollziehen, aber sie beschränkten dies auf die allgemeine Sicherheit und das öffentliche Wohl des deutschen Bundesstaates. Und außerdem räumte der Antrag den Regierungen das
Recht ein, den Inhaber der Zentralgewalt, einen Präsidenten, zu be-

[32] Niebour, »Plauener«; Deutsches Adelsarchiv, Marburg.
[33] Hassler, *Verhandlungen*, V, 63. [34] I, 456 f. [35] I, 394. [36] I, 391 f.

nennen. Das linke Zentrum war sich in der Frage einer provisorischen Staatsgewalt nicht einig: Das ergibt sich deutlich daraus, wie sich die Unterschriften von Angehörigen des linken Zentrums *(Württemberger Hof)* auf eine Anzahl von Anträgen verteilten.[37] Lindenaus Vorschläge fanden keine Unterstützung beim linken Zentrum, obwohl sie der Kompromißstellung dieser Gruppe entsprachen und obgleich er nicht nur selbst zu dieser Fraktion gehörte, sondern auch in ihr hohes Ansehen genoß.

Dem rechten Zentrum gelang es nicht besser als dem linken, seine Politik in dieser Frage herauszuarbeiten. Diejenigen Abgeordneten, die der sich formell Ende des Monats konstituierenden Gruppe des rechten Zentrums beitreten sollten[38], unterstützten ein breites Spektrum von Anträgen, die sich vom rechten bis zum linken Zentrum erstreckten. Da die Gemäßigten ihre Position in einer Reihe verwickelter Fragen, die sich aus dem Versuch ergaben, eine provisorische Zentralgewalt einzusetzen, noch nicht völlig durchdacht hatten, gelang es ihnen nicht, die Forderungen der Linken mit der nötigen Entschiedenheit zurückzuweisen. Sie hatten sich noch nicht über eine Politik in der Frage des Verhältnisses zwischen jener zentralen Institution und den einzelnen Regierungen geeinigt. Tatsächlich gab es beim rechten Zentrum wohl alle Meinungsschattierungen, von den Zentralisten bis zu jenen, deren Ideal darin bestand, soviel wie möglich von der Föderation zu retten; die Mehrheit dürfte wahrscheinlich das föderalistische Prinzip vertreten haben. Über ideologische Aspekte war man sich einiger. Doch selbst hier herrschte, bei aller weitreichenden Übereinstimmung hinsichtlich der konstitutionellen Monarchie, mehr Einigkeit über das, was man ablehnte, als über das zu Erstrebende. Da im Augenblick Gefahr hauptsächlich von links zu drohen schien und nicht so sehr von einer »Reaktion«, richteten sich die Bemühungen darauf, die Einführung der Republik zu verhindern.

Die Mehrheitsvorschläge des Ausschusses fanden vorwiegend beim rechten Zentrum Unterstützung. Doch die Mitgliedschaft in diesem Ausschuß hinderte mehrere Abgeordnete des rechten Zentrums nicht daran, Änderungsanträge zu ihren eigenen Empfehlungen einzubringen. Die Ansichten vieler Angehöriger des rechten Zentrums schwankten während der ersten Wochen der Nationalversammlung.

[37] In einem Brief vom 10. Juni bestätigte der Hamburger Anwalt Gabriel Riesser, der damals zum *Württemberger Hof* gehörte, die Schwierigkeit, die es dem linken Zentrum bereitete, sich in dieser Frage zu verständigen. Vgl. Isler, *G. Riessers Schriften*, I, 555.
[38] Eisenmann, *Parteyen*, 13.

Dahlmann selber und mehrere seiner Ausschußkollegen, so etwa Max von Gagern, hatten einen weiten Weg hinter sich, seit sie Ende Mai einen Antrag unterschrieben hatten, die Regierungen sollten durch ihre Vertreter in der Bundesversammlung die Minister für eine Zentralregierung vorschlagen.[39] Während Dahlmann wenigstens das festzuhalten suchte, was er für die wesentlichen Vorschläge des Ausschusses hielt, waren einige Mitunterzeichner des Mehrheitsberichts durchaus bereit, der Linken weitere Konzessionen zu machen. Im rechten Zentrum empfand man wenig Begeisterung über die Neubelebung der Frage, ob die Bundesversammlung beizubehalten sei. Andererseits bezweifelte man, ob es klug sei, jede Vertretung der Einzelstaaten preiszugeben. Ein Ausschußmitglied, der österreichische Offizier Franz von Mayern, brachte schon am 21. Juni einen Änderungsantrag ein, der auf das Triumvirat verzichtete und statt dessen einen Reichsverweser vorschlug.[40]

[39] Hassler, *Verhandlungen*, V, 17.
[40] Hassler, *Verhandlungen*, V, 148.

In der Rechten herrschte die größte Verwirrung. Im Ausschuß hatte Flottwell, bekanntlich ihr einziger Vertreter, nur sehr zahmen Widerstand geleistet, als man die Macht der Länderregierungen beschnitt. Radowitz, der am ersten Tag der Debatte sprach[41], ließ die Bundesversammlung sang- und klanglos fallen. Er sagte, er bedaure das Fehlen eines »Staatenhauses«, sehe aber durchaus ein, daß man vor einem regulären konstitutionellen Übereinkommen nichts tun könne, um die Lücke zu füllen. Damit riet er von Plänen ab, die Bundesversammlung während der Übergangszeit zu ersetzen. Unter diesen Umständen, so erklärte er, sei es um so wichtiger, daß die Regierungen die Zentralgewalt nominierten. Falls Radowitz dachte, dieses Recht sei dank der Konzessionen, die er gemacht hatte, sicherer zu erreichen, dann irrte er sich. Er hatte seine Stellung zu früh preisgegeben, damit seine parlamentarische Bewegungsfreiheit eingeengt und seinen Einfluß in dieser Angelegenheit verringert.

Es gab erhebliche Spekulationen über die Gründe für Radowitz' Haltung. Nach seinem bedeutenden Biographen Meinecke war er vielleicht durch die Befürchtungen der preußischen Regierung beeinflußt, sie könnte in einer Bundesversammlung, deren Delegierte nicht an Weisungen der Regierungen gebunden wären, überspielt werden.[42] Das kann nicht die ganze Erklärung sein, da sie nicht auf Radowitz' Ablehnung einer Alternative für die Bundesversammlung eingeht. Außerdem besteht die Gefahr, die Situation falsch zu beurteilen durch die Annahme, Preußen habe damals wirklich eine einheitliche Politik verfolgt. Seit März bestanden in Hof und Regierung zwei Machtzentren. Dazu litt Preußen im Juni unter einer Kabinettskrise. Ministerpräsident Ludolph Camphausen trat schließlich am 20. Juni nach einer wachsenden Spannung mit der radikalen preußischen Nationalversammlung zurück. Radowitz und Vincke erhielten in dieser Zeit Hinweise aus Berlin. Aber es gab niemanden, der das volle Gewicht Preußens hätte in die Waagschale werfen können. Radowitz und Vincke konnten sich sehr wohl unabhängig voneinander überzeugt haben, daß sich die Länder kaum über eine wirksame Vertretung ihrer Interessen einigen würden und daß es sinnlos sei, im Parlament dafür zu kämpfen, da sich die Regierungen keineswegs von der Nationalversammlung ihr Stichwort würden geben lassen.

[41] I, 375 f. [42] Meinecke, *Radowitz*, 118; Jürgens, *Zur Geschichte*, I, 135 f.

Ob Radowitz den Standpunkt seines Herrn wiedergab oder nicht: man glaubte in ihm stets das Sprachrohr des preußischen Königs zu sehen, seine Worte hatten daher zusätzliches Gewicht. Nach dieser Rede nahm man sicherlich weithin an, daß die preußische Regierung mit dem Plan eines Direktoriums einverstanden sei.

Der extreme Radikale Wesendonck sprach[43] für die Blum-Trützschler-Vorschläge, nachdem er eingesehen hatte, daß sein eigener Antrag[44] kaum Unterstützung fand. Er erhob den triftigen Einwand, daß es den Regierungen schwerfallen werde, sich auf drei von ihnen zu nominierende Direktoren zu einigen; dies könne man aus der Vergangenheit schließen.

Auf Wesendonck folgte ein führender Sprecher des rechten Zentrums, Friedrich Bassermann.[45] Als Sohn eines Kaufmanns 1811 im badischen Mannheim geboren, studierte er in Heidelberg Geschichte und ließ sich dann wieder in seiner Heimatstadt nieder, wo er schließlich zusammen mit seinem Freund Mathy ein erfolgreiches Buchhandels- und Verlagsunternehmen gründete. Eine Zeitlang veröffentlichte die Firma das führende liberal-nationale Blatt Deutschlands, die *Deutsche Zeitung*. Bassermann trat 1841 ins badische Parlament ein und wurde rasch zu einem der prominentesten Abgeordneten in der gemäßigten Opposition. Am 12. Februar 1848 brachte er — noch gut vor der Revolution in Frankreich — einen berühmt gewordenen Antrag auf Einrichtung einer deutschen Nationalvertretung ein. Er war badisches Mitglied und stellvertretender Vorsitzender der »Siebzehn Männer des öffentlichen Vertrauens« bei der Bundesversammlung, nahm am Vorparlament teil, errang aber, wie Mathy, wegen der ihm feindlich gesinnten Radikalen in seinem eigenen Land keinen Sitz in der Frankfurter Nationalversammlung. Dank seines weitverbreiteten Ansehens blieb er deswegen nicht von der Nationalversammlung ausgeschlossen: ein fränkischer Wahlkreis wählte ihn. Er wurde Vorsitzender des parlamentarischen Verfassungsausschusses. Bassermann war einer jener südwestdeutschen Liberalen, die sich für Deutschland nur etwas unter einer preußischen Führung erhofften. Wie Mathy widersetzte er sich entschieden dem Radikalismus. Er gehörte zu den fähigsten Abgeordneten und zeichnete sich in Reden und Debatten aus. Wenn die Radikalen Oberwasser zu bekommen schienen, forderten die Gemäßigten ihn zum Eingreifen auf. Bassermann war ein sehr sensibler Mensch, der mit Leib und Seele in die politische Arena eintrat und sich ihr gefühlsmäßig verpflichtete. Für

[43] I, 377 f. [44] Vgl. S. 175. [45] I, 379 f.

das rechte Zentrum war er in seiner Art unentbehrlich, doch er mußte selber für seine Hingabe an die Politik einen zu hohen Preis entrichten.[46]

Bassermann verlegte den Kampf sofort ins gegnerische Lager. Die Vorschläge der Linken seien undurchführbar, da sie nicht für das im Augenblick Nötige sorgten: nämlich für eine Regierung, die in einer Krise, etwa in einer außenpolitischen, handlungsfähig sei. Überdies lasse sich die neue Gewalt nicht ohne Mitwirkung der Länder schaffen. Jeder Versuch, den Einzelstaaten den Willen der Versammlung aufzuzwingen, könne nur zum Bürgerkrieg führen. Bassermann warnte vor den Gefahren der Radikalisierung, denn es könne leicht zu einer Reaktion in einem Teil der Öffentlichkeit kommen und das Volk ziehe dann vielleicht eine Ordnung ohne viel Freiheit einer Freiheit ohne Ordnung vor.

Am folgenden Tag, dem 20. Juni, sprach der Bürgermeister von Cöslin in Pommern, August Ernst Braun,[47] zu dem Verbesserungsantrag, den er und zwei weitere Abgeordnete seiner Provinz — alle Angehörige des rechten Zentrums — eingebracht hatten und nach dem die provisorische Gewalt der preußischen Krone übertragen werden sollte. Brauns Rede wurde von Gelächter unterbrochen. In diesem Fall verlangte man vom Vorsitzenden, sofort festzustellen, ob der Antrag die nötige Unterstützung finde. Als er diesem Wunsch entsprach, erhielt er das verheerende Ergebnis, daß weniger als zwanzig Abgeordnete dem Antrag zustimmten. Der Antrag war damit erledigt. Zweifellos wünschten zahlreiche Abgeordnete, besonders aus Preußen, daß die Kaiserkrone an die Hohenzollern falle. Doch sie hielten den Augenblick nicht für günstig.

Noch am selben Tag leistete Welcker einen wichtigen Beitrag zur Debatte.[48] Karl Theodor Welcker wurde 1790 in Hessen als Sohn eines lutherischen Pastors geboren, studierte Rechtswissenschaft und erhielt nach kurzer Lehrtätigkeit an den Universitäten Gießen, Kiel und Heidelberg 1819 einen Lehrstuhl an der preußischen Universität Bonn, wurde aber bald, zusammen mit Arndt, der gleichfalls Professor in Bonn war, der Verschwörung mit der Burschenschaft gegen den Staat bezichtigt. Nach einigen Jahren wurde er rehabilitiert und erhielt einen Ruf an die Universität Heidelberg in Baden, wo er sich nun niederließ. Als Staatswissenschaftler arbeitete er an dem Konzept des Rechtsstaates mit: als eines auf Recht gegründeten Verfassungsstaa-

---

[46] ADB II; Harnack, *Bassermann;* Bassermann, *Denkwürdigkeiten;* NDB; BSTH.
[47] I, 397 f. [48] I, 409 ff.

tes. Er arbeitete zusammen mit Karl von Rotteck, dem Verkünder des älteren, rationalistischeren Liberalismus, am berühmten *Staatslexikon*, der umfangreichen politischen Enzyklopädie, die den Liberalen in den mittleren Dekaden des Jahrhunderts als Bibel galt. 1831 wurde er in die badische Kammer gewählt und im folgenden Jahr von seinem Lehrstuhl abberufen, worauf er sich der Schriftstellerei und aktiver politischer Tätigkeit widmete. Im März 1848 nahm er am Vorparlament teil und wurde badischer Gesandter bei der Deutschen Bundesversammlung. Im Gegensatz zu Bassermann und Mathy errang er als gemäßigter Liberaler einen Sitz in der Frankfurter Nationalversammlung im Großherzogtum Baden. Seine Pflichten als Gesandter und später als Bevollmächtigter bei der Provisorischen Zentralgewalt hinderten Welcker nicht, sich aktiv an der Arbeit des Parlaments zu beteiligen, und zwar sowohl im Plenum als auch im Verfassungsausschuß. Wie seine Laufbahn deutlich zeigt, besaß er großen Mut, und den bewies er auch wieder, als er in die Debatte über die vorläufige Zentralgewalt eingriff.

Welcker scheute sich nicht, die Bundesversammlung zu verteidigen, und stellte sogar die Behauptung auf, sie habe sich in der verleumdeten Periode der Reaktion gewisse Verdienste erworben. Er sprach von seinem Land als von einer Partnerschaft zwischen Herrschern und Volk: »Das Vaterland sind Fürst und Volk ...« Man müsse der deutschen Situation, die Fürsten und Volk umfasse, Gerechtigkeit widerfahren lassen. Daher schlug er eine Änderung der Mehrheitsempfehlungen vor: »Das Bundesdirektorium hat sich in Beziehung auf die Vollzugsmaßregeln *so weit tunlich* mit den Bevollmächtigten der einzelnen Landesregierungen ins Einvernehmen zu setzen.«

Ganz anders war die Rede, die am nächsten Tag, dem 21. Juni, Wilhelm Jordan hielt.[49] Er wurde 1819 in Ostpreußen geboren, studierte Theologie und Philosophie, ließ sich 1845 als Schriftsteller in Leipzig nieder und wurde im folgenden Jahr wegen Pressevergehens ausgewiesen. Danach arbeitete er als Lehrer und Journalist in Bremen, Paris und Berlin. Ein brandenburgischer Wahlkreis entsandte ihn in die Frankfurter Nationalversammlung, und dort begann er seine Tätigkeit als extremer Radikaler. Er interessierte sich hauptsächlich für den Bau einer deutschen Flotte, wurde zum Schriftführer des Marineausschusses gewählt und Ende 1848 zum Ministerialrat für Marineangelegenheiten im Reichsministerium ernannt, wo er nach dem Ende der Frankfurter Nationalversammlung noch bis 1853 wirkte.[50]

[49] I, 426. [50] BSTH; Bundesarchiv.

In der Heftigkeit seines Radikalismus stand Wilhelm Jordan niemandem nach. Er sprach rückhaltlos und versuchte eher zu erschrecken als zu überreden. Als geborenem Redner fielen ihm die Worte nur so zu: »Das Regiment von Gottes Gnaden habe durch die Gewalt der Barrikaden sein Ende erreicht.« Hier vermerkt Wigard, der Herausgeber der Stenographischen Berichte, lauten Beifall. »Ein Gespenst« habe die Mehrheitsempfehlungen diktiert, nämlich die Furcht vor der Republik. Das klang gut in den Ohren der Linken, aber Jordan hatte schon in dieser Phase Überraschungen für diejenigen auf Lager, die auf ihn rechneten: »Auch ich bin der Meinung, daß die große Majorität des deutschen Volkes die Republik nicht will.« Hier erwähnt der Bericht den Zuruf »So?« von der Linken. »Kann man sich denn nicht offen, wie ich es hiermit tue, zum Prinzip des konstitutionellen Königtums im Einzelstaat bekennen, wenn man der Spitze des Gesamtstaates eine republikanische Form geben will?« (»Nein!« auf der Rechten. »Ja!« in der Mitte.) »Gewiß, man kann es.« Jordan verglich dann das Direktorium mit der Heiligen Dreieinigkeit und verurteilte es als Ausdruck einer einseitigen Parteidogmatik. Anschließend griff er diejenigen an, die etwas zugunsten der Bundesversammlung zu sagen hatten: »Es gibt Männer, die förmlich in Harnisch geraten, daß die jetzige Revolution die Prätention mache, noch nicht fertig zu sein... obwohl bereits der große welthistorische Moment eingetreten ist, wo *sie* Bundestagsgesandte geworden sind.« (Unruhe in der Versammlung.) Da dies eine persönliche Bemerkung war und sich besonders gegen Welcker richtete, der am Vortag gesprochen hatte, rief Gagern als Vorsitzender Jordan zur Ordnung. Das machte auf ihn wenig Eindruck. Er erwiderte, er denke nur im allgemeinen an eine gewisse Kategorie von Personen. Jordan schloß mit der Behauptung, der Ausschußantrag würde Deutschland nur noch mehr schwächen und die Zwietracht vergrößern. Er prophezeite, falls das erste deutsche Parlament bei seiner Aufgabe versage, werde schließlich »ein Mann der Gewalt« auftauchen, »der vielleicht jetzt schon in irgendeiner Kaserne träumt von künftigen Lorbeeren, ein Mann, der mit der Kraft des Schwertes die Einheit verwirklicht...« Obwohl der Bericht am Ende der Rede Beifall verzeichnet, dürften sich zahlreiche Mitglieder der Linken bei einem Teil der Äußerungen unbehaglich gefühlt haben. Der radikale Ton war recht und billig, aber Jordan hatte zuviel von dem preisgegeben, was für die Linke Glaubensartikel waren. Sie legte Wert auf ihren Idealismus, auf ihr Vertrauen zu den demokratischen Gefühlen des Volkes, doch in diesem Punkt räumte Jordan ein, das Volk sei noch immer den Fürsten treu, und er sagte keine demokratische Revolution voraus, sondern eine Art militärischen Handstreich, falls das Parlament versage. Sein Realismus war verwirrend. Und er sollte für die Linke noch mehr Überraschungen vorrätig haben.

Auf Wilhelm Jordan folgte als Sprecher der Rechten Flottwell,[51] der dem Ausschuß angehört hatte. Eduard Heinrich Flottwell wurde 1786 im ostpreußischen Insterburg geboren und trat als Regierungsbeamter in preußische Dienste. Als Oberpräsident leitete er mehrere Provinzverwaltungen, zwischendurch war er von 1844 bis 1846 preußischer Finanzminister. Als er Oberpräsident der Provinz Posen war, begann er in dem Jahrzehnt nach dem polnischen Aufstand von 1830 mit einer Politik der Germanisierung.

Flottwell zog die meisten Änderungsanträge zurück, die er als Ausschußmitglied eingebracht hatte. Statt dessen sprach er sich entschieden dafür aus, wenigstens einige Funktionen der Bundesversammlung beizubehalten. Er unterstützte Welckers Bestreben, die Vertretung der Einzelstaaten zu sichern, ging aber noch weiter. Flottwell erklärte, die völlige Auflösung der Bundesversammlung sei unzulässig, da diese ein Bestandteil der internationalen Vereinbarungen von 1815 sei, die den inneren und äußeren Zustand des Landes regelten.

Eine entschiedene und wirkungsvolle Rede hielt bald darauf der württembergische Staatsbeamte Adolf Schoder[52] zugunsten des Antrags des linken Zentrums.[53] Mit großem Geschick und Nachdruck befolgte er dieselbe Taktik wie sein politischer Bundesgenosse Raveaux, mischte jedoch seiner Überredungskunst wesentlich mehr Streitlust bei als der Kölner Abgeordnete. Schoder war als Jurist ausgebildet, und er argumentierte mit der zwingenden Kraft eines Advokaten. Er brachte zahlreiche Anspielungen auf die Volkssouveränität, aber auch Appelle an die extremen Radikalen, der Wirklichkeit ins Auge zu sehen und Geschlossenheit zu wahren. Das linke Zentrum lehne die Vorschläge Blums und Trützschlers deshalb ab, weil es unrealistisch sei, die Länderregierungen von der Mitwirkung an der Ernennung der Zentralgewalt ausschließen zu wollen. Doch die Einzelstaaten müßten ihre Nominierungen rasch vorbringen, andernfalls verwirkten sie sich ihr Recht darauf. Schoder beharrte auf der Verpflichtung der Zentralgewalt, die Beschlüsse des Hauses auszuführen. Er betonte, seine Freunde seien recht glücklich über den der Zentralgewalt zugedachten Wirkungskreis, der sich auf die allgemeine

[51] I, 429 f. [52] ADB XXXII. [53] I, 436 ff.

Sicherheit und Wohlfahrt des deutschen Bundesstaates beschränke. Er überließ es seinen Zuhörern zu entscheiden, ob sein Antrag bedeutete, daß die Zentralgewalt nur diejenigen Parlamentsbeschlüsse erfüllen müsse, die sich auf diese Fragen bezögen. Schoder sprach sich für einen Präsidenten, statt des vom Ausschuß vorgeschlagenen Direktoriums aus – teils deshalb, weil dieses Wort demokratischer klinge, aber auch, weil ein Triumvirat keine wirkliche Einheit mit sich bringe. Er zeigte wesentlich mehr Verständnis für die Lage der Landesregierungen als die Linke und hatte einen sanften Spott für diejenigen kleineren Staaten, die, wie sein Württemberg – das immerhin zu den mittleren gehörte – wohl keinen eigenen Triumvir ernennen konnten. Nach seiner Meinung verschaffe das Triumvirat nur drei Regierungen eine Vorzugsstellung. Und er fragte: »Hat der Ausschuß auch bedacht, was werden die kleineren Staaten zu dem Direktorium sagen?« Schoder schloß mit einem Aufruf an die Linke einerseits und andererseits an das rechte Zentrum und die Rechte, einen Kompromiß zu finden. Ziemlich zusammenhanglos ermahnte er nach alldem die Versammlung, einen Konflikt mit den Länderregierungen nicht zu scheuen. Die Einzelstaaten hätten zu tun, was das Haus beschließe.

Vincke, der fast unmittelbar darauf sprach,[54] stimmte mit Schoder darin überein, daß die Zentralgewalt einer Person zu übertragen sei. Doch damit endete die Einigkeit auch schon. Vincke beantragte, ein Bundesdirektor solle ausschließlich von den Landesregierungen ernannt werden. Er deutete an, sie hätten sich auf einen Kandidaten geeinigt, nämlich auf Erzherzog Johann. Da man annahm, er habe Verbindungen zu den Behörden in Berlin, beeinflußte das zahlreiche Abgeordnete, als es dazu kam, eine Entscheidung zu fällen. In Wirklichkeit waren sich die Regierungen nicht einig, und man hat Vinckes Hinweise wohl falsch gedeutet.

---

[54] I, 439 ff.

Noch am 22. Juni, dem vierten Tag der Debatte, gab es kein Anzeichen für eine Verkürzung der Rednerliste. Zugleich nahm die Zahl der Anträge und Verbesserungsvorschläge zu. In vielen Teilen des Hauses war man unzufrieden, daß man nicht rascher vorankam. Nach einiger Diskussion beschloß man zu prüfen, welche Unterstützung die Verbesserungsanträge fänden, und für jeden der neun Anträge, die danach bestehenblieben, die Zahl der Redner auf zwei zu beschränken. Das Haus verlor allmählich die Geduld, und die Wiederholung von Argumenten ließ die Aufmerksamkeit erlahmen. Den eingetragenen Rednern fehlte häufig die Frische. Einige von ihnen hatten in derselben Debatte schon einmal gesprochen. Die bemerkenswerteste Rede nach den neuen Vereinbarungen war wohl die letzte: diejenige Mathys am 24. Juni.[55] Dieser badische Politiker hatte sich bekanntlich bereits die Feindschaft der Linken zugezogen, als er unmittelbar vor dem Aprilaufstand einen von Heckers Parteigängern verhaften ließ.[56] Mathys Verteidigung von Recht und Ordnung erbitterte die Radikalen um so mehr, als sie zeitweilig mit ihm zusammengearbeitet hatten. Mathys Ansichten waren nicht immer gemäßigt gewesen. Er wurde 1807 im badischen Mannheim als Sohn eines ehemaligen katholischen Geistlichen geboren. Als Heidelberger Student gehörte er der Burschenschaft an. 1829 wurde er in seinem Heimatstaat Verwaltungsbeamter, doch gleichzeitig engagierte er sich journalistisch für die Sache der Radikalen und nahm sogar 1832 am demokratischen Fest von Hambach teil. Die Regierung schätzte seine außerdienstliche Betätigung nicht, ließ sie aber durchgehen, solange man auf ihr Ende hoffen konnte. Den begabten jungen Beamten wollte man nicht verlieren. Schließlich stellte man ihn vor die Wahl zwischen seiner offiziellen und seiner nicht-amtlichen Laufbahn, und er entschied sich für letztere. Daraufhin wurde er im August 1832 aus dem Staatsdienst entlassen. Im folgenden Jahr verhalf er Teilnehmern am erfolglosen Frankfurter Wachensturm[57] zur Flucht vor der Justiz, und als die Behörden davon erfuhren, wurde er selber verhaftet, aber nach einem Monat wieder freigelassen. Wegen weiterer Untersuchungen vertagte man seinen Fall, und als er vor einer neuerlichen Verhaftung gewarnt wurde, floh er 1835 in die Schweiz. Dort arbeitete er an einer Übersetzung von Mazzinis *Jeune*

---

[55] I, 517 ff. [56] Vgl. S. 55. [57] Vgl. S. 11.

Suisse. 1836 wurde er abermals festgenommen, diesmal von den schweizerischen Behörden, die über die Tätigkeit politischer Flüchtlinge auf dem Boden der Eidgenossenschaft ernstlich beunruhigt waren und, unter dem Druck anderer Regierungen, subversive Betätigungen unter Kontrolle bringen wollten. Für Mathy bedeutete die neue Haft einen weit schwereren Schlag als seine Gefangenschaft in Baden, und dies nicht nur, weil er inzwischen eine Familie gegründet hatte. Er war gerecht genug einzusehen, daß er in Baden das Recht gebrochen hatte, aber dies hatte er in der Schweiz nicht getan, wo er sorgfältig darauf achtete, sich nicht in Mazzinis außerjournalistische Verschwörertätigkeit verwickeln zu lassen. In Baden hatte man ihn korrekt und in gewisser Hinsicht sogar großzügig behandelt. Er hatte die Regierung bekämpft und mit einer Bestrafung rechnen müssen. In der Schweiz befand er sich in einer anderen Lage. Er hatte dort Zuflucht gesucht. Durch die Verhaftung eines Unschuldigen hatten die schweizerischen Behörden den uralten Brauch der Gastfreundschaft verletzt. Verschärft wurde alles noch durch die rücksichtslose Behandlung, die man Mathy als Gefangenem zuteil werden ließ.

Seit dem Hambacher Fest von 1832 hatten sich Mathys Ansichten erheblich gewandelt. Nach und nach hatte sein Realitätssinn seinen jugendlichen Idealismus korrigiert. Einige der unverantwortlichen und unreifen Reden in Hambach hatten ihn abgestoßen, und er mißbilligte den Frankfurter Putsch, obwohl er bereit war, die Beteiligten vor der Verhaftung zu schützen. Was er in der Schweiz erlebte, minderte seine Begeisterung für den Republikanismus, anstatt sie zu bekräftigen, und zwar schon vor seiner Verhaftung. Er sah ein, daß republikanische Behörden nicht unbedingt toleranter oder gerechter waren als die Exekutivorgane einer Monarchie. Allmählich fragte er sich, ob man die Übel der deutschen politischen Ordnung vorwiegend den Fürsten zuschreiben dürfe, wie er eine Zeitlang gemeint hatte. Vieles erschien ihm nun in anderem Licht. Obwohl ihn dank dem Eingreifen eines Freundes die schweizerischen Behörden nach einem Monat wieder freiließen, drohten doch noch einige Zeit Wiederverhaftung und Landesverweisung. Trotzdem gelang es ihm, sich als Schullehrer auszubilden, die offiziellen Befähigungsausweise für diesen neuen Beruf zu erwerben und ihn in dem kleinen Dorf Grenchen im Kanton Solothurn auszuüben. Anfang 1841 kehrte er in seine Heimat zurück, wo er inzwischen *in absentia* freigesprochen worden war. Während seiner jahrelangen Abwesenheit waren seine politischen Anschauungen merklich gemäßigter geworden. Er gehörte in der Frankfurter Nationalversammlung zu den wenigen ehemaligen politischen Flüchtlingen, deren Radikalismus durch ihre Auslandserfahrungen nicht nur im Zaum gehalten, sondern tatsächlich ins Gegenteil verkehrt worden war. Mathy hatte all seine Leiden, die gespannten Verhältnisse und den Verlust einiger seiner kleinen Kinder durch Krankheit mit Würde und Mut durchgestanden. Der Sieg über die Widrigkeiten vertiefte seine Persönlichkeit und festigte seinen Charakter. Zu Hause fand er rasch Anerkennung. Er trat in die badische Kammer ein, wo er in eine führende Stellung unter den gemäßigten Liberalen vorrückte, und wurde Bassermanns Partner als Buchhändler und Verleger in Mannheim. 1847 brachte ihre Firma die berühmte *Deutsche Zeitung* heraus,[58] für die Mathy auch Artikel schrieb. 1848 nahm er an der Heidelberger Versammlung, dem Vorparlament und dem Fünfziger-Ausschuß teil, ehe ihn ein württembergischer Wahlkreis in die Nationalversammlung wählte. Ende April 1848, drei Wochen nachdem er als Privatmann Fickler festgenommen hatte, wurde er als Staatsrat (etwa Staatssekretär) Mitglied der badischen Regierung.[59]

Mathy unterstützte den Antrag von Mayerns auf Ernennung eines Reichsverwesers durch die deutschen Regierungen unter Zustimmung der Nationalversammlung. Hauptsächlich ging es ihm darum, die Bundesversammlung beizubehalten, bis man eine dauerhafte Lösung der deutschen Probleme gefunden hätte. Er hielt ein derartiges Gremium für völlig unentbehrlich, um mit den Regierungen in Kontakt zu bleiben. Um der Schnelligkeit und Wirksamkeit willen könnte die Bundesversammlung mit einfacher Mehrheit und ohne Regierungsanweisungen entscheiden.

Mathy leistete der Versammlung einen großen Dienst, indem er die Frage der Bundesversammlung aufgriff, die man während der langen Debatte noch nicht zureichend erörtert hatte. Es läßt sich schwer beurteilen, ob sein Vorschlag, die Weisungsgebundenheit aufzugeben, das Problem gelöst hätte. Die Entscheidungen der Bundesversammlung konnten nur praktische Konsequenzen haben, wenn die Regierungen sie unterstützten. Kein preußischer Gesandter in Frankfurt konnte, selbst wenn er gut über die augenblickliche politische Situation in Berlin informiert war, sicher sein, in Übereinstimmung mit

[58] Vgl. S. 22.
[59] Vgl. besonders Gustav Freytag, *Karl Mathy* (1870), die großartig geschriebene Biographie des deutschen Erzählers, der M. gut kannte; L. Mathy, *K. Mathy*; H. Treitschke, *Historische und politische Aufsätze*, Ausg. 1886, I, 484—499; ADB XX; BSTH.

den Wünschen von König und Regierung zu votieren. In Wirklichkeit mochte der in Mathys Vorschlag enthaltene Plan eben der von der preußischen Regierung befürchtete sein, der die Berliner Behörden davor zurückscheuen ließ, zur Beibehaltung der Bundesversammlung irgendwelche Initiative zu ergreifen.

Mit Mathy sollte die Plenardebatte beendet sein; anschließend war eine Stellungnahme des Berichterstatters vorgesehen. Doch in diesem Augenblick trat ein nicht vorher angekündigter Redner ans Pult, Heinrich von Gagern.[60] Einige Abgeordnete hatten bereits mit Interesse bemerkt, daß an diesem Tag statt des Präsidenten der Vizepräsident von Soiron den Vorsitz führte. Andere wußten von Gagern selber, daß er sprechen wollte. Die Situation, in der Gagern eingriff, war, unabhängig von seiner Position in der Versammlung, außergewöhnlich. Das Haus hatte die Zahl der Reden begrenzt, und bei strikter Anwendung der Regeln konnte keine mehr gehalten werden. Schwerer wog noch die Frage nach der Zulässigkeit weiterer Anträge. Darüber hatte es bereits erbitterte Zusammenstöße gegeben. Zweifellos, was auch immer die genaue technische Lage sein mochte (über die einige Unklarheiten bestanden), mußte das Haus weitere Anträge unterbinden. Die Linke war entschlossen, diese Situation zu nutzen, um weiteres Nachdenken, etwa über die Abschaffung der Bundesversammlung, zu verhindern. So blieb es fraglich, ob das Parlament über einen von Gagern eingebrachten neuen Antrag abstimmen würde.

Als der Präsident vom Rednerpult aus zum Haus als einfacher Abgeordneter sprach, ließ sich die Meinung der Versammlung über den Gegenstand der Debatte noch nicht voll beurteilen, außer der Tatsache, daß die Mehrheit ein einzelnes Staatsoberhaupt vorzog. Die Gegensätze zwischen der Linken und den Gemäßigten, wobei das linke Zentrum eine Zwischenposition einnahm, waren noch nicht überbrückt. Die Linke wollte eine ausschließlich vom Parlament zu wählende und ihm untergeordnete Institution, die Gemäßigten dagegen wünschten eine – zumindest in der ersten Instanz – von den Regierungen nominierte Zentralgewalt, die der Versammlung zwar verantwortlich, aber nicht ihr Sklave sein sollte. In Verfassungsbegriffen ausgedrückt, ging es teilweise darum, ob die neue Institution dem Parlament direkt verantwortlich oder »unverantwortlich« mit verantwortlichen Ministern sein sollte. Das erste Konzept, das der Linken, war von Grund auf republikanisch. Und nur, wenn man die konstitutionelle Verantwortlichkeit auf die Minister beschränkte,

[60] I, 520 ff.

ließ sich eine monarchische Persönlichkeit zum provisorischen Oberhaupt des neuen Staates ernennen. In dieser Schlüsselfrage war der Antrag des linken Zentrums zweideutig. Der Begriff Präsident hatte einen republikanischen Klang, aber die einzige ausdrückliche Erwähnung von Verantwortlichkeit bezog sich auf die von ihm zu ernennenden Minister.

Nach seiner Gewohnheit kam Gagern nur langsam und allmählich auf den Kern seiner Rede. Anders als sein politischer Freund Mathy vermochte er nicht einzusehen, wie die Bundesversammlung weiterbestehen könne, sobald die Provisorische Zentralgewalt einmal eingeführt sei. Die Bundesversammlung war Exekutive und Legislative für ganz Deutschland gewesen. Die erste Funktion werde der neuen Institution übertragen, die zweite liege nun in Händen der Nationalversammlung. Aber man benötige ein anderes Gremium zur Vertretung der Staaten. Eine der ersten Handlungen der Provisorischen Zentralgewalt werde es zweifellos sein, der Nationalversammlung die Schaffung eines solchen Organs vorzuschlagen: sie müsse über die Staatsregierungen wirken und brauche eine verbindende Institution. Er könne sich nicht vorstellen, wie man die neue Zentralgewalt dazu bringen könne, jeden Beschluß der Nationalversammlung auszuführen. Dann kam Gagern auf den Hauptpunkt seiner Rede: das Verfahren zur Ernennung der Zentralgewalt. Aus prinzipiellen Gründen lasse sich kaum behaupten, die Regierungen hätten hierbei kein Mitspracherecht. Doch aus praktischen Erwägungen wich Gagern von den Vorschlägen des Ausschusses, sogar von denen Schoders und des linken Zentrums ab: »Meine Herren! Ich tue einen kühnen Griff ... wir müssen die provisorische Centralgewalt selbst schaffen.« (Langanhaltender, stürmischer Jubel.) Das sei der einzige Weg, rasch zum Ziel zu gelangen. Es wäre vielleicht etwas anderes gewesen, wenn die Versammlung ein Triumvirat hätte einsetzen wollen. Aber er stimme mit der Mehrheit des Hauses überein, welche die Autorität einer Einzelperson zu übertragen wünsche, nämlich einem Reichsverweser. Die Regierungen konnten vielleicht ein Dreierdirektorium billigen, aber kaum einen Reichsverweser. Man könne ihnen eine beträchtliche Verlegenheit ersparen, wenn die Versammlung an ihrer Stelle handle. Der Reichsverweser sei aus der »höchsten Sphäre« zu nehmen, es müsse ein Fürst sein, nicht weil, sondern obwohl er ein solcher sei. Auf diese Bemerkung folgten ein allgemeines wiederholtes »Bravo« und Händeklatschen unter den Abgeordneten und auf der Galerie. Er für seinen Teil könne nicht die erbitterten Gefühle gegen die Fürsten teilen, die zur Sprache gekommen seien. Liebe zu anderen Menschen sei ihm stets wesensgemäßer als Haß. Dies löste Beifallsrufe unter der Rechten aus, die nach der Terminologie Wigards – er gehörte zur Linken – auch das rechte Zentrum umschloß. Gagern schloß mit einem Appell zur Einigkeit.

Obwohl kein Name gefallen war, machte Gagern seine Vorschläge im Hinblick auf die Ernennung des Erzherzogs Johann zum Reichsverweser. Tatsächlich hatte Gagern offensichtlich zeitweilig erwogen, zur Wahl des Erzherzogs durch Akklamation aufzufordern. Vor seiner Rede hatte sich Gagern mit einzelnen Abgeordneten beraten,[61] aber er sprach nur für sich selber, nicht für eine parlamentarische Gruppe. Obwohl er sich über einzelne Punkte schon vorher im klaren war, improvisierte er vermutlich Teile seiner Rede. Viele seiner politischen Freunde innerhalb des rechten Zentrums zeigten sich bestürzt über die Wendung, welche die Debatte mit seiner Ansprache genommen hatte.[62] Als Gagern das Rednerpult verließ, war die Situation im Parlament völlig anders als einige Minuten vorher.

Einige von Gagerns Konzessionen gefielen zweifellos der Linken, vor allem seine Absage an die Bundesversammlung und sein Verzicht auf Zusammenarbeit mit den Regierungen bei der Einsetzung der Zentralgewalt. Andererseits öffnete sein Ersatz der drei Statthalter durch einen einzigen den Weg zu einer monarchischen Lösung, und Gagern verlangte ausdrücklich die Wahl eines Fürsten zum Reichsverweser. Dieser Teil seines Programms war der Linken, die sich noch immer für ein republikanisches Staatsoberhaupt einsetzte, unangenehm. Der Rest seiner Rede war von diesen wichtigen Fragen überschattet, und man schenkte seiner Forderung nach einer Vertretung der Länderregierungen kaum Beachtung.

Mit voller Absicht forderte Gagern von allen Seiten Konzessionen. Er war überzeugt, daß die neue Zentralgewalt nur dann Achtung gewinnen würde, wenn sie von der überwiegenden Mehrheit des Hauses und der durch sie vertretenen Schichten in der Öffentlichkeit anerkannt würde. Während der Debatten in den vergangenen Tagen hatte ihn das Schauspiel der Zwietracht betrübt, das ihm für ein auf seine nationale Einheit bedachtes Volk unwürdig schien. Er betrachtete sich nicht in erster Linie als Führer einer parlamentarischen Fraktion, sondern als das Gewissen des Parlaments, ja des deutschen Volkes.

---

[61] U. a. mit Detmold von der Rechten, der ihm sein Vorhaben auszureden suchte. Vgl. Detmolds Brief an Stüve vom 24. Juni; in Stüve, *Briefwechsel*, 50.

[62] Z. B. Haym, *Deutsche Nationalversammlung*, I, 31 f.

Gagern war der einzige Abgeordnete des Hauses, der diese Rolle spielen konnte. Sogar bei der Linken besaß er eine gewisse Autorität. Die Gemäßigten konnten ihn schwerlich desavouieren. Einige Mitglieder des rechten Zentrums hatten den Eindruck, er habe sie dadurch in Nachteil gebracht, daß er in seinem Auftreten die Rolle eines überparteilichen Volksführers mit der ihres politischen Mentors verquickte. In dieser Situation war die Linke taktisch viel freier als das rechte Zentrum. Den Gemäßigten waren – in dieser Hinsicht – die Hände gebunden, weil Gagern einer der ihren war.

Die Richtigkeit dieser Auffassung hängt davon ab, wie man die Stärke der verschiedenen Gruppen vor Gagerns Rede beurteilt. Beide Seiten sahen sich des Siegs beraubt – doch welche hatte wirklich gewonnen? Die Situation in der Versammlung blieb noch immer sehr verworren, da das rechte Zentrum in dieser Phase weniger straff organisiert war als die anderen Gruppen. Linke und linkes Zentrum wußten, auf wie viele Abgeordnete sie zählen konnten, das rechte Zentrum dagegen nicht. Zwei gut informierte Parlamentsmitglieder kamen am selben Tag zu verschiedenen Schlüssen. Detmold von der Rechten schrieb am 22. Juni an den hannoverschen Minister Stüve, der Mehrheitsbericht werde sicher angenommen, obwohl es einen Reichsverweser – den Erzherzog Johann –, statt der drei Direktoren geben werde.[63] Der württembergische Abgeordnete Gustav Rümelin dagegen, der zu dieser Zeit zum linken Zentrum gehörte, berichtete am selben Tag dem *Schwäbischen Merkur*,[64] die Linke werde in der Frage der Provisorischen Zentralgewalt im großen und ganzen siegreich sein. Er schrieb dies dem »Drang nach links« zu, der stets in der ersten Zeit nach einer Revolution vorherrsche. Wie immer die Kräfteverhältnisse in der Versammlung sein mochten: Rümelins allgemeine Beobachtungen trafen zweifellos in gewisser Weise zu. Die Linkstendenzen im Parlament wurden durch die Aktivisten im Land verstärkt. Die Frage war, ob die erste nachrevolutionäre Phase, der so häufig eine Reaktion folgt, schon an ein Ende gelangt war. In diesem Zusammenhang verfolgte man in Frankfurt aufmerksam die Entwicklungen in Frankreich, wo General Cavaignac den neuen Pariser Aufstand vom 23. Juni in den drei folgenden Tagen niederschlug.

---

[63] Stüve, *Briefwechsel*, 48.
[64] Rümelin *Aus der Paulskirche*, 19.

Verfahrensmäßig kam Gagerns Eingreifen in einem ungünstigen Augenblick. Die Debatte war bereits geschlossen, und weitere Anträge konnten kaum eingebracht werden. Gagerns Plan stimmte mit keinem der bereits vorliegenden Anträge überein, nicht einmal mit dem des linken Zentrums, denn er schlug einen monarchischen Reichsverweser, statt eines möglicherweise republikanischen Präsidenten vor. Auch lehnte Gagern die Verpflichtung der Provisorischen Zentralgewalt ab, alle Beschlüsse der Nationalversammlung auszuführen, was besser zu einer republikanischen Regierungsform gepaßt hätte. Andererseits ging Gagern noch weiter als das linke Zentrum, indem er die Ernennung der Provisorischen Zentralgewalt allein der Nationalversammlung vorbehalten wollte. Geschickt kombinierte er Elemente aus den einzelnen Vorlagen. Doch das erleichterte die Realisierung seiner Vorschläge keineswegs, so sehr man seinen Hauptempfehlungen, als er sie machte, auch Beifall gespendet haben mochte.

Dahlmann, der als Berichterstatter des Ausschusses unmittelbar anschließend sprach,[65] sah gewiß nicht ein, warum er Gagerns Anregungen akzeptieren sollte. Als Sprecher eines Gremiums konnte er das tatsächlich nicht tun, ohne sich mit seinen Kollegen beraten zu haben. Der Ausschuß hatte am Abend vorher seinen Bericht im Hinblick auf die Debatte erörtert und einige Verbesserungsvorschläge gemacht, vor allem hinsichtlich des Ersatzes der drei Direktoren durch einen Reichsverweser. Nach Dahlmanns Aussagen billigten neun der fünfzehn Ausschußmitglieder die Verbesserungsvorschläge. Mit einigem Recht griff die Linke die Art und Weise an, wie Dahlmann plötzlich das Haus mit Änderungen konfrontierte, ohne sie drucken zu lassen und die Geschäftsordnung des Hauses genau zu beachten. Woher konnte man tatsächlich wissen, ob die Neun zugestimmt hatten, wie Dahlmann behauptete? Bei dieser Frage ging es nicht um Dahlmanns fraglose Integrität, sondern um die Beständigkeit der Abgeordneten in einer Zeit fortwährender Veränderungen.

Der nächste Zug auf dem parlamentarischen Schachbrett illustrierte diese Schwierigkeit, im Namen anderer zu sprechen. Am 26. Juni kündigte Schoder an,[66] das linke Zentrum ziehe seinen Antrag zugunsten des von Blum und Trützschler eingebrachten zurück. Fast augenblicklich protestierten vierzehn Unterzeichner vom linken Zentrum gegen Scho-

[65] I, 522 ff. [66] I, 534, 538.

ders Erklärung[67] und stellten fest, sie hätten die Zurücknahme des Antrags nicht gebilligt. Das war der Anfang der Spaltung des linken Zentrums. Mit einer Ausnahme[68] weigerten sich alle Unterzeichner des Protests, sich der Wendung Schoders, Raveaux', Heinrich Simons und anderer Mitglieder des linken Zentrums *(Württemberger Hof)* nach links anzuschließen, was sie dazu veranlaßte, im Juli in der *Westendhall* ihren eigenen Klub zu gründen. Sein Spitzname »Die Linke im Frack« faßt seine Stellung ziemlich gut zusammen. Diese distinguierte, aber verhältnismäßig kleine Gruppe von etwa drei Dutzend Abgeordneten, von denen ein Drittel aus Preußen kam, verfolgte die allgemeinen Ziele der Linken ohne den Fanatismus, der sich in deren Bestrebungen zuweilen gezeigt hatte. Einen typischen *Westendhall*-Abgeordneten, den Rationalisten und ursprünglich katholischen Lehrer Theodor Paur[69] aus dem preußischen Schlesien, verdroß die Art, wie einige Abgeordnete der Linken die öffentliche Meinung ausschlachteten, um das Parlament einzuschüchtern. Für ihn bestand ein Hauptzweck des neuen Klubs darin, die Würde der Beratungen in der Paulskirche zu sichern.[70] Wie mehrere andere *Westendhall*-Mitglieder stand Paur der Kirche sehr kritisch gegenüber.

Die bedeutsamste Gruppe derer, die gegen die Zurücknahme des Antrags des linken Zentrums durch Schoder protestierten, umfaßte prominente Abgeordnete wie den Schriftsteller Biedermann aus Leipzig, den Juristen Robert Mohl und den Hamburger Anwalt Riesser, die im September, nach den Frankfurter Unruhen, das linke Zentrum verließen und im *Augsburger Hof* einen Klub gründeten, der mit dem rechten Zentrum zusammenarbeitete. Obwohl das Abstimmungsergebnis in der großen Debatte den allgemeinen Zielen des linken Zentrums insofern entsprach, als es einen Kompromiß darstellte, war dies doch der letzte große Sieg dieser Gruppe. Die Saat des Verfalls ging bereits auf.

Unabgeschreckt durch die Spaltung des linken Zentrums trachteten Schoder und Blum nach vollem Sieg. Gagerns Konzessionen ermutigten sie nur, die Durchsetzung eines im höchsten Grade radikalen Programms anzustreben. Das parlamentarische Verfahren gab ihnen eine starke Position, da sie die Zulassung weiterer Vorlagen verhindern

[67] I, 538.
[68] Dem Kieler Anwalt Hans Reimer Claussen, der in seinem deutschen Nationalismus wie in seinen allgemeinen politischen Anschauungen radikal war.
[69] Vgl. S. 235.
[70] Vgl. Paur, »Briefe«, z. B. Briefe vom 9. Juni und 12. August 1848 (9 f.; 41).

konnten. Nach Gagerns Rede nutzten sie die Verwirrung in den Reihen des rechten Zentrums voll aus, und es gelang ihnen, Änderungsanträge der Gemäßigten im Hinblick auf Gagerns Vorschläge zu unterbinden. Der präsidierende Vizepräsident Soiron besaß nicht Gagerns Geschick im Umgang mit der Versammlung. Allerdings muß man zugeben, daß Gagern selbst viele von Soirons Verfahrensschwierigkeiten geschaffen hatte.

Während die Linie, der die Linke zu folgen hatte, völlig klar war, befand sich das rechte Zentrum in tiefer Verwirrung. Bei einer inoffiziellen Zusammenkunft, an der am Abend des 25. Juni nahezu dreihundert Abgeordnete teilnahmen,[71] und zwar offensichtlich vorwiegend Gemäßigte, hieß es, man könne Gagern, da er Parlamentspräsident sei, nicht desavouieren. Dahlmann erwiderte, die Versammlung sei wichtiger als der Präsident und es sei alles zu tun, um ein Einverständnis mit den Regierungen zu wahren. Man diskutierte verschiedene Möglichkeiten, wie man den von Gagern vorgeschlagenen Wahlmodus mit dem Versuch vereinbaren könne, die Zustimmung der Regierungen zu erlangen. Bei der bekannten Entschlossenheit der Linken, weitere Verbesserungsanträge nicht zuzulassen, herrschte starke Skepsis darüber, ob ein konstruktives Vorgehen möglich sei. Die Linke im Vorgeschmack ihres Sieges sah nicht ein, warum sie den Gemäßigten helfen sollte, aus einem Dilemma herauszukommen, in das sie einer der ihren selber hineingebracht hatte. Nach einer sehr erbitterten Auseinandersetzung, an der sich besonders der Hamburger Anwalt Heckscher vom rechten Zentrum beteiligte, siegte die Linke im Verfahrensstreit. Nur diejenigen Punkte wurden in die zur Abstimmung kommenden Fragen aufgenommen, die schon vor Schluß der Debatte am 22. Juni zur Sprache gekommen waren. Die Formulierung dieser Abstimmungsfragen bildete die letzte, breite Hürde der langwierigen Debatte. Am 27. Juni begann die Versammlung mit einer Reihe namentlicher Abstimmungen.

Bis nach der Bekanntgabe der ersten Abstimmung war es nicht klar, wie sich die politischen Meinungen in der Versammlung verteilen würden. Der Historiker ist der Linken zu Dank verpflichtet, daß sie so häufig auf namentlicher Abstimmung bestand, denn die entsprechenden Protokolle stellen eine unschätzbare Quelle über das Verhalten der verschiedenen Gruppen dar. Die Linke und in gewissem Maß auch das linke Zentrum stimmten in dieser Zeit zweifellos mit größerer Konsequenz als das rechte Zentrum und die Rechte. Die rechte

[71] Nach Haym, *Deutsche Nationalversammlung*, I, 31 f.

Seite des Hauses war aus der Fassung geraten, und die gründlichere parlamentarische Gruppenorganisation des linken Zentrums und der Linken zahlte sich aus. Im Hinblick auf die einzelnen Abgeordneten wirken die Abstimmungsdokumente zuweilen merkwürdig, doch da die Protokolle Fehler enthalten, läßt sich nie mit Sicherheit sagen, ob diese Sonderheit auf persönlicher Inkonsequenz oder auf Irrtümern im Bericht beruht. Daneben aber gibt es noch genügend Belege dafür, daß es den Abgeordneten oft schwerfiel, zu einer Meinung zu kommen, sei es, weil sie keine allgemeinen Prinzipien gefunden hatten, die sich auf die fraglichen Punkte anwenden ließen, sei es auch, weil ein spezielles Problem zu verwickelt war. All diese Faktoren zeigen, welche Wirkung das Plenum auf die Abstimmung ausüben konnte, und sie widerlegen die Ansicht, alles sei schon vorher abgesprochen gewesen.

Die gesamte Stimmenzahl lag bei 550, obwohl das Haus mit den Abwesenden 587 Abgeordnete zählte.[72] Vinckes Amendement, die Zentralgewalt »vorbehaltlich des Einverständnisses mit den Regierungen« zu schaffen, wurde mit 513 gegen 31 Stimmen abgelehnt. Dreißig Abgeordnete schlugen sich durch dick und dünn für die Rechte der Länderregierungen. Sie setzten sich aus einigen Angehörigen der Rechten, wie Vincke, Radowitz und dem hannoverschen Anwalt Detmold, Freund des hannoverschen Ministers Stüve, ein paar Katholiken, die nicht an bestimmte Gruppen gebunden waren, wie dem Breslauer Bischof Diepenbrock und Döllinger, sowie einer Handvoll Abgeordneter zusammen, die sich später dem rechten Zentrum anschließen sollten. Die massive Ablehnung des Verbesserungsantrags ging sicher auch auf Gagerns Rede zurück. Und die Minderheit wäre vielleicht stärker gewesen, hätte man anonym bleiben dürfen.

Die Einführung einer Provisorischen Zentralgewalt wurde von einer großen Mehrheit prinzipiell gebilligt. Insofern entsprach das Resultat den Erwartungen, aber das nächste Abstimmungsergebnis ließ sich schwerer vorhersagen. Es ging um eine Klausel im gemeinsamen Antrag der Linken (Zitz, Blum, Schoder u. a.), wonach die Provisorische Zentralgewalt verpflichtet sein sollte, die Beschlüsse der Nationalversammlung zu veröffentlichen und zu vollziehen. Eine knappe Mehrheit lehnte die Bestimmung ab. Da dieses Abstimmungsergebnis die Meinungsverhältnisse in der Versammlung am Ende der Debatte besser als jedes andere erkennen läßt, sei es in der Tabelle 2 aufgegliedert.

[72] I, 622.

Tabelle 2

Antrag Zitz, Blum, Schoder u. a. »Die Provisorische Zentralgewalt hat die Beschlüsse der Nationalversammlung zu veröffentlichen und zu vollziehen.«

	Ja*	Nein	Abwesend	Insgesamt	Prozent (ca.) Insgesamt	Prozent (ca.) Nur Parteien
Rechte	—	38	5	43	7	10
Rechtes Zentrum**	20	126	10	156	27	37
Linkes Zentrum	100	16	5	121	21	29
Linke	97	—	4	101	18	24
Parteilos	41	101	13	155	27	—
Insgesamt:	258	281	37	576	100	100

Die Versammlung billigte nahezu einmütig die Bestimmung, die Ausarbeitung der Verfassung gehöre nicht in die Kompetenz der Zentralgewalt. Die Beteiligung der Nationalversammlung an Fragen von Krieg und Frieden und an Vertragsschlüssen wurde mit 396 gegen 142 Stimmen beschlossen. Die Nein-Stimmen kamen nicht nur von der Rechten, sondern vielfach auch vom rechten Zentrum und sogar von noch weiter links. Die von der Linken befürwortete Ernennung eines Präsidenten lehnte das Haus mit 355 gegen 170 Stimmen ab. Mit der Minderheit stimmten hier auch einige Abgeordnete des rechten Zentrums. Eine große Mehrheit sprach sich für die Übertragung der Provisorischen Zentralgewalt an einen Reichsverweser aus. Das Prinzip, daß er von der Nationalversammlung gewählt werden sollte, wurde mit 420 gegen 134 Stimmen gebilligt. Die Minderheit bildeten hier die Rechte und viele Angehörige des rechten Zentrums, unter ihnen Dahlmann, Beckerath und Beseler. Eine beträchtliche Anzahl Abgeordneter, die für die Wahl durch die Nationalversammlung

---

* Zahlen und *Parlaments-Kalender*. Laut offiziellem Protokoll (Hassler) stimmten 259 Abgeordnete mit Ja, 285 mit Nein. Die drei Quellen für die Abstimmungsergebnisse: Wigard, Hassler und *Parlaments-Kalender,* stimmen oft nicht überein. Hassler, der nur die reinen Ja- und Nein-Zahlen, wenn auch nicht immer genau, angibt, ist als offizielles Dokument zu bevorzugen.

** Diese Zahlen enthalten alle augenblicklichen oder künftigen Abgeordneten des rechten Zentrums, das sich formell Ende Juni konstituierte und bald ins *Casino* einzog, unter dessen Namen es bekannt wurde.

234

stimmten, veröffentlichten eine Erklärung, sie täten dies im Vertrauen darauf, daß die Regierungen zustimmten.[73]

Große Aufregung rief der Antrag hervor, der Reichsverweser solle nicht verantwortlich sein. Biedermann fragte Dahlmann als den Berichterstatter des Ausschusses, was dies genau zu bedeuten habe, aber Dahlmann – verärgert über die Art, wie man die Arbeit des Ausschusses behandelte – lehnte brüsk eine Auskunft ab. Die Klausel wurde mit 373 gegen 175 Stimmen gebilligt. Biedermann und seine Freunde vom linken Zentrum, wie Riesser, stimmten dagegen. Nach Bekanntgabe des Ergebnisses gab Riesser eine Erklärung dahingehend ab, er und seine Gruppe hätten nur abgelehnt, weil der Ausschuß die Auskunft verweigert habe. Sie hätten lediglich die Bestätigung gewollt, daß sich die »Nicht-Verantwortlichkeit« des Reichsverwesers allein auf Regierungsakte beziehe, für welche die Gegenzeichnung eines Ministers notwendig sei. Auch sie seien der Ansicht, daß der Reichsverweser solche Handlungen verfassungsmäßig nicht zu verantworten habe.[74]

Nur eine kleine Mehrheit lehnte in namentlicher Abstimmung die Auflösung der Bundesversammlung bei der Einführung einer Provisorischen Zentralgewalt ab. 510 stimmten dafür, 35 dagegen. Das Resultat entsprach dem ersten Votum. Eine deutliche Mehrheit billigte die Bestimmung, die Zentralgewalt habe so weit wie möglich bei Exekutivmaßnahmen das Einverständnis mit den Regierungen der Einzelstaaten anzustreben. Das ganze Gesetz[75] wurde mit 450 gegen 100 Stimmen gebilligt. Die Minderheit bestand vorwiegend aus der Linken, die sich mit einer nicht verantwortlichen monarchischen Persönlichkeit nicht abfinden konnte, aber auch aus einigen rechtsstehenden Abgeordneten, die wie Vincke meinten, die Rechte der Regierungen seien verletzt worden.

---

[73] I, 602 ff. [74] I, 611, 642.
[75] I, 621 f., 28. Juni; Text auch in Huber, *Dokumente*, I, 276 f.

8. Die Wahl Erzherzog Johanns

Nun war der Weg für die Wahl des Reichsverwesers frei, und es bestand wenig Zweifel, daß eine überwältigende Mehrheit für Erzherzog Johann stimmen würde. Nach kurzer Diskussion beschloß man, die Abgeordneten einzeln nach Abteilungen in alphabetischer Reihenfolge wählen zu lassen. Der Erzherzog erhielt 436 Stimmen, 52 fielen auf Heinrich von Gagern (der eine Kandidatur ablehnte und für den Erzherzog stimmte), Adam von Itzstein bekam 32 Stimmen, Erzherzog Stephan, der Palatin von Ungarn, eine. Es gab 25 Enthaltungen, 33 Abgeordnete fehlten.[76] Die Linke votierte für einen der unterlegenen Kandidaten oder enthielt sich der Stimme. Heinrich von Gagern, der das Präsidium wieder übernommen hatte, rief darauf feierlich Erzherzog Johann von Österreich als Reichsverweser über Deutschland aus.[77] Nationalversammlung und Galerie – die diesmal einig waren – stimmten ein dreimaliges »Hoch« an. Sämtliche Kirchenglocken der Stadt läuteten, und zur Feier des Tagesereignisses wurde Salut geschossen. In diesem Augenblick großer Begeisterung verstummten sogar die Zweifel zahlreicher Kritiker. Man wählte eine Delegation, um dem Erzherzog die Einladung der Versammlung zu überbringen.

Die Nationalversammlung hatte nicht nur ihre erste wesentliche Entscheidung getroffen, sondern sich auch in dem vorangehenden langwierigen Verfahren viel besser kennengelernt. Nach der Abstimmungsserie mußte die Linke einsehen, daß sie das Haus ohne Hilfe nicht zu beherrschen vermochte. Jedoch konnten sich auch die Gemäßigten keiner Mehrheit versichern, solange sie nicht wirksamer organisiert waren oder einen beträchtlichen Einbruch ins linke Zentrum erzielt hatten. Beides geschah, zunächst das erste, später das zweite. Ende Juni sah, nach der Formierung des rechten Zentrums und dem Auszug der extremen Linken aus dem *Deutschen Hof* in ihr eigenes Hauptquartier im *Donnersberg*, die Parteienstärke etwa folgendermaßen aus:

[76] I, 628 ff.
[77] I, 638, 29. Juni.

Tabelle 3

	Anzahl	Prozent (sämtliche)	Prozent (nur Parteien)
Rechte (hauptsächlich *Steinernes Haus*, viele aber noch keiner parlamentarischen Gruppe zugehörig)	43	7,5	10
Rechtes Zentrum *(Hirschgraben*, jedoch bald ins *Casino* übergesiedelt, der Name, unter dem es bekannt wurde)	156	27	37
Linkes Zentrum *(Württemberger Hof)*	121	21	29
Linke *(Deutscher Hof)*	55	9,5	13
Extreme Linke *(Donnersberg)*	46	8	11
Parteilos	155	27	—
Insgesamt:	576	100	100

Die größte Schwierigkeit in der parlamentarischen Arbeit bildete noch immer der hohe Anteil an Abgeordneten, die zu keiner Gruppe gehörten. Diese Kategorie bestand vorwiegend aus Katholiken, besonders kirchlichen Würdenträgern, und aus Parlamentariern, die sich noch nicht hatten entscheiden können und möglicherweise für die Art von Kompromiß waren, den das linke Zentrum vertrat. Nur eine Minderheit der parteilosen Abgeordneten stand der Linken nahe. Die Katholiken neigten hauptsächlich zum rechten Zentrum oder zur Rechten.

Ohne die Parteilosen verfügten Rechte und rechtes Zentrum nur knapp über die absolute Mehrheit. Die Schlüsselposition hatte das linke Zentrum inne, das sein Gewicht entweder nach rechts oder nach links verlegen konnte.

Da die Abgeordneten nicht über eindeutig umrissene Parteien in unserem Sinn ins Parlament gekommen waren, ließ sich zu Beginn nur ein allgemeiner Hinweis auf die Wahlresultate geben.[78] Der Zusammenschluß der meisten Abgeordneten in fünf Gruppierungen Ende Juni gestattet zum erstenmal, eine politische Karte Deutschlands anzulegen, obwohl eine Analyse der Länderparlamente andere und im ganzen radikalere Ergebnisse liefern würde. Gewisse Verallgemeinerungen lassen sich für einzelne Landesteile treffen. Trotz der Freiheit

[78] Vgl. S. 84 ff.

der Abgeordneten, sich der parlamentarischen Gruppe ihrer eigenen Wahl anzuschließen, repräsentierten die meisten Volksvertreter – wie zu erwarten war – nicht nur zur Zeit der Wahl, sondern ebenso später innerhalb weiter Grenzen die öffentliche Meinung ihrer Wahlkreise. Sie versuchten, in Verbindung mit ihren Wählern zu bleiben, deren Ansichten anzuhören und darüber hinaus auch durch Korrespondenz, durch Artikel in der örtlichen Presse und möglichst oft auch durch lokale Versammlungen auf die Meinungsbildung einzuwirken. Diese Bemühungen um eine Übereinstimmung hatten nicht immer Erfolg, wie die Bestrebungen einiger Wahlkreise zeigen, ihre Abgeordneten abzuberufen und neue Wahlen abzuhalten, obwohl die Antragsteller nicht unbedingt für ihre ortsansässigen Mitbürger repräsentativ waren.

Die beiden folgenden Tabellen 4a und 4b zeigen die Parteizugehörigkeit der Abgeordneten nach den von ihnen vertretenen Einzelstaaten. Die erste Aufstellung ordnet sie nach acht Ländergruppen, die zweite bringt zwanzig Unterabteilungen, um ein detailliertes regionales Bild zu vermitteln. Tabelle 4a und 4b

	Rechte	Rechtes Zentrum	Linkes Zentrum	Linke	Extreme Linke	Parteilos	Insgesamt	Prozent (ca.)
Habsburgisches Kaiserreich	7	13	17	7	9	64	117	20
Preußen	25	85	33	6	12	39	200	35
Bayern	7	15	20	6	4	17	69	12
Sachsen (Königreich)	—	1	2	12	7	2	24	4,3
Hannover	2	10	8	—	—	7	27	4,7
Baden	—	3	1	4	8	2	18	3,1
Württemberg	—	2	11	10	1	4	28	4,9
Kleine Staaten	2	27	29	10	5	20	93	16
Insgesamt	43	156	121	55	46	155	576	100
Prozent (ca.) Sämtliche	7,5	27	21	9,5	8	27	100	
Prozent (ca.) Nur Parteien	10	37	29	13	11	—	100	

	Rechte	Rechtes Zentrum	Linkes Zentrum	Linke	Extreme Linke	Parteilos	Insgesamt	Prozent (ca.)
A. *Habsburgisches Kaiserreich*								
I. Ober- und Niederösterreich, Tirol	4	9	7	4	2	29	55	9,6
II. Steiermark, Kärnten, Krain, Adriagebiete	3	1	2	1	3	18	28	4,9
III. Böhmen, Mähren, Schlesien	—	3	8	2	4	17	34	5,9
B. *Preußen*								
I. Brandenburg, Pommern, Schlesien, Sachsen	14	44	16	5	8	16	103	18,0
II. Ost- und Westpreußen, Posen	4	25	2	—	1	12	44	7,6
III. Westfalen und Rheinprovinz	7	16	15	1	3	11	53	9,2
C. *Bayern*								
I. Hauptteil	7	15	19	—	1	17	59	10,2
II. Rheinpfalz	—	—	1	6	3	—	10	1,7
D. *Andere Mittelstaaten*								
I. Sachsen (Königreich)	—	1	2	12	7	2	24	4,2
II. Hannover	2	10	8	—	—	7	27	4,7
III. Baden	—	3	1	4	8	2	18	3,1
IV. Württemberg	—	2	11	10	1	4	28	4,9

E. *Kleine Staaten*

I. Schleswig-Holstein und Lauenburg	—	5	4	—	—	2	11	1,9
II. Hamburg, Bremen, Lübeck	2	2	—	—	—	1	5	0,9
III. Mecklenburg	—	1	4	—	1	2	8	1,4
IV. Oldenburg, Braunschweig, Lippe, Anhalt	—	7	2	1	—	4	14	2,5
V. Thüringische Länder*	—	3	6	3	1	1	14	2,5
VI. Hessen**	—	8	12	5	3	4	32	5,5
VII. Hohenzollern und Liechtenstein	—	—	—	1	—	2	3	0,5
VIII. Luxemburg und Limburg	—	1	1	—	—	4	6	1,0
Insgesamt	43	156	121	55	46	155	576	100,0
Prozent (ca.) Sämtliche	7,5	27	21	9,5	8	27		100
Prozent (ca.) Nur Parteien	10	37	29	13	11	—		100

Unter den Abgeordneten aus dem habsburgischen Kaiserreich war die Anzahl der nicht gruppengebundenen größer als unter denen aus dem übrigen Deutschland. Der Durchschnitt der Parteilosen lag für die ganze Nationalversammlung bei 27 Prozent, bei den österreichischen Vertretern dagegen bei 55 Prozent. In Deutschland außerhalb des Habsburgerreiches betrug er 20 Prozent.

Abgesehen von den Parteilosen, gab es in der politischen Zusammensetzung innerhalb der einzelnen Staaten beachtliche Unterschiede. Im *Habsburgischen Kaiserreich* war die extreme Linke verhältnismäßig stark vertreten. In *Preußen* schnitt sie mit elf Prozent (24 Prozent[79]) insgesamt schlechter ab. Das linke Zentrum lag mit 20 Prozent (29 Prozent) unter dem Durchschnitt. Das rechte Zentrum stand mit 53 Pro-

---

* Sächsische Herzogtümer, Schwarzenburg, Reuß.
** Kassel, Darmstadt, Nassau, Homburg, Waldeck, Frankfurt.
[79] Die Zahlen in Klammern geben den nationalen Durchschnitt an.

zent (37 Prozent) besonders und die Rechte mit 16 Prozent (10 Prozent) recht gut. Gliedert man Preußen in drei Gruppen auf (vgl. Tabelle 4b), so erzielte die Linke – auch wenn sie noch immer schwach war – im zentralen Gebiet (Brandenburg, Pommern, Schlesien und Sachsen) die besten Resultate und in den Ostgebieten (Ost- und Westpreußen, Posen) die schlechtesten. Das linke Zentrum überschritt seinen nationalen Durchschnitt nur im Westen (Westfalen und Rheinprovinz), schnitt schlecht im Zentralgebiet und katastrophal im Osten ab. Das rechte Zentrum stand im Osten glänzend, in den zentralen Provinzen gut über dem Durchschnitt und hielt sich im Westen, wo die Katholiken am stärksten konzentriert waren, im Rahmen des Durchschnitts. Die Rechte hatte im Westen (dank den westfälischen Wahlsiegen) und in der Mitte am meisten Erfolg. Selbst noch im Osten, wo sie weniger Anklang fand, lag sie über dem nationalen Durchschnitt.

Für *Bayern* stellt die zweite Tabelle den Unterschied zwischen dem Kernland und der isolierten Rheinpfalz deutlich heraus. In der Rheinpfalz wählte man fast geschlossen links, während in den übrigen Teilen die Linke nur einen Abgeordneten durchbrachte. Das linke Zentrum lag weit mit 45 Prozent (29 Prozent) über dem Durchschnitt, das rechte Zentrum erreichte ihn, und die Rechte ragte mit 17 Prozent (10 Prozent) gut darüber hinaus.

In *Sachsen* fielen 87 Prozent der Sitze an die Linke, während sie im nationalen Durchschnitt nur 24 Prozent erhielt. Dies ließ dem linken Zentrum, das 9 Prozent (29 Prozent) errang, nur wenig Spielraum. Das rechte Zentrum wurde mit 4,5 Prozent (27 Prozent) noch vernichtender geschlagen, und die Rechte war überhaupt nicht vertreten.

Hannover hatte unter seinen Abgeordneten in der Nationalversammlung keinen einzigen Vertreter der Linken. Rechtes und linkes Zentrum gelangten über den Durchschnitt, den die Rechte eben erreichte.

In *Baden* schnitt die Linke mit 75 Prozent der Vertreter fast so gut wie in Sachsen ab. Das rechte Zentrum kam nur auf die Hälfte seiner durchschnittlichen Stärke, und dem linken Zentrum erging es bei der Konkurrenz der Linken sehr schlecht; die Rechte fehlte.

In *Württemberg* sicherten sich Linke und linkes Zentrum je 46 Prozent. Die übrigen rund 8 Prozent fielen an das rechte Zentrum. Die extreme Linke hatte nur einen Abgeordneten, so daß die große Mehrheit der Sitze dem linken Zentrum im *Württemberger Hof* und der von Robert Blum geführten Linken im *Deutschen Hof* zufiel, wobei die erstere ein leichtes Übergewicht hatte.

Das übrige Land – die kleineren Staaten – entsprachen dem nationalen

Durchschnitt nur im Fall der Linken und des rechten Zentrums. Das linke Zentrum hatte sich von 29 auf 40 Prozent erhöht; die extreme Linke mit 7 Prozent (11 Prozent) und die Rechte mit 2,7 Prozent (10 Prozent) fielen erheblich ab.

Die regionale Stärke und Schwäche jeder Partei ergibt sich aus den Aufstellungen, vor allem aus Tabelle 4a. Die Linke stützte sich hauptsächlich auf ihre Kontingente aus Sachsen (19), Preußen (18), dem Habsburgerreich (16), Baden (12), Württemberg (11), der Rheinpfalz (9), den hessischen Ländern (8) und den thüringischen Gebieten (4). Ihre verhältnismäßig starke Abhängigkeit von den kleineren Ländern wirkte sich bestimmt auf die Politik der Linken aus. Jenen Staaten, die nicht mit einer Führungsrolle rechnen konnten, fiel es leichter als den großen, sich der Autorität eines Zentralorgans zu unterwerfen. Der Anteil der einzelnen Regionen an den parlamentarischen Gruppen der Linken verstärkte eine vorhandene Tendenz zum Zentralismus, die zur Lehre der Linken gehörte, und vertiefte die Kluft zur preußischen Monarchie noch mehr.

Im linken Zentrum bildeten die Vertreter Preußens (33) *absolut* bei weitem die größte Gruppe, doch *relativ* zu anderen Parteien schnitt das linke Zentrum am besten (in dieser Reihenfolge) in Württemberg, Bayern und Hannover ab, also in Gebieten, in denen die partikularistischen Gefühle stark ausgebildet waren. Es war in allen Landesteilen fast gleichmäßig gut verteilt, ausgenommen dort, wo die Linke einen zu kräftigen Konkurrenten bildete, nämlich in Baden und Sachsen.

Das rechte Zentrum schnitt relativ und daher auch absolut (wegen der Stärke der preußischen Vertretung) am besten in Preußen ab. Die 85 Abgeordneten von dort stellten 55 Prozent aller Vertreter dieser Partei dar. Gut schnitt sie auch in Hannover ab, aber schlecht in Baden, schlechter noch in Württemberg und am schlechtesten in Sachsen. Das preußische Übergewicht machte diese Gruppe zur offenkundigen Ausgangsbasis für den Kampf um die preußische Hegemonie.

Auch die Rechte bezog die Mehrheit ihrer Mitglieder aus preußischen Wahlkreisen, und zwar mit 58 Prozent in noch höherem Maße. Relativ stand sie in Bayern etwas besser als in Preußen. Das einzige weitere starke Kontingent kam aus dem habsburgischen Kaiserreich. In Staaten mit radikaler Vorherrschaft wie Sachsen, Baden und Württemberg war sie überhaupt nicht vertreten. Abgesehen von ihrer geringen Zahl, litt die Rechte noch unter mangelnder Geschlossenheit.

Dies also war die Struktur der Versammlung, die Erzherzog Johann[80] aufforderte, das Amt des Reichsverwesers zu übernehmen. Diese Wahl, die in weiten Kreisen Anklang fand, war aus verschiedenen Gründen zustande gekommen. Erzherzog Johann gehörte zu der in hohem Ansehen stehenden Habsburgerdynastie, die so lange die kaiserliche Krone des Heiligen Römischen Reichs getragen hatte, war aber nicht mit dem Metternich-Regime verbunden. Der Erzherzog hatte vielmehr häufig seine Sympathie für die liberale und auch für die nationale Bewegung in Deutschland bekundet. Er war sowohl ein Gegner Napoleons als auch Metternichs gewesen. Durch seine Ehe mit der Tochter eines Dorfpostmeisters war seine Popularität noch größer geworden. Im Mai 1848 wurde der Sechsundsechzigjährige in Wien zum Stellvertreter seines geistesschwachen Neffen, des Kaisers Ferdinand, und damit praktisch zum dortigen Regenten eingesetzt. Man brauchte ihn in Österreich wie in Deutschland, und als er die Einladung der Deutschen Nationalversammlung erhielt, nahm er an und traf am 11. Juli 1848 in Frankfurt ein.

Die erste offizielle Handlung des Reichsverwesers in Frankfurt bildete sein Besuch in der Nationalversammlung, wo ihn der Präsident, Heinrich von Gagern, im Namen des Hauses begrüßte und willkommen hieß, ihn bat, der neuen Aufgabe seine ungeteilte Aufmerksamkeit zuzuwenden, und ihm die volle Unterstützung durch die Versammlung zusagte. Das Gesetz über die Einführung der Provisorischen Zentralgewalt wurde in aller Form vor dem Erzherzog verlesen, der versicherte, in Übereinstimmung damit handeln zu wollen und Schritte zu unternehmen, um sich von seinen Pflichten in Österreich entbinden zu lassen.[81] Bezeichnenderweise galt erst sein zweiter Besuch der Bundesversammlung, die den Erzherzog bereits am Tag seiner Wahl zum Reichsverweser aufgefordert hatte, das Amt anzunehmen. Bei dieser Zeremonie übertrug der österreichische Präsidialdelegierte von Schmerling im Namen der deutschen Regierungen die Ausübung der verfassungsmäßigen Pflichten der Bundesversammlung auf die Provisorische Zentralgewalt. Der Wortlaut der Erklärung[82] läßt sich auf verschiedene Art deuten. Den Fortbestand des mit der Bundesversammlung nicht identischen Deutschen Bundes hatte man sich möglicherweise vorbehalten. Vielleicht ließ man sich auch eine spätere Neubelebung der Bundesversammlung offen. Für den Augenblick hatte die Bundesversammlung aufgehört zu bestehen.

[80] ADB XIV; Theiss, *Erzherzog Johann;* BSTH.
[81] II, 844. [82] Huber, *Dokumente*, I, 277.

Obwohl die Bundesversammlung das Spiel mitmachte, bedeutete das nicht unbedingt, daß die Staatsregierungen tatsächlich bereit waren, die Anordnungen der Zentralgewalt zu befolgen. Alles kam auf das Verhalten der beiden Großmächte an. Die Wahl eines Habsburgers war weit mehr eine Geste gegenüber den Ideen der »Großdeutschen«, also jener Leute, welche die Donaumonarchie (oder zumindest deren deutsche Provinzen) ins neue Deutschland aufgenommen wissen wollten, als gegenüber Österreich selber. Für die Österreicher war sie gewiß besser als die Wahl eines Preußen, aber man konnte von ihnen nicht auch noch erwarten, daß sie sich begeistert zeigen würden; die Schwierigkeiten in den Beziehungen zwischen dem habsburgischen Kaiserreich und Deutschland blieben jedenfalls so groß wie zuvor. Hof und Regierung in Österreich mußten sich zweifellos allen Versuchen der deutschen Zentralgewalt widersetzen, die zum Deutschen Bund gehörigen österreichischen Territorien so zu behandeln, als unterstünden sie der Frankfurter Zentralgewalt.

Der preußische König und seine Regierung mochten den österreichischen Reichsverweser noch weniger. Gewiß hatte Friedrich Wilhelm IV. eine gewisse Sehnsucht nach dem Heiligen Römischen Reich mit einem habsburgischen Oberhaupt, doch ein von einer demokratischen Versammlung gewählter österreichischer Fürst war eine andere Sache. Ein österreichischer Reichsverweser war, wie die Ereignisse zeigen sollten, nicht unvereinbar mit einem künftigen permanenten preußischen Kaiser. Doch mittlerweile zeigte die Wahl eines Österreichers an, wie tief das Ansehen des preußischen Staates gesunken war.

Da der Reichsverweser Österreicher war, kam es um so mehr darauf an, Schlüsselstellungen in der vom Erzherzog einzusetzenden Regierung erstrangigen preußischen Persönlichkeiten anzuvertrauen. Doch der Versuch, Camphausen zu gewinnen, der eben als preußischer Ministerpräsident zurückgetreten war, schlug fehl. Nach seiner Absage wurde Camphausen zum preußischen Bevollmächtigten in Frankfurt ernannt. Es erwies sich als unmöglich, einen anderen Preußen von gleicher Bedeutung zu finden. Ein aktiver General, von Peucker, der nicht der Nationalversammlung angehörte, wurde Kriegsminister. Beckerath, ein rheinischer Liberaler und *persona grata* bei Friedrich Wilhelm IV., bekam das Finanzministerium. Die stärkste Persönlichkeit in der neuen Regierung war Schmerling, der das Innenministerium übernahm – bei der verworrenen Lage des Landes eine Schlüsselposition. Der Hamburger Anwalt Heckscher wurde Außenminister und übernahm damit eine andere dornige Aufgabe. Robert Mohl erhielt das Justizministerium, Handelsminister wurde der Bremer Kaufmann Arnold Duckwitz,[83] der keinen Sitz in der Versammlung hatte. Zuerst wurde Fürst Karl von Leiningen, ein Halbbruder der Königin Victoria, Präsident des Reichsministeriums. Er hatte sich für die Stärkung der Zentralgewalt gegenüber den Einzelstaaten eingesetzt.[84] Auch Leiningen gehörte dem Parlament nicht an. Unter den Staatssekretären befanden sich mehrere prominente Abgeordnete, so Mathy und Bassermann aus Baden, Max von Gagern aus Nassau und der Volkswirtschaftler Fallati[85] aus Württemberg. Die Parlamentarier kamen sämtlich aus der Mitte, und zwar eher aus der rechten *(Casino)* als aus der linken *(Württemberger Hof)*.

Die Regierungsbildung war erst im August abgeschlossen, nachdem der Reichsverweser von einem kurzen Besuch in Österreich, wo er seine Pflichten als Stellvertreter des Kaisers abwickelte, nach Frankfurt zurückgekehrt war. Inzwischen erließ der Kriegsminister, der preußische General Peucker, am 16. Juli eine Verfügung an die Kriegsminister der einzelnen Staaten,[86] die sich tief auf die Beziehungen zwischen der Zentralgewalt und den Regierungen auswirkte. Peucker hatte sein Amt nur unter der Bedingung übernommen, daß er nicht gegen seinen König und Oberbefehlshaber zu handeln hätte und daß der Fortbestand der preußischen Armee nicht in Frage gestellt werde. Das Schreiben ging nicht ganz so weit, dem Militär der einzelnen Staaten einen Treueid auf den Reichsverweser abzuverlangen, aber es enthielt die Anweisung, vor den Einheiten eine beigefügte Erklärung zu verlesen, die durch ein ›Hoch‹ auf den Reichsverweser ihre Huldigung zum Ausdruck bringen sollte. Das Schreiben forderte außerdem die Kriegsminister auf, sich in Angelegenheiten, die in die Zuständigkeit des Reichskriegsministers fielen, mit General von Peucker in Verbindung zu setzen und ihre Truppen anzuweisen, daß sie unter außergewöhnlichen Umständen dem unmittelbaren Befehl des Reichskriegsministers unterständen. Dieser Erlaß, im Grunde die erste eigentliche Maßnahme der neuen Zentralgewalt bezüglich der Landesregierungen, förderte augenblicklich das vielleicht schwierigste Problem zwischen Frankfurt und den Landeshauptstädten zutage. Jeder Herrscher betrachtete den Befehl über das Heer als Teil seiner Prärogative und er fand im Widerstand gegen Frankfurt wahr-

[83] ADB XLVIII; Duckwitz, *Denkwürdigkeiten;* BSTH.
[84] Valentin, *Leiningen;* Eyck, *Prinzgemahl Albert.*
[85] ADB VI; Klüpfel, »Fallati«; BSTH.
[86] Huber, *Dokumente,* I, 278 f.

scheinlich Unterstützung bei seinen Ministern, deren Verbleiben im Amt und möglicherweise auch deren persönliche Sicherheit von der uneingeschränkten Kontrolle der Einzelstaaten über das Militär abhängen konnte. Es war höchst unklug, jene Verfügung zu erlassen, ohne vorher sowohl die Reaktion der Landesregierungen in weniger wichtigen Angelegenheiten erprobt zu haben, als auch diesen Schritt ohne volle Mitwirkung des Reichsverwesers zu tun.

Es bedeutete nicht viel, daß die mittleren und die kleinen Staaten Peuckers Anweisungen ausführten. In Österreich veranstaltete nur das Wiener Militär eine Parade, und der Kriegsminister, von Latour, protestierte gegen Peuckers Vorgehen beim Reichsverweser, der sich von seinem Minister distanzierte. Der preußische König und seine Regierung waren entschlossen, sich dieser Einmischung bis zum Äußersten zu widersetzen. Weder in Preußen noch in Hannover fand eine Parade statt. In Bayern verband man das Lebehoch auf den Reichsverweser mit Hochrufen auf den bayerischen König und ließ so die Frage offen, wer Oberkommandierender sei. Peucker konnte sich darauf berufen, er wolle nur einen Abschnitt des Gesetzes über die Zentralgewalt zur Anwendung bringen, das ihr das Oberkommando über alle Streitkräfte einräume. Aber es war eine Sache, wenn die Frankfurter Nationalversammlung auf dem Papier Macht verlangte, und eine andere, wenn sie diese ausüben wollte.

Peuckers Erlaß belastete die Beziehungen zwischen Frankfurt und den größeren Landesregierungen vom ersten Augenblick an. Diese Spannung mußte nicht nur die innenpolitische Wirksamkeit der Zentralgewalt beeinträchtigen, sondern auch ihr Ansehen im Ausland schwächen und sich so auf die Chance der diplomatischen Anerkennung und auf das Mitspracherecht in so wesentlichen Dingen wie der Schleswig-Holstein-Frage nachteilig auswirken.[87]

[87] Vgl. S. 288 ff.

VI. DIE GRUNDRECHTE DES DEUTSCHEN VOLKES

1. Verfassungsausschuss — Volkswirtschaftlicher Ausschuss

So wichtig die Einsetzung einer Provisorischen Zentralgewalt gewesen sein mochte: Die Hauptaufgabe der Versammlung blieb, eine endgültige Verfassung zu erarbeiten. Am 24. Mai hatten die Abteilungen einen dreißigköpfigen Verfassungsausschuß gewählt, der dem Plenum Vorschläge unterbreiten sollte.[1] Da die Verfassungsbestimmungen weitreichende Auswirkungen haben mußten, hatte der Ausschuß mit anderen Fachausschüssen zusammenzuarbeiten: in erster Linie mit dem Volkswirtschaftlichen Ausschuß, der am selben Tag gewählt wurde und ebenfalls aus dreißig Mitgliedern[2] bestand.

Obwohl beide Ausschüsse von den Abteilungen bestimmt wurden, unterschieden sie sich in der politischen und persönlichen Zusammensetzung. Die Linke war in beiden fast gleich schwach vertreten: mit fünf Vertretern im Verfassungs- und sechs im Volkswirtschaftlichen Ausschuß. Das linke Zentrum dagegen hatte mit acht Abgeordneten im Volkswirtschaftlichen Ausschuß eine doppelt so starke Vertretung wie im Verfassungsausschuß. In diesem besaß das rechte Zentrum (Casino) die Mehrheit, während es im Volkswirtschaftlichen Ausschuß lediglich die stärkste Gruppe bildete. Die Rechte entsandte in beide Ausschüsse je drei Vertreter.

So ermöglichte es die parteipolitische Kräfteverteilung dem rechten Zentrum, den Verfassungsausschuß zu beherrschen. Obwohl man in einigen seiner Unterausschüsse Sorge trug, daß möglichst viele verschiedene Meinungen vertreten waren, gehörten die drei Abgeordneten, die auf die Arbeit des Ausschusses den größten Einfluß ausübten, Dahlmann, Georg Beseler und Droysen, alle zum Casino. Dahlmanns hervorragende Stellung ist leicht erklärlich. Er galt als der wohl bedeutendste akademische Verfassungstheoretiker Deutschlands und hatte entscheidenden Anteil an den — freilich verfrühten — Vorschlägen der »Siebzehn Männer des Öffentlichen Vertrauens« und an der Arbeit des Ausschusses gehabt, der sich mit der Zentralgewalt befaßte.

[1] und [2] Über die Namen vgl. I, 88.

Wie Dahlmann war auch Georg Beseler durch seine akademischen Arbeiten qualifiziert, als Experte mitzuwirken. Beseler wurde 1809 im schleswigschen Husum als Untertan des dänischen Königs geboren, studierte Rechtswissenschaften, wurde jedoch in Kiel nicht als Anwalt zugelassen, weil er sich weigerte, dem dänischen König den Huldigungseid zu leisten. Politische Schwierigkeiten beendeten seine akademische Karriere in Kiel. Er setzte seine Studien in Göttingen fort, wo Dahlmann – der Kiel ebenfalls verlassen hatte, nachdem er für die Rechte der Herzogtümer eingetreten war – einer seiner Lehrer war. Nach mehreren anderen akademischen Stellungen erhielt Beseler einen Ruf auf einen juristischen Lehrstuhl an der preußischen Universität Greifswald. Er war eine Autorität auf dem Gebiet der Rechtsgeschichte, speziell für die Frage der Rezeption des römischen Rechts in Deutschland. Obwohl er die Vorteile einer Ausbreitung des römischen Rechts erkannte, bedauerte er andererseits, daß sich nicht mehr von dem erhalten hatte, was seiner Ansicht nach eine germanische Tradition politischer Freiheit gebildet hatte.[2a] Wie Dahlmann bewunderte er England. Während dieser – obwohl er seinen Standpunkt in bezug auf deutsche Ansprüche niemandem gegenüber preisgab – sich hauptsächlich bemühte, eine konstitutionelle Monarchie zu errichten, für die er auch in Hannover gekämpft hatte, kam es seinem Schüler Beseler mehr darauf an, den neuen Staat auf typisch deutschen Fundamenten zu errichten.

Auch das dritte Mitglied des führenden Trios im Verfassungsausschuß, Droysen, war ein norddeutscher Protestant, den viel mit Schleswig-Holstein verband. Dahlmann und Beseler kamen aus Beamtenfamilien, Johann Gustav Droysen war in einem Pfarrhaus geboren und tief gläubig. Anders als Dahlmann, der als schwedischer, und Beseler, der als dänischer Untertan zur Welt kam, war Droysen von Geburt Preuße. Er war ein Jahr älter als Beseler, studierte Geschichte und spezialisierte sich ursprünglich auf die griechische Antike, in der ihm besonders Alexander der Große interessierte. Wie andere namhafte deutsche Gelehrte dieser Epoche zog ihn das Studium der Antike an, weil es dort zahlreiche Institutionen gab, die er im zeitgenössischen Deutschland vermißte, so etwa eine starke staatliche Organisation. 1846 veröffentlichte er eine Geschichte der deutschen Freiheitskriege gegen Napoleon.[3] 1840 erhielt er einen Lehrstuhl für Geschichte in Kiel.

[2a] ADB XLVI; NDB; BSTH; G. Beseler, *Erlebtes;* H. v. Beseler, »*Aus Georg Beselers Briefen*«. [3] *Geschichte der Freiheitskriege,* 3 Bde.

In den Elbeherzogtümern nahm er wesentlichen Anteil an der Förderung der deutschen Sache. 1848 entsandte ihn die provisorische Regierung Schleswig-Holsteins als ihren Vertreter bei der Bundesversammlung nach Frankfurt, und er wurde einer der »Siebzehn Männer des Öffentlichen Vertrauens«. Ein schleswig-holsteinischer Wahlkreis wählte ihn in die Nationalversammlung.[4] Während Dahlmann und Beseler im Plenum als Berichterstatter auftraten, sprach Droysen nie in der Versammlung,[5] und daher erfuhr die Galerie so gut wie nichts von einem der einflußreichsten Abgeordneten der Frankfurter Nationalversammlung. Als Schriftführer des Verfassungsausschusses verfaßte Droysen einen Bericht über dessen Arbeiten, dessen ersten Teil er 1849 veröffentlichte.[6] Droysens politische Überzeugungen im Jahr 1848 lassen sich nicht leicht zusammenfassen, da sich in ihnen verschiedene Elemente verbanden. Die Gültigkeit und Bedeutung historischer Rechte beurteilte er weit skeptischer als Dahlmann und Beseler, obwohl er nicht anstand, sich in der Frage der Elbherzogtümer auf sie zu berufen. Ein gewisser Dynamismus in seinen politischen Anschauungen rief die Erinnerungen an einige preußische Führergestalten im Kampf gegen Napoleon hervor, denen er in seinen Arbeiten ein Denkmal setzte. Eine Mischung aus Religiosität und der Überzeugung, aus einer Analyse der Vergangenheit fast unfehlbar die Zukunft vorhersagen zu können, entwickelte in ihm einen gewissen sittlichen Übereifer, der ihn unduldsam gegen diejenigen machte, die er im Irrtum wähnte. Er glaubte, Preußen sei dazu vorherbestimmt, die Führung in Deutschland zu übernehmen. Zwar hatte er von den anderen Mächten Widerstand erwartet, doch war er überrascht, wie sehr sich gerade Preußen diesen Plänen widersetzte. Droysens Laufbahn illustriert die Schwierigkeit, politische Aktivität mit der Unvoreingenommenheit des Historikers zu vereinen. Sonderbarerweise beruhten Droysens größte Fehlberechnungen 1848 – etwa, daß er den tiefverwurzelten Partikularismus des preußischen Staates unterschätzte – auf einer Nichtberücksichtigung der Geschichte. Deutsche Historiker, die sich damals ebensosehr wie Droysen für die deutsche

---

[4] ADB XLVIII; NDB; BSTH; Hübner, *Droysen, Briefwechsel;* »Das Frankfurter Tagebuch Droysens« in Hübner, *Droysen;* Gilbert, *Droysen;* Hock, *Liberales Denken.*
[5] Das kann auf eine gewisse Kühle zurückgehen (vgl. auch Gilbert, *Droysen,* 91). Ein anderer bedeutender Abgeordneter, der nie im Plenum sprach, war Mevissen, und zwar teilweise deshalb, weil seine Stimme der dürftigen Akustik der Paulskirche nicht gewachsen war (vgl. Hansen, *Mevissen,* I, 554).
[6] Droysen, *Verhandlungen,* Erster Teil. Der zweite Teil erschien unter der Herausgeberschaft Rudolf Hübners und ist zitiert als Hübner, *Droysen.*

Zukunft einsetzten, konnten kaum umhin, ihre geschichtlichen Forschungen bis zu einem gewissen Grade ihren politischen Plänen unterzuordnen.

Zu den übrigen Vertretern des rechten Zentrums (*Casino*) im Verfassungsausschuß gehörten: Welcker, der jedoch zeitweilig wegen verschiedener anderer Aufträge abwesend war; Bassermann, der Ausschußvorsitzende; Max von Gagern; der protestantische Pastor Jürgens[7] aus Braunschweig, einer der Hauptorganisatoren der Partei; Soiron; und Lichnowsky, welcher der Rechten nahestand.

Die Rechte war wie gewöhnlich heterogen vertreten. Da gab es den Philosophen Ernst von Lasaulx,[8] der durch seinen kompromißlosen Katholizismus mit den preußischen und bayerischen Regierungen Schwierigkeiten bekommen hatte. Er saß neben dem hannoverschen Rechtsanwalt Detmold, dem Satiriker der Versammlung, der ein erklärter Katholikengegner war. Und dann gab es den Anwalt Eugen Megerle von Mühlfeld[9] aus Wien.

Die beiden hervorragenden Juristen Mittermaier (Vorsitzender des Vorparlaments) und Robert Mohl gehörten zu den Vertretern des linken Zentrums im Ausschuß. Heinrich Simon, ein radikaler Gegner der preußischen Regierung vor 1848, und Heinrich Ahrens,[10] der nach seiner Flucht aus Deutschland 1831 einen Lehrstuhl für Philosophie in Brüssel innehatte, vertraten den gemäßigten Teil der Linken, *Westendhall;* Robert Blum und Wigard, der Herausgeber der stenographischen Parlamentsberichte, zufällig beide Deutschkatholiken, gehörten zur linken Hauptgruppe *(Deutscher Hof).*[11]

Der Verfassungsausschuß stand im Zeichen von Gelehrten und erfahrenen Verwaltungsexperten. Im Volkswirtschaftlichen Ausschuß bildeten Geschäftsleute die gewichtigste Gruppe. Unter ihnen war Eisenstuck[12] aus Chemnitz, der zur Linken gehörte, die vielleicht hervorragendste Gestalt des Gremiums, erst als Schriftführer, dann als Vorsitzender; Karl von Bruck[13] von der Rechten, war Direktor des Österreichischen Lloyd in Triest, und übernahm bald darauf ein

---

[7] ADB XIV; Karl Jürgens, *Zur Geschichte;* BSTH.
[8] Einige Werke Lasaulx' kamen später auf den Index. Vgl. ADB XVII; Stölzle, *Lasaulx;* BSTH. [9] Wurzbach XVII und XIX; BSTH.
[10] ADB XLV; NDB; BSTH.
[11] Eine Anzahl neuer Mitglieder zog am 7. September in den Ausschuß ein, nachdem Bassermann, Mohl und andere bei ihrem Eintritt in die Reichsregierung ausgeschieden waren.
[12] ADB; H. Schneider, *Das Leben und Wirken J. B. Eisenstucks* (Leipziger Dissertation 1923). [13] ADB III; Charmatz, *v. Bruck;* NDB; BSTH.

Ministeramt in Österreich; Ernst Merck aus Hamburg,[14] ebenfalls von der Rechten; der Bremer Karl Theodor Gevekoth[15] vom rechten Zentrum, der den ersten direkten Dampferdienst zwischen Deutschland und den Vereinigten Staaten einführte; und Gustav Mevissen von derselben Gruppe, einer der rheinischen Liberalen im Preußischen Vereinigten Landtag von 1847. Abgesehen von Eisenstuck hatten alle diese Männer größere Unternehmen geleitet. Andere bedeutende Ausschußmitglieder waren der Vorsitzende Friedrich Ludwig von Rönne[16] vom linken Zentrum, zuvor Gesandter Preußens in den Vereinigten Staaten und Leiter des neugegründeten preußischen Handelsamtes; der württembergische Volkswirtschaftler Fallati vom linken Zentrum; der Münchner Volkswirtschaftler und Staatsbeamte Friedrich von Hermann von derselben Gruppe; der Marburger Volkswirtschaftler Bruno von Hildebrand[17] von der gemäßigten Linken (*Westendhall*); Robert Mohls dem linken Flügel angehörender Bruder Moritz Mohl,[18] ein württembergischer Volkswirtschaftler und in öffentlichen Diensten stehend, und Karl Mathy — um nur einige zu nennen. In der Verschiedenheit der Talente war der Volkswirtschaftliche Ausschuß dem Verfassungsausschuß vermutlich überlegen. Unterausschüsse befaßten sich mit verschiedenen Themen, so mit Fragen der Arbeiterschaft und des Bankwesens.

Zwischen den beiden Ausschüssen herrschte eine gewisse Rivalität, vor allem wegen unterschiedlicher Auffassungen und im Volkswirtschaftlichen Ausschuß möglicherweise wegen des Eindrucks, man habe eine untergeordnete Stellung. Kein Ausschuß konnte es an Bedeutung mit dem aufnehmen, der die Verfassung ausarbeitete. Der Volkswirtschaftliche Ausschuß mußte sich damit begnügen, die zweite Geige zu spielen, die Vorschläge zu kommentieren und sich anzupassen. Der Verfassungsausschuß schlug die Reihenfolge vor, in der die Fragen behandelt werden sollten. So beschloß er in seiner zweiten Sitzung, am 26. Mai, einen Entwurf der Grundrechte aller Deutschen zusammenzustellen, ehe man über die Verfassung selbst diskutierte. Auch frühere Verfassungsvorschläge, wie derjenige der »Siebzehn Männer des Öffentlichen Vertrauens«, hatten diesbezügliche Abschnitte enthalten. Droysen bemerkte, daß die Bewegung der öffentlichen Meinung, die sich offenbar um Freiheit und Einheit gleich

---

[14] ADB XXI; BSTH.
[15] ADB IX; NDB. [16] v. Rönne, *F. v. Rönne;* ADB XXIX; BSTH.
[17] ADB XXII; BSTH; Bovenschiepen, »Bruno Hildebrand«. [18] ADB LII; BSTH.

besorgt zeigte, diese Frage zu einer sehr dringlichen mache. Ein weiterer Vorteil schien darin zu bestehen, daß eine derartige Feststellung von Grundrechten offenbar fast unabhängig von der systematischen Ausarbeitung der Verfassung möglich war.[19] Ein Unterausschuß, bestehend aus Dahlmann, Robert Mohl und Megerle von Mühlfeld, erhielt den Auftrag, einen Entwurf auszuarbeiten. Bei der fünften Sitzung des Verfassungsausschusses am 1. Juni lag dieser Entwurf vor, er wurde jedoch als zu abstrakt abgelehnt. Der Ausschuß wünschte konkretere und volkstümlichere Formulierungen. Wie Droysen feststellte, hatte der Ausschuß damit eine fundamentale Änderung der Arbeitspläne vorgenommen, obwohl die Prinzipienfrage wenig diskutiert worden war. Die Entscheidung vom 1. Juni machte die den Grundrechten vorher schon eingeräumte Priorität noch verhängnisvoller. Der Unterausschuß konnte Ende Mai noch hoffen, seine allgemeine Erklärung werde vom Haus rasch gebilligt werden, damit man sich auf die eigentliche Verfassungsmaterie konzentrieren könne. Nach der Ausschußsitzung vom 1. Juni mußte sich die Diskussion über die Grundrechte unvermeidlich weiter ausdehnen, denn je länger und detaillierter der Entwurf ausfiel, um so länger und detaillierter würde auch die Plenardebatte sein. Die Zusammenstellung des neuen Entwurfs dauerte fast drei Wochen, und erst am 3. Juli konnte das Haus die Debatte darüber eröffnen.

Georg Beseler erklärte als Berichterstatter, der Verfassungsausschuß habe vor der Entscheidung gestanden, seine Beratungen entweder mit dem Gesamtaufbau – wie Staatsoberhaupt oder Verhältnis von Zentralbehörde und Länderregierungen – zu beginnen oder auf der unteren Ebene des öffentlichen Lebens, also mit dem, was jedermann betreffe. In früheren Zeiten hätten Dokumente wie die englische *Magna Carta* wenig mehr als einen Katalog der Rechte enthalten. Der Ausschuß habe sich aus zwei Hauptgründen entschlossen, an den Anfang seiner Arbeit eine Zusammenfassung der Grundrechte zu stellen. Angesichts der »socialen Bewegung«, die das Land erfaßt habe, sei es notwendig, daß die Versammlung ihre Meinung bekanntgebe und deutlich erkläre, wie sie zu den allgemeinen Forderungen stehe. Auch kennten sich die Abgeordneten noch nicht so recht, und es scheine nicht ratsam, in diesem Zustand die »höchsten politischen Fragen« in Angriff zu nehmen. Eine »neutrale« Diskussionsbasis, auf der die Meinungsverschiedenheiten nicht so groß sein dürften, sei deshalb vorzuziehen.[20]

[19] Droysen, *Verhandlungen*, I, 2 f. [20] I, 700 f.

Beselers erste Begründung ist überzeugender als die zweite. Nach den Erfahrungen der letzten dreißig Jahre empfand man zweifellos weithin die Notwendigkeit, deutliche Grenzen zwischen staatlicher Autorität und Bürgerrechten zu ziehen. Dieses Empfinden beschränkte sich nicht auf eine bestimmte Klasse oder politische Partei. Das Ausmaß, in dem eine Regierung sich in Angelegenheiten des einzelnen mischen konnte, war eine äußerst reale Angelegenheit, welche die Abgeordneten und die Öffentlichkeit weit mehr betraf und erregte als irgendwelche abgelegeneren Fragen von der Art, ob das Staatsoberhaupt zu wählen oder durch Erbfolge zu bestimmen sei und sogar als die Frage der Grenzen eines künftigen deutschen Reichs. In einem tieferen, psychologischen Sinn mußten die Deutschen zunächst einmal die letzten dreißig Jahre, in denen viele – etwas einseitig – nur eine Zeit der Unterdrückung sahen, begraben, ehe man die Verfassungsprobleme gründlich durchdenken konnte. Vielleicht war Beseler, als er seinen zweiten Grund vortrug, einfach zu höflich, um zu sagen, die Versammlung – und das Land – seien noch nicht reif, sich den entscheidenden Problemen zu stellen.

So verständlich die Priorität sein mag, die man den Grundrechten einräumte: sie hatte doch auch negative Konsequenzen. Wie amerikanische und französische Regierungen erfahren hatten, war es leichter, »Menschenrechte« zu verkünden, als sie zu respektieren. Stets können Situationen eintreten, in denen eine Regierung die Aufhebung der Einzelrechte im Interesse der Gesamtheit für nötig hält. Rechte jedoch, die auf diese Weise außer Kraft gesetzt werden können, sind es kaum wert, daß man sie feierlich in einer Verfassung verankert. In jedem Fall hängt der erforderliche Schutz des einzelnen sehr von der konstitutionellen Gesamtstruktur ab. Eine Diskussion über Grundrechte mußte weithin theoretisch bleiben, solange man nicht geklärt hatte, ob sie in einer Republik oder in einer Monarchie, in einem von Österreich oder von Preußen geführten Staat, in einem zentralistischen oder einem föderalistischen System einzuführen seien; und so hatte die Versammlung Schwierigkeiten, einen auf die Dauer befriedigenden Ausgleich zwischen den verschiedenen Interessen zu finden. Diese Situation begünstigte die Linke, die erklärte, das Volk habe unveräußerliche Rechte. Völlig aufrichtig von ihren eigenen Argumenten überzeugt, beachteten ihre Führer nicht genügend die sehr konkreten Schwierigkeiten, vor denen die Regierungen stehen könnten. Die Linke betrachtete die Angelegenheit mit den Augen der Opposition: von außen. Selbst wenn gewiß nicht alle Abgeordneten der Linken in der Frankfurter Nationalversammlung der Anwendung von Gewalt gegen den Staat zustimmten, wie etwa im Fall von Heckers Aufstand, so teilten sie doch in gewissem Maß die Ansicht, die März-Regierungen hätten sich ihre Schwierigkeiten selber zuzuschreiben, weil sie sich zu sehr an die alte Ordnung hielten und dem »Volk« nicht genug vertrauten. Starke individuelle Sicherheitsklauseln könnten als Bremse für Regierungen wirken, die nicht völlig »demokratisch« seien. Falls die Linke jemals an die Macht käme, so dachte man, würden alle Spannungen zwischen Staat und Individuum automatisch verschwinden. Sollten sich diese Hoffnungen nicht erfüllen, so würde die in einer Regierung der Linken verkörperte Volkssouveränität die zeitweilige Aufhebung der individuellen Rechte gestatten. Weder Hecker noch jene Frankfurter Parlamentarier, die sich im Sommer 1849 revolutionär betätigten, zeigten viel Schonung für die Grundrechte dort, wo sie ihnen im Weg standen.

Da die Regierungen der Länder die Entwicklung in der Nationalversammlung mit gespanntem Interesse verfolgten, war es bedauerlich, daß infolge der vom Verfassungsausschuß festgelegten Reihenfolge bei der Debatte über die Grundrechte oft der Eindruck erweckt wurde, als hätten diese mit den Problemen der Regierungen eigentlich sehr wenig zu tun. Die Provisorische Zentralgewalt war durch das Gesetz vom 28. Juni von jeder Teilnahme an der Verfassungsdiskussion ausgeschlossen. Und man unternahm keinen Versuch, die Ansichten der Landesregierungen über die Durchführbarkeit der vorgeschlagenen Grundrechte einzuholen, obwohl die in der Versammlung gewählten Staatsminister ihre persönliche Meinung äußern durften. Die schwerwiegendste Folge der Konzentration auf die Grundrechte bestand in der Verzögerung, die praktische Themen dadurch erfuhren, beispielsweise die Frage der Beziehung zwischen Österreich und Preußen in dem neuen Staat. Im Sommer 1848 hatte man in der Versammlung kaum eine Vorahnung, daß der Nationalversammlung die Zeit knapp werden könnte. Wer, wie die Linke, das Tempo beschleunigen wollte, tat dies eher aus taktischen Gründen als aus der Überzeugung, die Zeit dränge. Der Historiker weiß, wie sehr das der Fall war. Von den Abgeordneten konnte man keinen Blick in die Zukunft erwarten; sie konnten nicht wissen, daß zum Jahresende die habsburgische und die Hohenzollern-Monarchie schon wieder sehr erstarkt sein würden. Selbst die Gegenwart beurteilten die meisten Parlamentarier in zweierlei Hinsicht falsch. Sie überschätzten die Macht der Versammlung und unterschätzten die innere Kraft der größeren Staaten. Das Zusammentreffen dieser beiden Faktoren führte zu einer gewissen Selbstzufriedenheit. Freilich hinderte noch ein anderer Umstand die Nationalversammlung, ihre Hauptaufgabe sofort in Angriff zu nehmen. Man konnte damals nicht voraussehen, daß sich an der durch innere Schwierigkeiten bedingten Unfähigkeit der beiden großen Mächte, weitreichende Entschlüsse zu fassen, die sie schon im Juni bei der Einsetzung der Provisorischen Zentralgewalt an einer Initiative gehindert hatten, in naher Zukunft etwas ändern werde. Die Anhänger Preußens wollten abwarten, bis sich die Hohenzollern erholt hätten, ehe die Frage der Hegemonie zur Sprache käme. Diejenigen, die den Einschluß Österreichs wünschten, erhofften bessere Tage für die habsburgische Monarchie. Die Frage, wem die führende Rolle zufallen sollte, konnte leicht zu spät — oder zu früh — gestellt werden, und es kam darauf an, ob die Versammlung den psychologisch richtigen Moment für ihre Klärung wahrnehmen würde. Im Juli waren weder Preußen noch Österreich in der Verfassung, sich in ein Einigungsprojekt einfügen zu lassen, und eine von beiden Mächten brauchte man wenigstens.

Falls sich die Priorität der Grundrechte wirklich nicht vermeiden ließ, konnte man sie doch nicht in Kraft setzen, solange die Beziehungen zwischen einer Zentralregierung und den Landesregierungen nicht bestimmt waren. Bei den Rechtsunterschieden nicht nur zwischen den einzelnen Staaten, sondern häufig auch innerhalb eines und desselben Landes war ein langwieriger und komplizierter Prozeß vonnöten, um die Staatsgesetze den Erfordernissen der deutschen Verfassung allmählich anzugleichen. Eine seltsame Konsequenz aus der vorherigen Bestimmung der Grundrechte bestand darin, daß es praktisch beim Verfassungsausschuß lag — der nominell die Billigung durch das Plenum benötigte —, bestimmte Funktionen für die zentrale Behörde in Anspruch zu nehmen, ehe noch das Verhältnis zwischen ihr und den Einzelstaaten im Prinzip geregelt war. Während sich der Verfassungsausschuß selbst in dem revidierten Entwurf hauptsächlich mit der Aufstellung allgemeiner Prinzipien befaßte, ging der Volkswirtschaftliche Ausschuß praktischer vor und bedachte stets, welche Probleme sich aus der Anwendung der Grundrechte ergeben mußten. Zweifellos trugen die Vorschläge, die dieses Gremium dem Plenum machte, zur Verbesserung des Entwurfes bei. Doch die unmittelbare Konsequenz aus dem Eingreifen eines weiteren Ausschusses führte auch zur Verlängerung und Kompliziertheit der Debatte. All das war weit entfernt von der ursprünglichen Absicht Dahlmanns, die Grundrechte auf die Feststellung allgemeiner Prinzipien zu beschränken.

Der Entwurf des Verfassungsausschusses bestand aus 12 Artikeln mit zusammen 48 Paragraphen.[21] Er umfaßte die Freizügigkeit, die Rede-, Publikations-, Versammlungs-, Glaubens- und Gewissensfreiheit, sowie die Freiheit der Erziehung und des Unterrichts. Alle Bürger sollten vor dem Gesetz gleich sein. Die Richter sollten unbhängig sein. Eigentum sollte unverletzlich sein. Das Gerichtsverfahren sollte öffentlich und mündlich sein. Jeder Teil des Landes sollte Anspruch auf eine konstitutionelle Vertretung haben. Gewisse, noch aus dem Feudalsystem stammende Lasten waren abzuschaffen. Für nationale Minderheiten in Deutschland und für Deutsche im Ausland gab es Schutzbestimmungen. Wegen der großen Bedeutung dieses Themas schlug der Verfassungsausschuß zwei Lesungen vor.[22] Dies wurde gegen die Wünsche der Linken gebilligt, die auf eine möglichst rasche Annahme der Grundrechte drängte.[23]

Artikel I befaßte sich mit einem zu schaffenden »*allgemeinen deutschen Staatsbürgerrecht*«. Unter dem Deutschen Bund hatte es keine deutsche Staatsbürgerschaft gegeben. Die Bevölkerung bestand aus Angehörigen der 39 deutschen Länder, die den Bund bildeten. Während man die übrigen Artikel auch für ein einzelnes Land hätte entwerfen können, behandelte der erste das Sonderproblem, wie sich ein Angehöriger eines der deutschen Länder zu einem Bürger ganz Deutschlands machen ließ. Artikel I stellte den Versuch dar, das sogenannte »deutsche Ausländertum« abzuschaffen, wonach ein Deutscher in einem anderen deutschen Land als Ausländer gelten konnte. Wenige Maßnahmen der politischen Unterdrückung hatten die Verhältnisse vor 1848 so in Mißkredit gebracht wie die Ausweisungen von Deutschen aus einem Staat in einen anderen. Man war sich allgemein einig, daß es nötig sei, Hindernisse zu entfernen, die lediglich auf politischer Diskriminierung beruhten. Wie die Debatte zeigte, würde es wahrscheinlich schwieriger sein, die Unterschiede zwischen den einzelnen Staaten dort auszugleichen, wo sie in einer Vielfalt wirtschaftlicher und sozialer Bedingungen wurzelten.

Die Komplexität des Themas läßt sich an der Schwierigkeit ermessen, die sich aus den – scheinbar harmlosen – ersten beiden Worten erga-

---

[21] I, 681 ff.
[22] Vgl. Beseler, Berichterstatter des Verfassungsausschusses, Wigard, I 702.
[23] I, 709.

ben. »Jeder Deutsche« solle die von der Verfassung gewährten Rechte besitzen. Sofort kam der Einwand,[24] diese Formulierung werde den anderen Nationalitäten im Deutschen Bund – etwa den Polen in den eingegliederten Teilen Polens und den Slawen in habsburgischen Ländern – tiefes Unbehagen bereiten. Die Debatte über diesen Punkt war ein Versuch, die Haltung der Versammlung gegenüber anderen Völkerschaften zu klären.[25] Der Berichterstatter des Verfassungsausschusses, Georg Beseler, erklärte, die Austro-Slawen bekämen natürlich alle Rechte, die kraft der Verfassung den Deutschen zuständen.[26] Er forderte, die Formulierung »Jeder Deutsche« beizubehalten, was auch geschah.[27] Hier zeigte sich eine weitere Konsequenz aus der Umkehrung der natürlichen Reihenfolge in der Behandlung der Dinge. Die Wendung »Jeder Deutsche« ließ sich nicht weiter definieren, solange nicht entschieden war, welchen Umfang und welche konstitutionellen Merkmale der vorgesehene Staat haben sollte. Nicht einmal sein Name stand fest. »Jeder Deutsche« war tatsächlich nur eine provisorische Bezeichnung für die Bürger des neuen Staates.

Der Entwurf des Verfassungsausschusses begann mit der Einführung eines »allgemeinen deutschen Staatsbürgerrechts«. Um eine Verwechslung mit der Zugehörigkeit zu den einzelnen Staaten zu vermeiden, änderte man den Ausdruck in »Reichsbürgerrecht«.[28] So wurde der erste Satz mit der Feststellung: Jeder Deutsche hat das deutsche Reichsbürgerrecht am 20. Juli einstimmig, also auch mit den Stimmen der nicht-deutschen Abgeordneten, angenommen.[29] Doch die Einmütigkeit endete bereits beim zweiten Satz des Artikels I,1, der, freilich recht undeutlich, jedem Reichsbürger zusicherte, er könne die ihm kraft des Reichsbürgerrechts zustehenden Rechte in jedem deutschen Lande ausüben. Zwar stimmten wahrscheinlich nur wenige nicht für diesen Satz, den die große Mehrheit billigte,[30] aber die unterschiedliche Haltung in der Abstimmung war ein Vorbote der Meinungsverschiedenheiten, die sich, wie vorauszusehen war, am Schlüsselabsatz des Artikels, dem Paragraphen 2, entzünden würden; in ihm war von den wirtschaftlichen und sozialen Konsequenzen des Reichsbürgerrechts die Rede.

Im § 2 sprach der Verfassungsausschuß dem Reichsbürger das Recht zu, sich nach Belieben in jedem deutschen Staat aufzuhalten und nie-

[24] Von Sprechern verschiedener politischer Gruppen, zuerst von dem Österreicher Fritsch vom rechten Zentrum (Casino), I, 733. [25] Vgl. S. 268 ff. [26] I, 738, 741 f. [27] I, 742. [28] II, 971. [29] II, 1065. [30] II, 1065.

derzulassen, Grundbesitz zu erwerben, ein Gewerbe zu treiben und das Gemeindebürgerrecht zu gewinnen. Zunächst sollte das unter denselben Bedingungen wie für die Bürger des betreffenden Staates gelten, bis ein allgemeines Reichsgesetz die Unterschiede zwischen den Gesetzen der einzelnen Staaten beseitigen würde. Bei flüchtigem Zusehen hätte man jede Opposition gegen diese Fassung als hinderlichen Partikularismus abtun können. Doch man konnte, nach schweizerischem Muster, ein guter Deutscher sein, ohne zu billigen, daß das Reich durch seine Gesetzgebung in Angelegenheiten eingriff, die ganz allgemein das Prinzip der Selbstregierung auf lokaler Ebene betrafen. Es ließ sich sogar behaupten, die Demokratie habe ihre Wurzeln in der Gemeindeverwaltung und die Zentralisierung sei den repräsentativen Institutionen abträglich. Andere setzten sich, gegen das Reich, für die Rechte der Einzelstaaten deshalb ein, weil die Ansichten rechtmäßig gewählter Volksvertretungen in den verschiedenen Landesteilen anzuhören seien.

§ 2 verlangte von der Versammlung, Einzelheiten festzulegen, die sich erst aus noch nicht bestimmten Rechtsgrundsätzen ergeben sollten. Bei diesem Verfahren entstanden die meisten Rechtsgrundsätze als Folge von Entscheidungen in Einzelfragen.

Im Hinblick auf Staats- und Gemeinderechte, die den Bürger selber betrafen, kam es nicht zur üblichen Links-Rechts-Spaltung mit Zwischenabstufungen. So setzte sich das linke Zentrum, das im Prinzip geneigt war, sich bei der Festlegung der Verfassung sehr wenig um die Einzelstaaten zu kümmern, im Fall der wirtschaftlichen Rechte, weit mehr für Staaten und Gemeinden ein, als das rechte Zentrum. Die Linke dachte bei wirtschaftlichen und allgemeinen Verfassungsfragen im ganzen zentralistisch, wenn auch nicht ganz so eindeutig. Das rechte Zentrum wünschte ein erhebliches Mitspracherecht des Reichs in wirtschaftlichen Dingen, ohne rücksichtslos die Rechte der Staaten und die Gemeindeinteressen überfahren zu wollen. Die Rechte zeigte sich, entsprechend ihrer üblichen Politik, in bezug auf das Recht der Einzelstaaten empfindlich.

Der Verfassungsausschuß, in dem das *Casino* (rechtes Zentrum) überwog, war überzeugt, daß sich — ohne daß man dabei in Uniformität verfallen müsse — ein Ausgleich zwischen dem Ganzen und den Teilen schaffen lasse, wenn man sofort für das ganze Land gewisse allgemeine großzügige Prinzipien aufstelle. Dieser Auffassung widersprach der Volkswirtschaftliche Ausschuß, dessen Mehrheit bezweifelte, ob eine Angleichung von grundsätzlich verschiedenen Staatsgesetzen möglich sei.[31] Dieses Gremium befürwortete außerdem eine deutliche Trennung der zu regelnden Fragen. Nach einer viel klareren Fassung sollte der Reichsbürger das Recht bekommen, sich gemäß den Bestimmungen eines Reichsgesetzes überall aufzuhalten, niederzulassen, ein Gewerbe zu treiben und Eigentum zu erwerben. Im ganzen sollte das Recht, Grundbesitz zu erwerben, nicht eingeschränkt sein. Während sich der Verfassungsausschuß über den Paragraphen 2 ziemlich einig war, traf der Volkswirtschaftliche Ausschuß seine Entscheidung über diesen Paragraphen nur mit knapper Mehrheit, und zwar gemäß dem Vorschlag Mathys vom rechten Zentrum. Den Kompromiß Mathys griffen die beiden extremen Seiten an, die Hyperföderalisten wie auch die Zentralisten der Linken. Der sächsische Industrielle Eisenstuck von der Linken und der Berichterstatter des Ausschusses, der Marburger Volkswirtschaftler Hildebrand von der gemäßigten Linken (*Westendhall*), brachten zusammen mit einem Angehörigen des rechten Zentrums (*Casino*) einen Änderungsantrag zur Vorlage des Volkswirtschaftlichen Ausschusses ein: Danach sollten sich Reichsbürger überall niederlassen können, ohne dabei unbedingt Anspruch auf die vollen Gemeinderechte zu haben.[32] Dieser Antrag, wurde wieder zurückgezogen.[33]

Einen schwerwiegenderen Einspruch erhoben zehn Mitglieder des Volkswirtschaftlichen Ausschusses, die Einmischungen der Zentralgewalt auf ein absolutes Minimum eingeschränkt wissen wollten.[34] Die Unterzeichner dieses Änderungsantrags zur Vorlage ihres Ausschusses lehnten ein Reichsgesetz über Handel und Wohnsitz ab. Sie wollten der Zentralregierung höchstens gestatten, dafür zu sorgen, daß die Länder ihre Gesetze übereinstimmend nach den gleichen Prinzipien revidierten — eine ziemlich vage Formulierung. Diese Minderheit von zehn Abgeordneten war sogar dafür, daß es den Staaten erlaubt sein solle, »aus Gründen des öffentlichen Wohls« das Recht auf Erwerb von Grund und Boden und auf die Verfügung darüber durch Gesetz einzuschränken. Sechs der zehn Unterzeichner kamen aus dem linken Zentrum (*Württemberger Hof*), unter ihnen der Münchner Verwaltungsbeamte und Volkswirtschaftler von Hermann und der Erlanger Professor für Volkswirtschaft Wilhelm Stahl, ein Bruder des bekannteren Rechtsphilosophen Julius Stahl. Der Änderungsantrag fand vereinzelt Unterstützung bei der Rechten und dem rechten Zentrum, aber nicht bei der Linken.

Die Debatte über den Artikel I, die am 4. Juli begann,[35] stand auf

---

[31] I, 689 ff.; vgl. auch die Rede des Berichterstatters im Volkswirtschaftlichen Ausschuß, Hildebrand, I, 756 f. [32] I, 694. [33] II, 1066. [34] I, 694. [35] I, 727 ff.

sehr hohem Niveau. Die Abgeordneten wußten, daß sie über Angelegenheiten sprachen, die nicht nur erhebliche praktische Bedeutung für ihre Wahlkreise, sondern überhaupt für die Prinzipien der Verfassung hatten. Das Zentralproblem sprach von Hermann gleich zu Beginn an:[40] Sollte bei den zur Debatte stehenden Dingen im ganzen Reich Gleichförmigkeit herrschen, oder sollte man Mannigfaltigkeit zulassen? Und war dann, im Zusammenhang damit, das gesamte bürgerliche Leben im ganzen Land vom Reich zu regeln, oder unterstand es weiterhin der einzelstaatlichen Gesetzgebung? Hermann forderte für die Parlamente der Staaten das Recht, diese Angelegenheiten zu regeln, und äußerte berechtigte Zweifel, ob die öffentliche Meinung tatsächlich für die Zuständigkeit des Reichs sei. Den entgegengesetzten Standpunkt vertrat der Sprecher für den anderen Änderungsantrag aus dem Volkswirtschaftlichen Ausschuß. Eisenstuck[41] versicherte, wenn es nach Hermann ginge, brauche man die Beratung überhaupt nicht mehr fortzusetzen. Denn in den Staaten bleibe dann alles beim alten. Er plädierte für Freizügigkeit innerhalb Deutschlands und befaßte sich mit den möglichen Haupteinwänden gegen seine Vorschläge. Eisenstuck war sich, wie er sagte, darüber im klaren, daß die Frage des Aufenthaltsrechts eng mit dem Problem der Armenunterstützung zusammenhänge. Er gab zu, daß man die Gemeinden nicht zwingen könne, einseitig unbegrenzte Verpflichtungen der Armenversorgungen zu übernehmen, und schlug daher zusätzliche Staatshilfe in Notfällen vor. Es gab kräftigen Applaus, als er von den herumirrenden Heimatlosen sprach, die man von einer Gemeinde zur anderen geschickt habe und die nirgends Aufnahme fanden. Stahl[42] plädierte dafür, die Gewerbe sich selber ihre Ordnung geben zu lassen. Er befürwortete möglichst viel *laisser-faire*. Man habe den Regierungen zu Recht vorgeworfen, sie mischten sich zu sehr ein, und die Versammlung solle nicht in ihre Fußstapfen treten. Adolf Lette, ein hoher preußischer Verwaltungsbeamter,[42a] forderte das Haus auf, den Mehrheitsvorschlag des Volkswirtschaftlichen Ausschusses, dem er selber angehörte, anzunehmen. Als Angehöriger des Zentrums, zunächst seines linken und dann seines rechten Flügels *(Casino)* gehörte er zu den vielen Abgeordneten einschließlich der Linken,[43] welche der fortschrittlichen preußischen Gesetzgebung über Aufenthalt und Gewerbe Anerkennung zollten. Er hielt es nicht für gerecht, von

[40] I, 757 ff. [41] I, 759 f. [42] I, 775 f. [42a] I 777
[43] Hier ist z. B. das prominente Mitglied der Linken *(Deutscher Hof)*, Wilhelm Löwe, aus der preußischen Provinz Sachsen zu erwähnen.

Preußen zu verlangen, es solle Hannoveranern und Mecklenburgern Tür und Tor öffnen, ohne sich Gegenseitigkeit zu sichern. Lette erachtete maximale Freizügigkeit und Gewerbefreiheit für besser als die Erklärung des Rechts auf Arbeit – ein Konzept, das nicht neu und fortschrittlich sei, wie zur Zeit häufig behauptet werde, das man vielmehr auch schon im Polizeistaat wohl gekannt habe. Hauptsache sei, daß jeder die Gelegenheit bekäme, sich seinen Lebensunterhalt zu verdienen. Er plädierte für die Aufhebung von Beschränkungen, so derjenigen, nach der die Juden vom Grunderwerb ausgeschlossen waren.[44] Andere Staaten sollten dem Beispiel Preußens folgen, wo diese Schranken 1812 gefallen seien. Lette schloß mit der Aufforderung an das Haus, ein Vaterland nicht nur für die reichen, sondern auch für die armen Deutschen zu schaffen. Der katholische Richter August Reichensperger[45] vom rechten Zentrum (Casino), Abgeordneter der preußischen Rheinprovinz und stellvertretender Vorsitzender der katholischen Vereinigung im Parlament, behauptete, es habe eine Reaktion gegen die Aufhebung der Gewerbeordnung gegeben, freilich nicht in dem Sinn, daß jemand den Gildenzwang habe wiederherstellen wollen. Der bayerische Kultusminister Beisler[46] forderte, Freiheit und Rechte der Reichsbürger dürften nicht diejenigen der Staats- und Gemeindebürger aufzehren. Frankreich habe zwei Generationen lang unter übermäßiger Zentralisierung gelitten. Falls man in den Partikularismus zu sehr eingreife, würden sich die Gemeinden, unterstützt von den Landesregierungen, gegen die Nationalversammlung erheben. Ein höherer Staatsbeamter aus der Provinz Preußen, Gustav von Salzwedell,[47] der dem rechten Zentrum (Casino) angehörte, erklärte, kein Ausschuß habe sich gründlich genug mit dringenden sozialen und wirtschaftlichen Problemen befaßt, die derzeit in Europa wichtiger seien als die Wahl zwischen Monarchie und Republik oder Fragen der Nationalität. Es gehe um das Schicksal des hungernden Proletariats, und dies stehe in Zusammenhang mit der ganzen Zukunft einer gesunden, selbständigen örtlichen Verwaltung. Die Armenunterstützung sei den Gemeinden zu überlassen. Salzwedell setzte sich nicht ganz ausreichend mit der Beschränkung der Wohnsitzwahl auseinander, die seinem Vorschlag innewohnte. Dieses fundamentale Problem, das Recht der Freizügigkeit und der Auto-

---

[44] Zu einer detaillierteren Darstellung der Judenemanzipation, vgl. S. 241 ff.
[45] II, 870. [46] II, 871.
[47] *Deutscher Nekrolog*, IV (1867), Sp. 19; Bundesarchiv; Deutsches Adelsarchiv. Rede in II, 871 ff.

nomie der Gemeinden aufeinander abzustimmen, wirkte sich auch auf den Paragraphen 3 aus.

Der Verfassungsausschuß hatte in seinem Entwurf dieses Paragraphen vorgeschlagen, das Staatsbürgerrecht dürfe keinem »unbescholtenen« Deutschen verweigert werden. In der Debatte wurde betont, dieser Begriff sei ungenau und rechtlich nicht zulänglich definiert. Beda Weber, ein unabhängiger Benediktiner aus Tirol, zugleich prominentes Mitglied der Katholischen Vereinigung, stellte rundheraus fest, in vielen österreichischen Provinzen werde diese Klausel zum Bürgerkrieg führen, falls sie überhaupt etwas besage.[48] Wenn auch in Zukunft die vorherige Anerkennung durch eine Gemeindeverwaltung erforderlich sei, würden falsche Hoffnungen erweckt. Jedenfalls sei der Besitz des Staatsbürgerrechts nutzlos, solange keine Vereinbarungen für Armenunterstützung in Notfällen getroffen würden. In diesem Zusammenhang verwies Weber auf das tragische Geschick hannoverischer Juden, die von Gemeinde zu Gemeinde geirrt waren und nicht wußten, wo sie sich niederlassen durften. Carl Nauwerck[49] von der Linken (Deutscher Hof), ein Hegelianer, der einige Jahre zuvor aus politischen Gründen sein Lehramt an der Berliner Universität verloren hatte, bemerkte zutreffend, es sei »eine große Kleinlichkeit«, auf der ersten Seite der Grundrechtserklärung armselige Gelderwägungen anzustellen.

Die Mehrheitsempfehlungen des Volkswirtschaftlichen Ausschusses zum Paragraphen 2 wurden am 21. Juli angenommen.[50] Man beauftragte diesen Ausschuß mit 244 gegen 242 Stimmen, vor der zweiten Lesung der Grundrechte Gesetzesentwürfe über Wohnsitz und Gewerbeordnung auszuarbeiten.[51] Paragraph 3 wurde in der Form angenommen, die eine von der Rechten bis zum linken Zentrum reichende Minderheit des Verfassungsausschusses vorgeschlagen hatte. Die beiden einzigen zulässigen Bedingungen, die im Zusammenhang mit der Gewährung der Bürgerrechte in einem der Staaten gestellt werden konnten, betrafen die Unbescholtenheit und den Besitz ausreichender Unterhaltsmittel.[52] Der Paragraph 4, der den »bürgerlichen Tod« abschaffte — eine Strafe, die für einen Lebenden infolge bestimmter richterlicher Urteile den Verlust aller Rechte mit sich brachte —, wurde ohne Schwierigkeit angenommen.[53] In der Debatte kamen die absurden Folgen dieser aus Frankreich eingeführten Strafe

---

[48] ADB XLI. Vgl. auch Weber, *Charakterbilder*. Rede in II, 954 f.
[49] Vgl. Nerrlich, *Ruges Briefwechsel*, I, 387. Rede in II, 949 f.
[50] II, 1075. [51] II, 1077 ff. [52] II, 1087. [53] II, 1088.

zur Sprache, die beispielsweise Ehen für nichtig erklären konnte.[54] Mit dem Paragraphen 5 billigte das Haus das Recht auf Auswanderung nach dem Entwurf des Verfassungsausschusses, fügte jedoch hinzu, daß die Auswanderung dem Schutz des Reiches unterstehe.[55] Nach der Erklärung des Berichterstatters des Volkswirtschaftlichen Ausschusses bezog sich diese etwas bedrohlich klingende Formulierung nur auf die Hilfe, die konsularische und diplomatische Behörden des Reichs den Auswanderern zu gewähren hatten.[56]

Ganz abgesehen von der eigentlichen Bedeutung der zur Debatte stehenden Dinge gab das Resultat einen deutlichen Hinweis darauf, wie die Versammlung zu gewissen grundsätzlichen Verfassungsfragen stand. Die Mehrheit hatte eine einheitliche Struktur ohne Staatsregierungen ebenso abgelehnt wie einen unveränderten Partikularismus. In einem Bundesstaat ließ sich auf mancherlei Weise ein Ausgleich zwischen dem Ganzen und den Teilen finden. Gewiß fand die absichtliche Auflösung zumindest der größeren Staaten keine ausreichende Unterstützung, obwohl der Plan, Preußen in Reichsprovinzen aufzuteilen, sogar im rechten Zentrum Befürwortung fand. Im ganzen waren die meisten Abgeordneten der Überzeugung, das Reich müsse eine gewisse gesetzgeberische Macht erhalten, um im Land dort eine Einheitlichkeit zu schaffen, wo übermäßige Ungleichheiten die deutsche Einheit zur Farce zu machen drohten. Indem sie die Erörterungen von der rein theoretischen Ebene herunterholten und sie vor handfeste Tatsachen des täglichen Lebens stellten, hatte die Debatte die Ansicht als falsch entlarvt, der Partikularismus verdanke seine Stärke allein den Fürsten. In diesem Sinn bekräftigte der Artikel I der Grundrechte die Anerkennung der Länderrechte und der örtlichen Institutionen. Man erkannte zwar, daß die Versammlung nicht einfach regionale Unterschiede ignorieren konnte, unterzog zugleich aber diejenigen, die dem Wesen der deutschen Einheit zuwiderliefen, einer kritischen Prüfung.

[54] Vgl. die Rede des Münchner Juristen Ludwig Arndts, II, 1039 ff.
[55] II, 1089 f. [56] Hildebrand, II, 1062.

3. GLEICHHEIT VOR DEM GESETZ — DIE STELLUNG DES ADELS — SCHUTZ VOR WILLKÜRLICHER VERHAFTUNG — ABSCHAFFUNG DER TODESSTRAFE

In den folgenden Tagen war die Versammlung mit anderen Dingen beschäftigt, die sich hauptsächlich auf auswärtige Angelegenheiten bezogen[57], und die Debatte über den Artikel II der Grundrechte begann erst am 1. August.[58] Ein Versuch, vor allem der Linken und des linken Zentrums, das Verfahren zu beschleunigen, hatte am 28. Juli nicht die Zustimmung des Hauses gefunden.[59] Der zweite Artikel war zwar unkomplizierter als der erste, indem er nicht so direkt die Beziehung zwischen dem Reich und den Staaten berührte, war aber trotzdem ebenso wichtig.

Der Paragraph 6 begann mit der Erklärung, daß alle Deutschen vor dem Gesetz gleich sind. Die Grundsatzerklärung wurde mit großer Mehrheit angenommen, obwohl einige in den folgenden Bestimmungen des Artikels aufgeführten Beispiele ihrer Anwendung auf Einwände stießen.[60]

Der nächste Satz war viel umstrittener. Der Verfassungsausschuß schlug die Abschaffung der Standesprivilegien vor. Wie der Kommentar erklärte, ergebe sich das aus dem im ersten Satz aufgestellten Prinzip, das den mittelalterlichen Staat mit individuellen Rechten und Freiheiten durch den modernen Staat mit gleichen Rechten und gleicher Freiheit für alle ersetzte. Der Begriff »Rechtsstaat« ist oft als ein auf Rechten beruhender Staat definiert worden. Doch der Kommentar des Verfassungsausschusses machte klar, daß der Rechtsstaat ein Staat ist, dem das Prinzip der Gleichheit vor dem Gesetz zugrunde liegt.[61] Betroffen wurde durch diese Bestimmung besonders der Adel, dessen völlige Abschaffung vom Verfassungsausschuß jedoch abgelehnt worden war.[62] Die vom Ausschuß vorgeschlagene Klausel bedeutete das Ende aller Adelsprivilegien im öffentlichen und Zivilrecht, auch des der besonderen Vertretung des Landadels in den Oberhäusern der Staaten. Auf Beselers Vorschlag hin hatte der Ausschuß jedoch empfohlen, diese Bestimmung in den Fällen nochmals zu prüfen, in denen die Versammlung selber eine Sondersitzung zulasse.[63]

---

[57] Vgl. S. 272 ff. [58] II, 1290. [59] II, 1260 ff. [60] 2. August, II, 1339.
[61] I, 685: »Zu Artikel II . . . statt der Freiheiten die Freiheit, statt der Rechte das Recht . . .«
[62] Mit 20 gegen 3 Stimmen. Vgl. Droysen, *Verhandlungen*, I, 37 ff. [63] I, 685.

In der Debatte hatten die Kritiker des Adels das Übergewicht gegenüber seinen Verteidigern. Den Ton gab der württembergische Abgeordnete Moritz Mohl[64] an, der politisch radikal eingestellte Bruder
des Reichsjustizministers; er erklärte, die Abschaffung des Adels und
seiner Titel ergebe sich aus den zu Beginn des Paragraphen 6 aufgestellten Prinzipien. Die Existenz einer höheren Kaste nannte er eine
Beleidigung der Nation und erntete dafür gebührenden Beifall auf der
Linken. Daß sich die Linke gegen den Adel aussprach, bereitete keine
Überraschung, doch nicht einmal das rechte Zentrum *(Casino)* verteidigte ihn einhellig. Einen der schärfsten Angriffe auf die Aristokratie führte ein Abgeordneter des *Casinos,* der große Sprachwissenschaftler Jacob Grimm.[65] Seine Argumente trugen zumindest den
Stempel der Originalität. Er sagte, die Nobilitierung Goethes und
Schillers sei ein »Raub am Bürgertum« gewesen, eine Bemerkung, die
nicht nur die Linke, sondern auch das Zentrum mit Beifall aufnahm –
jedenfalls nach dem Stenographen Wigard, der allerdings kein unpar-
teiischer Zeuge war.[66] Grimm schlug vor, alle Rechtsunterschiede
zwischen Adeligen und anderen Bürgern aufzuheben und keine weiteren Erhebungen in den Adelsstand mehr vorzunehmen. Sogar Abgeordnete der Rechten und selber Betroffene waren bereit, gewichtige Klassenprivilegien kampflos aufzugeben. Der Schriftsteller
Arndt[67], der seinen jugendlichen Radikalismus der Napoleonischen
Ära hinter sich gelassen hatte und in der Nationalversammlung der
Rechten angehörte, nannte es in einer eindrucksvollen Rede ganz
natürlich, die Lasten abzuwerfen, die der Adel dem Volke aufgebür-
det habe. Aber er forderte das Haus auf, dem Adel seine Ahnen, Wap-
pen und Zeichen zu lassen. Selbst Fürst Lichnowsky[68], der nie vor
einer unpopulären Meinungsäußerung zurückschreckte, machte
weitreichende Zugeständnisse. Er sagte, jeder anständige Adelige ver-
zichte nur zu gern auf Privilegien wie die Steuerfreiheit oder das
Recht, nicht zu kämpfen, also sich nicht an der Verteidigung seines
Vaterlands zu beteiligen. Was das übrige betreffe, wie die vorgeschlagene Abschaffung des Adels und sogar seiner Namen und Titel, erklärte er, so werde jede Maßnahme der Versammlung fruchtlos sein.
»Der Adel wird Adel bleiben.« Die Linke verlangte namentliche Ab-

[64] II, 1294 ff. [65] ADB IX; BSTH. Rede in II, 1310 ff.
[66] Wigard gehörte mit Blum, Heinrich Simon und einem weiteren Abgeordneten der
Linken zu der Minderheit im Verfassungsausschuß, die eine Abschaffung des Adels
beantragt hatte.
[67] ADB, I; BSTH; Brandis; »Briefe von Arndt«. Rede in II, 1299 ff. [68] II, 1307 ff.

stimmung über diesen Gegenstand, und diejenigen, die den Adel abgeschafft wissen wollten, blieben nicht auf die Linke beschränkt, sondern fanden sich noch so weit rechts wie im *Casino*. Das linke Zentrum war gespalten. Die Abschaffung des Adels wurde abgelehnt mit 282 gegen 167 Stimmen – also mit einer klaren Mehrheit; jedoch war auch die Minderheit recht stark.[69] Der Entwurf des Verfassungsausschusses über die Aufhebung von Standesprivilegien wurde mit einer erheblichen Mehrheit angenommen.[70] Man fügte eine Bestimmung an, wonach alle Titel, die nicht mit einem bestimmten Amt verbunden sind, abzuschaffen seien.[71] Jacob Grimms Antrag wurde ebenso abgelehnt[72] wie der des Naturwissenschaftlers Carl Vogt, eines Führers der Linken, der jedermann das »von« zubilligen wollte.[73] Während der Verfassungsausschuß nur eine allgemeine Feststellung über die Wehrpflicht aller vorgesehen hatte, setzte die Linke das Verbot durch, dieser Verpflichtung durch einen Vertreter nachzukommen. Auch das Waffenrecht sollte allen gleichermaßen zustehen.[74]

Der Paragraph 7 hatte zum Ziel, Gesetze in der Art der Habeas-corpus-Akte einzuführen; denn das berühmte englische Gesetz kam den Abgeordneten nie ganz aus dem Sinn. Der Verfassungsausschuß schlug eine kurze Fassung vor, die festlegte, daß niemand – es sei denn er sei auf frischer Tat ertappt worden – ohne richterliche Verfügung in Haft gehalten werden dürfe, und diese richterliche Verfügung sei binnen vierundzwanzig Stunden beizubringen. Niemand darf seinem gesetzlichen Richter entzogen werden. »Ausnahmegerichte« seien nicht zulässig. Das Prinzip, das den Bestimmungen von Paragraph 7 zugrunde lag, war die strikte Trennung von Gerichts- und Verwaltungsverfahren. Unzweideutig wurde sichergestellt, daß ausschließlich die Gerichte für die Anwendung des Strafrechts zuständig seien. Die Tage der Verwaltungsjustiz, unter der zahlreiche Abgeordnete der Frankfurter Nationalversammlung gelitten hatten, sollten zu Ende sein. Die Macht der Polizei sollte stark beschnitten werden. Im Kommentar betonte der Verfassungsausschuß, daß die für eine Verhaftung verantwortlichen Behörden zur Rechenschaft zu ziehen seien, falls sie nicht innerhalb vierundzwanzig Stunden eine richterliche Haftanordnung beibringen könnten. Die Beamten sollten sich nicht mehr hinter Anweisungen von oben gegen Strafverfolgung verschanzen können.[75] Obwohl der Paragraph 7 schon in dieser Form das bisherige Verwaltungssystem in wesentlichen Punkten durchbrach, zeigte sich in den

[69] II, 1340 ff. [70] II, 1340. [71] II, 1347. [72] II, 1346 f.
[73] II, 1346. [74] II, 1347. [75] I, 685.

eingebrachten Änderungsanträgen und in der Debatte, daß das Haus den Schutz der Bürger gegen willkürliche Verhaftung noch viel gründlicher fassen wollte. Die Versammlung, die aus Beamten, Richtern und Anwälten bestand, verwandte auf diese Frage ihr reiches Wissen und ihre große Erfahrung. Ohne so weit gehen zu wollen wie einige Abgeordnete der Linken, die jede Einzelheit in die Grundrechte aufnehmen wollten, verbesserte die Versammlung den Paragraphen dadurch, daß sie verschiedene Lücken schloß.[76] Der Polizei wurde das Recht eingeräumt, unter bestimmten Umständen selbständig Verhaftungen vorzunehmen, sie blieb dabei aber an die Vierundzwanzig-Stunden-Beschränkung gebunden. Danach war der Verhaftete entweder freizulassen oder einem Richter vorzuführen. Die für eine rechtswidrige Verhaftung Verantwortlichen, und notfalls auch der Staat, hatten dem Festgenommenen Entschädigung und Genugtuung zu leisten. Die Versammlung fügte eine Bestimmung hinzu, wonach Angeklagte gegen Bürgschaft bis zur Verhandlung freizulassen seien, falls nicht ernstliche Anzeichen eines schweren Verbrechens vorlägen; allerdings wurde gesagt, diese Änderung begünstige die Reichen. Der erregendste Teil der Debatte betraf die Todesstrafe und körperliche Züchtigung.[77]

Die Mehrheit des Verfassungsausschusses war im allgemeinen dagegen gewesen, das Verbot bestimmter Strafen in die Grundrechte aufzunehmen, und zwar vor allem deshalb, weil derartiges durch das Strafrecht zu regeln sei und es in der Rechtsprechung der einzelnen Staaten zu erheblicher Verwirrung kommen müsse, wenn man Strafvorschriften für bestimmte Delikte für ungültig erklärte. Diesem Argument widersprach ein hervorragender preußischer Richter, Friedrich Ernst Scheller,[78] der dem rechten Zentrum (Casino) angehörte. Scheller unterzeichnete im Verfassungsausschuß zusammen mit zwei Abgeordneten der Linken Blum und Wigard und dem württembergischen Minister Römer einen Minderheitsantrag, der die Abschaffung der Todesstrafe und der Prügelstrafe forderte. Er erklärte, da es bei diesen zwei Strafarten um Leben und Ehre gehe, seien die Grundrechte zweifellos der rechte Ort, sich damit zu befassen. Während andere Redner die Todesstrafe aus allgemein humanen oder rationalen Gründen ablehnten, sagte Scheller, kein Mensch habe das Recht, einen anderen auch nur einer Minute zu berauben, während derer er sich auf das jenseitige Leben vorbereiten könne. Körperliche Züchti-

---

[76] II, 1395 ff. [77] II, 1369 ff.
[78] Vgl. *Umrisse*, 141; Simson, *E. v. Simson*, 336 ff. Rede in II, 1369 ff.

gung demoralisiere den Sträfling und mache ihn zu einem Feind des Staates. Sie sei einer freien Nation unwürdig. Diese Überlegungen griff Franz Heisterbergk[78a] (Linke, *Deutscher Hof*), ein sächsischer Gerichtsbeamter, auf, zu dessen Pflichten der Strafvollzug gehörte. Er beschrieb anschaulich, wie ausgepeitscht, gebrandmarkt und angeprangert wurde. Die Folgen des Auspeitschens seien verhängnisvoll. Im Delinquenten werde jeder Rest von Ehrgefühl völlig abgetötet, und viele Frauen seien infolgedessen Dirnen geworden. Körperliche Züchtigung werde hauptsächlich bei den Armen angewandt, vor allem bei Landstreichern. Bestehende soziale und wirtschaftliche Schwierigkeiten würden durch derart rohe Methoden nicht behoben, sondern allenfalls verschlimmert. Diese Form der Bestrafung erniedrige überdies auch den Vollstreckenden. Heisterbergks letztes Argument entwickelte der westfälische Richter Carl Dham[79] vom linken Zentrum *(Württemberger Hof)* weiter. Dham war 1833 als Angehöriger der illegalen Burschenschaft wegen Verrats verurteilt und erst bei der Thronbesteigung Friedrich Wilhelms IV. 1840 aus der Festungshaft entlassen worden. Er erklärte, die Gesellschaft habe im Lauf der Jahrhunderte allmählich ihre Einstellung zur Todesstrafe grundsätzlich geändert. Während es zeitweilig als Ehre gegolten habe, einen Verurteilten hinzurichten, halte man jetzt den Beruf des Scharfrichters für ehrlos. Falls die Versammlung die Beibehaltung der Todesstrafe verfüge, würde jeder Abgeordnete auch bereit sein müssen, sie zu vollstrecken. Dham forderte, die Todesstrafe nur bei Verrat in Kriegszeiten zu verhängen. Der hervorragende Jurist Mittermaier[80] von der Heidelberger Universität, der im Vorparlament den Vorsitz geführt hatte, folgerte aus dem Umstand, daß vielerorts nicht mehr öffentlich hingerichtet werde, die Staaten schämten sich geradezu der Todesstrafe.

Das Haus war sich jedoch nicht einig. Bemerkenswerte Reden gegen die Abschaffung der Todesstrafe wurden von verschiedenen Seiten gehalten. Der preußische Richter Friedrich Leue aus Köln[81] vom linken Zentrum *(Württemberger Hof)*, ein bekannter Rechtsreformer, meinte, diese Bestrafung sei zur Wahrung der Disziplin in der Armee in Kriegszeiten unerläßlich. Er könne nicht einmal ihre Abschaffung für politische Delikte befürworten, abgesehen von der Schwierigkeit, stets genau zwischen einem politischen und einem gewöhnlichen

---

[78a] Vgl. Umrisse 25; Bundesarchiv. Rede in II, 1382 f.
[79] Vgl. Niebour, »Die Westfälischen Abgeordneten« 37. Rede in II, 1383 f.
[80] II, 1379.
[81] Vgl. Hansen, *Mevissen*, I, 433 f; Hansen, *Rheinische Briefe*, I, 762, II, 41; Pastor, *A. Reichensperger*, I, 203; Bundesarchiv. Rede im II, 1369.

Mord zu unterscheiden. Der bayerische katholische Priester Remigius Vogel[82] vom rechten Zentrum *(Casino)* schilderte, wie er im Rahmen seiner geistlichen Pflichten einen Verurteilten hatte zum Schafott begleiten müssen, um ihm seelischen Beistand zu leisten. So entsetzlich die Bestrafung sei, der er habe beiwohnen müssen, so sei er doch für ihre Beibehaltung, außer für gewöhnliche politische Verbrechen. Der Gutsbesitzer Philipp Wilhelm Wernher[83] (Zentrum) aus dem Großherzogtum Hessen brachte das Argument vor, es könne Leute geben, die, wenn es keine Todesstrafe durch das Gesetz gäbe, zur Selbstjustiz greifen könnten. Es sei unsinnig, eine Sonderbehandlung für politische Delikte zu verlangen. Man könne einen Verräter nicht in die Spinnstube stecken, er gehöre aufs Schafott. Er betrachte die Todesstrafe sogar als ein Recht, das dem Verbrecher zustehe. Es gebe Delikte, die sich nur durch das Opfer des Lebens sühnen ließen. Wernher nannte die Todesstrafe eine tiefe menschliche Notwendigkeit. Es möge paradox klingen: Aber schließlich gebe es ohne den Kreuzestod kein Christentum. Diese letzten Bemerkungen lösten Gelächter aus. Beseler als Berichterstatter lehnte in seiner Zusammenfassung die Abschaffung der Todesstrafe ab.[84]
Die Versammlung entschied mit 265 gegen 175 Stimmen, die Abschaffung bestimmter Strafen in die Grundrechte aufzunehmen.[85] In namentlicher Abstimmung beschloß das Haus mit 288 gegen 146 Stimmen die Abschaffung der Todesstrafe.[86] Die Linke votierte, von wesentlichen Teilen des Zentrums unterstützt, einstimmig für die Abschaffung. Anprangern, Brandmarken und körperliche Züchtigung wurden durch Akklamation abgeschafft.[87]
Die Abstimmung über die Todesstrafe fand am 4. August statt. Infolge des Drucks anderer – hauptsächlich außenpolitischer – Angelegenheiten wurde die Debatte über die Grundrechte erst am 17. August fortgesetzt. Inzwischen hatte etwa die Hälfte der Abgeordneten am 13. und 14. an einer großen nationalen Feierlichkeit, dem Kölner Dombaufest, teilgenommen; der Reichsverweser und König Friedrich Wilhelm IV. waren als Ehrengäste erschienen. Trotz des Boykotts durch die Linke und einiger Mißklänge konnte man daran das hohe Ansehen der Nationalversammlung ablesen. Für die Zukunft ließ sich viel erhoffen. Deutschland besaß nun einen Herrscher und eine Regierung, wenn auch nur provisorisch. Daß Angehörige

---

[82] Deuerlein, *Der katholische Klerus.* Rede in II, 1373.
[83] Vgl. Wolfgang Klötzer im Anhang zu Wentzcke, *Ideale,* 305. Rede in II, 1383.
[84] II, 1388 ff. [85] II, 1399 ff. [86] II, 1405 ff. [87] II, 1410.

der habsburgischen und der Hohenzollern-Dynastie neben gewählten Volksvertretern aus Deutschland und Österreich anwesend waren, konnte der Anfang einer glücklichen und gedeihlichen Zukunft sein. Mit Kraft und Entschlossenheit mußten innere Zwietracht und äußere Schwierigkeiten zu meistern sein. Eine Bemerkung des preußischen Königs zu Abgeordneten der Frankfurter Nationalversammlung während der Feiern stimmte viele von ihnen nachdenklich. Er forderte die Parlamentarier auf, nicht zu vergessen, daß es in Deutschland Fürsten gebe und er zu ihnen gehöre. Nach einigen Berichten fügte er hinzu, er sei einer der mächtigsten unter ihnen, doch nach Angaben von Wilhelm Wichmann (rechtes Zentrum), einem preußischen Staatsbeamten, der in der Nähe des Königs gestanden hatte, wurde dieser Zusatz nicht geäußert.[88]

Die restlichen Paragraphen des Artikels II wurden weit schneller beschlossen, als am 17. August die Versammlung zum Thema Grundrechte zurückkehrte.[89] Die Versammlung verstärkte die vom Verfassungsausschuß vorgeschlagenen Sicherheitsvorschriften beträchtlich. Das Recht auf Wohnungsdurchsuchung wurde gründlich eingeschränkt.[90] Post sollte nur aufgrund einer richterlichen Verfügung beschlagnahmt werden können.[91] Selbst die Debatte über Pressefreiheit dauerte nicht lange, da man sich im wesentlichen einig war.[92] Die Presse sollte frei sein. Jegliche Zensur sollte untersagt sein. Alle die unzähligen Verwaltungsmaßnahmen, durch die man die Presse behindert hatte – wie Postverbote oder Vorauszahlungen an die Behörden –, wurden ausdrücklich verboten. Pressevergehen sollten nach einem zu verkündenden Reichsgesetz durch Schwurgerichte abgeurteilt werden.[93] Die relative Einigkeit der Versammlung blieb jedoch nicht bestehen, als das Plenum am 21. August in die Debatte über den Artikel III der Grundrechte eintrat: Die Beziehungen zwischen Kirche und Staat.[94]

[88] Wichmann, *Denkwürdigkeiten*, 219. Cf. 6 Beseler, *Erlebtes*, 66.
[89] II, 1575 ff. [90] III, 1590 f. [91] III, 1608. [92] III, 1608 ff.
[93] III, 1617 f. [94] III, 1631 f.

Es war unvermeidlich, daß in der Frankfurter Nationalversammlung religiöse Fragen immer wieder die Leidenschaften entfachten. Wenigen Abgeordneten war die Religion, positiv oder negativ, völlig gleichgültig. Doch selbst wenn ein Parlamentarier entschiedene religiöse Ansichten hatte, stellte ihn die Diskussion über die künftigen Beziehungen zwischen Kirche und Staat vor Schwierigkeiten. Wie Unsicherheit über weite Entwicklungen auf dem Gebiet der Politik herrschte, so galt das nicht weniger für dasjenige der Religion. Infolge mancher Berührungspunkte und gewisser verwandter Probleme beeinflußten sich Politik und Religion gegenseitig. Da beide sich in steter Bewegung befanden, bot eine Debatte über ihre Beziehungen Gelegenheit für neue Initiativen, ohne daß etwas Entscheidendes beschlossen werden konnte. Nach dem Rednerpult drängten nicht nur diejenigen, die den Einfluß der Religion erhalten wollten, sondern ebenso die anderen, die in den Kirchen Hindernisse für jeden Fortschritt sahen und bestrebt waren, ihre Macht einzuschränken.

1848 kehrte zum zweihundertsten Mal der Jahrestag des Westfälischen Friedens wieder, der die Stellung der Kirchen in Deutschland nach dem Grundsatz *cuius regio, eius religio* geregelt hatte. Eine enge Beziehung zwischen Protestanten sowie Katholiken und dem Staat erwies sich oft als Notwendigkeit in einem Land, in dem die beiden großen einander feindlich gesinnten Konfessionen sich gegenseitig in Schach hielten. Beide Kirchen erhielten vom Staat nicht nur gegen ihre äußeren, sondern auch gegen innere Gegner Schutz. Als Gegenleistung mußten sie sich tiefgreifende staatliche Einmischungen gefallen lassen. Offenkundiger als bei ihrer Rivalin geschah das bei der protestantischen Kirche, für die der Fürst *summus episcopus* war. Doch auch die katholische Kirche hatte die staatliche Aufsicht über viele innere Angelegenheiten zu dulden, die, wie etwa der Verkehr der deutschen Bischöfe mit der Kurie und die Ernennungen von Geistlichen unter das *ius circa sacra* (also unter die Rechte des Staates in Kirchendingen) fielen.[95]

Unter den Christen nahmen die drei anerkannten Kirchen – die katholische, die lutherische und die reformierte (calvinistische) – eine

---

[95] Vgl. Huber, *Deutsche Verfassungsgeschichte*, I, 96 f. Katholische Sprecher wie der ostpreußische Bischof Geritz (III, 1680) und der Münchner Historiker Sepp (III, 1691) äußerten in der Debatte zahlreiche Klagen über das *ius circa sacra*.

bevorzugte Stellung ein. Sie erhielten vom Staat finanzielle Unterstützung – in vielen Fällen zum teilweisen Ausgleich für das, was man ihnen weggenommen hatte –, und alle Dissidenten wurden in Schach gehalten, indem man ihnen die Vorteile der offiziellen Anerkennung verweigerte. Opfer des alten Systems waren vor allem jene, die, wie die Deutschkatholiken, aus der katholischen Kirche ausgetreten waren, und Angehörige protestantischer Sekten. Die Juden hatten eine Zwischenstellung inne. Zwar wurden sie anerkannt, doch mußten sie sich eine diskriminierende Behandlung gefallen lassen. Freilich kam in der Debatte auch der Druck auf die Gemeinden durch Rabbiner, die sich ähnlich verhielten wie der christliche Klerus, zur Sprache.[96]

Die Opposition religiöser Dissidenten gegen die staatlich anerkannten Kirchen und anti-christlicher Kreise gegen das Verhältnis zwischen Kirche und Staat, wie es damals war, stand fest. Überraschender war, daß die Sprecher der Kirchen in der Debatte keine wirksame Verteidigung der alten Ordnung vorbrachten. In der Tat fand kaum jemand ein gutes Wort für das System, nicht einmal ein Mann wie der bayerische katholische Theologe Döllinger[97], der es wenige Jahre vorher nicht nur bejaht, sondern auch aktiv unterstützt hatte. Mit fast unziemlicher Hast begrub man in der Debatte den protestantischen und katholischen »christlichen Staat«. Diese Preisgabe von Auffassungen, die wenigstens eine Generation lang und in mancher Hinsicht weit länger die Beziehungen zwischen den beiden Bereichen beherrscht hatten, läßt sich nicht nur der Desillusionierung durch schwere Krisen wie den Kölner Kirchenstreit und die Lola-Montez-Affäre zuschreiben. Die Ursachen liegen viel tiefer. In der Debatte herrschte die Tendenz, die Einmischung der Staaten und Regierungen für die Schwierigkeiten der christlichen Kirchen verantwortlich zu machen, und dies sogar für die häufig gespannten Beziehungen zwischen den beiden Konfessionen. Obwohl das geschichtlich nicht recht stimmte, war dies doch die Ansicht führender Katholiken und Protestanten. Zweifellos begrüßten die Katholiken die Gelegenheit, sich nicht nur von den Fesseln des Staates, sondern auch von seiner Unterstützung freizumachen. Für die Protestanten lag das Problem viel komplizierter, aber auch viele ihrer Gläubigen sehnten sich zumindest nach einer größeren Mitbestimmung in ihren eigenen Angelegenheiten.

Die politischen Ereignisse des Frühjahrs machten 1848 in der Tat zahl-

---

[96] Durch den unorthodoxen Katholiken Sylvester Jordan (III, 1647) und den Freidenker Carl Nauwerck (III, 1694). [97] III, 1673 ff.

reiche Probleme, die den Kirchen schon seit einiger Zeit Kopfzerbrechen bereitet hatten, entscheidungsreif. In organisatorischer Hinsicht konnte keine Kirche die Rückwirkungen ignorieren, die das Recht auf politische Repräsentation im religiösen Bereich auslösen mußte. Jahrelang hatte sich die katholische Hierarchie mit der Forderung nach Synoden konfrontiert gesehen. In der protestantischen Kirche war es zu heftiger Kritik an der staatlichen Autokratie gekommen, die in der erzwungenen Gründung der Unierten Kirche in Preußen gipfelte. Die veränderten politischen Bedingungen boten 1848 den Kirchen zum ersten Mal seit vielen Jahren wirklich Gelegenheit, eine aktive Rolle zu spielen. Durch den beschleunigten Gang der Ereignisse, durch das verstärkte Drängen ihrer Gläubigen und durch die Herausforderung der — vor allem sozialen — Probleme des Zeitalters fühlten sie sich neu belebt. Die Geschehnisse von 1848 ließen eine religiöse Erweckung reifen, die sich schon seit längerer Zeit vorbereitet hatte. Die Kirchen — oder zumindest die katholische — fühlten sich jetzt kräftig genug, um auf eigenen Füßen zu stehen. Man hatte das Gefühl, die neugefundene Freiheit gleiche den Verlust des Schutzes mehr als reichlich aus. Ohne einen weiteren politischen Umsturz würde der Staat die Partnerschaft mit den Kirchen kaum auf der alten Basis fortführen. Unter einem konstitutionellen Regime würden die neuen Minister vielleicht nicht einmal offiziell Christen sein. Wie konnten die Kirchen zustimmen, wenn die weitreichenden kirchlichen Befugnisse eines Kultusministers einem Juden, einem Agnostiker, vielleicht einem Deutschkatholiken oder einem protestantischen Lichtfreund[98] anvertraut wurden? Die zunächst trübe wirkenden Aussichten nahmen rosigere Farben an, als man die Möglichkeiten für die Zukunft überprüfte.

Auf den ersten Blick erschien eine stärkere Demokratisierung der Kirchen infolge des veränderten politischen Klimas wahrscheinlich. Und das erhofften sicher viele Protestanten und Katholiken. Doch der Wegfall des staatlichen Dirigismus konnte auch andere Konsequenzen haben. »Unabhängigkeit der Kirche vom Staat« bedeutet nicht unbedingt auch Selbstregierung im politischen Sinn. Bei dem allgemeinen Meinungsklima rechnete der Bürger, dem größere politische Rechte zugestanden worden waren, vielleicht damit, die Kirche würde ihn nun zu überzeugen suchen, statt ihm zu befehlen. Doch es gab auch ein Argument für eine Festigung der Disziplin. Die Kirchenführer könnten darauf bestehen, daß die Zurücknahme der staatlichen Unterstützung eine Lockerung des strikten Gehorsams

[98] Eine protestantische Sekte.

273

nicht gestatte. Die Kirchen glichen nun fast belagerten Festungen, standen unter gegenseitigem Beschuß und waren den Angriffen der Religionsgegner ausgesetzt. Die letzteren fürchteten, die aus der staatlichen Bevormundung entlassenen Kirchen würden sich tatsächlich als stark genug erweisen, um möglicherweise die Freiheit der politischen Ordnung zu bedrohen. Freundliche und feindliche Beobachter stimmten darin überein, daß jede große Kirche, für welche die Unabhängigkeit vom Staat vorteilhaft war, zu einer gewaltigen Macht auf religiösem wie politischem Gebiet werden konnte. Nur die katholische Kirche war wohl in der Lage, die Gelegenheit sofort zu nutzen. Zahlreiche Protestanten hätten der Unabhängigkeit der Kirchen nur zögernd zugestimmt, falls lediglich die Katholiken von der neu errungenen Freiheit profitiert hätten.

Die Führer der katholischen Kirche Deutschlands traten entschieden für die Unabhängigkeit ein, freilich nicht so sehr um der Trennung von Kirche und Staat willen. Jede dieser Formulierungen konnte nicht mehr sein als ein Stichwort. Zweifellos hatten die Katholiken genug Gründe, um die Trennung von Kirche und Staat als einen nicht genug durchdachten Eingriff abzulehnen, der im derzeitigen Deutschland keinen Sinn hatte. Und es besteht auch die grundsätzliche Frage, ob sich ein Christ damit abfinden kann, seinen Einfluß nur auf einen Teil des Lebens zu beschränken. Die nächste Schwierigkeit lag in der Grenzziehung zwischen Kirche und Staat. Beide beanspruchten ein entschiedenes Mitspracherecht im Erziehungswesen, ganz abgesehen von Dingen wie der Eheschließung. Jedenfalls hatten viele politische Probleme in Deutschland einen religiösen Aspekt, wie auch nicht wenige religiöse Fragen ihre politische Seite besaßen. Selbst wenn das Prinzip der Trennung eingeführt war, konnte das die großen Bekenntnisse nicht davon abhalten, sich auszurechnen, welche spezielle Lösung der Einheitsfrage für sie günstiger wäre. Angesichts dieser Faktoren fanden die deutschen Katholiken, ihren Interessen sei am meisten gedient, wenn sie die Unabhängigkeit der Kirche forderten.[99]

Die Vorteile der Unabhängigkeit für die katholische Kirche waren offenkundig, doch genaueres Zusehen enthüllte auch ernstliche Nachteile. Andere Kirchen würden Anspruch auf Freiheit oder Unabhängigkeit haben. Eine der größten Wohltaten des alten Systems für die staatlich anerkannten Kirchen, und besonders die katholische, hatte in

[99] Vgl. Schnabel, *Zusammenschluß;* Lill, *Bischofskonferenzen;* Bergsträsser, *Vorgeschichte der Zentrumspartei.*

der Hilfe bestanden, die ihnen der Staat gewährt hatte, wenn es darum ging, ungehorsame Gemeindemitglieder im Zaum zu halten. In Zukunft konnten die Katholiken nur noch mit geistlichen Waffen gegen ihre Abtrünnigen kämpfen. 1848 fühlten sich die deutschen Katholiken stark genug, um ohne den Staat auszukommen, und es war sicher eine gewisse Neigung zur Trennung vorhanden. Doch die Katholiken wollten nicht auf der ganzen Linie an die Trennung gebunden sein. Als dies deutlich wurde, traten ihr ihre Gegner, durch die so bereitwillig gemachten Konzessionen argwöhnisch geworden, mit der Forderung nach Unabhängigkeit des Staates von der Kirche entgegen!

Die Katholische Vereinigung der Nationalversammlung, die eine weite Skala politischer Einstellungen[100] in dieser Frage umfaßte, fand in der Versammlung bei einem führenden protestantischen Geistlichen, dem einflußreichen Mitglied des *Casinos* (rechtes Zentrum), Jürgens aus Braunschweig, Unterstützung. Jürgens hatte jahrelang die staatliche Einmischung in kirchliche Angelegenheiten bekämpft. Im ganzen freilich blieben, von ein paar Ausnahmen abgesehen, die Protestanten argwöhnisch und scheuten vor der katholischen Initiative zurück. Die ausgestreckte Hand wurde nicht allzu bereitwillig ergriffen. Alle, die entweder intern oder extern in Konflikt mit der katholischen Kirche geraten waren, wollten einen Beweis für eine geistige Erneuerung in ihr sehen, ehe sie willens waren, den Versicherungen zu glauben, man werde sich anderen Heilswegen gegenüber liberaler verhalten. Über alle staatlich anerkannten Kirchen fielen in der Debatte harte Worte. Doch nichts glich den erbitterten und haßerfüllten Äußerungen gegen die katholische Kirche aus dem Mund von Priestern, die im Streit mit ihren Oberen lagen, und von Laien, die gegen das rebelliert hatten, was sie für geistliche Autoritätsanmaßung hielten. Führende katholische Redner zeigten sich tief beunruhigt durch diese Angriffe von Katholiken, die zumindest nominell in ihrem eigenen Lager standen. Ebenso verdroß sie die Gleichgültigkeit, die ihnen viele rein passive Katholiken entgegenbrachten.

Die beiden einzigen anderen Gruppen mit eindeutigen Positionen waren neue Kirchen wie die der Deutschkatholiken und jene, die den religiösen Einfluß so weit wie möglich reduzieren wollten. Sonderbarerweise sahen sich die beiden Deutschkatholiken Blum und Wigard veranlaßt, in einer Hinsicht dasselbe zu fordern wie die Katholiken, nämlich die Unabhängigkeit der Kirchen. Doch ihr übri-

[100] Vgl. Lempp, *Die Frage der Trennung*.

ges Programm ließ ihre Feindseligkeit gegen die Staatskirchen erkennen. Keine durfte danach vom Staat eine Sonderstellung erhalten, und es sollte überhaupt keine Staatskirche geben.[101] Die Religionsgegner wollten den Kirchen in ihren eigenen Angelegenheiten nicht unbedingt freie Hand lassen. Viele von ihnen hielten den Einfluß der Kirchen auf die Gesellschaft für schädlich. Sie wünschten die Trennung, doch mit einer für die Kirchen völlig unannehmbaren Grenzziehung, die sie auf eine kleine Lebensecke beschränkt haben würde.

Der Verfassungsausschuß war nicht bereit, sich einer der Gruppen anzuschließen, die feste Stellungen bezogen hatten. Vielmehr erklärte er,[102] er lehne es ab, sich auf ein Prinzip wie Trennung oder Unabhängigkeit einzulassen, wie er auch die zu enge Verbindung von konfessionellen und politischen Fragen ablehnte. Dadurch habe man schon einmal die Wiederherstellung Deutschlands verhindert. Falls man den Kirchen Unabhängigkeit zubillige, könnte es notwendig werden, den Staat durch besondere Maßnahmen gegen Übergriffe zu schützen. Der Ausschuß zeigte auch Verständnis für die Schwierigkeiten der Protestanten, falls man drastische Änderungen in den Beziehungen zwischen Kirche und Staat erwägen würde. Daher begnügte sich der Ausschußentwurf damit, einen großen Freiheitsraum abzustecken, innerhalb dessen die Rechte des Individuums nicht von der Zugehörigkeit zu einer bestimmten Religion abhängen sollten, während die Stellung der staatlich anerkannten Kirchen in vieler Hinsicht unberührt bleiben sollte. Paragraph 11 räumte jedermann volle Glaubens- und Gewissensfreiheit ein.[103]

Paragraph 12 untersagte alle Beschränkungen gemeinsamer privater oder öffentlicher Gottesdienste. Paragraph 13 stellte fest, der Genuß der staatsbürgerlichen Rechte sei nicht durch das Bekenntnis zu einer bestimmten Religion bedingt oder beschränkt. Den staatsbürgerlichen Pflichten darf dasselbe keinen Abbruch tun. Paragraph 14 gestattete die Gründung neuer Religionsgemeinschaften ohne staatliche Billigung. Paragraph 15 bestimmte, daß niemand zur Teilnahme einer kirchlichen Handlung gezwungen werden dürfe. Paragraph 16 verfügte, daß die Ehe allein durch Vollziehung des Zivilaktes rechtsgültig sei; die kirchliche Trauung könne nur nach dessen Vollziehung stattfinden. Der Artikel III begünstigte die — zugegebenermaßen zahlreiche — Minderheit von Nicht-Christen und anderen religiösen Gemeinschaften, weit mehr als die überwiegende Mehrheit, die den großen christlichen Kirchen angehörte.

[101] I, 688. [102] I, 685. [103] I, 683.

Der erste Redner in der Debatte über den Artikel III, die am 21. August begann, war der protestantische Lehrer Wilhelm Weissenborn[104] aus dem Großherzogtum Sachsen-Weimar, der zum linken Zentrum *(Württemberger Hof)* gehörte. Weissenborn forderte die Unabhängigkeit der Kirchen vom Staat und hielt es für wesentlich, daß sich die Protestanten trotz aller Schwierigkeiten der neuen Situation stellten. Die protestantische Kirche müsse eine Krise durchstehen, ehe sie wieder voll gesunden könne. Für die Zukunft des Protestantismus fürchte er nicht. Weissenborn bezeichnete die Vermischung von religiösen und politischen Rechten in den letzten Jahrhunderten als die wahre Ursache der vielen Schwierigkeiten, in denen sich Deutschland befinde. Der folgende Redner, Georg Phillips, ein Katholik, wiederholte diese Überlegungen, so daß die Debatte in Eintracht zwischen den beiden großen Kirchen begann. Phillips[105] wurde 1804 in Königsberg als Sohn eines wohlhabenden englischen dort niedergelassenen Kaufmanns geboren. Er lehrte an der Berliner Universität Rechtswissenschaft und nahm nach seinem Übertritt zum Katholizismus einen Ruf an die Universität München an; 1847 wurde er, weil er in der Lola-Montez-Affäre auf der klerikalen Seite stand, entlassen. Phillips, der nach rechts tendierte, obwohl er sich keiner parlamentarischen Gruppe in der Versammlung anschloß, stimmte mit vielen Ansichten Weissenborns überein. Seiner Meinung nach rührte das Unglück Deutschlands weniger von der religiösen Spaltung her als von ihrer Auswertung für politische Zwecke. Auch er verlangte die Unabhängigkeit der Kirche vom Staat, und zwar nicht nur für die Katholiken, sondern ebenso für die Protestanten. Der antiklerikale unorthodoxe Protestant Karl Biedermann[106] vom linken Zentrum *(Württemberger Hof)*, ein Leipziger Universitätsprofessor für Philosophie, zugleich ein überaus fruchtbarer politischer Schriftsteller, äußerte sein Erstaunen über die offenbar beträchtliche Übereinstimmung zwischen den einzelnen Interessen und fragte sich, ob die verschiedenen Parteien unter Begriffen wie Unabhängigkeit der Kirche vom Staat dasselbe verstünden. Von seinem primär weltlichen Standpunkt aus würde er eine Trennung von Kirche und Staat der Unab-

---

[104] ADB, XLI; Niebour, »Vertreter Thüringens«, 404. Rede in III, 1640 ff.
[105] ADB, XXVI; Pöllnitz, »G. Phillips«; BSTH. Rede in III, 1642.
[106] III, 1642 ff.

hängigkeit vorziehen, aber für diese Lösung sei nicht genügend Unterstützung vorhanden. Falls man den Kirchen Unabhängigkeit gewähre, müsse man auch dem Staat Entsprechendes bieten. Einen ähnlichen Ton schlug der Lehrer Theodor Paur[107] aus Schlesien an, ein Katholik, der sich dem Rationalismus zugewandt hatte und ein Jahr zuvor auf Betreiben des Breslauer Bischofs Diepenbrock, seines jetzigen Parlamentskollegen, aus dem Schuldienst entlassen worden war. Maximilian Graf von Schwerin-Putzar — nun ebenfalls Parlamentsmitglied (der Rechten) — hatte ihn als preußischen Kultusminister im Frühjahr 1848 in sein Amt eingesetzt. Paur, der zur gemäßigten Linken (*Westendhall*) gehörte, forderte für den Staat das Recht, seine Position zu schützen, wenn sich die Kirchen in die Politik einmischen sollten. Er war nur der erste in einer Reihe von mehr oder weniger unorthodoxen Katholiken, die ihren strengeren Glaubensbrüdern keine Freude bereiteten. Während Paur vergleichsweise sanft gewesen war, richtete Sylvester Jordan[108] aus dem Kurfürstentum Hessen einen heftigen Angriff gegen die katholische Kirche. Es ist bezeichnend, daß dieser politische Märtyrer eine seiner eindrucksvollsten Reden im Parlament einer im wesentlichen religiösen Frage widmete. Jordan wurde 1772 in Tirol in einer sehr bescheidenen Umgebung geboren und konnte nur mit Hilfe katholischer Priester, die sich für ihn interessierten, eine höhere Bildung erhalten. Wie seine Rede zeigte, hatte er sich in den Jahren vor 1848 erheblich vom katholischen Standpunkt entfernt. Er hielt es für sehr gefährlich, den Kirchen Unabhängigkeit zu gewähren. Im Fall der katholischen Kirche würde das beispielsweise dank dem blinden Gehorsam vieler Gläubiger gegenüber den Priestern zu einer übermäßigen Machtansammlung führen. Er könne das auf Grund »einer langen geistigen Gefangenschaft« bezeugen. So, wie sich die Kirchen im Lauf der Geschichte entwickelt hätten, könnten sie nur die Gewissensfreiheit hindern. Die einzige Lösung bestehe darin, ihre Autorität abzuschaffen. Ein katholischer Priester, Remigius Vogel[109] aus Bayern (rechtes Zentrum *Casino*), protestierte gegen Sylvester Jordans Darstellung der katholischen Kirche. Er sei durchaus bereit zuzugeben, daß jeder Gruppe zivilrechtlich die Erlaubnis zur Bildung einer Religionsgemeinschaft zustehe. Die wachsende Zahl von Sekten werde zwar einige ungute Folgen haben. Doch die Wahrheit könne nur durch Freiheit siegen.

Eine andere Richtung schlug der nächste Redner, Franz Tafel, Linke

[107] *Umrisse*, 52; vgl. auch Paur, »Briefe«. Rede in III, 1644 ff.
[108] 1646 ff. [109] III, 1651 ff.

(Deutscher Hof), aus der Rheinpfalz ein. Tafel war geweihter Priester der katholischen Kirche, aber 1841 seines Amts enthoben worden,[110] und war Mitglied der bayerischen Kammer geworden. 1845 unternahm man den Versuch, ihm eine Priesterstellung bei den Deutschkatholiken zu verschaffen,[111] doch offensichtlich ohne Erfolg. Tafel äußerte sein Erstaunen[112] über die Haltung von offiziellen Sprechern einer Kirche, der es bisher sehr angenehm gewesen sei, staatliche Unterstützung für ihre Zwecke zu erhalten. Er verwies auf die Leiden der Anhänger des Theologen Georg Hermes, dessen Lehren von der katholischen Kirche für häretisch erklärt wurden, worauf der Staat gegen sie vorgegangen sei.[113] Tafel lehnte es ab, für die Unabhängigkeit der Kirche zu stimmen, denn im Fall der Katholiken bedeute dies nur, den Bischöfen *carte blanche* zu geben. Er unterstützte den Entwurf des Verfassungsausschusses.

Ein weiterer katholischer Redner, der bayerische Kultusminister von Beisler[114] (Rechte), stand sicherlich den Ansichten Tafels näher als denen Vogels. Als der für die Beziehungen zur Kirche verantwortlichen Minister sprach er mit genauer Kenntnis vom Funktionieren des bestehenden Systems in einem katholischen Staat. Beisler kritisierte das Konzept der Freiheit für die Kirchen als zu ungenau. Die verschiedenen Gruppen, die sie forderten, meinten jede etwas anderes. Er hielt jede Trennung von Kirche und Staat für völlig undurchführbar, da beide eng miteinander verknüpft seien. Jahrhundertelang habe das Christentum alle Bereiche des Lebens durchdrungen. Der Staat wiederum könne den Kirchen nicht gleichgültig gegenüberstehen und sie »wie eine Casinogesellschaft« behandeln. Die Kirche müsse sich reformieren. Andernfalls werde es Mißklänge zwischen dem monarchischen System der Kirche und den demokratischen Institutionen des Staates geben. Die Kirche müsse wie der Staat demokratisch werden. Man solle Synoden unter Laienbeteiligung einführen. Beisler regte die Einberufung einer Reichssynode an, auf der die Angelegenheiten der christlichen Kirchen Deutschlands, und besonders ihr Verhältnis zum Staat, zu regeln seien. Alle konfessionellen Fragen könnten in einer Abteilung der Reichssynode erörtert werden, die aus Angehörigen der betreffenden Kirche bestehen sollten.

---

[110] Deuerlein, *Der katholische Klerus.*
[111] Krautkrämer, *Kolb*, 112 f., 178. [112] III, 1653.
[113] So wurde der Hermesianer Johann Wilhelm Joseph Braun, ein Bonner Theologieprofessor, der ebenfalls in der Nationalversammlung saß, nach seiner Suspendierung durch die katholische Kirche vom Staat in den Ruhestand versetzt. Er blieb praktizierender Katholik. [114] 1662 ff.

Der Grundton der Rede war anti-klerikal. Beisler verurteilte die Säkularisierung der Kirche, die Art und Weise, wie sich der Klerus in rein politische Dinge mischte – vom Pfarrer in Wahlzeiten bis zum Papst, der sich in Feindseligkeiten gegen andere katholische Mächte einlasse. Er glaube nicht, Pius IX. sei im Frühjahr 1848 gezwungen gewesen, Österreich den Krieg zu erklären. Er gebe zu, daß sich der Papst anfänglich widersetzte, er habe »sich aber gesträubt wie eine Braut«. Diese Bemerkungen lösten Beifall und Gelächter aus. Heinrich von Gagern griff als Vorsitzender ein und tadelte sowohl den Redner wie die Lacher. Der nächste Redner, der protestantische Pfarrer Zittel[114a] aus Baden, rechtes Zentrum (Casino), erklärte, er stimme mit den von Beisler angestrebten Zielen, jedoch nicht mit den vorgeschlagenen Mitteln überein. Den Sturz der kirchlichen Hierarchie müsse das Volk auf dem Boden der Freiheit, müsse der Geist der Zeit, nicht ein Kultusminister herbeiführen. Er wünsche Freiheit für die Kirchen, auch wenn diese mehr den Katholiken als den Protestanten zugute komme. Sicher würden die Protestanten nicht den Schutz des Staates gegen ihre Rivalen anfordern wollen. Auf die Dauer würden sie mit erneuerter Kraft aus ihrer Prüfung hervorgehen.

Einer der Führer der Linken, der Zoologe Carl Vogt,[115] von der Universität Gießen in Hessen, vertrat nachdrücklich die Sache der Anti-Religiösen in der Versammlung. Vogt behauptete, die Linke sei in dieser Angelegenheit einig. Doch obwohl die Mehrheit der Religionsgegner auf der Linken saß, waren viele gläubige Christen, unter ihnen auch einige Deutschkatholiken. Vogt nannte ausnahmslos jede Kirche einen »Hemmschuh« für die Kultur. Er bestritt, daß es so etwas wie eine demokratische Kirche geben könne, und befürwortete eine Trennung von Kirche und Staat nur unter der Bedingung, »daß alles das, was man überhaupt Kirche nennt, vernichtet werde«. Ein großer Kampf, erfüllt von religiösem Fanatismus, stehe bevor. Doch wenn jedermann völlige Freiheit und Demokratie garantiert seien, brauchten er und die ihm Gleichgesinnten weder eine Trennung von Kirche und Staat noch jene zu fürchten, die im Namen Gottes und der Religion Unruhe stifteten. Es müsse nicht nur für den Glauben, sondern auch für den Unglauben Freiheit geben. Das schafft das »Gegengift« gegen das ultrareligiöse Element. Die große Zukunftshoffnung liege in der Befreiung des Schulwesens von jeglichem kirchlichen Einfluß.

Der protestantische Pfarrer Karl Jürgens,[116] rechtes Zentrum (Casino), aus Braunschweig, der im Verfassungsausschuß bezüglich des

[114a] ADB, XLV; BSTH. Rede in III, 1665 ff. [115] III, 1668 ff. [116] III, 1670 ff.

Artikels III die katholische Minderheit unterstützte, protestierte gegen den Versuch des Ausschusses, eine Indifferenzerklärung des Staates gegenüber der Religion herbeizuführen und dem Glauben einen Platz unter den Privatangelegenheiten zuzuweisen. Er stellte die Freiheit, die neuen Religionsgemeinschaften gewährt wurde, der unerträglichen »Staats-Botmäßigkeit« gegenüber, welche von der offiziellen katholischen und protestantischen Kirche noch immer verlangte wurde. Jedem Versuch, die völlige Trennung von Kirche und Staat einzuführen, widersetzte er sich, weil das politische Leben Deutschlands bisher eine christliche Grundlage gehabt habe und sie weiter behalten müsse. Die Vernachlässigung der Religion könne zum Absinken des moralischen Niveaus führen. Kirche und Staat könnten sich gegenseitig helfen und nützen, sie könnten zusammenwirken, um etwa das soziale Problem zu lösen, das sich ihnen stelle. Er ging auf das Argument der Ausschußmehrheit ein, die Wiederherstellung Deutschlands sei schon einmal an der Verbindung von religiösen mit politischen Fragen gescheitert: Schaden habe nicht die Unabhängigkeit der Kirche gestiftet, sondern ihre Abhängigkeit vom Staat, die er seit zwanzig Jahren bekämpft habe.

Auf Jürgens folgte ein hervorragender katholischer Redner, Ignaz Döllinger[117] (unabhängig), ein prominenter klerikaler Politiker, der 1847 zur Zeit der Lola-Montez-Affäre von seinem Lehrstuhl für Kirchenrecht an der Münchner Universität suspendiert worden war. Als führende Gestalt der Katholischen Vereinigung in der Versammlung war Döllinger einer ihrer Wortführer in der Debatte. Er schloß aus dem Beifall, den Sprecher für diametral entgegengesetzte Meinungen erhalten hatten, daß das Haus noch nicht zu einem Entschluß gekommen sei. Er könne tatsächlich in gewissem Maß Vogt beipflichten, und er räumte ein, daß religiöse Freiheit auch das Recht einschließe, zu keiner Kirche zu gehören. Aber er könne nicht soweit gehen wie Vogt und die Freiheit billigen, sich öffentlich zum Atheismus zu bekennen. Selbst in den Vereinigten Staaten von Amerika, in denen die größte religiöse Freiheit garantiert sei, müsse jeder, der sich um die Staatsbürgerschaft bewerbe, seinen Glauben an die Existenz einer Gottheit bezeugen. Er könne Vogts Ansicht, daß die Freiheit auch das Recht einschließe, alle Religion zu zerstören, nicht akzeptieren. Dann verwahrte sich Döllinger gegen den Angriff, den sein weltlicher Vorgesetzter, der bayerische Kultusminister von Beisler, auf den Papst unternommen hatte. Er appellierte an das Gerechtigkeitsgefühl der Abgeordneten, sowohl der Katholiken wie der Protestanten, Beis-

[117] III, 1673 ff.

lers Schilderung als Travestie der Wahrheit zu erkennen. Der Papst habe nicht die Macht besessen, die Kriegserklärung gegen Österreich zu verhindern, er sei nicht in der Lage gewesen, mehr zu tun, als zu protestieren, und das habe er getan. Außerdem widersprach Döllinger Beislers Beschreibung der katholischen Kirche als eines autoritären Systems. Die Stellung des Papstes in der Kirche sei weit entfernt von despotischer Allmacht. Döllinger äußerte seine Übereinstimmung mit dem Hauptthema von Jürgens' Rede und unterstrich die Gemeinsamkeit vieler Interessen in den beiden großen Kirchen. Beide hätten unter dem alten bürokratischen Polizeistaat gelitten. Nur wenn man den Kirchen Unabhängigkeit einräume, könnten die beiden christlichen Bekenntnisse freundschaftlich nebeneinander leben. Zahlreiche Reibereien zwischen ihnen habe der Staat verursacht. Wie Jürgens forderte er für die alten und die neuen Religionsgemeinschaften gleiche Behandlung.

Der preußische General von Radowitz,[118] Rechte *(Steinernes Haus)*, Vorsitzender der Katholischen Vereinigung in der Nationalversammlung, suchte die Protestanten wegen ihrer Stellung in einem System der Kirchenunabhängigkeit, wie es seine Gruppe vorgeschlagen habe, zu beruhigen. Unabhängigkeit schließe nicht die Trennung von Kirche und Staat ein, sie besage nur, daß die staatlichen Behörden, wie auch in anderen Bereichen, lediglich strikt gesetzmäßig handeln und keine vage Polizeigewalt besitzen dürften. Der protestantischen Kirche würde es weiterhin freistehen, den einzelnen Länderregierungen ein Mitspracherecht in ihren Angelegenheiten zu belassen. Doch die Autorität des Staates über die Kirche sei nicht mehr von der Lehre ableitbar, daß der Fürst *summus episcopus* sei, sie würde auf freiwilligen, widerrufbaren Vereinbarungen beruhen. Er sehe nicht ein, inwiefern die Erklärung der kirchlichen Unabhängigkeit den protestantischen Kirchen Nachteile bringen würde. Und er hoffe, es sei noch nicht so weit, daß ein Schritt, der einer Kirche wahrscheinlich nütze, deshalb automatisch von der anderen verworfen werde. Um die Befürchtungen der Nicht-Katholiken zu zerstreuen, sagte Radowitz, er und seine Gruppe – also die Katholische Vereinigung in der Nationalversammlung – wollten eine der katholischen Kirche garantierte Freiheit nicht dazu ausnützen, um die Jesuiten in Deutschland zuzulassen. Zugleich werde man sich entschieden jedem Versuch widersetzen, ein Verbot dieser Gesellschaft gesetzlich zu verankern.

[118] III, 1695 ff.

An die Generaldebatte über den Artikel III schloß sich die Diskussion der Einzelbestimmungen an, die am 25. August begann.[119] Der vom Ausschuß für den Paragraphen 11 vorgeschlagene Satz über volle Glaubens- und Gewissensfreiheit fand fast einstimmige Billigung. Ein Änderungsantrag des Richters Plathner, rechtes Zentrum (*Casino*), aus der preußischen Provinz Sachsen, daß niemand verpflichtet sein solle, seine religiösen Überzeugungen zu offenbaren oder einer Religionsgemeinschaft beizutreten, wurde ebenfalls angenommen.[120] Alle übrigen Änderungsanträge wurden abgelehnt.

Ernstlich opponierte gegen die Aufhebung von Freiheitsbeschränkungen für den Gottesdienst (Paragraph 12) nur eine Gruppe Tiroler Katholiken von der klerikalen Partei. Der Priester und Theologieprofessor Vincenz Gasser[121] (unabhängig) forderte, man möge bei der Einführung der grundsätzlichen Gottesdienstfreiheit, der er zustimme, die besondere Lage in Tirol berücksichtigen. Im allgemeinen sei es für die beiden großen christlichen Bekenntnisse in Deutschland notwendig, sich Zugeständnisse zu machen, doch Tirol habe in Stadt und Land nur eine Religion – eine Bemerkung, die laut Bericht Unruhe auslöste. Man würde das Volk in große Erregung versetzen, wenn man es zwinge, alle Konfessionen in ihrer Mitte aufzunehmen. Gasser forderte, zu gegebener Zeit sollten die Tiroler Stände und die Reichsregierung ein Übereinkommen wegen der eigentümlichen religiösen Verhältnisse in dieser Provinz treffen.

Gassers Ansicht wurde sofort von zwei Seiten angegriffen. Der protestantische Pfarrer aus dem österreichischen Teil von Schlesien, Karl Kotschy,[122] Linke (*Deutscher Hof*), bestritt, daß es in Tirol keine Protestanten mehr gebe. Er sei dort gewesen und habe sich mit Protestanten getroffen, allerdings heimlich des Abends, »beim Lampenschein«. Er verwies auf die Leiden der Protestanten im Zillertal, die sich an die Tiroler Stände gewandt und vergeblich um Zulassung einer eigenen Gemeinde ersucht hatten. Man habe sie vor die Wahl gestellt, entweder zur katholischen Kirche zurückzukehren oder Tirol zu verlassen, worauf über hundert Familien ausgewandert waren.[123] Der italienische Priester und Theologieprofessor Baron Giovanni a Prato,[124] Linke (*Deutscher Hof*), erklärte, die italienisch sprechenden Teile der Provinz wollten keine Ausnahme von der Gül-

[119] III, 1722 ff.
[120] *Umrisse*, 133; Niebour, »Die Abgeordneten der Provinz Sachsen«, 56 f. Abstimmung in II, 1767. [121] Wurzbach, V; ÖBL; BSTH; NDB. Rede in III, 1736 f. [122] Wurzbach, XIII. Rede in III, 1737 f.
[123] Gegenwart, IV, 87. [124] III, 1738.

tigkeit der Glaubensfreiheit. Die Richtigkeit dieser Feststellung bezweifelte der Schriftsteller Johannes Schuler,[125] rechtes Zentrum *(Casino)*, aus Innsbruck, einer der Parlamentsschriftführer. Schuler, der sein Bedauern über die Vertreibung der Protestanten aussprach, versicherte, in den italienisch sprechenden Gebieten der Provinz sei man ebensowenig tolerant wie in den deutschsprachigen. Die Juden behandle man in den deutschen Gegenden besser als in den italienischen.

Die Versammlung genehmigte die Ausschußvorlage für den Paragraphen 13,[126] worauf acht katholische Abgeordnete aus Tirol eine Erklärung zu Protokoll gaben, sie hätten der Gottesdienstfreiheit nur unter der Voraussetzung zugestimmt, daß man bei ihrer Anwendung auf Tirol dessen »eigentümliche« Verhältnisse in Betracht ziehen würde.[127] Vier der acht Unterzeichnenden waren Kleriker. Nur einer, nämlich Schuler vom rechten Zentrum *(Casino)*, gehörte einer politischen Partei an. Von den übrigen drei deutschen Vertretern aus Tirol war einer abwesend, und die beiden anderen lehnten den Protest ab.

[125] Wurzbach, XXXII; ADB, XXXII. Rede in III, 1739.
[126] III, 1769 f. [127] III, 1770.

Im Paragraphen 13, der religiöse Vorbedingungen für die Bürgerrechte abschaffte, ging es hauptsächlich um die Stellung der Juden. Die Annahme des vom Verfassungsausschuß erarbeiteten Entwurfs bedeutete das Ende aller gesetzlichen Rechtsunfähigkeit für die Anhänger der jüdischen Religion und stellte die Juden den Christen gleich. Als die Debatte über diesen Paragraphen am 28. August begann,[128] kam die jüdische Frage sofort nachdrücklich durch den katholischen Priester Georg Kautzer aus Württemberg, der zur Katholischen Vereinigung der Nationalversammlung gehörte, zur Sprache. Kautzer war kürzlich getadelt worden, weil er sich geweigert hatte, eine kirchliche Trauung zu vollziehen mit der Begründung, daß keine ausreichende Gewähr für die katholische Erziehung der Kinder gegeben sei; und man hatte ihn in eine andere Pfarrei versetzt.[129] Kautzer begrüßte den Paragraphen,[130] der einen von ihm seit langem sehnlich gehegten Wunsch verwirklichte. Er sei überzeugt, daß die gesetzliche Judendiskriminierung – wie die Katholikendiskriminierung in Irland vor der Emanzipation – schädlich für die Gemeinschaft und ungerecht gewesen sei. Er mache jedoch darauf aufmerksam, daß – freilich nur für eine gewisse Zeit – die Öffnung des Gettos hier und da auf Vorurteile stoßen werde. Es habe in der Vergangenheit oft geheißen, die Emanzipation habe zu warten, bis sich die Juden geändert hätten. Er hoffe aber eher, die Emanzipation werde eine Änderung bewirken.

Kurz darauf äußerte ein anderer württembergischer Redner eine entgegengesetzte Ansicht. Der Volkswirtschaftler Moritz Mohl,[131] ein protestantischer Angehöriger der Linken, ein Individualist, in öffentlichen Diensten stehend, der sehr persönliche Ansichten vertrat, brachte einen Änderungsantrag zum Paragraphen 13 ein. Danach sollten die deutschen Juden wahlberechtigt und als Abgeordnete wählbar sein. Im übrigen aber sollten ihre »eigentümlichen Verhältnisse« eine Sache spezieller Gesetzgebung unter Aufsicht des Reiches sein. Mohl behauptete, mit ihren internationalen Verbindungen könnten die Juden nie völlig zum deutschen Volk gehören; und Mischehen seien eine Unmöglichkeit.[132] Die Juden weigerten sich,

[128] III, 1749 ff.
[129] Hauptsächlich in BSTH; vgl. auch Niebour in Schnurre, *Die Württembergischen Abgeordneten;* Deuerlein, *Der katholische Klerus.* [130] III, 1750 f.
[131] Rede, III, 1754 f. [132] Vgl. S. 99 f.

Landwirtschaft zu treiben, und saugten häufig durch ihre Wucher-praktiken die armen Bauern aus. Sowie ein »Judenwucherer« in einem Bauernhaus einmal Fuß gefaßt habe, sei der Besitzer verloren. Diese Bemerkungen wurden durch Zischen unterbrochen. Viele Staaten hätten, wie sein eigener, gesunde Gesetze, um die Juden ehrlichen Gewerben und der Landwirtschaft zuzuführen. Es sei wichtig, daß dem Staat weiterhin die Macht bleibe, sich mit diesem Problem zu befassen. Die ganze Lebensweise, die Neigungen und die Beschäftigung der Juden in den unteren Klassen seien »volksverderblich«, und es müsse etwas geschehen, um die jüdische Jugend in andere Bahnen zu lenken. Mohl stieß in der Versammlung auf Ablehnung. Nach einem Zwischenruf sagte er, er erfülle nur seine Pflicht gegenüber dem deutschen Volk und wisse wohl, daß er sich dadurch unbeliebt mache.

Moritz Mohl bekam sofort eine Antwort vom führenden jüdischen Specher in der Nationalversammlung, Gabriel Riesser, linkes Zentrum (*Württemberger Hof*). Riessers eigener Lebenslauf zeigt die Schwierigkeiten auf, denen sich die Juden in Deutschland – und anderen Ländern – damals gegenübersahen. Jahrelang hatte ihm die oligarchisch regierte Stadtrepublik Hamburg das Bürgerrecht und die Zulassung als Rechtsanwalt verweigert. 1840 wurde ihm endlich die Berufsausübung gestattet. Seine Schriften machten Riesser in ganz Deutschland als Verfechter der jüdischen Emanzipation bekannt. Im Mai 1848 wählte ihn Lauenburg, in der Nähe Hamburgs, in die Frankfurter Nationalversammlung. Er glaubte, er habe seinen Erfolg dank dem »freisinnigen, aufgeklärten Bürgertum« gegen die Opposition der höheren Beamten, des Adels und der fast durchweg pietistischen Geistlichkeit errungen.[133]

Riesser beanspruchte[134] für sich das Recht, vor dem Haus im Namen einer seit Jahrhunderten verfolgten Klasse aufzutreten, der er durch Geburt und aus Gründen der Ehre angehörte; denn er habe es verschmäht, durch einen Wechsel der Religionszugehörigkeit Rechte zu erlangen, die man seinem Volk grundsätzlich verweigere. Er protestierte gegen die Art und Weise, in der die Juden so geschmäht worden seien. Moritz Mohl wolle die Juden durch eine Sondergesetzgebung von der Gleichheit vor dem Gesetz ausschließen, die für alle übrigen gelte. Die Versammlung habe allen nichtdeutschsprachigen Völkern auf deutschem Boden dieselben Rechte zugesichert wie denen, die

---

[133] In einem Brief vom 13. Mai aus Hamburg. Vgl. Isler, *G. Riessers Schriften*, I, 522. Weiteres biographisches Material in ADB, XXVIII; Friedländer, *G. Riesser*; BSTH.
[134] III, 1755 ff.

Deutsch sprächen.[135] Sollten die Juden deshalb Nachteile haben, weil sie Deutsch sprächen? Riesser ging auch auf Moritz Mohls spezielle Argumente gegen die Assimilation der Juden ein. Die Schwierigkeiten für Mischehen stammten aus einer intoleranten Zivilgesetzgebung, die von den christlichen Kirchen eingeführt worden sei und den Vorurteilen auf beiden Seiten in die Hände spiele. Die Aufhebung von Sonderbedingungen – die etwa forderten, alle Kinder aus gemischten Ehen seien als Christen zu erziehen – würde zu häufigeren Mischehen führen und schließlich die Stammestrennung beenden. Riesser wies die Schilderung Mohls über die unteren sozialen Schichten der jüdischen Bevölkerung zurück. Falls irgendwelche Handlungen als für das materielle Wohl der Gesellschaft schädlich und damit für ungesetzlich erklärt würden, dann müßten sie Juden und Christen gleicherweise untersagt werden. Besondere Wirtschaftsgesetze gegen die Juden hätten, wie weithin bekannt sei, den Wucher durch Christen gefördert. Riesser prophezeite, unter einem gerechten Gesetz würden die Juden mehr und mehr begeisterte und patriotische Anhänger Deutschlands werden, was ihnen unter dem alten Regime nicht möglich gewesen sei. Eine Sondergesetzgebung gegen einen Teil der Gemeinschaft gefährde das ganze freiheitliche System. Diese Rede fand sehr gute Aufnahme und erhielt zum Schluß lebhaften allgemeinen Applaus.

Riesser sekundierten anschließend zwei maßgebliche katholische Redner. Heinrich Philipp Osterrath, rechtes Zentrum *(Casino),* aus Danzig sagte, er habe als preußischer Richter in Gegenden gelebt, wo Juden wohnten, und einige von ihnen hätten manches Unrecht getan. Er sei aber auch dort gewesen, wo es keine Juden gebe und habe gefunden, daß sich die Christen ähnlich verhielten. Osterrath forderte Toleranz gegenüber den anderen Religionsgemeinschaften, auch gegenüber den Juden.

Noch gründlicher behandelte die jüdische Frage eine der einflußreichsten Persönlichkeiten des Vormärz, der Jurist Justin von Linde (unabhängig), bis Ende 1847 Rektor der Universität Gießen im Großherzogtum Hessen. Lindes Eintreten für die Juden ist um so bemerkenswerter, wenn man bedenkt, mit welcher Heftigkeit er, zumindest im Fall der Deutschkatholiken, religiös Andersdenkende bekämpft hatte. Wie andere prominente Katholiken dieser Epoche, läßt er sich nicht mit wenigen Worten charakterisieren. Als entschiedener Verfechter der katholischen Interessen im Großherzogtum und tief

[135] ADB, XXIV; BSTH. Rede in III, 1757 f.

im alten System der Beziehungen zwischen Kirche und Staat verwurzelt, hatte er sich doch eine unabhängige religiöse Einstellung bewahrt, und zwar dank seiner Anhänglichkeit an seinen alten Lehrer Hermes, dessen Lehren die katholische Kirche als häretisch verurteilt hatte.[136] Linde erklärte,[137] als Religionsgemeinschaft seien die Juden den anderen Konfessionen gleichberechtigt. Dies ergebe sich aus der Abstimmung über den Paragraphen 11, der durch die Proklamation der Glaubensfreiheit alle Rechtsunterschiede zwischen Christen und Juden aufhebe, die das Gesetz von 1815 zur Errichtung des Deutschen Bundes festgelegt habe.[138] Es gäbe keine Rechtfertigung dafür, daß man die Juden in Deutschland als eine besondere Nation behandeln wolle. Damit dieser Status auf ein Volk zutreffe, müsse es nicht nur eine eigene Sprache, sondern auch sein eigenes Land besitzen. Das sei bei den Juden nicht der Fall. Überdies ließen sich, falls die Juden eine Nation seien, nicht alle Schranken einfach durch den Übertritt zu einer anderen Religion beseitigen, wie es tatsächlich geschehen sei. Da man die Juden als Sekte und nicht als eigene Nation auf ein niedrigeres Niveau gestellt habe, betrachteten sie das Christentum als Ursache ihrer Unterdrückung. Natürlich täten sie alles in ihrer Macht Stehende, um den Nachteilen ihrer Diskriminierung zu entgehen. Und auf christlicher Seite habe die Judenunterdrückung nur Hochmut zur Folge gehabt.

Beseler, der Berichterstatter des Verfassungsausschusses, lehnte[139] nachdrücklich jede Sondergesetzgebung für die Juden ab. Diese Frage sei von der öffentlichen Meinung Deutschlands entschieden worden. Man könne die rechtliche Stellung der Juden nicht unter dem Gesichtspunkt der Zweckmäßigkeit betrachten. Welches auch die praktischen Folgen sein würden: das Prinzip der Glaubensfreiheit und der Gleichheit vor dem Gesetz sei ausnahmslos auf alle anzuwenden. Beseler war — vielleicht zufällig — der erste Protestant, der in dieser Plenardebatte zugunsten der Juden sprach.[140]

Vor der Abstimmung prüfte der Vorsitzende sämtliche Vorlagen und Änderungsanträge auf die erforderliche Unterstützung durch mindestens zwanzig Abgeordnete.[141] Als Moritz Mohls Antrag zur Judenfrage an die Reihe kam, fand er nicht die nötige Stimmenzahl. Nur einige Abgeordnete standen auf, der Antrag konnte nicht berücksich-

[136] ADB, XVIII; Treitschke, Deutsche Geschichte, V 682; BSTH. [137] III, 1758 f.
[138] Deutsche Bundesakte, Artikel 16. [139] III, 1762 ff.
[140] Im Verfassungsausschuß unterstützten auch Römer (Protestant) und Beckerath (Mennonit) die Emanzipation der Juden. Vgl. Droysen, *Verhandlungen*, I, 8.
[141] III, 1764 ff.

tigt werden.[142] Damit war die Versammlung fast völlig einig in dem Wunsch, die deutschen Juden als gleichberechtigte Bürger anzuerkennen. Natürlich bedeutete das nicht, daß alle Deutschen die Juden sofort als gleichrangige Mitbürger behandeln würden. Den Befürwortern der jüdischen Emanzipation war klar, daß es Jahre dauern würde, bis die subtileren Formen der Diskriminierung der Juden aufhören würden. Aber die Gewährung gleicher gesetzlicher Rechte bildete einen wesentlichen und konkreten Anfang.

Der vielleicht beste Kommentar zur Haltung der Versammlung gegenüber den Juden war die Wahl Riessers zum zweiten Vizepräsidenten,[143] fünf Wochen nach seiner Rede zur Verteidigung seiner Glaubensgenossen. Er erhielt 225 von 368 Stimmen – eine absolute Mehrheit und fast doppelt so viel wie sein stärkster Rivale, der bayerische Protestant Hermann. Am selben Tag, dem 2. Oktober, wurde, ebenfalls gegen Hermann[144], mit ähnlichem Ergebnis Eduard Simson, dessen Vater der Sohn eines jüdischen Kaufmanns ohne Schulbildung war und der erst als Dreizehnjähriger getauft worden war, zum ersten Vizepräsidenten gewählt. Simson löste später Heinrich von Gagern als Präsident ab.

Die Debatte über den Paragraphen 13 hatte nur eine wesentliche Sache berührt, die Behandlung der Juden. Eine Anzahl mündlicher Änderungsanträge wurde abgelehnt, und der Ausschußentwurf wurde unverändert angenommen.[145]

Das Verhältnis von Kirche und Staat kam in seiner akutesten Form im Paragraphen 14 zur Sprache. Hier geriet der Entwurf des Verfassungsausschusses unter den Beschuß der staatlich anerkannten Kirchen sowie der neuen Religionsgemeinschaften. Die Debatte über diesen Paragraphen, die am 29. August[146] begann, wurde bald durch den Waffenstillstand von Malmö in den Schatten gestellt. Man fand in den folgenden Sitzungen keine Zeit, über die Grundrechte zu diskutieren, und erst am 9. September ging die Debatte über den Paragraphen 14 weiter.[147] Die Abstimmung fand zwei Tage später statt.[148] Der gemeinsame Antrag einer katholisch-protestantischen Ausschußminderheit, unter anderen von Lasaulx und Jürgens eingebracht, der für alle Kirchen Unabhängigkeit vom Staat forderte, wurde mit 357 gegen 99 Stimmen abgelehnt. Diese deutliche Niederlage ergab sich aus der Weigerung anderer, beispielsweise der von dem Mennoniten Beckerath und den Deutschkatholiken Blum und Wigard geführten Minderheiten im

[142] III, 1766. [143] IV, 2377. [144] IV, 2376. [145] III, 1768.
[146] III, 1774. [147] III, 1945 ff. [148] III, 1990 ff.

Ausschuß, mit Lasaulx und Jürgens gemeinsame Sache zu machen, obwohl ihre eigenen Anträge dem Wesen nach und manchmal sogar wörtlich das gleiche besagten. Dagegen billigte das Plenum einen Antrag Dominikus Kuenzers,[149] eines unorthodoxen katholischen Priesters aus Konstanz, wonach zwar jede Kirche ihre eigenen Angelegenheiten unabhängig regeln, aber wie jede andere Gemeinschaft den Gesetzen des Staates unterworfen sein sollte. Die linke Minderheit im Verfassungsausschuß unter Führung Blums und Wigards erhielt die Zustimmung des Hauses für den Grundsatz, daß keiner Religionsgemeinschaft Sonderrechte zustehen und daß es keine Staatskirche geben soll. Billigung fand auch der Vorschlag des Verfassungsausschusses, die Bildung neuer Religionsgemeinschaften ohne staatliche Genehmigung zu gestatten. Doch im Hinblick auf die Zusätze zum Paragraphen 14 wurde das vom Verfassungsausschuß angestrebte Gleichgewicht verändert. Das Haus schränkte den Einfluß des Staates auf die Kirchen ein, und dies kam möglicherweise den staatlich anerkannten großen Kirchen, die unter den Eingriffen der weltlichen Behörden gelitten hatten, mehr zugute als den kleineren neuen Religionsgemeinschaften. Gleichzeitig kam die Abschaffung von Sonderrechten für alle Kirchen sowohl den neuen Gemeinschaften wie auch allen größeren – protestantischen oder katholischen – Minderheitskirchen in den einzelnen Staaten zugute. Die führende Kirche in einem Staat mußte, unabhängig von ihrem Bekenntnis, in gewissem Grade an Macht verlieren, doch herrschten, wie die Debatte gezeigt hatte, ernste Zweifel, ob man das Wirken einer geistlichen Institution mit derartigen weltlichen Begriffen messen konnte. Obwohl die neue Fassung das Prinzip der kirchlichen Unabhängigkeit nicht ausdrücklich anerkannte, kam sie ihm doch etwas näher. Indem die Versammlung den Versuch zurückwies, die Wahl von Pfarrern und Kirchenvorstehern durch die Gemeinden zu erzwingen, gab sie zu erkennen, daß sie die Religionsgemeinschaften ihre Angelegenheiten selbst regeln lassen wollte, von welcher Seite auch größere Versuche zur Einmischung kommen mochten.

Wegen der langsamen Fortschritte bei der Beratung der Grundrechte entschied die Versammlung, nur dann über jede einzelne Bestimmung zu debattieren, wenn wenigstens hundert Abgeordnete es verlangten[150] und über den Paragraphen 15 ohne weitere Diskussion abzustimmen,[151] zumal man gründlich und ausführlich den Artikel III im ganzen erörtert hatte. Der Paragraph wurde in der Version des Ver-

[149] Vgl. S. 98. [150] III, 1984. [151] III, 2013.

fassungsausschusses angenommen.[152] Man billigte die vorgeschlagene Priorität der Zivilehe mit dem Zusatz, daß Religionsunterschiede kein Ehehindernis darstellten und die Staatsbehörden für die Registrierung zuständig seien.[153]

Eine weitere Frage von erheblichem Interesse für die Kirchen tauchte im Artikel IV auf: das Schulwesen. Die Plenardebatte darüber begann am 18. September,[154] während des Frankfurter Aufstands, welcher die ganze Situation in der Nationalversammlung veränderte. Da diese Unruhen zu einer Kette von Ereignissen gehörten, die mit der Nachricht vom Waffenstillstand von Malmö einsetzten, werden sie im nächsten Kapitel untersucht werden.

[152] III, 2014. [153] § 16. III, 2018. [154] III, 2167.

Die Kluft zwischen der Linken und dem übrigen Haus wurde durch die Septemberaufstände fast unüberbrückbar, doch einige fundamental verschiedene Standpunkte hatte es schon immer gegeben.

Dies zeigten die Augustdebatten über die Frage, welche Schritte gegen die am 7. Juni[155] durch den badischen Wahlkreis Thiengen erfolgte Wahl des flüchtigen Friedrich Hecker unternommen werden sollten. Hecker war nach dem Zusammenbruch seines badischen Aufstands vom April in die Schweiz geflohen, hatte aus dem Exil weiter Verschwörungen angezettelt und sich geweigert, im Großherzogtum zu erscheinen, um sich der Hochverratsanklage zu stellen. Die badische Regierung betrachtete ihn als unwählbar und war durch die Verfassung des Großherzogtums ermächtigt, eine Neuwahl auszuschreiben. Bei der schwerwiegenden, wohlüberlegten Handlungsweise von 77 (unter 134) Wahlmännern, die für einen offenkundigen Hochverräter gestimmt hatten, war die badische Regierung unentschieden, ob sie eine neue Wahl veranstalten sollte. Die Behörden des Großherzogtums erwogen daher, den zweitstärksten Kandidaten nachrücken oder den Wahlkreis vorläufig ohne Vertreter zu lassen. Da dies eine Angelegenheit von nationaler Bedeutung darstellte, war die badische Regierung durchaus bereit, die Entscheidung der Frankfurter Nationalversammlung zu überlassen, und legte ihr alle diesbezüglichen Dokumente vor. Entsprechend dem üblichen Verfahren erörterte der Zentralwahlausschuß die Angelegenheit, aber er war außerstande, sich mit einer derart ernsten Prinzipienfrage zu befassen.[156] Das Plenum entschied am 1. Juli, das Problem an einen Sonderausschuß zu überweisen. Dieser sollte zugleich beraten, wie sich die Versammlung gegenüber Heckers Mitverschwörer Peter verhalten sollte, der dem Parlament tatsächlich angehörte und um dessen Auslieferung die badische Regierung ersucht hatte. Obwohl es nur um Verfahrensfragen ging, erhitzte sich die Debatte rasch.

Der Bericht des Sonderausschusses über Heckers Wahl wurde am 3. August erstattet.[157] Der Ausschuß kam mühelos zu einem Schluß und empfahl einstimmig, Heckers Wahl für ungültig zu erklären; die badische Regierung sei zur Abhaltung von Neuwahlen zu veranlas-

---

[155] Das Folgende stützt sich auf den Ausschußbericht in der Beilage I zu der Debatte vom 3. August 1848 (folgt auf II, 1376. [156] I, 658. [157] II, 1376.

sen. Ehe man den Bericht diskutieren konnte, kam Heckers Schicksal im Zusammenhang mit Petitionen, vor allem aus Baden, zur Sprache, die eine Amnestie für die an seinem Aufstand Beteiligten forderten. Der Ausschuß für Gesetzgebung beantragte, in dieser Sache nichts zu unternehmen.[158]

Dagegen forderte Ludwig Simon aus Trier, extreme Linke (Donnersberg), das Haus auf, für politische Delikte eine allgemeine Amnestie zu erlassen, welche die Zentralgewalt durchzusetzen habe.[159] Zwischen diesen beiden Extremen gab es eine Reihe von Kompromißvorschlägen, darunter den des württembergischen Staatsbeamten Schoder, gemäßigte Linke (Westendhall), der den »Übergang zur Tagesordnung« in der Erwartung beantragte, die Staatsregierungen würden im Falle von geringfügigeren Delikten von ihrem Begnadigungsrecht Gebrauch machen.[160]

Politische Amnestie war ein mißliches Thema für die Versammlung, und zwar sowohl für die Befürworter wie für die Gegner.[161] Die positiv Eingestellten sahen ein, daß die Sache Heckers und seiner Anhänger schlecht stand, und nur wenige Abgeordnete der Linken waren willens, eine Rebellion gegen eine konstitutionelle Regierung öffentlich zu verteidigen. Wie in der Debatte über die Wahl Heckers, die sich bald anschloß, wurde der Kampf nur in kleiner Besetzung ausgetragen, zumeist von engen Freunden Heckers, die sich fast ausschließlich aus der extremen Linken (Donnersberg) rekrutierten: es waren Ludwig Simon (Donnersberg), der Schriftsteller Wiesner[162] (Donnersberg) aus Wien und zwei Mitabgeordnete in der badischen Kammer, Adam von Itzstein, Linke (Deutscher Hof), und der Rechtsanwalt Lorenz Brentano (Donnersberg). Wie der Berichterstatter des Ausschusses, der Rechtsanwalt Christian Wiedenmann,[163] linkes Zentrum (Württemberger Hof), betonte, hatten Itzstein und Brentano im badischen Parlament namentlich dafür gestimmt, Heckers Aufstand als kriminelles Unternehmen zu brandmarken.[164] Ein anderes Mitglied der extremen Linken, der Historiker Carl Hagen[165] von der Heidelberger Universität, verurteilte den Aufstand, als er sich für eine politische Amnestie einsetzte.[166] Heckers Freunde hatten den einzigen Trost, daß die Ausweitung des Themas ihnen mehr Spielraum verschaffte als die technische Erörterung über die Vertretung des Wahlkreises Thiengen.

---

[158] II, 1415 ff. [159] II, 1417. [160] II, 1435. [161] II, 1417 ff.
[162] Wurzbach, LVI; Erasmus, Die Juden.
[163] Klötzer in Wentzcke, Ideale, 305; Bundesarchiv.
[164] II, 1455. [165] ADBX; BSTH. [166] II, 1422 ff.

Die Gegner der Amnestie wollten nicht grausam erscheinen und sich nicht mit Maßnahmen wie der Verhaftung politischer Gegner in Verbindung bringen lassen, die in der vorangegangenen Periode in Verruf geraten waren. Als Erben der Revolution befanden sie sich in einer unbehaglichen Lage, als es darum ging, Revolutionäre zu verurteilen. Der Berichterstatter Wiedenmann konnte jedoch Zahlen über Haftentlassungen durch die badische Regierung nennen und zeigen, daß die Vorwürfe wegen übermäßiger Härte ungerechtfertigt seien. Nur verhältnismäßig wenige befänden sich noch im Gefängnis. Bei der politischen Unsicherheit in Deutschland liege die Gefahr offenkundig in übertriebener Milde.[167]

Trotz der unruhigen Galerie erlahmte das Interesse an der Debatte nach einigen Reden am 7. August. Ein Vertreter des rechten Zentrums *(Casino)* beklagte sich über die leeren Bänke.[168] Doch die Situation änderte sich rasch, als der nächste Redner ans Pult trat: Brentano,[169] extreme Linke *(Donnersberg)*. Er gehörte zur gleichen sehr angesehenen, aus Italien stammenden, in Frankfurt ansässigen katholischen Kaufmannsfamilie wie der berühmte Dichter der Romantik: Clemens Brentano.[170]

Brentano, ehemals Mitarbeiter Heckers in der extreme Linken des badischen Parlaments, erklärte, er sei stolz auf seine Freundschaft mit dem Rebellenführer. Gegen Ende seiner Rede fragte Brentano: »Wollen Sie die, die in Baden die Waffen ergriffen haben, zurücksetzen gegen einen Prinzen von Preußen?« Das bezog sich auf die Heimkehr des preußischen Thronfolgers, des späteren Kaisers Wilhelm I., aus seinem englischen Exil. Wilhelm war im März wegen seiner Unpopularität als Verfechter harter Maßnahmen zur Wahrung der Ordnung aus Berlin geflohen. Als Brentano jenen Satz gesagt hatte, brach in der Versammlung ein regelrechter Tumult los.[171] Die Linke und Besucher auf der Galerie riefen Bravo. Die Rechte und das Zentrum schrien: »Herunter von der Rednertribüne!« und forderten, der Redner müsse zur Ordnung gerufen werden. Der Vorsitzende von Soiron erklärte, er habe den Satz nicht genau verstanden. Er wollte die Ordnung wiederherstellen, konnte sich aber nicht durchsetzen. Abgeordnete drängten sich um das Rednerpult und es wäre fast zum Handgemenge gekommen.[172] Nach Aussage einiger Abgeordneter der Linken, die am

---

[167] II, 1455 f. [168] Carl Edel, II, 1434. [169] II, 1435 ff.
[170] Über Lorenz Brentano vgl. Weech, *Badische Biographien* V; BSTH; NDB; Zucker, *Forty-Eighters*. [171] II, 1438.
[172] Droysen, Tagebuch, 7. August, in Hübner, *Droysen*, 823.

nächsten Tag einen Protest zu Protokoll gaben, hätten mehrere Kollegen von der anderen Seite des Hauses versucht, das Pult mit Gewalt zu stürmen, Brentano beleidigt, ihn zum Duell gefordert und ihn daran gehindert, seine Rede zu beenden.[173] Da Soiron erkannte, daß er nicht wieder Ordnung schaffen konnte, schloß er die Sitzung.[174] Als die Debatte über die Amnestiefrage am folgenden Tag weiterging, war die Atmosphäre in der Versammlung noch immer von den wechselseitigen Beschuldigungen zwischen der Linken und den gemäßigteren Gruppen des Hauses fiebrig erhitzt. Einerseits lagen Anträge vor, Brentano zur Ordnung zu rufen; andererseits wurden seine Gegner bezichtigt, den parlamentarischen Anstand verletzt zu haben.[175] Ohne eine Diskussion zuzulassen, rief Soiron kraft seines Amtes als Vorsitzender Brentano zur Ordnung.[176] Daraufhin unterbrach ihn, unterstützt vom Lärm auf der Galerie, die Linke ständig, und er drohte die Sitzung zu schließen. Mehrere Abgeordnete bezweifelten seine Unparteilichkeit. Als sich ihm ein Angehöriger der Linken widersetzte, der seinen Sitz nicht wieder einnehmen und sich nicht zur Ordnung rufen lassen wollte, erklärte er abermals die Sitzung für geschlossen.[176a] Nach der Wiedereröffnung war die Lage noch immer so chaotisch, daß Heinrich von Gagern eingriff.[177] Er hatte den Vorsitz nicht geführt, weil sein Bruder bei dem zur Debatte stehenden Aufstand Heckers getötet worden war. Gagern forderte das Haus auf, sich den Anordnungen seines Vertreters zu fügen und das parlamentarische Verfahren einzuschlagen, falls man mit der Verhandlungsführung nicht einverstanden sei. In der Tat beschränkte sich die Kritik an Soirons Vizepräsidentschaft nicht auf die Linke, sie erstreckte sich vielmehr auf das ganze Haus.[178] Obwohl man ihn Ende August wiederwählte,[179] wurde er am 2. Oktober, als ihn Eduard Simson als Vizepräsident ablöste,[180] mit 18 Stimmen nur Dritter.[181] Inzwischen hatte Soiron Unterkommen als Vorsitzender des Verfassungsausschusses gefunden, als Bassermann wegen seines Eintritts in die Reichsregierung im August diesen Posten aufgab.

Als Soiron Brentano aufrief, mit seiner Rede fortzufahren, verlangte ein anderer Abgeordneter der Linken an seiner Stelle das Wort. Die Unterbrechungen durch die Galerie während der folgenden Auseinandersetzungen waren so laut, daß Soiron anordnete, die dafür Verant-

---

[173] II, 1441. [174] II, 1438. [175] II, 1441 f. [176] II, 1442. [176a] II, 1442. [177] II, 1443.
[178] Unter anderen Droysen, rechtes Zentrum *(Casino)*, vgl. Tagebuch unter dem 7. August, Zit. auf S. 249, Anm. 6; auch Detmold (Rechte) in einem Brief vom 9. August an Stüve, vgl. Stüve, *Briefwechsel* 83.
[179] 31. August (III 1806). [180] IV, 2376. [181] Vgl. S. 245.

wortlichen zu entfernen. Als dies nichts fruchtete, befahl er allen Zuhörern, das Haus zu verlassen.[182] Das war leichter gesagt als getan, und
erneut mußte Gagern eingreifen, damit die Galerie geräumt wurde.
Schließlich ging er selber zur Galerie hinauf, um die Besucher zum Gehen
zu überreden.[183] Daran schloß sich eine verwickelte Diskussion darüber,[184] welchen Status die Sitzung ohne Zuhörer habe. Bedeutete das
eine Geheimsitzung? Sollte man die Journalisten wieder zulassen? Dies
wurde bejaht. Dann beantragte die Linke, auch das Publikum wieder
einzulassen, doch in einer namentlichen Abstimmung unterlag sie mit
91 gegen 380 Stimmen.[185] Nun erhielt Brentano, der nicht bereute und
der sich persönlich beleidigt fühlte, das Wort, um seine Rede vom Vortag zu beenden, aber er benutzte die Gelegenheit hauptsächlich, um sein
Verhalten zu verteidigen und gegen seine Behandlung zu protestieren.[186] Als Soiron auf eine Beendigung der Debatte drängte, forderte
die Linke vergeblich eine Vertagung.[187] Kurz darauf unterbrach
Carl Vogt, Linke (*Deutscher Hof*, später jedoch im extremeren *Donnersberg*), die Debatte mit der Frage, ob das Präsidium Befehl gegeben habe, die Paulskirche, in der die Versammlung tagte, mit Militär
zu umstellen. Soiron erwiderte, er habe keine derartigen Anweisungen erteilt, und setzte sofort hinzu, offenbar sei die Bürgerwehr eingetroffen. Dies sei eine Sicherheitsvorkehrung seitens der Stadt und
für das Haus kein Diskussionsthema. Jedenfalls richte sich diese Maßnahme nicht gegen die Versammlung.[188] Nach diesem Vorfall sprachen die Redner der Linken ständig von Druck von außen und Dik-
tatur. Itzstein erklärte, seine Freunde würden unter Bajonetten nicht
weiter debattieren, worauf ein Teil der Linken die Versammlung
verließ.[189] Als die Linke sich erneut bemühte, eine Vertagung zu erreichen, obwohl dies bereits einmal abgelehnt worden war, protestierte
Schoder, gemäßigte Linke (*Westendhall*), gegen diesen Versuch einer
kleinen Minderheit, die Mehrheit zu terrorisieren.[190] Schließlich gelang es dem Vorsitzenden, eine namentliche Abstimmung herbeizuführen, und der Ausschußantrag, nichts zu unternehmen, wurde mit
317 gegen 90 Stimmen angenommen.[191] Einige Angehörige der Minderheit sprachen sich für einen Kompromiß aus[192] und widerlegten so
die Annahme, sie seien sämtlich für eine allgemeine politische Amnestie.
Es hätte mehr Nein-Stimmen gegeben, hätten nicht einige Vertreter der
Linken aus Protest die Sitzung vorher verlassen.

[182] II, 1443. [183] Paur, »Briefe«, 40. [184] II, 1444 ff. [185] II, 1445 ff. [186] II, 1450 ff.
[187] II, 1452 ff. [188] II, 1453. [189] II, 1455. [190] II, 1456. [191] II, 1458 ff.
[192] So Schoder, der mit Nein stimmte.

Die Vertretung des Wahlkreises Thiengen kam in der nächsten Sitzung am 10. August zur Sprache.[193] Dies war eine präzisere Frage als das vage Thema einer politischen Amnestie und fiel im Unterschied zu ihr in die Zuständigkeit des Hauses. Das war nicht nur deshalb so, weil die Versammlung selbst über die Zulassung ihrer Abgeordneten bestimmte, sondern auch weil ihr die badische Regierung das Problem zur Behandlung übertragen hatte. Der Dichter Wilhelm Jordan aus Berlin, der sich immer mehr von der Linken ab und dem Zentrum zuwandte, forderte — in gewisser Hinsicht mit Recht — eine sofortige Abstimmung, da jemandem, dem die Versammlung eben eine Amnestie verweigert habe, wohl nicht Abgeordneter werden könne.[194] Doch dieser Antrag fand keine Unterstützung.[195] Nur wenige Extremisten wie Itzstein[196] und Ludwig Simon[197] forderten die Zulassung Heckers. Selbst Carl Vogt und andere Mitglieder der Linken verlangten, daß auf die Erklärung der badischen Regierung hin nichts unternommen werden sollte, doch die Versammlung solle ihre Bereitschaft zeigen, Anträge der großherzoglichen Behörden in Verbindung mit dem Rechtsverfahren gegen Hecker zu erwägen.[198] Dieser Kompromißantrag ließ die Kernfrage unentschieden, war aber — in Hinblick auf seine Befürworter — äußerst maßvoll. Schließlich wurde der Ausschußantrag, eine Neuwahl abzuhalten, mit 350 gegen 116 Stimmen gebilligt.[199] Nicht alle, die mit Nein stimmten, waren bereit, Hecker als Abgeordneten anzuerkennen.

Unglücklicherweise löste die Neuwahl das Problem nicht, da Hecker bei der Wahl am 26. Oktober erneut den ersten Platz bekam. Die badische Regierung beschloß, den Wahlkreis vorläufig ohne Vertretung zu lassen.[200] Der Thiengen-Ausschuß empfahl, sich mit dieser Situation abzufinden,[201] und das Haus folgte am 5. März 1849 diesem Vorschlag gegen die Stimmen Ludwig Simons und anderer Abgeordneter der Linken, die Heckers Zulassung als Abgeordneten wünschten.[202]

Der Ausschuß hatte außerdem den Auftrag, den damit zusammenhängenden Fall des badischen Staatsbeamten Ignaz Peter zu untersuchen, den Hecker während des Aufstandes zu seinem Statthalter in Konstanz ernannt hatte.[203] Peter war von dieser Stadt in die Frankfurter Nationalversammlung gewählt worden. Es wurde ihm ur-

[193] II, 1476 ff. [194] II, 1480. [195] II, 1481. [196] II, 1483 ff. [197] II, 1481. [198] II, 1489 ff. [199] II, 1496 ff. [200] V, 3325. [201] VIII, 5585. [202] VIII, 5585.
[203] Das Folgende stützt sich auf die Ausschußberichte, VIII, 6189 ff.

sprünglich erlaubt, seinen Sitz einzunehmen, und er war zur extremen Linken *(Donnersberg)* gestoßen. Die badische Regierung ersuchte die Nationalversammlung, Peters Verhaftung unter der Anklage des Hochverrats zu gestatten. Aus mehreren Gründen zog sich die parlamentarische Behandlung der Angelegenheit sehr lange hin. Zunächst weigerte sich der Ausschuß, der Verhaftung zuzustimmen, änderte jedoch später seine Meinung angesichts der zusätzlichen Beweise, welche die badische Regierung vorlegte. Im Plenum kam der Fall allerdings erst am 17. April 1849 zur Sprache, zu einer Zeit also, in der viele Abgeordnete mit gemäßigten politischen Anschauungen bereits aus der Versammlung austraten. Das Parlament versagte Peters Verhaftung seine Billigung,[204] so daß er an den Sitzungen bis zum Schluß teilnehmen konnte.

Die Debatten über den Heckerschen Aufstand hatten gezeigt, daß die Zulassung von Besuchern grundsätzlich neu geregelt werden mußte, falls die Versammlung künftig wirksam arbeiten wollte. Nach der Geschäftsordnung hatte der Präsident die Aufgabe, für die Ordnung im Parlamentsgebäude zu sorgen.[205] Unterstützt vom übrigen »Gesamtvorstand«, nämlich von den Vizepräsidenten und den Schriftführern, reduzierte Heinrich von Gagern die Zahl der auf der Galerie Zuzulassenden erheblich. Die Anordnung trat am 10. August in Kraft, als man über Heckers Wahl debattierte. Diese Maßnahme griff ein sächsisches Mitglied der extremen Linken *(Donnersberg)*, Carl Theodor Dietsch, an.[206] Gagern entgegnete, bisher hätten Anordnungen im Gebäude stets als Sache des Gesamtvorstands gegolten. Die große Zahl der Zuhörer habe es nicht ermöglicht, die Ordnung zu wahren. Außerdem brauche man einen Teil des Platzes für die Parlamentsverwaltung und für Ausschußräume.[207] Nach kurzer Diskussion wurde die Frage an den zuständigen Ausschuß[208] überwiesen, dessen Bericht man am 1. September debattierte.[209] Er enthielt die Empfehlung, die von der Galerie abgetrennten Räume sollten wieder in den alten Stand gesetzt werden, aber es sei nur eine begrenzte Zahl von Zuhörern zuzulassen, so daß die Ordnung gewahrt bleibe. Eine Ausschußminderheit schlug vor, die öffentliche Galerie nur zur Hälfte dem Publikum zugänglich zu machen, wobei immer noch zweitausend Besucher Platz hätten, die andere Hälfte solle den Abgeordneten zur Verfügung stehen. Nach der Debatte bestätigte das Ple-

---

[204] VIII, 6202. [205] § 14.
[206] Bundesarchiv; Meinel, *Heubner*, 46, 144. Rede in II, 1509 f.
[207] II, 1510. [208] II, 1510. [209] III, 1839 ff.

num mit 278 gegen 134 Stimmen — vor allem gegen die Wünsche der Linken – die vom Gesamtvorstand getroffene Regelung.[210]

In innenpolitischer Hinsicht waren während der ersten vier Monate die Meinungsgrenzen in der Versammlung nicht immer identisch mit der politischen Ideologie. Bei vielen Fragen, etwa den Beziehungen zwischen Reich, Einzelstaaten und Gemeinden oder zwischen Kirche und Staat, traf die übliche Abstufung von links nach rechts nicht zu. Auch für die meisten, die Grundrechte betreffenden Fragen paßte dieses Schema nicht. Die Debatte über Hecker und die politische Amnestie Anfang August erweiterte noch die Kluft, die der Nationalversammlung die Arbeit in den ersten Wochen vergällt hatte. Die Spannung zwischen der Linken und den Gemäßigten wurde jedoch nicht durch eine innenpolitische, sondern durch eine außenpolitische Frage auf die Spitze getrieben.

[210] III, 1849 ff.

VII. DEUTSCHLANDS GRENZEN

1. LIMBURG — LUXEMBURG

Jeder Versuch, den Deutschen Bund – eine lockere Vereinigung von
Gebieten, die hauptsächlich aus dem über-nationalen Heiligen Römischen Reich stammte – in einen einzigen Staat auf nationaler deutscher Grundlage umzuwandeln, mußte die Frage der Beziehungen
Deutschlands zum Ausland und zu anderen Nationalitäten, die bisher
nicht berührt worden war, akut werden lassen. Der deutsche Nationalismus war nur eine Erscheinungsform einer allgemeinen Bewegung, die sich über ganz Europa erstreckte und auch andere für die
Deutschen höchst bedeutende Volksgruppen, wie Slawen, Italiener und
Dänen, in ähnlicher Weise erfaßte. In einigen Fällen ließ sich ein Ausgleich zwischen zwei Nationalbewegungen finden, die beide Anspruch auf Gebiete mit gemischter Bevölkerung erhoben, und im
Grunde konnte man in der Betonung der Nationalgefühle ein Zeichen dafür sehen, daß es, anders als bisher, mehr um die Bevölkerung
ging als um den Fürsten und den Territorialstaat. Realistisch betrachtet mußte man jedoch bald erkennen, daß in den verwickelten politischen Verhältnissen Europas die Nationalbewegungen miteinander
konkurrierten, und so brachte das gleichzeitige nationale Erwachen
von Nachbarn Probleme für die deutschen Pläne. Die Frankfurter
Nationalversammlung hatte mit der Opposition nicht nur anderer
Volksgruppen, sondern auch der europäischen Großmächte zu rechnen,
die sich äußerst ungern mit einer Zerstörung des Deutschen Bundes, der
einen wichtigen Bestandteil des ihnen vertrauten europäischen Systems
darstellte, abzufinden bereit waren. Man könnte sich fragen, warum
sich die Deutschen nicht mit anderen Nationalbewegungen verbündeten, um ihre Ziele zu erreichen. Die Antwort darauf ist ziemlich komplex. Im Grunde hatten sich die meisten Anhänger der deutschen Nationalbewegung damals noch nicht vom weltbürgerlichen Erbe des
Heiligen Römischen Reiches freigemacht, und sie wollten sich nicht

damit begnügen, einen rein deutschen Staat ohne alle jene Territorien zu schaffen, in denen hauptsächlich andere Volksgruppen lebten.[1]

Man berief sich zugleich auf Selbstbestimmung und auf historische Rechte oder auf eines von beiden, wie es das jeweilige Problem erforderte — eine Einstellung, die nationalen Bewegungen allgemein eigen ist. Von der Linken abgesehen, hatte man in der Nationalversammlung kaum den Wunsch, das ganze europäische System über den Haufen zu werfen, man wollte es nur modifizieren, wo die Bedürfnisse der Deutschen dies verlangten. Abgesehen von der gegenseitigen Antipathie, betrachtete man — außer in Kreisen der Linken — die Polen oder die Slawen im allgemeinen angesichts vieler, offenbar entgegengesetzter Interessen überhaupt kaum als passende Bundesgenossen der Deutschen. Daher war es schwierig, eine befriedigende Grenze zwischen den deutschen und den polnischen Gebieten in der preußischen Provinz Posen zu ziehen. Das größte Hindernis für ein Zusammengehen mit fremden Nationalitäten stellte jedoch die enge Beziehung Deutschlands zum Habsburgerreich dar.

Im Sommer 1848 war die Nationalversammlung keineswegs bereit, der Möglichkeit ins Auge zu sehen, daß die Gründung eines deutschen Nationalstaates eventuell einen Ausschluß der österreichischen Territorien notwendig machen könnte. Dieses Widerstreben, sich von Österreich zu trennen, hing nicht einfach mit der Anhänglichkeit an die Grenzen des Deutschen Bundes zusammen, obwohl auch dies eine Rolle spielte. Der Nationalismus des 19. Jahrhunderts war stark von historischen Erinnerungen geprägt, die man durch die rosagefärbte idealisierende Brille der Romantiker sah. Vorherrschend war das Verlangen, den früheren Glanz Deutschlands wiederherzustellen, wie ihn — dieser Auffassung nach — die deutschen Kaiser als Beherrscher des Heiligen Römischen Reichs Deutscher Nation verkörperten. Deutsche Kaiser, darunter die habsburgischen, regierten nicht nur über Deutsche und die ihnen verwandten Völker — Niederländer, Schweizer und so fort —, sondern auch über die »Wälschen« und die Slawen, die als minderwertige Rasse galten. In den Deutschen sah man die kulturellen und sogar in mancher Hinsicht — jedenfalls vor der Reformation — die religiösen Führer Europas; sie waren mehr als nur eine Nationalität, vielmehr die Repräsentanten der Kultur.[2] Nach dieser Interpretation schien das habsburgische Kaiserreich die

---

[1] Vgl. Meinecke, *Weltbürgertum* (²1915)

[2] In diesen Diskussionen spielt das Wort »Kultur«, über das es zahlreiche gelehrte Abhandlungen gibt, eine prominente Rolle.

deutsche Sendung bei anderen Rassen fortzuführen. So erschien der Ausschluß Österreichs aus Deutschland, das spätere Programm der »Kleindeutschen«, die den preußischen König als deutschen Erbkaiser vorsahen und deshalb auch »Erbkaiserliche« genannt wurden, als Verrat an der Vergangenheit Deutschlands. Die Gründe, die Abgeordnete der Nationalversammlung bewogen, wenigstens einen Teil des Habsburgerreichs beibehalten zu wollen, mußten die Versammlung gegen die Ansprüche der Nicht-Deutschen, zumindest in den zum Deutschen Bund gehörigen Ländern, einnehmen. Dies zeigte sich deutlich schon im Mai bei der Kontroverse über die Wahlen für Frankfurt in Wahlkreisen, die völlig oder hauptsächlich von Nicht-Deutschen besiedelt waren: so in Böhmen und in der Steiermark, in Kärnten und in Krain.[3] Verständlicherweise fanden sich einige besonders entschiedene Befürworter der Verbindung mit Deutschland in den Provinzen des habsburgischen Kaiserreichs, in denen die deutsche Vorherrschaft durch Slawen und Italiener bedroht war. Solange die Absicht dominierte, Österreich nicht auszuschließen, konnte sich die Versammlung kaum dem Drängen von Deutschen in Grenzgebieten wie Tirol und Böhmen entziehen, sie gegen die Nicht-Deutschen zu unterstützen. Das schloß ein Bündnis Deutschlands mit den Italienern, den Tschechen oder den Slowenen aus. Man flirtete kurze Zeit mit den Ungarn, die eine Delegation zur Nationalversammlung entsandten,[4] doch das führte zu nichts. Daß die Ungarn die Wiener Radikalen gegen einen gemeinsamen Gegner — den österreichischen Hof und das Kabinett — im Oktober 1848 nicht wirksam unterstützten, läßt erkennen, wie schwierig es war, eine Zusammenarbeit zwischen verschiedenen Nationalbewegungen zu bewirken.

Die Slawen, die Italiener und die Dänen ließen die Deutschen nicht über ihre nationalen Ziele im Zweifel und konfrontierten damit das Frankfurter Parlament in gewissem Sinn mit klar umrissenen Themen. Diese Klarheit fehlte bei einem der ersten Probleme von teilweise internationaler Bedeutung, dem sich die Versammlung zu stellen hatte: demjenigen Limburgs und Luxemburgs.

Nach Auflösung der Personalunion zwischen Großbritannien und Hannover bei der Thronbesteigung Königin Victorias im Jahre 1837 gehörten nur noch zwei ausländische Monarchen zum Deutschen Bund: der König von Dänemark für Holstein und Lauenburg und der König der Niederlande für Luxemburg. 1839 traten die Niederlande formell den westlichen Teil des Großherzogtums Luxemburg

[3] Vgl. S. 71 ff. [4] I, 84 f., 677.

an das neugegründete Königreich Belgien ab. Um den Deutschen Bund – das ganze Großherzogtum hatte zu ihm gehört – für den Verlust der 150 000 Bewohner in dem an Belgien abgetretenen Territorium zu entschädigen, willigte der König der Niederlande als Großherzog von Luxemburg ein, das Herzogtum Limburg mit seiner etwa gleich großen Bevölkerung, über das er ebenfalls herrschte, dem Bund einzugliedern. Er gab dem Deutschen Bund bekannt, das Herzogtum Limburg unterstehe derselben »Verfassung und Verwaltung« wie das niederländische Königreich, versicherte aber, das verhindere nicht die Gültigkeit der deutschen Bundesverfassung in diesem Herzogtum. Die Bundesversammlung billigte diese Vereinbarungen und akzeptierte die Versicherungen des Königs und Herzogs über die Anwendbarkeit der deutschen Bundesverfassung in der Erwartung, die Weisheit Seiner Majestät werde »Unzukömmlichkeiten« im Zusammenhang mit dem Doppelstatus Limburgs zu verhindern wissen. Die Bevölkerung von Limburg, das seit 1830 tatsächlich mit dem Königreich Belgien vereinigt gewesen war, hätte die Fortsetzung dieses Zustands im großen ganzen lieber gesehen, und es gab eine gewisse Gegnerschaft gegen die Angliederung an das nördliche Königreich.[5] Die Wahlen der zwei dem Herzogtum zuerkannten Abgeordneten zur Frankfurter Nationalversammlung hatten in Limburg ordnungsgemäß stattgefunden. Am 25. Mai 1848 teilte der Gutsbesitzer Stedmann aus der preußischen Rheinprovinz, der dem linken Zentrum nahestand, dem Haus mit, der Baron von Scherpenzeel aus Limburg habe Bedenken, an den Sitzungen teilzunehmen, solange nicht die Stellung des Herzogtums durch die Nationalversammlung geklärt sei. Während man das Herzogtum aufgefordert habe, Abgeordnete nach Frankfurt zu entsenden, seien auch Vertreter nach Den Haag gereist, um dort an den Beratungen der Generalstaaten teilzunehmen. Stedmann versicherte, daß die Bevölkerung zwar ihrem Fürsten treu ergeben sei, aber doch wünsche, daß die Beziehungen zu den Niederlanden auf eine Personalunion beschränkt bleibe. Er behauptete, die Bevölkerung Limburgs sei rein deutsch, und forderte eine Untersuchung durch einen Ausschuß.[6] Wigard, Linke (Deutscher Hof), bedauerte, daß sich Scherpenzeel geweigert habe, nach dem üblichen Verfahren seine Beglaubigung vorzulegen und seine Zulassung zu der Versammlung zu beantragen. Hätte er das getan, so wäre man in der

---

[5] Diese Zusammenfassung über die reichlich komplizierte Lage des Herzogtums Limburg stützt sich hauptsächlich auf den Bericht des Internationalen Ausschusses im Frankfurter Parlament, II, 1011 ff. [6] I, 80.

Lage gewesen, jede Grundsatzfrage ordnungsgemäß zu prüfen.[7] Schließlich beschloß man, Stedmanns Antrag an den Zentralausschuß für Legitimationen zu überweisen.[8]

Die Gründe für Scherpenzeels Bedenken wurden durch den Ausschußbericht vom 5. Juni klarer.[9] Scherpenzeel forderte, die Versammlung möge Limburg zum Territorium des Deutschen Bundes, unabhängig von den Niederlanden, erklären und es vor der Beteiligung an den niederländischen Staatsschulden schützen. Der Ausschuß lehnte es ab, sich auf diese Angelegenheit einzulassen, und erklärte einfach, Scherpenzeel sei sofort als Abgeordneter zuzulassen, die anderen Fragen dagegen solle der zuständige Ausschuß prüfen. Mehrere Abgeordnete des linken Zentrums griffen den Bericht an, da darin nicht gegen die Ausbeutung Limburgs durch die Niederlande und seine Behandlung als niederländische Provinz protestiert wurde. Der Berichterstatter des Ausschusses, der ehemalige sächsische Minister von Lindenau, der gleichfalls zum linken Zentrum gehörte, versicherte entgegen dieser Auffassung, man könne die doppelte Verbindung Limburgs, sowohl mit den Niederlanden als auch mit dem Deutschen Bund, nicht bestreiten. Er wiederholte, es sei unumgänglich, daß der zuständige Ausschuß die verwickelte Rechtslage untersuche.[10] Das Plenum beschloß, die Frage der rechtlichen Beziehungen des Herzogtums Limburgs zum niederländischen Königreich dem neu geschaffenen Internationalen Ausschuß anzuvertrauen. Ein weiterer Antrag, der Ausschuß solle die Beschwerden über eine schlechte Behandlung von Deutschen im Herzogtum prüfen, wurde abgelehnt.[11]

Der Ende Mai gewählte[12] Internationale Ausschuß hatte eine hervorragende Besetzung. Zu seinen Mitgliedern zählten der Schriftsteller Arndt (Rechte), der Göttinger Jurist Heinrich Zachariä[13] (rechtes Zentrum, *Casino*), der Berliner Historiker Friedrich von Raumer[14] (rechtes Zentrum, *Casino*) und der Weimarer Minister Oskar von Wydenbrugk (linkes Zentrum, *Württemberger Hof*). Die Linke und das habsburgische Kaiserreich waren nur durch den Schriftsteller Franz Schuselka *(Deutscher Hof)* vertreten, einem böhmischen Deutschkatholiken, der die Verbindung Österreichs mit Deutschland aufrechterhalten wollte.[15] Das linke Zentrum war in dem Gremium

[7] I, 81. [8] I, 83. [9] I, 218 f. [10] I, 222 f.
[11] I, 223. [12] I, 183. [13] ADB, XLIV.
[14] ADB, XXVII; Raumer, Briefe und Lebenserinnerungen; BSTH.
[15] ADB, XXXIV; Wurzbach, XXXII; BSTH. Schuselka, *Österreichische Vor- und Rückschritte;* Schuselka, *Deutsche Fahrten;* vgl. auch Namier *1848: Revolution,* 25.

fast so stark wie das rechte Zentrum. Die Katholiken waren nicht in der ihnen zukommenden Zahl vertreten.

Bei der Vielschichtigkeit der ganzen Frage leistete der Ausschuß gute Arbeit, indem er bis zum 14. Juli einen erschöpfenden Bericht anfertigte.[16] Die Debatte fand am 19. Juli[17] statt. Eingangs beschrieb der Bericht das Herzogtum Limburg, wie es nun einen Bestandteil des Deutschen Bundes bildete, als eine der heillosesten Schöpfungen neuerer Diplomatie und als eine »staats- und völkerrechtliche Zwittergestalt«, mit der es nicht so weitergehen könne. Nun habe man eine Gelegenheit, den Maas-Distrikt Deutschland zurückzuerstatten, zu dem er unter der Herrschaft von Preußen und der Pfalz — wenigstens teilweise — früher gehört hatte. Die fast gänzlich nominelle Verbindung, durch die Schwäche der Bundesversammlung zustande gekommen, sei in eine wirkliche Union umzuwandeln. Der Ausschuß bestätigte der Nationalversammlung das Recht, ohne Billigung des Herzogs (des Königs der Niederlande), den Status Limburgs zu ändern. Der Bericht erklärte, die Beziehung zwischen Limburg und dem Deutschen Bund sei eine rein innerdeutsche Angelegenheit: Limburg sei dem Bund eingegliedert worden, weil der König der Niederlande, als Großherzog von Luxemburg Mitglied des Bundes, seinen Verpflichtungen habe nachkommen müssen. Der König und Großherzog habe nur eine vertragliche Pflicht erfüllt, als er den Bund für die Luxemburger Verluste entschädigte. Ihrer Natur nach beruhe daher die Verbindung zwischen Limburg und dem Deutschen Bund auf der Gesetzgebung des Bundes, und nicht auf internationalen Verträgen. Die deutsche Nationalversammlung, in gewisser Hinsicht Rechtsnachfolgerin der deutschen Bundesversammlung, handle daher völlig rechtmäßig, wenn sie Limburg zum Teil eines deutschen Bundesstaates mache. Dies sei aber unmöglich, solange Limburg als integraler Bestandteil des niederländischen Königreichs unter dessen Verwaltung stehe. Der Bericht wies die holländische Auffassung zurück, durch die Abtretung Limburgs seien eigentlich die Niederlande von Belgien entschädigt worden. In seiner Interpretation der betreffenden Verträge und Erklärungen befand der Ausschuß, Limburg hätte, wie vordem Luxemburg, einer eigenen Verwaltung unterstellt werden sollen. Zum Gesamtproblem der limburgischen Verfassung beantragte der Ausschuß zweierlei: Zunächst sei die Union Limburgs mit dem Königreich der Niederlande unter einer Verfassung und Verwaltung für unvereinbar mit der deutschen Bundesverfassung zu erklären. Und dann sei der Beschluß der National-

[16] II, 912. [17] II, 1011 ff.

versammlung vom 27. Mai über die Unterordnung der Verfassungen der Einzelstaaten unter die allgemeine deutsche Verfassung[18] auch auf Limburg anzuwenden.

Der Bericht befaßte sich außerdem mit Scherpenzeels zweitem Punkt, daß man nämlich Limburg von der Beteiligung an der holländischen Staatsschuld befreien solle. Der Ausschuß stellte fest, daß sich die Bevölkerung Limburgs mehr zu Belgien als zu den Niederlanden hingezogen fühle und daß das Widerstreben, sich an der großen holländischen Nationalverschuldung zu beteiligen, noch die Abneigung gegen den nördlichen Nachbarn erhöhte. In dieser Frage beantragte der Ausschuß, die Deutsche Provisorische Zentralgewalt solle eine von der Nationalversammlung zu billigende Lösung suchen, die auch die Rechte des Herzogtums wahre.

Mit zwei Ausnahmen bestätigten die Reden in der folgenden Plenardebatte auf allen Seiten des Hauses wenigstens ebenso entschieden wie der Ausschuß die Rechte Deutschlands in Limburg. Der berühmte Dichter Ernst Moritz Arndt (Rechte), Mitglied des Ausschusses, behauptete,[19] Belgien und Holland seien »germanische, deutsche Lande«. Er sprach von der Sehnsucht der Deutschen, in der Zukunft ihre großen westlichen Flüsse wiederzuerlangen, womit die Herrschaft über die Weltmeere verbunden sei. Holland werde notgedrungen – infolge der wachsenden Macht der angelsächsischen Flotte und des sich daraus ergebenden Verlustes seiner überseeischen Besitzungen – germanisch werden müssen. Das werde es allerdings nicht freiwillig tun. Der Deutsch-Böhme Schuselka, Linke (Deutscher Hof), ebenfalls Ausschußmitglied, sprach[20] gleicherweise von Holland als von deutschem Boden und bezeichnete die holländische Sprache als einen deutschen Dialekt. Er bestritt das Recht der niederländischen Regierung, Limburg an der Staatsschuld zu beteiligen, und beantragte, jede Abgabe der limburgischen Bevölkerung solle unter Aufsicht der Deutschen Provisorischen Zentralgewalt frei ausgehandelt und von der Nationalversammlung bestätigt werden. Schuselka sprach voller Leidenschaft, zumal beim Protest gegen das, was er den hochmütigen Ton der holländischen Regierung nannte, und gegen den Versuch der Großmächte, sich in das einzumischen, was ihm als rein deutsche Angelegenheit galt. Christian Friedrich Wurm,[21] ein Hamburger Schullehrer und Journalist, linkes Zentrum, der aus Württemberg stammte, lenkte[22] die Aufmerksamkeit auf die Tatsache, daß der

[18] Vgl. S. 130 ff. [19] II, 1020 f. [20] II, 1021 ff.
[21] ADB, XLIV; Wohlwill, »C. F. Wurm«. [22] II, 10232 ff.

Deutsche Bund es unterlassen hatte, seine vertragliche Verpflichtung zu erfüllen, dem Großherzog von Luxemburg während der belgischen Unruhen zu Hilfe zu kommen. Er sei überzeugt, die Anziehungskraft des größeren — deutschen — Staates, wenn er einmal geschaffen sei, werde so stark sein, daß sich die Holländer nicht schämen würden, sich ihres deutschen Blutes und Ursprungs zu erinnern. Er sehe eine große, tatenreiche Zukunft für Deutschland in Verbindung mit den freien Völkern germanischer Herkunft voraus. Eine andere Ansicht äußerte der hervorragende Historiker Andreas Michelsen[23] (rechtes Zentrum, *Casino*), der mit der dänischen Regierung wegen seines Einsatzes für die Rechte der Deutschen in Schleswig-Holstein Schwierigkeiten bekommen und seinen Kieler Lehrstuhl aufgegeben hatte. Im Frühjahr hatte die provisorische Regierung der Herzogtümer Michelsen, der inzwischen einen Ruf nach Jena erhalten hatte, mit einem Sonderauftrag nach Berlin gesandt. Trotz seines Engagements für die deutsche Nationalbewegung war er gerecht genug, die Argumente des Ausschusses kritisch zu prüfen.[24] Er widersprach dem Schluß, den der Bericht in der Kernfrage der Rechtsbasis für die Beziehungen zwischen Limburg und dem Deutschen Bund gezogen hatte. Nach Michelsens Interpretation der Unterlagen ergab sich die Zugehörigkeit Limburgs zum Bund vor allem aus internationalen Verträgen und nicht in erster Linie aus einem gesetzgeberischen Akt der Bundesversammlung, die sich nur an die Verträge gehalten habe. Daher sei Deutschland an eine vertragliche Verpflichtung gebunden, die es nicht einseitig lösen könne. Das Herzogtum Limburg bleibe weiterhin politisch ein Teil des niederländischen Königreichs und habe nur gewisse Pflichten gegenüber dem Deutschen Bund übernommen. Es bestehe keine Schwierigkeit, zu zwei Staatssystemen zu gehören, solange das eine davon eine Konföderation sei. Sowie sich Deutschland als *ein* Staat konstituiere, sei freilich die Unterordnung eines Teils unter eine andere Macht unmöglich. Das alles sei jedoch eine Sache von Verhandlungen mit dem Herzog von Limburg und König der Niederlande und könne nicht einfach von Deutschland entschieden werden, wie der Ausschuß behaupte. Als einziger Sprecher unterstützte von Linde (unabhängig) in der Debatte Michelsens rechtliche Interpretation.[25] Linde meinte jedoch,[26] der Beschluß der Versammlung über den Vorrang der deutschen Verfassung sei auch für Limburg bindend. Der Schriftsteller Jacob Venedey[27] (gemäßigte Linke, *Westendhall*) aus Köln machte den be-

[23] ADB, XXI; BSTH. [24] II, 1026 f. [25] Vgl. S. 243 f. [26] II, 1029. [27] ADB, XXXIX.

merkenswerten Vorschlag,[28] Deutschland solle den Niederlanden mit einer Gegenforderung aufwarten, weil sie Limburg, einem Teil Deutschlands, ihre Schulden teilweise aufgelastet hätten. Diese Schulden seien im Zusammenhang mit den Kolonien, der Flotte, mit Arsenalen und Festungen entstanden. Deutschland solle sich bereit erklären, den limburgischen Beitrag zu diesen Schulden gegen einen entsprechenden Anteil an diesen Besitztümern, etwa der Flotte, zu begleichen. Andernfalls dürfe man keinen Pfennig zahlen. Das Argument verknüpfte geschickt einen Angriff gegen Militärausgaben und reguläre Truppen — einen Glaubensartikel der Linken — mit der Unterstützung nationaler Ziele. Ein weiteres Mitglied der gemäßigten Linken, Friedrich Wilhelm von Reden,[29] in preußischen, früher in hannoverschen Diensten,[30] forderte, die Deutsche Provisorische Zentralgewalt solle in Verhandlungen zu erreichen suchen, daß die limburgischen Festungen unter deutsche Kontrolle kämen. Er sagte voraus, die Sympathien der limburgischen Bevölkerung für Deutschland würden sinken, wenn es den Deutschen nicht wenigstens gelänge, den Limburg auferlegten Anteil an den niederländischen Schulden zu reduzieren.

Der Berichterstatter des Ausschusses, Zachariä, lenkte in seinem Kommentar über die Debatte[31] die Aufmerksamkeit auf die internationalen Rückwirkungen, die jeder Beschluß des Hauses in dieser Angelegenheit zur Folge haben werde. Die Argumentation des niederländischen Königs, er habe sich nur einer Konföderation angeschlossen, nicht aber einem Bundesstaat, könne auch von jedem deutschen Fürsten benutzt werden.

Mehrere Abgeordnete der Linken brachten Änderungsanträge zum Ausschußbericht ein und wünschten darin ein entschiedeneres Vorgehen. Der Berliner Historiker Carl Nauwerck, Linke (*Deutscher Hof*), forderte[32] eine Erklärung, daß die Union zwischen Limburg und den Niederlanden aufzulösen sei, und das ging über die Feststellung der Unvereinbarkeit hinaus, die der Ausschuß beantragt hatte. Schuselka und der rheinpfälzische Journalist und Druckereibesitzer Friedrich Georg Kolb, beide von der Linken (*Deutscher Hof*), bestritten in getrennten Anträgen[33] das Recht der niederländischen Regierung, einen Teil ihrer Schulden auf Limburg abzuwälzen. In der Abstimmung zum Schluß der Debatte wurden die Ausschußempfehlun-

---

[28] II, 1028.
[29] ADB, XXVII; BSTH; vgl. auch Stüve, *Briefwechsel*, 38 (Detmold an Stüve, 20. Mai 1848). [30] II, 1028 f. [31] II, 1031 f. [32] II, 1032. [33] II, 1033.

gen mit großer Mehrheit angenommen. Außerdem billigte man einen knappen Zusatz über die Dringlichkeit der Angelegenheit.[34]

Diese Beschlüsse beendeten den Fall für die Nationalversammlung nicht. Die Abgeordneten hatten das Recht, den Ministern der Reichsregierung und den Parlamentsausschüssen in Form von Interpellationen Fragen zu stellen, die möglichst bald zu beantworten waren und auf Wunsch des Hauses eine Debatte nach sich ziehen konnten. Als am 1. September die Versammlung auf detaillierte Informationen über den Waffenstillstand von Malmö wartete,[35] beantwortete Außenminister Johann Gustav Heckscher (rechtes Zentrum, *Casino*) eine Interpellation des rheinischen Gutsbesitzers Philipp Wilhelm Wernher (linkes Zentrum), der Auskunft über die Schritte der Regierung seit dem Beschluß des Hauses vom 19. Juli verlangte. Außenminister Heckscher (ein Hamburger Anwalt) gab einen kurzen Überblick[36] über die rechtlichen Grundlagen der Materie, der im großen und ganzen den niederländischen Standpunkt ziemlich begünstigte. Er konnte keinen Fortschritt in der Schuldenfrage melden. Heckschers Erklärung befaßte sich hauptsächlich mit Beschwerden darüber, daß das gründlich verstärkte holländische Militär die deutsche Fahne gewaltsam abgenommen habe. Die niederländische Regierung habe versichert, die Truppenverstärkungen seien nur gesandt worden, um Recht und Ordnung zu wahren. Das Haus übte Kritik an dem, was es für Untätigkeit der Zentralgewalt hielt; Forderungen wurden laut, entschlossener zu handeln und der Regierung das Mißtrauen auszusprechen. Ein Führer der Linken, Carl Vogt, sagte,[37] deutsche Truppen hätten als Antwort auf die geringschätzige Behandlung der deutschen Regierung durch die Niederlande in Limburg einmarschieren sollen. Er beschuldigte die Reichsregierung, sie habe die Entsendung eines Gesandten in die Niederlande, um eine Erklärung zu verlangen, hinausgezögert. Das alles sei nicht der richtige Weg, die deutsche Einheit zu schaffen und dem Ausland Respekt vor Deutschland einzuflößen. Venedey (gemäßigte Linke, *Westendhall*) meinte,[38] die Reichsregierung sei so schwach gewesen, weil die Großmächte gegen Deutschland seien. Aber sei diese Unterwürfigkeit wirklich nötig? Im Augenblick sei Deutschland mit seinen 45 Millionen Einwohnern und der dynamischen Kraft seines Volkes die stärkste Macht der Welt. Niemand wolle Krieg, auch die Deutschen nicht. Deutschland müsse dem Ausland gegenüber nur Mut und Tatkraft zeigen. Die Forderung nach entschiedenem Vorgehen gegen die Niederlande griff Ludwig

[34] II, 1033. [35] Vgl. S. 288 f. [36] III, 1822 ff. [37] III, 1826 f. [38] III, 1834 f.

Simon auf,[39] eine prominente Gestalt von der extremen Linken (*Donnersberg*). Ein anderes Donnersberg-Mitglied, Wesendonck aus Düsseldorf, beantragte jedoch »Übergang zur Tagesordnung«.[40] Die gemäßigteren Gruppen des Hauses erkannten, daß man durch zu heftigen Tadel die Regierung eventuell zum Rücktritt veranlassen würde, wo gerade Entscheidungen über den Waffenstillstand von Malmö fällig waren. Die Regierung sicherte die Veröffentlichung von Dokumenten zu, und schließlich beschloß das Haus, in der Tagesordnung fortzufahren.[41]

Da die Verhandlungen mit der niederländischen Regierung wenig Fortschritte machten und die niederländischen Generalstaaten in Den Haag eine Verfassung für das ganze Königreich einschließlich Limburgs ausgearbeitet hatten, brachte Gustav Höfken[42] (linkes Zentrum, *Württemberger Hof)* die Angelegenheit am 10. November erneut zur Sprache.[43] Der Internationale Ausschuß kam zu dem Schluß,[44] die Einführung der neuen holländischen Verfassung im Herzogtum Limburg verletze den Beschluß der Deutschen Nationalversammlung vom 19. Juli, und er forderte die Deutsche Provisorische Zentralgewalt auf, sich auf jede mögliche Weise der Durchführung holländischer Verfassungsmaßnahmen in Limburg zu widersetzen. Das Gremium schloß Verhandlungen mit der niederländischen Regierung nicht aus. Die Debatte über den Bericht begann am 24. November 1848 mit dem Antrag Scherpenzeels,[45] durch einen der Schriftführer eine Erklärung verlesen lassen zu dürfen, da er nur wenig Deutsch könne. Der Wunsch wurde erfüllt. Scherpenzeel schlug vor,[46] man solle die Niederlande ultimativ auffordern, die Verwaltung Limburgs von derjenigen der Niederlande zu trennen. Nach einer kurzen Diskussion wurde der Ausschußbericht, offensichtlich einhellig, gebilligt.[47] Das Nachspiel zur Behandlung der Limburg-Frage durch die Versammlung fand im Mai 1849 statt, als sich die Frankfurter Nationalversammlung in einem allmählichen Auflösungsprozeß befand. Die Verlesung von Rücktrittslisten wurde zum Ritual bei Beginn der Sitzungen. Unter den Namen, die am 14. Mai genannt wurden,[48] befanden sich auch diejenigen der beiden limburgischen Abgeordneten: von Scherpenzeels und Schönmäckers. Scherpenzeel schied jedoch nicht nur aus der Versammlung

---

[39] III, 1835 f. [40] III, 1836.
[41] III, 1838. Die Dokumente finden sich bei der Hassler, II, 214 f.
[42] ADB, L; ÖBL; BSTH. [43] Nach V, 3250. [44] V, 3549 ff.
[45] V, 3552. [46] V, 3552 ff. [47] V, 3558. [48] IX, 6543.

aus, sondern protestierte zugleich gegen das Fortbestehen der Union Limburgs mit Deutschland.

Die luxemburgischen Abgeordneten nahmen ihre Sitze in der Versammlung ohne Bedenken ein, stellten die Nationalversammlung jedoch auch vor ein Problem. Als das Haus am 27. Mai die Unterordnung von Gesetzen der einzelnen Staaten unter die künftige Reichsverfassung beschloß,[49] protestierten die drei luxemburgischen Mitglieder. Sie erklärten, ihr Mandat sei begrenzt und man habe sie instruiert, gegen jede Entscheidung Einspruch zu erheben, welche die Unabhängigkeit des Großherzogtums bedrohe. Sie informierten den Präsidenten, daß sie im Augenblick außerstande seien, weiter an den Beratungen des Parlaments teilzunehmen. Am 29. Mai wurde ihr Fall an den Verfassungsausschuß überwiesen.[50] Dieser bestritt bündig, daß irgendein Teil des Landes das Recht, besäße, die Mandate seiner Vertreter zu beschränken oder ihnen irgendwelche Instruktionen zu erteilen. Man forderte die luxemburgischen Vertreter auf, ihre Sitze wieder einzunehmen.[51] Am 14. Juni konnte Heinrich von Gagern berichten, die luxemburgischen Abgeordneten weigerten sich nicht mehr so hartnäckig, in der Versammlung mitzuarbeiten, und ihre Abwesenheit erwies sich als kurz.

Will man die Haltung der Frankfurter Nationalversammlung gegenüber anderen Staaten und Nationalitäten beurteilen, so ist es nützlich, auf die Limburg-Diskussion zurückzukommen. Anders als die slawische Frage wurde das Limburg-Problem nicht durch eine Feindschaft zwischen den betroffenen Nationalitäten erschwert. In erster Linie war das Thema der Versammlung aufgezwungen und nicht von ihr gesucht worden. Da die Frage im Zusammenhang mit der Zulassung neuer Abgeordneter auftauchte, gehörte sie in die Zuständigkeit des Parlaments. Dem Haus standen vielerlei Möglichkeiten offen. Es konnte wie im luxemburgischen Fall die Abgeordneten einfach auffordern, ihre Sitze einzunehmen und, bis sie dies getan hatten, es abzulehnen, in andere Punkte verwickelt zu werden. Die Zugehörigkeit Limburgs zum Deutschen Bund stand nicht zur Debatte. Die Abgeordneten waren völlig rechtmäßig gewählt worden, und es wäre unrecht gewesen, hätten die beiden gewählten Kandidaten Limburg in der Versammlung unvertreten zu lassen. Der Nationalversammlung war gewiß sehr daran gelegen, sich der Anwesenheit aller Abgeordneten zu versichern, und im Fall Luxemburgs erging so etwas wie ein definitiver

---

[94] Vgl. S. 133.
[50] Hassler, *Verhandlungen*, I, 14—15; Wigard, I, 160 f. [51] I, 251.

Befehl, im Parlament mitzuarbeiten. Im Fall der limburgischen Abgeordneten billigte die Versammlung einige Forderungen, weil hier Zugeständnisse den Deutschen nützlich schienen, während es nur von Nachteil gewesen wäre, den Vertretern Luxemburgs nachzugeben. Anders als diese präsentierten die limburgischen Abgeordneten einen Köder, dem die Versammlung nicht widerstehen konnte. Sie war als Ganzes versucht, die Grenzen Deutschlands möglichst weit zu ziehen. Dies stimmt mit den Praktiken anderer großer Volksgruppen im 19. Jahrhundert überein. Im Fall der Deutschen wurde durch die Schlüsselstellung des Heiligen Römischen Reiches die Neigung bestärkt, das zu erhalten, was sie als ihr nationales Erbe betrachteten. Die romantische Geschichtsauffassung und die Begeisterung der neuen nationalen Ära wirkten wie Scheuklappen, welche die Versammlung daran hinderte, zwischen einer überholten Ansammlung von nur teilweise durch Deutsche regierten Gebieten und einem modernen Nationalstaat klar zu unterscheiden. Eine Mischung von Weltbürgertum und Nationalismus verleitete die Versammlung zu der Annahme, daß sich die deutsche Hegemonie, wie sie im Reich bestanden hatte, im Zeitalter der Nationalitäten erhalten lasse. Das romantische und das weltbürgerliche Erbe erschwerten zweifellos die Entwicklung einer modernen deutschen Nationalitätstheorie.

Die Deutschen in der Versammlung waren sich zumindest über Limburg einig, und in der Verteidigung der nationalen Interessen stand die Linke nicht zurück. Auf diesem Gebiet spielte das linke Zentrum die aktivste Rolle. Das rechte Zentrum war versöhnlicher und, gewiß vom Zeitpunkt der Bildung einer Reichsregierung an, durch das Bewußtsein der Verantwortung vorsichtig geworden. Die Rechte engagierte sich kaum in dieser Frage – ausgenommen Arndt, der eher für sich selber als für seine Gruppe sprach. Für die Linke und in mancher Hinsicht auch für das linke Zentrum stand bezüglich der Verfassung die Einstellung gegenüber Nationalitäten und Staaten in gewissem Maß unter dem Einfluß innenpolitischer Erwägungen. Im Fall Limburg ergriff man eifrig die Gelegenheit, die Macht der Versammlung gegen Organe eines Staates und indirekt gegen seinen Herrscher geltend zu machen, der ein Schützling der Ostmächte gewesen war.

Der Internationale Ausschuß berief sich, als er die Ansprüche der Niederlande zurückwies, hauptsächlich auf historische und rechtliche, und nur am Rand auf ethnische Gründe. Jeder Untersuchungsausschuß mußte pflichtgemäß mit einem Überblick über die Rechtslage beginnen, zumal einer, die mit Völkerrecht zu tun hatte, wie

seine volle Bezeichnung deutlich machte: »Ausschuß für völkerrechtliche und internationale Angelegenheiten.« Das Gremium interpretierte die betreffenden Verträge und offiziellen Erklärungen weitgehend in seinem Sinn. Die Ansicht, der Rechtsanspruch des Deutschen Bundes auf Limburg beruhe vorwiegend auf einem gesetzgeberischen, also innenpolitischen Akt des Bundes, war völlig unhaltbar,
da die territorialen Abmachungen einen Teil der umfassenderen belgischen Vereinbarungen bildeten, an denen mehrere Parteien – darunter die Großmächte – beteiligt gewesen waren. Der Ausschuß hatte
genug Gerechtigkeitssinn, die Weigerung des Deutschen Bundes zu verurteilen, als dieser den Hilferuf des luxemburgischen Großherzogs nicht
beantwortete. Aber er zog nicht den naheliegenden Schluß, daß man
dem Unrecht noch eine Beleidigung hinzufügte, wenn man den Großherzog aufforderte, den Bund für ein Territorium zu entschädigen, das
die Deutschen hätten verteidigen sollen. Unabhängig von Rechtser-
wägungen war es für den europäischen Frieden besser, daß sich der
Deutsche Bund nicht auf etwas einließ, was in erster Linie ein Bürgerkrieg in den Niederlanden war. Der König der Niederlande ließ die
Bundesversammlung nicht im Zweifel darüber, daß er Limburg, abgesehen von gewissen Verpflichtungen gegenüber dem Deutschen
Bund, zusammen mit den übrigen Teilen seines Königreichs verwalten würde. Das bereitete keine Schwierigkeiten, solange auf deutscher
Seite nur eine lockere Vereinigung von Staaten bestand, ebensowenig
wie es Probleme mit den zum Bund gehörenden habsburgischen Territorien gab. Der Ausschuß war blind für alle schwachen Punkte seiner Argumentation, die darauf hinauslief, der Herzog von Limburg
habe sich alledem zu unterwerfen, was die deutschen Verfassungsor-
gane in Frankfurt beschlössen. Man ignorierte einfach sämtliche Einwände, weil man fürchtete, jede vom Parlament gezeigte Schwäche
bei der Durchsetzung des Maibeschlusses über den Vorrang der
Reichsverfassung könne die Nationalversammlung selbst in ihrer
Existenz bedrohen. Wie später noch zu untersuchen sein wird,[52] läßt
sich fragen, ob dieser Beschluß selbst für rein deutsche Staaten realistisch war. Die von der Nationalversammlung verkündete Verfas-
sungslehre paßte aber gewiß nicht auf die Lage eines ausländischen
Monarchen, der dem Bund unter bestimmten, vertraglich festgelegten Bedingungen beigetreten war und ihn für einen Gebietsverlust
entschädigt hatte. Man konnte vom König der Niederlande nicht erwarten, daß er sich widerstandslos einer völligen Änderung der gan-

[52] Vgl. das nächste Kapitel.

zen Situation fügen würde. In praktischer Hinsicht konnte es, falls der König-Herzog die Anerkennung der deutschen Forderungen nicht für ein Gebot der Klugheit hielt, zu einem Krieg kommen, der sich leicht auf die benachbarten Großmächte übertragen würde. Überdies war die Rechtslage durchaus nicht so einfach, wie der Ausschuß behauptete. Nach den Bestimmungen der Bundesakte konnten organische Änderungen nur einstimmig durchgeführt werden. Die Niederlande akzeptierten im Namen Luxemburgs und Limburgs die Machtübertragung von der Bundesversammlung auf den Reichsverweser. Doch der Deutsche Bund hatte dadurch nicht aufgehört zu existieren, und eine derartige Entwicklung hätte tatsächlich die deutschen Ansprüche unterminiert. Der niederländische König war dem Deutschen Bund unter gewissen Bedingungen beigetreten, und diese ließen sich dank der Einstimmigkeitsvorschrift nicht ohne seine Billigung ändern. Eine neue konstitutionelle Regelung konnte nur das Ergebnis von Verhandlungen sein. Der Ausschuß wollte dem König nicht die Herrschaft über Limburg entziehen, sondern einfach solche Verwaltungsmaßnahmen auf holländischer Seite erreichen, daß Limburg ein vollwertiger Teil des deutschen Staates werden konnte. Jede derartige Änderung hätte die überfälligen Bemühungen der niederländischen Behörden, die politische Struktur des Königreiches zu modernisieren, vereitelt. Verständlicherweise blieben die Bestrebungen, die Regierungsmaschinerie zu überholen, ebensowenig auf Deutschland beschränkt wie das Erwachen des nationalen Bewußtseins. Der Ausschuß versuchte im Grunde, in dem Doppelverhältnis Limburgs die Akzente auszutauschen, nämlich die Bindung an die Niederlande zu lockern und die bisher schwachen Bande mit Deutschland zu kräftigen. Indem er diese drastische Änderung in der Stellung Limburgs empfahl, folgte er nur seinen eigenen Rechtsvorstellungen. Es konnte nicht ausbleiben, daß Scherpenzeels Erklärungen über die Stimmung im Herzogtum den Ausschuß beeinflußten, aber dieser war – anders als einige Debattenredner – vorsichtig genug, sich nicht allzu weit darauf einzulassen. Der am 19. Juli debattierte Bericht enthüllte die Einsicht des Ausschusses, daß es für die Limburger nur das Zweitbeste sei, wenn man sie näher an Deutschland heranziehen würde, falls sie nämlich keine Union mit Belgien eingehen konnten.[53] In einer blitzartigen Erkenntnis bemerkte Wurm, die prodeutsche Stimmung in dem Herzogtum werde nur anhalten, wenn die deutschen Bemühungen in der Frage des limburgischen Anteils an den niederländischen Schulden

[53] II, 1015.

erfolgreich seien. Die Versammlung, im Hinblick auf angebliche pro-deutsche Tendenzen leichtgläubig, ließ sich durch Scherpenzeels Behauptungen irreführen. Als Scherpenzeel erkannte, daß ihm die Nationalversammlung und die Provisorische Zentralgewalt in der Schuldenfrage nicht helfen konnten, wollte er nichts mehr mit Deutschland zu tun haben. Sprachunterschiede — so Scherpenzeels offenes Eingeständnis vor dem Plenum, daß er nicht deutsch könne – weckten in den Abgeordneten keine Zweifel, ob es möglich sei, das Herzogtum einem deutschen Nationalstaat einzugliedern. Ganz abgesehen von praktischen Schwierigkeiten, einen mehrsprachigen Staat zu verwalten, spielt die Sprache eine so wesentliche Rolle für das gemeinsame kulturelle Erbe im Mittelpunkt jeder nationalen Bewegung, daß es seltsam anmutet, wie wenig man sich die Frage stellte, ob sich die Limburger an einem deutschen Nationalstaat beteiligen könnten. Man machte viel Wesens von gemeinsamer Geschichte, doch die beruhte hauptsächlich auf dem Heiligen Römischen Reich, auf den dynastischen Banden zwischen dem niederländischen Herrscherhaus und der deutschen Linie Nassaus und schließlich darauf, daß deutsche Fürsten zeitweilig über Teile Limburgs geherrscht hatten. Über Limburg war das Haus fast einer Meinung, während es sich bei den meisten anderen nationalen Themen gespalten zeigte. Daher enthüllte der Fall Limburg am deutlichsten die allgemeine Haltung des Hauses gegenüber fremden Nationalitäten und anderen Staaten. Diese Einhelligkeit hörte aber auf, als die Beziehungen zwischen Deutschen und Slawen zur Sprache kamen.

Die slawische Frage ließ sich aus mehr als einem Gesichtswinkel betrachten und war international erheblich verwickelter als das Limburg-Problem. Die Frage der Beziehungen zwischen Deutschen und Slawen mußte in der Versammlung zur Sprache kommen, da ihr Schicksal, besonders das von Polen und Deutschen, eng miteinander verknüpft war. Die Deutschen sahen sich einer anderen starken Nationalbewegung gegenübergestellt, und das Parlament war, wie bereits erwähnt[54], irritiert über die Auswirkungen des Prager Slawenkongresses von Anfang Juni.

Am 27. Mai, also kurz vor Beginn des Kongresses, brachte Titus Mareck[55] (Linke), ein junger Anwalt aus der Steiermark, der sich im Mitgliederverzeichnis als »Bürger aus Gratz« bezeichnete, einen Antrag ein, der die Slawen über die Absichten der Frankfurter Nationalversammlung beruhigen sollte. Er glaubte, dies würde einer feindseligen panslawistischen Propaganda auf dem Kongreß entgegenwirken.[56] Das Haus überwies den Antrag als dringliche Angelegenheit an den Verfassungsausschuß[57]. Der Ausschuß empfahl, den Antrag in leicht veränderter Form zu billigen, und die Versammlung stimmte per Akklamation zu. Die Resolution sicherte den nicht-deutschen Volksstämmen auf deutschem Bundesboden das Recht auf eigene Kultur, Sprache, Schulbildung, Religion und innere Verwaltung zu. Eigens erwähnt waren die Slawen, die dänisch sprechenden Nordschleswiger und die italienisch sprechenden Bewohner Südtirols.[58] Diese wesentlichen Zugeständnisse bezogen sich in erster Linie auf Gebiete mit starker fremdländischer Bevölkerung, und nicht so sehr auf kleine, verstreute Minderheiten.

Das akuteste slawische Problem bildete für die Versammlung die Posen-Frage. In dieser Ostprovinz des preußischen Königreichs entwickelte sich, nach einer anfänglichen Verbrüderung im März 1848, so etwas wie ein Bürgerkrieg zwischen der herrschenden deutschen Minderheit und der polnischen Mehrheit. Die Art der Beziehungen zwischen den beiden Völkern im Frühjahr und Sommer 1848 glich in gewisser Hinsicht der zwischen Tschechen und Deutschen in Böhmen. Vor 1848 gehörte das Großherzogtum Posen nicht zum Deutschen Bund. Im März verlangten die Polen in dieser Provinz eine

---

[54] Vgl. S. 73. [55] Niebour, »*Die Abgeordneten Steiermarks*«.
[56] I, 118 f. [57] I, 121. [58] I, 183 f.

317

sogenannte nationale Reorganisation des Gebiets. Sie verstanden darunter eine möglichst weitgehende Verwaltung durch Polen, obwohl zunächst im Rahmen der preußischen Monarchie. Unter dem Einfluß seines Außenministers Heinrich von Arnim-Suckow, der Pläne für die Wiederherstellung der polnischen Unabhängigkeit hegte, erklärte Friedrich Wilhelm IV. am 24. März sein Einverständnis, daß eine gemischte deutsch-polnische Kommission in der Provinz Posen Vorschläge für eine nationale Neuordnung unterbreite.[59] Der König wünschte, daß Recht und Ordnung gewahrt blieben, damit Reformen durchgeführt werden könnten; er wurde in seiner Hoffnung jedoch enttäuscht. Die deutsche Bevölkerung Posens fühlte sich bedroht und forderte die Eingliederung der von Deutschen bewohnten Landesteile in den Deutschen Bund. Das wiederum verärgerte die Polen, da sie die ganze Provinz historisch als ihren Besitz betrachteten. Die preußische Regierung erreichte die Aufnahme von Teilen der Provinz in den Bund, und die Zahl der Posener Abgeordneten für die Frankfurter Nationalversammlung wurde auf zwölf festgesetzt. Die Polen fühlten sich durch diese Entwicklung schwer gekränkt, zumal der Provinziallandtag, der vorwiegend aus Polen bestand, dieser Änderung nicht zugestimmt hatte und viele ihrer Vertreter ihre Opposition zu erkennen gegeben hatten.[60] Die so zustande kommende Teilung der Provinz für bestimmte Zwecke verletzte bestehende Rechte, wie es bei jedem Lösungsversuch unvermeidlich war. Von Einzelheiten abgesehen, handelte es sich bemerkenswerterweise um den einzigen Fall im Zusammenhang mit der beabsichtigten Einigung Deutschlands, bei dem man eine Teilung nach ethnischen Grenzen anstrebte und bei dem die Deutschen bereit waren, ein in deutschem Besitz befindliches Territorium aus ihrem geplanten Nationalstaat auszuschließen. Gewiß, die Provinz Posen bildete vor 1848 keinen Bestandteil des Deutschen Bundes und war erst Ende des 18. Jahrhunderts bei der Teilung Polens zu Preußen gekommen. Im Fall Posens bestand die preußische Regierung nicht hartnäckig auf ihren eigenen Rechten, sondern war bereit, einige davon aufzugeben. Doch auch die Lage vieler Polen in der Provinz wurde gegen ihren Willen durch die Angliederung an den Deutschen Bund geändert. Eine Periode immer wieder aufflackernden Haders, verschärft durch

[59] Huber, *Deutsche Verfassungsgeschichte*, II, 640.
[60] I, 1126. Die Ablehnung der Eingliederung in den Bund durch die Provinzialstände mit 26 gegen 17 Stimmen ist nicht schlüssig, da man sie gefragt hatte, ob sie die Aufnahme der ganzen Provinz wünschten. In Wirklichkeit wurde aber nur ein Teil eingegliedert.

militärische Unterdrückung, war kein günstiger Zeitpunkt, um den beiden Nationalitäten eine getrennte Entwicklung zu gewähren, zumal diese Lösung dadurch erschwert wurde, daß die beiden Völker alles andere als säuberlich voneinander geschieden in zwei gesonderten Gebieten wohnten. Es gab Auseinandersetzungen über die genaue Stärke der beiden Volksgruppen. Hauptkriterium war die Sprache, doch auch die Religion spielte eine beträchtliche Rolle, und auf polnischer Seite hieß es zuweilen, die Katholiken wollten sich im allgemeinen nicht dem Deutschen Bund anschließen.[61] Der Internationale Ausschuß[62] schätzte, daß 1843 auf eine Bevölkerung von knapp 1,3 Millionen fast 800 000 Polen, 420 000 Deutsche und annähernd 80 000 Juden gekommen seien. Das polnische Memorandum, auf das Bezug genommen wurde, nannte keine genaue Zahl für die polnische Bevölkerung, versicherte aber, sie liege erheblich über 800 000, bei einer Bevölkerung von 1,2 Millionen. Wenn man die preußischen Beamten und ihre Familien, die nur zeitweilig in der Provinz lebten, nicht berücksichtige, so gäbe es knapp 250 000 deutsche Einwohner in diesem Gebiet. Der Rest seien Juden. Die Enzyklopädie *Die Gegenwart,* die sich eines gemäßigt radikalen Tons befleißigte, verringerte den Unterschied zwischen der polnischen und der deutschen Bevölkerungsstärke, indem sie sämtliche Juden den Deutschen zurechnete. Danach gab es 750 000 Polen gegenüber 530 000 Deutschen.[63] Diese Statistik war für die Deutschen zu günstig. Mit kleinen Abweichungen dürften die vom Ausschuß genannten Zahlen der Wahrheit nahekommen. Die Polen lebten mehr in den östlichen, die Deutschen vorwiegend in den westlichen Gebieten. Es gab jedoch, wie gesagt, keine klare Scheidung zwischen den beiden Nationalitäten, und die meisten Distrikte waren so gemischt, daß sie eine starke Minorität aufwiesen. Die Lage komplizierte sich noch dadurch, daß die von den preußischen Behörden mit erheblichem Kostenaufwand errichtete Festung Posen in dem hauptsächlich von Polen besiedelten Teil der Provinz lag, wenn auch der Ausschuß behauptete, die Deutschen und die Juden in der Stadt selbst seien zusammen zahlreicher als die Polen. Die preußische Regierung hatte aus ethnischen Gründen gezögert, das Gebiet rund um die Stadt Posen in den Deutschen Bund einzugliedern, und sie tat es erst unter dem Druck der deutschen Bevölke-

---

[61] II, 1128 f. In der Denkschrift der polnischen Abgeordneten der Provinz Posen in der preußischen Nationalversammlung, verlesen vor der Frankfurter Nationalversammlung.
[62] Vgl. seinen am 24. Juli debattierten Bericht, II, 1124 ff. [63] I, 70.

rung. Strategische Erwägungen vereitelten so eine ethnisch saubere Lösung, die an sich schon schwierig genug war, und die Demarkationslinie wurde so gezogen, daß der polnischen Mehrheit nur ein Winkel der Provinz zugewiesen wurde.

Die Posen-Frage stellte sich dem Frankfurter Parlament sofort nach seiner Eröffnung. Am 19. Mai beantragte der Rechtsreformer Leue vom linken Zentrum, man solle den preußischen König bitten, er möge öffentlich erklären, das Großherzogtum Posen werde niemals freiwillig wieder an Polen zurückgegeben werden, sondern unter einer eigenen Verwaltung an Deutschland angeschlossen bleiben. Da die Ausschüsse noch nicht arbeiteten, wurde der Antrag[64] an die Abteilungen überwiesen.[65] Am 22. Mai protestierten einige Mitglieder eines polnischen Nationalkomitees — eines inoffiziellen Gremiums, da es keinen polnischen Staat gab — gegen die Zulassung von Vertretern Posens zur Frankfurter Nationalversammlung.[66] Am selben Tag beantragte der Kölner Schriftsteller Venedey von der Linken, die Vertreter der Stadt Posen von der Versammlung auszuschließen.[67] Der Zentralausschuß für Wahllegitimationen mußte wegen des polnischen Protests und wegen Venedeys Antrag einen Sonderbericht über die Vertreter Posens vorlegen. Er berichtete am 3. Juni, es gebe keine formellen Einwände gegen die Zulassung der Posener Vertreter, doch da die Frage nach der Gültigkeit der Wahlen in der Provinz gestellt worden sei, solle man die Abgeordneten aus Posen bis zu einer Prüfung der Prinzipienfrage, die nicht Sache des Zentralausschusses sei, nur provisorisch zulassen.[68] Selbst diese eingeschränkte Empfehlung und die vorwiegend technische Frage, ob man die Sache an einen Ausschuß überweisen solle, führte am 5. Juni zu einem Zusammenstoß der Meinungen im Plenum. Der Mainzer Anwalt Zitz (Linke) lehnte[69] die Zulassung der Posener Vertreter ab, solange Zweifel an ihrem Status bestünden. Seiner Ansicht nach präjudiziere schon ihre vorgeschlagene zeitweilige Mitgliedschaft den endgültigen Ausgang. Auf der anderen Seite richtete der protestantische Geistliche Ernst Louis Nerreter,[70] einer der (von der Einschränkung) betroffenen Abgeordneten vom rechten Zentrum *(Casino)*, einen leidenschaftlichen Appell an die Mitglieder des Hauses, ihre deutschen Brüder nicht fallenzulassen. Er bat, die Posener Vertreter uneingeschränkt zuzulassen.[71] Ein An-

---

[64] I, 31. [65] I, 32. [66] I, 196. [67] Hassler, *Verhandlungen*, V, 6.
[68] I, 196 f. [69] I, 225 f.
[70] *Umrisse*, 131; Niebour, »Die Vertreter der Provinz Posen«.
[71] I, 224 f.

trag des Trierer Anwalts Ludwig Simon (extreme Linke) forderte den völligen Ausschluß sämtlicher Vertreter Posens.[72] Während dieses einleitenden Scharmützels erhob die Linke auf diese Weise eindeutig den Anspruch, als Hauptverteidiger der lange unterdrückten Polen aufzutreten. Heinrich von Gagern erklärte, nach der Geschäftsordnung hätten die Abgeordneten aus Posen das Recht auf ihre Sitze, solange über ihre Mitgliedschaft noch nicht entschieden sei.[73] Gegen die Opposition der Linken beharrte er auf seinem Standpunkt. Als er über die Angelegenheit abstimmen ließ, beschloß die Mehrheit des Hauses, die Prinzipienfrage an den Internationalen Ausschuß zu überweisen.[74] Allen war bewußt, daß der große Kampf noch bevorstand.

Der Bericht des Internationalen Ausschusses über Posen[75] kam am 24. Juli im Plenum zur Sprache und führte zu einer der großen Debatten der Nationalversammlung. In drei aufeinanderfolgenden Sitzungen diskutierte das Haus fast ausschließlich diese Frage, und in der vierten fand die namentliche Abstimmung statt. Der Bericht gab einen sorgfältigen historischen Überblick vom deutschen Standpunkt aus und betonte den wirtschaftlichen Beitrag der deutschen Siedler in dem ehemals polnischen Territorium. Der Ausschuß war aufrichtig genug anzuerkennen, daß alles Gute, das die preußischen Beamten gewirkt hatten, das polnische Volk nicht für den Verlust seiner nationalen Selbständigkeit habe entschädigen können. Man gab zu, daß es den preußischen Behörden nicht gelungen sei, sich die Polen zu Freunden zu machen. Im Frühjahr 1848 habe schließlich eine Chance zur Aussöhnung bestanden. Die Deutschen hätten aufrichtig eine brüderliche Hand ausgestreckt, um für die Verbrechen ihrer Fürsten zu sühnen. Doch sowie die Polen die angebotene Hand ergriffen hätten, seien die Wege der beiden Nationen abermals auseinandergelaufen. Nach dem Ausschußbericht bestand das Ziel der Polen darin, ihren Staat zumindest in den Grenzen wiederherzustellen, die er 1772 vor Beginn der Teilungen besessen hatte. Diese Neuerrichtung der alten polnischen Grenzen würde zum Verlust der meisten östlichen Gebiete Preußens führen — nicht nur des Großherzogtums Posen, sondern auch Westpreußens. Ostpreußen würde vom Hauptteil des preußischen Staats isoliert werden. Die Deutschen wollten den Polen bei der Wiedererrichtung ihres eigenen Nationalstaates helfen, aber nicht unter polnische Herrschaft kommen. Ihrer Ansicht nach sei die Erde neutral, der Boden des Landes im

[72] I, 224. [73] I, 228. [74] I, 229. [75] Text in II, 1124 ff.

Großherzogtum weder polnisch noch deutsch, nur die Bewohner gäben ihm den Charakter der Nationalität. Der Ausschuß berichtete über den unglücklichen Verlauf der Ereignisse seit dem März, als sich die Unruhen in der Provinz wie eine Seuche ausgebreitet hätten, Zugeständnisse an die eine Seite hätten auf der anderen Unruhen ausgelöst. So habe die bedingte Zusage an die Polen, eine nationale Reorganisation zu schaffen, zum Drängen der Deutschen geführt, einen erheblichen Teil des Großherzogtums dem Deutschen Bund einzugliedern. Dies wiederum habe die Polen erbittert. Der Ausschuß kam zu dem Schluß, angesichts der Nationalitätenmischung sei eine völlige geographische Trennung der zwei Völker und restlose Gerechtigkeit beiden gegenüber nicht möglich. Der Ausschuß empfahl im wesentlichen die Zuteilung von Kreisen an beide Seiten aufgrund der jeweiligen nationalen Mehrheit; davon sei das vorwiegend polnische Hinterland der Festung Posen auszunehmen, das aus strategischen Gründen in deutschen Händen bleiben solle. Der Bericht räumte ein, daß nach diesen Vorschlägen die polnische Mehrheit auf den kleineren Teil des Großherzogtums verwiesen werde. Jedoch sei der polnische Teil fruchtbarer, und es werde den Polen leichterfallen, unter deutscher Herrschaft zu leben, als umgekehrt. Selbst so würden zahlreiche Deutsche in den polnischen Kreisen bleiben.

Der Ausschuß schlug dem Plenum vor, die zwölf Posener Abgeordneten endgültig zuzulassen, vorläufig die provisorische Demarkationslinie anzuerkennen, die General Pfuel als preußischer Kommissar festgelegt hatte, sich aber die Zustimmung zu den endgültigen Vereinbarungen vorzubehalten. Die preußische Regierung sei um Garantien zu ersuchen, dafür den Deutschen in den polnischen Gebieten selbst dann ihre Nationalität zu erhalten, falls sie nicht mehr unter preußischer Herrschaft stünden. Den nichtdeutschen Bewohnern Westpreußens sei — in Beantwortung verschiedener Petitionen —, nach Marecks Resolution vom 31. Mai, das Recht auf ihre eigene Kultur zuzusichern.[76] Obgleich die beiden letzten Empfehlungen nicht unwichtig waren, konzentrierte sich die Debatte natürlich hauptsächlich auf die Zulassung der Posener Abgeordneten und die Demarkationslinie.

[76] Vgl. S. 268 f.

Vorlagen und Änderungsanträge aus dem Plenum kamen fast ausschließlich von der Linken und von den Katholiken. Blum (Linke,
Deutscher Hof) verlangte einen Untersuchungsausschuß.[77] Der Berliner radikale Schriftsteller Nauwerck, ebenfalls von der Linken
(Deutscher Hof), hieß die Aufnahme der Posener Gebiete mit überwiegend deutscher Bevölkerung in den Deutschen Bund gut. Bis zur
Festlegung der endgültigen Grenzen sollten die polnischen Vertreter
auf provisorischer Basis Mitglieder des Hauses bleiben. Die drei Ostmächte seien aufzufordern, ihre polnisch besiedelten Territorien frei-
zugeben und sie zu einem unabhängigen Staat zu vereinigen, dem die
deutsche Nation gegen alle Feinde Schutz und Beistand zu verspre-
chen habe.[78] Der Anwalt Theodor Reh[79] aus Hessen-Darmstadt (gemäßigte Linke, *Westendhall)* stellte den Antrag, die preußische und
die österreichische Regierung sollten eine polnische Nationalversammlung zur nationalen Neuordnung Galiziens, Krakaus (die zu
Österreich gehörten) und Posens einberufen.[80] Daß Westpreußen dabei nicht erwähnt wurde, ist interessant. Die extreme Linke *(Donnersberg)* schlug vor, im Augenblick keinen Teil des Großherzogtums dem Deutschen Bund einzugliedern und die Posener Abgeordneten noch nicht endgültig zuzulassen. Ein internationaler Kongreß
solle zur Wiederherstellung eines freien und unabhängigen Polen einberufen werden.[81] Ein weiterer Antrag der extremen Linken, der
zum Teil dieselben Unterschriften trug, wünschte von der Versammlung eine Erklärung, daß die Teilungen Polens ein schändliches Unrecht
gewesen und daß es die heilige Pflicht des deutschen Volkes sei, an der
Wiederherstellung eines selbständigen Polen mitzuwirken.[82]
Außer der Linken interessierten sich einige katholische Gruppen für die
Polen. Acht Abgeordnete — bis auf einen, der vor seiner Konversion
stand,[83] sämtlich Katholiken —, mit Ignaz Döllinger und von Ketteler an der Spitze, stellten den Antrag, die Eingliederung von Teilen
des Großherzogtums in den Deutschen Bund rückgängig zu machen,
und forderten die Einberufung einer für die Gesamtbevölkerung der

---

[77] II, 1129. [78] II, 1130.
[79] *Umrisse*, 57; Wentzcke und Klötzer, *Deutscher Liberalismus*, 453; Bundesarchiv.
[80] II, 1131. [81] II, 1131. [82] II, 1131.
[83] Der Freiburger Historiker August Friedrich Gfrörer. ADB, IX; BSTH.

Provinz repräsentativen Versammlung, die eine Realunion des Großherzogtums mit Deutschland schaffen solle. Beiden Nationalitäten seien gleiche Rechte zu garantieren. Die Festung Posen solle preußisch und deutsch bleiben und eine deutsche Garnison haben.[84] Obwohl diese Vorschläge den polnischen Forderungen nicht so weit entgegenkamen wie diejenigen der Linken, versuchten sie, gewisse Maßnahmen wie die von den Polen heftig abgelehnte erzwungene Eingliederung in den Deutschen Bund zu beseitigen. Diese Gruppe deutscher Katholiken wollte ihre Zugehörigkeit zur deutschen Nation mit dem Bestreben verbinden, ihren leidenden Glaubensgenossen zu helfen.

Nach der Rede des Berichterstatters eröffneten zwei deutsche Abgeordnete aus Posen die Debatte. Einer von ihnen, der Anwalt Emil Senff,[85] der auch als Mitglied der Linken in der preußischen Nationalversammlung saß, kritisierte das Vorgehen des Hauses. Die Grundsatzfrage, ob Teile Posens zu Recht in den Deutschen Bund aufgenommen worden seien, hätte man zuerst entscheiden sollen, ehe man die Posener Abgeordneten zuließ. Senff bezichtigte die Polen der Inkonsequenz, da sie, die sich stets auf das Nationalitätsprinzip berufen hätten, jetzt den deutschen Teilen des Großherzogtums das Recht bestritten, sich für Deutschland zu entscheiden. Sie seien Territoralisten geworden, die sich der Aufnahme von Posener Gebieten in den Deutschen Bund deshalb widersetzten, weil sie das ganze Gebiet für sich selber beanspruchten. In der gegebenen Situation sei eine Trennung der beiden Völker die einzig mögliche Politik. Nach der Verfassung besitze der preußische König durchaus das Recht, Teile des Großherzogtums eingliedern zu lassen, auch wenn die Stände nicht zustimmten.[86] Senff war, obwohl Mitglied der Linken (zumindest in der preußischen Nationalversammlung), mithin bereit, dem König fast absolute Gewalt zuzusprechen, wenn das mit seinem Nationalismus in Einklang stand.

Robert Blum, der Führer der Linken *(Deutscher Hof)*, der vor 1848 den Polen unter erheblichen persönlichen Risiken geholfen hatte, warf dem Ausschuß vor, er habe unzulängliche demographische und topographische Informationen erteilt. Er forderte die Versammlung auf, bei der Behandlung anderer Nationalitäten konsequent zu handeln und nicht zwischen territorialen und ethnischen Konzepten hin und her zu wechseln, je nachdem wie es am günstigsten scheine. Falls in der polnischen Frage ethnische Erwägungen ausschlaggebend seien: Wie dürfe die Versammlung dann Anspruch auf die dänischen Bezirke Schleswigs

[84] II, 1130. [85] Vgl. Niebour, »Die Vertreter der Provinz Posen«. [86] II, 1138 ff.

oder auf die italienischen Teile Tirols erheben? Nur das eine oder das andere Prinzip könne richtig sein. Prinzipientreue sei die unerläßliche Basis dessen, was man mit Recht Politik nennen könne. Blum lehnte Krieg als Lösung des polnischen Problems ab. Es gehe allgemein darum, »daß das Gewordene sich befestige« und daß Verträge gehalten würden. Grenzänderungen seien mit den übrigen interessierten Mächten auszuhandeln. Am besten sei es, die detaillierten Untersuchungen, welche die preußische Regierung durchführe, und die Empfehlungen abzuwarten, die sich daraus ergeben würden. Die ganze Frage sei viel zu kompliziert, als daß man sie ohne zusätzliches Tatsachenmaterial entscheiden könne, und deshalb fordere er einen Untersuchungsausschuß.[87]

Blums Rede klang wohlüberlegt und gemäßigt – etwas resigniert. Sie war ein staatsmännischer Beitrag zu der Debatte. Er tadelte das Haus für seine Neigung, ohne ausreichende Kenntnis der Tatsachen Entscheidungen zu überstürzen. Überdies deckte er die Inkonsequenz der Versammlung in ihrer Haltung gegenüber anderen Nationalitäten auf. Der Ton der Rede war ungewöhnlich für Blum, der häufig an die politische Leidenschaft appelliert und versucht hatte, rasche Entscheidungen ohne entsprechende Prüfung zu erreichen.

Auf Blum folgte ein weiterer Angehöriger der Linken, Wilhelm Jordan[88], der eine völlig andere Richtung einschlug. Was immer man von den Ansichten halten mag, die Jordan äußerte: seine Rede war eine der aufsehenerregendsten und geschicktesten, die je in der Frankfurter Nationalversammlung gehalten wurde und überdies eine der längsten.[89] Jordan erklärte, diejenigen, die eine halbe Million Deutsche in Posen den Polen überlassen wollten, seien zumindest »unbewußte Volksverräter«. Die Demarkationslinie habe strategische Erfordernisse zu berücksichtigen, und er unterstütze mit vollem Herzen die Entscheidung der preußischen Regierung, den Bezirk um die Festung Posen zu behalten, auch wenn dadurch das ethnische Prinzip zum Nachteil der Polen verletzt werde. Jedenfalls »ist der Polenrausch sehr im Abnehmen begriffen«.[90] Die Polen seien im Westen beliebter als im Osten. Offenbar wachse die Zuneigung zu ihnen mit der Entfernung. So zeige sich, daß die Sympathie zu ihnen nicht auf wirklichen Vorzügen des polnischen Charakters beruhe, sondern auf einem gewissen kosmopoli-

---

[87] II, 1141 ff. [88] Vgl. S. 182.
[89] II, 1143—1151. Eine Seite füllt die Verlesung eines Dokuments. Eine Rede von durchschnittlicher Länge geht über zwei Seiten.
[90] Nach diesem Wort wird die Diskussion häufig als »Polenrauschdebatte« erwähnt.

schen Idealismus der Deutschen, die sich weigerten, den Tatsachen ins Auge zu sehen, wenn es um politische Glaubensartikel gehe. Er bewundere die Vaterlandsliebe des polnischen Volkes und wünsche sich für Deutschland gleich starke Gefühle. Das polnische Trauerspiel erschüttere ihn, aber es sei etwas anderes, wenn man eine Tragödie ungeschehen machen und das Rad der Geschichte zurückdrehen wolle. Es sei schwachsinnige Sentimentalität, die Wiederherstellung Polens zu wünschen, weil seine Vernichtung einen mit berechtigter Trauer erfülle. Diese Äußerung löste Beifall bei der Rechten (vermutlich vor allem beim rechten Zentrum) und Zischen bei der Linken aus. Jordan bemerkte, es sei eine Abwechslung für ihn, von der Linken ausgezischt zu werden, der er angehöre. Er spreche so, nicht obwohl, sondern weil er ein Demokrat sei. Welchen Beweis habe man, daß die Polen, ehemals Todfeinde des deutschen Volkes, die Vergangenheit vergessen und ein verläßlicher Schutzwall gegen die ihnen stammesverwandten Russen werden würden? Er glaube vielmehr, die Polen würden sich – einmal unabhängig – mit den Russen gegen Deutschland verbünden. Außerdem würde sich der neue polnische Staat nicht damit abfinden, ein Binnenland zu bleiben, und versuchen, Zugang zum Meer zu erlangen. Das würde die deutsche Herrschaft über die Ostseeküste gefährden. Vielleicht seien die Polen nicht imstande, sich ihre Unabhängigkeit gegenüber Rußland zu bewahren. Die Polenfreunde erwarteten von den Deutschen, daß sie notfalls gegen Rußland Krieg führten, um die Freiheit Polens zu verwirklichen. Wer Haß gegen Rußland predige, wisse nicht, was er tue. Völkerhaß sei eine Barbarei, die sich nicht mit der Kultur des 19. Jahrhunderts vereinbaren lasse. Gegen das russische Volk sei nichts einzuwenden, nur sein Regierungssystem sei anfechtbar. Jordan sprach von Drohungen, daß, falls die Deutschen ihre polnischen Besitzungen nicht freigäben, die Franzosen dies durch die teilweise Besetzung des Rheinlands erzwingen würden. Er für seinen Teil bestreite, nachdem er kürzlich in Paris gewesen sei, jegliche kriegerische Tendenz auf seiten der Franzosen. Jedenfalls dürfe Furcht vor dem Ausland die Versammlung nicht von dem Kurs ablenken, den sie für richtig halte. Es sei an der Zeit, endlich aus der träumerischen Selbstvergessenheit zu erwachen, mit der man für alle möglichen Nationalitäten schwärmte, während die Deutschen von aller Welt mit Füßen getreten würden. Jetzt brauche das deutsche Volk einen gesunden Volksegoismus, dem Wohlfahrt und Ehre des Vaterlandes über alles gehe. Das Recht der Deutschen in Posen sei das des Stärkeren, das Recht der Eroberung nicht allein durch das Schwert, sondern auch durch den Pflug. »Im Westen sind wir nur erobert worden, im Osten haben wir das große Malheur gehabt, selbst zu erobern, und dadurch ganzen Schwärmen deutscher Poeten Gelegenheit gegeben zu rührenden Jeremiaden über die verschiedenen Nationalitäten, die der Wucht des deutschen Stammes erliegen mußten. (Gelächter auf der Rechten, Zischen auf der Linken.)« Die Überlegenheit der Deutschen über die slawischen Rassen — vielleicht mit der einzigen Ausnahme der Russen — sei eine Tatsache, gegen die Deklarationen weltbürgerlicher Gerechtigkeit nichts ausrichten könnten. Die Teilung Polens sei nur die Proklamation eines bereits erfolgten Todes gewesen. Er, Jordan, habe den Mut, einem Gemeinplatz des deutschen Liberalismus seit fast einer Generation zu widersprechen und eine Aktion der Kabinettspolitik zu verteidigen. (Heftiges Zischen im Zentrum und auf der Linken.) Der Geist der Weltgeschichte spreche in diesem Fall im Ton der erhabenen tragischen Ironie zu den Völkern. Bei der Teilung Polens hätten die Fürsten, die so bald nachher bereit gewesen seien, sich gegen die Revolution zu verschwören, im Sinn der noch ungeborenen Revolution deren Urteil gegen ein Volk vollstreckt, das von sich aus nicht die Kraft aufgebracht habe, das Feudalwesen zu brechen. Jordan legte einen Großteil der Reibungen zwischen Polen und Deutschen dem katholischen Klerus zur Last. Während der jüngsten Kämpfe habe das polnische Volk mehr unter dem Einfluß des religiösen Fanatismus als unter dem nationaler Begeisterung gestanden. Beim gegenwärtigen Stand der Dinge bedeute die Wiederherstellung Polens, daß man die durch die Preußen aus ihrer Knechtschaft befreiten Bauern wieder unter die Knute der polnischen Aristokratie bringe. Es sei Pflicht des deutschen Volkes, eine wahre nationale Entwicklung unter den Polen zu fördern und dadurch einige üble Aspekte zu sühnen, unter denen die Teilungen stattgefunden hätten. Jordan schloß mit dem Motto: »Freiheit für Alle, aber des Vaterlandes Kraft und Wohlfahrt über Alles!« Es gab anhaltenden stürmischen Beifall.

Jordans Rede illustriert die Schwierigkeiten einer Versammlung, deren Mitglieder zum großen Teil noch bis wenige Monate zuvor in Opposition nicht nur zur Regierung, sondern auch zur politischen Ordnung überhaupt gestanden hatten. Jordan suchte sich ernstlich von dem Mangel an Realismus freizumachen, der eine der unglückseligen Folgen der politischen Zwiespältigkeit vor 1848 darstellte. Der Ton seiner Rede war vielleicht schriller als nötig, da er in gewisser Weise nur laut seine Position bis zum Ende durchdachte. Obwohl er hauptsächlich die politische Einstellung der Linken kritisierte, berührte seine Darstellung doch alle Parteien. In der Tat forderte er, man möge aufhören, die europäische Diplomatie ideologisch zu betrachten und statt dessen die *wahren* Interessen des deutschen Volkes in den Vordergrund stellen. Die Linke wiederholte — nach seiner Auffassung — nur auf andere Weise die Fehler der Ostmächte, welche die Interessen ihrer Staaten ihren allgemeinen ideologischen Zielen unterordneten. Jordan nahm damit das Konzept der »Realpolitik« vorweg, einige Jahre bevor der Ausdruck geprägt wurde.[91] Für den Frieden Europas lag nichts Gefährliches darin, wenn man Deutschland dazu aufrief, zuerst seine eigenen Interessen zu beachten. Schließlich hatten das zahlreiche andere europäische Nationen schon seit langem getan. Die Ablehnung der weltbürgerlichen Ziele machte die Deutschen nicht kriegerischer. Vielmehr dürfte das explosive nationalistische Gemisch bei den Deutschen zum Teil in der Verbindung ihres Nationalismus mit der Vorstellung ihrer allgemeinen kulturellen Mission in Europa bestanden haben. In Einzelfragen war Jordan zuweilen unangenehm chauvinistisch, so in seiner Verachtung der Polen. Elemente des Begriffs der Herrenrasse und von der Lehre, daß Macht Recht sei, machten sich geltend. Für Jordan selber bedeutete die Rede den Beginn seines Bruchs mit der Linken.[92]

[91] Vermutlich zuerst von L. A. v. Rochan in *Grundsätze der Realpolitik* (1853).
[92] Vgl. S. 296.

Am zweiten Tag der Debatte, dem 25. Juli, sprach von Radowitz, der Führer der Rechten *(Steinernes Haus)* und Vorsitzender der Katholischen Vereinigung im Parlament, sein Bedauern aus, daß man in eine nationale und rechtliche Frage eine religiöse Kontroverse hineingebracht habe. Er unterstütze die Vorschläge des Ausschusses und halte sie für die einzige Möglichkeit, sowohl die völlige Eingliederung der ganzen Provinz als auch ihren Ausschluß aus dem Deutschen Bund, was er beides ablehne, zu vermeiden. Posen außerhalb des Deutschen Bundes könne den Kern eines polnischen Staates abgeben. Er frage sich, ob die Wiederherstellung Polens im deutschen Interesse liege.[93]

Der aus Böhmen gebürtige Schriftsteller Franz Schuselka (Linke, *Deutscher Hof)*, ein österreichischer Deutschkatholik, gehörte zwar zum Internationalen Ausschuß, distanzierte sich aber von all dessen Empfehlungen. In einer Rede vor dem Plenum erklärte er, die Teilung Posens widerspreche der Politik der Versammlung in anderen Fragen. Aus territorialen Gründen betrachte man Südtirol, das tschechische Böhmen und das dänische Nordschleswig als deutsch. Dies sei völlig richtig, denn große Völker brauchten Raum, um ihren »Weltberuf« zu erfüllen. Er würde lieber sterben, als in die Preisgabe Triests einwilligen, obwohl dort Italiener lebten. Aufgrund des Territorialprinzips hätten aber auch die Polen ein Recht, Posen für sich zu beanspruchen; die Deutschen seien dort nur eingewandert. Niemand wisse, wie die Russen auf die Teilung Posens reagieren würden, und für Deutschland könnten sich große Gefahren daraus ergeben. Schuselka lehnte die Teilung als undurchführbar ab und beantragte, die Provinz vorläufig als Einheit zu verwalten.[94]

Der einzige polnische Abgeordnete Posens, der Direktor des katholischen Priesterseminars der Stadt Posen und Teilnehmer am Slawenkongreß, Jan Chryzostom Janiszewski (unabhängig), verteidigte die Polen sehr würdevoll und zurückhaltend. Kein Gericht habe bisher festgestellt, wer am Ausbruch der Gewalttätigkeiten in der Provinz Posen schuld sei. Was den deutschen Fleiß betreffe, der Teile Posens erobert habe, so sei er durchaus bereit, das anzuerkennen. Er wolle jedoch darauf hinweisen, daß es sehr schlecht geführte deutsche und polnische Dörfer gebe, daß sich aber auch polnische Güter fänden, die hinter keinem deutschen zurückstehen müßten. Er bestritt der

[93] II, 1155 ff. [94] II, 1157 ff.

preußischen Regierung das Recht, die Provinz in den Deutschen Bund einzugliedern und dort Wahlen zur Frankfurter Nationalversammlung abzuhalten. Er selber habe seinen Sitz in der Versammlung nur nach langem Bedenken eingenommen. Die Polen in der preußischen Monarchie forderten, nicht mehr länger Bürger zweiter Klasse zu sein, und sie verlangten das Ende der Germanisierungsversuche. Den Polen »aufgedrungene Wohltaten«, an die man sie *ad nauseam* erinnert habe, seien kein Ersatz für die Menschenrechte. Am Ende seiner ausführlichen Rede erhielt Janiszewski längeren Beifall.[95] Auf ihn folgte ein deutscher Abgeordneter aus der Provinz, der Schulrektor Samuel Gottfried Kerst (rechtes Zentrum, damals *Casino*), ein Protestant aus Ostpreußen, der früher in der brasilianischen Armee gedient und sich dort als Kartograph ausgezeichnet hatte.[96] Er sagte, das deutsche Volk sei nicht verpflichtet, alles historische Unrecht wieder gutzumachen, denn die Verhältnisse hätten sich geändert. Das Recht der Völker auf eine selbständige Existenz aufgrund ihrer Nationalität sei nirgends offiziell verbrieft. Dieser Anspruch sei etwas Neues. Kerst warnte die Versammlung davor, ein solches Recht zu deklarieren, denn sie könnte sich dann verpflichtet sehen, halb Deutschland preiszugeben. Jeder Versuch, das Prinzip der Selbstbestimmung in Mitteleuropa, wo die Nationalitäten miteinander vermischt seien, strikt anzuwenden, stelle eine absolute Unmöglichkeit dar. Kerst forderte die Versammlung auf, die bereits vollzogene Eingliederung in den Deutschen Bund zu billigen.[97]

Der katholische Privatdozent Jakob Clemens[98] (linkes Zentrum, *Württemberger Hof*) aus Bonn wies die Angriffe auf die Katholiken und die Diskriminierung seiner Glaubensgenossen im Königreich Preußen zurück. Er verurteilte die Art und Weise, wie man der polnischen Mehrheit nur einen Winkel der Provinz zugewiesen habe. Und er beantragte, das ganze Großherzogtum in den Deutschen Bund aufzunehmen, allerdings nur vorläufig bis zu einer möglichen Wiederherstellung Polens.[99] Clemens wollte den Polen helfen, aber es war fraglich, ob sein Vorschlag für sie überhaupt annehmbar war; immerhin wäre damit die Teilung der Provinz vermieden worden. Der bayrische Priester Friedrich Thinnes[99a] vom rechten Zentrum sprach zu dem von Döllinger eingebrachten katholischen Antrag, was keine leichte Aufgabe war.

[95] II, 1163—1169.
[96] Niebour, »Die Vertreter der Provinz Posen«; Kerst »Briefe«; Becker, »Kerst«; Bundesarchiv. [99a] Umrisse 717.
[97] II, 1169 ff. [98] ADB, LV; BSTH; NDB. [99] II, 1172 ff.

Die Linke und die Katholiken waren den Polen sehr wohlgesinnt und wollten etwas für sie tun, wobei die Linke eher bereit war, dies offen auszusprechen. Zu Beginn verteidigte Thinnes seine Glaubensbrüder gegen den Vorwurf, sie opponierten gegen die Ausschußempfehlungen, weil sie die vorgefaßte Meinung der Polen teilten, die Aufnahme eines Teils des katholischen Posen in den Deutschen Bund sei Verrat an der katholischen Religion. In der Tat plädierten er und seine Gruppe für die Eingliederung des ganzen Großherzogtums. Für die katholische Religion fürchteten sie nichts. Sie waren gegen eine Demarkationslinie, weil sie zu einer neuen Teilung führe.[100]

Unstreitig hatten die Polen die gewichtigsten Einwände gegen eine Teilung des Großherzogtums, und jede Lösung, die dies vermied, mußten sie vorziehen. Aber der Preis, den Thinnes in ihrem Namen zu zahlen bereit war – der Anschluß an den Deutschen Bund – war ziemlich hoch, doch wenn sie es für unvermeidlich ansahen, konnten die Polen ihn vielleicht als Gegenwert für eine Zurücknahme der Teilung akzeptieren. Freilich war die Unterstützung enttäuschend, die sie insgesamt von der katholischen Gruppe erhielten.

Eine der härtesten Reden gegen die Polen hielt ein, allerdings antiklerikaler, Katholik Karl Giskra vom linken Zentrum (*Württemberger Hof*), der später, von 1867 bis 1870, österreichischer Innenminister wurde. Er war 1820 in Mähren geboren und war, einer Quelle[101] nach, slawischer Herkunft.

Er stammte aus einfachen Verhältnissen, wurde Rechtslehrer an der Wiener Universität und war bei der Märzrevolution in Wien einer der Führer der Radikalen.[102] Giskra sagte, selbst der polnische Fanatismus in Galizien und Posen habe seine Sympathie für das polnische Volk nicht zerstören können. Im Prinzip sei er für die Wiederherstellung eines unabhängigen konstitutionellen polnischen Staates, aber er bezweifle, daß die Zeit dafür reif sei. Man müsse die polnischen Ansprüche sorgfältig prüfen. Im allgemeinen betrachteten die Polen solche Fragen unter territorialen Gesichtspunkten, nicht vom Standpunkt der Nationalität der Einwohner aus. Die polnischen Hoffnungen richteten sich darauf, das alte Reich der Jagellonen-Dynastie von der Ostsee bis zum Schwarzen Meer wiederherzustellen. Die Deutschen müßten an ihre eigenen Interessen denken und hätten, wie jede andere Nation, die Pflicht der Selbsterhaltung. Dazu sei Posen unent-

---

[100] II, 1201 ff. [101] Wurzbach, V.
[102] Friedrich Schütz, *Werden und Wirken des Bürgerministeriums* (1909), 48 ff.; ÖBL, I; BSTH.

behrlich. Er halte es für wesentlich, am Prinzip der Scheidelinie in Posen festzuhalten. Jedes Anzeichen des Zögerns werde die deutsche Position gegenüber den Slawen in Böhmen, Mähren, Illyrien und der Steiermark schwächen. Giskra wies jede französische Einmischung in die Posenfrage zurück, die eine rein deutsche Angelegenheit sei: »Sollten Sie die Schmach über sich bringen wollen, daß Sie durch die Einsprache eines Nachbarvolkes unser gutes Recht aufzugeben sich bestimmen lassen (stürmisches Bravo), dann verzweifle ich, mein deutsches Volk, an deiner Zukunft; dann haben Sie, meine Herren, sich selbst gemordet. (Lang anhaltender Beifall.)«[103]

Die Plenardebatte wurde nach drei Sitzungen am 26. Juli geschlossen, und am folgenden Tag fand die Abstimmung statt. Den Abgeordneten für Posen war gestattet worden, an der Debatte teilzunehmen, nicht aber an der Abstimmung über eine Angelegenheit, die ihren eigenen Status betraf.[104] Der Antrag Robert Blums, einen Untersuchungsausschuß nach Posen zu entsenden und sich dadurch die nötigen Unterlagen für eine Entscheidung zu verschaffen, wurde mit 333 gegen 139 Stimmen abgelehnt, worauf Blum erklärte, seine politischen Freunde müßten sich von den übrigen Abstimmungen fernhalten, weil sie unzulänglich informiert seien.[105] Die erste Empfehlung des Ausschusses, die teilweise Eingliederung des Großherzogtums Posen in den Deutschen Bund zu billigen und die Abgeordneten der Region endgültig zuzulassen, wurde mit 342 gegen 31 Stimmen akzeptiert.[105a] Da sich auf allen Seiten des Hauses zahlreiche Abgeordnete nicht beteiligten, weil sie für eine Abstimmung nicht zulänglich unterrichtet seien, wie nicht nur die Linke, sondern auch Katholiken[106] erklärten, lag die Zahl der abgegebenen Stimmen um fast hundert unter der Norm. Die meisten Abwesenden opponierten gegen die Empfehlungen des Ausschusses. Dessen zweiter Vorschlag, die Demarkationslinie betreffend, wurde mit einem Zusatzantrag Giskras angenommen, die Deutsche Provisorische Zentralgewalt solle weitere Untersuchungen anstellen, ehe man die Linie endgültig billige.[107] Die dritte Ausschußempfehlung wurde abgelehnt. Statt dessen nahm man einen Änderungsvorschlag des Fürsten Lichnowsky an, worin die Versammlung ihre sichere Erwartung zum Ausdruck brachte, die preußische Regierung werde den in den polnischen Teilen des Großherzogtums lebenden Deutschen unter allen Umständen

---

[103] II, 1203 ff. [104] II, 1134 f. [105] II, 1233. [105a] II, 1238.
[106] II, 1238: Erklärung Döllingers und mehrerer anderer.
[107] II, 1239.

den Schutz ihrer Nationalität gewährleisten.[108] Auch die vierte Empfehlung des Ausschusses, betreffend die Stellung der Nicht-Deutschen in Westpreußen, wurde abgelehnt. Angenommen wurde ein Änderungsantrag, im Hinblick auf den Beschluß des Hauses vom 31. Mai über andere Nationalitäten zur Tagesordnung überzugehen.[109] Die Vorlage der extremen Linken, die Teilungen Polens zu verurteilen und es für eine Pflicht des deutschen Volkes zu erklären, an der Wiederherstellung Polens mitzuwirken, wurde bei 26 Enthaltungen mit 331 gegen 101 Stimmen zurückgewiesen. An dieser Abstimmung beteiligten sich Blum und seine Gruppe wieder. Sehr viele Abgeordnete gaben Erklärungen ab, warum sie für den Antrag nicht hätten stimmen können — etwa, daß sie es nicht für eine Aufgabe der Versammlung hielten, über Vergangenes zu urteilen.[110] Gewiß läßt sich nicht folgern, daß alle, die der Vorlage die Zustimmung versagten, die polnische Teilung gebilligt oder die Wiederherstellung Polens abgelehnt hätten.

Die weiteren Beratungen des Hauses über die Posen-Frage erweckten nicht mehr dasselbe Interesse wie die »Polenrauschdebatten« vom 24. bis zum 27. Juli. Die Dreiteilung der Frankfurter Nationalversammlung vom Juli angesichts dieser Frage blieb weiterbestehen, sooft diese wieder zur Sprache kam. Der Mehrheit, die sich dafür aussprach, den größeren Teil des Großherzogtums dem Deutschen Bund anzugliedern, widersetzte sich die Linke mit dem Wunsch, den polnischen Teil beträchtlich zu erweitern. Eine kleine katholische Gruppe unter Führung Döllingers verurteilte die Einverleibung des größeren Teils der Provinz in Deutschland, bezeichnete die Teilung als undurchführbar und verlangte die Unversehrtheit Posens in enger Verbindung mit Preußen und Deutschland. Döllingers Lösung strotzte von Schwierigkeiten, und ihre Ablehnung durch die Frankfurter Nationalversammlung stand von vornherein fest. Doch der Plan wurde tatsächlich in etwas veränderter Form durch einen unerwarteten Bundesgenossen, nämlich die Preußische Nationalversammlung, wieder aufgegriffen, die einen weit radikaleren Kurs verfolgte als die Frankfurter Nationalversammlung. Am 26. Oktober 1848 nahm die Preußische Nationalversammlung in Berlin mit knapper Mehrheit den Artikel I der preußischen Verfassung an. Danach sollten alle Teile der preußischen Monarchie zum preußischen Staat gehören. Man garantierte den Bewohnern des Großherzogtums Posen die Rechte, die sie bei der Einverleibung in Preußen erhalten hatten. Die Ver-

[108] II, 1240. [109] II, 1240. [110] II, 1247.

sammlung in Berlin faßte diesen Beschluß trotz der Warnung des preußischen Innenministers von Eichmann, daß sie damit einen Zusammenstoß mit der deutschen Nationalversammlung in Frankfurt riskiere.[111] In der Tat hatte die preußische Versammlung eine große Freude daran, der deutschen Nationalversammlung und der Provisorischen Zentralgewalt in Frankfurt ihre Stärke zu demonstrieren. Von diesem Zeitpunkt an wurde die Posen-Frage in den Konflikt zwischen Berlin und Frankfurt hineingezogen und komplizierte dadurch den ideologischen Streit, der schon seit längerem bestand. In Beantwortung mehrerer Interpellationen erklärte der Reichsinnenminister von Schmerling am 6. November vor der Frankfurter Nationalversammlung, die Beschlüsse der preußischen Nationalversammlung seien hinfällig, da sie den Entscheidungen der Frankfurter Nationalversammlung widersprächen. Und er sei überrascht von der Inkonsequenz der Linken, die früher die Allmacht der deutschen Nationalversammlung vertreten habe, jetzt jedoch partikularistische Interessen unterstütze.[112] Die Positionen hatten sich tatsächlich verkehrt. Gegen Ende der für Interpellationen der Minister bestimmten Zeit suchte sich Wilhelm Jordan, jetzt Stütze einer Gruppe des rechten Zentrums (Landsberg),[113] Schmerlings Angriffen gegen die Inkonsequenz der Linken anzuschließen, indem er beantragte, das Haus solle seinen Beschluß vom 27. Mai über Raveaux' Antrag[114] bestätigen. Jordans Schritt mußte die Linke in ein taktisches Dilemma bringen. Was die Sache selber anlangte, nämlich die Zukunft des Großherzogtums Posen, so war die Linke in Frankfurt von dem Werk der Berliner Versammlung beeindruckt. Der Artikel I der preußischen Verfassung bot einen Ausweg aus der Niederlage, welche die Linke am 27. Juli in der Posen-Frage in Frankfurt erlitten hatte. Andererseits hatte sich die Frankfurter Linke in gewissem Grad selber die Hände gebunden, als sie Ende Mai die Anträge unterstützte, nach denen die Verfassungen der einzelnen Staaten der von der Frankfurter Nationalversammlung für ganz Deutschland erarbeiteten untergeordnet sein sollten. Vogts Ausweg aus dem Dilemma bestand in der Behauptung, die Entscheidungen der beiden Versammlungen widersprächen sich nicht.[115] Jordan ergriff die Gelegenheit, eine weitere lange und rhetorisch brillante Rede zu halten.[116] Schließlich nahm das Haus einen

[111] *Verhandlungen der Versammlung zur Vereinbarung der Preußischen Staats-Verfassung* (1848), 23. Oktober, 1733 ff.; 26. Oktober, 1803 ff.
[112] IV, 3078. [113] Vgl. S. 296.
[114] Vgl. S. 133. [115] IV, 3128 ff. [116] IV, 3119 ff.

Antrag Kersts aus Posen an — wie Jordan Mitglied einer der Gruppen des rechten Zentrums *(Landsberg)* —, nach Bestätigung der früheren Beschlüsse zur Tagesordnung überzugehen.[117]

Ihre letzte Phase erreichte die Posen-Kontroverse der Frankfurter Nationalversammlung im Februar 1849, als das Haus mitten im Kampf um die Hegemoniefrage stand.[118] Am 6. Februar debattierte die Versammlung über einen Bericht des Internationalen Ausschusses, die Demarkationslinie im Großherzogtum Posen betreffend. Die Grenze war schließlich von einem durch die Deutsche Provisorische Zentralgewalt ernannten Kommissar in Zusammenarbeit mit der preußischen Regierung festgelegt worden. Die vom Reichskommissar vorgeschlagene Grenzlinie verlief für die Polen noch ungünstiger als die früher von der preußischen Regierung vorläufig gezogene. Der Internationale Ausschuß der Frankfurter Nationalversammlung empfahl die Annahme.[119] Die nachdrücklichste Kritik an der Demarkationslinie übte der Sprecher der katholischen Gruppe, Ignaz Döllinger (unabhängig).[120] Er wies auf die Tatsache hin — und hierin stimmten alle überein —, daß nur 350 000 Polen von mehr als 800 000 zum polnischen Teil kämen, der somit bedeutend weniger als ein Drittel der Bevölkerung im Großherzogtum umfasse. Ein anderer führender Katholik, von Radowitz (Rechte), verwies darauf, daß die vorgesehene Demarkationslinie aus strategischen Gründen wichtig sei.[121] Mehrere Sprecher der Linken verteidigten die polnischen Interessen. Zuletzt wurde die Demarkationslinie mit 280 gegen 124 Stimmen gebilligt. Die Minderheit bestand hauptsächlich aus der Linken und einigen Katholiken (einschließlich Döllinger).[122]

Während es im Fall Limburg um Verträge und historische Erinnerungen ging, standen bei Posen die Interessen der deutschen wie der polnischen Bevölkerung weithin im Mittelpunkt. Während die Limburger die Deutschen im Kampf für ihre Interessen gegen die Holländer ausnutzten, waren die Deutschen im Fall Posen als Bewohner der Provinz selber Betroffene. Doch als relativ spät gekommene Eroberer erkannten sie, daß Verträge und geschichtliche Erwägungen ihnen nicht genügend Rückhalt bieten konnten, anders als im Hinblick auf Limburg, wo man in diesen Faktoren eine sichere Grundlage sah. Rechtlich bestand kein Zweifel an dem Anrecht des preußischen Königs auf das Großherzogtum Posen. Während der Debatten ging es denn auch nicht um die preußische Oberhoheit in Posen, sondern um die Frage, wie sich

---

[117] IV, 3138. [118] Vgl. S. Ch. 8. [119] VII, 5045 ff.
[120] VII, 5066 ff. [121] VII, 5072 ff. [122] VII, 5089.

das Großherzogtum oder Teile desselben in einen deutschen Staat einfügen ließen. Verständlicherweise befürwortete die Frankfurter Nationalversammlung — abgesehen von der Linken und einer katholischen Gruppe — die von der preußischen Regierung vorgenommene Teilung. Einem Parlament, das einen Nationalstaat zu gründen hatte, fiel es nicht leicht, Gebiete aufzugeben. Die Gebote des Nationalismus und strategischer Erwägungen hinderten die Versammlung daran, sich zu einem höheren staatsmännischen Niveau zu erheben. Die Minderheit konnte nicht überzeugen, weil sie mit gebundenen Händen kämpfte: Die Linke war der Sklave ihres eigenen Dogmas, einer unreifen und unzulänglich ausgearbeiteten Ideologie von den demokratischen Rechten. Sie war durch den Zentralismus in Raveaux' Antrag gefesselt, der sich durch den »Partikularismus« der Preußischen Nationalversammlung im Fall Posen gegen sie selber richtete, und ihre Traumwelt einer internationalen Brüderschaft hinderte sie daran, die Konsequenzen ihres deutschen Nationalismus zu erkennen. Die Katholiken waren zaghaft, und die Lösungen, die sie vorschlugen, hätten die Übel kaum heilen können, die sie — zu Recht — beklagten. Trotz gewisser Härten hatten die meisten Mitglieder der Versammlung allerdings das Unrecht vor Augen, das die Polen bei den Teilungen im 18. Jahrhundert erlitten hatten. Soweit es die Wahrung deutscher Interessen erlaubte, nahm man auf die Polen eine gewisse Rücksicht — mehr als auf die übrigen Slawen, mit denen sich die Frankfurter Nationalversammlung befaßte.

Die Versammlung, einschließlich der Linken, zeigte wenig Verständnis für die Weigerung der Tschechen, Abgeordnete nach Frankfurt zu entsenden. Einige Angehörige der Linken sprachen sich für militärische Maßnahmen in Böhmen zum Schutz der Deutschen gegen die Tschechen aus.[123] Im Haus herrschte Einmütigkeit darüber, daß Böhmen — trotz der tiefgreifenden Änderungen in Deutschland durch die Einrichtung nationaler Institutionen — auch mit seinen tschechischen Distrikten in Frankfurt vertreten sein sollte, und niemand befürwortete eine Teilung nach ethnischen Gesichtspunkten, wie man sie für Posen vorsah. Man hatte, anders als im Fall der Polen, kein schlechtes Gewissen und betrachtete Böhmen weithin als deutsch.[124] Der gemäßigten Mehrheit im Ausschuß für die Begutachtung der österreichisch-sla-

---

[123] I, 418. Antrag vom 20. Juni, eingebracht von Johann Nepomuk Berger (extreme Linke), später österreichischer Minister, und von dem praktischen Arzt Ernst Schilling (gemäßigte Linke, Deutscher Hof; vgl. S. 70), man solle bayerische und sächsische Truppen nach Böhmen entsenden. Vgl. auch Hassler, I, 45.

wischen Frage und im Plenum gelang es, extreme Aktionen in Böhmen abzuwehren, als die Angelegenheit am 1. Juli debattiert wurde.[125]

Wegen der Vertretung tschechischer Distrikte beharrte die Versammlung allerdings auf ihrem Standpunkt, obwohl das nur eine akademische Frage war. Durch eine Demonstration der Strenge ließ sich wenig erreichen, und Großzügigkeit, die keine Opfer erforderte, hätte vielleicht ein besseres Klima zwischen den Tschechen und den Deutschen schaffen können.

---

[124] Vgl. etwa I, 212. Antrag des bekannten Schriftstellers Gustav Höfken (rechtes Zentrum, *Württemberger Hof*) vom 5. Juni, durch energische Maßnahmen die Wahlen in Böhmen zu sichern: »Einem ursprünglich deutschen, durch Natur, Geschichte, Bildung, durch Gesetz und Recht mit Deutschland untrennbar verbundenen Lande, das bis ins Herz des Vaterlandes reicht.«
[125] I, 660 ff.

Mit wenig Sympathie betrachtete die Versammlung auch das Verlangen der Italiener in Südtirol, von der Verbindung mit Deutschland loszukommen. Wie im Fall Posens widersetzten sich die deutschen Vertreter Tirols aktiv allen Zugeständnissen. Am 12. August 1848 lehnte es die Versammlung auf Empfehlung des Internationalen Ausschusses ab, die von Italienern bewohnten Gebiete Südtirols von Deutschland abzutrennen.[126] Bisher hatte sie sich in diesen Fragen — von Limburg bis Posen — mit Angelegenheiten befaßt, die mehr oder minder in ihre Zuständigkeit fielen. Wie das polnische Problem führte das italienische die Nationalversammlung auf das Gebiet der hohen Diplomatie. Eine Debatte am 12. August über den österreichisch-italienischen Krieg[127] blieb weithin ergebnislos, da Deutschland nur indirekt betroffen war und Beziehungen zu anderen Staaten eine Angelegenheit der Provisorischen Zentralgewalt waren, die man in der Erwartung, daß die deutschen Interessen gewahrt würden, aufforderte, den Bericht des Internationalen Ausschusses und die eingebrachten Anträge zu erwägen.[128]

Aus ähnlichen Gründen endete eine allgemeine außenpolitische Debatte am 22. Juli[129] mit einer Verweisung an die Provisorische Zentralgewalt. Die Versammlung billigte einstimmig eine Anzahl von Gemeinplätzen über das friedliche Zusammenleben mit anderen Staaten. Sie sprach sich auch für eine Anerkennung der Französischen Republik aus. Die wichtigste praktische Angelegenheit, die Erweiterung der deutschen Truppen-Kontingente im Osten aufgrund gemeldeter russischer Militärverstärkungen jenseits der Grenze, wurde an die Zentralgewalt überwiesen.[130]

Daß eine aktive Außenpolitik die Verstärkung der Rüstungen erforderlich machte, wurde von allen erkannt. Die beiden für die Streitkräfte zuständigen Ausschüsse waren daher sehr aktiv. Nach zwei Debatten stimmte die Versammlung am 15. Juli mit 303 gegen 149 Stimmen, hauptsächlich der Linken, einer Empfehlung des Ausschusses für Wehrangelegenheiten zu, die Armee solle auf eine Stärke von zwei Prozent der Gesamtbevölkerung gebracht werden.[131]

In der Versammlung gab es, auch außerhalb der Linken, zahlreiche Vorbehalte gegen ein stehendes Heer. Viel einiger war man sich über

---

[126] II, 1547 ff. [127] II, 1560 ff. [128] II, 1568.
[129] II, 1097 ff. [130] II, 1117 ff. [131] II, 940.

die Notwendigkeit, eine Flotte zu schaffen. Am 14. Juni akzeptierte man fast einstimmig[132] die Vorschläge des »Ausschusses für eine deutsche Marine« – eines der aktivsten Parlamentsausschüsse –, sechs Millionen Taler dafür aufzubringen.[133] Man empfand das Bedürfnis nach einer Flotte zu dieser Zeit hauptsächlich so stark wegen des Schleswig-Holstein-Kriegs, der für die Versammlung zu einer lebenswichtigen Frage wurde. So wurden denn auch auf manche Weise der Einsatz für Schleswig-Holstein und für eine Marine zu den beiden Glaubensartikeln der deutschen Nationalbewegung.

[132] I, 305. [133] I, 319.

Am 26. August schlossen Preußen und Dänemark in Malmö einen Waffenstillstand. Demgemäß sollten die Feindseligkeiten zu Land und zur See sieben Monate ruhen, Gefangene ausgetauscht, die dänische Blockade aufgehoben und alle deutschen Schiffe an ihre Eigentümer zurückgegeben werden. Allgemein wurde vereinbart, sämtliche dänischen und deutschen Truppen aus Schleswig und Holstein abzuziehen, und in beiden Landesteilen sollte einheimisches Militär unter getrenntem Kommando stationiert werden. Im Augenblick wollte man die Herzogtümer einer gemeinsamen Verwaltung unterstellen, die von Dänemark und Preußen zusammen zu nominieren war und im Namen des dänischen Königs als Herzog zu regieren hatte. Im Prinzip sollten alle von der deutschen provisorischen Regierung der Herzogtümer erlassenen Gesetze als nicht gültig betrachtet werden, aber in gewissen Fällen könnte man sie wieder in Kraft setzen. Die Bestimmungen des Waffenstillstands sollten nicht den Bedingungen des Friedensvertrags vorgreifen, über den sofort Verhandlungen beginnen sollten.

Preußen unterzeichnete das Abkommen nicht nur im eigenen Namen, sondern auch in dem des Deutschen Bundes. Von der Deutschen Provisorischen Zentralgewalt war nicht die Rede. Dies ist gut zu verstehen, denn Dänemark konnte nicht offiziell über die Verfassungsänderungen in Deutschland unterrichtet werden, solange die beiden Länder miteinander im Krieg lagen. Die Provisorische Zentralgewalt hatte Preußen ermächtigt, einen Waffenstillstand unter bestimmten Bedingungen abzuschließen, die nicht völlig erfüllt worden waren.

Die Bedingungen des Abkommens bedeuteten für die deutsche Öffentlichkeit einen Schock. Die Ziele, für die sich die Herzogtümer erhoben hatten, waren zweifellos nicht ganz realisiert worden. Die Hauptforderung einer gemeinsamen, von der übrigen dänischen Monarchie unabhängigen Verwaltung für die Herzogtümer blieb unerfüllt. Einige Artikel des Waffenstillstands machten einen Unterschied zwischen Holstein, das weiterhin dem Deutschen Bund unterstehen sollte, und Schleswig, das, trotz der gemeinsamen Verwaltung, außerhalb blieb. Das Abkommen war ein Kompromiß, denn die dänischen Behörden bekamen nicht wieder die Macht, die sie vor dem Maiaufstand besessen hatten. So wurde Kritik an der Übereinkunft nicht nur unter Deutschen, sondern ebenso unter Dänen laut.

Für die Deutschen war es ein Augenblick bösen Erwachens. Die öffentliche Debatte, auch die im Plenum der Frankfurter Nationalversammlung, hatte sich bisher hauptsächlich unter dem Stichwort Sicherung deutscher Rechte abgespielt. Man ging von der Annahme aus, Deutschland habe gesiegt. Es hatte zu Land tatsächlich deutsche Erfolge gegeben, ebenso aber auch Niederlagen. Doch der Krieg ließ sich nicht allein zu Land gewinnen. Die deutschen Gewinne zu Land hatte Dänemark durch seine Seeherrschaft und die Blockade der deutschen Nord- und Ostseehäfen wettgemacht. Die Schäden, die dabei nicht nur für die Häfen, sondern immer mehr auch für das Hinterland entstanden, nahm man in Deutschland sehr wohl wahr, und sie stärkten die Bewegung für eine deutsche Flotte, die eine Wiederholung einer derartigen Situation verhindern sollte. Während die Dänen Deutschland durch eine Blockade allein nicht entscheidend zu besiegen vermochten, konnten sie ihm doch den Sieg verwehren. Den Deutschen fiel es schwer einzusehen, daß ein kleiner Staat wie Dänemark auf die Dauer dem größeren Deutschland widerstehen konnte, zumal ein so beträchtlicher Teil der dänischen Territorien von deutschen Truppen besetzt oder bedroht war. Diese skeptische Haltung führte zu der Überzeugung, die Leistungen der deutschen Truppen, die offenbar dicht vor dem völligen Erfolg gestanden hatten, seien von denen sabotiert worden, die nicht wirklich das Interesse Deutschlands im Herzen trügen, vor allem vom preußischen Hof und Regierung. Wer so dachte, bezog in seine Rechnung nicht nur die Unmöglichkeit, den Dänen in nächster Zukunft die Seeherrschaft zu entreißen, nicht ein, sondern ebensowenig die außenpolitischen Realitäten. Die beiden führenden Großmächte, England und Rußland, waren nicht bereit, eine Demütigung Dänemarks hinzunehmen, Frankreich blieb bestenfalls neutral, war aber latent feindselig. Auch vergaß man in Deutschland oft, daß der Kampf in den Herzogtümern für die Dänen eine Lebensfrage war. Es blieb ihnen kaum eine andere Wahl, als den Forderungen zu widerstehen, die ihren Staat von einer zweit- auf eine drittrangige Macht reduziert und die Eingliederung Schleswigs in die dänische Monarchie verhindert hätte. Die völlige Preisgabe des Herzogtums Schleswig, einschließlich seines vorwiegend von Dänen bewohnten nördlichen Teils, konnten sie nicht hinnehmen. Für sie hatten die Deutschen ihre Forderungen so weit überspannt, daß sie keine rechtlichen Argumente mehr dafür besaßen. Daher hatten die Dänen keinen Anlaß, den Krieg zu beenden, denn im Sommer 1848 bot man ihnen nicht einmal eine ethnische Grenze an – nämlich die

Aufteilung des Herzogtums Schleswig –, da die ewige Unteilbarkeit der Herzogtümer in Deutschland zum Tabu geworden war. Vom dänischen Standpunkt aus gab es keine Basis für eine Diskussion oder einen Kompromiß.

Die Dänen schöpften Kraft aus ihrer Verteidigungssituation und aus der Überzeugung, die geschädigte Partei zu sein. Sie waren einig. Das ließ sich von Deutschland – auch außerhalb der habsburgischen Monarchie – nicht sagen. So viel Begeisterung auf deutscher Seite auch herrschte: weder die deutschen Regierungen noch das deutsche Volk waren in dieser Frage so einig wie die Dänen. In Deutschland erhoben sich zahlreiche Stimmen, die fragten, ob die in diesem Krieg geforderten Opfer nötig seien – zumal in dem von der Blockade hauptsächlich betroffenen Norden. Während man auf dem Schlachtfeld sehr tapfer war, fehlte sogar in den Herzogtümern selber der Wille, wirtschaftliche Gegenmaßnahmen gegen Dänemark zu ergreifen. In Frankfurt blieb nur wenigen Abgeordneten der deutschen Nationalversammlung das Geschick der deutschen Gebiete in den Herzogtümern gleichgültig. Aber viele, einschließlich der Reichsregierung, waren zu der festen Überzeugung gelangt, daß einem Krieg Einhalt zu gebieten sei, der sich nicht rasch gewinnen lasse und der, je länger er dauere, weiten Teilen des Landes wachsende Not bereiten müsse.

Für die Reichsregierung unter Fürst Leiningen, mit Heckscher als Außen- und Schmerling als Innenminister, bildeten die Waffenstillstandsverhandlungen eine Zeit der Prüfung. Die Reichsregierung trug die Verantwortung – gegenüber Deutschland und seiner Vertretung, der Nationalversammlung –, besaß aber keine Macht. Der dänische Krieg war ein Vermächtnis der Bundesversammlung, die im Juli durch den Reichsverweser und seine Regierung abgelöst worden war. Die Regierung war erst Anfang August vollzählig, und Ende des Monats wurde der Waffenstillstand von Malmö unterzeichnet. Infolge des Kriegs waren die formellen Schritte unterblieben, die nötig gewesen wären, um Dänemark von der politischen Neuorganisation in Deutschland zu unterrichten. In der Tat hatten auch die europäischen Großmächte die neue Ordnung noch nicht anerkannt, ausgenommen Preußen und Österreich, und selbst sie berücksichtigten sie in der Praxis nur in begrenztem Ausmaß. Die Minister taten unter den schwierigen Umständen, was sie konnten, beeinträchtigt durch den Mangel an fast allem, angefangen von der entsprechenden Kontrolle über einen Staatsapparat bis zu ausreichender Hilfe. Sie hatten es satt, sich dafür tadeln zu lassen, daß es ihnen nicht gelang, verwikkelte Probleme zu lösen,[134] so dasjenige Limburgs,[135] bei denen man, wenn man nüchtern dachte, nicht den geringsten Grund hatte, Zugeständnisse der Gegenseite zu erwarten. Nun sahen sich die Minister der Kritik ausgesetzt, daß sie den Preußen gestattet hatten, den Waffenstillstand von Malmö mit Dänemark auszuhandeln und zu unterzeichnen, ohne daß die deutschen Ziele erreicht worden wären. Abermals stand die Nationalversammlung vor all den Schwierigkeiten der Beziehungen zwischen den Landesregierungen und der Provisorischen Zentralgewalt. So waren in der ganzen Frage diplomatische und konstitutionelle Elemente eng miteinander verknüpft. Die Kritiker der Regierung in der Frankfurter Nationalversammlung hatten den Eindruck, man hätte günstigere Bedingungen erreichen können, wenn die Reichsregierung die Verhandlungen der preußischen Regierung besser unter Kontrolle gehalten hätte. Unglücklicherweise erwies sich die Entsendung Max von Gagerns in die Herzogtümer während der letzten Verhandlungsphasen als völliger Fehlschlag, was freilich vermutlich vorauszusehen gewesen wäre.

Was immer die Frankfurter Nationalversammlung tatsächlich hätte unternehmen können, das Interesse der Versammlung am Waffenstillstand von Malmö war offenkundig, und die Parteien wußten sich einig darin, daß das Haus zuständig sei, über diese Frage zu befinden. Vor der Errichtung der Zentralgewalt konnte man sich darauf berufen, daß sich die Versammlung ganz auf den Verfassungsentwurf zu beschränken habe. Doch sobald eine auch noch so schattenhafte Reichsregierung bestand, mußte das Parlament die Politik dieser dem Haus verantwortlichen Regierung genau überprüfen. Aus diesem allgemeinen Grund ließ sich kaum am Recht und auch nicht an der Pflicht der Versammlung zweifeln, von der Reichsregierung Rechenschaft über ihre Rolle bei den Waffenstillstandsverhandlungen zu verlangen. Die Verantwortung oder gar Schuld der Regierung daran, daß sie den Abschluß des Waffenstillstands zu den Bedingungen von Malmö gestattete, würde davon abhängen, wie die Kritiker die Kräfteverhältnisse sowohl in Deutschland selber als auch zwischen Deutschland und anderen Ländern beurteilten. Konstitutionelle und diplomatische Fragen waren, wie gesagt, unentwirrbar miteinander vermischt. Die unterschiedlichen Einstellungen zum Waffenstillstand von Malmö enthüllten eine fundamentale Spaltung in den wesentli-

---

[134] Etwa der Handelsminister, der Bremer Kaufmann Arnold Duckwitz. Vgl. seine *Denkwürdigkeiten*, 82 ff.
[135] Vgl. S. 256 ff.

chen Fragen der Innen- und Außenpolitik. Die entschiedene Ablehnung des Waffenstillstands durch die Linke ist wahrscheinlich der auffallendste Zug der Malmö-Debatte vom September.

Die Linke machte sich den Standpunkt der historischen Rechte für die Elbe-Herzogtümer ebenso zu eigen wie im Fall von Limburg. Anders als im Fall Posen zeigten die Radikalen kein Interesse an dokumentarischen Belegen über die Volkszugehörigkeit oder die Sprache der Bewohner, etwa des Herzogtums Schleswig. In den Malmö-Debatten unternahmen sie keinen Versuch, den nördlichen Distrikten des Herzogtums das Recht der Selbstbestimmung zu sichern, obwohl diese Frage damals, beispielsweise in diplomatischen Kreisen[136], ventiliert wurde.

So übernahm die Linke in der Nationalversammlung völlig kritiklos die Argumente der deutschen Partei in den Herzogtümern. In bezug auf Schleswig-Holstein spielte sie eine führende Rolle im deutschen Nationalismus und war radikaler als der Großteil des rechten Zentrums, das sich zu Zugeständnissen bereit zeigte. Der Extremismus der Linken in der Außenpolitik kam der Kompromißlosigkeit gleich, die sie in inneren Angelegenheiten praktizierte. Die Gemäßigten waren willens, halbwegs im Rahmen der bestehenden Regierungsverhältnisse zu wirken, von denen sie meinten, sie repräsentierten Traditionen, die zumindest in gewissem Grad mit den Wünschen des Volkes übereinstimmten. Die Linke ging von der Kluft zwischen Regierung und Volk aus, die in ihrer Vorstellung noch immer bestand und über die sie vielleicht erst dann hinauswachsen und sie so überbrücken konnte, wenn sie selbst in der Regierung vertreten sein würde. Offenbar zur Rolle der permanenten Opposition verurteilt, sah die Linke eine Hoffnung für die Verwirklichung ihrer Pläne eher außerhalb der Versammlung als in ihr. Sie betrachtete das Haus immer mehr als nicht repräsentativ für die öffentliche Meinung des Landes und bezog ihre Beweise dafür aus dem stärkeren Radikalismus in den Parlamenten einiger Staaten, etwa in Preußen. Diese Verschiebung im Gleichgewicht der Kräfte veranlaßte die Linke, ihren Glauben an eine einheitliche Regierung Deutschlands zu revidieren. Verschiedentlich fehlte sogar das Vertrauen zu politischen Institutionen überhaupt – nicht nur zu Regierungen, sondern ebenso zu Parlamenten von der Art, wie sie sich in Deutschland gebildet hatten. In ihrer Verzweiflung sahen zahlreiche Vertreter der Linken in einer neuerlichen Revolution und in der Einrichtung eines Konvents und eines Vollzie-

[136] Die britische Regierung interessierte sich für diesen Plan.

hungsausschusses, wie es sie in Frankreich nach 1789 gegeben hatte, den einzigen Ausweg. Viele Extremisten meinten in der überhitzten Atmosphäre von 1848, sie stünden am Beginn eines neuen Zeitalters, in dem Regierungen und Staatsgrenzen wenig bedeuteten und die normalen Gesetze der Volkswirtschaft keine Anwendung fanden. In ihrem Idealismus standen diese Radikalen der politischen, diplomatischen und wirtschaftlichen Realität, in der sie wirkten, tatsächlich fern. »Das Volk« entsprach nicht dem Bild, das die Extremisten von ihm hatten. Die Anhänglichkeit an die Traditionen eines Staates, und sei er noch so klein und unbedeutend, hörte nicht schon deshalb auf, weil sie den Radikalen unvernünftig vorkam. Das von ihnen geförderte Nationalempfinden verschärfte die Unterschiede zwischen den Völkern, und Grenzen wurden bedeutsamer, nicht unwichtiger. Schließlich machte die theoretische Gleichgültigkeit vieler Radikaler gegenüber der Wirtschaftslage sie blind für die Erfordernisse der Situation, wiewohl manche, wie der Philosoph Ruge, in eigenen Dingen geschickte Geschäftsleute waren. Im allgemeinen weigerte man sich, der Theorie bis zu ihren logischen Konsequenzen zu folgen. Wenige Extremisten hatten den Mut, kaltblütig die Grausamkeiten zu begehen, über die sie ständig sprachen.

Die Linke glaubte oder gab wenigstens zu glauben vor, die Nationalversammlung brauchte nur das rechte Wort zu sagen, um widerspenstige Landesregierungen zur Räson und dazu zu bringen, daß sie dem Volkswillen gehorchten — in diesem Fall dazu, den Krieg fortzusetzen, bis Dänemark in die Knie gezwungen sei. Diplomatische Zusammenhänge, strategische Probleme und wirtschaftliche Notwendigkeiten beachtete man einfach nicht. Die Linke setzte nicht auseinander, wie ein Volk, das — zum Teil durch die Aktionen der Radikalen selber — so gespalten war, die nötige Einheit aufbringen sollte, um einen europäischen Krieg auszutragen. Als Erben der Französischen Revolution waren die deutschen Radikalen alles andere als Anhänger der Gewaltlosigkeit oder Pazifisten. Sie zeigten beängstigend wenig Scheu, einen ganz Europa in Mitleidenschaft ziehenden Krieg zu entfesseln.

Obgleich sie den Waffenstillstand von Malmö aufrichtig verurteilten, waren sie parlamentarisch doch zu erfahren, um gewisse taktische Vorteile zu übersehen, die ihnen aus ihrer Haltung erwuchsen. Hier bot sich die Gelegenheit, eine fast völlig aus Gemäßigten bestehende Reichsregierung zu strafen, die tief in den Abschluß eines unpopulären Waffenstillstands verwickelt war. Mit Hilfe anderer Gruppen konnte man vielleicht die Regierung stürzen, und es bestand sogar die Chance, schließlich die ganze Zentralgewalt mehr nach den Wünschen der Linken umzugestalten. Auch die Agitation gegen die preußische Monarchie ließ sich wieder aufnehmen, wenngleich man darauf achten mußte, die antipreußische Trommel nicht so kräftig zu schlagen, daß dies zeitweilige Verbündete der Linken in dieser Frage verscheucht hätte. Wenn man ihn klug ausspielte, konnt der Vertrag von Malmö der Linken helfen, ihre Isolierung zu durchbrechen. Das linke Zentrum im *Württemberger Hof*, das schon immer bei der Verteidigung deutscher Nationalinteressen den Ton angegeben hatte, würde sich – zumindest zum großen Teil – in dieser Frage wahrscheinlich mit der Linken verbünden, obwohl es in der Regierung vertreten war. Auch unter einigen Abgeordneten des rechten Zentrums, die schleswig-holsteinische Interessen vertraten, gab es erbitterte Opposition gegen den Waffenstillstand. Dies eine Mal standen Dahlmann *(Casino)* und die Linke auf der gleichen Seite.

Nach einer Erläuterung des Waffenstillstands durch den Reichsaußenminister Heckscher *(Casino)*[137] am 4. September richtete Dahlmann sofort einen heftigen Angriff gegen den Vertrag. Er fragte den Außenminister nach der Einstellung der Reichsregierung zu dem Waffenstillstand. Daran schloß er eine Reihe von Fragen mit der Feststellung, am 9. Juni habe das Haus beschlossen, die Ehre Deutschlands in Sachen Schleswig-Holstein zu wahren.[138] Diese Bemerkung löste stürmischen Beifall aus, und mit einem Schlag war Dahlmann, bisher eine Stütze der wichtigsten Regierungspartei, zum Oppositionsführer geworden. Trotz des erheblichen Drucks der Linken, der sich Teile des linken Zentrums anschlossen, den Waffenstillstand sofort abzulehnen, gelang es den ruhigeren Gruppen der Versammlung, die Überweisung der Sache an einen Ausschuß durchzusetzen. Man beauftragte ein aus dem Internationalen Ausschuß und dem Ausschuß für die Zentralgewalt bestehendes Gremium, möglichst rasch Bericht zu erstatten.[139] Abgelehnt wurde der Antrag eines Abgeordneten vom linken Zentrum,[140] den Außenminister, ein Mitglied des Internationalen Ausschusses, von den Beratungen jenes Gremiums auszuschließen, doch Heckscher versprach, sich der Abstimmung über den Waffenstillstand freiwillig zu enthalten.[141]

---

[137] III, 1857 ff. [138] III, 1861 f. [139] III, 1868.
[140] Des Kölner Anwalts Compes *(Württemberger Hof)*.
[141] III, 1869 f.

Der Bericht über den Waffenstillstand von Malmö lag bald vor, und die Versammlung debattierte am nächsten Tag über die Angelegenheit. Der gemeinsame Ausschuß, an dessen Sitzungen zwanzig Abgeordnete teilnahmen, hatte sich nicht einigen können, und Dahlmann sprach als Berichterstatter im Namen der knappen Majorität von nur elf Mitgliedern, die empfahlen, die Maßnahmen zur Durchführung des Waffenstillstands zu sistieren. Das Gremium gab die verschiedenen Pläne für einen Waffenstillstand bekannt, aus denen sich schließlich der Vertrag von Malmö entwickelt hatte,[142] fand aber nicht die Zeit, sich auf einen schriftlichen Bericht zu einigen, den man der Versammlung hätte vorlegen können. Der Ausschuß litt selber unter dem Mangel an schriftlichen Unterlagen, konnte sich aber an die mündliche Aussage des Außenministers Heckscher halten, der im Gremium saß. In seinem Kommentar kritisierte Dahlmann die preußischen Unterhändler, weil sie auf den dänischen Vorschlag eingegangen seien, den Waffenstillstand auf sieben Monate abzuschließen, statt auf die ursprünglich vorgesehenen drei, eine Bedingung, unter der die deutsche Zentralgewalt die Unterzeichnung des Vertrags gebilligt hatte. So würden die Deutschen nicht die Möglichkeit haben, die Operationen im Winter wieder aufzunehmen, in einer Zeit, in der die Umstände dafür günstig seien. Dahlmann konnte sich nicht mit der Auflösung der provisorischen deutschen Regierung in den Herzogtümern abfinden und behauptete, von ihrem Fortbestehen hinge die Vertretung Schleswig-Holsteins in der Frankfurter Nationalversammlung ab. Er tadelte Preußen, weil es als Leiter der Interimsverwaltung den bei den Deutschen in den Herzogtümern verhaßten Grafen Carl Moltke akzeptiert habe.[143] Die Trennung der schleswigschen von den holsteinischen Truppen könne man nicht hinnehmen. Jeder Versuch, den Waffenstillstand zu realisieren, würde in den Herzogtümern zur Anarchie führen. Dahlmann schloß, indem er seine Überzeugung zum Ausdruck brachte, die Deutschen würden nie mehr aufrechten Hauptes gehen können, wenn sie sich im ersten Augenblick der Gefahr fremden Mächten beugten. Am Ende der Rede kam nach Auskunft der stenographischen Berichte lebhafter und langer Beifall von den Zentren, der Linken und der Galerie.[144]

[142] III, 1876 ff. [143] Der Rücktritt Graf Moltkes von diesem Amt erfolgte sehr bald (III, 2027). [144] III, 1880 ff.

Der Statistiker und Historiker Friedrich Wilhelm Schubert[145] aus
Königsberg, wie Dahlmann Mitglied des rechten Zentrums (Casino),
sprach für acht von zwanzig Mitgliedern des Ausschusses, die gegen
die Mehrheitsempfehlungen opponierten. Sie hatten die Unterstützung Heckschers, der sich jedoch als Außenminister der Stimme enthielt. Die Minderheit beantragte, über die Sistierung der Durchführung des Waffenstillstands solle erst abgestimmt werden, wenn man
einen Beschluß über den Vertrag selber gefaßt habe, was nur möglich
sei, wenn man alle Dokumente sorgfältig geprüft habe. Der Waffen-
stillstandsvertrag sei am 2. September in Lübeck ratifiziert worden,
und jede Weigerung, seine Bestimmungen zu erfüllen, bedeute einen
Bruch des Vertrags selber und könne zum Krieg mit Preußen führen.
Die preußische Regierung habe unter starkem Druck der Bevölkerung
der Provinzen Pommern und Preußen gestanden, den Krieg gegen
Dänemark zu beenden. Jeder Versuch, die Kämpfe fortzusetzen, müsse
diesen Gebieten namenloses Elend bereiten. Süd- und Westdeutsch-
land begriffen kaum etwas vom Ausmaß der Wirtschaftskrise.[146]
Reichsinnenminister von Schmerling pflichtete Schubert bei, daß jeder Versuch, die Durchführung des Waffenstillstands zu verhindern,
einen einseitigen Widerruf bedeute. Er verlas eine Erklärung der
Reichsregierung, die Minister seien nach ausführlichen und sorgsa-
men Erwägungen zu dem unvermeidlichen Schluß gekommen, eine
Ablehnung des Waffenstillstands sei nicht zu empfehlen. Zugleich
mißbilligte sie die durch die Verhandlungen offenbar gewordene Einstellung zur Provisorischen Zentralgewalt. Unter diesen Umständen
fordere die Reichsregierung die Einzelstaaten auf, das Gesetz über die
Provisorische Zentralgewalt, das die Frankfurter Nationalversammlung am 28. Juni angenommen habe, genau zu beachten.[147] Schmerling ersuchte die Versammlung, die Minderheitsvorschläge aus dem
gemeinsamen Ausschuß anzunehmen.[148]
Auf allen Seiten des Hauses war man sich während der Debatte darüber im klaren, daß das Abstimmungsergebnis sehr von der Qualität
der einzelnen Reden abhängen werde. Der dauernde Wechsel von
Abgeordneten machte es sogar einigermaßen schwierig, die Stärke
der verschiedenen Gruppen zu berechnen. In den ersten Septemberta-
gen bildete sich ein neuer Klub, im Landsberg, der etwa 45 Mitglieder
hatte. Die meisten von ihnen waren aus dem Casino (rechtes Zentrum) ausgetreten, und zwar angeblich deshalb, weil sie keine Grundsatzerklärung über die Ziele der Gruppe durchsetzen konnten. Theo-

[145] ADB, LIV. [146] III, 1882 f. [147] Vgl. S. 195 ff. [148] III, 1884.

retisch stand die *Landsberg*-Gruppe in ihren Ansichten etwas links vom *Casino*. Hauptgrund für ihre Absonderung war ihre Abneigung gegen das, was ihnen als Professorenherrschaft im *Casino* erschien. Die Ausgeschiedenen wollten sich nicht fortwährend von Leuten wie Dahlmann und Georg Beseler Belehrungen erteilen lassen.[149] Da es in ihren Anschauungen so gut wie keine Unterschiede gab, arbeiteten *Casino* und *Landsberg* in zahlreichen Fragen zusammen. Ein neues Mitglied war der Dichter Wilhelm Jordan, der früher zur Linken *(Deutscher Hof)* gehört hatte und nun eine führende Gestalt des *Landsberg* wurde.

Nach der *Landsberg*-Gründung hatten Anfang September die Gruppen etwa folgende Stärke:

Rechte (hauptsächlich *Steinernes Haus*)	41
Rechtes Zentrum (*Casino*)	126
Rechtes Zentrum (*Landsberg*)	48
Linkes Zentrum (*Württemberger Hof*)	71
Gemäßigte Linke (*Westendhall*)	50
Linke (*Deutscher Hof*)	50
Extreme Linke (*Donnersberg*)	48
Unabhängige	129
	563

Rechnet man die Unabhängigen nicht mit, so fehlten der Rechten und dem rechten Zentrum zusammen nur wenige Stimmen zur Mehrheit. Nahm man an, daß sich die Unabhängigen gleichmäßig verteilten,[150] so konnte das linke Zentrum den Ausschlag gegen die Gemäßigten geben, wenn es sich mit seinem vollen Gewicht zur Linken schlug. Darüber hinaus waren die Gemäßigten dadurch im Nachteil, daß eine große Zahl ihrer Abgeordneten fehlte.

Wie das Beispiel Dahlmanns zeigte, war die Parteidisziplin im rechten Zentrum durch eine Frage untergraben, die stärkste patriotische Emotionen auslöste und so im Fall eines Loyalitätskonflikts die Treue zur parlamentarischen Gruppe schwächte. Da die Linke den nationalen Standpunkt bezog, gab es bei ihr für die Parteiorganisation kein Problem. Für das *Casino* bedeutete der Waffenstillstand von Malmö zweifellos eine ernste Prüfung wegen der führenden Rolle dieser Gruppe

---

[149] Cf. Wichmann, *Denkwürdigkeiten*, 124 ff.
[150] In Wirklichkeit befürworteten wesentlich mehr von ihnen den Waffenstillstand, statt gegen ihn zu stimmen. Vgl. S. 301.

beim Versuch, die Einigung Deutschlands zuwege zu bringen, und wegen ihrer starken Verbindung mit Schleswig-Holstein. Viele ihrer prominentesten Gestalten, neben Dahlmann, Droysen, Georg Beseler und Waitz, waren dort geboren oder hatten dort gelebt und vertraten in einigen Fällen schleswig-holsteinische Wahlkreise. Das Verhalten Dahlmanns und der anderen Schleswig-Holsteiner war bezeichnend für diese tiefer liegenden Spannungen.

Gleich zu Beginn der Debatte sprach sich die vom rechten Zentrum abgefallene *Landsberg*-Gruppe gegen eine Suspendierung des Waffenstillstands aus. So konnte man mit einer halbwegs einheitlichen Unterstützung der Reichsregierung durch die ganze Rechte und das rechte Zentrum rechnen, abgesehen von einer nicht vorher schätzbaren Zahl von Opponenten aus Gewissensgründen, vor allem aus den Herzogtümern. Der erste Debattenredner, Heinrich Simon (gemäßigte Linke, *Westendhall)* aus Breslau, unterstützte aus voller Überzeugung den Angriff der Linken gegen den Waffenstillstand.[151] Doch die Haltung des linken Zentrums war noch fraglich. Sowohl wegen seiner betont nationalen Einstellung als auch wegen seines Beharrens auf der Souveränität der Nationalversammlung würde es wahrscheinlich eine Suspendierung des Waffenstillstands bis zu einem gewissen Grade unterstützen. Ein Vertreter des linken Zentrums in der Reichsregierung, der Justizminister Robert Mohl, opponierte tatsächlich anfangs gegen die Bestätigung des Vertrags durch die Zentralgewalt, schloß sich aber zuletzt der Mehrheit im Ministerrat an.[152] Ein anderer gebürtiger Württemberger im linken Zentrum, der Hamburger Lehrer und Journalist Christian Friedrich Wurm, gehörte zu den aktivsten Gegnern des Waffenstillstands im Ausschuß.

In seiner Rede erklärte Heinrich Simon, die Waffenstillstandsvereinbarungen träten erst nach Billigung durch die Frankfurter Nationalversammlung und der anschließenden Ratifikation durch die Zentralgewalt in Kraft. Es sei Sache der Versammlung, den Vertrag gutzuheißen oder abzulehnen. Simon beantragte, sofort Maßnahmen zu ergreifen, um die Durchführung des Vertrags zu sistieren. »Möge es Rußland, möge es Frankreich, möge es England wagen, uns hineinzureden in unsere gerechte Sache, wir wollen ihnen antworten mit anderthalb Millionen bewaffneter Männer. Ich sage Ihnen, nicht Rußland, nicht Frankreich und nicht England werden es wagen... weil sie wissen, daß... dies eine deutsche nationale Erhebung herbeiführen würde, wie sie vielleicht die Weltgeschichte noch nicht gesehen

[151] III, 1884. [152] Arneth, *Schmerling*, 187.

hat, die freilich lawinenartig nebenbei auch sehr leicht die 34 deutschen Throne und manches Andere vor sich aufrollen könnte.«
Ähnliche Argumente wiederholten andere Sprecher der Linken. Der Stuttgarter Lehrer Wilhelm Zimmermann von der extremen Linken *(Donnersberg)* versicherte, mit der Annahme des Waffenstillstands seien die Zentralgewalt und die Versammlung erledigt[153] – eine Empfindung, die auch der Düsseldorfer Anwalt Wesendonck von derselben Gruppe teilte.[154] Der Führer der Hauptgruppe der Linken *(Deutscher Hof)*, Robert Blum, bestand in einer eindrucksvollen Rede darauf, daß Preußen das Gesetz über die Provisorische Zentralgewalt respektieren müsse. Es sei für die Deutschen besser, ehrenvoll vernichtet zu werden, als sich einer schändlichen Kapitulation schuldig zu machen.[155] Der Anwalt Ludwig Simon, extreme Linke *(Donnersberg)*, aus Trier behauptete, falls der Zar Truppen an den Rhein entsende, würde er seinen Thron in Gefahr bringen.[156] Für das linke Zentrum *(Württemberger Hof)* erklärte Christian Friedrich Wurm, der im Ausschuß mit der Mehrheit gestimmt hatte, der Vertrag bedürfe, um voll wirksam zu werden, der Billigung durch die Nationalversammlung. Er betrachte es als schandbar, daß die Zentralgewalt und die Versammlung übergangen worden seien. Wurm glaube nicht, daß sich ein europäischer Krieg an die Ablehnung des Waffenstillstandes anschließen werde, aber jedenfalls sei Krieg mit dem Ausland besser als Verachtung von dem Ausland.[157]
Viele Redner des rechten Zentrums *(Casino)* beschworen die Versammlung, das Unglück eines europäischen Krieges und eines Konflikts mit Preußen zu verhüten. Eine der wirkungsvollsten Reden hielt zu Beginn der Debatte der Verleger Friedrich Daniel Bassermann aus Mannheim, der in der Reichsregierung als Staatssekretär dem Innenministerium angehörte. Er verwies die Versammlung darauf, daß der Waffenstillstand ein Kompromiß sei und daß es auch in Dänemark heftige Kritik daran gebe. Einige der Bedingungen, gegen die von deutscher Seite Einwände erhoben worden seien, so die Ernennung Graf Carl Moltkes zum Leiter der neuen Verwaltung in den Herzogtümern, würden augenblicklich modifiziert. Bassermann widersprach Dahlmanns Ansicht, die Abgeordneten, die in der Frankfurter Nationalversammlung Schleswig verträten, müßten nun ausscheiden.[158]

---

[153] III, 1886 ff. [154] III, 1890. [155] III, 1896 ff. [156] III, 1900 ff. [157] III, 1906 f.
[158] III, 1888 ff. Dahlmann irrte sich zweifellos bezüglich der Vertreter Holsteins, das schon immer zum Deutschen Bund gehört hatte. Vgl. S. 46.

Der Staatsbeamte Wilhelm Wichmann[159] aus der preußischen Provinz Sachsen, der zur neuen *Landsberg*-Gruppe im rechten Zentrum gehörte, sekundierte Bassermann geschickt. Er halte die von der Mehrheit des Ausschusses vorgeschlagenen Maßnahmen nicht für gerecht. Soweit ausländische Mächte wie Dänemark betroffen seien, stehe eine Ratifikation durch die Deutsche Provisorische Zentralgewalt oder die Versammlung nicht zur Debatte. Vom militärischen Standpunkt sei es unklug, den Waffenstillstand zu verhindern, der Deutschland viele Vorteile verschaffe, da die Dänen rascher handeln könnten. Wichmann ging auf die patriotischen Lieder ein, die davon sprächen, daß das »meerumschlungene« Schleswig-Holstein zu Deutschland gehöre: »Aber mit Liedern ist die Macht der Feinde noch nicht niedergesungen.« Wichmann sprach erbittert über die Schwierigkeiten, die den deutschen Truppen in Schleswig durch die einheimische Bevölkerung erwüchsen, die sie an die Dänen verrieten. Die Versicherungen schleswigscher Abgeordneter, die behaupteten, das Herzogtum sei geschlossen deutsch, seien völlig unrichtig.[160]

Der Führer der Rechten *(Steinernes Haus),* von Radowitz, bezeichnete den Waffenstillstand als eine Notwendigkeit, und zwar nicht nur für die Ostseegebiete Preußens und für Mecklenburg, sondern auch für die Herzogtümer selber. Der Waffenstillstand nehme eine endgültige Regelung nicht vorweg. In einer gründlich durchdachten Darstellung erklärte Radowitz ganz offen, daß sich einige der deutschen Maßnahmen in den Herzogtümern nicht durch positives Recht begründen ließen und daß gewisse ausländische Mächte daraus geschlossen hätten, diese Aktionen seien Teile einer deutschen Eroberungspolitik. Vom diplomatischen und militärischen Standpunkt aus sei jeder Versuch, den Krieg fortzusetzen, höchst gefährlich.[161]

Als die Abstimmung begann, kam es zu einem einleitenden und höchst bezeichnenden Scharmützel beim Votum über den Minderheitsbericht. Danach sollten alle Beschlüsse über die Sistierung des Waffenstillstandes zurückgestellt werden, bis die Entscheidung über den Vertrag getroffen sei. Die Empfehlung wurde mit 244 gegen 230 Stimmen abgelehnt,[162] und dieses Ergebnis zeigte, so knapp die Mehrheit auch sein mochte, daß eine beachtliche Tendenz in der Versammlung herrschte, ohne weitere Verzögerungen etwas gegen den Waffenstillstand zu unternehmen. Die Annahme der Mehrheitsemp-

---

[159] Niebour »Die Abgeordneten der Provinz Sachsen«, 60; Wichmann, *Denkwürdigkeiten.*
[160] III, 1892 f. [161] III, 1895 f. [162] III, 1912.

fehlungen war jetzt wahrscheinlich, aber noch nicht sicher. Als der Namensaufruf für die Abstimmung über die Verhinderung des Waffenstillstandes begann, herrschte hohe Spannung. Fünfzehn Abgeordnete verließen die Sitzung, da sie sich zu keinem Entschluß aufraffen konnten. Um halb sieben Uhr abends konnte Heinrich von Gagern schließlich das Ergebnis bekanntgeben. Die Sistierung der Maßnahmen zur Durchführung des Waffenstillstandes wurde mit 238 gegen 221 Stimmen angenommen.[163] Anhaltender Beifall von der Linken und auf der Galerie folgte auf die Verlesung des Abstimmungsergebnisses. Sowohl den Siegern wie den Unterlegenen war bewußt, daß der Abend einen Wendepunkt für die Versammlung bedeutete. Die Linke hoffte auf eine beschleunigte Radikalisierung des politischen Lebens. Die Gemäßigten sahen ihren Versuch bedroht, eine konstitutionelle Regierungsform innerhalb des bestehenden Rahmens zu schaffen. Der Tag endete mit hohen Hoffnungen und großen Besorgnissen. Das Abstimmungsergebnis ist nach politischen Parteien in der linken Hälfte der Tabelle 5 A und nach Staaten und Regionen in der linken Hälfte der Tabelle 5 B aufgegliedert.

[163] III, 1917.

Tabelle 5 A

	Abstimmung über den Antrag, die Durchführung des Waffenstillstands von Malmö zu sistieren (5. September 1848)				Abstimmung über den Antrag, den Waffenstillstand von Malmö abzulehnen (16. September 1848)			
	Ja	Nein	Abwesend	Insgesamt[1]	Ja	Nein	Abwesend	Insgesamt[1]
Rechte *(Steinernes Haus* usw.)	—	30	11	41	—	33	8	41
Rechtes Zentrum *(Casino)*	12	89	25	126	9	103	15[3]	127
Rechtes Zentrum *(Landsberg)*	5	34	9	48	4	39	5	48
Linkes Zentrum *(Württemberger Hof)*	52	7	12	71	54	11	7	72
Gemäßigte Linke *(Westendhall)*	45	2	3	50	47	3	1	51
Linke *(Deutscher Hof)*	44	—	6	50	46	1	4	51
Extreme Linke *(Donnersberg)*	40	—	8	48	42	—	6	48
Unabhängige	40	59	30[2]	129	35	68	28[4]	131
	238	221	104	563	237	258	74	569

[1] Leichte Änderungen in den Parteistärken zwischen den beiden Abstimmungen gehen darauf zurück, daß Abgeordnete neu in die Versammlung eintraten oder aus ihr ausschieden.
[2] Darunter Heinrich von Gagern, der sich als Präsident nicht an der Abstimmung beteiligte.
[3] Darunter v. Soiron, der sich als amtierender Präsident nicht an der Abstimmung beteiligte.
[4] Darunter eine Stimmenthaltung.

Tabelle 5 B

	Abstimmung über den Antrag, die Durchführung des Waffenstillstands von Malmö zu sistieren (5. September 1848)				Abstimmung über den Antrag, den Waffenstillstand von Malmö abzulehnen (16. September 1848)			
	Ja	Nein	Abwesend	Insgesamt	Ja	Nein	Abwesend	Insgesamt
A. *Preußen* (Königreich)	47	113	33	193	40	132	25	197
B. *Norddeutschland* (ohne Preußen)								
Schleswig-Holstein, Lauenburg	10	—	1	11	6	5	—	11
Hamburg, Bremen, Lübeck	—	3	2	5	—	5	—	5
Mecklenburg (Schwerin u. Strelitz)	5	2	1	8	6	2	—	8
Hannover, Oldenburg, Lippe, Anhalt, Braunschweig	11	23	4	38	11	25	3	39
Luxemburg, Limburg	1	2	2	5	1	3	1	5
Gebiet von Hessen (Kassel, Nassau, Homburg, Waldeck, Frankfurt)	12	2	6	20	14	5	1	20
Thüringen (Sächsische Herzogtümer, Schwarzenburg, Reuß)	7	4	2	13	6	5	2	13
Sachsen (Königreich)	18	1	3	22	19	1	3	23
Zwischensumme	64	37	21	122	63	51	10	124

C. Süddeutschland

Hessen (Großherzogtum)[1]	8	—	2[2]	10	9	2	—	11
Baden, Liechtenstein	14	1	4	19	17	—	2[3]	19
Württemberg, Hohenzollern	24	3	3	30	23	3	3	29
Bayern (Königreich)	31	30	9	70	34	27	9	70
Zwischensumme	77	34	18	129	83	32	14	129

D. Habsburgisches Kaiserreich

	50	37	32	119	51	43	25[4]	119
Endsumme	238	221	104	563	237	258	74	569

[1] Hauptsächlich südlich der Mainlinie.
[2] Darunter Heinrich von Gagern, der sich als Präsident nicht an der Abstimmung beteiligte.
[3] Darunter v. Soiron, der sich als amtierender Präsident nicht an der Abstimmung beteiligte.
[4] Darunter eine Stimmenthaltung.

Wie die linke Seite der Tabelle 5 A zeigt, hielt sich das Abstimmungsergebnis mit einigen bemerkenswerten Ausnahmen an die Parteilinien. Die Linke stimmte geschlossen für eine Sistierung des Waffenstillstands und fand durch die überwältigende Mehrheit des *Württemberger Hofs* (linkes Zentrum) Unterstützung, während die gesamte Rechte und fast neunzig Prozent des rechten Zentrums *(Casino und Landsberg)* gegen den Antrag opponierten. In diesem Fall verlief die entscheidende Grenzlinie zwischen dem linken und dem rechten Zentrum, zwischen dem *Württemberger Hof* und dem *Landsberg.* Die Allianz zwischen dem linken Zentrum und der Linken rührte bei diesem Anlaß vergleichsweise wohl mehr von nationalistischen als von ideologischen Überlegungen her. Die Unabhängigen spalteten sich fast im Verhältnis von drei zu zwei gegen die Sistierung des Waffenstillstands. Das entspricht der Erwartung, da beispielsweise einige Katholiken keiner politischen Gruppe angehörten, obwohl man wußte, daß sie eine gemäßigte Politik begünstigten. Das rechte Zentrum war absolut und relativ mehr als die Linke durch die große Anzahl von fehlenden Abgeordneten beeinträchtigt.

Die regionale Verteilung der Stimmen zeigt die linke Seite der Tabelle 5 B s. S. 355/56: Die Stimmen gegen eine Einstellung der Waffenstillstandsmaßnahmen kamen hauptsächlich zweifellos von preußischen

Abgeordneten. Das überrascht nicht bei der entschieden gemäßigten Einstellung unter den Abgeordneten aus preußischen Wahlkreisen. Die meisten preußischen Abgeordneten sahen keinen Vorteil für ihren Staat – oder auch für Deutschland, in dem die Hohenzollernmonarchie eine so bedeutsame Rolle spielte – darin, die Last eines Kriegs weiter zu tragen, der sich nicht gewinnen ließ. Daher unterstützten sie die Waffenstillstandspolitik ihrer Regierung. Die Behauptungen der Linken in der Frankfurter Nationalversammlung, in Preußen herrsche tiefe Unzufriedenheit mit dem Vertrag, fanden keine Bestätigung durch die Nationalversammlung in Berlin, trotz deren radikaler Mehrheit. Die Preußische Nationalversammlung war damals viel zu sehr mit rein innenpolitischen Fragen beschäftigt, als daß sie Zeit zu einer ausführlichen Debatte des Waffenstillstands von Malmö gefunden hätte.

Der einzige andere größere Staat mit einer Mehrheit gegen die Suspendierung des Waffenstillstands in der Frankfurter Nationalversammlung war Hannover. Der größere Teil Norddeutschlands (abgesehen von Preußen) war dafür, den Waffenstillstand zu sistieren. Süddeutschland ließ eine verhältnismäßig noch höhere Unterstützung der Dahlmannschen Politik erkennen. Das habsburgische Kaiserreich, das so weit entfernt vom Kriegsschauplatz lag, stimmte mit einer zwar eindeutigen, wenn auch nicht großen Mehrheit für den Ausschußvorschlag. Könnte man also sagen, daß die Vorbehalte gegen den Waffenstillstand zunahmen, je ferner die Abgeordneten den durch den Krieg aufgeworfenen Problemen standen? Das stimmte weithin, wenn nicht immer. Erwartungsgemäß sprachen sich die Vertreter der Elbe-Herzogtümer geschlossen gegen den Waffenstillstand aus. Trotz der Schäden, die Mecklenburg durch die dänische Blockade erwuchsen, stimmten die meisten seiner Abgeordneten dafür, die Durchführung des Waffenstillstands zu suspendieren – vermutlich vor allem aus ideologischen Gründen.

Nur ein geringes Solidaritätsgefühl gegenüber einem übertriebenen nationalen deutschen Ehrgeiz zeigte sich unter den Parlamentariern, die anderen Nationalitäten angehörten. Drei der Italiener aus Südtirol[164] votierten für die Sistierung des Waffenstillstands. Sie empfanden den Dänen gegenüber offenbar nicht viel Sympathie, oder sie wollten die deutsche Mehrheit für ihre eigenen Ziele geneigt machen.

---

[164] Esterle, Marsilli und G. a Prato.

Obwohl die Abstimmung erst um halb sieben Uhr beendet war, trat
der Ministerrat noch am selben Abend zurück. Nach dem Brauch der
konstitutionellen Regierungen, der ihnen von England bekannt war,
fanden die Minister, daß ihnen keine andere Wahl bleibe. Sie waren
willens, die laufenden Geschäfte, mit welchen keine politische Verantwortlichkeit verbunden war, weiterzuführen, weigerten sich aber, die
formelle Mitteilung über den Beschluß der Versammlung den Waffenstillstand von Malmö betreffend entgegenzunehmen.[165] Alle Versuche
der Linken, die zurücktretenden Minister zur Durchführung des Parla-
mentsbeschlusses zu bewegen, schlugen fehl.[166] Erzherzog Johann als
Reichsverweser betraute sofort Dahlmann mit der Bildung einer neuen
Regierung,[167] wobei er verfassungsmäßig völlig korrekt handelte, da es
zweifellos das Verdienst oder das Verschulden des berühmten Historikers war, die Stimmung des Hauses in der Frage des Waffenstillstands entschieden gegen Heckscher und Schmerling gekehrt zu haben. Der Erzherzog war zu sehr welterfahren, um Dahlmanns Chancen
allzu hoch einzuschätzen, und es gab zahlreiche Mitglieder der Versammlung, die unter dem autoritären Gebaren ihres Kollegen in allen möglichen theoretischen Verfassungsfragen hatten leiden müssen,
die sich jetzt darüber freuten, daß der Professor nun selber eine praktische Probe als Staatsmann zu bestehen hatte. Gewiß, Dahlmann
versuchte, eine neue Regierung zu bilden. Er wandte sich an mehrere
bisherige Minister, aber an niemanden von der Linken. Am 9. September mußte Dahlmann den Fehlschlag seiner Mission zugeben.[168] Er
ging ernüchtert aus diesem Zwischenspiel hervor, nachdem er auf etwas
schmerzliche Weise erfahren hatte, daß ein hervorragender Gelehrter
nicht unbedingt einen guten Politiker abgibt. Dahlmann war nicht
bereit, das für den Politiker so wesentliche Opfer zu bringen, seine eigene akademische Laufbahn aufzugeben, falls die Umstände es erfor-
derten. Die Autorität der Universitätsprofessoren in der Versammlung konnte nach Dahlmanns Fiasko nicht mehr die gleiche bleiben.
Allgemeiner gesprochen: Dahlmanns Initiative in der Debatte trug,
zusammen mit seinem mißlungenen Versuch, eine Regierung zu bilden, dazu bei, daß die Versammlung allmählich aus dem Traumland

---

[165] III, 1919. [166] III, 1920 ff.
[167] III, 1919. [168] III, 1967.

klassischer Vollendung und der romantisierten Epoche deutschen Ruhms im Mittelalter zu nüchterner Realität erwachte.

Dem nächsten Abgeordneten, der mit der Regierungsbildung beauftragt wurde, F. von Hermann,[169] erging es nicht besser als Dahlmann. Friedrich von Hermann war zweiter Vizepräsident des Hauses und Mitglied des linken Zentrums *(Württemberger Hof)*; er war ein hervorragender Volkswirtschaftler und ein leitender bayrischer Staatsbeamter. Am 5. September hatte er mit dem größten Teil seiner Partei für die Sistierung des Waffenstillstandsvertrages gestimmt. Es war ihm nicht gelungen, eine Regierung zu bilden, als am 14. September die Debatte darüber begann, ob der Waffenstillstand zu billigen oder abzulehnen sei. Technisch war es in der Abstimmung vom 5. September nur um eine Vorfrage gegangen, die nichts mit dem Schicksal des Vertrags selber zu tun hatte, obwohl der Beschluß des Hauses praktisch auf eine Aufhebung des Vertrags hinauslief. Der Ausschuß über den Waffenstillstand von Malmö hatte inzwischen einen ausführlicheren Bericht ausgearbeitet,[170] der auf dem Studium weiterer einschlägiger Dokumente beruhte, war jedoch abermals nicht zu einer Einigung gekommen. Eine knappe Mehrheit – 12 gegen 10, wobei ein Abgeordneter eine Zwischenposition einnahm – empfahl die Ablehnung des Waffenstillstands und die Wiederaufnahme der Feindseligkeiten, bis sich Dänemark bereit fände, mit der Zentralgewalt zu verhandeln. Auch abgesehen von Dahlmann stimmten die Ausschußmitglieder nicht völlig entsprechend den Parteilinien ab. Die Minderheit, die den Vertrag gebilligt wissen wollte, bestand fast ausschließlich aus Angehörigen des rechten Zentrums *(Casino)* und der Rechten. Neben Dahlmann empfahlen ein weiteres *Casino*-Mitglied, Karl Wippermann,[171] ein Staatsbeamter aus Hessen-Kassel, sowie Arndt von der Rechten die Ablehnung. Freilich votierte Arndt bei der Abstimmung mit der anderen Seite. Drei Abgeordnete der Linken, nämlich von Trützschler (Extreme Linke, *Donnersberg*), Blum, Linke *(Deutscher Hof)*, und der Anwalt Hans Reimer Claussen,[172] gemäßigte Linke *(Westendhall)*, aus Kiel, sprachen sich im Ausschuß nachdrücklich für die Mißbilligung des Vertrags aus. Sie fanden Unterstützung bei einigen Mitgliedern des linken Zentrums *(Württemberger Hof)* wie dem in öffentlichen Diensten stehenden

---

[169] III, 1967 ff. [170] III, 2020 ff. [171] ADB, XLIII.
[172] Hübner, *Droysen, Briefwechsel*, I, 256 für 1843; Zucker, *Forty-Eighters;* Carr, *Schleswig-Holstein*, 133, 287.

Hans von Raumer,[173] aus Franken, einem alten Enthusiasten für die Sache der Elbe-Herzogtümer, dem Lehrer Wurm aus Hamburg und dem Schriftsteller Gustav Höfken, einem überzeugten Verteidiger der deutschen Rechte anderen Nationalitäten gegenüber.[174]

Die Plenardebatte begann am Donnerstag, dem 14. September, vormittags und dauerte drei Tage bis zum Samstagabend, dem 16. September. Eine Klärung der parlamentarischen Situation war überfällig, wie der Mißerfolg Dahlmanns und von Hermanns bei der Regierungsbildung zeigte. Der bisherige Außenminister Heckscher gab einen sorgfältigen Bericht über die bisherigen Verhandlungen und betonte dabei die Entschlossenheit der Großmächte, Dänemark nicht durch Deutschland einschüchtern zu lassen.[175] Heckscher verstand es als Anwalt ausgezeichnet, die entscheidenden Punkte herauszustellen, aber sein beißender Sarkasmus verletzte, als er den Kritikern des Vertrages vorwarf, sie forderten wie Don Quijote jedermann heraus. Vermutlich gewann er dadurch nicht viele Stimmen und vergrößerte nur seine schon beträchtliche Unbeliebtheit. Das Versagen dieses begabten Mannes als Politiker überraschte das rechte Zentrum vielleicht noch mehr als dasjenige Dahlmanns.

Natürlich ging es bei dieser zweiten Malmö-Debatte teilweise um dasselbe wie bei der ersten. Doch keine Seite ließ es an Mühe fehlen, da es zahlreiche Unschlüssige gab. Die Parteien unternahmen alles, um Abwesende herbeizuholen, und es kam darauf an, dafür zu sorgen, daß jeder heimgekehrte verlorene Sohn die richtigen Argumente zu hören bekam.

Die Rede eines hervorragenden Abgeordneten aus den Elbe-Herzogtümern, des ehemaligen dänischen Staatsbeamten Karl Philipp Francke[176], der zum Zentrum gehörte, zeigte an, wie der Wind blies. Francke hatte für die Sistierung des Waffenstillstands gestimmt, doch jetzt empfahl er die Annahme des Vertrags in Verbindung mit einem Versuch, mit Dänemark über Änderungen zu verhandeln.[177] Francke war ein Vertrauter der Herzöge von Augustenburg, die als Deutsche Anspruch auf die Herzogtümer für den Fall erhoben, daß die männliche Linie der dänischen Dynastie aussterben sollte. Die Rede löste erhebliche Unruhe aus, da sie ein Nachlassen des Kampfgeistes unter den Führern der deutschen Bewegung in den Herzogtümern erkennen ließ. Ähnliche Erwägungen wie Francke äußerte auch

---

[173] *Umrisse*, 56; ADB, XXVII; Raab, *H. v. Raumer*.
[174] Auch im Fall Limburg; vgl. S. 263.
[175] III, 2034 ff. [176] ADB, VII; NDB. [177] III, 2052 ff.

in einer sorgsam durchdachten Rede der Göttinger Historiker Waitz[178] (rechtes Zentrum, *Casino*)[179], der einen holsteinischen Wahlkreis vertrat und für die Sistierung des Waffenstillstands gestimmt hatte. Die Linke mäßigte ihre Feindseligkeit gegen den Vertrag nicht. Der württembergische Staatsbeamte Schoder (gemäßigte Linke, *Westend-hall*) faßte den Sachverhalt knapp zusammen, als er versicherte, die Abstimmung über den Waffenstillstand werde darüber entscheiden, ob aus der Märzrevolution die Einigung Deutschlands hervorgehen werde.[180] Der österreichische Jurist Giskra (linkes Zentrum, *Württemberger Hof*) wandte auf den Waffenstillstand von Malmö Blüchers berühmtes Wort an, die Federn der Diplomaten machten wieder zunichte, was das Schwert erreicht habe.[181] Der Führer der Hauptgruppe der Linken *(Deutscher Hof)*, Robert Blum, erklärte, die Reichsregierung zeige bei der Behandlung der Schleswig-Holstein-Frage die gleiche Unfähigkeit wie im Fall Limburg. Er machte die Minister wegen ihrer Tatenlosigkeit lächerlich.[182] Der Trierer Anwalt Ludwig Simon, extreme Linke *(Donnersberg)*, beschwor interessanterweise in seiner Rede gegen den Waffenstillstand die Erinnerung an den Großen Kurfürsten und an Friedrich II. herauf.[183] Andererseits wurden ausgezeichnete Reden für die Annahme des Waffenstillstands gehalten, so von Vincke (Rechte),[184] dem Kaufmann Merck (Rechte) aus Hamburg,[185] Fürst Lichnowsky, rechtes Zentrum *(Casino)*,[186] und Max von Gagern (gleichfalls *Casino*),[187] der mit großer Würde über seine diplomatische Mission berichtete. Wilhelm Jordan (rechtes Zentrum)[188] rief abermals zu realistischer Einstellung auf. Er behauptete, mit dem Waffenstillstand seien die deutschen Ziele erreicht, und suchte so seine nachträgliche Zustimmung mit seiner früheren Kriegsbereitschaft bezüglich Schleswig-Holstein, als er noch Mitglied der Linken[189] war, in Einklang zu bringen. Seine ehemaligen Gesinnungsgenossen erwiderten ihm scharf. Zum Schluß der Debatte sprach Heckscher so leidenschaftlich,[190] daß ihm Heinrich von Gagern als Vorsitzender auffordern mußte, sich zu mäßigen.[191] Die Debatte schloß mit den Zusammenfassungen von Vertretern der Mehrheit und der Minderheit im gemeinsamen Ausschuß.[192] Zweifellos waren die Abgeordneten jetzt besser als am 5. September über die Vor- und Nachteile des Waffenstillstands informiert. Alle Aspek-

---

[178] ADB, XL; E. Waitz, *G. Waitz;* Hagenah, »G. Waitz«; BSTH.
[179] III, 2066 ff. [180] III, 2076 ff. [181] III, 2083 ff. [182] III, 2114 ff. [183] III, 2122 ff.
[184] III, 2099 ff. [185] III, 2110 f. [186] III, 2119 ff. [187] III, 2128 ff. [188] III, 2086 ff.
[189] I, 2767 ff. [190] III, 2131 ff. [191] III, 2132. [192] III, 2137 ff.

te der Frage, die nicht nur die Herzogtümer selber betrafen, sondern auch die von der dänischen Blockade betroffenen norddeutschen Staaten und im Grunde die konstitutionelle und diplomatische Zukunft Deutschlands, waren nun von allen Seiten ventiliert worden. Alles in allem hatten die Verteidiger des Waffenstillstands – Heckscher und Wilhelm Jordan ausgenommen – sich hauptsächlich für Ruhe und Vernunft ausgesprochen; die Kritiker des Vertrages versuchten dagegen, die Stimmung zu erhitzen, indem sie eine gerechte Empörung provozierten. Wieder einmal wurde die Namensliste zur Abstimmung verlesen. Beide Seiten konnten auf Erfolg hoffen.

Dank der Mühe, die sich die parlamentarischen Gruppen gaben, brachte man dreißig Abgeordnete, die am 5. September gefehlt hatten, dazu, am 16. September abzustimmen. Inzwischen hatte die Versammlung einen Zuwachs von sechs Parlamentariern zu verzeichnen. Die Ungewißheit beschränkte sich nicht nur auf die Fehlenden und die Neulinge. Zahlreiche Abgeordnete, die auf der einen oder anderen Seite gestimmt hatten, schwankten nun wieder – keineswegs nur solche, die für eine Sistierung des Waffenstillstands gestimmt hatten – und bekamen jetzt Angst vor ihrem eigenen Mut.

Was in der Tat geschah, war, daß die Versammlung ihre frühere Haltung völlig änderte, indem sie mit 258 gegen 237 Stimmen die Empfehlung der Ausschußmehrheit, den Waffenstillstand zu sistieren, ablehnte.[193] Viele Abgeordnete votierten auf beiden Seiten anders als zuvor. Die Gegner des Vertrags verloren insgesamt nur eine Stimme. Eine sorgfältige Analyse der großen Zahl jener, die von einer der drei Kategorien: ja, nein, abwesend zur anderen hinüberwechselten – und zwar in beiden Abstimmungen (Divisionen) –, zeigt, daß die Gemäßigten ihren Sieg mehr der Anwesenheit von Abgeordneten verdankten, die an der ersten Abstimmung nicht teilgenommen hatten, als einen Einbruch in die Reihen jener, die am 5. September für die Sistierung gestimmt hatten.

Ein Vergleich der beiden Seiten in den Tabellen 5 A und 5 B,[194] in denen die Ergebnisse der zwei Abstimmungen wiedergegeben sind, zeigt die Gewinne und Verluste der beiden Seiten, geordnet nach parlamentarischen Gruppen und Gebieten. Die Linke fand etwas mehr Unterstützung für die Ablehnung des Waffenstillstands, während die Verteilung von Ja und Nein im linken Zentrum (*Württemberger Hof*) unverändert blieb. Die größten Gewinne konnten die Gemäßigten im rechten Zentrum (*Casino, Landsberg*) verzeichnen.

[193] III, 2149. [194] Vgl. S. 301-2.

Regional kam die größte Hilfe für die Gemäßigten natürlich aus Preußen. Eine wichtige Änderung bedeutete der Solidaritätsbruch unter den Vertretern Schleswigs, Holsteins und Lauenburgs bei der Opposition gegen den Vertrag. Fast die Hälfte dieser Abgeordneten – darunter Droysen, Francke und Waitz – stimmte jetzt für den Waffenstillstand. In Norddeutschland wuchs (selbst von Preußen abgesehen) ganz allgemein die Unterstützung für Malmö, während sie in Süddeutschland leicht abnahm. Die Stimmen aus dem Habsburgerreich für den Vertrag stiegen vergleichsweise leicht an.

In der folgenden Abstimmung wurde die Empfehlung der Ausschußminderheit, die Durchführung des Vertrags – soweit dies möglich war – nicht zu hindern, mit 257 gegen 236 Stimmen angenommen.[195] Die Unterlegenen ließen ihre Unzufriedenheit an Verfahrensfragen und vor allem an dem Vorsitzenden von Soiron aus. Soiron hatte den Vorsitz inne, da Heinrich von Gagern für den Waffenstillstand stimmen wollte. Die folgende Abstimmung wurde von der Linken boykottiert,[196] obwohl ihr der Antrag, der Ausschuß für Centralgewalt solle über das Verhalten der preußischen Regierung gegenüber der Reichsregierung während der Waffenstillstandsverhandlungen berichten, gelegen kam. Infolge einer massenhaften Stimmenthaltung wurde die Vorlage mit 205 gegen 165 Stimmen abgelehnt.[197] Mit Hilfe der Linken wäre sie dagegen leicht durchgegangen.

Mit dem Vertrag von Malmö mußte die deutsche Nationalversammlung eine bittere Pille schlucken, wenn man bedenkt, welche zentrale Stellung die Elbe-Herzogtümer in der ganzen Nationalbewegung einnahmen. Da die Kämpfe eingestellt worden waren und der deutsche Handel durch die dänische Blockade schweren Schaden erlitten hatte, konnte ein Waffenstillstand nicht vermieden werden und war notgedrungen ein Kompromiß. Den Deutschen brachte der Vertrag bedeutende Vorteile, in dem die Blockade aufgehoben und ihnen die gekaperten Schiffe zurückgegeben wurden. Den Dänen war es nicht gestattet, ihre tatsächliche Kontrolle über die Herzogtümer völlig wiederherzustellen. Der Waffenstillstand beeinträchtigte die deutschen Ansprüche nicht endgültig. Gleichzeitig behielten sich die Dänen ihre langfristigen Rechte vor, welche diese auch immer sein mochten. In gewissem Sinn behaupteten die Gemäßigten zu Recht, der Vertrag gefährde die zukünftige Position Deutschlands nicht. Denn die Beendigung des Waffenstillstands durch die Dänen im Frühjahr 1849 gab den Deut-

[195] III, 2154. [196] III, 2155. [197] III, 2159.

schen erneut Gelegenheit, ihre Herrschaft über die Herzogtümer für einige Zeit wieder zu errichten. Daran, daß Schleswig-Holstein 1851 abermals unter dänische Oberhoheit kam, war der Waffenstillstand von Malmö nicht schuld.

Was hätte ein Verbot der Durchführung des Waffenstillstands bewirkt? Wenn eine Sistierung überhaupt etwas bedeutet hätte, dann hätte sie beide Seiten betroffen. Die deutschen Truppen wären in ihren Stellungen geblieben, statt sich nach den Bestimmungen des Vertrags zurückzuziehen. Auf dänischer Seite hätte man die Blockade wieder aufgenommen und die Rückgabe konfiszierter Schiffe unterbunden. Um der Linken gerecht zu werden, muß man betonen, daß sie das Verbot als Vorstufe zum Widerruf des Vertrags und zur Wiederaufnahme der Kämpfe, solange sich die Dänen nicht den deutschen Forderungen beugten, verstand. Weitere dänische Zugeständnisse waren nicht wahrscheinlich, nachdem die Dänen die Nominierung des Grafen Moltke zurückgenommen hatten. Man konnte nicht von ihnen erwarten, daß sie die deutsche Auffassung von der Unteilbarkeit der beiden Herzogtümer akzeptierten: sie hatten dies allzulange abgelehnt, und jedes Nachgeben in diesem Punkt hätte ihre ganze Position untergraben. Das Problem läßt sich so auf die Frage reduzieren, ob die Deutschen den Krieg gegen die Dänen mit Aussicht auf Vorteile erneut hätten aufnehmen können. Die einzige Militärmacht, die den Deutschen hätte zum Sieg verhelfen können, war Preußen, das sich nicht willens zeigte, auf Befehl der Frankfurter Nationalversammlung die Feindseligkeiten wieder zu eröffnen. Keine wesentliche Gruppe in Preußen – einschließlich der Linken – wollte den Krieg fortsetzen. Dänemark ließ sich nicht dadurch besiegen, daß man Freischaren in die Herzogtümer entsandte. Und welche militärischen Erfolge die Deutschen auch gehabt hätten: die Großmächte hätten darauf geachtet, daß Dänemark nicht ungebührlich in Mitleidenschaft gezogen würde.

Die extremeren Angehörigen der Linken in der Frankfurter Nationalversammlung verstanden die Schleswig-Holstein-Frage als Teil eines umfassenderen Themas, nämlich der Einführung einer radikaleren Ordnung in Deutschland und Europa. Viele der maßgeblichen Gestalten, vor allem im *Deutschen Hof* und im *Donnersberg*, aber auch in der gemäßigteren *Westendhall*-Gruppe, nahmen Revolution und Krieg auf die leichte Schulter. Der Historiker kann Maßnahmen, die damals gebräuchlich waren, nicht verurteilen, aber er kann vielleicht fragen, ob jene Abgeordneten der Linken, die bereit waren, größere Konflikte zu riskieren, sich auch der damit verbundenen Gefahren voll bewußt waren. Die Radikalen und Extremisten in der Frankfurter Nationalversammlung waren nicht aus dem Zeug, aus dem jakobinische Diktatoren gemacht sind, und es ist sehr fraglich, ob sie eine Revolutions- und Kriegspolitik durchgestanden hätten, falls sie überhaupt Erfolgsaussichten gehabt hätte. Man muß den Führern der Linken in der Nationalversammlung den Vorwurf machen, daß sie bereit waren, Deutschland und Europa in schrecklichste Wirren zu stürzen, ohne daß sie vernünftigerweise erwarten konnten, diese Lage zu meistern. Diplomatische Bräuche und historische Traditionen, die zahlreiche Abgeordnete der Linken verachteten, spielten eine Rolle in der wirklichen Welt, die von vielen in ihrem Idealismus nicht wahrgenommen wurde.

Die Linke wollte alles oder nichts. Sie zögerte nicht, die Errungenschaften aufs Spiel zu setzen, welche direkt oder indirekt von den Märzrevolutionen herrührten, wenn ihr die fraglichen Institutionen – wie die Frankfurter Nationalversammlung oder die Zentralgewalt – nicht genügend radikal erschienen. Welche Auswirkungen das Vorgehen der Nationalversammlung auch immer auf die Angelegenheiten der Nation haben mochte, die Debatten und Abstimmungen der beiden letzten Wochen mußten die Zukunft der Versammlung grundlegend beeinflussen. Die Rückschläge kamen rascher, als sich die meisten Abgeordneten auf beiden Seiten des Hauses vorstellten.

Die Linke in der Nationalversammlung stützte sich stark auf die radikale öffentliche Meinung außerhalb der Versammlung, vielleicht hauptsächlich, um in Anbetracht ihrer zahlenmäßigen Unterlegenheit im Haus auf diese Weise etwas mehr Einfluß zu gewinnen. Die Radikalen außerhalb des Parlaments wurden ihrerseits ermutigt und häufig noch mehr erregt durch die vehementen Angriffe der Linken auf die Gemäßigten sowohl in der Versammlung wie in dem von Robert Blum und seinem Schwager Georg Günther, extreme Linke *(Donnersberg)*, herausgegebenen Presseorgan *Die Reichstagszeitung.* Hier konnten Blum und seine Mitarbeiter faktisch bei ihren Angriffen auf die Reichsregierung viel weitergehen, als ihnen das im Parlament gestattet war. Die *Reichstagszeitung* gab nicht einen Augenblick lang zu, daß die Schleswig-Holstein-Frage zwei Seiten hatte, sondern behandelte alle Befürworter des Waffenstillstands von Malmö als Verräter am deutschen Volk und bezichtigte sie der Korruption.[198] Während etwa die Zeitung des rechten Zentrums, *Casino, die Flugblätter aus der deutschen Nationalversammlung,*[199] zwar gleichfalls einen heftig polemischen Ton anschlug, war die *Reichstagszeitung* doch weit virulenter und hielt sich weniger genau an die Wahrheit. Zahlreiche Abgeordnete der Linken gingen in ihren verbalen Attacken gegen Andersdenkende recht rücksichtslos vor. Sie hätten sich denken können, daß diese Kampagne, Minister und ihre Anhänger als Feinde des Volkes darzustellen, die Gemäßigten körperlichen Angriffen durch die Volksmenge aussetzen und die Unabhängigkeit des Parlaments bedrohen mußte. Obwohl Blum und seine politischen Freunde nicht alles billigten, was die radikalen Organisationen in und um Frankfurt taten, kann man sie doch nicht von aller Schuld an der Tragödie, die folgte, freisprechen.

Nach allem, was sie über die Verzögerungstaktik des rechten Zentrums und der Rechten im Frankfurter Parlament vernommen hatten, durfte man von den Radikalen, die von der Galerie aus die Reden Blums und Vogts angehört hatten, nicht erwarten, daß sie die Entscheidung des Hauses über Malmö in strikt konstitutioneller Weise respektieren würden. Am Abend des 16. September begann eine Reihe von Versammlungen, in denen man irgendeine Aktion forderte.

[198] III, 2198 f. [199] Vgl. Jürgens, *Zur Geschichte,* I, 1615 ff.

Es mag zutreffen, daß die Abgeordneten der Linken versuchten, den Außenstehenden ein Vorgehen gegen das Parlament auszureden,[200] doch dieser Rat war kaum überzeugend angesichts der Reden, die Parlamentarier der Linken seit Monaten gehalten hatten. Jedenfalls hatte die Agitation solche Ausmaße angenommen, daß sich die Bewegung kaum mehr zügeln ließ. Für den nächsten Nachmittag, einen Sonntag, wurde eine Versammlung auf der Pfingstweide, unmittelbar vor der Stadt, einberufen. Diese Versammlung unter freiem Himmel, an der mehrere tausend Menschen teilnahmen, faßte eine an die Nationalversammlung gerichtete Resolution, in der alle, die für den »schändlichen Waffenstillstand« gestimmt hatten, als Verräter am deutschen Volk bezeichnet wurden.[201] Angesichts der Bedrohung von Recht und Ordnung, besonders aber der Sicherheit der Nationalversammlung und der Zentralgewalt, griff der (bis zur Bildung einer neuen Regierung) amtierende Innenminister von Schmerling energisch ein. Da die Stadt Frankfurt die Sicherheit der Nationalversammlung nicht mehr garantieren konnte, wandte sich Schmerling in der Nacht zum Montag, 18. September, an die Bundesfestung Mainz um militärische Verstärkung, und man entsandte von dort augenblicklich einige Einheiten. Die Truppen hatten Befehl, vor allem die Nationalversammlung und die Regierung zu schützen. Inzwischen entstanden in der Stadt Barrikaden in der im Jahre 1848 üblichen Art. Wie bei früheren Gelegenheiten erhöhte das Eintreffen von Soldaten – so notwendig es im Interesse von Recht und Ordnung sein mochte – zunächst einmal die Spannung. Die Versammlung tagte seit 9 Uhr vormittags und befaßte sich hauptsächlich mit dem Abschnitt der Grundrechte über das Schulwesen. Zu Beginn der Sitzung wurde bekanntgegeben, daß Schmerling und mehrere andere Minister dem Wunsch des Reichsverwesers nachkommen wollten, die Amtsgeschäfte mit voller Verantwortung weiterzuführen, bis eine neue Regierung gebildet sei.[202] Ein Teil der Menschenmenge war der Wachsamkeit des Militärs entgangen, und sie versuchte, das Parlament zu stürmen, was dank der Geistesgegenwart und dem Mut Heinrich von Gagerns fehlschlug. Der Lehrer Theodor Paur, gemäßigte Linke *(Westendhall)*, aus Schlesien, der in der Debatte sprach, schilderte die Szene in einem Brief vom folgenden Tag.[203] Nach Paur erzwang sich die Menge bereits den Zutritt zur Paulskirche, indem sie eines der Tore zertrümmerte, als ihr Gagern mit donnernder Stimme zurief, er erkläre jeden, der

[200] Wie Eisenmann behauptete: III, 2189. [201] III, 2184.
[202] III, 2164. [203] Paur, »Briefe«, 57.

367

diesen »heiligen Ort« verletze, für einen »Verräter am Vaterland«. Paur fügte hinzu, die Menge habe sich seltsamerweise sofort zurückgezogen. Der Schreiber, ein Freidenker und Rationalist, war überrascht, welche Wirkung dieser Appell an Gefühle – teils halb- oder pseudoreligiöse, teils patriotische – auf die Menge ausübte. Der Vorfall erhellt schlagartig die Stärke und Schwäche der damaligen deutschen Nationalbewegung. In gewisser Weise sprachen Führer und Volk die gleiche Sprache, doch die Ausdrucksweise war ungenau und ließ sich nur im Zusammenhang mit der dazu passenden Atmosphäre verstehen. Wenn das gemeinsame Anliegen auch nützlich und ein guter Beginn war, so mußte es doch erst in praktische Begriffe übersetzt und in Übereinstimmung mit den wirklichen Interessen gebracht werden.

Selbst wenn die Situation in der Versammlung unter Kontrolle blieb, wurde die Arbeit des Parlaments nun doch durch die Jagd der Menge auf unbeliebte Abgeordnete bedroht. Der ehemalige Außenminister Heckscher, dessen Amt jetzt von Schmerling verwaltete,[204] hatte Frankfurt verlassen, wurde aber im naheliegenden Höchst erkannt und verprügelt, kam allerdings mit dem Leben davon. Zwei seiner Kollegen aus der Versammlung hatten nicht dasselbe Glück. Fürst Lichnowsky, rechtes Zentrum (Casino), beschloß, außerhalb der Stadtgrenzen auf Kundschaft zu reiten, und forderte den preußischen General von Auerswald (ebenfalls vom Casino) auf, ihn zu begleiten. Beide wurden von der Menge erkannt und grausam ermordet. Inzwischen führten die Kämpfe in der Stadt zu Verlusten auf beiden Seiten. Schmerling wurde jetzt zur dominierenden Gestalt in der – offiziell noch interimistischen – Reichsregierung und kurz darauf zum Regierungschef als Nachfolger Leiningens ernannt, der kein Amt mehr übernahm. Er zeigte große Entschlossenheit. Mehrere Abgeordnete der Linken versuchten, zwischen den Behörden und den Menschen auf den Barrikaden zu vermitteln, doch Schmerling bestand auf bedingungsloser Kapitulation. Obwohl diese Weigerung zu verhandeln den Erfordernissen der Situation entsprochen haben mag, spiegelt sie doch auch eine gewisse Unnachgiebigkeit in Schmerlings Wesen wider. Als die Ordnung bis zum Abend des 18. September noch nicht völlig wiederhergestellt war, wurde der Belagerungszustand erklärt.[205] Die Linke im Parlament tat alles in ihren Kräften Stehende, um den Belagerungszustand möglichst schnell zu beenden, und erklärte,

[204] III, 2162. [205] III, 2266.

die Arbeit des Hauses werde dadurch ungünstig beeinflußt.[206] Doch kaum war der Frankfurter Aufstand niedergeschlagen, zettelte Struve am 21. September eine weitere – erfolglose – Revolte in Baden an.

Die Auswirkung der ersten drei Septemberwochen auf das Geschick der Versammlung kann kaum überschätzt werden. Die Malmö-Abstimmungen und die Frankfurter Unruhen versetzten dem Ansehen der Versammlung einen Schlag, von dem sie sich erst nach vielen Monaten erholte. Wohl waren die Illusionen des Sommers zerstoben, ebenso waren aber auch Hoffnung und Vertrauen in die Zukunft geschwächt. Vor allem war die Versammlung in der nächsten Zeit viel entschiedener als zuvor in Gemäßigte und Radikale gespalten, wodurch jede fundamentale gemeinsame Basis verlorenging, die für die Nation so wichtig gewesen wäre. Die Linke in der Versammlung erlitt zweifellos am 18. September eine schwere Niederlage. Sie war nun durch ihre – freilich in vielen Fällen indirekte – Verbindung mit Mord und Lynchjustiz belastet. Ein erfolgreicher Coup hätte nützlich und sogar ruhmreich sein können. Ein erfolgloser Putsch war keines von beiden. Carl Vogt, der Blum als maßgeblicher Führer der Linken nachfolgen sollte, gab bald darauf im Auftrag des *Deutschen Hofs* und des *Donnersbergs* eine Flugschrift über den Aufstand heraus, welche die Linke weithin in Verteidigungsstellung zeigte.[207] Unter dem Druck dieser Vorfälle spaltete sich das linke Zentrum im *Württemberger Hof*, von dem bereits die *Westendhall*-Gruppe abgefallen war, in der zweiten Septemberhälfte abermals. Diesmal rückten etwa vierzig Abgeordnete, darunter der Reichsjustizminister Robert Mohl und auch mehrere Staatssekretäre, näher zum *Casino*, indem sie den *Augsburger Hof*, eine ihm nahestehende Gruppe, gründeten. Der *Württemberger Hof*, der früher eine Schlüsselrolle gespielt hatte, war nun unbedeutend geworden und zählte kaum mehr als vierzig Mitglieder.

Die Gründung des *Augsburger Hofs*, der wie das *Casino* und der *Landsberg* je eine Gruppe innerhalb des rechten Zentrums bildete, stärkte die Reichsregierung. Diese drei Klubs stimmten ihre Taktik aufeinander ab. Auch die Rechte modernisierte ihre Organisation, indem sie Ende September einen in sich geschlossenen Klub im *Milani* bildete und sich durch Versammlungsort und Führer deutlicher als bisher von der Katholischen Vereinigung im *Steinernen Haus* unterschied. Vincke übernahm von Radowitz die Führerrolle und entfaltete sofort seine gewohnte Energie.

---

[206] Vgl. etwa den Antrag Schaffraths (Donnersberg, Extreme Linke), III, 2217.
[207] Vogt, *Der Achtzehnte September*.

Das rechte Zentrum und die Rechte verfügten nun gemeinsam über eine Mehrheit in der Nationalversammlung. Unter ihrem Einfluß war das Haus zweifellos entschlossen, die Hüter von Recht und Ordnung zu unterstützen. Das war die — unvermeidlich — konventionelle Seite eines Programms, auf das sich die Gemäßigten geeinigt hatten. Doch es waren auch gewisse neuartige Entscheidungen über die Stellung Preußens und der habsburgischen Monarchie in Deutschland zu treffen. Als die Verhandlungen über die Verfassung, die schließlich die Hauptaufgabe der Frankfurter Nationalversammlung waren, das Stadium erreichten, in dem man die Frage des Staatsoberhauptes lösen mußte, geriet das Parlament, das sich nur langsam von den trüben Ereignissen des September erholte, abermals in Schwierigkeiten.

VIII. ÖSTERREICHISCHE ODER PREUSSISCHE HEGEMONIE?

1. Der Oktoberaufstand in Wien — Zwei Frankfurter Delegationen werden nach Österreich gesandt

Die Frankfurter Septemberunruhen erwiesen sich als Anfang einer Reihe von Aufständen, die Wien im Oktober und Berlin im November in Mitleidenschaft zogen. In vieler Hinsicht wurde die Arbeit der Nationalversammlung von den Ereignissen in den beiden wichtigsten Hauptstädten genauso berührt wie von denen, die sich vor ihrer eigenen Tür in Frankfurt abgespielt hatten. Deshalb tat die Linke in der deutschen Nationalversammlung alles, um das Gewicht des Frankfurter Parlaments gegen die österreichische und die preußische Regierung einzusetzen. In ähnlicher Weise waren die Gemäßigten in Frankfurt entschlossen, zu verhindern, daß die Versammlung diejenigen Kräfte unterstützte, gegen die man innerhalb und außerhalb des Parlaments seit dem März gekämpft hatte. Die Wiener und Berliner Krise brachte auch die deutsche Nationalbewegung in eine kritische Lage.

Anfang Oktober war eine bewaffnete Auseinandersetzung zwischen der österreichischen Regierung und der ungarischen Nationalbewegung unvermeidlich geworden. Nach Monaten des Zögerns hatte der österreichische Hof der Regierung Kossuth und ihren Verbündeten den Fehdehandschuh hingeworfen, indem er die Auflösung des ungarischen Reichstags verkündete, seine letzten Beschlüsse für nichtig erklärte, das Land unter Belagerungszustand stellte und vor allem den Todfeind der Magyaren, den Kroaten Jelačič, als Statthalter des Königs und Kaisers einsetzte. Der österreichische Kriegsminister, Graf Latour, war entschlossen, jeden verfügbaren Soldaten an die ungarische Front zu beordern, selbst auf die Gefahr hin, Wien von Truppen zu entblößen, wo man sie vielleicht brauchte, um Recht und Ordnung aufrechtzuerhalten. Er erkannte, daß über das Schicksal der habsburgischen Monarchie in Ungarn entschieden wurde, und er handelte danach. Die Radikalen in Wien teilten Latours Meinung über die Bedeutung dessen, was in Ungarn geschah, doch aus einer Reihe von Gründen zogen sie daraus nicht alle für ihren Operationsplan notwendigen Schlüsse. Dies war nicht nur durch die Übermacht bedingt, gegen die sie kämpften, der Fehlschlag der Wiener Oktoberrevolution war ebensosehr durch verschiedene Widersprüchlichkeiten in der Position der Rebellen bedingt. Mehrere Monate lang hatten die deutschen Radikalen im österreichischen Reichstag der Regierung erhebliche Schwierigkeiten bereitet, doch ihr Ziel war bestimmt nicht der Zerfall des habsburgischen Kaiserreichs – einer Institution, der sowohl Wien als auch die Deutschen in der Monarchie viel zu verdanken hatten. Als sie die Trennungslinie zwischen rechtmäßiger Opposition und offener Rebellion überschritten, schraken sie jedoch davor zurück, die abtrünnigen Ungarn um Hilfe anzugehen, was – im Fall eines Erfolgs – zum Ende des Donaustaates geführt hätte. Im Oktober waren die deutschen Radikalen in Wien weit davon entfernt, eine geeinte Opposition der Völker der habsburgischen Monarchie gegen eine Regierung zu führen, die man reaktionärer Tendenzen verdächtigte. Sie gewannen nicht alle Deutschen für sich, nicht einmal alle Radikalen der anderen Nationalitäten. Die Radikalen im Habsburgerreich waren 1848 in ihren politischen Zielen ebensowenig einig wie die dortigen Deutschen. Überdies standen die vielschichtigen Beziehungen zwischen nationalen und ideologischen Faktoren den allzu starken Vereinfachungen der Extremisten im Wege. Die Wiener Oktoberrevolution mit ihren nationalen, ideologischen und sozialen Aspekten verwirrte die zeitgenössischen Beobachter, einschließlich die Abgeordneten der Frankfurter Nationalversammlung.

Wenn auch die deutschen Radikalen in Wien nicht so weit gehen wollten, die ungarischen Rebellen um Hilfe gegen die Wiener Regierung zu bitten, so zeigten sie sich doch zweifellos entschlossen, alles zu tun, um die Regierung an der Niederwerfung des magyarischen Widerstands zu hindern. Sie wußten, daß sie selbst an die Reihe kamen, sobald man Ungarn unter Kontrolle hatte. Es war daher kein Zufall, daß der Wiener Aufstand – der vierte im Jahr 1848 – am 6. Oktober begann, dem Tag, an dem ein deutsches Bataillon die Hauptstadt verlassen sollte, um die ungarische Front zu verstärken. Die radikalen Führer beschlossen, den Abmarsch der Truppen zu verhindern, was ihnen auch gelang. Bei den anschließenden Tumulten wurde der Kommandierende General getötet. Zahlreiche Soldaten schlossen sich den Aufständischen an. Der Kriegsminister, Graf

Latour, wurde von der Menge umgebracht. Bach, ein Oppositionsführer, der einen Posten in der Regierung angenommen hatte, konnte nur mit Mühe und Not aus Wien fliehen. Die Stadt befand sich bald in den Händen der Revolutionäre.

Vom 12. Oktober an befaßte sich die Frankfurter Nationalversammlung täglich, und zuweilen mehrmals, mit den Ereignissen in Wien und Ungarn. Am 12. Oktober brachte der Wiener Rechtsanwalt Johann Nepomuk Berger[1] (extreme Linke, *Donnersberg*), der spätere österreichische Minister, einen Dringlichkeitsantrag ein, wonach die Versammlung anerkennen sollte, »daß die deutsche Stadt Wien sich durch ihren letzten Barrikadenkampf um die deutsche, und um die Freiheit eines hochherzigen Brudervolks (der Ungarn) unsterblichen Verdienst erworben« habe. Er fand Unterstützung bei vielen Abgeordneten seiner eigenen Gruppe und beim *Deutschen Hof* (Linke). Das Plenum lehnte eine sofortige Debatte ab. Berger zog daraufhin den Antrag zurück,[2] da er und seine Freunde die Angelegenheit für zu dringend hielten, um die Erörterungen eines Ausschusses abwarten zu können. Wie Berger bei der Zurücknahme des Antrags andeutete, war die Linke tatsächlich bereit, auf eigene Faust zu handeln. Am selben Abend wurde in beiden Klubs eine Delegation gewählt, die nach Wien reisen und dem Reichstag und dem Wiener Volk brüderliche Grüße überbringen sollte. Die beiden *Donnersberg*-Vertreter waren der Schriftsteller und Universitätslehrer Julius Fröbel[3] und der Dichter Moritz Hartmann. Die Linke im *Deutschen Hof* beschloß, den Wiener Anwalt Albert Trampusch[4] und einen weiteren Delegierten zu entsenden. Der Klub war der Ansicht, eine seiner maßgeblichen Persönlichkeiten, entweder Vogt oder Blum, müsse ebenfalls nach Wien reisen. Schließlich bat Blum, man sollte ihn schicken, und das wurde gebilligt.[5] Die großen Hoffnungen, die Blum im März für die radikale Partei und sich selber gehegt hatte, waren nicht in Erfüllung gegangen. Die Frankfurter Septemberaufstände hatten die Linke in der deutschen Nationalversammlung in die Position einer machtlosen Minderheit gebracht. Blum war – wie Ruge, der nach längerer Abwesenheit im November formell auf seinen Frankfurter Parlamentssitz verzichtete – hinsichtlich der Nützlichkeit der deutschen Nationalversammlung, vom Standpunkt der Linken aus, sehr skeptisch ge-

[1] ADB, II; BSTH; NDB; G. Franz, *Liberalismus*, 29 ff. [2] IV, 2557.
[3] ADB, XLIX; Fröbel, *Lebenslauf;* Feuz, *J. Fröbel; BSTH.*
[4] Vgl. Hartmann, »Bruchstücke«, 40; Wittner, *M. Hartmann*, I, 266; *Deutscher Nekrolog*, V. [5] H. Blum, *R. Blum*, 466 f.

worden. Er ging nach Wien, nachdem er alle Hoffnung aufgegeben hatte, die Ziele der Radikalen auf dem Boden der Frankfurter Nationalversammlung zu realisieren. Sein Entschluß, die Mission zu übernehmen, hatte fatalere Folgen, als er sich damals vorstellte. Die Abgeordneten brachen sofort auf und trafen am 17. Oktober in Wien ein. Auch an anderer Stelle faßte man am 12. Oktober den Beschluß, eine Delegation nach Wien zu entsenden. Die Deutsche Provisorische Zentralgewalt wollte nicht untätig abseits stehen, während zwischen den österreichischen Behörden und den Wiener Aufrührern ein Kampf auf Leben und Tod stattfand. Die Reichsregierung betrachtete Ereignisse in den Teilen des Habsburgerreiches, die zum Deutschen Bund gehört hatten, als Angelegenheiten, für die sie zuständig war. Zwei Reichskommissare, der Abgeordnete und badische Bevollmächtigte in Frankfurt, Welcker, und Mosle, ein höherer Offizier aus Oldenburg, wurden daher nach Österreich gesandt mit der Anweisung, an der Beendigung des Bürgerkriegs und der Wiederherstellung von Recht und Ordnung mitzuwirken. In Übereinstimmung mit dem Gesetz vom 28. Juni über die Provisorische Zentralgewalt erhielten die österreichischen Behörden den Befehl, die Anordnungen der Kommissare zu befolgen. Der Reichsinnenminister von Schmerling — noch kurz zuvor österreichischer Bevollmächtigter in Frankfurt — gab dies auf eine Anfrage hin der Nationalversammlung bekannt.[6] Schmerling war wie jedes andere Mitglied der Reichsregierung, solange er ihr angehörte, fraglos dazu entschlossen, die Autorität der Zentralgewalt zu betonen, auch gegenüber seinem Heimatland Österreich. Dem Innenminister muß bewußt gewesen sein, daß sein Beharren auf den Rechten der Zentralgewalt Hof und Regierung in Österreich nicht für ihn einnahmen. Erzherzog Johann war weit vorsichtiger und weigerte sich, die Situation in Österreich mit Welcker zu diskutieren, als er den Reichskommissar unmittelbar vor dessen Abreise in Privataudienz empfing.[7] Die Reichsregierung sympathisierte zweifellos so wenig mit den Wiener Radikalen wie im September mit den Frankfurter Extremisten. Doch die österreichische Regierung mußte ein Verhalten übelnehmen, das sie als Versuch der Zentralgewalt betrachtete, sich in die inneren Angelegenheiten des habsburgischen Kaiserreichs einzumischen. Hof und Regierung in Wien hätten gewiß nie die Umwandlung des Deutschen Bundes in einen Bundesstaat gebilligt, in dem der westliche Teil der Monarchie Befehlen aus Frankfurt unterworfen war. Nach verschiedenen Zurückweisungen von

[6] IV, 2620 f. [7] Wild, *K. T. Welcker*, 268.

seiten der beiden größten Staaten Deutschlands – Preußens und Österreichs – hielt die Zentralgewalt den Augenblick für günstig, ihre Ansprüche durchzusetzen. Oberflächlich betrachtet konnte die Schwäche des Habsburgerreichs als der rechte Moment dafür erscheinen, doch in der Tat war die Krise so ernst, daß die verantwortlichen Befehlshaber und Minister keine Neigung zeigten, sich von irgend jemandem Vorschriften machen zu lassen. Zweifellos hatte man den Beschluß, Kommissare zu entsenden, zum Teil mit einem Seitenblick auf die Stimmung in der Nationalversammlung gefaßt. Selbst Malmö hatte große Teile der Versammlung nicht davon überzeugen können, daß die Zentralgewalt sich damit begnügen mußte, zu überzeugen und nicht zu befehlen.

Während die offizielle und die inoffizielle Delegation nach Österreich unterwegs waren, wurde die Lage in Wien immer kritischer. Die österreichischen Behörden zogen sich fast völlig aus der Stadt zurück und ließen sie umzingeln, der Hof floh nach Olmütz in Mähren, und auch die Reichstagsabgeordneten, die nicht zu den deutschen Radikalen gehörten, verließen Wien. Am 23. Oktober debattierte die Frankfurter Nationalversammlung den Bericht des am 17. Oktober gewählten Ausschusses für die österreichischen Angelegenheiten über die Lage im Habsburgerreich. Der Ausschuß setzte sich im Verhältnis 2:1 aus Gemäßigten und Radikalen zusammen. Die Mehrheit beantragte nur, alle Aktionen bis nach dem Bericht der entsandten Kommissare aufzuschieben, während die radikale Minderheit die Zentralgewalt aufforderte, dafür zu sorgen, daß die Truppen in den »deutsch-österreichischen Ländern« nur den verfassungsmäßigen und gesetzlich verantwortlichen Organen gehorchten. Diese Formulierung stellte einen Kompromiß dar, um die Unterstützung des linken Zentrums im Ausschuß zu bekommen. Die Linke wollte die Versammlung zu der Erklärung veranlassen, daß der Wiener Reichstag – ein Rumpfparlament – und der öffentliche Sicherheitsausschuß in der Hauptstadt die tatsächliche Regierung von Deutsch-Österreich darstellten und daß der Kaiser und die meisten Minister durch die Flucht praktisch abgedankt hätten.[8] Die Radikalen in der Frankfurter Nationalversammlung sahen einem Zerfall des habsburgischen Reichs gleichmütig entgegen. Ohne die Situation in allen ihren Aspekten zu durchdenken, hatten sie das vage Empfinden, die Wiener Demokraten könnten nützliche Verbündete sein, um die erdrückende Übermacht der Gemäßigten in Deutschland zu brechen. Dies

[8] IV, 2809 f.

kann sehr gut zu Blums Entscheidung beigetragen haben, den Öster-
reich-Auftrag zu übernehmen.

Der Historiker Carl Nauwerck, Linke *(Deutscher Hof)*, aus Berlin
ging so weit, am 17. Oktober in einem Antrag zu erklären, daß der
Einmarsch der kroatischen Armee unter Jelačič in österreichisches
Gebiet des Deutschen Bundes einen Kriegsfall gegen Deutschland
darstelle, obwohl der Banus dem Befehl des österreichischen Kaisers
unterstand. Doch für Nauwerck war – wie für die Linke im allgemeinen – der Kaiser zumindest zeitweilig seiner Macht verlustig. Der Abgeordnete verlangte, ein Reichsheer solle den Wienern zur Hilfe
kommen.[9] Der Anwalt Johann Nepomuk Berger, extreme Linke
(Donnersberg), aus Wien stellte einen Änderungsantrag zu den Empfehlungen des Ausschusses: die Zentralgewalt solle den österreichischen Kaiser sofort in die Hauptstadt zurückbeordern, deren Belagerung aufzuheben sei. Alle zur Beendigung der Feindseligkeiten nötigen Reichstruppen seien dem Kommando des österreichischen Reichstages zu unterstellen.[10] Die Debatte eröffnete ein Ausschußmitglied,
Heinrich Reitter, gemäßigte Linke *(Westendhall)*, ein Beamter der
Österreichischen Nationalbank in Prag, der einen böhmischen Wahlkreis vertrat. Reitter hatte früher dem linken Zentrum *(Württemberger Hof)* angehört.[11] Der Redner erklärte, die Verteidiger Wiens
führten eher den Kampf der Deutschen gegen die Slawen als den der
Extremisten gegen die Organe von Gesetz und Ordnung. Obwohl er
den Mord an Latour verurteilte, beschuldigte er den Kriegsminister,
er habe sich »undeutsch« verhalten und durch sein Vorgehen ein Unternehmen gegen die deutsche Nation unterstützt. Reitter behauptete, die von Prag nach Wien geschafften Geschütze seien von tschechischen Studenten mit Blumen geschmückt worden.[12] Ein anderes
Ausschußmitglied, das ebenfalls zur *Westendhall*-Gruppe gehörte,
der Schriftsteller Venedey aus Köln, pflichtete Reitters Hauptargument bei: es gehe in Wien darum, ob Österreich in Zukunft deutsch
sein werde. Sollten die Slawen siegen, so werde Österreich slawisch,
und man würde es um jeden Preis zurückerobern müssen.[13] Den entgegengesetzten Standpunkt vertrat der im österreichischen Staatsdienst stehende Abgeordnete Franz Philipp von Somaruga. Er bezweifelte, daß der Wiener Reichstag die oberste legale Körperschaft
in Österreich sei. Seit die Radikalen in Wien an der Macht seien, hät-

[9] IV, 2678. [10] IV, 2810.
[11] Biedermann, *Erinnerungen,* 226, 358; *Westendhall,* Protokoll im Bundesarchiv.
[12] IV, 2811 ff. [13] IV, 2827 ff.

ten die deutschen Interessen in der Monarchie gelitten. Die Extremisten hätten die deutschen Farben für ihre eigenen Zwecke mißbraucht. Er warnte die Nationalversammlung entschieden davor, sich auf eine Unterstützung des Wiener Reichstags und der magyarischen Nationalbewegung einzulassen. Die Magyaren unter Kossuth seien weder, wie man sich das in Deutschland häufig vorstelle, politisch fortschrittlich noch tolerant gegenüber anderen Nationalitäten. Die Deutschen in Ungarn hätten unter ihnen gelitten und seien übel behandelt worden, ebenso die Kroaten. Jelačič trete nur für die Interessen seines kroatischen Volkes ein und verdiene nicht die Schmähungen, mit denen man ihn in der Nationalversammlung überhäuft habe.[14] Somarugas anti-magyarische Tendenz griff Friedrich Daniel Bassermann (rechtes Zentrum, *Casino*) auf, der Staatssekretär in der Reichsregierung war.[15] In der Abstimmung wurden mit 250 gegen 166 Stimmen die vorsichtigen Empfehlungen der Ausschußmehrheit angenommen. Die Minderheit bestand nicht nur aus der Linken, sondern auch aus Abgeordneten des linken Zentrums.

[14] IV, 2817 ff. [15] IV, 2829 ff.

Die Aussprache über die Wiener Revolution wurde in die Plenardebatte über die Verfassungsbestimmungen eingeschaltet, die von großer Bedeutung für die Stellung Österreichs in dem vorgesehenen deutschen Staat waren. Die erste Lesung der Grundrechte war am 12. Oktober abgeschlossen.[16] Nach dem 18. September war das intensive Interesse an den Grundrechten halbwegs erloschen, abgesehen von Artikel IV über das Erziehungswesen, der auf dem Höhepunkt der Unruhen zur Debatte stand. Die Katholiken in der Versammlung erlitten eine empfindliche Niederlage, und zwar zum Teil infolge der Bemühungen des Ausschusses für Unterricht und Volkserziehungswesen, in dem mehrere antiklerikale Abgeordnete führende Rollen spielten.[17] Trotz aller Anstrengungen der Katholischen Vereinigung und einiger protestantischer Abgeordneter wurden die Schulen mit 316 gegen 74 Stimmen[18] der Obhut des Klerus entzogen und der Oberaufsicht des Staates unterstellt.[19] Sobald diese Frage erledigt war, verloren viele führende Katholiken das Interesse an der Frankfurter Nationalversammlung. Wilhelm von Ketteler, der an dem verhängnisvollen 18. September im Plenum nachdrücklich den katholischen Standpunkt in der Frage der Schulerziehung vertreten[20] und beim Begräbnis der Opfer der Unruhen eine bewegende Predigt gehalten hatte,[21] verzichtete im Januar 1849 formell auf seinen Sitz. Viele der hervorragendsten Abgeordneten aus dem katholischen Klerus verließen die Versammlung vor Ende 1848.[22]

Nachdem der Verfassungsausschuß dem Plenum den ersten Entwurf der Grundrechte vorgelegt hatte, hatte er sich im Juli und August dem Abschnitt »Die Reichsgewalt« zugewendet, in dem die Beziehungen zwischen der Zentralgewalt und den Einzelstaaten geregelt werden sollten. Die Bestimmungen dieses Verfassungsabschnitts hatte der Ausschuß bei seiner letzten Sitzung vor den Unruhen des 18. September fertiggestellt. Bisher hatte das Gremium die Frage nach der Ausdehnung des Reiches und insbesondere die Stellung der österreichischen Monarchie unberücksichtigt gelassen. Bei einer Sitzung am

---

[16] IV, 2581. [17] So der schlesische Lehrer Theodor Paur, vgl. S. 235.
[18] III, 2298 ff. [19] III, 2296. Vgl. auch Radowitz, *Gesammelte Schriften*, III, 428 ff.
[20] III, 2182 ff. [21] Vgl. auch Lenhart, *Bischof Ketteler.*
[22] Diepenbrock und Johann Georg Müller, die Bischöfe von Breslau und Münster, schieden im August aus. Joseph Ambrosius Geritz, der Bischof der ermländischen Diözese, verzichtete im September auf sein Mandat.

19. September entschied der Ausschuß, die österreichische Frage müsse gelöst werden, ehe man mit der Verfassung weiter vorankommen könne. Der Abschnitt »Das Reich« wurde deshalb »eine Frage an Österreich« genannt.[23] Die Abschnitte »Das Reich« und »Die Reichsgewalt« kamen am 19. Oktober vor das Plenum.[24]

Die Mehrheit des Verfassungsausschusses legte einen Entwurf vor, der auf einen Bundesstaat mit einer starken Zentralgewalt abzielte, obwohl eine Minderheit von Radikalen bei der Schaffung einheitlicher Institutionen noch weitergehen wollte. Eine Minderheit der Rechten lehnte viele Bestimmungen ab, welche die Rechte der Einzelstaaten mehr als nötig einschränkten.[25] Über Abschnitt I, »Das Reich«, debattierte man zuerst. Der Paragraph 1 über den Umfang des Reiches wurde in der Fassung des Ausschusses angenommen, wonach das Reich aus den Territorien des Deutschen Bundes bestehen sollte. Der Status Schleswigs und die Festlegung der Grenze in Posen blieb einer späteren Entscheidung vorbehalten.[26] Obwohl die Annahme des Paragraphen 1 die Versammlung auf die Absicht festlegte, in den neuen Staat nicht nur das deutschsprachige Österreich, sondern auch Böhmen, Mähren und einen Teil des Adria-Gebiets aufzunehmen, befaßten sich mit der österreichischen Frage erst die beiden folgenden Paragraphen, die eine längere Debatte auslösten.

Die Mehrheit des Verfassungsausschusses schlug als Paragraph 2 vor: »Kein Teil des deutschen Reiches darf mit nichtdeutschen Ländern zu einem Staat vereinigt sein.«[27]

Eine Minderheit von vier Abgeordneten der Rechten[28] *(Milani)* verlangte, daß wegen seiner besonderen Lage auf Österreich eigens einzugehen sei, und drang darauf, eine möglichst enge Beziehung zwischen Österreich und Deutschland durch völkerrechtliche Verhandlungen zwischen der Provisorischen Zentralgewalt und der österreichischen Regierung zu schaffen. In engem Zusammenhang mit dem Paragraphen 2 standen die Empfehlungen des Verfassungsausschusses für den Paragraphen 3, der bestimmte, daß in allen Fällen, in denen deutsche und nicht-deutsche Territorien dasselbe Staatsoberhaupt

---

[23] Droysen, *Verhandlungen*, I, 312.
[24] IV, 2717 ff. [25] IV, 2739 ff. [26] IV, 2767.
[27] Einzelheiten der Diskussionen im Verfassungsausschuß, vgl. Droysen, *Verhandlungen*, I, 318 ff.
[28] Der Wiener Anwalt Eugen Megerle von Mühlfeld, der katholische Philosoph Ernst von Lasaulx (den König Ludwig I. als Angehörigen der klerikalen Partei von seinem Münchner Lehrstuhl suspendiert hatte), der Hannoveraner Partikularist Johann Hermann Detmold und der protestantische fränkische Gutsbesitzer Hermann v. Rothenhan.

hätten, sie auf der Basis einer reinen Personalunion der beiden Kronen zu regieren seien.[29]

Die Debatte, in der zumeist österreichische Abgeordnete sprachen, eröffnete der Regierungsbeamte Johann Nepomuk Fritsch,[30] rechtes Zentrum *(Casino)*, aus Tirol, der im deutschsprachigen Teil Böhmens geboren war. Fritsch versicherte, die strikte Anwendung der Paragraphen 2 und 3 würde es Österreich unmöglich machen, ein Teil Deutschlands zu bleiben. Eine Personalunion sei für das Habsburgerreich unangemessen und bringe bei einem konstitutionellen System jedenfalls besondere Schwierigkeiten mit sich. Wenn sich der Wille der Mehrheit im Verfassungsausschuß durchsetze, würde es folgerichtig zu einer Trennung zwischen den deutschen und den nichtdeutschen Gebieten Österreichs kommen. Damit würde keiner Seite gedient sein. Er wolle zwar die Souveränität der Nationalversammlung nicht in Frage stellen, doch die Beschlüsse des Hauses könnten nur dann Gewicht haben, wenn sie im Willen des Volkes begründet seien; andernfalls baue die Versammlung Luftschlösser. Das gemeinschaftliche Leben der verschiedenen Nationalitäten in der habsburgischen Monarchie wurzle nicht nur in Verträgen, sondern im Willen des Volkes. Die deutschen und die nicht-deutschen Provinzen wollten nicht voneinander getrennt werden. Eine solche Trennung lasse sich nur durch einen Bürgerkrieg herbeiführen. Es bestehe ernstlich die Gefahr, daß Deutschland, wenn es sich an die Ausschußempfehlungen halte, seinen Einfluß in den nicht-deutschen Teilen des Habsburgerreichs verlieren und seine Handelsbeziehungen zu diesen Ländern und den angrenzenden Gebieten Schaden leiden würden. Im großen ganzen würden die Slawen und die Magyaren auf Kosten der Deutschen profitieren. Jede deutsche Minderheit würde den anderen zahlenmäßig überlegenen Rassen völlig ausgeliefert sein. Und bedroht sein würde auch die Mission Deutschlands, den Donauländern Kultur, Wissenschaft und Freiheit zu bringen, sein Einfluß in Italien und seine Stellung in der Welt. Fritsch bat die Versammlung, keine raschen Entscheidungen zu treffen, solange sich das Habsburgerreich im Zustand der Gärung befinde, sondern abzuwarten, bis sich die Lage stabilisiert habe. Viele Teile des Hauses reagierten feindselig auf diese Äußerungen, doch Fritsch setzte sich gegen die Unterbrechungen durch, obwohl er einige Unterstützung durch das Präsidium benötigte.[31]

[29] IV, 2770 f.
[30] *Umrisse*, 104; Bundesarchiv. [31] IV, 2772 ff.

Zahlreiche andere österreichische Redner, darunter der Historiker Alfred Arneth, rechtes Zentrum *(Augsburger Hof-*Gruppe),[32] der Reichsstaatssekretär von Würth, rechtes Zentrum *(Casino)*,[33] der Universitätsprofessor Carl Beidtel (unabhängig) aus Mähren,[34] die Wiener Anwälte Ignaz Kaiser, rechtes Zentrum *(Augsburger Hof)*,[35] und von Mühlfeld, Rechte *(Milani)*,[36] der Benediktinerpater Beda Weber (unabhängig) aus Tirol[37] und der Gutsbesitzer Friedrich von Deym, rechtes Zentrum *(Casino)*, aus Prag,[38] betonten wie Fritsch die Schwierigkeiten, die für Österreich durch die Ausschußempfehlungen entstünden, und äußerten ihre Überzeugung, daß die deutschen Interessen so nicht gefördert würden. Doch die österreichischen Vertreter waren sich in dieser Frage nicht einig. Alle österreichischen Kritiker der Paragraphen 2 und 3 kamen vom gemäßigten Flügel des Hauses, vom rechten Zentrum oder von der Rechten, sofern sie einem Klub angehörten. Die Österreicher der Linken und sogar des linken Zentrums nahmen im großen ganzen einen völlig anderen Standpunkt ein. Heinrich Reitter, gemäßigte Linke *(Westendhall)*, von der Österreichischen Nationalbank in Prag hielt den Anschluß von Deutsch-Österreich an Deutschland für den einzigen Weg, die Bedrohung der Deutschen durch die Slawen in der habsburgischen Monarchie abzuwenden. Daher befürwortete er die Vorschläge des Verfassungsausschusses, auf der Basis einer Personalunion getrennte Verwaltungen für die deutschen und die nicht-deutschen Länder einzurichten. Er mißtraute der habsburgischen Dynastie, die, wie er glaubte, sich dafür entschieden habe, die Slawen gegen die Deutschen zu unterstützen. Reitter war durchaus bereit, einigen nicht-deutschen Nationalitäten außerhalb des Deutschen Bundes, vor allem den Magyaren, größere nationale Rechte zuzugestehen. Aber er lehnte alle Zugeständnisse an die Tschechen in Böhmen ab, und er bezweifelte die Stärke der tschechischen Nationalbewegung, von der er annahm, sie beschränke sich auf Prager Akademiker und habe noch nicht die Bauern auf dem Land erfaßt. Die Deutschen müßten Böhmen haben, selbst wenn kein einziger Angehöriger ihres Volkes dort lebte; denn Deutschland benötige einen sicheren Stützpunkt im Osten für einen Krieg gegen Rußland, der früher oder später ausbrechen müsse.[39]
Ähnliche Argumente trug der Rechtslehrer Karl Giskra, linkes Zentrum *(Württemberger Hof)*, von der Wiener Universität vor, der

---

[32] IV, 2779 ff. [33] IV, 2789 ff. [34] IV, 2846 ff. [35] IV, 2853 ff. [36] IV, 2854 ff. [37] 2877 ff. Weber wollten, daß sich das ganze Habsburgerreich dem deutschen Reich anschließe. [38] IV, 2881 ff. [39] IV, 2781 ff.

einen mährischen Wahlkreis vertrat. Auch er hielt eine Vereinigung mit Deutschland für den einzigen Weg, die deutsche Hegemonie im westlichen Teil der Monarchie zu wahren. Die Personalunion schaffe die Möglichkeit, feindliche Teile auseinanderzuhalten; allerdings dehnte er dieses Prinzip offensichtlich nicht auf die Nicht-Deutschen in den Ländern des Deutschen Bundes aus. Giskra wies nachdrücklich jeden Vorschlag zurück, mit der österreichischen Regierung über die Stellung der deutschen Gebiete zu verhandeln. Die Frankfurter Nationalversammlung sei allein konstituierend. Niemand habe sich einzumischen, weder Kaiser noch König, weder Regierung noch Provinziallandtag. Man müsse ein geeintes Deutschland schaffen, auch wenn alle Throne stürzten. Diese Bemerkungen lösten gewaltigen Beifall aus.[40] Giskra verband hartnäckiges Beharren auf den Rechten der Deutschen mit einer politischen Ideologie, die zugleich demokratisch und antidemokratisch war. Er beanspruchte absolute Souveränität für die Frankfurter Nationalversammlung und bestritt anderen Volksvertretungen jedes Mitspracherecht.

Der Wiener Schriftsteller Adolf Wiesner, extreme Linke *(Donnersberg)*, gehörte zu den wenigen Gegnern der Paragraphen 2 und 3 auf der Linken. Die Gründung von Republiken könnte eine Personalunion überflüssig machen. Auch war Wiesner gegen Verhandlungen mit der österreichischen Regierung, die er im Verdacht hatte, sie konspiriere mit dem preußischen Kabinett, um Österreich überhaupt aus Deutschland auszuschließen.[41] Die Rede war leidenschaftlich und aufrichtig, in ihrer Argumentation freilich nicht immer ganz klar. Der Anwalt Titus Mareck, extreme Linke *(Donnersberg)*, aus der Steiermark verfolgte ebenfalls einen unabhängigen Kurs, und das hatte einige Bedeutung für die Zukunft. Er hielt es für unwahrscheinlich, daß sich das Donaureich erhalten ließe. Sollte aber ein geeintes Österreich weiter bestehen, so stände ein »Anschluß« an Deutschland nicht mehr zur Debatte. Der Anschluß würde den österreichischen Interessen entgegenstehen, und auch er werde es unter solchen Umständen ablehnen, dem österreichischen Adler eine Schnur an die Füße zu binden. In dieser Hinsicht sei er ebenfalls schwarzgelb.[42] Diese Bemerkungen lösten auf der Rechten des Hauses Gelächter aus.[43]

Die Reden zahlreicher österreichischer Abgeordneter spiegelten unverkennbar eine tiefe Beunruhigung als Folge der Ausschußempfehlungen wider. Die unterschiedlichen Meinungen über das Verhältnis

---

[40] IV, 2791 ff. [41] IV, 2784 ff. [42] Die österreichischen Wappenfarben. [43] IV, 2892 ff.

zu Österreich bedrohten tatsächlich die ganze Zusammenarbeit zwischen Österreichern und Nicht-Österreichern in den zwei parlamentarischen Gruppen des rechten Zentrums, im *Casino* und im *Augsburger Hof*. Dem dritten, dem *Landsberg*-Flügel des rechten Zentrums gehörten keine Österreicher an. Die wenigen nicht-österreichischen Redner in den Debatten sprachen sich hauptsächlich für die Empfehlungen des Ausschusses aus. Nur eine Minderheit hatte eine kritische Einstellung. Doch die Lager waren nicht, wie bei den österreichischen Vertretern, eindeutig nach ideologischen Gesichtspunkten geschieden. Unter den deutschen Abgeordneten fanden sich auf beiden Seiten prominente Persönlichkeiten des rechten Zentrums. Die Hauptrede zugunsten der Paragraphen 2 und 3 hielt ein Vertreter der Mehrheit im Verfassungsausschuß, der Göttinger Historiker Waitz, rechtes Zentrum *(Casino)*. Er begann mit dem Hinweis, die beiden fraglichen Bestimmungen beträfen nicht nur Österreich, sondern auch Limburg, Luxemburg, Schleswig-Holstein und Posen. Jede Abschwächung im Hinblick auf eine Sonderstellung Österreichs führe zu ernsten Risiken anderswo. Waitz hielt die Trennung des deutschsprachigen Österreich von der restlichen Monarchie für das natürliche Ergebnis aus der Entwicklung des Nationalitätenprinzips. Er glaube tatsächlich nicht, daß das habsburgische Kaiserreich auf die Dauer überleben werde. Der deutsche Teil Österreichs habe nur zwei Möglichkeiten: sich entweder völlig an Deutschland anzuschließen oder ganz und ausschließlich bei der habsburgischen Monarchie zu bleiben. Die Entscheidung sei für die Deutschen in Österreich nicht leicht. Der Verzicht auf die Herrschaft über Millionen von Nicht-Deutschen werde ihnen schwerfallen. Auf beiden Seiten bestünden Rechte. Vom deutschen Standpunkt aus habe man das Recht, alles festzuhalten, was an österreichischem Territorium deutsch sei: nicht nur das, was zum Deutschen Bund gehöre, sondern ebenso das, was stets ein Teil des deutschen Reichskörpers gebildet habe, also des Heiligen Römischen Reichs, das Waitz für deutsch hielt. Böhmen und Mähren seien deutsch gewesen, ehe sie zu Österreich gekommen seien, und man könne sie von Österreich zurückfordern. Es wäre leichter, Deutschland ohne Österreich zu gestalten, doch dürfe man sich den Schwierigkeiten nicht entziehen. Das deutsche Österreich möge bei Deutschland bleiben! Doch wenn das nicht sein könne, dann müsse man das Staatsgebäude ohne Österreich vollenden. Es bliebe dann immer noch die Hoffnung, daß sich die Österreicher doch einmal anschlössen. Waitz schloß mit dem Ausruf: »Deutschland will sich einigen, muß sich einigen, wird sich einigen!«

Er erntete kräftigen Applaus vom **Zentrum** und der Linken.[44] Aus den Reihen des rechten Zentrums sprachen zugunsten der Paragraphen 2 und 3 Biedermann *(Augsburger Hof)* aus dem Königreich Sachsen[45] und Wichmann *(Landsberg)* aus der preußischen Provinz Sachsen[46]; ebenso mehrere der Linken nahestehende Abgeordnete, wie Vogt *(Deutscher Hof)*[47] und der Dichter Ludwig Uhland aus Württemberg.[48]

Drei deutsche Redner aus dem Plenum wandten sich gegen die Ausschußempfehlungen. Der Führer der Rechten *(Milani)*, der Preuße Georg von Vincke, wünschte einen Staatenbund, der aus ganz Österreich einerseits und einem deutschen Bundesstaat ohne das habsburgische Kaiserreich andererseits bestehen sollte. Das erscheine ihm als die einzige geeignete Lösung. Verträte er rein preußische Interessen, würde er die beiden Paragraphen unterstützen, denn er glaube, sie führten bei ihrer Anwendung zum Ausscheiden Österreichs, wodurch der Weg für eine preußische Hegemonie in Deutschland frei werde.[49] Die deutschen Gegner der Paragraphen 2 und 3 waren zweifellos in ihren Absichten bezüglich Österreichs untereinander nicht einig. Während Vincke die Bildung eines deutschen Bundesstaates ohne Österreich wünschte, sprachen sich zwei Katholiken aus der preußischen Rheinprovinz gegen die Empfehlung aus, weil sie gegen den Ausschluß Österreichs waren, der sich, wie sie in Übereinstimmung mit Vincke meinten, aus der strikten Anwendung der beiden Paragraphen ergeben müsse. Der Philosophiedozent Jakob Clemens, rechtes Zentrum *(Augsburger Hof)*, kritisierte die Empfehlungen, da er unter keinen Umständen bereit war, die Trennung Österreichs von Deutschland zu billigen.[50] August Reichensperger, rechtes Zentrum *(Casino)*, ein Richter, hielt die beiden Paragraphen für eine schwerfällige Lösung eines Problems, das erhebliches Fingerspitzengefühl verlange. Er warnte vor ihrer Annahme.[51]

Wie in der Debatte über die Einrichtung der Zentralgewalt verließ Heinrich von Gagern den Präsidentensitz, um die letzte Rede vom Rednerpult aus zu halten. Vor der Eröffnung der Plenardebatte am 19. Oktober hatte von Gagern eine Zeitlang nach einem Ausweg aus dem österreichischen Dilemma gesucht, das der Verfassungsausschuß sichtbar gemacht hatte. Abgeordnete des Zentrums und der Rechten, die er informell in seinem Haus versammelt hatte,[52] ermutigten ihn

[44] IV, 2786 ff.
[45] IV, 2866 ff. [46] IV, 2883 ff. [47] IV, 2888 ff. [48] IV, 2875 ff. [49] IV, 2857 ff.
[50] IV, 2863 ff. [51] IV, 2868 ff. [52] Laube, *Das erste Parlament*, III, 47 ff.

wenig, aber er beharrte auf seinen Absichten. In seiner Parlamentsrede am 26. Oktober erklärte er, die Verwicklung der beiden Paragraphen werde zu einer Auflösung des habsburgischen Kaiserreichs führen — eine Entwicklung, die weder im Interesse Deutschlands noch Europas sei. Es werde zu einer großen Zerrüttung kommen, der Friede werde gestört werden, und eine neue Reihe von Revolutionen werde sich anschließen. Die Deutschen in Österreich wollten im Habsburgerreich bleiben, und sie wollten ebenso, daß die Bindung an Deutschland erhalten bliebe. Es gebe sicher Übergänge zwischen einem Bundesstaat und einem Staatenbund. Im Augenblick wolle sich Österreich nicht dem engeren Bundesstaat anschließen, den das übrige Deutschland wünsche. Daher beantragte er, dem Paragraphen 2 folgenden Passus vorzuschalten: »Österreich bleibt in Berücksichtigung seiner staatsrechtlichen Verbindung mit nichtdeutschen Ländern und Provinzen mit dem übrigen Deutschland in dem beständigen und unauflöslichen Bunde.«[53]

Gagerns Programm, das in den folgenden Monaten weiterentwickelt wurde, war ein ideenreicher Versuch, die doktrinäre Einstellung einiger führender Mitglieder des Verfassungsausschusses wie Dahlmann, Georg Beseler, Waitz und Droysen zu überwinden und nach einer Lösung zu suchen, die Deutschland wie dem habsburgischen Kaiserreich gerecht wurde. Die Rede war eines der großen staatsmännischen Ereignisse in der Versammlung, aber sie fand damals nur ein sehr geringes Echo. Der Sprecher des Verfassungsausschusses, Riesser, trat am 27. Oktober für die Paragraphen in der vorliegenden Form ein.[54] Daraufhin zog Gagern einen Änderungsantrag bis zur zweiten Lesung zurück.[55] Der Paragraph 2 wurde mit 340 gegen 76 Stimmen[56] und der Paragraph 3 mit 316 gegen 90 Stimmen[57] angenommen. Sämtliche Änderungs- und Zusatzanträge lehnte das Haus ab.

[53] IV, 2896 ff.
[54] IV, 2909 ff. [55] IV, 2916. [56] IV, 2918 ff. [57] IV, 2933 ff.

3. Die Eroberung Wiens durch Windischgrätz – Hinrichtung
Blums – Starke konservative Regierungen in Österreich und
Preussen – Die Verlegung des preussischen Parlaments von
Berlin nach Brandenburg

Die Leichtigkeit, mit der die beiden Paragraphen durchgingen, überrascht bei den Bedenken so vieler Österreicher mit gemäßigten Anschauungen. Die geringe Wirkung der kritischen Reden war auf das
Zusammentreffen mehrerer Umstände zurückzuführen. Am 27.
Oktober herrschte in der Versammlung noch immer die Anschauung, das österreichische Kaiserreich werde in seiner alten Form nicht
weiterbestehen. Die meisten nicht-österreichischen Abgeordneten des
rechten Zentrums und fast alle der Linken waren willens, die Wünsche
der anderen Parteien rücksichtslos zu übergehen, auch diejenigen
der verfassungsmäßigen Institutionen der habsburgischen Monarchie.
Die Gründe für die Einstellung der Linken – die eine starke Radikalisierung erhoffte – sind leichter verständlich als diejenigen der hauptsächlichen Befürworter der Paragraphen 2 und 3 im rechten Zentrum. Es paßte kaum zur politischen Theorie der gemäßigten Liberalen, anderen zuständigen Volksvertretungen ein Mitspracherecht zu
bestreiten, wie sie es in ihren Empfehlungen über die Beziehungen zwischen Deutschland und Österreich taten. Die einseitige Verfügung
der neuen Ordnung durch die Frankfurter Nationalversammlung,
ohne Rücksicht auf die Wünsche der betroffenen Parteien und allein
nach dem Grundsatz, daß die Versammlung souverän sei, entsprach
eher der Doktrin der Radikalen als der Lehre der gemäßigten Liberalen. Die Radikalen setzten sich dafür ein, die bestehende Situation
ungeachtet der Konsequenzen dem theoretischen Konzept zu unterwerfen, das sie für richtig hielten. Der gemäßigte Flügel der Nationalversammlung besaß viel mehr Verständnis für das in der Vergangenheit Herangewachsene und war nicht rücksichtslos genug, um alle
Widerstände einfach zu übergehen. Es bestehen ernstliche Zweifel, ob
Männer wie Georg Beseler und Droysen, die im Verfassungsausschuß
die beiden Paragraphen verteidigten[58], alle Folgerungen aus ihren
Empfehlungen völlig überblickten. Es war zweifellos unlogisch, die
einseitige Regelung des Verhältnisses zu Österreich durch den Ausschuß als »Frage an Österreich« zu bezeichnen. Sämtlichen Verfassungsbestimmungen hätten Verhandlungen mit der österreichischen

[58] Droysen, *Verhandlungen*, I, 331 ff.

Regierung vorausgehen sollen, denn sie blieben wahrscheinlich unwirksam, solange sie nicht die Zustimmung derer fanden, die im habsburgischen Kaiserreich die Herrschaft ausübten. Der Höhepunkt des Kampfes um Wien war allerdings kaum der richtige Zeitpunkt für Verhandlungen mit der österreichischen Regierung. Ein Dilemma des Jahres 1848 bestand darin, daß weder unruhige noch wirklich stabile Situationen für gewichtige Änderungen mit Auswirkungen auf eine weitere Zukunft geeignet waren. Einerseits war es in Spannungszeiten oft unmöglich für die betroffenen Parteien, die zukünftige Politik ruhig zu erörtern. Andererseits war die Chance für Änderungen häufig verpaßt, sowie sich die Lage wieder beruhigt hatte. Zwischen diesen beiden Extremen im richtigen Augenblick zu handeln, war nicht leicht, zumal für eine Volksvertretung, und jedenfalls war die günstige Zeit oft sehr kurz, falls sie überhaupt kam. Die Frankfurter Nationalversammlung – oder auch die Zentralgewalt – besaß nicht immer zutreffende und letzte Informationen über Vorgänge in anderen Teilen des Deutschen Bundes, wie sie ein gut ausgebildeter und funktionierender diplomatischer Dienst hätte liefern können.[59] Die Entsendung der Reichskommissare Welcker und Mosle nach Österreich verfolgte ursprünglich nicht den Zweck, die Zentralgewalt rasch über die Geschehnisse in der habsburgischen Monarchie zu unterrichten, und aus verschiedenen Gründen versagte die Mission entschieden in dieser Hinsicht.[60] Wie sich zeigte, war die Entscheidung falsch, auf der Debatte über die Paragraphen 2 und 3 zu beharren, obwohl – oder vielleicht auch weil – die Lage in Österreich völlig ungeklärt war. Infolge der Geschehnisse, die zur Zeit der Debatte bereits im Gang waren, wurden die Beschlüsse der Frankfurter Nationalversammlung zu akademischen Fragen: Die Zweifel österreichischer Abgeordneter und von Gagerns an den Empfehlungen des Verfassungsausschusses waren daher völlig gerechtfertigt.

Am 26. Oktober begann Fürst Windischgrätz seinen systematischen Angriff auf Wien, doch die Stadt kapitulierte erst am 31. Oktober, als keine Hoffnung mehr bestand, eine ungarische Entsatzarmee könne das Blatt wenden; sie war am Tag vorher von Jelačič geschlagen worden. Obwohl in Ungarn der Zustand der Rebellion andauerte, hatte man den westlichen Teil der Monarchie jetzt wieder unter Kontrolle.

---

[59] Die Gesandten, welche die Zentralgewalt in verschiedene Hauptstädte beorderte, waren kein geeigneter Ersatz.
[60] Zur Korrespondenz zwischen der Zentralgewalt und den Kommissaren vgl. V, 3660 ff.

Wenige Tage nach der großen Debatte in der Frankfurter Nationalversammlung über die konstitutionellen Beziehungen zu Österreich
hatte sich die Annahme, der westliche Teil der Monarchie könne sich
loslösen, als völlig ungerechtfertigt erwiesen.
Bei der Zurückeroberung der Stadt ergriff Windischgrätz strenge
Maßnahmen. Es kam zu zahlreichen Hinrichtungen, darunter zu der
Robert Blums. Blum und Fröbel hatten sich an den Kämpfen in Wien
beteiligt und sahen sich bei der Einnahme der Stadt abgeschnitten.
Hartmann und Trampusch, die gleichfalls der Delegation der Linken
aus Frankfurt an den Wiener Rumpfreichstag angehört hatten, gelang die Flucht. Als Blum und Fröbel die österreichischen Militärbehörden um Pässe baten, um die Stadt verlassen zu können, wurden
beide am 4. November verhaftet, und ihre Berufung auf ihren Son-
derstatus als Abgeordnete der deutschen Nationalversammlung
wurde zurückgewiesen. Am folgenden Tag versuchten sie, die Frankfurter Nationalversammlung über ihre Festnahme zu benachrichti-
gen, und am 8. November protestierten sie feierlich bei den österreichischen Militärbehörden gegen ihre Verhaftung. Wenige Stunden
später wurde Blum standrechtlich zum Tode verurteilt und am Morgen des folgenden Tages hingerichtet. Fröbels Prozeß vor dem
Kriegsgericht fand am 10. und 11. November statt. In dem Bericht,
den er der Frankfurter Nationalversammlung am 18. November erstattete, gestand er, an den Kämpfen teilgenommen zu haben, nachdem Windischgrätz über die Stadt den Belagerungszustand verhängt
hatte. Die Richter hatten ihn jedoch aufgefordert, alles vorzubringen,
was zu seinen Gunsten sprechen könnte. Fröbel meinte, er verdanke
seine Freilassung nach der Verhandlung der Erwähnung einer Flugschrift, die er einige Monate zuvor veröffentlicht hatte; darin hatte
er jede Lösung der deutsch-österreichischen Frage durch eine Teilung
Österreichs abgelehnt und statt dessen für eine Verbindung der ganzen habsburgischen Monarchie mit Deutschland plädiert. Am
11. November wurde Fröbel zum Tode verurteilt, jedoch sofort be-
gnadigt, entlassen und ausgewiesen. Fröbels Erklärung vor der Frankfurter Nationalversammlung[61], die sachlich gehalten war, beeindruckte die Versammlung nachhaltig.
Blum, dessen politisches Glück zu seinen Lebzeiten im Abstieg gewesen war, wurde durch seinen Tod zu einem politischen Märtyrer. Wie
immer die formelle Rechtfertigung sein mochte: Seine Hinrichtung
war ein politischer Fehler schlimmster Art und eine völlig überflüs-

[61] V, 3419.

sige Grausamkeit. Die Linke konnte von der übertriebenen Strenge ihrer Gegner nur profitieren. Eine Zeitlang sollten verschiedene Fragen im Zusammenhang mit der Hinrichtung die Aufmerksamkeit der Nationalversammlung in Anspruch nehmen.[62]

Jetzt ging man in Österreich daran, das habsburgische Kaiserreich von innen heraus zu stärken. Am 21. November wurde eine tatkräftige konservative österreichische Regierung unter Felix von Schwarzenberg, dem Schwager Windischgrätz', ernannt, in welcher der ehemalige Liberale Alexander Bach das Justizministerium erhielt und Karl Bruck zum Handelsminister ernannt wurde. Bruck schied aus der Frankfurter Nationalversammlung aus, in der er der Rechten angehört hatte. Er war auch einige Wochen lang österreichischer Bevollmächtigter bei der Deutschen Provisorischen Zentralgewalt gewesen. Der österreichische Reichstag übersiedelte nach Kremsier, nahe der derzeitigen mährischen Residenz des Hofes in Olmütz. Am 27. November formulierte Schwarzenberg sein berühmtes Programm von Kremsier vor dem dortigen Reichstag. Die Bande zwischen den verschiedenen Teilen des Kaiserreichs sollten gestärkt und jede Zerstückelung verhindert werden. Das Verhältnis zwischen Österreich und Deutschland sei zu regeln, wenn beide ihre neue Form gefunden hätten. Inzwischen werde Österreich getreulich seine Bundespflichten als Mitglied des Deutschen Bundes erfüllen.[63] Das war die österreichische Antwort auf die Forderung der Frankfurter Nationalversammlung, die habsburgische Monarchie solle eine Personalunion zwischen ihren deutschen und ihren nicht-deutschen Gebieten herstellen. Nach dem Zusammenbruch der Wiener Revolte konnte kein Zweifel an der Fähigkeit der österreichischen Regierung bestehen, sich Gehör zu verschaffen; man konnte sie nur unter großer Gefahr ignorieren. Die innere Kräftigung der habsburgischen Monarchie fand ihren Abschluß in der Abdankung des schwachsinnigen Kaisers Ferdinand und der Thronbesteigung seines Großneffen Franz Joseph. Fast parallel zur Wiedererstarkung des Habsburgerreichs erfuhr die preußische Monarchie eine beträchtliche Konsolidierung, nachdem sie eine schwere Krisenzeit durchgestanden hatte. Das Vorgehen in Berlin glich in vieler Beziehung dem Wiener Vorbild. Der Wiener Oktoberaufstand ermutigte zweifellos die Radikalen in der Preußischen Nationalversammlung, die Dinge auf die Spitze zu treiben.

[62] Es kam zu drei natürlich erfolglosen Versuchen, die »Mörder« Blums zur Rechenschaft zu ziehen. V, 3321, 3323 ff.
[63] Auszug in Huber, *Dokumente*, I, 291.

Friedrich Wilhelm IV. kam Ende Oktober zu dem Schluß, man dürfe der Preußischen Nationalversammlung in Berlin, die den Extremisten und dem Druck des Pöbels ausgeliefert war, nicht gestatten, ihre Tätigkeit fortzusetzen. Am 1. November informierte Graf Brandenburg, ein Sohn König Friedrich Wilhelms II. aus morganatischer Ehe, das preußische Parlament, daß er mit der Bildung einer Regierung betraut worden sei. Am folgenden Tag sprach die Versammlung einer Regierung, die noch nicht im einzelnen feststand, das Mißtrauen aus, warnte den König vor der Ernennung des Grafen Brandenburg und verlangte ein volkstümlicheres Kabinett. Dieser Beschluß griff in die konstitutionellen Vorrechte des Staatsoberhaupts ein. Am 3. November lehnte es der König ab, auf die Regierungsbildung unter Graf Brandenburg zu verzichten. Sechs Tage später wurde die Preußische Nationalversammlung vertagt und von Berlin in die Stadt Brandenburg verlegt. Eine beträchtliche Anzahl von Abgeordneten tagte jedoch trotz dieser Maßnahmen der Exekutive weiterhin in Berlin. Das Parlament wurde mit Hilfe von Truppen geschlossen, aber einige Abgeordnete tagten weiter. Am 12. November rief die Regierung für Berlin den Belagerungszustand aus, und General Wrangel besetzte die Stadt. Am 15. November traf sich eine beschlußfähige Anzahl von Abgeordneten der Preußischen Nationalversammlung in einem Berliner Café und erklärte, die Regierung unter Graf Brandenburg sei nicht berechtigt, Steuern zu erheben, solange die Nationalversammlung nicht in Berlin zusammentreten dürfe. Die Sitzung wurde durch das Militär aufgelöst.

Nachdem einen Monat lang fast täglich die Wiener Ereignisse in der Frankfurter Nationalversammlung zur Sprache gekommen waren, richtete sich die Aufmerksamkeit nun hauptsächlich auf Berlin. Wie im Fall Österreichs versuchte die Linke in der Frankfurter Nationalversammlung, ihren politischen Freunden in Berlin die Hilfe der Versammlung zu sichern, während die gemäßigten Abgeordneten nicht bereit waren, denen Unterstützung zu gewähren, die eine zweite Revolution planten oder auslösten. Über den revolutionären Charakter dessen, was der österreichische Reichstag in Wien unternommen hatte, herrschte wenig Zweifel; die Verfassungssituation in Berlin dagegen war verworren. Die Preußische Nationalversammlung war einberufen worden, um mit der Krone eine Verfassung zu vereinbaren. Die Zusammenarbeit zwischen der Versammlung und dem König war gescheitert. Nach streng legalen und konstitutionellen Gesichtspunkten befand sich die Krone mehr im Recht als das Parlament. Doch die ganze Angelegenheit ließ sich nur individuell nach der politischen Auffassung des jeweiligen Beobachters beurteilen. Im Grunde war es zwischen der Krone und den Kräften der Bewegung *(partie du mouvement)* zu einer Machtprobe gekommen, bei der das Staatsoberhaupt nicht nur bei den Konservativen, sondern auch bei vielen gemäßigten Liberalen Unterstützung fand.

In bezug auf die preußischen Vorgänge war die Frankfurter Nationalversammlung entsprechend der Parteizugehörigkeit gespalten. Die Linke wünschte, daß das Haus sein ganzes Gewicht und das der Zentralgewalt einsetzte, um die Übersiedlung der Preußischen Nationalversammlung nach Brandenburg zu verhindern und den Rücktritt der neuen Regierung zu erzwingen. Die Rechte war überzeugt, die Angelegenheit betreffe nur Preußen und gehe die Frankfurter Nationalversammlung und die Zentralgewalt nichts an. Das linke Zentrum unterstützte im großen ganzen, wenn auch mit sanfteren Tönen, die Linke. Das rechte Zentrum empfand gewiß keine Sympathie für die Partei der Bewegung, unter der es im September hatte leiden müssen. Doch zahlreiche seiner Angehörigen bedauerten die Ernennung des Ministeriums Brandenburg und hätten es gern gesehen, wenn versucht worden wäre, eine weniger konservative Regierung zu bilden. Jene Mitglieder des rechten Zentrums, die einen deutschen Bundesstaat ohne Österreich unter preußischer Führung wünschten, waren im ungewissen über die Einstellung der neuen preußischen Regierung zu solchen Plänen. Und sie machten sich Sorgen darüber, welchen Eindruck das neue preußische Regime auf Deutschland machen würde. Für die Frankfurter Nationalversammlung und die Zentralgewalt war der Kampf in Berlin nicht nur als eine Phase in der Auseinandersetzung zwischen den Kräften der Beharrung, denen es hauptsächlich um die Erhaltung der Ordnung ging, und denen der Bewegung bedeutsam. Man mußte auch bedenken, wie sich das Ergebnis des preußischen Verfassungskonflikts auf die Aussichten für eine Einigung Deutschlands auswirken würde. Der preußische Staat war – abgesehen von Österreich – der größte Brocken, den ein geeintes Deutschland zu verdauen hatte. In der Frankfurter Nationalversammlung war außer der Rechten keine parlamentarische Gruppe geschlossen für die Rechte der Einzelstaaten. Selbst im rechten Zentrum gab es viele, die einen weitreichenden Zusammenschluß der kleinen Staaten und die Aufteilung der hohenzollernschen Monarchie in Provinzen befürworteten. Die Linke neigte in der Theorie dazu, in den Staaten künstliche von Monarchen geschaffene Gebilde zu sehen und den Partikularismus mit den Interessen der Fürsten zu identifizieren. Abgesehen von der Rechten hielt man die Einzelstaaten im allgemeinen für ein Ärgernis, das die Aufgabe der Einigung erschwerte. Zahlreiche Abgeordnete des rechten Zentrums – und nicht nur diejenigen, die für Deutschland die Form des Einheitsstaates erstrebten – machten sich Sorgen über die neue Lebensfrist, die den Staaten aus den Verfassungsreformen von 1848 erwachsen war. Staatsparlamente und Verfassungen machten den Partikularismus nur noch bedrohlicher. Diese Möglichkeit eines Konflikts zwischen einem konstitutionellen Deutschland und konstitutionellen Einzelstaaten hielt man im Fall Preußens für besonders akut. Von Anfang an war die Frankfurter Nationalversammlung auf jene andere Nationalversammlung in Berlin eifersüchtig gewesen. Kürzlich war es wegen Posen zu einer Meinungsverschiedenheit gekommen.[64] Da die Linke in der Frankfurter Versammlung in diesem Fall eine Chance gesehen hatte, ihre Niederlage wettzumachen, hatte sie darauf verzichtet, wie sonst die Vorrangstellung der Deutschen Nationalversammlung zu betonen. Alles in allem überprüfte die Linke in Frankfurt seit September ihre Ansichten über die relativen Vorzüge und Nachteile einer Zentralregierung und der Einzelstaaten. Die Radikalen schienen im Oktober in Wien und im November in Berlin eine Gelegenheit zu haben, nach der

[64] Vgl. S. 283 ff.

Niederlage, die sie im September in Frankfurt erlitten hatten, wieder nach oben zu gelangen. Die Unterstützung für die Wiener Revolution ließ sich leichter mit dem allgemeinen Konzept der Linken vereinbaren als die Rückendeckung für die Preußische Nationalversammlung. Den österreichischen Reichstag in Wien konnte man zweifellos als Freund der deutschen Einigung ansehen. Im Fall der Preußischen Nationalversammlung war dies nicht so klar. In der Tat zeigte sich das Preußische Parlament dem Frankfurter Gesetz vom 28. Juni über die Einrichtung der Zentralgewalt kaum geneigter – zuweilen sogar weniger geneigt – als die preußische Regierung – und so war es auch im Fall Posens. Daß sich die Linke für das preußische Parlament engagierte, geschah ihrer Vision der Freiheit zuliebe. Die Auswirkungen eines starken, politisch radikalen Preußens auf die Einigungspläne bedachte man kaum. Die Linke in der Frankfurter Nationalversammlung, die jetzt zum Verfechter der stärksten – wenn auch demokratischen – partikularistischen Interessen wurde, hatte seit ihrer einmütigen Unterstützung des Zentralismus im Juni einen weiten Weg zurückgelegt. Dieses Mal fiel den Radikalen ein gewisses Maß an Erfolg zu, weil das rechte Zentrum aus verschiedenen Gründen bereit war, ein Stück Wegs mit ihnen zu gehen.

Die parlamentarischen Gruppen des rechten Zentrums — *Casino, Landsberg, Augsburger Hof* — wünschten bestimmt nicht den Sieg der Demokraten in Berlin. Aber sie machten sich die preußische Verfassungskrise nur zu gern zunutze, um im Interesse der deutschen Einigung den Einfluß der Zentralgewalt auf die preußische Regierung zu stärken. Was auch immer mit Österreich geschehen mochte: Preußen mußte man in den vorgesehenen deutschen Staat einfügen. Seit dem Abschluß des Waffenstillstands von Malmö herrschte allenthalben, nicht nur bei der Linken, eine weitgehende Unzufriedenheit mit dem Verhalten der preußischen Regierung gegenüber der Zentralgewalt, wie man auch die Beendigung der Feindseligkeiten mit Dänemark einschätzte. Diesmal konnte die fortwährende Agitation der Linken im Frankfurter Parlament von Nutzen sein, um den Druck der Zentralgewalt auf die preußische Regierung zu verstärken. In ihrer Schwäche – so argumentierte man – werde die Regierung in Berlin über die Unterstützung der durch die Zentralgewalt repräsentierten gemäßigten Liberalen in der Frankfurter Nationalversammlung wohl froh sein. Je mehr sich die beiden Seiten in Berlin im Gleichgewicht befänden, um so größer sei die Chance, daß die preußischen Behörden die Zentralgewalt schließlich ernst nehmen würden. Es bestand vielleicht sogar eine Gelegenheit, diesmal in dem Konflikt zu vermitteln, nachdem sich diese Hoffnung in Österreich zerschlagen hatte. Die Zentralgewalt könnte möglicherweise auf eine Lösung in Berlin hinarbeiten, die weder die Reaktion noch die Revolution begünstigen und zugleich in der Hohenzollernmonarchie positive Voraussetzungen für die Einigung schaffen würde. Mit dieser Zielsetzung beschloß die Zentralgewalt am 6. November, den Staatssekretär im Innenministerium, Friedrich Daniel Bassermann (rechtes Zentrum, *Casino*), als Reichskommissar nach Berlin zu senden.[65]

Bassermann war einer der fähigsten Köpfe in der Reichsregierung und in seiner Gruppe, dem *Casino*, einer der besten Redner der Versammlung und ein sehr entschlossener Mann. In diesen Tagen, da besonders in Preußen die Ordnung schwer gestört war, gehörte erheblicher Mut dazu, wenn jemand wie Bassermann, dessen Abneigung gegen die radikale Bewegung man kannte, diesen Auftrag übernahm. Ganz abgesehen von der Gefahr, einem Mord zum Opfer zu fallen, war die winterliche Fahrt von Frankfurt nach Berlin keine Vergnügungsreise, da es keine durchgehende Bahnverbindung gab und man zum Teil zugige Pferdekutschen benutzen mußte. Bassermann brauchte 48 Stunden bis Berlin. Auf der Rückreise führte die doppelte Anstrengung eines aufreibenden politischen Lebens und der unbequemen Reisebedingungen dazu, daß er im Haus eines Verwandten krank zusammenbrach. Dies ist nur ein Beispiel für viele Fälle, in denen führende Abgeordnete der Frankfurter Nationalversammlung an den Punkt völliger Erschöpfung gelangten.

In Berlin, wo er sich vom 9. bis zum 14. November aufhielt, bezog Bassermann rasch Stellung gegen die Preußische Nationalversammlung, in der er ein extremistisches Gremium sah, das nicht willens war, sich mit der Krone zu verständigen. Er hatte nur Verachtung für jene Abgeordneten mit gemäßigten Ansichten, die nach ihrer eigenen Erklärung in Berlin blieben, um die radikaleren Elemente im Parlament zu bremsen. Bassermann nahm es für bare Münze, als der neue Ministerpräsident, Graf Brandenburg, und der Innenminister, Otto von Manteuffel, versicherten, sie wollten ihren Sieg über die Berliner Versammlung nicht dazu benutzen, um eine reaktionäre Politik zu betreiben.[66] Später erbitterte es Bassermann, daß ihn Manteuffel hintergangen hatte. Es steht jedoch nicht fest, daß Manteuffel schon im November 1848 entschlossen war, sich nicht nur gegen die

[65] V, 3252, 3266; Bassermann, *Denkwürdigkeiten*, 246 ff.
[66] Bassermann, *Denkwürdigkeiten*, 253 f.

Radikalen, sondern ebenso gegen die gemäßigten Liberalen zu wenden. Den letzteren kann man nicht ganz die Verantwortung dafür abnehmen, daß sie gute Gelegenheiten versäumt und so selber ihre spätere traurige Lage herbeigeführt haben. Grundsätzlich stimmte Bassermann mit der Feststellung der neuen Regierung überein, daß die Preußische Nationalversammlung im derzeitigen ungesunden politischen Klima Berlins keine nützliche Arbeit leisten könne. In dem Bericht, den Bassermann der Frankfurter Nationalversammlung über seine Mission erstattete, erwähnte er, er habe in der Nähe des Berliner Parlamentsgebäudes Gestalten gesehen, die er nicht weiter schildern wolle.[67] Sie wurden in Deutschland als »Bassermannsche Gestalten« zum geflügelten Wort. In seinen Memoiren nannte er sie gedungene Henkersknechte, die in Deutschland in Zeiten der Unordnung allenthalben in Erscheinung träten.[68] Die unmittelbare Bedrohung durch einen Extremismus von links war für Bassermann realer als die mögliche Gefahr einer Reaktion von rechts.

Am Hof wurde Bassermann gut aufgenommen und hatte mehrere Audienzen bei König Friedrich Wilhelm IV. Er erklärte dem König den hauptsächlichen offiziellen Zweck seiner Mission, nämlich die Klärung der Beziehung zwischen der Zentralgewalt und Preußen. Darin hatte er nur in einer Hinsicht Erfolg: Er erhielt Unterstützung für die Beschlüsse der Frankfurter Nationalversammlung über Posen, denen sich die Preußische Nationalversammlung widersetzt hatte. Auf dem Höhepunkt des preußischen Verfassungskonflikts war dies kaum ein großes Entgegenkommen von seiten des Königs. Bassermann drang mit seinen anderen Forderungen nicht durch, z. B., daß sich Preußen außenpolitisch durch die Zentralgewalt vertreten lassen und daß die preußische Regierung im voraus versichern solle, sie werde die Reichsverfassung in dem Entwurf der Frankfurter Nationalversammlung akzeptieren. Der Abgesandte benutzte seine Audienzen beim König auch dazu, die Idee zu propagieren, Friedrich Wilhelm IV. sollte die erbliche deutsche Kaiserkrone annehmen; hierzu ermächtigten ihn seine Instruktionen nicht. Bassermann hielt den Augenblick für günstig, ein allgemeines Abkommen zwischen der Zentralgewalt und Preußen abzuschließen. Die Zentralgewalt konnte den preußischen Behörden – zumindest moralisch – helfen, Recht und Ordnung wieder herzustellen. Ein Interessenkonflikt zwischen der Reichsregierung und den preußischen Behörden ließ sich am besten durch ein gemeinsames Vorgehen beilegen: durch etwas,

[67] V, 3407 ff. [68] Bassermann, *Denkwürdigkeiten*, 256.

das auf der Linie von Friedrich Wilhelms eigenem Programm lag, der am 21. März proklamiert hatte: »Preußen geht fortan in Deutschland auf.« Bassermann war scharfsichtig genug, einzusehen, daß die Forderung der Unterwerfung unter die Zentralgewalt, die er der preußischen Regierung unterbreiten sollte, ohne den gleichzeitigen Köder der Kaiserkrone wenig reizvoll bleiben mußte. Er hatte selber bemerkt, daß die preußische Regierung stark genug war, um den Versuch einer weiteren Revolution zu ersticken. Während die Minister sowie der Prinz und die Prinzessin von Preußen Interesse an der Kaiserkrone zeigten, mißbilligte der König jeden Gedanken daran. In der ersten Audienz, am 11. November, betonte Friedrich Wilhelm, daß man Preußen mit seiner ruhmreichen Vergangenheit nicht in Deutschland aufgehen lassen dürfe. Auch sei die Position Österreichs zu bedenken, das bisher die kaiserliche Würde innegehabt habe. Jedenfalls könne er ohne die Zustimmung der anderen Fürsten die Kaiserkrone nicht annehmen. In der zweiten Audienz, am 14. November, kurz vor Bassermanns Abreise, zeichnete sich der Meinungs- und Verhaltensunterschied in einer Auseinandersetzung über den Plan des Königs ab, die Frankfurter Nationalversammlung durch ein Fürstenkollegium als Oberhaus zu ergänzen. Bassermann legte seine Ansicht dar, daß bei der Lage der Dinge eine derartige Institution nicht möglich sei. Abermals bat Bassermann den König, sich und den preußischen Staat der Frankfurter Nationalversammlung auf Gedeih und Verderb auszuliefern, und dies schlug er trotz ihrer labilen und unberechenbaren Mehrheit vor. Wie so viele führende Vertreter des rechten Zentrums überschätzte Bassermann die »moralische« Kraft der Versammlung und der Regierung, denen er angehörte, und unterschätzte die Stärke und den stabilisierenden Einfluß der großen Länder, vor allem Preußens. In seiner Parlamentsrede vom 26. Oktober über die österreichische Frage hatte Heinrich von Gagern die Pflicht der Selbsterhaltung jedes verfassungsmäßigen Staates voll anerkannt. Er hatte zwar von Österreich gesprochen, aber das Prinzip galt ebenso für Preußen. Bassermann erwartete vom König, er werde die komplexe Frage der Beziehung zwischen Preußen und einem Deutschland unter einem Hohenzollernkaiser der Frankfurter Nationalversammlung zu lösen überlassen, wodurch den Rechten der verschiedenen konstitutionellen Organe in Preußen, angefangen von der Krone über die Regierung bis zum Parlament, entschieden Abbruch getan worden wäre. Der König hätte sehr rücksichtslos gehandelt, wäre er auf Bassermanns Vorschläge in dieser Form eingegangen, denn kein verantwortungsbewußter Preuße wäre ihm auf diesem Weg gefolgt. Die Folgen wären zumindest eine Krise der Monarchie und schlimmstenfalls ein Zerfall des preußischen Staats gewesen: der Institution, die für die deutsche Sache Soldaten nach Schleswig-Holstein entsandt und im September ein Truppenkontingent zum Schutz der Nationalversammlung vor den umstürzlerischen Kräften gestellt hatte. Bassermann selber hätte es beim nächsten Aufstand als erster bedauert, wenn die Hauptstütze von Recht und Ordnung in Deutschland zerstört worden wäre. Als der König einen praktischen Vorschlag machte, wie sich die Interessen der Länder und des Reichs versöhnen ließen, nämlich durch ein Gremium, das die Herrscher vertrat, lehnte Bassermann diesen Vorschlag sofort ab. Sogar dieser relativ realistische badische Politiker hatte zu lange die Luft der Frankfurter Nationalversammlung und der Zentralgewalt geatmet, um sich von der Vorstellung aus dem Traumreich freizumachen, es sei die Pflicht der Einzelstaaten, die Befehle Frankfurts auszuführen. Preußen benötigte Frankfurt nicht, um Gesetz und Ordnung in Berlin wiederherzustellen, wie Bassermann während seines Aufenthalts selber erkannte. Er redete sich aber immer noch ein, die Zentralgewalt und die Nationalversammlung hätten bei der Einigung Deutschlands der preußischen Krone so viel zu bieten, daß Berlin bereitwillig jede Bedingung eingehen würde. Friedrich Wilhelm IV. war ganz im Recht, als er auf alle Schwierigkeiten hinwies, die entstehen mußten, falls er die Kaiserkrone annähme, auch wenn sie ihm die Frankfurter Nationalversammlung anbot. Obwohl Bassermann in seinen Erinnerungen völlig zutreffend bemerkte, der König habe nur unklare Vorstellungen darüber, was es für Preußen bedeuten würde, wenn man die Kaiserkrone wieder den Habsburgern verleihen würde, sah Friedrich Wilhelm doch die Realität, wenn er auf die Notwendigkeit hinwies, auch an Österreich zu denken. Er schätzte auch die Bedeutung der Herrscher und der Staaten besser ein als Bassermann. Es liegt eine gewisse Ironie darin, daß das rechte Zentrum in der Frankfurter Nationalversammlung zum erstenmal entschieden an Preußen in der ersten Novemberhälfte herantrat, als dieser Staat seine erste konservative Regierung seit dem März erhalten hatte. Die Kabinette mit führenden Liberalen wie Camphausen und Hansemann hatten keine besondere Begeisterung dafür aufgebracht, die preußischen Interessen der deutschen Sache unterzuordnen. Daher konnte man nicht verallgemeinernd sagen, die gemäßigten Liberalen Deutschlands hätten unzweideutig über die Einigungspläne auf der Basis dessen übereingestimmt, was in Frankfurt vorgeschlagen wurde. Auch in Hannover unterstützte der konservativ-liberale Minister Stüve, ein ehemaliger Oppositionspolitiker, nachdrücklich die Rechte der Einzelstaaten und war im Juli in der Nationalversammlung unter heftigen Beschuß[69] gekommen.

Graf Brandenburgs Kabinett war den Vorschlägen über die Rolle Preußens bei der deutschen Einigung wenigstens ebenso zugänglich wie seine Vorgänger. Bassermann begriff offenbar nicht ganz, wie unlogisch seine Stellungnahme bei den Verhandlungen mit dem preußischen König war. Hier verhandelte der Abgesandte der Zentralgewalt, die stets das Recht beansprucht hatte, den Regierungen der einzelnen Staaten Befehle zu erteilen, hinter dem Rücken des Reichsverwesers, eines Habsburgers, und seiner Kollegen – einschließlich des gleichfalls aus Österreich stammenden Ministerpräsidenten von Schmerling – mit Friedrich Wilhelm IV., um den König dazu zu bewegen, die Kaiserkrone von der Frankfurter Nationalversammlung entgegenzunehmen, die einen solchen Plan überhaupt noch nicht in Betracht gezogen hatte. Außerdem war die technische Frage zu bedenken, daß die Zentralgewalt durch Gesetz von der Mitwirkung am Entwurf der Reichsverfassung ausgeschlossen war, obwohl sich dies bald als völlig bedeutungslos erweisen sollte. Immerhin hatte Bassermann eben deshalb den Vorsitz im Verfassungsausschuß der Frankfurter Nationalversammlung aufgeben müssen, als er in die Reichsregierung eintrat.

Bassermann beendete seine Mission am Abend des 14. November nach dem letzten Besuch am Hof in Potsdam. Auf der Rückfahrt erfuhr er aus den Zeitungen, daß die Frankfurter Nationalversammlung am gleichen Tag über die Lage in Berlin debattiert und einen Antrag angenommen hatte, ohne seine Rückkehr abzuwarten. Der Beschluß stützte sich auf eine Beurteilung der Lage in Berlin, die völlig von der seinen abwich, und da er nicht bereit war, Anweisungen der Zentralgewalt aufgrund dieser Parlamentsentscheidung auszuführen, entschloß er sich, nach Frankfurt zurückzukehren, statt wieder nach Berlin zu fahren. Seine Position dort war unhaltbar geworden.[70]

---

[69] II, 879 ff.
[70] Der Bericht über Bassermanns Mission beruht auf einer Interpretation von Zeugnissen, die über mehrere Quellen verstreut sind — darunter Wigard, V, vor allem 3252, 3266 ff.; Bassermann, *Denkwürdigkeiten*, 246 ff.; Gerlach, *Denkwürdigkeiten*, I, 232 ff.

Bereits zwei Tage vor der Debatte in der Frankfurter Nationalversammlung vom 14. November hatte die Zentralgewalt Bassermann neue Instruktionen gesandt, die der Politik, wie er sie in Berlin verfolgt hatte, und seiner Einschätzung der Lage diametral entgegengesetzt waren. Das Schreiben besagte, da die Preußische Nationalversammlung der Regierung Brandenburg das Mißtrauen ausgesprochen habe, sei nach den Prinzipien einer konstitutionellen Monarchie ein neues Kabinett zu bilden, welches das Vertrauen des Königs und des Landes genieße. Allgemein zielten diese Anweisungen auf einen Kompromiß zwischen der Regierung und der Preußischen Nationalversammlung ab. Die letztere sollte bewogen werden, sich ihrer Verlegung nach Brandenburg vorläufig zu fügen. Die preußische Regierung und Nationalversammlung sollten sich weiter gemeinsam um eine Verfassung bemühen. Die Behörden wurden in ihrem Bestreben, Recht und Ordnung wiederherzustellen, bestärkt.[71] Auf der Rückreise vernahm Bassermann aus den Zeitungen, daß neue Instruktionen an ihn unterwegs seien, doch da er nicht nach Berlin zurückkehrte, entging er dem Dilemma zwischen seinen offiziellen Pflichten und seinem Gewissen. Die Voraussetzung für die ihm erteilten Anweisungen, nämlich daß die preußische Nationalversammlung ein Gremium sei, auf dessen Urteil man sich verlassen könne, und daß ein Kompromiß zwischen Parlament und Krone möglich sei, trafen nach Bassermanns Ansicht nicht zu. Am 14. November faßte die Frankfurter Nationalversammlung mit großer Mehrheit einen Beschluß, der ziemlich genau mit den Instruktionen für Bassermann übereinstimmte.[72] Die Zentralgewalt entsandte sofort nach Bassermanns Rückkehr am 18. November zwei weitere Reichskommissare nach Berlin, um den Beschluß der Versammlung, einschließlich der Forderung nach einer neuen Regierung durchzuführen. Diesmal fiel die Wahl auf den Vizepräsidenten des Hauses, Eduard Simson, und den nassauischen Ministerpräsidenten Hergenhahn, die beide dem rechten Zentrum *(Casino)* angehörten[73]. Sie standen vor der unerfüllbaren Aufgabe, mit einer Regierung zu verhandeln, deren Rücktritt sie verlangen sollten. Die Frankfurter Versammlung erleichterte ihre Position etwas, indem sie die Suspension der Steuererhebung durch das Rumpfparlament in Berlin für null und nichtig erklärte[74]. Doch am folgen-

---

[71] Text in Bassermann, *Denkwürdigkeiten*, 279, Anm. 1.   [72] V, 3316 ff.   [73] V, 3405.
[74] V, 3470 ff. Mit 275 gegen 150 Stimmen.

den Tag erließ der Reichsverweser mit Zustimmung mehrerer Minister eine in hochmütigem und herablassendem Ton abgefaßte Proklamation an das preußische Volk[75]. Die Kommissare trafen am 20. November in Berlin ein. Beide Parteien im Verfassungskonflikt nahmen sie gut auf, aber wie zu erwarten war, gelang es ihnen nicht, den Konflikt beizulegen. Simson kam bald zu dem Schluß, die Angelegenheiten in Berlin hätten ein so entscheidendes Stadium erreicht, daß die Anwesenheit des Präsidenten der Frankfurter Nationalversammlung, Heinrich von Gagern, erforderlich sei. Zu den Dingen, die Simson Sorgen bereiteten, gehörte seine Befürchtung, Friedrich Wilhelm IV. werde in Kürze ohne Zustimmung seines Parlaments eine preußische Verfassung verkünden. Diese Entwicklung war für die gemäßigten Liberalen in Frankfurt, die auf einen Hohenzollernkaiser hofften, aus zwei Gründen unerwünscht. Im allgemeinen verlangten die Prinzipien der konstitutionellen Monarchie Verhandlungen zwischen Krone und Parlament über die Gestaltung einer Verfassung. Außerdem hatten die Volksvertreter in Frankfurt, die für die Verleihung der Kaiserkrone an Friedrich Wilhelm eintraten, das Aufgehen Preußens in Deutschland vor Augen. Solange Parlament und Regierung in Preußen mit der Verfassung nicht weiterkamen, hatte die Frankfurter Nationalversammlung eine gute Chance, ihre Aufgabe vor ihrem Rivalen zu beenden. Die Existenz einer preußischen Verfassung hätte es nur noch schwieriger gemacht, die Hohenzollernmonarchie den Vorstellungen des Kreises um Heinrich von Gagern entsprechend in das geeinte Deutschland einzufügen.

Simson kehrte am 22. November nach Frankfurt zurück. Am folgenden Tag erstattete er dem Ministerrat Bericht, und am 24. November trat er abermals die Reise nach Berlin an, diesmal in Begleitung Heinrich von Gagerns. Dieser hatte von der Frankfurter Nationalversammlung eine Woche Urlaub erhalten, um persönlich die Lage in Berlin erkunden zu können[76]. Er reiste mit Billigung der Zentralgewalt, doch nicht als deren Abgesandter.

Die beiden Hauptziele von Gagerns Mission waren offenbar, nach Möglichkeit zu verhindern, daß der König einseitig eine Verfassung erließ, sowie ihn zur Annahme der Kaiserkrone zu bewegen. Das erste Ziel war offiziell und mit der Zentralgewalt abgesprochen, das zweite dagegen — wie im Fall Bassermanns — völlig inoffiziell. Gagern durfte den Kaiserplan jedoch eher unterstützen als Bassermann, da er weder Mitglied der Reichsregierung noch deren offizieller Beauftragter war.

[75] V, 3510.   [76] V, 3537.

Bemerkenswerterweise ging die Hauptanregung, Friedrich Wilhelm die Kaiserkrone anzutragen, zu Beginn der Bewegung, die in der Abstimmung der Frankfurter Nationalversammlung Ende März kulminierte, von zwei südwestdeutschen Politikern aus, die beide aus Großherzogtümern, nicht aus Königreichen kamen. Da sie vor allem mit den Zuständen ihrer Heimatstaaten vertraut waren, die selbst als drittrangige Mächte eine verhältnismäßig kurze Geschichte hinter sich hatten, fehlte ihnen das Verständnis für die historische Tradition des preußischen Königreichs. Gagern war vor dem November 1848 noch nie in Berlin gewesen. Gewiß teilten sogar einige preußische Vertreter Gagerns Ansicht, die Hohenzollernmonarchie könne unter einem Kaiser aus der preußischen Dynastie in Deutschland aufgehen. Doch diese Überzeugung fand sich eher bei Politikern aus dem Rheinland und aus Westfalen, wie Beckerath und Mevissen, als unter einflußreichen Persönlichkeiten aus den Kernländern der preußischen Monarchie, wie Brandenburg, Schlesien und Ostpreußen.

Gagern und Simson trafen am Abend des 25. November in Berlin ein. An den folgenden Tagen hatte Gagern Unterredungen mit Friedrich Wilhelm. Er setzte sich nachdrücklich für die offiziellen Ziele ein und wandte nebenher alle ihm zu Verfügung stehende Überredungskunst auf, um die Zustimmung des Königs zum Plan eines Hohenzollernkaisertums zu erhalten. Das gelang ihm nicht. Wie sich aus einigen Bemerkungen in seiner Rede vor der Frankfurter Nationalversammlung vom 26. Oktober über die Österreich-Frage schließen läßt,[77] hielt er damals im Interesse der deutschen Einheit gewisse Änderungen im preußischen Staat für notwendig. So mußte er die gleiche glatte Absage hinnehmen wie schon Bassermann. Sowohl Gagern wie der König wurden erregt, und von einer Audienz kehrte Gagern völlig erschüttert, ja krank, in sein Hotel zurück. Er vermochte nicht zu verstehen, wie ein so wunderbares Angebot eine solche Ablehnung finden konnte. Wie zahlreiche andere führende Abgeordnete der Nationalversammlung war Gagern ein Enthusiast. Gesprächspartner, die seine Voraussetzungen nicht teilten oder zu ande-

---

[77] Vgl. S. 327. In dem fraglichen Satz (IV, 2900, Sp. 1, Zeilen 39—42) äußerte er ,»daß an die Spitze des Bundesstaats ein einheitliches Oberhaupt gehört, was schon den Begriff einer Hegemonie Preußens ausschließt«. Gagern sprach mit Überzeugung, aber nicht immer flüssig, und sogar engen Freunden fiel es schwer, ihm bei dieser Gelegenheit zu folgen. Später erklärte er, »er dachte an eine allmähliche Verschmelzung der Länder als Provinzen unter einem Herrscher, der sich auf den Standpunkt zu versetzen vermöge, gegen alle Provinzen gleiche Pflichten zu haben«. Vgl. Bergsträsser, *R. C. T. Eigenbrodt*, 233.

ren Schlüssen kamen, waren ihm unbegreiflich. Nach einer Abschieds-
audienz beim König verließ Gagern am 2. Dezember Berlin. Am
4. Dezember präsidierte er wieder der Nationalversammlung,[78] wo
er sich mehr zu Hause fühlte. Simson gegenüber erklärte der König
später, er könne Gagern gut leiden, doch, setzte er hinzu: »Es ist nur
schade, daß ich ihn nicht verstehe, denn er redet fortwährend in Begeisterung, und deren habe ich ohnehin genug. Ich verstehe ihn nicht,
und er versteht nicht, was ich ihm sage.«[79] Dies ist ein kluger Kommentar zu einer Seite von Gagerns Persönlichkeit. Hier lag seine Stärke in
der Paulskirche und seine Schwäche bei verwickelten Verhandlungen,
zumal dann, wenn er gefühlsmäßig engagiert war.

Trotz der negativen Haltung des Königs schrieb Gagern seinen Plan
eines Hohenzollernkaisers nicht ab, weil er den Eindruck hatte, daß
ihn andere Mitglieder der königlichen Familie und die Regierung in
gewisser Weise unterstützten. Sogar Prinz Karl, ein jüngerer Bruder
des Königs, ein Ultrakonservativer, wollte nicht, daß sich die
Hohenzollerndynastie die Kaiserkrone entgehen ließe. Gagern
konnte daher das Empfinden haben, daß noch Hoffnung bestehe und
daß Friedrich Wilhelm kein Hindernis sei, solange die königliche
Familie und die Regierung die Annahme der Krone befürworteten.
Man müßte eine Formel finden, die sowohl Frankfurt als auch Berlin
befriedigte. Leider ist es Gagern in seinem gerechten Eifer nicht gelungen, die Differenzen auf die Hauptpunkte zu beschränken, wie
die Haltung Österreichs und der Königreiche, als auch die Zukunft des preußischen Staates. Seinen preußischen Gesprächspartnern
dürfte es nicht leichtgefallen sein, ihn dazu zu bringen, daß er die
Probleme mit ihren Augen sah, und ihm Zugeständnisse abzuhan-
deln. So ging eine günstige Gelegenheit ungenutzt zu einer Zeit vorüber, da die Dinge noch einigermaßen im Fluß waren. Obwohl
Gagern später geduldig die Ansichten der Staatsregierungen über die
Reichsverfassung erkundete, war wertvolle Zeit verloren worden.[80]
Simsons Verdacht, der König könne ohne Absprache mit dem Parlament einseitig eine Verfassung proklamieren, erwies sich als berechtigt. Die »oktroyierte Verfassung« wurde am 5. Dezember verkündet, als sich Simson noch in Berlin aufhielt. Gagern und Simson
waren davon überzeugt, daß diese Verfassung die Verwirklichung

---

[78] V, 3797. [79] Simson, *E. v. Simson*, 151 f.
[80] Über die Missionen Simsons und Gagerns vgl. Simson, *E. v. Simson*, 129 ff; Meinecke, *Weltbürgertum*, 380 ff; Gerlach, *Denkwürdigkeiten*, I, 253 ff; Sachsen-Coburg-
Gotha, *Aus meinem Leben*, I, 322 ff.

ihrer Einigungspläne erschweren werde. Gagern sah eine Gefahr in verschiedenen radikaleren Verfassungsbestimmungen, die eingefügt worden waren, um der Opposition den Wind aus den Segeln zu nehmen.[81] Die innere Situation Preußens wurde jetzt zweifellos stabiler. Mitte des Monats war die Frankfurter Nationalversammlung mit einem anderen Problem beschäftigt, nämlich mit der Krise, die zum Ausscheiden Schmerlings aus der Reichsregierung und zu seiner Ablösung durch Heinrich von Gagern führte.[82]

[81] Vgl. Gagerns Brief vom 14. Dezember 1848 aus Frankfurt an Hergenhahn und Simson; in Simson. *E. v. Simson*, 146 ff.
[82] Für diese Zeit vgl. Ernst Bammel, »Gagerns Plan«.

Schmerling war ein Mann von großer Entschlossenheit und verfocht sogar im Fall Österreichs das Prinzip, daß sich die Staatsregierungen der Zentralgewalt unterzuordnen hätten.[83] Er war durchaus integer, und Beschuldigungen, die gegen ihn erhoben wurden, er wende unfaire Methoden an, sind bezeichnend für die vergiftete Atmosphäre und für die Unfähigkeit der ihrer Aufgabe mit Hingabe dienenden Männer, in der Opposition gegen ihre Ansichten etwas anderes als Obstruktion zu sehen. Schmerling hatte zahlreiche Feinde, und dies nicht nur wegen seiner Politik – etwa der äußerst entschiedenen Niederwerfung des Frankfurter Septemberaufstands –, sondern ebenso wegen seines häufig heftigen Auftretens. Er gehörte zu jenen ziemlich rücksichtslosen Verwaltungsbeamten von Rang, die durch die Revolution von 1848 hochgekommen waren und wohl noch weniger Gefühl für individuelle Empfindungen hatten als Metternich und seine Kollegen. Die Linke verabscheute Schmerling. Nicht einmal in seiner eigenen Partei, dem rechten Zentrum *(Casino)*, war er recht zu Hause. Die hier überwiegenden preußischen Vertreter verstanden ihn im allgemeinen nicht und mißtrauten ihm deshalb. Als Mann der Tat mußten ihn die Theoretiker des *Casino*, wie Georg Beseler, ungeduldig machen. Schmerling hatte das Unglück, für alle Sünden Abbuße tun zu müssen, welche die Zentralgewalt in den Augen der verschiedenen Gruppen begangen hatte. Die Linke identifizierte das Verhalten der Reichsregierung bei den Frankfurter Unruhen hauptsächlich mit Schmerling persönlich, und dies in großem Maß zu Recht. Der Minister scheint offenbar auch – einigermaßen verspätet – den Zorn der schleswig-holsteinischen Interessengruppe erregt zu haben, vor allem von Mitgliedern des rechten Zentrums, wie Georg Beseler *(Casino)* und seines Bruders Wilhelm Beseler *(Augsburger Hof)*, früher Mitglied der provisorischen Regierung in den Herzogtümern und von November bis März Vizepräsident der Frankfurter Nationalversammlung, wie auch von Dahlmann, Droysen und Waitz. Falls dies die Rache dafür war, daß Schmerling sich im September entschieden gegen eine Ablehnung des Waffenstillstands von Malmö gewehrt

---

[83] Dies ergibt sich eindeutig aus der von der Zentralgewalt der Frankfurter Nationalversammlung vorgelegten Korrespondenz, etwa über die Österreichmission der Reichskommissare Welcker und Mosle vom Oktober 1848. Vgl. IV, 2620 ff., V, 3660 ff. und besonders Schmerlings Anweisungen vom 24. und 29. Oktober und vom 1. November.

hatte, dann kam sie sehr spät und war an diesem kritischen Zeitpunkt eine besondere Ironie des Schicksals. Durch ihr damaliges Verhalten hatten Schmerling und seine Ministerkollegen den völligen Bruch der Frankfurter Versammlung und der Zentralgewalt mit Preußen verhindert, zu dem die Politik geführt hätte, die der pro-preußische Dahlmann vertreten hatte.[84] Jedenfalls entschied die Reichsregierung korporativ über ihre Haltung zum Waffenstillstand von Malmö, und es wäre ungerecht gewesen, einen bestimmten Minister dafür verantwortlich zu machen.

Diese persönlichen Feindseligkeiten machen die Kampagne gegen Schmerling im rechten Zentrum besser verständlich, denn politische Differenzen hätten sich überbrücken lassen. Schmerling erkannte nach der Bildung der Regierung Schwarzenberg und der Verkündigung des Programms von Kremsier,[85] daß die veränderte Situation in der habsburgischen Monarchie Verhandlungen zwischen der Zentralgewalt und Österreich notwendig machte. Er sah ein, daß sich gegenüber einem erstarkten Österreich der strenge doktrinäre Kurs vom Vorrang der Zentralgewalt nicht beibehalten ließ. Wie anderen österreichischen Abgeordneten der Frankfurter Nationalversammlung kamen ihm Zweifel am Wert der Paragraphen 2 und 3 über die Beziehungen zwischen deutschen und nichtdeutschen Gebieten innerhalb eines und desselben Staates. Fast alle österreichischen Vertreter suchten jetzt nach einer Lösung, die es dem deutschen Teil Österreichs gestattete, seine Verbindung zu Deutschland aufrechtzuerhalten, und die es zugleich ermöglichte, den Zusammenhalt der habsburgischen Monarchie zu wahren.

Heinrich von Gagern, der dem rechten Zentrum nahestand, hatte volles Verständnis für die Schwierigkeiten, in denen sich die Deutsch-Österreicher sahen, und sein Programm vom 26. Oktober zielte darauf ab, aus dem Dilemma herauszukommen. Damals hatte er seinen Plan als eine Alternative zu den Paragraphen 2 und 3 betrachtet, die nach seiner Meinung eine unangemessene Behandlung eines tief in der Geschichte wurzelnden Problems darstellten. Im Oktober hatte die gleiche Gruppe, die jetzt Schmerling stürzen wollte – der Kern des Verfassungsausschusses und des rechten Zentrums: Georg Beseler, Dahlmann, Droysen, Waitz –, hartnäckig auf den Paragraphen 2 und 3 bestanden und Gagern gezwungen, seinen Antrag zurückzuziehen. Nun arbeitete sie auf die Ersetzung Schmerlings durch Gagern hin, obwohl Gagern von seinen Ansichten nicht abgerückt war und sich

[84] Vgl. Laube, *Das erste Parlament*, II, 209. [85] Vgl. S. 331.

sein Beharren auf Verhandlungen mit Österreich durch die Ereignisse als richtig erwiesen hatte. Gagern und Schmerling waren bereit, sich auf ein Programm zu einigen und gemeinsam in der Reichsregierung zu wirken.[86] Völlig zu Recht wollte Gagern sein Programm durch die Versammlung gebilligt wissen, ehe er in die Regierung eintrat. Doch die Palastrevolution gegen Schmerling in den Klubs des rechten Zentrums vereitelte diesen Plan. Am 15. Dezember wurde in der Frankfurter Nationalversammlung verkündet, daß die beiden österreichischen Mitglieder der Reichsregierung, Ministerpräsident von Schmerling und Staatssekretär von Würth, beide vom rechten Zentrum *(Casino)*, am Tag zuvor zurückgetreten seien. Unmittelbar darauf erhob sich Heinrich von Gagern, um seine Ernennung zum Ministerpräsidenten und seinen Rücktritt als Parlamentspräsident bekanntzugeben. Er gab in versöhnlichem Ton eine kurze Erklärung über die Entwicklung ab, die zu der Regierungsumbildung geführt hatte. Er habe gezögert, in die Regierung einzutreten, ehe das Haus sein Programm gebilligt habe, doch unter den neuen Umständen sei ihm keine andere Wahl geblieben.[87]

Schmerlings Ausscheiden aus der Regierung bedeutete das Ende eines Kapitels in der Geschichte des Frankfurter Parlaments und seiner Gruppierungen. Bisher hatte die Reichsregierung in höherem oder geringerem Maß sämtliche Regionen Deutschlands vertreten, auch wenn es dabei einige bemerkenswerte Lücken gab.[88] Daß nun alle Österreicher aus der Zentralgewalt ausgetreten waren und den Reichsverweser ohne einen seiner Landsleute zurückließen, war eine schwerwiegende Sache und mußte die Einheit des Hauses untergraben, die sich bei den Gemäßigten in zahlreichen wesentlichen Fragen noch erhalten hatte. Die Tage, da man sich in der Versammlung nach der politischen Ideologie verbündete, waren vorüber. Die Gemäßigten spalteten sich nun nach regionalen und religiösen Gesichtspunkten in diejenigen, die Österreich in den neuen deutschen Staat aufnehmen wollten, und die anderen, die zu dem Schluß gekommen waren, es sei besser, ohne Österreich weiterzumachen. Da die Frage der Führungsrolle eng mit der Stellung Österreichs verquickt war und da die Monarchien der Habsburger und der Hohenzollern die beiden großen christlichen Kirchen Mitteleuropas vertraten, wurde die kompli-

---

[86] Zum Text des Antrags, den Gagern und Schmerling der Nationalversammlung vorlegen wollten, vgl. Haym, *Die Deutsche Nationalversammlung*, II, 127 f.

[87] VI, 4223.

[88] Während Südwestdeutschland stark vertreten war, gab es nach Leiningens Rücktritt niemand mehr aus Bayern in der Regierung.

zierte Auseinandersetzung zwischen den beiden Parteien äußerst erbittert. Natürlich hing Schmerlings Sturz mit diesen tieferen Gründen zusammen und spiegelte die entstandenen Spaltungen wieder. Vielen weiterblickenden Abgeordneten des rechten Zentrums – unter ihnen den badischen Politikern Bassermann und Mathy vom *Casino* – bereitete Schmerlings Ausscheiden aus der Regierung ernste Sorge. Zahlreiche Beobachter betrachteten Schmerlings Ausschluß nachträglich als einen Fehler. Die Frage ist, ob die Zentralgewalt eine klare und aussichtsreiche Politik hätte verfolgen können, wenn ihr Schmerling, wozu er durchaus bereit war, weiterhin, wenn auch nicht mehr als Ministerpräsident, angehört hätte.

In der offiziell zur Debatte stehenden Frage der Beziehung zu Österreich gab es keine wesentlichen Meinungsverschiedenheiten zwischen Schmerling und Gagern. Beide wollten mit Österreich verhandeln und beide waren im Prinzip dafür, die deutschen Teile der habsburgischen Monarchie nicht aufzugeben. Anders als Georg Beseler oder Dahlmann hatte Heinrich von Gagern keine doktrinären Ansichten über die konstitutionelle Gestalt, die der neue Staat annehmen sollte. Er wäre bereit gewesen, bis an die Grenze des Möglichen zu gehen, um eine Verständigung zu finden, aufgrund welcher sämtliche Gebiete des Deutschen Bundes eingeschlossen werden konnten. Für den Fall, daß Österreich nicht in den engeren Kreis eintreten konnte, befürwortete er eine losere Föderation zwischen einem deutschen Bundesstaat und den deutschen Gebieten Österreichs. Die Differenz zwischen Schmerling und Gagern lag damals nur in der Akzentverteilung. Vor die endgültige Wahl gestellt, hätte der österreichische Staatsmann wohl einen etwas schwächeren Zusammenhang mit Deutschland in Kauf genommen als Gagern, um den Ausschluß seiner Heimat aus dem neuen Reich zu verhindern. Doch Schmerling hatte durch seine Amtsführung in der Zentralgewalt erkennen lassen, daß er Konzessionen an die Einzelstaaten, auch an Österreich, ablehnte. In seinem Beharren auf der übergeordneten Autorität der Zentralgewalt stand er kaum hinter den Unitariern des rechten Zentrums oder der Linken zurück. Als Ministerpräsident hatte er mit Absicht die Beziehungen zwischen der Zentralgewalt und den einzelnen Staatsregierungen kaum gepflegt und es so vermieden, auf deren Forderungen eingehen zu müssen. Erst Gagern veranstaltete nach seinem Amtsantritt als Ministerpräsident regelmäßige Zusammenkünfte zwischen seiner Regierung und den Bevollmächtigten der einzelnen Staaten.[89]

[89] Vgl. Bergsträsser, *R. C. T. Eigenbrodt.*

So bestand weithin Übereinstimmung zwischen Gagern und Schmerling in der auf der Hand liegenden Frage der Beziehungen zu Österreich. Gleiches ließ sich nicht über die Sache der Kaiserkrone und ihre mögliche Verleihung an den preußischen König sagen – ein Thema, das in der Nationalversammlung noch nicht akut geworden war. Schmerlings Zugehörigkeit zur Reichsregierung hatte, zu Recht oder zu Unrecht, seinen Staatssekretär Bassermann nicht davon abgehalten, während seiner Mission als Reichskommissar auf Friedrich Wilhelm einzuwirken, er möge im voraus die Annahme der Kaiserkrone zusagen, obwohl die Frankfurter Nationalversammlung die Angelegenheit noch nicht erörtert hatte und obgleich es der Zentralgewalt durch Gesetz verwehrt war, sich in Verfassungsdinge einzumischen. Gagern selber war sicher der Ansicht, Schmerlings Zugehörigkeit zur Regierung werde ihn nicht davon abhalten, seine Pläne samt dem Angebot der Kaiserkrone an Friedrich Wilhelm weiter zu verfolgen. Vermutlich wollte Gagern erst das Österreich-Problem in Angriff nehmen, ehe er sich mit der Frage der Führung befaßte, und er sah keinen Grund dafür, daß Schmerling nicht Regierungsmitglied bleiben sollte, solange Österreich nicht endgültig von der engeren Union ausgeschlossen war. Im Grund konnte für die Verhandlungen mit Österreich der Rat des ehemaligen österreichischen Präsidialdelegierten beim Deutschen Bund dem Kabinett nur von Nutzen sein. Gagerns Vorsicht und Mäßigung scheiterte am Ungestüm der schleswig-holsteinischen Hitzköpfe. Obwohl die Kritik von links nach den Septemberunruhen zugenommen hatte,[90] war Heinrich von Gagern eine in gewissem Maß überparteiliche nationale Gestalt geblieben. Als er nun, gegen seine Absicht, Chef einer Regierung ohne Österreicher geworden war, wurde sein Einflußbereich eingeengt. Dies konnte sich Deutschland schlecht leisten, denn er hatte damals eine einzigartige Position inne. Was mit dem Symbol der deutschen Einheit geschah, spiegelte nur das allgemein sinkende Glück der nationalen Sache wider. Schmerlings Sturz leitete einen mörderischen politischen Kampf zwischen den verschiedenen Regionen Deutschlands und vor allem zwischen den beiden großen Konfessionen ein, der alle Beteuerungen der nationalen Solidarität als leeres Gerede erscheinen ließ. Da dies zur alten Trennung von Gemäßigten und Radikalen noch hinzukam, spaltete sich die deutsche Nationalversammlung jetzt in drei Teile. Es gab einen offenen Konflikt zwischen den Gemäßigten und den Radikalen, der sich einfach und eindeutig aufzeigen ließ. Obwohl die Be-

[90] Vgl. Paur, »Briefe«, 75.

ziehung zu Österreich lebenswichtige und in gewissem Umfang widersprüchliche Interessen berührte und so zum Gegenstand der politischen Kontroverse werden mußte, verdunkelte die Form, in der die öffentliche Debatte geführt wurde, die Fragen eher, als daß sie sie klärte, indem sie die Sache auf eine scheinbar eindeutige Alternative zurückführte. Die Eröffnung des Kampfes zwang sämtliche Beteiligten, sich einer Seite anzuschließen, und verhinderte Kompromisse. Das Tempo bestimmten die Extremisten in beiden Lagern, und die gemäßigteren Elemente sahen sich in den Hintergrund gedrängt. Jede Seite erweckte den Eindruck, die von ihr befürwortete Stellungnahme stünde noch offen. In Wirklichkeit waren Ende 1848 die der Frankfurter Versammlung noch freistehenden Möglichkeiten durch die neuen starken Regierungen in Österreich und Preußen eng begrenzt. Gagern hatte das praktisch Erreichbare Schritt für Schritt erkunden und sich dabei – notwendigerweise – über den absurden Ausschluß der Zentralgewalt vom Verfassungswerk hinwegsetzen wollen. Entgegen seinen Absichten begann jetzt die öffentliche Diskussion über das künftige Verhältnis zu Österreich und über verwandte Fragen, ehe durch Verhandlungen die praktischen Grundlagen geschaffen waren. So fand die ganze Debatte in einer abstrakten Atmosphäre statt. Es gelang oft nicht, sich mit den gegnerischen Argumenten auseinanderzusetzen. Im großen ganzen entschieden sich die Abgeordneten des Frankfurter Parlaments für das, was sie erreichen wollten, und behaupteten dann, ihre Ziele seien auch realisierbar. Gagern befand sich in einer etwas ungewöhnlichen Lage, indem er zuerst untersuchte, was seiner Meinung nach erreichbar war, und dementsprechend handelte. Er hätte zweifellos gern eine möglichst enge Verbindung mit Österreich gesehen. Und nur zögernd wurde er zum Führer einer Partei, deren Programm im Grunde auf einen Ausschluß Österreichs hinauslief. Bestimmt war er kein Gegner Österreichs. Bedenkt man diese Punkte, so erscheint seine politische Laufbahn im ganzen folgerichtiger, als zuweilen zugegeben wird. Obwohl Gagern wesentlich realistischer an das österreichische Problem heranging als die meisten anderen Abgeordneten auf beiden Seiten der Nationalversammlung, kann es sehr wohl sein, daß der Augenblick für die Verwirklichung des Kernpunkts in seinem Programm – nämlich die Eröffnung von Verhandlungen mit der österreichischen Regierung – infolge der veränderten Lage in der habsburgischen Monarchie bereits vorüber war. Letzten Endes war der österreichische Anteil an Deutschland kein Verhandlungsgegenstand, und Fürst

Schwarzenberg hatte die Möglichkeit, einen Ausschluß Österreichs aus dem vorgesehenen Staat durch ein Veto zu verhindern. Trotz dieser Vorbehalte war die Debatte über Gagerns Programm hinsichtlich der Beziehungen zu Österreich eine wichtige Etappe auf dem Wege zur Klärung der in Deutschland über dieses komplexe Problem herrschenden Vorstellungen.[91]

[91] Die meisten Quellen enthalten Material über die Ablösung Schmerlings durch Gagern, darunter Jürgens, *Zur Geschichte,* I, besonders 387 ff; Wichmann, *Denkwürdigkeiten,* 301 ff; Biedermann, *Erinnerungen,* 53 ff; Haym, *Die Deutsche Nationalversammlung,* II, 116 ff; Laube, *Das erste Parlament,* III, 177 ff; Schweickardt, *W. Beseler,* 142 ff.

Am 18. Dezember legte Heinrich von Gagern der Frankfurter Nationalversammlung sein Regierungsprogramm vor. Es unterschied sich nicht grundsätzlich von dem Entwurf, dem auch Schmerling zugestimmt hätte. Gagern bestand darauf, daß es notwendig sei, die Zentralgewalt als Wegbereiterin für die Verfassung mit zuzulassen, was immer auch im Gesetz über die Einrichtung der Reichsregierung stehe. Er behauptete, durch die Erklärung von Kremsier habe die österreichische Regierung die sich aus den Paragraphen 2 und 3 ergebende Frage beantwortet, indem sie versicherte, daß sie nicht willens sei, dem deutschen Bundesstaat beizutreten. Diese Haltung habe offenbar beim Großteil der Bevölkerung im deutschen Teil Österreichs, das »in einem unauflöslichen Bunde« mit Deutschland bleibe, Zustimmung gefunden. Gagern bat die Versammlung, sie möge die Zentralgewalt ermächtigen, mit der österreichischen Regierung auf diplomatischem Wege über die künftige Beziehung zwischen Österreich und dem vorgesehenen deutschen Bundesstaat zu verhandeln. Die Verfassung des deutschen Bundesstaates könne jedoch dabei nicht Verhandlungsgegenstand sein.[92] Nach einer Debatte und einer Anzahl Abstimmungen beschloß die Versammlung, einen Sonderausschuß zur Berichterstattung über die Regierungsvorschläge zu wählen. Man wartete begierig auf die Nominierungen der fünfzehn Abteilungen für den Ausschuß: Sie konnten einen Hinweis auf die Einstellung des Hauses gegenüber der neuen Regierung und Gagerns Österreich-Programm liefern. Was am 18. Dezember bei der Wahl von Gagerns Nachfolger als Parlamentspräsident geschah, konnte die neue Regierung kaum beruhigen. Obwohl Eduard Simson, rechtes Zentrum (Casino), als Vizepräsident dank seiner geschickten und unparteiischen Verhandlungsführung fast uneingeschränktes Ansehen in der Frankfurter Versammlung genoß, waren drei Wahlgänge erforderlich, ehe er die notwendige absolute Mehrheit aller abgegebenen Stimmen erreichte. Selbst dann erhielt er nur zwei Stimmen mehr als notwendig. Im zweiten und dritten Wahlgang kam Carl Kirchgeß-

[92] VI, 4233 f.
[93] BSTH; Bassermann, Denkwürdigkeiten, 314; W. Klötzer, »Abgeordnete«, in Wentzcke, Ideale, 291.

ner (vom linken Zentrum, *Württemberger Hof*),[93] ein bayerischer Anwalt, Simsons Stimmenzahl sehr nahe. Mit dem Ausscheiden Schmerlings und dem Akutwerden der Österreich-Frage verlor die Reichsregierung die klare Mehrheit, die sie seit den Septemberunruhen in der Versammlung besessen hatte. Kirchgeßner bekam die Unterstützung der Linken und des linken Zentrums, aber auch jener Gemäßigten, die Gagerns Österreich-Programm nicht akzeptieren konnten.[94] Der Koalition aus diesen Gruppen fehlte nicht viel, um die Partei Gagerns schlagen zu können.

Mit dem Ausschuß, der sein Programm beraten sollte, erging es Gagern tatsächlich noch schlechter. Ihn beherrschten die Linke und das linke Zentrum, und nur ein Drittel der Mitglieder setzte sich für den Ministerpräsidenten ein.[95]

Der Ausschußbericht kam am 11. Januar 1849 vor das Plenum. Die Mehrheit des Ausschusses bekräftigte das ausschließliche Recht der Nationalversammlung, die Verfassung festzustellen, und wies nachdrücklich jede Beteiligung der Regierungen der Einzelstaaten daran zurück: Da die Versammlung den Auftrag erhalten hatte, eine gemeinsame Verfassung für die Länder des ehemaligen Deutschen Bundes zu schaffen, lag der Ausschluß des deutschen Österreich außerhalb ihres Mandats. Deutschland dürfe die Deutschen in Österreich nicht fallenlassen, denn dann würden sie den dortigen Slawen und anderen Nicht-Deutschen ausgeliefert sein. Deutschland habe bereits allzu viele Gebietsverluste erlitten: Elsaß, Lothringen, die Schweiz, Belgien, Holland und die Ostseeprovinzen. Ein norddeutsches Kaisertum ohne Österreich, Böhmen, Tirol und Bayern würde beim nächsten Ansturm der Slawen gegen Deutschland zugrunde gehen, denn die deutsche »Zwingburg« Böhmen würde Deutschland unwiderruflich jedem Feind aus dem Osten preisgeben. Alle Verhandlungen der Zentralregierung mit der österreichischen Regierung sollten sich nur mit dem Verhältnis des neuen Deutschland zu jenen Teilen Österreichs befassen, die nicht zum Deutschen Bund gehört hatten. Eine Ausschußminderheit aus vier Abgeordneten des rechten Zentrums und einem Unabhängigen empfahl, der Regierung die Vollmacht einzuräumen, die sie in ihrer Erklärung vom 18. Dezember erbeten habe; dies solle jedoch im Sinn der Erklärung verstanden werden, die der Ministerpräsident am 5. Januar vor dem Ausschuß abgegeben habe.[96] Diese zweite Erklärung war als Antwort auf eine Intervention der österreichischen Regierung erfolgt.

[94] VI, 4229 ff. [95] VI, 4281; Rümelin, *Aus der Paulskirche*, 143. [96] VI, 4539 ff.

Nach seinem Ausscheiden aus der Zentralgewalt beschloß Schmerling, Österreich einen Besuch abzustatten. Auf der Heimreise erreichten ihn Depeschen der österreichischen Regierung mit der Aufforderung, wieder in ihren Dienst zu treten. Bekanntlich war es Schmerling gewesen, der als österreichischer Präsidialdelegierter beim Deutschen Bund im Juli die Befugnisse der Bundesversammlung dem Reichsverweser übertragen hatte.[97] Fürst Schwarzenberg bot ihm die Ernennung zum österreichischen Bevollmächtigten in Frankfurt an. Die Minister Stadion und Bruck drängten schriftlich Schmerling, den Posten anzunehmen. Bruck hatte eine Zeitlang der Frankfurter Nationalversammlung als Abgeordneter angehört. Eine der Hauptaufgaben Schmerlings sollte darin bestehen, Erzherzog Johanns Entschlossenheit bei der Wahrung der österreichischen Interessen zu stärken. Schmerling akzeptierte und nahm am 27. Dezember an einer österreichischen Kabinettssitzung teil, in der die Beziehungen zwischen Österreich und Deutschland erörtert wurden. Bei seiner Rückkehr nach Frankfurt übergab er Heinrich von Gagern eine Erklärung der österreichischen Regierung vom 28. Dezember. Die neue Regierung Österreichs wies Gagerns Interpretation des Programms von Kremsier und seine Auffassung zurück, Österreich habe beschlossen, dem deutschen Bundesstaat nicht beizutreten. Es bleibe vielmehr eine »deutsche Bundesmacht«. Irgendwelche neuen Vereinbarungen ließen sich nur in Übereinstimmung mit den deutschen Länderregierungen treffen, unter denen die österreichische den ersten Platz einnehme. Unter diesen Umständen wurde Gagern aufgefordert, seine Absicht, eine diplomatische Verbindung anzuknüpfen, nicht weiter zu verfolgen, da sie zwischen deutschen Regierungen unangebracht seien.[98] Heinrich von Gagern legte die österreichische Note mit seinen Kommentaren dem Parlamentsausschuß vor. Er lehnte die österreichische These ab, daß die Verfassung mit den Regierungen der Länder abzustimmen sei. Die deutsche Nationalversammlung, die allein die zukünftige Verfassung festzulegen habe, habe schon bei ihrer ersten Lesung ihre Entschlossenheit gezeigt, einen deutschen Bundesstaat zu schaffen, und keinen Staatenbund. Nach Ansicht der Zentralgewalt schließe das Beharren der österreichischen Regierung auf einer fortbestehenden Einheit des habsburgischen Kaiserreichs eindeutig die Aufnahme der deutschen Teile Österreichs in den vorgesehenen Bundesstaat aus. Zur Ablehnung diplomatischer Verhandlungen durch den Fürsten Schwarzenberg erklärte Heinrich von Gagern, es sei ihm gleichgültig, in welcher Form diese Kon-

[97] Vgl. S. 203. [98] VI, 4554.

takte stattfänden. Er habe diplomatische Wege im Grund nur deshalb vorgezogen, um die Empfindlichkeit der österreichischen Regierung nicht durch die Entsendung von Reichskommissaren zu verletzen.[99]

Die österreichische Note bedeutete einen schweren Schlag für Gagerns Programm. Fürst Schwarzenberg lehnte es ab, über Österreichs Stellung in Deutschland zu verhandeln. Er behielt sich sämtliche österreichischen Rechte in Deutschland für die Zukunft vor. Zum erstenmal bestritt eine maßgebliche Staatsregierung ganz offen und direkt den Anspruch der Frankfurter Nationalversammlung, selbständig die Verfassung zu schaffen. Schwarzenberg bestand nicht nur darauf, daß die Ansichten der österreichischen Regierung über die Verfassung gehört werden müßten, er bestritt der Nationalversammlung auch das Recht, die Verfassungsarbeit fortzusetzen, ehe die österreichische Regierung das Startzeichen dazu gegeben habe. Da die habsburgische Monarchie Anfang 1849 noch immer mit inneren Schwierigkeiten zu ringen hatte und daher nicht in der Lage war, ihre innenpolitische Reorganisation zum Abschluß zu bringen, bedeutete dies im Endeffekt ein österreichisches Veto gegen konstitutionelle Entwicklungen in Deutschland für eine geraume Zeit. Unglücklicherweise überging man in der Debatte weithin die Tatsache, daß Österreich die Macht besaß, die Verfassungsarbeit in Frankfurt zu unterbinden, und erörterte hauptsächlich die Fähigkeit oder Unfähigkeit Österreichs, sich an jenem deutschen Staat zu beteiligen, den die Versammlung begünstigte. Die Gegner von Gagerns Auffassung sahen sich zu der Erklärung veranlaßt, der deutsche Teil Österreichs könnte tatsächlich gleichzeitig einem deutschen Bundesstaat beitreten und weiterhin Bestandteil des habsburgischen Kaiserreichs bleiben. Doch dies wiederum hing von Vereinbarungen innerhalb der Monarchie ab, die noch nicht getroffen waren. Der Doppelstatus war tatsächlich nur möglich, wenn man die Verbindung zwischen den deutschen Gebieten Österreichs und dem übrigen Habsburgerreich lockerte. Dies hätte die genaue Umkehrung der Lage, wie sie vor 1848 war, bedeutet und wäre bei der Bevölkerung kaum auf Gegenliebe gestoßen.

Der Berichterstatter des Ausschusses, Jacob Venedey (gemäßigte Linke, *Westendhall*), warf seinen Gegnern vor, sie wollten ein preußisches Kaisertum schaffen. Dies bezeichnete er als »des Pudels Kern«. Er lehnte den Ausschluß Österreichs ab, weil dies, wie er meinte, zum Krieg zwischen einem von Preußen geführten Deutschland und dem

[99] VI, 4553.

414

habsburgischen Kaiserreich führen würde.[100] Nach Venedey ergriff Gagern das Wort. Der Ministerpräsident erklärte, daß er die Schwierigkeiten der größeren Staaten, sich der Autorität einer Bundesregierung zu unterwerfen, erkenne. Diese seien besonders im Fall Österreichs akut. Er wäre nur zu froh, wenn Österreich mit seinen deutschen Provinzen doch noch dem deutschen Bundesstaat beitreten könne. Auf jeden Fall betrachte er die 1815 geschaffenen Bande zwischen Deutsch-Österreich und Deutschland als das absolute Minimum für die Zukunft. Er plädierte für Verhandlungen mit dem habsburgischen Kaiserreich, weil er diese Bande gekräftigt wissen wolle. 1815 habe die habsburgische Monarchie selbst freiwillig darauf verzichtet, ihren vollen Einfluß in Deutschland wieder auszuüben und die Kaiserkrone erneut anzunehmen. Nachdem diese Ansprüche einmal aufgegeben worden seien, könne man sie nicht so einfach wieder geltend machen. Er erkenne durchaus an, daß Österreich gefragt werden müsse, wie es seine künftigen Beziehungen zu Deutschland geregelt haben möchte. Nie habe er befürwortet, Österreich gegen seinen Willen ein bestimmtes Verhältnis zu Deutschland aufzuzwingen. Einige Abgeordnete nähmen vielleicht an, Verhandlungen mit Österreich beeinträchtigten die Souveränität der Versammlung und widersprächen damit den früheren Erklärungen, daß die Nationalversammlung allein das Recht habe, über die Verfassung zu bestimmen. Doch die Souveränität der Nationalversammlung bedeute nicht, daß sie rücksichtslose Entscheidungen treffen könne. Nur solche Beschlüsse würden wirksam werden, die von der öffentlichen Meinung unterstützt würden. Gagern verteidigte Preußen gegen den Vorwurf, es wolle die Hegemonie über Deutschland erlangen. In Wirklichkeit lehnten die Vertreter des spezifischen Preußentums ein Aufgehen ihres Staates in Deutschland ab. Er selber befürworte nicht die Vorherrschaft eines deutschen Volksteils über den anderen, sondern eine kräftige, wohltätige Regierung für das ganze Land in Angelegenheiten, die für die Nation von entscheidender Bedeutung seien. Dies war seine persönliche Ansicht, aber er spräche als Repräsentant der gesamten Reichsregierung, und die Frage der obersten Leitung im Staat gehöre nicht in den Kompetenzbereich der Zentralgewalt. Gagern schloß mit der Aufforderung an die Versammlung, sie möge, wie er gebeten habe, die Regierung bevollmächtigen, mit Österreich zu verhandeln, und diese Ermächtigung nicht dem Vorschlag der Ausschußmehrheit entsprechend einschränken. Im Hinblick auf die Erklärung der österreichischen Regierung vom 28. Dezember könne

[100] VI, 4561.

man nicht mehr davon ausgehen, daß Österreich nicht willens sei, sich an einem deutschen Bundesstaat zu beteiligen.[101]

Der nächste Redner, der Historiker und Staatsbeamte Alfred Arneth, rechtes Zentrum *(Augsburger Hof)*, einer der populärsten Abgeordneten in der Versammlung, legte den Standpunkt des deutschen Österreichs dar. Er beklagte sich bitter über die Paragraphen 2 und 3, nach denen die deutschen Provinzen Österreichs wirklich aus Deutschland ausgestoßen würden. Die Versammlung habe weder das Recht noch die Macht, diese Artikel gewaltsam durchzusetzen. Die große Mehrheit der Deutschen in Österreich protestiere gegen diese Paragraphen und unterstütze den Widerstand der österreichischen Regierung dagegen. Er appellierte an die Versammlung, die verletzenden Bestimmungen aus der Verfassung zu entfernen. Es wäre weit besser, wenn die Bindungen innerhalb des neuen Staates etwas lockerer wären, so daß Österreich darin aufgenommen werden könne. Die zweite Lesung böte Gelegenheit, diese Gesichtspunkte nochmals zu erwägen. Er bat, die ganze Frage des Verhältnisses zu Österreich aufzuschieben, bis die Versammlung die Verfassung endgültig festgelegt habe. Sollte es sich dann, selbst bei Gewährung von Konzessionen für Österreich, als unmöglich erweisen, seine deutschen Provinzen in den vorgesehenen Staat einzugliedern, sei immer noch genügend Zeit zu Verhandlungen. Die Rede richtete sich nicht nur gegen Preußen, sondern auch gegen die Linke. Arneth lehnte die Anwendung von Gewalt als Mittel, Differenzen zwischen Deutschland und Österreich zu bereinigen, ab und tadelte die Linke dafür, daß sie wiederholt vorgeschlagen hatte, zur Einigung des Landes Reichstruppen einzusetzen.[102]

Ein anderer österreichischer Abgeordneter, Camillo Wagner[103] (gemäßigte Linke, *Westendhall*), bestritt der Versammlung das Recht, einen Teil Deutschlands auszuschließen. Im Gegensatz zu Arneth verteidigte er die Paragraphen 2 und 3. Er versicherte, Österreich könne das Prinzip der Personalunion ohne Schaden akzeptieren. Er glaube, die Agitation gegen die beiden Paragraphen in Österreich sei von Staats- und Kirchenbehörden organisiert worden. Eine Sonderbehandlung Österreichs lehnte er ab und behielt die orthodoxe Einstellung bei, daß ausschließlich die Versammlung das Recht besitze, die Verfassung festzulegen.[104]

Der erste Tag der Debatte endete mit einer Rede von Schmerling, der jetzt österreichischer Bevollmächtigter bei der Zentralgewalt

---

[101] VI, 4562 ff. [102] VI, 4566 ff. [103] *Umrisse*, 73; ADB, XLII. [104] VI, 4571 ff.

war. Schmerling verteidigte den Anspruch der österreichischen Regierung, sich ihre Rechte über die deutsche Verfassung vorzubehalten. Die Paragraphen 2 und 3 beträfen indirekt die nichtdeutschen Teile Österreichs und könnten daher nicht allein von einer Versammlung festgelegt werden, in der diese nicht-deutschen Gebiete nicht vertreten seien. Die österreichische Regierung könne ihre Ansichten über die Beziehung zu Deutschland nicht formulieren, solange die wichtigsten Entscheidungen über ihre eigene zukünftige Organisation nicht getroffen seien. Er halte es nicht für richtig, Österreich einfach deshalb von Deutschland auszuschließen, weil die österreichische Haltung Deutschland gegenüber noch nicht zulänglich bestimmt sei. Jedenfalls gezieme es der Versammlung, die Dinge so zu regeln, daß Österreich bei Deutschland bleiben könne.[105] Schmerling mußte in seiner Rede sehr bedachtsam vorgehen, weil er nur mit einer geringen Anhängerschaft rechnen konnte und weil ihn nicht nur viele ehemalige politische Bundesgenossen beargwöhnten, sondern auch einige österreichische Abgeordnete, besonders die der Linken. Er mußte sich langsam und sorgfältig eine neue Gefolgschaft aufbauen. Der abrupte Wechsel vom Ministerpräsidenten zum Bevollmächtigten eines führenden Staates bei der Zentralgewalt setzte ihn dem Vorwurf der Unbeständigkeit aus. Im Kabinett der entschiedenste Verfechter einer Reichsregierung mit höchster Autorität, verteidigte er jetzt am nachdrücklichsten die Rede der Einzelstaaten.

Am zweiten Tag der Debatte, dem 12. Januar, führte der Trierer Anwalt Ludwig Simon (extreme Linke, *Donnersberg*) einen heftigen Angriff gegen Schmerling sowohl wegen der Methoden, mit denen er den Septemberaufstand niedergeschlagen habe, wie auch wegen der Rolle, die er nun als Diener des Schwarzenberg-Regimes spiele. Simon erinnerte die Versammlung an das Schicksal, das Robert Blum von seiten eben dieser Regierung erlitten hatte. Die Linke wolle weder eine österreichische noch eine preußische Hegemonie. Was immer die Versammlung tue, die Reaktion könne sich als siegreich erweisen, und für den Fall, daß es dazu käme, würde er nicht gern eine Lösung wählen, die eine Teilung des Vaterlands mit sich bringe. Er lehne den Ausschluß Österreichs ab.[106]

In einer sehr gedankenreichen Rede sprach sich Oskar von Wydenbrugk (linkes Zentrum, *Württemberger Hof*), der leitende Minister des Großherzogtums Sachsen-Weimar, gegen das Programm Gagerns aus und befürwortete eine zwischen Österreich und Preußen abwech-

[105] VI, 4581 ff. [106] VI, 4586.

417

selnde Präsidentschaft. Er wolle nicht der Reichsregierung im voraus das Recht einräumen, Österreich aus dem deutschen Staat auszuschließen. Die Versammlung solle vorher um Zustimmung zu jedem Schritt gebeten werden. Er glaube, daß sich Österreich dem deutschen Staat anschließen werde. Sollte das jedoch nicht geschehen, dann sei die Versammlung nicht in der Lage, Österreich dazu zu zwingen. In diesem Fall solle man die deutschen Rechte dadurch wahren, daß man in die Verfassung eine Klausel aufnehme, wonach in Deutschland ein Platz für Österreich freigehalten werde für den Zeitpunkt, wenn es beitreten wolle. Wydenbrugk lehnte jeden Plan, die gesamte habsburgische Monarchie in den neuen deutschen Staat aufzunehmen, als utopisch ab. Er verlangte, aus dem Paragraphen 3 die Forderung nach einer Personalunion zwischen den deutschen und den nicht-deutschen Ländern der habsburgischen Monarchie herauszunehmen. Die Versammlung habe nur das Recht, darauf zu bestehen, daß die zu Deutschland gehörenden Länder nicht daran gehindert würden, sich an die deutsche Verfassung zu halten. Selbst das habe tiefe Auswirkungen auf die anderen betroffenen Staaten, wie zum Beispiel die habsburgische Monarchie.[107] Wydenbrugk sagte sich von der extremen Form los, in der die Linke ihren Anspruch auf die Souveränität der Versammlung und auf die Abschaffung monarchischer Institutionen erhob, obwohl er ein Stück Wegs mit den Radikalen ging. Indem er diese Zwischenposition einnahm, die für das linke Zentrum sowohl ideologisch als auch in der preußisch-österreichischen Frage so bezeichnend war, wurde er in der nun beginnenden Phase zu einer Schlüsselgestalt der Versammlung. Ähnlich dem weimarischen Staatsmann wollte der bayerische Kirchenhistoriker Johann Nepomuk Sepp,[108] ein Katholik, der sich dem rechten Zentrum angeschlossen hatte, nachdem er ursprünglich zu einem Klub der Rechten gehört hatte, vermeiden, daß die Hegemonie an eine der beiden deutschen Großmächte fiel. Er unterstützte Wydenbrugks Appell, die Paragraphen 2 und 3 in der zweiten Lesung zu revidieren.[109]

Der Lehrer und Journalist Christian Friedrich Wurm (rechtes Zentrum, *Augsburger Hof*) aus Hamburg, ein gebürtiger Württemberger, trat offen dafür ein, die deutsche Kaiserkrone Friedrich Wilhelm IV. zu verleihen. Er tat dies unter der Voraussetzung, daß sich Österreich nicht an einem deutschen Bundesstaat beteiligen könne. Er sagte, er wäre froh, wenn sich zeigen würde, daß er sich mit dieser Annahme irre. Sollte Österreich schließlich doch in den deutschen Bundesstaat

[107] VI, 4597 ff. [108] *Umrisse*, 65; Sepp, *Bild seines Lebens.* [109] VI, 4604 ff.

eintreten können, würde der habsburgische Kaiser das natürliche Staatsoberhaupt sein. Aber er erkenne in der Politik des Fürsten Schwarzenberg keinen Schritt in Richtung Deutschland. Er habe den Verdacht, die österreichische Regierung wolle zum alten, ungesunden System des Dualismus in Deutschland zurückkehren.[110]

Am dritten und letzten Tag der Debatte, dem 13. Januar, erklärte Georg von Vincke, Führer des *Milani* (Rechte), die Deutschen in Österreich wollten nicht von den nicht-deutschen Teilen der habsburgischen Monarchie getrennt werden und sie könnten wohl nicht gleichzeitig zu einem deutschen Bundesstaat und zur Donaumonarchie gehören. Er lehne jede gewaltsame Teilung des habsburgischen Kaiserreichs, wie die Linke sie wünsche, ab; sie widerspräche den deutschen Interessen. Von den Slawen in den österreichischen Ländern, die zum Deutschen Bund gehörten, könne man nie erwarten, daß sie sich mit der Eingliederung in einen deutschen Staat abfinden würden. Er unterstützte das Programm des Ministerpräsidenten. Vincke hatte einen formellen Verbesserungsantrag zu den Vorschlägen der Ausschußminderheit mitunterzeichnet, wonach die Versammlung aufgefordert wurde, Gagerns Programm zu billigen, wie es zu Beginn der Debatte dargelegt worden sei.[111]

[110] VI, 4616 ff. [111] Vinckes Rede, VI, 4635 ff; Änderungsantrag, 4593.

Die Abstimmung vom 13. Januar über eine wichtige politische Frage enthüllte zum erstenmal die neue Kräfteverteilung in der Versammlung.[112] Man entschied über die Minderheitsempfehlungen in der von Vincke und seinen politischen Freunden vorgeschlagenen Fassung. Das Programm Gagerns wurde mit 261 gegen 224 Stimmen angenommen. Es gab drei Enthaltungen, so daß die Gesamtzahl der Stimmen 488 betrug. Nicht weniger als siebzig Abgeordnete fehlten, viele von ihnen mehr oder weniger ständig. Gagern hatte also noch immer eine Mehrheit, wenn auch keine große. Aber er konnte nicht unbedingt damit rechnen, seine Anhängerschaft zusammenzuhalten, wenn die umstrittenen Punkte seiner Politik zutage traten. Die Ermächtigung, um die er gebeten hatte, war vergleichsweise harmlos, im Grunde völlig unschädlich, da sie sich doch nicht ausnützen ließ. Gagern erkannte, daß die von der gemäßigten Mehrheit erlittenen Verluste möglicherweise Schlimmeres voraussehen ließen für den Zeitpunkt, wenn die heikle Frage des Staatsoberhaupts akut würde. Zu Beginn des Winters hatten die Gemäßigten die Linke meist mühelos in Schach halten können. Doch von nun an konnten sich die Parteien nicht mehr einfach nach ideologischen Gesichtspunkten voneinander abgrenzen. Regionale und konfessionelle Bindungen traten zusehends in den Vordergrund. Sie mußten das rechte Zentrum und die Rechte aufsplittern, wie die folgenden Tabellen zeigen.

Wie Tabelle 6 A zeigt, war die Linke nur auf ihrem rechten Flügel (*Westendhall*) in der österreichischen Frage und der damit verwandten des Staatsoberhaupts verwundbar. Die offizielle Parteilinie, nichts von den Ländern des Deutschen Bundes preiszugeben, befriedigte die Süddeutschen und die Österreicher. Von den norddeutschen Radikalen war nicht zu erwarten, daß sie sich für einen preußischen Kaiser einsetzen würden. Der Republikanismus blieb die offizielle Lehre, doch für seine Verwirklichung bestanden in nächster Zeit wenig Chancen. Die Linke konnte äußere Vorteile dadurch erzielen, daß sie sich auf die österreichische oder die preußische Seite schlug. Im ganzen jedoch mußte jeder Versuch, die radikalen Ziele unverfälscht zu verfolgen, die Linke in der Versammlung zur Sterilität verurteilen. Der Kampf wurde hauptsächlich zwischen den beiden anderen Gruppen ausgetragen. Die einzige Fraktion der Linken, die durch die jetzt aktuellen

[112] VI, 4666 ff.

Tabelle 6 A

Antrag, Heinrich von Gagerns Programm für die Beziehungen zu Österreich zu billigen (13. Januar 1849)

		Ja	Nein	Ent-haltungen	Abwesend	Insgesamt
Rechte		24	5	—	9	38
Casino		97	9	1	10	117
Landsberg	Rechtes	36	1	—	4	41
Augsburger Hof	Zentrum	30	7	2	8	47
Württemberger Hof	Linkes Zentrum	23	19	—	7	49
Westendhall		14	38	—	1	53
Deutscher Hof	Linke	1	39	—	9	49
Donnersberg		—	40	—	9	49
Unabhängige		36	66	—	13	115
Insgesamt:		261	224	3	70	558

Fragen etwas in Mitleidenschaft gezogen wurde, war daher die gemäßigte Linke *(Westendhall)*, ein Ableger des linken Zentrums, die in den folgenden Wochen in eine immer ernstere Krise geriet. Die drei Gruppen der Linken *(Westendhall, Deutscher Hof, Donnersberg)* arbeiteten, ähnlich wie die Klubs des rechten Zentrums, zusammen. Überdies standen die parlamentarischen Gruppen der Linken in Verbindung mit der nationalen radikalen Organisation, dem »Zentralmärzverein«, der Ende November in Frankfurt gegründet worden war. Diese zentrale Körperschaft koordinierte sämtliche radikalen Gemeinschaften des Landes, von denen viele ihren Namen der Märzrevolution entnahmen. Sogar einige Abgeordnete des linken Zentrums, in der Nationalversammlung vor allem Wydenbrugk und Giskra, gehörten zum Zentralmärzverein. Das linke Zentrum stand folglich mit einem Fuß im Lager der Linken; es war aber, wie die Tabelle 6 A zeigt, von den Problemen, die jetzt in der Versammlung anstanden, noch mehr in Mitleidenschaft gezogen als die gemäßigte Linke *(Westendhall)*.

Wie die Resultate der Abstimmung zeigen, wirkte sich die namentliche Abstimmung vom 13. Januar auf die drei Gruppen des rechten Zentrums nur am Rande aus, am wenigsten auf den *Landsberg*-Klub (einen Ableger des *Casinos*), der fast völlig norddeutsch war und kein einziges österreichisches Mitglied hatte. Am ernstlichsten bedroht war unter diesen drei Gruppen der Augsburger Hof, der sich vom linken Zentrum abgespalten hatte, denn in ihm, dem nur wenige Preußen angehörten, waren Österreicher und Süddeutsche in der Mehrheit.

Tabelle 6 B

	Ja	Nein	Abwesend	Insgesamt
A. Preußen (Königreich)	150	30	17	197
B. Norddeutschland ohne Preußen				
Schleswig-Holstein, Lauenburg	8	2	1	11
Hamburg, Bremen, Lübeck	4	—	1	5
Mecklenburg (Schwerin und Strelitz)	6	1	1	8
Hannover, Oldenburg, Lippe, Anhalt, Braunschweig	29	8	3	40
Luxemburg, Limburg	2	—	3	5
Hessen (Kassel, Nassau, Homburg, Waldeck, Frankfurt)	10	9	1	20
Thüringen (Sächsische Herzogtümer, Schwarzenburg, Reuß)	8	4	1	13
Sachsen (Königreich)	5	13	3	21
Zwischensumme	72	37	14	123
C. Süddeutschland Hessen (Großherzogtum)[1]				
Baden, Liechtenstein	4	12	4	20
Württemberg, Hohenzollern	7	20	2	29
Bayern (Königreich)	23	31	12	66
Zwischensumme	39	69	19	127
Habsburgisches Kaiserreich		88	23[2]	111
Endsumme	261	224	73[2]	558

[1] Hauptsächlich südlich der Mainlinie.   [2] Darunter 3 Enthaltungen.

Wie Tabelle 6 B verrät, stimmte nicht ein einziger Österreicher für das Programm Gagerns, und selbst wenn man von Österreich absieht, unterstützten es nur 36 Prozent der süddeutschen Abgeordneten. Andererseits befürworteten fünf Sechstel der preußischen Vertreter den Plan des Ministeriums. In den anderen norddeutschen Staaten billigten 66 Prozent die Regierungspolitik, 34 Prozent waren dagegen — etwa die umgekehrte Lage wie in Süddeutschland. Regional betrachtet, verdankte Gagern seinen Sieg also Preußen und den übrigen norddeutschen Staaten. Der Ministerpräsident konnte Südwestdeutschland, die Geburtsstätte der liberalen und nationalen Bewegung, woher er selber kam, nicht mitreißen. Bayern war gespalten und mehr gegen als für ihn. Die Rheinpfalz bekämpfte sein Programm, da sie ausschließlich durch die Linke vertreten war. Im übrigen Bayern gab hauptsächlich der konfessionelle Faktor den Ausschlag. Der Wunsch, Österreich nicht aufzugeben, bestimmte vor allem die Katholiken, während die Protestanten im ganzen einen geschlosseneren deutschen Staat unter preußischer Führung bevorzugten. Bei der namentlichen Abstimmung gewann Gagern diesmal noch eine Anzahl bayerischer Katholiken für sich, obwohl er ihre Unterstützung in den folgenden Monaten verlor.

Tabelle 6 C

Antrag, Heinrich von Gagerns Programm
für die Beziehungen zu Österreich zu billigen (13. Januar 1849)

	Ja	Nein	Ent-haltungen	Abwesend	Insgesamt
Protestanten	167	69	—	25	261
Katholiken	42	120	3	36	201
Deutschkatholiken	1	5	—	—	6
Mennoniten	2	—	—	—	2
Juden	2	—	—	1	3
Religionslose	1	2	—	—	3
Unbekannt	46	28	—	8	82
Insgesamt:	261	224	3	70	558

Tabelle 6 C läßt erkennen, daß insgesamt die Religion das entscheidendste und klarste Unterscheidungsmerkmal in der Hegemoniefrage bildete. Etwa siebzig Prozent der protestantischen Abgeordneten waren durchaus bereit, auf Österreich zu verzichten, wogegen 75 Prozent der Katholiken einen Ausschluß der habsburgischen Monarchie ablehnten. Die Versammlung war auch schon vorher gespalten gewesen, doch bis Mitte Dezember 1848 hatte sie wenigstens noch ein gemeinsames Ziel gehabt: den Entwurf einer Verfassung für den ganzen Deutschen Bund. Selbst als im Oktober die Paragraphen 2 und 3 zur ersten Lesung gekommen waren, war infolge der verworrenen Lage in der habsburgischen Monarchie noch immer eine gewisse Hoffnung geblieben, dem neuen Staat das deutsche Österreich zu erhalten. Alle Abgeordneten, auch die aus österreichischen Wahlkreisen, hatten aufrichtig sprechen und abstimmen können in der Annahme, daß sich ihre Entscheidungen auf sie selber auswirken würden. In den beiden wichtigsten – und miteinander zusammenhängenden – Fragen der ideologischen Grundlage der Verfassung und den Rechten der Einzelstaaten hatte es eine reiche Vielfalt von Anschauungen gegeben, die Kompromisse ermöglichte, ohne daß der Verdacht eines Kuhhandels aufgekommen wäre. Oft hatte große Erbitterung geherrscht. Doch die zur Debatte stehenden Fragen ließen sich wenigstens auf klar umrissene und allgemein bekannte Prinzipien zurückführen. Selbst dann, wenn der Versammlung mehr als zwei Empfehlungen vorgelegen hatten, ließen sich die Vorschläge gewöhnlich in irgendein Schema einordnen, meist von rechts nach links. All dies änderte sich jetzt, da Frankfurt abermals durch die beiden Großmächte und ihre Hauptstädte in den Schatten gestellt wurde, in dieser Phase zweifellos durch Wien. Einer der wenigen Abgeordneten in Frankfurt, der die veränderte Situation, in der sich die Versammlung befand, erkannte, war Heinrich von Gagern. Er unternahm alles, was in seiner Macht stand, um die Kontakte zu den Regierungen der Länder zu fördern, hauptsächlich auf dem Weg über ihre Bevollmächtigten bei der Zentralgewalt. Seine Bemühungen waren auch bis zu einem gewissen Grade erfolgreich, abgesehen von Österreich, wo sie völlig fehlschlugen. Von der Atmosphäre von Unwirklichkeit, in der am 11. und 12. Januar die Debatte über Gagerns Plan vor sich ging, war bereits die Rede. Jeder verfassunggebenden Versammlung droht die Gefahr, in einer Welt der Theorien zu leben und auf die praktischen Umstände ungenügend abgestimmt zu sein. Die beste Sicherung gegen Verantwortungslosigkeit in einem Parlament, nämlich die Möglichkeit, daß ein Sieg in der Versammlung dazu führen kann, die in der Debatte befürworteten Ideen als Regierung in die Tat umsetzen zu müssen, fehlt in einem verfassunggebenden Gremium. Die Mehrheit in der Nationalversammlung vergrößerte die Kluft zwischen Parlament und den tatsächlichen Gegebenheiten noch dadurch, daß sie die Widerstandsfähigkeit der Einzelstaaten einschließlich der habsburgischen Monarchie unterschätzte. Erst als die Autorität der österreichischen Regierung wiederhergestellt war, traten die wahren Schwierigkeiten bei Anwendung der Verfassung auf die Donaumonarchie zutage. Jetzt mußten bei den österreichischen Abgeordneten zumindest starke Zweifel auftauchen, ob die Verfassung, an der sie mitarbeiten, auf die von ihnen vertretenen Länder überhaupt Anwendung finden würde. Keine der drei Hauptgruppen besaß die Majorität. Und jede von ihnen, die keine Chance hatte, sich durchzusetzen, mußte der Versuchung unterliegen, einfach gegen ihre bessere Überzeugung zu votieren, um eine Lösung zu blockieren, die sie unbedingt verhindern wollte. Das geschah um so leichter im Fall der österreichischen Abgeordneten, als diese erkannten, daß die hier erarbeitete Verfassung ihre Länder wahrscheinlich gar nicht berührte. Daher mußten sich selbst österreichische Vertreter mit gemäßigten politischen Ansichten und ihre Verbündeten in anderen Teilen der Versammlung aus rein taktischen Gründen mit der Linken alliieren, um die Verfassung demokratischer und damit die Annahme der Kaiserkrone durch Friedrich Wilhelm IV. unwahrscheinlicher zu machen. All diese Faktoren schadeten der Frankfurter Nationalversammlung beträchtlich und verringerten die Bedeutung des Plenums, dessen Vitalität in mancher Hinsicht ein guter Gradmesser für die Lebenskraft der Versammlung war. Die Stärke des Plenums hatte sich in der Überzeugungstreue, mit der die Abgeordneten sich aussprachen, und in der klaren Auseinandersetzung der Prinzipien gezeigt. Die Diskussion in der kleineren Gruppe, in den offiziellen Ausschüssen und den inoffiziellen Klubs, hatten nur dazu gedient, die öffentlichen Plenardebatten zu erleichtern. Die Absprachen, zu denen es nun zwischen den einzelnen Gruppen kam, waren von anderer Art. Sie mußten die Autorität des Parlaments untergraben und das Mißtrauen erhöhen. All dies ließ nichts Gutes für die nächste Phase ahnen: die Beratung der Verfassungsbestimmungen über das Reichsoberhaupt, die am 15. Januar in der Versammlung begann.[113]

[113] VI, 4675 ff.

Die Aufteilung der Versammlung in drei Gruppen führte dazu, daß es dem Verfassungsausschuß nicht gelang, eine Mehrheit für einen konkreten Vorschlag hinsichtlich des Reichsoberhaupts zu finden; nur, daß einer der regierenden Fürsten »Kaiser der Deutschen« werden solle, wurde angenommen. Alle detaillierten Bestimmungen gaben daher nur die Meinungen der – insgesamt vier – verschiedenen Gruppen im Verfassungsausschuß wieder, die alle in der Minderheit blieben.[114]

Die stärkste Gruppe, die aus neun Abgeordneten vor allem vom rechten Zentrum (Casino) bestand und zu der Dahlmann, Georg Beseler und Droysen gehörten, schlug ein Erbkaisertum vor: »Diese Würde [des Reichsoberhauptes] ist erblich im Hause des Fürsten, dem sie übertragen worden; sie vererbt im Mannesstamm nach dem Rechte der Erstgeburt.« Im Zusammenhang mit den übrigen Paragraphen des Artikels, besonders der Klausel, daß das Staatsoberhaupt am Sitz der Reichsregierung zu residieren habe, konnte nur der preußische König Erbkaiser werden. Der für die Alternativlösung in Frage kommende Kaiser von Österreich wäre wohl kaum bereit gewesen, außerhalb Österreichs zu residieren,[115] und Wien kam als Reichshauptstadt nicht ernstlich in Betracht. Die Gruppe, die sich für die Wahl des preußischen Königs zum Erbkaiser aussprach, wurde »Erbkaiserpartei« genannt. Diese Bezeichnung ist zutreffender als der Begriff »Kleindeutsche«, der den Ausschluß Österreichs aus dem vorgesehenen deutschen Staat in den Vordergrund dieser Bewegung rückt. Der Ausschluß Österreichs war nicht in erster Linie eine Konsequenz der preußischen Führerschaft, sondern eine Folge der allgemeinen Schwierigkeit, die Zugehörigkeit des deutschen Teils von Österreich zum habsburgischen Kaiserreich mit seiner Mitgliedschaft in dem neuen deutschen Staat in Einklang zu bringen. Das Gegensatzpaar »kleindeutsch-großdeutsch« ist nicht subtil genug, um den Unterschied zwischen den beiden Parteien zutreffend zu beschreiben. Jedenfalls setzte sich die Partei, die eine preußische Führerschaft ablehnte, aus heterogenen Elementen zusammen, von denen einige über

---

[114] 2, VI, 4675 ff.
[115] Der Münchner Professor Ernst v. Lasaulx gehörte zu den wenigen, die sich für die Verleihung der deutschen Kaiserkrone an den österreichischen Kaiser aussprachen. VI, 4776 (18. Januar 1849).

die Schaffung eines großen süddeutschen Staates mit Österreich und ohne Preußen nicht unglücklich gewesen wären. Da die Verfechter des preußischen Erbkaisertums ein viel klareres Programm hatten als ihre Gegner, ist die Aufteilung in »Erbkaiserliche« und deren Opponenten verschiedener Richtungen, etwa »Großdeutsche« und Partikularisten, vorzuziehen. Verwendung des Wortes »Kleindeutsch« war ein geschickter Zug der Großdeutschen und ihrer Verbündeten, um die Verantwortung am Ausschluß Österreichs der Partei zuzuschieben, die für einen preußischen Erbkaiser plädierte.[116] Anfang des Jahres 1849 stellten die politischen Parteien die Presse in Gestalt der »Parteikorrespondenz«, die von den einzelnen parlamentarischen Gruppen herausgegeben wurden, immer mehr in ihren Dienst.[117].

Drei weitere Vorschläge, das Reichsoberhaupt betreffend, wurden unterbreitet. Eine kleine gemischte Gruppe aus Vertretern des linken und des rechten Zentrums[118] empfahl die Wahl eines Kaisers auf Lebenszeit. Der Göttinger Historiker Georg Waitz, einer der bedeutendsten Vertreter des rechten Zentrums *(Casino)* im Verfassungsausschuß, schlug gemeinsam mit dem Anwalt Friedrich Zell,[119] linkes Zentrum *(Württemberger Hof)*, aus Trier, vor, das Staatsoberhaupt aus der Reihe der führenden Fürsten – bestehend aus dem österreichischen Kaiser und den Königen – auf zwölf Jahre zu wählen. Eine Gruppe, die zum größten Teil aus Vertretern der Linken bestand, aber auch Welcker vom rechten Zentrum umfaßte, empfahl die Wahl des Staatsoberhauptes auf sechs Jahre. Dieser Antrag ließ die Regierungsform offen, und einige seiner Befürworter von der Linken[120] lehnten es überdies ab, nur einen regierenden Fürsten als Staatsoberhaupt in Betracht zu ziehen, während Welcker sich für eine monarchische Staatsspitze einsetzte. Der Kompromiß war recht sinnvoll, konnte aber keine Grundlage für die Lösung der Frage abgeben. Dies illustriert die Schwierigkeit der Linken und der gemäßigten Anti-Erbkaiserlichen, eine gemeinsame Plattform zu finden.

Im Verfassungsausschuß herrschte nicht einmal Einigkeit darüber, ob eine Einzelperson Staatsoberhaupt sein solle. Zwei Österreicher[121]

[116] Vgl. Möller, *Großdeutsch und Kleindeutsch.*
[117] Bundesarchiv; vgl. Ludwig Bergsträsser, »Partei-Korrespondenzen«.
[118] Darunter der badische Jurist Mittermaier, linkes Zentrum *(Württemberger Hof)*, und der Anwalt Gülich, rechtes Zentrum *(Landsberg)*, aus Schleswig.
[119] ADB, LV; BSTH.
[120] Darunter der ehemalige Richter Heinrich Simon (gemäßigte Linke, *Westendhall*) aus Breslau und der Kurzschriftlehrer Wigard (Linke, *Deutscher Hof*) aus Breslau.
[121] Franz Philipp von Somaruga (rechtes Zentrum, *Casino*), ein Staatsbeamter aus Wien, und der Statistiker Gustav Franz Schreiner (linkes Zentrum, *Württemberger Hof*).

sprachen sich für ein fünfköpfiges »Reichsdirektorium« aus; es solle von den Fürsten ernannt werden, und Österreich und Preußen sollten sich in zweijährigem Turnus im Vorsitz abwechseln. Die Debatte, die sich an die Vorlage der Empfehlung aus dem Verfassungsausschuß anschloß, verringerte die Meinungsverschiedenheiten keineswegs. Sie führte eher dazu, die Stimmung zu verschärfen und zu erbittern. Offenbar konnte nichts die Kluft zwischen den Erbkaiserlichen, den Großdeutschen und der Linken überbrücken. Ein paar Abgeordnete des rechten Zentrums, die sich bisher noch nicht hatten entscheiden können, schlossen sich der Opposition gegen den Plan eines preußischen Erbkaisers an. Die namentlichen Abstimmungen am Schluß der Debatte ließen die Stärke der einzelnen Gruppen erkennen. Am 19. Januar votierten 122 Mitglieder der Linken für den durch eine starke Mehrheit niedergestimmten Änderungsantrag, jeder Deutsche solle zum Staatsoberhaupt wählbar sein. Doch nicht die ganze gemäßigte Linke (*Westendhall*) unterstützte diesen Antrag; die volle Stärke der »vereinigten Linken«, die im Parlament den deutschen Zentralmärzverein vertrat, lag bei 150. 339 Abgeordnete lehnten das Amendement ab.[122] Unmittelbar anschließend wurden mit 258 gegen 211 Stimmen die Empfehlungen der Ausschußmehrheit angenommen, die Kaiserwürde einem der regierenden Fürsten zu verleihen. Abermals stimmte eine Minderheit der Linken zugunsten der Monarchie.[123] Ein Vergleich zwischen den beiden Abstimmungsergebnissen legt den Schluß nahe, daß etwa neunzig Gemäßigte von den traditionellen Klubs des rechten Zentrums und der Rechten abgefallen waren und sich mit der Gruppe der Großdeutschen und den Verteidigern der Rechte der Einzelstaaten verbündet hatten, deren Hauptquartier im Pariser Hof lag, obwohl man nicht immer in dieser Zeit der Parteiwirren und der Instabilität mit festen Parteibindungen rechnen konnte. Der Bruch zwischen den Abtrünnigen vom rechten Zentrum und der Rechten und den in jenen traditionellen Klubs Verbliebenen war nicht absolut; dies zeigt die Ablehnung des republikanischen Änderungsantrags gemeinsam durch beide gemäßigten Gruppen mit 339 Stimmen. Am 23. Januar wurde der Antrag der Vertreter des rechten Zentrums (*Casino*) im Verfassungsausschuß auf ein Erbkaisertum mit 263 gegen 211 Stimmen abgelehnt.[124] Für diese Abstimmung unternahmen alle Gruppen große Anstrengungen, um ihre Anhänger zu mobilisieren und Abwesende herbeizuholen. Die Abstimmungsstärke der Parteien sah, in abgerundeten Zahlen, etwa so aus:

[122] VII, 4800 ff. [123] VII, 4802 ff. [124] VII, 4851 ff.

Für einen preußischen Erbkaiser	
(ausschließlich Gemäßigte)	210
Linke	150
Großdeutsche, Partikularisten	120
Insgesamt	480

Eine Koalition der Linken mit den Großdeutschen und den Partikularisten aus dem Pariser Hof konnte mithin den Plan eines preußischen Erbkaisertums vereiteln, doch außer ihrer Abneigung gegen die Hohenzollerndynastie und gegen den preußischen Staat verband die beiden Gruppen wenig. Dagegen waren sie durch völlig verschiedene Vorstellungen von der Organisation eines deutschen Staates getrennt. Die Linke dachte vorwiegend republikanisch und zentralistisch, während die Großdeutschen monarchische Institutionen und die Erhaltung der Rechte der Einzelstaaten befürworteten. Schmerling, der Bevollmächtigte des Schwarzenberg-Regimes, das Robert Blum hingerichtet hatte, fand sich nun auf der gleichen Seite wie die radikalen Österreicher, die den Wiener Aufstand unterstützt hatten. Und sogar die großdeutsche Partei selber setzte sich aus verschiedenen Elementen zusammen. Ihr Rückgrat bildeten die Österreicher, die unter dem Vorsitz Schmerlings ihre eigene Organisation im Hotel Schröder hatten, und dazu einige Bayern. Fast alle diese Österreicher und Bayern waren Katholiken, viele von ihnen entschiedene Verfechter der Vorrechte der katholischen Kirche in ihren Staaten. Diese beiden Völker wollten aus Treue zu ihren Heimatstaaten wie zu ihrer Kirche keinen Preußen zum Kaiser. Der badische Politiker Welcker, der braunschweigische Kultusminister Jürgens, der hannoversche Advokat Detmold und der Hamburger Rechtsanwalt Heckscher teilten die Abneigung ihrer bayerischen und österreichischen Kollegen gegen ein Kaiserreich unter preußischer Führung. Aber sie waren Protestanten. Jürgens glaubte an die Notwendigkeit einer Zusammenarbeit zwischen den beiden Konfessionen, doch Detmold war, wie sein Freund Stüve in Hannover, voller Mißtrauen gegenüber dem katholischen Einfluß in der Politik. Anders als Schmerling mit seinen (wenigstens früher) zentralistischen Neigungen wollte Detmold die Macht jeder gesamtdeutschen Regierung, der er mit nur mäßiger Begeisterung entgegenblickte, auf ein absolutes Minimum beschränkt wissen.

Die Erbkaiserlichen brauchten etwas länger, um ihre Kräfte zu formieren. Schließlich gründeten sie am 17. Februar ihre eigene Organisation im *Weidenbusch*. Die drei Gruppen des rechten Zentrums *(Ca-*

sino, Augsburger Hof, Landsberg) bildeten den Kern der Partei, die einen preußischen Erbkaiser wollte, obwohl die beiden ersteren einige Anhänger an die Großdeutschen verloren hatten. Die Rechte *(Milani)* war gespalten und auf beiden Seiten vertreten. Das linke Zentrum *(Württemberger Hof)* und die gemäßigte Linke *(Westendhall)* verloren allen Zusammenhalt, als die österreichische und die Kaiserfrage spruchreif wurden. Das linke Zentrum war dabei der Hauptleidtragende, wie jedesmal, wenn ein Grundsatzkonflikt sich zuspitzte, da es auch in die ideologische Problematik geriet. Eine Minderheit des linken Zentrums *(Württemberger Hof)* verbündete sich mit der Linken, indem sie sich dem Zentralmärzverein anschloß. Am Ende aber war ein beträchtlicher Teil des linken Zentrums für einen preußischen Kaiser. Der kleinere Teil der gemäßigten Linken bildete die Splittergruppe *Neuwestendhall,* die unter Führung des darmstädtischen Anwalts Theodor Reh ebenfalls für einen preußischen Kaiser eintrat. Der *Weidenbusch*-Klub, der das Programm eines preußischen Kaisertums unterstützte, umfaßte fast die Hälfte der Versammlung. Es stand auf Messers Schneide, ob er sich eine Mehrheit sichern konnte. Die Schlüsselstellung hatte die Linke inne. Ihr Führer, Carl Vogt, bot ganz offen beiden Hauptkonkurrenten einen Handel an. Er war willens, die Unterstützung der Linken demjenigen zu gewähren, der sich bereit zeigte, Zugeständnisse in der Frage der Stärkung der Volksfreiheiten zu machen.[125] Angesichts der parlamentarischen Situation mußten sich beide Parteien der Linken anpassen. Eine Koalition zwischen den Großdeutschen und Vogt, wie Autoren aus dem Lager der Erbkaiserlichen zuweilen behaupteten,[126] gab es aber offenbar nicht. Die Großdeutschen wurden ständig durch Berichte beunruhigt, daß ein Übereinkommen zwischen der Linken und der pro-preußischen Partei bevorstehe. Gewiß war es im gemeinsamen Interesse, wenn auch kein gemeinsamer Schritt in dieser Richtung zu erfolgen brauchte, zu verhindern, daß die zweite Lesung der Verfassung, wie es die Erbkaiserlichen anstrebten, so früh wie möglich nach der Februarmitte stattfand. Die Großdeutschen benötigten mehr Zeit, um ihre Position für die zweite Lesung vorzubereiten. Die Linke wollte zuerst das Reichswahlgesetz erledigt wissen. Als Vogt am 13. Februar beantragte, das Wahlgesetz als nächstes vorzunehmen, brachten er

[125] VII, 5257. Vogts Formulierung bei Verhandlungen mit den Erbkaiserlichen außerhalb der Versammlungen lautete: »Für jeden Paragraph vermehrter Volksfreiheiten einen Zoll Oberhaupt!«
[126] Biedermann, *Erinnerungen,* 86. Vgl. auch Schneider, *Großdeutsch oder Kleindeutsch,* 159 ff.

und andere Redner der Linken sehr beachtliche Gründe dafür vor, die Einzelbestimmungen für die Reichstagswahlen vor der zweiten Lesung der Verfassung zu klären. Er setzte sich mit Hilfe der Großdeutschen und gegen die Opposition der Erbkaiserlichen durch.[127] Oft ist behauptet worden, die Großdeutschen hätten die Verfassung so demokratisch wie möglich gemacht, in der Absicht — etwa durch die Zustimmung zum allgemeinen Wahlrecht der Männer —, Friedrich Wilhelm IV. an der Annahme der Kaiserkrone zu hindern. In der Tat stimmten bei der namentlichen Abstimmung am 20. Februar etwa hundert Erbkaiserliche zusammen mit einer kleineren Zahl Großdeutscher dafür, allen unbescholtenen Deutschen über 25 Jahren das Wahlrecht zu gewähren. Die Versammlung, die, zumindest zu einem beträchtlichen Teil, durch das allgemeine Männerwahlrecht zustande gekommen war, konnte es sich kaum leisten, einen großen Teil der arbeitenden Klassen, etwa Fabrikarbeiter, Dienstboten und Tagelöhner, vom Wahlrecht auszuschließen, wie es der Verfassungsausschuß vorgeschlagen hatte.[128] Die öffentliche Abstimmung wurde gleichfalls abgelehnt und durch die geheime Wahl ersetzt.[129] Es sollte direkt gewählt werden. Die Anhänger des preußischen Erbkaisertums erhoben völlig unbegründet den Vorwurf, die Änderungsanträge zu den Vorschlägen des Verfassungsausschusses über das Wahlrecht seien ein von der Linken und den Großdeutschen ausgehecktes Komplott; er entlarvt nur das gegenseitige Mißtrauen, das in der Versammlung herrschte. Bei anderen Gelegenheiten stimmten die Großdeutschen mit den Erbkaiserlichen.

Als die Regierungen der Einzelstaaten mehr und mehr erstarkten und die Hauptarbeit der Verfassunggebenden Versammlung kurz vor dem Abschluß stand, konnten die Abgeordneten der Frankfurter Nationalversammlung die Augen nicht vor dem verschließen, was in den deutschen Hauptstädten, vor allem in Wien und in Berlin, geschah, sosehr sie auch überzeugt waren, daß allein die Versammlung das Recht habe, eine Verfassung zu schaffen. Die Erbkaiserlichen konnten keine Verwirklichung ihrer Pläne erhoffen, solange der preußische König nicht einwilligte, deutscher Kaiser zu werden. Die Pläne der Großdeutschen hingen davon ab, daß die österreichische Regierung diese wenigstens nicht durchkreuzte. Während der drei Monate von Mitte Dezember bis Mitte März fanden auf verschiedenen Ebenen Verhandlungen statt: zwischen den Staatsregierungen, zwischen einzelnen Gruppen der Versammlung mit den Bevollmäch-

[127] VII, 5199 ff. [128] VII, 5337 ff. [129] Entwurf des Wahlgesetzes, VII, 5218 ff.

tigten der Regierungen in Frankfurt oder diesen selbst; vor allem aber zwischen der Zentralgewalt und den bei ihr akkreditierten Bevollmächtigten. Die Entscheidung, die König Friedrich Wilhelm IV. und die preußische Regierung im Hinblick auf die Pläne der Erbkaiserlichen zu treffen hatten, war weit schwieriger, als zuweilen zugegeben wurde. Verhandlungen zwischen Preußen und Österreich ergaben ganz eindeutig, daß Österreich nicht freiwillig die Führungsrolle in Deutschland aufgeben wollte, die es im Deutschen Bund innehatte. Würde Friedrich Wilhelm die ihm von der Nationalversammlung angetragene Kaiserkrone annehmen, so riskierte er einen Krieg mit Österreich. Die ständig wiederholte Versicherung seiner Bereitschaft, sich dem österreichischen Kaiser zu unterstellen, war, wenn auch unter romantischen Formulierungen verkleidet, der Ausdruck seiner klaren Einsicht, daß jede Provokation des habsburgischen Kaiserreichs sehr üble Folgen für Preußen mit sich bringen könne. Doch nicht nur preußische Interessen waren betroffen. Friedrich Wilhelm hielt das Einvernehmen der beiden deutschen Großmächte für notwendig zur Erhaltung des Friedens und der monarchischen Institutionen in Europa. Damit hatte er für die nahe wie die fernere Zukunft völlig recht. Wenn Friedrich Wilhelm außerdem auf der allgemeinen Zustimmung seiner Mitfürsten bestand, ehe er in Deutschland eine größere Verantwortung übernahm, so hatte das nicht nur mit dem Hochmut eines Monarchen zu tun. Der König besaß ein weit besseres Verständnis für die Stärke der partikularistischen Loyalitäten und die entsprechende Stellung der Fürsten als die Verfassungsexperten der Frankfurter Nationalversammlung, wie etwa Dahlmann und Georg Beseler. Indem er auf die Wünsche der Fürsten Rücksicht nahm, die gewiß in vielen Fällen – etwa in Bayern – alte und tiefverwurzelte Traditionen repräsentierten, war Friedrich Wilhelm in Wirklichkeit viel »demokratischer« als jene, die Deutschlands Zukunft in zwei Lesungen der Verfassung durch eine einzige Kammer festlegen wollten, wobei die beiden größeren Staaten die kleinen, und die Protestanten die Katholiken überstimmen konnten. Das Fehlen einer angemessenen Vertretung der Staatsregierungen in der Frankfurter Nationalversammlung und die daraus folgenden Konsequenzen bildeten Friedrich Wilhelms – durchaus stichhaltigen – Haupteinwand gegen das Verfahren der Nationalversammlung. Im Vergleich dazu waren alle einzelnen Entscheidungen der Versammlung – etwa über ein demokratisches Wahlrecht – verhältnismäßig unwichtig. Das Fehlen einer Vertretung der Länder in der Zeit, als eine Verfassung geschaffen wurde, die in der Tat den Regierungen der Einzelstaaten eine begrenzte Vertretung einräumte, war unverständlich. Es war zweifellos absurd, den Regierungen der Länder einen Platz in der verfassunggebenden Versammlung zu verweigern, wenn die Notwendigkeit zugegeben wurde, sie im künftigen Parlament mitwirken zu lassen.

In diesem Zusammenhang war es verhängnisvoll, daß die Verfassungsentwicklung in den beiden Ländern, die vielleicht mehr als alle anderen einem Großteil der Frankfurter Abgeordneten vorschwebten, nämlich in Frankreich und England, niemals vor ein derartiges föderalistisches Problem gestellt war wie in Deutschland.

Heinrich von Gagern suchte nach einem Weg, um die Notwendigkeit, die Ansichten der einzelnen Landesregierungen anzuhören, mit dem Recht auf das letzte Wort, das der Nationalversammlung zustand, in Einklang zu bringen. Am 28. Januar bat er die Bevollmächtigten der Landesregierungen bei der Zentralgewalt, ihre Ansichten über die erste Lesung der Verfassung in der Nationalversammlung vorzutragen.[130] Gagerns Schritt war dem Geist, wenn nicht dem Buchstaben nach eine Verletzung des Gesetzes über die Errichtung der Provisorischen Zentralgewalt, dem die Nationalversammlung am 28. Juni zugestimmt hatte. Mit diesem Vorgehen erreichte der Ministerpräsident eine neue Initiative der preußischen Regierung, unterstützt durch eine gewisse positive Klärung der Situation. Einige Tage zuvor, am 23. Januar, konnte die Regierung in Berlin — nach einigem Widerstand Friedrich Wilhelms — in einer Note ihre Unterstützung für Pläne zusichern, wonach gewisse deutsche Gebiete enger zusammengeschlossen werden sollten, während man die Verbindung mit Österreich in einem Deutschen Bund beibehalten wollte. Preußen wolle sich nur im Einverständnis mit den einzelnen deutschen Landesregierungen an die Spitze eines deutschen Bundesstaates stellen. Nach Ansicht der preußischen Regierung sei es nicht nötig, eine neue Kaiserwürde zu schaffen, um diese Pläne zu verwirklichen.[131] Die preußische Note stimmte weithin mit Gagerns Plan von einem engeren und einem loseren Bund überein. Entsprechend der neuen Politik des Kabinetts Brandenburg konnte der preußische Vertreter in Frankfurt, Camphausen, die Zustimmung von fast dreißig Regierungen zu einer gemeinsamen Erklärung gegenüber der Zentralgewalt gewinnen, worin man das Grundkonzept der Reichsverfassung billigte, aber gegen Einzelheiten Einwände erhob.[132] Österreich und die vier anderen Königreiche äußerten sich jedoch ablehnend zu der Verfassung, wie sie die Nationalversammlung in erster Lesung angenommen hatte.
Die Dinge spitzten sich durch die Entwicklung in Österreich zu. Am 7. März löste Kaiser Franz Joseph den Reichstag in Kremsier auf und

---

[130] Roth und Merck, *Quellensammlung*, II, 282 ff.; vgl. auch Huber, *Dokumente*, I, 297.
[131] Roth und Merck, *Quellensammlung*, II, 253 ff.; vgl. auch Huber, *Dokumente*, I, 294 ff.
[132] Gemeinsame Erklärung vom 23. Februar und 1. März. Vgl. Roth und Merck, *Quellensammlung*, II, 299 ff.

erließ, wie vorher Friedrich Wilhelm, einseitig eine Verfassung. Sie verkündete die Einheit der gesamten habsburgischen Monarchie und machte damit den Eintritt der deutschen Provinzen Österreichs in einen deutschen Bundesstaat völlig unmöglich. Dies und verschiedene andere österreichische Schritte führten zur Auflösung der Koalition der Gegner eines preußischen Erbkaisers und zum Zerfall der großdeutschen Partei in der Frankfurter Nationalversammlung. Sobald die Nachricht von der neuen österreichischen Verfassung in Frankfurt eintraf, erhob sich der Führer der Großdeutschen, Welcker, in der Versammlung und stellte den Dringlichkeitsantrag, die Annahme der Verfassung zu beschleunigen und die deutsche Kaiserwürde dem König von Preußen zu verleihen. Als Welcker diesen letzten Punkt aussprach, wirkte es im Haus als »große Sensation«.[133] In einer bewegenden Rede erklärte er, seine bisherige Politik habe nur das Ziel verfolgt, nach Möglichkeit das Vaterland ungeteilt zu erhalten. Die Pläne für ein preußisches Kaisertum habe er einzig aus diesem Grund abgelehnt, und nicht weil er irgendwie antipreußisch sei. Doch jetzt mache die »babylonische Verfassung Österreichs« jede Teilnahme seiner deutschen Provinzen an dem deutschen Bundesstaat völlig unmöglich. Welcker ersuchte die Versammlung dringend, den Entwurf des Verfassungsausschusses, worin den Ansichten der Staatsregierungen Rechnung getragen sei, en bloc für die zweite Lesung anzunehmen. Änderungen könnten spätere Parlamente vornehmen.

Dies war ein radikaler Vorschlag, der vielleicht so weitgehend nicht nötig gewesen wäre. Doch die Mehrheit des Verfassungsausschusses akzeptierte das Grundprinzip und brachte nur kleine Änderungen an. Dem Paragraphen 1 der Verfassung über das Gebiet des neuen Staates sollte ein Zusatz beigegeben werden, der es ermöglichen würde, für die »österreichischen Bundeslande«, also die zum Deutschen Bund gehörigen Teile des habsburgischen Kaiserreichs, einen Platz freizulassen. Inzwischen solle versucht werden, eine enge Verbindung zu ihnen zu erreichen. Dem ersten Reichstag müsse gestattet sein, durch gewöhnliche Gesetzgebung in Zusammenarbeit mit der Reichsregierung Verfassungsänderungen vorzunehmen. Nach Ende des ersten Reichstags sollte dazu eine Zweidrittel-Mehrheit des Parlaments nötig sein. Der Verfassungsausschuß erneuerte seinen in der ersten Lesung abgelehnten Vorschlag, die Abgeordneten öffentlich zu wählen. In diesem Entwurf schlug die Mehrheit des Verfassungsausschusses abermals die Einführung des Erbkaisertums vor, obwohl das Ple-

[133] VIII, 5666.

num dies früher abgelehnt hatte. Nun forderte der Ausschuß, die erbliche Kaiserwürde dem preußischen König zu verleihen.[134] Gegen die Mehrheitsauffassung wandten sich in verschiedener Hinsicht die Linke, die Großdeutschen und die Partikularisten. Die Linke lehnte die Wiedereinsetzung der öffentlichen Wahl ab. Die Minderheit aus Linken und Großdeutschen im Ausschuß beantragte, zur Tagesordnung überzugehen.[135] Obgleich das Plenum nach einer langen Debatte vom 17. bis zum 21. März diesen Minderheitsantrag ablehnte, erlitten auch die Mehrheitsempfehlungen mit 252 gegen 283 Stimmen eine Niederlage.[136] Welckers Ungestüm war bedauerlich, und er hätte wohl besser getan, weniger radikale Verfassungsvorschläge zu machen. Da sich Heinrich von Gagern in einer eindrucksvollen Rede zur Ansicht der Mehrheit im Verfassungsausschuß bekannt hatte, blieb ihm keine andere Wahl, als am 22. März den Rücktritt der Reichsregierung zu erklären, obwohl er provisorisch weiter amtierte.[137] Am selben Tag jedoch setzte der sächsische Industrielle Eisenstuck, der zu einer gemäßigten Gruppe der Linken gehörte,[138] mit 282 gegen 246 Stimmen vernünftigere Vorschläge für eine Beschleunigung der Verfassungsarbeit im Plenum durch. Über Einzelbestimmungen sollte keine Diskussion stattfinden. Änderungen konnte man nur beantragen, wenn sie wenigstens von fünfzig Abgeordneten unterstützt wurden. Der Verfassungsabschnitt über das Reichsoberhaupt sollte zuletzt behandelt werden. Von nun an sollte sich das Haus bemühen, den Abschluß der Verfassung zu beschleunigen.[139] Nach dem neuen Verfahren war die zweite Lesung am 27. März beendet. Das umstrittenste Stück der Verfassung blieb der auf den Schluß verschobene Abschnitt über das Reichsoberhaupt und dabei besonders der zweite Paragraph, der sich mit dem Erbkaisertum befaßte. Der Rückschlag für die großdeutsche Gruppe in der Versammlung erhöhte die Chance eines Erfolgs, sicherte ihn aber nicht. Nicht nur Welcker, sondern auch Schmerling war am 12. März zu einem wichtigen Entschluß gelangt. Infolge der neuesten Entwicklung im habsburgischen Kaiserreich war die Stellung des österreichischen Bevollmächtigten bei der Zentralgewalt unhaltbar geworden, und Schmerling erklärte deshalb seinen Rücktritt von dem Posten, blieb jedoch Mitglied der Frankfurter Nationalversammlung. Schmerling hatte für

---

[134] VIII, 5793 ff. [135] VIII, 5795. [136] VIII, 5915 ff. [137] VIII, 5938.
[138] Eisenstuck war während des Winters Mitglied eines kleinen und ziemlich gemäßigten Ablegers des *Deutschen Hofs* (Linke) im *Nürnberger Hof I* geworden.
[139] VIII, 5931 ff.

die Beibehaltung des Deutschen Bundes in dem vorgesehenen deutschen Bundesstaat gekämpft. Die Proklamation der neuen österreichischen Verfassung machte diese Mission völlig unmöglich. Wenn er weiterhin Abgeordneter blieb, so deshalb, um nach Möglichkeit wenigstens die Bildung eines deutschen Bundestaates – obwohl er ihn im Prinzip wünschte – so lange zu verhindern, wie Österreich nicht beitreten konnte. Vielleicht war auch schon vor der Verkündigung der österreichischen Verfassung seine selbstgestellte Aufgabe undurchführbar gewesen. Nachdem die österreichische Regierung Schmerlings Ziele desavouiert hatte, wurde seine Position in Frankfurt noch hoffnungsloser, und er war gewiß nicht zu beneiden. Bis Ende April wirkte er noch als kommissarischer österreichischer Bevollmächtigter, dann schied er auch aus der Nationalversammlung aus.[140]

Im März wurde die Linke von den beiden Hauptkonkurrenten noch immer sehr umworben. Die Großdeutschen wie die Erbkaiserlichen führten mit ihr fast die ganze Zeit parallele Verhandlungen. Eine von vielen interessanten Transaktionen in der zweiten Märzhälfte war das Abkommen zwischen zahlreichen Verfechtern des Erbkaisertums und einer kleinen Gruppe von etwa fünfzehn Abgeordneten unter Führung eines ehemaligen preußischen Richters, Heinrich Simon, einer prominenten Gestalt, der zur gemäßigten Linken *(Westendhall)* gehört und jetzt im *Braunfels* seinen eigenen Klub gegründet hatte. Nach langwierigen und komplizierten Verhandlungen unterschrieben am 26. März viele Erbkaiserliche zwei Verträge. In dem einen verpflichteten sich 114 Abgeordnete, das aufschiebende – im Gegensatz zum absoluten – Veto des Staatsoberhaupts wie auch das Reichswahlgesetz in der Form zu unterstützen, wie es in der ersten Lesung durchgegangen war. In dem anderen Vertrag versprachen 86 Mitglieder der Erbkaiserlichen Partei, sich nicht an Versuchen zu beteiligen, die Verfassung nach der zweiten Lesung materiell zu ändern. Führende Männer aus den Reihen der Erbkaiserlichen, unter ihnen der amtierende Ministerpräsident Heinrich von Gagern und der Justizminister Robert Mohl, unterschrieben beide Erklärungen. Heinrich Simon und seine Gruppe wiederum versprachen, für das Erbkaisertum zu stimmen.[141] Heinrich Simons Vorgehen war zwar vielleicht von seinem eigenen Standpunkt aus ein Irrtum, läßt sich aber

---

[140] Arneth, Schmerling, 310 ff.
[141] Jacoby, *H. Simon*, darin 271 ff. Simons öffentliche, in der Presse publizierte Erklärung vom 31. März, in der er die Gründe für sein Verhalten darlegte; Biedermann, *Erinnerungen*, besonders 106 ff.; Bammel, »Pakt Simon-Gagern«.

sicher nicht als fragwürdiges politisches Manöver abtun. Er und seine politischen Freunde wollten im Grunde deshalb für das preußische Erbkaisertum stimmen, weil diese Lösung ihrer Ansicht nach die einzige Chance darstellte, ihr Ziel, die deutsche Einheit, zu erreichen. Sie versuchten, ihrem republikanischen Gewissen goldene Brücken zu bauen, indem sie für ihr erbkaiserliches Votum Zugeständnisse für die demokratische Sache einhandelten. In Wirklichkeit war der Handel vielleicht unnötig, um den Einbau demokratischer Sicherungen zu gewährleisten. Die erste Lesung hatte gezeigt, daß eine erhebliche Zahl von Abgeordneten des rechten Zentrums – also jener, die jetzt die Hauptmasse der Erbkaiserlichen ausmachten – das absolute Veto mißbilligte. Am 14. Dezember 1848 hatte die Versammlung mit 267 gegen 207 Stimmen den Vorschlag der Mehrheit im Verfassungsausschuß abgelehnt, dem Staatsoberhaupt das Recht des absoluten Vetos einzuräumen, etwa gegen vom Parlament verabschiedete Gesetze. Der Berichterstatter des Ausschusses, Dahlmann, der ausführlich aus der englischen Geschichte zitierte, gab zu, daß die Sache mehr theoretische als praktische Bedeutung habe. Schließlich nahm man das aufschiebende Veto mit 274 gegen 187 Stimmen an.[142] Überdies waren im März viele Großdeutsche bereit, gegen das absolute Veto zu stimmen: sie wollten so die Annahme der kaiserlichen Würde durch Friedrich Wilhelm IV. erschweren; zu ihnen gehörte auch Schmerling.[143] Am 26. März wurde das aufschiebende Veto mit 385 gegen 127 Stimmen angenommen, und damit zeigte sich, daß die Erbkaiserlichen es kaum nötig gehabt hätten, das Bündnis zu unterschreiben. Am folgenden Tag billigte das Haus das Wahlgesetz, so wie es war, augenblicklich und endgültig,[144] obwohl die Einzelaufrufe selbst bei unwichtigen Dingen einigermaßen üblich geworden waren.

Simon wäre also wohl ohne Unterstützung durch die Erbkaiserlichen in der Sache des Vetos und – wahrscheinlich – auch des Wahlgesetzes ausgekommen. In beiden Fragen bestätigte die zweite und endgültige Lesung nur die Entscheidung, die das Haus schon in der ersten Lesung getroffen hatte. Doch die Partei, die für das preußische Erbkaisertum eintrat, wäre ohne Simon nicht zum Ziel gekommen. Am 27. März wurde die Bestimmung über das Erbkaisertum mit 267 gegen 263 Stimmen, bei acht Enthaltungen, angenommen.[145] Die Mehrheit war so knapp, daß auch nicht eine Handvoll Stimmen aus Heinrich Simons Lager hätte fehlen dürfen.

[142] VI, 4096 ff. [143] Bammel, »Pakt Simon-Gagern«. [144] VIII, 6070.
[145] VIII, 6061 ff.

Tabelle 7

Antrag auf Errichtung des Erbkaisertums (27. März 1849)

	Ja	Nein	Enthaltungen	Abwesend	Insgesamt
Protestanten	176	66	3	13	258
Katholiken	29	158	3	13	203
Deutschkatholiken	1	5	—	—	6
Mennoniten	2	—	—	—	2
Juden	3	1	—	—	4
Religionslose	1	1	1	—	3
Unbekannt	55	32	1	3	91
Insgesamt	267	263	8	29	567

Wie Tabelle 7 zeigt, unterstützten das Erbkaisertum nur 29 (etwa 15 Prozent) von den 190 Katholiken, die bei der Abstimmung anwesend waren. Der Widerstand gegen eine preußische Führung hatte sich unter ihnen seit der Abstimmung über Gagerns Programm am 13. Januar[146] erheblich verstärkt.

Diese Abstimmung und der Abschluß der Verfassung durch das Haus am selben Tag öffneten den Weg zur Wahl des Kaisers am 28. März. Es gab nur einen Kandidaten, und wer nicht bereit war, beim Aufruf seine Stimme für Friedrich Wilhelm IV. von Preußen abzugeben, übte im Grunde Stimmenthaltung, statt für einen Gegenkandidaten zu stimmen. Der König von Preußen erhielt 290 Stimmen, 248 Abgeordnete enthielten sich der Stimme, und 29 waren zur Zeit der Wahl abwesend.[147] Nach dem Vorangegangenen war die Wahl des preußischen Königs eine beschlossene Sache, doch die genaue Mehrheit für ihn hatte sich nicht mit Sicherheit vorhersagen lassen. Die Erbkaiserlichen hatten gehofft, selbst unter den Linken werde es eine gewisse Bewegung zugunsten Friedrich Wilhelms geben, doch abgesehen von einer kräftigen Unterstützung durch die früheren Mitglieder der gemäßigten Linken *(Westendhall),* einschließlich der Gruppe Heinrich Simons, enthielt sich die Linke fast vollzählig der Stimme.

[146] Vgl. S. 423. [147] VIII, 6084 ff.

Tabelle 8 A

Wahl des Kaisers (28. März 1849)

	Für Friedrich Wilhelm IV.	Enthaltungen	Abwesend	Insgesamt
Protestanten	193	55	13	261
Katholiken	32	156	13	201
Deutschkatholiken	2	4	—	6
Mennoniten	2	—	—	2
Juden	3	—	—	3
Religionslose	2	1	—	3
Unbekannt	56	32	3	91
Insgesamt	290	248	29	567

Die katholische Unterstützung hatte mithin im Vergleich zum Vortag nur geringfügig zugenommen.

Regional hatte sich das allgemeine Bild seit dem Januar nicht sehr geändert. Die Stimmen für die Hohenzollern-Dynastie waren in Preußen und im übrigen Norddeutschland angestiegen, in Süddeutschland dagegen zurückgegangen. Die Frage lautete nun, ob die Frankfurter Nationalversammlung Friedrich Wilhelm eine weitverbreitete Unterstützung des kaiserlichen Throns im ganzen Lande sichern konnte. Als der Präsident der deutschen Nationalversammlung, Eduard Simson, mit bewegten Worten die Wahl des preußischen Königs zum Deutschen Erbkaiser verkündete, waren das Haus und das Volk tief ergriffen. Aber ließ sich der Plan der Nationalversammlung verwirklichen? Die nächste Woche sollte die Antwort bringen.

Tabelle 8 B

Wahl des Kaisers (28. März 1849)
nach Ländern analysiert

	Für Friedrich Wilhelm IV.	Enthaltungen	Abwesend	Insgesamt
A. Preußen (Königreich)	167	24	10	201
B. Norddeutschland ohne Preußen				
Schleswig-Holstein, Lauenburg	10	—	1	11
Hamburg, Bremen, Lübeck	4	1	—	5
Mecklenburg (Schwerin und Strelitz)	6	1	—	7
Hannover, Oldenburg, Lippe, Anhalt, Braunschweig	29	10	—	39
Luxemburg, Limburg	4	—	1	5
Hessen (Kassel, Nassau, Homburg, Waldeck, Frankfurt)	17	3	—	20
Thüringen (Sächsische Herzogtümer, Schwarzenburg, Reuß)	10	3	3	16
Sachsen (Königreich)	4	12	1	17
Zwischensumme	84	30	6	120
C. Süddeutschland Hessen (Großherzogtum)[1]	5	6	—	11
Baden, Liechtenstein	6	10	5	21
Württemberg, Hohenzollern	12	18	—	30
Bayern (Königreich)	16	49	—	65
Zwischensumme	39	83	5	127
D. Habsburgisches Kaiserreich	—	111	7	118
Endsumme	290	248	29	567

[1] Hauptsächlich südlich der Mainlinie.

Das Erbkaisertum bildete in vieler Hinsicht den wichtigsten Baustein der Verfassung, denn mit ihm stand oder fiel das ganze Gebäude. Doch auch abgesehen von den Bestimmungen über das Reichsoberhaupt, war die von der Nationalversammlung erarbeitete Verfassung[148] keine geringe Leistung. Wie im Abschnitt I definiert, sollte das Deutsche Reich aus den Gebieten des bisherigen Deutschen Bundes bestehen. Der Status des Herzogtums Schleswig blieb einer zukünftigen Regelung vorbehalten.[149] Die einschneidenden und umstrittenen Paragraphen 2 und 3[150] wurden in der zweiten Lesung am 23. März gemildert,[151] indem man die Forderung nach einer Personalunion wegließ. Obwohl der Wortlaut konzilianter war, verlangten diese Bestimmungen weiterhin, daß die deutschen Länder eine eigene Verfassung, Regierung und Verwaltung, getrennt von den anderen Territorien desselben Fürsten, haben sollten. Die Reichsverfassung und Reichsgesetzgebung sollten in den deutschen Teilen von gemischten Staaten und Herrschaften dieselbe Gültigkeit haben wie in rein deutschen.[152] Jeder Fürst, der über gemischte Gebiete herrschte, hatte im deutschen Teil zu residieren oder für ihn eine Regentschaft einzurichten, zu der nur Deutsche berufen werden durften.[153] Die einzelnen deutschen Staaten sollten ihre Selbständigkeit behalten, soweit sie nicht durch die Reichsverfassung beschränkt wurde.[154]

Der Abschnitt II, »Die Reichsgewalt«, regelte die Beziehungen zwischen dem Reich und den Einzelstaaten. Die außenpolitische Vertretung Deutschlands sollte ganz in Händen der Reichsbehörden liegen.[155] Krieg und Frieden waren Sache des Reichs.[156] Sämtliche Streitkräfte aller deutschen Staaten sollten dem Reich zur Verfügung stehen.[157] Doch mit dieser Einschränkung behielten die Staatsregierungen beträchtliche Macht über ihre eigenen Armeen.[158] Der erste Teil des Eides, den alle Soldaten abzulegen hatten, galt dem Kaiser und der Reichsverfassung.[159] Die Flotte blieb ausschließlich eine Sache des Reichs.[160] Das Deutsche Reich sollte ein Zoll- und Handelsgebiet mit einer gemeinsamen Zollgrenze und ohne interne Zölle bilden. Einzelne Territorien aus dem Zollgebiet auszuschließen war Sache des Reichs.[161] Bei der ersten Lesung war die Formulierung, »umgeben von gemeinschaftlicher Zollgrenze«, wie sie der

---

[148] Text in Huber, *Dokumente*, 1. 304 ff. [149] § 1.   [150] Vgl. S. 321 ff. [151] VIII, 5953 ff. [152] § 2. [153] § 3. [154] § 5. [155] § 6—9. [156] § 10. [157] § 11. [158] § 13, § 17. [159] §14. [160] § 19. [161] § 33.

volkswirtschaftliche Ausschuß als Verbesserung des Entwurfs aus dem Verfassungsausschuß vorgeschlagen hatte, nur knapp mit 194 gegen 185 Stimmen angenommen worden.[162] Die Linke war fast geschlossen und das linke Zentrum überwiegend für den Schutzzoll, während die Anhänger des Freihandels sich hauptsächlich aus dem rechten Zentrum und der Rechten rekrutierten. Regional gesehen, neigte Norddeutschland mehr zum Freihandel, der Süden und Österreich eher zum Schutzzoll. Die Klausel im Paragraphen 33 über Sondervereinbarungen hatte man zum Wohl internationaler Häfen wie Hamburg aufgenommen. Dem Reich standen Anteile am Einkommen aus Zoll und Verbrauchssteuern zu,[163] notfalls auch »Matrikularbeiträge« der Staaten.[164] In außergewöhnlichen Fällen durfte das Reich eine Reichssteuer erheben und Schuldverpflichtungen eingehen.[165]

Unter bestimmten Umständen stand den Reichsbehörden das Recht zu, in die Angelegenheiten der einzelnen Staaten einzugreifen, um Recht und Ordnung zu wahren.[166] Allgemein hatte die Reichsregierung die Aufgabe, dafür zu sorgen, daß die Reichsverfassung und die Reichsgesetze in den Staaten eingehalten wurden.[167] Das Reich konnte alles, was zur Durchführung der Verfassungsaufgaben notwendig war, gesetzlich regeln, und dies sogar bis hin zur Schaffung neuer gemeinsamer Institutionen und zur Einführung neuer Methoden der Zusammenarbeit.[168] Den Reichsbehörden blieb es vorbehalten, mit Billigung der Legislative die Grenzen der Reichsautorität gegenüber den Einzelstaaten festzulegen. Damit hatte das Reich die sogenannte Kompetenz-Kompetenz. Das Reich übernahm die Autorität, die es brauchte, und der Rest verblieb den Staaten. Reichsrecht brach normalerweise Staatsrecht.[169] Das Reich erhielt den Auftrag, ein Gesetzbuch für ganz Deutschland einzuführen.[170]

Der Abschnitt III legte fest, daß der herrschende Fürst, der die Würde eines »Kaisers der Deutschen« übernahm, seine ständige Residenz am Sitz der Reichsregierung haben mußte. Die Hauptstadt war durch Reichsgesetzgebung zu bestimmen.[171] Der Kaiser ernannte Reichsminister, die seine Regierungshandlungen gegenzuzeichnen hatten und die konstitutionelle Verantwortung dafür trugen.[172] Er repräsentierte Deutschland nach außen, ernannte diplomatische Vertreter und Konsuln, erklärte Krieg und schloß Frieden und andere Verträge mit fremden Mächten.[173] Der Kaiser berief den Reichstag ein und schloß ihn

---

[162] V, 3486 f. [163] § 35. [164] § 50. [165] § 51. [166] § 54—56. [167] § 53, § 57—59. [168] § 62—63. [169] § 66, § 194. [170] § 64. [171] § 68—71. [172] § 73—74. [173] § 75—77.

und hatte das Recht, das Volkshaus aufzulösen.[174] Er konnte Vorschläge für die Gesetzgebung machen; er verkündete die Reichsgesetze und mußte die Anordnung zu ihrer Durchführung erlassen.[175] Er verfügte über die Streitkräfte.[176] Der Kaiser hatte die Regierungsgewalt in allen Angelegenheiten des Reichs, sofern sie nicht eigens dem Reichstag zugewiesen waren.[177]

Der Reichstag[178] sollte aus einem »Staatenhaus« und einem »Volkshaus« bestehen.[179] Im Staatenhaus war jeder Staat, selbst der kleinste, durch wenigstens ein Mitglied vertreten. Preußen standen vierzig, Bayern zwanzig[180] und den anderen Staaten so viele Vertreter zu, wie es ihrer Größe entsprach.[181] Die Mitglieder des Staatenhauses wurden zur Hälfte durch die Regierung und zur Hälfte durch die Volksvertretung des betreffenden Staates ernannt.[182] Die Vertreter sollten sechs Jahre amtieren. Alle drei Jahre sollte die Hälfte der Mitglieder neu gewählt werden.[183] Das Volkshaus war normalerweise alle drei Jahre zu wählen.[184] Kein Vertreter des Staaten- oder des Volkshauses war durch Instruktionen derer, die ihn entsandt hatten, gebunden.[185] Für einen Beschluß des Reichstages war die Billigung beider Häuser erforderlich.[186] Ein Beschluß des Reichstags bedurfte der Zustimmung durch die Reichsregierung, um Gesetz zu werden. Falls er jedoch dreimal in aufeinanderfolgenden Sitzungen (die wenigstens vier Wochen dauern mußten) unverändert beschlossen wurde, bekam er ohne Zustimmung der Reichsregierung Gesetzeskraft.[187] Dies war das aufschiebende Veto.[188] Die Zustimmung des Reichstags war auf vielen Gebieten erforderlich, so bei Erlassung, Aufhebung, Abänderung und Auslegung von Reichsgesetzen, beim Reichshaushalt, bei Anleihen, Gebietsabtretungen und -erwerbungen.[189] Jährlich sollte ein Budget aufgestellt werden, und der Reichstag hatte sämtliche Ausgaben und Einnahmen genau zu prüfen.[190] Beide Häuser sollten gewöhnlich öffentlich tagen.[191] Verschiedene Bestimmungen schützten die Abgeordneten vor einer Verhaftung.[192] Den Reichsministern stand das Recht zu, an den Sitzungen beider Häuser beizuwohnen und dort das Wort zu ergreifen.[193] Sie konnten nicht Mitglieder des Staatenhauses sein.[194] Ein Mitglied des Volkshauses, das im Reichsdienst ein Amt oder eine Be-

---

[174] § 79. [175] § 80. [176] § 83. [177] § 84. [178] Abschnitt IV. [179] § 85.
[180] Solange Österreich nicht zum Reich gehörte; sonst sollte Bayern 18 Vertreter haben.
[181] § 87.
[182] § 88. Besondere Vorschriften gab es für Staaten mit einer ungeraden Vertreterzahl.
[183] § 92. [184] § 94. Ein Sondergesetz regelte das Wahlverfahren. Vgl. S 382. [185] § 96.
[186] § 100. [187] § 101. [188] Vgl. S. f. [189] § 102. [190] § 103. [191] § 111.
[192] § 117—120. [193] § 121. [194] § 123.

förderung annahm, mußte sich erneut zur Wahl stellen, behielt aber bis zur Nachwahl seinen Parlamentssitz.[195]

Ein Reichsgericht[196] sollte Rechtsstreitigkeiten zwischen den Einzelstaaten und der Reichsgewalt sowie zwischen verschiedenen Reichs- oder Staatsorganen klären und dafür sorgen, daß Beschwerden der Bürger abgeholfen wurde.[197] Der Abschnitt VI enthielt die Grundrechte,[198] die damit für alle deutschen Staaten verbindlich wurden.

Der Schlußabschnitt (VII) behandelte die »Gewähr der Verfassung«. Er bestimmte den Wortlaut des Eides, den Kaiser und Reichsbeamte zu leisten hatten.[199] Ein Einzelstaat konnte seine Regierungsform nur mit Zustimmung der Reichsgewalt ändern.[200] Für eine Verfassungsänderung war eine Zweidrittelmehrheit in beiden Häusern erforderlich.[201]

Bei der zweiten Lesung am 27. März wurde mit 269 Stimmen, hauptsächlich der Linken und der Großdeutschen, gegen 245 der vorgesehene »Reichsrat« abgelehnt.[202] Er hätte zwölf Mitglieder umfassen sollen, von denen die sieben größten Staaten je eines und Gruppen der übrigen Staaten die restlichen fünf hätten wählen sollen. Dieser Reichsrat sollte jedoch nur beratende Funktionen haben.[203]

In gewisser Weise war die von der Frankfurter Nationalversammlung erarbeitete Verfassung ein geschickter Versuch, die Hauptzüge der Einheit zu sichern und zugleich die Einzelstaaten zu erhalten. Versuche, die kleinen Staaten gewaltsam zu mediatisieren, wurden aufgegeben. Aber die Einzelstaaten konnten ihre Interessen beim Reich nur unzulänglich vertreten. Das Frankfurter Ein-Kammer-Parlament, das immer wieder seinen Anspruch geltend machte, allein über die Verfassung bestimmen zu können, brachte wenig Sympathie für die Probleme der Länder auf. Die beiden einflußreichsten Gruppen der Versammlung, das *Casino* (rechtes Zentrum) und die Linke, wollten die Macht der Einzelstaaten soweit wie möglich einschränken. Die einzelnen Regierungen waren beim Reich nicht vertreten, und selbst der abgelehnte »Reichsrat« wäre ein völlig unzureichender Ersatz gewesen. Nicht nur die Herrscher, auch viele Staatsregierungen und -parlamente mußten die erhebliche Machtübertragung, die ihnen die Frankfurter Nationalversammlung nach minimaler Rücksprache abverlangte, nur ungern sehen. Im Rahmen der internationalen Beziehungen verloren sie ihre selbständige Existenz. Sie hatten nicht mehr

---

[195] § 124. Das war eine Variante der zeitgenössischen englischen Praktik, die die Anregung dazu gegeben hatte. [196] Abschnitt V. [197] § 126. [198] Vgl. S. 214 ff. [199] § 180—191. [200] § 195. [201] § 196. [202] VIII, 6067 ff. [203] VIII, 5766 ff.

das Recht auf eigene diplomatische Vertretungen. Für Preußen wäre dies ohne die Kaiserkrone ein unmöglicher Zustand gewesen. Doch auch für Bayern, das lange eine beachtliche Rolle in der europäischen Diplomatie gespielt hatte, war der Souveränitätsverlust eine bittere Pille. In allen Teilen der Verfassung zeichnete sich die Furcht vor einem Separatismus ab – die angesichts der Vergangenheit und der lebendigen Erinnerung an das Heilige Römische Reich und den Rheinbund in vielen Fällen verständlich war. Der Separatismus ließ sich nicht dadurch verhindern, daß man eine diplomatische Vertretung verbot. Falls die Bayern von der deutschen Einheit profitierten, würden sie wohl keine Schwierigkeiten machen. In diesem Fall wäre es besser gewesen, ihnen den Anschein der Souveränität zu lassen. Das Verbot einer eigenen Außenpolitik nahmen die Staaten übel auf, vor allem die größeren. Auch waren sie machtlos dagegen, daß sich die Gewalt der Zentralregierung auf ihre Kosten allmählich vergrößerte. Die für ganz Deutschland verbindlichen Grundrechte griffen tief in das tägliche Leben ein, und dies nicht nur auf Landes-, sondern auch auf Gemeindeebene. Der Süden Deutschlands war noch nicht überzeugt, daß in einem geeinten Deutschland ohne Österreich seine materiellen Interessen gewahrt und nicht denen Preußens und des Nordens geopfert würden. Viele Süddeutsche machten sich Sorgen über die Einführung allgemeiner Vorschriften, bei denen man, wie sich schon während der Debatte über die Grundrechte gezeigt hatte, ihre Bedürfnisse nicht berücksichtigte.[204] Einige ihrer Vertreter fürchteten, daß die Preisgabe der Schutzzölle, die Preußen und Hamburg gelegen kam, ihre junge Industrie einer tödlichen Konkurrenz aussetzen werde.[205] Würde Preußen den zahlenmäßig und wirtschaftlich schwächeren Süden gerecht behandeln?

Wie Droysen, der Schriftführer des Verfassungsausschusses, oft mit Bedauern feststellte,[206] beruhte die Verfassung nicht auf einem Grundkonzept; sie war vielmehr aus dem stückweisen Entwurf und der Abänderung von Einzelklauseln hervorgegangen, von denen viele ihre endgültige Form einem Kompromiß verdankten. Die Verfassung wurde niemals erprobt, aber ihr Hauptfehler mag sehr wohl darin gelegen haben, daß sie zu wenig tat, die Einzelstaaten zur freiwilligen Mitarbeit zu bewegen, während sie der Zentralregierung zu wenig Macht einräumte – etwa in der Gestalt einer Armee unter alleiniger Kontrolle des Reichs –, um die Einzelstaaten zur Räson zu brin-

---

[204] Vgl. S 218. ff. [205] Vgl. auch Rümelin, *Aus der Paulskirche*, 151.
[206] Zum Beispiel am 11. August 1848. Droysen, *Verhandlungen*, I, 180.

gen, falls sie sich widerspenstig zeigten. Die Unitarier des rechten Zentrums und die Linke erreichten zwar ihr Ziel theoretisch, verschafften aber der Reichsregierung nicht die Mittel, ihren Ansprüchen gerecht zu werden. Die Zentralregierung und die Regierungen der Länder konnten sich gegenseitig lähmen. Eine — möglicherweise entscheidende — Machtprobe war fast unvermeidlich. In der Verfassung fehlte ein wirksamer Bundesrat, der vielleicht geholfen hätte, diese Differenzen zentral zu bereinigen.

Durch das aufschiebende Veto vor allem hielten sich Kaiser, Reichsregierung und Reichstag gegenseitig in Schach. Eine parlamentarische Regierung im britischen Sinn gab es nicht, wohl aber eine starke parlamentarische Kontrolle der Regierung im Rahmen eines Systems, das Elemente der Gewaltenteilung enthielt.

Das Wahlgesetz wurde in der Form angenommen, in der es bereits die erste Lesung passiert hatte. Das Volkshaus war in geheimer und direkter Wahl von allen unbescholtenen deutschen Männern über 25 Jahren zu wählen.[207] Alle Versuche des rechten Zentrums im Verfassungsausschuß, das Wahlrecht vom Besitz oder anderen Kriterien abhängig zu machen oder die öffentliche Wahl einzuführen, schlugen fehl. Ein Parlament, das durch ein Verfahren zustande gekommen war, das dem allgemeinen Männerwahlrecht nahe kam, konnte kaum »besitzbürgerlich« denken, zumal in einer Zeit, da in Preußen eine vom König verfügte Verfassung galt, die keine solche Einschränkung des Wahlrechts enthielt. In einer Epoche der Revolutionen und raschen Änderungen ließen sich allmähliche Übergänge kaum verwirklichen.

[207] Text in Huber, *Dokumente*, I, 324 ff.

Die Führer der Erbkaiserlichen wünschten ein begrenztes Wahlrecht, gewiß zum Teil auch um der Hohenzollerndynastie die Annahme der Kaiserkrone zu erleichtern. Nach der Wahl des preußischen Königs zum Kaiser der Deutschen beschloß die Versammlung, eine Abordnung zu Friedrich Wilhelm IV. zu senden. Die Nationalversammlung, der die Wahl der Abgesandten überlassen blieb, bemühte sich, die Delegation ideologisch und regional möglichst repräsentativ zusammenzustellen.[208]

Als die Delegierten des ersten deutschen Parlaments zu ihrer denkwürdigen Mission nach Berlin reisten, beseelte sie wieder der gleiche Geist, der die Versammlung im Mai 1848 beim Einzug in die Paulskirche erfüllt hatte. Am 3. April fand im königlichen Schloß zu Berlin die feierliche Audienz statt, bei der Friedrich Wilhelm IV. die Kaiserkrone angetragen wurde. Der Präsident der Frankfurter Nationalversammlung, Eduard Simson, den 32 Delegierte begleiteten, verlas die formelle Botschaft, die den König davon unterrichtete, daß die von der Nationalversammlung beschlossene Verfassung als Gesetz verkündet und die in dieser Verfassung vorgesehene Erbkaiserkrone ihm verliehen worden sei. Simson bat den König, die Krone auf der Grundlage der Verfassung anzunehmen. Die Botschaft war ehrfurchtsvoll und in bewegenden Worten formuliert, die geeignet waren, Friedrich Wilhelms romantische Einstellung anzusprechen. Der König antwortete in versöhnlichem Ton, was freilich nicht darüber hinwegtäuschte, daß er nicht geneigt war, das ihm zugedachte Amt zu übernehmen. Er sagte, der ihm kundgetane Beschluß, in dem er die Stimme des Volkes erkenne, ergreife ihn tief. Er halte sich an seine frühere Entscheidung, nicht eher etwas zu unternehmen, als bis die Fürsten und die Freien Städte Deutschlands ihn dazu aufforderten. Als nächsten Schritt müßten die einzelnen Regierungen die Verfassung daraufhin prüfen, ob sie sowohl den Staaten als auch dem Reich angemessen sei. In einer offiziellen Verlautbarung an die preußische Regierung interpretierte die Delegation am nächsten Tage die Antwort des Königs als Ablehnung. Nach ihrer einhelligen Meinung müsse dies so verstanden werden, nachdem Friedrich Wilhelm IV. ge-

[208] VIII, 6095 f; 6098.

448

äußert habe, die von der Nationalversammlung beschlossene Verfassung sei noch nicht rechtskräftig, sondern sie müsse noch von den einzelnen deutschen Regierungen gebilligt werden. Solange die Verfassung nicht als gültig angesehen werde, könne sie nicht die Basis für die rechtmäßige Autorität eines Kaisers abgeben.[209]

Die Ablehnung der Kaiserkrone durch Friedrich Wilhelm IV. wurde allzu häufig in rein persönlichem Sinn gedeutet und deshalb mißverstanden, weil man sie getrennt von dem gesamten Geschehen der Nationalversammlung betrachtete. Eine breite Kluft trennte die Haltung Friedrich Wilhelms IV. von derjenigen Mehrheit in der Nationalversammlung. Die unterschiedlichen Auffassungen wurzelten tief in den Ereignissen des vorangegangenen Jahres und werden nur bei Berücksichtigung des Ursprungs und der Entwicklung der Nationalversammlung verständlich.[210]

Auf die Ablehnung der Kaiserkrone durch den preußischen König folgte die allmähliche Auflösung der Nationalversammlung – ein langsamer und schmerzhafter Tod.[211] Bisher hatte die Versammlung heftige Zusammenstöße mit den Regierungen vermeiden können. Es hatte zwar zahlreiche Meinungsverschiedenheiten gegeben, und zuweilen kritisierten die Regierungen in Österreich, Preußen und Hannover gewisse Handlungen der Frankfurter Nationalversammlung, die sie für unbefugte Einmischungen in ihre inneren Angelegenheiten hielten, mit aller Schärfe. Doch im Grunde ließen die meisten Regierungen der Frankfurter Nationalversammlung freie Hand, teilweise weil sie ein Prellbock gegen eine weitere Radikalisierung bildete, teilweise weil sie sowohl Vorteile bringen als auch maßregeln konnte. Die Verabschiedung der Verfassung und die Wahl des Kaisers waren die ersten wirklich einschneidenden Handlungen der Versammlung, und die Regierungen der Einzelstaaten konnten einen Versuch, die Verfassung durchzusetzen, nicht ignorieren. Die Nationalversammlung stand nun vor der Wahl, entweder die von ihr erarbeitete Verfassung preiszugeben oder zu versuchen, sie zur Anwendung zu bringen. Keiner der beiden Wege war leicht. Einerseits konnte die Versammlung jetzt kaum den Rückzug antreten oder eine ihr ungewohnte Annäherung an die Regierungen versuchen und dabei den

[209] VIII, 6125 ff; Bericht Simsons an die Nationalversammlung vom 11. April. Vgl. auch Simson, *E. v. Simson*, 173 ff. Erklärungen in Huber, *Dokumente*, I, 328 ff.
[210] Vgl.   ff. und Epilog S.
[211] Ein von der Versammlung am 24. November 1848 erlassenes Gesetz über die Wechselordnung in ganz Deutschland trat 1849 in Kraft und blieb von Fehlschlägen der Verfassung unberührt. Vgl. auch Wichmann, *Denkwürdigkeiten*, 335.

Anspruch auf ihr alleiniges verfassunggebendes Recht aufgeben, zu dem sie sich von Anfang an bekannt hatte. Andererseits mußte jeder Versuch, die Verfassung durchzusetzen, zur Gewaltanwendung führen. Und so stand die Versammlung, wie im September, abermals vor der fundamentalen Frage: Mäßigung oder Radikalismus, und damit auch vor dem Problem ihrer ideologischen Spaltung, das von der Frage des preußischen Erbkaisertums überschattet worden war. Erneut wechselten Abgeordnete unruhig von einer Seite zur anderen. So wurde Karl Biedermann, der beim linken Zentrum (*Württemberger Hof*) begonnen und dann an der Gründung des *Augsburger Hofs* im rechten Zentrum mitgewirkt hatte, ein führender Vorkämpfer der Versuche, die Verfassung durchzusetzen, bis er schließlich merkte, daß er bei der Linken nicht überall mitmachen konnte.

Eine Zeitlang versuchte Heinrich von Gagern als amtierender Ministerpräsident, einen Mittelkurs zu steuern, um die Zustimmung zur Reichsverfassung mit friedlichen Mitteln zu bewirken und Gewaltanwendung zu verhindern. Am 11. April stimmten er und seine Gruppe für die Bildung des »Dreißigerausschusses«, dem die Durchführung der Verfassung übertragen wurde.[212] Dieser Ausschuß wurde jetzt zum führenden Gremium der Nationalversammlung. Obgleich in ihm die Gemäßigten die Mehrheit hatten,[213] führte der Sinn seiner Aufgabe und der Gang der Ereignisse dazu, daß sich der Dreißigerausschuß tiefer in die Angelegenheiten der Einzelstaaten einmischte. Die Frage, ob man die Reichsverfassung annehmen solle, wurde zum Zankapfel in den Einzelstaaten; sie führte in Preußen, Württemberg, Sachsen und anderen Ländern zu Konflikten zwischen Volksvertretung und Regierung. Schließlich enthüllten die beiden Bürgerkriege, die im Königreich Sachsen und der bayerischen Rheinpfalz aus der Auseinandersetzung um die Reichsverfassung hervorgingen, die Gefahren einer Politik, die den Kampf für eine Reichsverfassung mit Rücksichten auf partikularistische Interessen zu verbinden suchte. Trotz Gagerns Einspruch unterstützte der in die Rheinpfalz entsandte Reichskommissar Eisenstuck (Linke) die dortige revolutionäre Bewegung.[214] Mehrere Abgeordnete der Frankfurter Nationalversammlung wirkten in revolutionären Gremien in Sachsen, in der Rheinpfalz und auch in Baden mit, das erneut zum Schauplatz eines Aufstandes wurde. Als preußische Truppen dem sächsischen König zu Hilfe kamen, nahm die Frankfurter Nationalversammlung am 10. Mai mit 188 gegen 147 Stimmen einen Antrag an, der dieses Vorgehen als einen

[212] VIII, 6142 ff. [213] VIII, 6149. [214] IX, 6580 ff.

Bruch des Reichsfriedens verurteilte.[215] Am 14. Mai erfolgte die Abberufung der Vertreter Preußens aus der Frankfurter Nationalversammlung. Am 16. Mai nahm das Haus mit 287 gegen 2 Stimmen, bei 10 Enthaltungen, einen Antrag an, den Befehl der preußischen Regierung zu ignorieren.[216] Die österreichische Regierung hatte bereits am 5. April ihre Vertreter zurückbeordert,[217] doch hatten sich nicht alle an diese Anweisung gehalten.

Die positive Seite der Bilanz, die Annahme der Verfassung durch fast 30 hauptsächlich kleinere Regierungen bildeten keinen Ausgleich für die wachsende Feindseligkeit Österreichs, Preußens und einiger anderer Königreiche. Am 10. Mai trat Heinrich von Gagern als Ministerpräsident zurück, nachdem sich der Reichsverweser geweigert hatte, ihn ferner zu unterstützen.[218] In einem Parlament, in dem die Radikalen täglich stärker wurden, konnte er sich kaum halten. Doch der Reichsverweser nahm seinen Rücktritt nicht deshalb an, weil er jemanden ernennen wollte, der mit der Versammlung in besserem Einklang stand. Vielmehr gab er am 16. Mai die Nominierung Wilhelm Grävells[219] zum Präsidenten des Reichsministeriums bekannt, eines preußischen Abgeordneten der Rechten, der sehr individuelle Ansichten vertrat und überhaupt keine Anhängerschaft besaß. Ein anderer neuernannter Minister war der Rechtsanwalt S. M Detmold aus Hannover, auch von der Rechten.[220] Am folgenden Tag sprach das Haus mit 191 gegen 12 Stimmen bei 44 Enthaltungen der neuen Regierung das Mißtrauen aus.[221] Am 19. Mai beschloß es mit 126 gegen 116 Stimmen, einen Reichsstatthalter zu wählen.[222] Am 21. Mai entschied sich eine große Gruppe Gemäßigter unter Führung Dahlmanns und Heinrich von Gagerns, aus dem Parlament auszuscheiden.[223]

Der fortwährende Aderlaß durch die Massenrücktritte – zum Teil deshalb, weil mehrere Staaten ihre Vertreter abberiefen – konnte auf das Ende der Versammlung schließen lassen. Die Geschäftsordnung schrieb 200 Abgeordnete für die Beschlußfähigkeit vor. Am 30. April senkte man diese Zahl jedoch auf 150[224] und am 24. Mai auf 100.[225] Man gab sich alle Mühe, die Ersatzmänner für ausgeschiedene Abgeordnete einzuberufen; in den meisten Fällen waren dies Radikale, da die Versammlung für Gemäßigte kaum mehr der rechte Ort war. Bis zum 24. Mai war die Zahl der Anwesenden auf 155 gesunken,[226] bis

[215] IX, 6503 ff. [216] IX, 6600. [217] Laube, *Das erste Parlament*, III, 419. [218] IX, 6496.
[219] ADB, IX. [220] IX, 6611 ff., 6617 f. [221] IX, 6629 ff. [222] IX, 6690 ff.
[223] IX, 6697 f. [224] VIII, 6356. [225] IX, 6725. [226] IX, 6720.

zum 30. Mai auf 130.[227] An diesem Tag wurde mit 71 gegen 64 Stimmen ein Antrag gebilligt, die Versammlung nach Stuttgart zu verlegen. Die Frankfurter Nationalversammlung hatte aufgehört zu bestehen. Wie immer man die Herabsetzung der Beschlußfähigkeit auf 100 Abgeordnete in einem Haus betrachtet, dessen Abstimmungsstärke normalerweise weit über 400 lag, so war die Versammlung schon lange vor Ende Mai nicht mehr für Deutschland repräsentativ. Das Rumpfparlament, das zwischen dem 6. und dem 18. Juni mehrmals in Stuttgart zusammentrat und durch die Hilfe kurz zuvor gewählter Ersatzmänner mit Mühe und Not die erforderlichen hundert Abgeordneten zusammenbrachte, war eine Travestie der deutschen Nationalversammlung in der Paulskirche. Der wachsende Radikalismus der Versammlung nach der Übersiedlung von Frankfurt nach Stuttgart war unvermeidlich. Die Stellung eines nicht extremen Abgeordneten wurde täglich schwieriger. Obwohl einige verhältnismäßig gemäßigte Abgeordnete, wie der Dichter Uhland und der Ästhetiker Vischer, im Rumpfparlament saßen, war die breite Mehrheit weit radikaler. Es blieb kein anderer Ausweg, als daß die Versammlung zu einem Konvent wurde. Am 6. Juni beschloß sie die Wahl einer fünfköpfigen Reichsregentschaft, der aus der Frankfurter Nationalversammlung die vier Abgeordneten Raveaux, Vogt, Heinrich Simon und der Schriftsteller Friedrich Schüler aus der bayerischen Rheinpfalz angehörten.[228] Der württembergische Ministerpräsident Friedrich Römer war dem Rumpfparlament zunächst nicht unfreundlich gesonnen. In der Frankfurter Nationalversammlung hatte er dem linken Zentrum nahegestanden, und er blieb im Rumpfparlament. Doch als er am 13. Juni aus der Versammlung ausschied,[229] hatte er ziemlich spät erkannt, daß er nicht gleichzeitig auf seiten der Ordnung und der Revolution stehen konnte. Am 17. Juni entschieden Römer und seine württembergischen Ministerkollegen, daß man die Tätigkeit des Rumpfparlaments und der Reichsregentschaft nicht mehr dulden könne. Als die Versammlung weiter darauf bestand, am 18. Juni zu tagen, hinderten Truppen die Abgeordneten am Zutritt zu ihrem Versammlungsort.[230] Obwohl es an diesem Tag nochmals – in einem Hotel – zusammentrat und beschloß, zusammenzubleiben, waren die Tage des Rumpfparlaments gezählt. Erbitterter Haß der Extremisten traf Römer.

Wenngleich das Rumpfparlament nicht mehr zur Geschichte der Frankfurter Nationalversammlung gehört, enthüllte die Versamm-

[227] IX, 6780. [228] IX, 6821 f. [229] IX, 6841. [230] IX, 6875 ff.

lung in Stuttgart doch die Schwierigkeiten, unter denen alle zu leiden hatten, die, wie Uhland und Vischer, radikale politische Vorstellungen mit dem Respekt vor Recht und Ordnung verbinden wollten. Ebenso wurden die Führer der gemäßigten Linken *(Westendhall)* in der Frankfurter Nationalversammlung, Raveaux und Heinrich Simon, in Stuttgart genauso extrem wie die Mitglieder der früheren radikaleren Klubs der Linken in Frankfurt. Simon, der Ende März bei der Wahl Friedrich Wilhelms IV. zum Kaiser mitgewirkt hatte, war im Juni einer der Reichsregenten geworden.

Die Auflösung des Rumpfparlaments durch Militär bedeutete ein schmachvolles Ende für eine Versammlung, die Geschichte gemacht hatte. Das Rumpfparlament war nicht einfach ein Nachspiel. Für viele seiner Mitglieder bedeutete es den Anfang bitteren Exils. Die Tragödie zahlreicher radikaler Abgeordneter in dieser Prüfungszeit bestand darin, daß sie sich politischen Prinzipien verpflichtet fühlten, die sich damals nicht verwirklichen ließen.

Am 26. Juni 1849 eröffneten etwa 130 ehemalige Abgeordnete der Frankfurter Nationalversammlung, die sich für einen preußischen Erbkaiser eingesetzt hatten, eine kurze Tagung in Gotha, um die Gemäßigten zu sammeln, die gegen das Rumpfparlament opponiert hatten. Noch einmal saßen die Brüder Gagern nicht nur neben Dahlmann und Beseler, sondern auch neben Biedermann und anderen weiter links Orientierten.[231] Kaum fünfzehn Monate lagen zwischen dem Vorparlament und den beiden konkurrierenden Versammlungen, die im Juni 1849 zusammentraten. Die Wandlung in der politischen Situation dieser Zeit war eng mit der Arbeit der Frankfurter Nationalversammlung verknüpft. An ihr läßt sich ihre Bedeutung ermessen.

---

[231] Vgl. Laube, *Das erste Parlament*, III, 441 ff. Die Erklärung von Gotha auch in Huber, *Dokumente*, I, 430 ff.

IX. EPILOG

Die Geschichte kennt wenige Epochen, in denen die Gelegenheit, die Probleme eines ganzen Zeitalters zu lösen, so günstig war wie in den Monaten nach den Märzrevolutionen von 1848. Was die verschiedenen Gremien, die damals ihre Chance hatten, einschließlich der Frankfurter Nationalversammlung, erreicht haben, mußte fast enttäuschen. Der Spielraum für Veränderungen konnte gar nicht so groß sein, wie es schien. Die konservativen Kräfte waren nur vorübergehend aus dem Gleichgewicht geraten. Während man in der Öffentlichkeit weithin Änderungen forderte, gab es wenig Übereinstimmung darüber, wo und wie sie verwirklicht werden sollten. Wie in anderen Epochen herrschte bei vielen die Neigung, alle Zugeständnisse von anderen zu erwarten. Bei der allgemeinen Tendenz zu vereinfachen, schob man Schwierigkeiten häufig beiseite. Bei wem immer sich damals politische Selbstlosigkeit in Deutschland fand, geriet diese leicht auf den Weg zu einem weltfremden Idealismus und zu einer ablehnenden Haltung, wenn es galt, die eigentlichen Probleme aufzugreifen. Dies geschah vor allem unter den politischen Extremisten und unter einigen romantischen Verfechtern der deutschen Einheit, wie zum Beispiel in der Schleswig-Holstein-Frage.

Im ganzen sympathisierten die Historiker mehr mit den Männern, die für Änderungen eintraten, als mit ihren Gegnern. Für die Probleme der Regierungen brachte man zuwenig Verständnis auf. Diese Tendenz stammt aus der Gewohnheit, Geschichte als eine Auseinandersetzung zwischen »fortschrittlichen« und »reaktionären« Kräften zu verstehen. Wer nicht die deutsche Einheit oder den konstitutionellen Fortschritt unterstützte, galt oft als Unverbesserlicher, der nur Verachtung verdiente.

Der Zweifel an den grundlegenden Ideen des Nationalismus und besonders seiner deutschen Fassung hat diese Überzeugung erschüttert, aber nicht völlig aus der Welt geschafft, denn sie führte zu neuer Verzerrung des Geschichtsbildes bei dem Versuch, das 19. Jahrhundert in das Schema des 20. zu zwängen oder die Vergehen der Nationalsozialisten auf verschiedene Gruppen der Frankfurter Nationalversammlung zurückzuführen. Wenig Gnade finden selbst heute diejenigen, die offenbar den konstitutionellen Fortschritt hemmten. Die Historiker waren geneigt, den Aussagen jener Glauben zu schenken, die behaupteten, Änderungen seien damals möglich gewesen, ohne indessen die Faktoren, die damals die Situation beherrschten, ausreichend zu untersuchen.

Die Regierungen standen unter Druck von verschiedenen Seiten, oft ganz unvereinbare Forderungen zu erfüllen, so etwa als die Tschechen von der österreichischen Regierung verlangten, in Böhmen die Wahlen zum Frankfurter Parlament, auf die die Deutschen drängten, zu unterbinden. Die Unbeständigkeit der österreichischen Regierung, deren Ursache in der Schwäche der Behörden und ihrem Bestreben lag, jene Elemente zu befriedigen, die ihnen an Ort und Stelle am meisten Schwierigkeiten bereiten mochten, zeigt die Gefahr einer unkritischen Annahme jeglicher Petition, die abzulehnen unklug erschien, da ein Nein für die Machthaber ein Risiko bedeutete. Die Abneigung der Landesregierungen gegen Neuerungen entsprang nicht unbedingt einer »reaktionären« Einstellung.

Vom März 1848 an wurden in den Hauptstädten der Länder fast alle konservativen Minister abgelöst. Die Regierungen waren ihren Bürgern für die Wahrung von Recht und Ordnung, wie auch für die Landesverteidigung verantwortlich. Sie hatten nicht das Recht, eine noch so unvollkommen bestehende Ordnung für etwas Unerprobtes aufzugeben, ohne die eingebrachten Reformvorschläge gründlich bis in alle Einzelheiten zu prüfen. Sie mußten sich erst überzeugen, daß die Änderungen dem Wohle des Landes dienen würden. Die Behörden konnten eher beurteilen, welcher Anzahl von Veränderungen der Regierungsapparat gewachsen war, als jene, die nie die praktischen Ausführungsschwierigkeiten kennengelernt hatten. Sie beurteilten auch die Trägheit der Öffentlichkeit besser, die nur bereit war, Änderungen in geringem Maße zuzulassen. Nicht jede Veränderung wäre heilsam oder »fortschrittlich« gewesen. Forderungen auf eine Rückkehr zum Zunftsystem und Verzicht auf weitere technische Fortschritte, die 1848 verschiedentlich erhoben wurden, waren nicht unbedingt deshalb »fortschrittlich«, weil sie von Radikalen kamen. Die Aufteilung in eine reaktionäre Rechte und eine progressive Linke ist für die damalige Situation verfehlt. Der Konservatismus war nicht auf die Rechte oder auf die oberen Gesellschaftsklassen beschränkt.

Die Ernennung gemäßigter Liberaler zu Landesministern beschleunigte die Spaltung der bisherigen Opposition in zwei Hauptgruppen. Die Radikalen waren unzufrieden, daß man ihnen einen Anteil an der Regierung verweigerte, jedoch sollte man den Konflikt zwischen den Demokraten und den gemäßigten Liberalen nicht nur als reine Machtfrage beurteilen. Während die Liberalen geneigt waren, monarchische Institutionen in ihr System aufzunehmen, dachten die Radikalen grundsätzlich in republikanischen Begriffen, obgleich viele von ihnen bereit waren, mit den Fürsten zusammenzuarbeiten. Die gemäßigten Liberalen zogen eine starke Exekutive unter einem Monarchen vor, zu dessen Vorrechten auch die Ernennung der Minister zählte. Diese Minister mußten das Vertrauen des Parlaments haben oder es erringen. Den Liberalen galt das Parlament hauptsächlich als Aufsichtsorgan über die Regierung, nicht so sehr als Schulung für künftige Minister. Sie befürworteten eine beschränkte Gewaltenteilung, schreckten jedoch vor der vollständigen Trennung der Gewalten zurück. Es lag einerseits nicht in ihrer Absicht, die Zugehörigkeit zur Regierung mit einem Sitz in der Volkskammer unvereinbar zu machen. Andererseits wollten sie auch die Ernennung von Ministern nicht auf Parlamentsmitglieder beschränken. Trotz gewisser doktrinärer Neigungen unter den Vertretern des rechten Zentrums im Verfassungsausschuß der Frankfurter Nationalversammlung erkannten die gemäßigten Liberalen im großen ganzen die Bedeutung des monarchischen Elements an, und zwar ebenso für die Erhaltung einer starken Exekutive als auch für die Gewährleistung der Repräsentation einzelner Staaten und Gebiete. Solange es eine wirksame parlamentarische Kontrolle gab, sahen sie in der Beibehaltung der Monarchie keine Gefahr für die Freiheit der Untertanen. Das starke Parlament, das ihnen vorschwebte, ließ sich nicht mit der Vorstellung vereinbaren, die Mitgliedschaft sei nur ein Sprungbrett in die Exekutive. Die Liberalen waren völlig zufrieden, solange gewisse Hauptpunkte ihres Programms erfüllt wurden. Sie bestanden unnachgiebig auf einer geschriebenen Verfassung als Sicherung für die freie Entfaltung eines Parlaments, dessen Billigung für die Gesetzgebung nötig war und das, vor allem auf finanziellem Gebiet, durch die jährlichen Budgets, die Exekutive wirksam kontrollierte. Das Parlament und der Urteilsspruch der Wählerschaft standen bei den gemäßigten Liberalen in Ehren, so enttäuschend sie sich zuweilen auch kundgaben.

Die Verfassungskonzepte der Radikalen sind schwieriger zusammenzufassen, da sie sich in der Opposition nicht voll entfaltet hatten. Der Name »Demokraten« besagte nicht, daß sie geneigt waren, Wahlergebnisse unbedingt zu respektieren. Grundsätzlich änderten die Radikalen nach der konstitutionellen Entwicklung im Anschluß an die Märzereignisse 1848 ihre Haltung nicht. Die meisten unter ihnen waren ebenso bereit, liberale Regierungen nach Möglichkeit gewaltsam zu stürzen, wie sie dies mit den autokratischen Regimes in der Metternich-Ära versucht hatten. Ihre Differenzen mit den Liberalen reichten weit über Meinungsverschiedenheiten bezüglich bestimmter Maßnahmen, etwa über den Umfang des Wahlrechts, hinaus. Als »Männer des Volkes« glaubten die Demokraten, die Wünsche des Volkes zu kennen. Dies war ein vages Konzept einer allgemeinen Stimmung oder eines allgemeinen Willens, und sie hielten sich für die authentischen Interpreten. Daher lehnten die Radikalen in bestimmten Fragen, die sie als ihre ausschließliche Domäne ansahen, jede formelle Ordnung ab. Obwohl sie zusammen mit den gemäßigten Liberalen die üblichen konstitutionellen Forderungen vom März 1848 erhoben und sich in Sachen der Grundrechte noch hartnäckiger zeigten, waren die Radikalen keine echten Konstitutionalisten. Ihnen ging es darum, ihre Ideen zu verwirklichen. Stand ihnen dabei die Verfassung im Wege, dann mußte man sie ändern – notfalls mit Gewalt. In dieser Hinsicht war die Handlungsweise radikaler Organisatoren der »zweiten Revolution« im Frühjahr 1849 nicht ganz beweiskräftig. Immerhin behielten sich doch zweifellos viele Angehörige der Linken das Recht vor, zur Gewalt Zuflucht zu nehmen, auch gegen verfassungsmäßige Regierungen. Der Unterschied zwischen den gemäßigten Liberalen und den Radikalen war daher kein gradueller, sondern ein prinzipieller. Im ganzen setzten sich die gemäßigten Liberalen für allmähliches Vorgehen ein, wenn sich auch ein Element mechanistisch-rationalistischer Auffassung bei ihnen geltend machte. Die Radikalen waren Rationalisten und plädierten für eine umfassende Änderung. Nach dem Wortgebrauch von 1848 bedeutet das Konzept einer »liberalen Demokratie« einen begrifflichen Widerspruch. Das Geschick des linken Zentrums in der Frankfurter Nationalversammlung zeigt die Schwierigkeit, Konstitutionalismus und Radikalismus miteinander in Einklang zu bringen. So trifft man ins Leere, wenn man den gemäßigten Liberalen von 1848 vorwirft, sie hätten sich nicht radikal genug verhalten. Von ihrem Standpunkt aus war eine »zweite Revolution« nicht nur unnötig, sie mochte vielmehr die Errungenschaften des März 1848 gefährden. Sie hätte möglicherweise jenen freie Hand gegeben, die das Privateigentum angreifen und die ganze Sozialordnung untergraben wollten. Diese Einstellung der gemäßigten Liberalen läßt sich nicht einfach als Ausdruck eines Klassenvorurteils abtun.

Die gemäßigten Liberalen waren in ihrer Klassenzugehörigkeit nicht »bürgerlicher« als die Radikalen. Dem Liberalismus im damaligen Deutschland ging es um Freihandel, aber nicht grundsätzlich um eine Politik des *laisser-faire*. Das hohe Ansehen des volkswirtschaftlichen Ausschusses in der Frankfurter Nationalversammlung ist ein Zeichen für das Interesse, das alle Gruppen der Versammlung, einschließlich der gemäßigten Liberalen, für soziale und volkswirtschaftliche Fragen aufbrachten. Es kann gut sein, daß Historiker späterer Generationen die Klassenstruktur ihrer eigenen Zeit in die Lage projizierten, die 1848 in Deutschland herrschte. Bei der verhältnismäßig beweglichen Gesellschaftsstruktur hatten die Klassen eine völlig andere Bedeutung als später. Der Weg zum sozialen Aufstieg ging über die Bildung, die vielen, unabhängig von ihrem Ausgangspunkt im Leben, offenstand. Augenscheinlich schämte man sich seiner Eltern nicht, wenn sie »niederer« Herkunft waren. Die derzeitige Einstellung zu den Gesellschaftsklassen war völlig anders als diejenige, die seit geraumer Zeit etwa in Großbritannien herrscht. In gewissem Sinn ist es ebenso interessant und nützlich, die soziale Herkunft der Parlamentsmitglieder, wie den Stand, zu dem die betreffenden damals gehörten, zu untersuchen. Die Frankfurter Nationalversammlung enthielt eine Anzahl Abgeordneter, die aus verhältnismäßig niederen Schichten aufgestiegen waren, und das rechte Zentrum hatte auch seinen Anteil daran. Daß sich das rechte Zentrum in Frankfurt vorwiegend mit politischen Problemen befaßte, deutet keineswegs auf mangelndes Interesse an sozialen und wirtschaftlichen Fragen hin. Man war der Ansicht, soziale Probleme ließen sich erst dann befriedigend lösen, wenn der politische Rahmen dafür geschaffen sei. Die spätere Geschichte widerlegt nicht unbedingt den allgemeinen Grundsatz des europäischen Liberalismus, daß in erster Linie die Freiheit des Individuums zu sichern sei.

Waren Einigung und Verfassungsentwicklung zu große Aufgaben, als daß man sie hätte gleichzeitig bewältigen können? Wäre es klüger gewesen, sich nur auf eine der beiden zu konzentrieren? Für die gemäßigten Liberalen und die Radikalen – zumindest die in der Frankfurter Nationalversammlung – bedeuteten diese beiden Probleme nur

Aspekte ein und desselben Problems. Die meisten gemäßigten Liberalen und sämtliche Radikalen waren überzeugt, daß der Deutsche Bund die politische Entwicklung gehindert habe und daß alle konstitutionellen Fortschritte daher nur nach einer nationalen Neuorganisation möglich seien. Außenpolitisch hatte das System des Deutschen Bundes in der Vergangenheit dem russischen Einfluß – zum Nachteil der politischen Entwicklung Deutschlands – freien Raum gelassen. So hatte man das Empfinden, die künftige konstitutionelle Entwicklung sei gefährdet, solange Deutschland nicht geeint sei. Andererseits war eine Einigung Deutschlands ohne Abschaffung der Autokratie undenkbar.

Die Erfüllung dieser beiden ineinander verwobenen Aufgaben brachte die Linke in ein Dilemma. In den unstreitig deutschen Territorien zeigte sie Geringschätzung für historische Rechte und Traditionen. Nur zu gerne hätten die Radikalen viele Staaten mediatisiert, die Fürsten von den Thronen geholt und allenthalben Republiken errichtet. Andererseits war die Linke im allgemeinen nicht bereit, zum Deutschen Bund gehörige Territorien aufzugeben (auch wenn sie erst im Frühjahr 1848 eingegliedert worden oder hauptsächlich von Nichtdeutschen bewohnt waren), mit Ausnahme der Gebiete im Großherzogtum Posen. Um Ansprüche auf solche Territorien zu begründen, mußte sich die Linke auf die Geschichte berufen. Sosehr sie sich auch von herkömmlichen Vorurteilen freizumachen suchten: Viele Radikale standen noch stärker als die gemäßigten Liberalen unter dem Einfluß der Identifizierung des Heiligen Römischen Reiches mit Deutschland und der Romantisierung der deutschen Vergangenheit. Ihre Einstellung zu Limburg und Schleswig-Holstein läßt eher ein grundsätzlich territoriales als ein ethnisches Konzept erkennen. Nur die Polen rührten an das Gewissen der deutschen Radikalen, doch selbst ihnen wollten viele Abgeordnete der Linken nur auf Kosten der Österreicher und der Russen Zugeständnisse gewähren. In gewisser Hinsicht verhielt sich die Linke tyrannischer als das rechte Zentrum gegenüber anderen Nationalitäten, wie etwa gegenüber den Dänen in Schleswig oder den Limburgern, die zum Königreich der Niederlande gehörten. Sie versuchte nämlich, ihren allgemeinen Grundsatz, nach dem die Staaten der Zentralgewalt zu gehorchen hatten, auch auf Territorien anzuwenden, die nur in lockerer Verbindung zu Deutschland standen. Im Fall Limburgs beriefen sie sich, wie es ihnen gerade paßte, teilweise auf historische Rechte und teilweise auf kürzlich eingeführte Neuerungen. Das linke Zentrum in der Na-

tionalversammlung war logischer und noch weniger kompromißbe-
reit. Es neigte dazu, auf den deutschen Rechten zu bestehen, und verweigerte jedes Zugeständnis, auch an die Polen.

In ähnlicher Weise gründeten die gemäßigten Liberalen ihr Konzept
der deutschen Einheit in erster Linie auf historische Erinnerungen.
Sie zeigten im ganzen mehr Verständnis als die Radikalen für Traditionen in rein deutschen Gebieten. Doch sie waren eher als die Linke
und das linke Zentrum bereit, historische und territoriale Vorstellungen preiszugeben. Im Fall Schleswig-Holsteins nahmen sie eine ver-
söhnlichere Haltung ein, und sie beharrten nicht so hartnäckig auf
Wahlen zur Frankfurter Nationalversammlung in den nicht-deutschen Ländern des habsburgischen Kaiserreichs. Daß die meisten Angehörigen des rechten Zentrums der Versammlung für einen Erbkaiser stimmten, bedeutete, daß man die Nicht-Deutschen in der Donaumonarchie ihre eigenen Wege gehen lassen wollte, was unmöglich war,
solange die Linke und das linke Zentrum mit Erfolg darauf bestanden,
keines der Länder, die zum Deutschen Bund gehört hatten, preiszugeben. Das rechte Zentrum zeigte sich den Polen nicht so geneigt wie
die Linke.

Letzten Endes war nicht die persönliche Abneigung Friedrich Wilhelms IV. daran schuld, daß sich die von der Nationalversammlung
beschlossene Verfassung nicht durchsetzen konnte. Unter den Historikern war man häufig nur allzu bereit, für jede Fehlentwicklung
Preußen verantwortlich zu machen. In diesem Fall kann man dem
preußischen König weder »Militarismus« noch territorialen Ehrgeiz
vorwerfen. Friedrich Wilhelm IV. schlug die ihm von der Nationalversammlung angetragene Krone deshalb aus, weil er erkannte, daß
eine Annahme Deutschland und möglicherweise Europa in einen
Krieg stürzen würde. Keine der Parteien, die sich für eine nationale
Einigung einsetzten, hatten die innen- wie die außenpolitischen Einzelheiten zulänglich durchdacht. Sie alle unterschätzten die deutschen Einzelstaaten, und zwar taten dies am meisten die Linke und das
linke Zentrum, und jedenfalls auch Teile des rechten Zentrums. Der
Impuls zu einem übertriebenen Zentralismus ging vorwiegend von
der Linken aus. Soweit die Mitglieder des rechten Zentrums von der
Idee des Einheitsstaates überzeugt waren, war das — wie etwa bei
Dahlmann — auf theoretische Überlegungen und den Wunsch zurückzuführen, eine Zentralautorität zu schaffen, die nach innen und außen
hinreichend stark war. Der Zentralismus der Linken war viel weit-
reichender und mehr parteipolitisch bedingt. Durch den ständigen

Druck der Linken im Vorparlament sah sich das rechte Zentrum im Fünfzigerausschuß und in der Frankfurter Nationalversammlung, weit mehr als beabsichtigt, in Richtung auf eine übermäßig zentralistische Regierungsform gedrängt. Zum Teil entstammte sein Zentralismus auch der Befürchtung, die einzelnen Staaten könnten sich als schwierige Partner erweisen.

So stellt sich die Frage, ob es unter den Deutschen genügend Unterstützung für eine Vereinigung aller deutschen Staaten gab, die mehr sein sollte als eine nur lose Verbindung. Tiefe politische, religiöse, regionale und wirtschaftliche Spannungen hinderten die Einigungsbewegung. Der Haß der Linken auf die gemäßigten Liberalen, die im rechten Zentrum und bei der Rechten weit verbreitete Furcht vor dem Radikalismus und das Mißtrauen zwischen Protestanten und Katholiken waren keine guten Vorzeichen.

Keine der beiden Hauptgruppen, die sich für die Einigung Deutschlands einsetzten – weder die gemäßigten Liberalen noch die Radikalen – verfügte über eine in sich geschlossene und gut organisierte Bewegung, die sich über das ganze Land erstreckte. Die gemäßigten Liberalen litten noch mehr als die Radikalen unter mangelndem Zusammenhalt. Dafür gab es mehrere Gründe. Das gemäßigt liberale Programm ließ sich schwerer kurz zusammenfassen als das der Radikalen. Die maßgeblichen Persönlichkeiten unter den gemäßigten Liberalen neigten noch stärker als ihre demokratischen Gegenspieler zum Individualismus. Jegliche Tendenz zum Föderalismus gefährdete den Zusammenhalt. Die ministerielle Perspektive von Frankfurt einerseits und von den Einzelstaaten andererseits trug dazu bei, den Unterschied zwischen verschiedenen Gesichtspunkten noch zu vergrößern. Man kann sagen, daß die Liberalen den Fehler machten, ihren Individualismus zu weit zu treiben, und daß sie dies teuer bezahlen mußten. Doch ist es eigentlich nicht möglich, vom Versagen einer liberalen Partei zu sprechen, denn eine solche existierte noch nicht. Bei der verworrenen politischen Lage von 1848 ist die Bezeichnung Liberalismus nur ein Kennwort für Historiker, und man sollte sie nur in diesem begrenzten Sinn benutzen. Damals entwickelten sich politische Parteien in Deutschland regional aus Wahlkreisorganisationen. Die gemäßigten Liberalen in Deutschland waren die Gesamtheit vieler lokaler Klubs mit höchst unterschiedlich kombinierten, regional bedingten Ansichten über das Verhältnis zu Österreich und über die Rolle der Einzelstaaten.

Die Radikalen waren in einer etwas glücklicheren Lage. Sie konnten die verschiedenen örtlichen Gruppen in einer über ganz Deutschland sich verbreitenden Organisation, dem Zentralmärzverein, zusammenfassen. Selbst unter diesen Bedingungen gehörten Menschen höchst unterschiedlicher politischer Anschauungen dazu; sie reichten von der extremen Linken bis zum linken Zentrum und schlossen sogar einen Mann wie Wydenbrugk ein, der leitender Minister in Weimar war. Obwohl die Linke an mehreren Orten zugunsten der von der Nationalversammlung erarbeiteten Reichsverfassung in Aktion trat, tat sie dies wohl mehr um der Grundrechte als um der nationalen Einheit willen. In einigen großen Staaten, besonders in Preußen, war sich die Linke über die nationale Frage keineswegs einig.

Ganz abgesehen von dieser unzulänglichen öffentlichen Unterstützung für die Einheit Deutschlands fehlte der deutschen Nationalbewegung zur Zeit der Frankfurter Nationalversammlung die Rückendeckung durch einen mächtigen Staat. Der Plan des Erbkaisertums hing von der Zustimmung des preußischen Königs ab. Obwohl die Situation in Berlin häufig verworren war, konnte man gewiß nicht mit Sicherheit auf die Einwilligung Friedrich Wilhelms IV. rechnen. Hatte Heinrich von Gagern richtig gehandelt, wenn er alles auf eine Karte setzte? Im Frühjahr 1849 mochte das Angebot der Kaiserkrone an Friedrich Wilhelm sehr wohl die einzige Möglichkeit gewesen sein, die Verfassungsarbeit erfolgreich abzuschließen. Die Tragik der gemäßigten Liberalen von 1848 bestand in Verantwortung ohne ausreichende Macht. Gewiß, man kann sie nicht davon freisprechen, daß sie sich durch die Linke beeinflussen ließen, selbst in Fragen, in denen sie die Auffassung der Linken für verfehlt hielten. Die Linke verhinderte jede fruchtbare Zusammenarbeit zwischen der Zentralgewalt und den einzelnen Landesregierungen, so daß die praktischen Möglichkeiten nie rechtzeitig sondiert werden konnten, solange noch die Hoffnung bestand, die Mitarbeit Preußens zu gewinnen. Darüber hinaus muß erwähnt werden, daß einige Abgeordnete des rechten Zentrums der Idee verfielen, die Frankfurter Nationalversammlung sei in der Lage, den einzelnen Staaten die zukünftige Ordnung Deutschlands zu diktieren.

Der Kampf um die Einheit wurde 1848 und 1849 nicht nur innerhalb Deutschlands verloren. Die deutschen Radikalen mußten zusehen, wie fast überall in Europa Ende 1848 der Wind gegen sie umschlug. Nicht nur im Westen der habsburgischen Monarchie erging es ihnen schlecht, sondern auch in Frankreich, wo Louis Napoleon im Dezember durch Volksentscheid Präsident wurde. Während die gemäßigten Liberalen die Niederlage des Radikalismus in anderen Teilen des europäischen Festlandes keineswegs bedauerten, erkannten sie doch die Gefahr eines Pendelausschlags in reaktionärer Richtung infolge des ständigen Druckes von seiten der Radikalen.

Als das Jahr 1850 seinem Ende zuging, hatte auch in Deutschland die »Reaktion« gesiegt. Der Reichsverweser und die Provisorische Zentralgewalt waren abgeschafft und die Bundesversammlung des Deutschen Bundes wieder eingesetzt worden. Fast sämtliche »Märzminister« waren gestürzt. Die Radikalen befanden sich meist im Exil oder in deutschen Gefängnissen. Einige, wie Trützschler in Sachsen, waren hingerichtet worden. Die alten Kräfte triumphierten über beide politischen Gruppen, die sich gegenseitig bekämpft hatten: die Radikalen und die gemäßigten Liberalen. Beide Bewegungen waren gleicherweise daran interessiert gewesen, die Wiederkehr der »Reaktion« zu verhindern, doch sonst einte sie bitter wenig. Beide hatten das Recht, ihre Ziele zu verfolgen. Doch die Radikalen waren für das Versagen der gemäßigten liberalen Regierungen, die sie ständig angegriffen hatten, und damit für ihre eigene Ausschaltung jedenfalls in der nächsten Zeit in hohem Maß verantwortlich. Die Radikalen unterlagen, weil sie das allgemeine politische Klima in Europa und in ihrem eigenen Land falsch beurteilt hatten. Sie lehnten den Konstitutionalismus der gemäßigten Liberalen ab, da sie nicht davon überzeugt waren, daß er mit der Zeit zu einem demokratischeren System führen würde. Die Liberalen saßen zwischen zwei Stühlen, weil sich die Fürsten nicht davon überzeugen ließen, daß es möglich sei, bei der Komplexität und Vielfalt der Staatssysteme in Deutschland einen wirklichen Ausgleich zwischen dem monarchischen und dem konstitutionellen Prinzip zu finden. Diese Dinge wurden nicht auf die Probe gestellt.

Obwohl in den fünfziger Jahren die alten Mächte zurückzukehren schienen, ließ sich der *Status quo* der Jahre vor 1848 nicht wiederherstellen. In den Jahren 1848 und 1849 war allzu viel geschehen — nicht zuletzt in der Frankfurter Nationalversammlung. In ganz Deutschland hatte man begierig die stenographischen Berichte gelesen. Trotz der Schwierigkeiten, mit denen die Versammlung zu kämpfen hatte, fanden die handgreiflichen Errungenschaften und die immense Leistung des Parlaments weithin Beachtung. Die nationale Sache und die Bedeutung des Parlamentarismus wurden auch in Kreisen anerkannt, die sich bis dahin ablehnend verhalten hatten. Ein bemerkenswertes Beispiel bietet hierfür Joseph Maria von Radowitz, Mitglied der Nationalversammlung. Dieser konservative Politiker und Freund Friedrich Wilhelms IV. versuchte, als preußischer Außenminister 1850, Deutschland unter preußischer Führung zu einigen, bis die Kapitulation vor den Österreichern im Vertrag von Olmütz diese Pläne zunichte machte. Der hervorragendste unter den gegnerisch gesinnten Beobachtern außerhalb der Frankfurter Nationalversammlung war wohl Bismarck, dessen Denken tief von der deutschen Nationalbewegung beeinflußt wurde.

Die parlamentarischen Gruppen der Frankfurter Nationalversammlung mit ihren Propagandaapparaten wurden Wegbereiter der deutschen politischen Parteien. Es blieb abzuwarten, wer die großen Stimmenreservoirs, diejenigen der Arbeiter und der Katholiken, für sich gewinnen konnte. Die Katholiken erkannten mit als erste die Möglichkeiten einer umfassenden politischen Organisation. Die Frage war, wer die Stimmen der arbeitenden Massen für sich gewinnen würde. Dies konnte nur einer Partei mit einem klaren Programm gelingen. Die deutschen Liberalen der sechziger und siebziger Jahre stellten eine Koalition der gemäßigten Liberalen und der Radikalen von 1848 dar und enthielten sogar einige frühere Vertreter der Rechten, bemerkenswerterweise auch Georg von Vincke. Die Liberalen hatten 1848 auf beiden Seiten der Barrikaden gestanden, und darüber kamen sie nie hinweg. Die meisten glühenden Revolutionäre von 1848 und 1849 waren 1860 gründlich geheilt. Viele von ihnen kehrten nicht mehr ins politische Leben Deutschlands zurück. Prominente gemäßigte Liberale der Periode von 1848 erlebten vom Ende der fünfziger Jahre an einen kurzen Augenblick des Ruhms. Mathy wurde 1866 leitender Minister in Baden und starb zwei Jahre später im Amt. 1870 fiel es Eduard Simson als dem Präsidenten des Norddeutschen Reichstags zu, König Wilhelm I. im Namen der Versammlung um die Annahme der Kaiserwürde zu bitten. Doch abermals wurde der Liberalismus durch eine radikalere Partei am linken Flügel bedroht. Der Marxismus und andere Bewegungen, welche die Rechte der Arbeiterklasse herausstellten, sicherten sich die Unterstützung der Massen, die den Liberalen versagt blieb. Einige frühere Radikale, wie der Arzt Johann Jacoby aus Königsberg, der gegen Ende der Frankfurter Nationalversammlung angehört hatte, trennten sich von ihren politischen Freunden und traten zu den Sozialdemokraten über. Der radikale Flügel der Liberalen in der Bismarck-Ära, die Fortschrittspartei, tat alles, um konstitutionelle und demokratische Ideale zu verschmelzen. Allmählich begann man in der Geschichtsbetrachtung eine sorgfältige, aber einseitige Auswahl: Der Streit zwischen gemäßigten Liberalen und

465

Radikalen in der Jahrhundertmitte war bald vergessen und wurde durch den Begriff der »Achtundvierziger« ersetzt, der alle Uneinigkeiten verwischte, außer jener zwischen Autokratie und Freiheit. Die schwache Flamme des parlamentarischen Regierungssystems in Deutschland wurde durch die Erinnerungen an 1848 und die Arbeit der Frankfurter Nationalversammlung, die im Lauf der Jahre immer mehr zur historischen Legende wurde, am Leben erhalten.

Auch andere europäische Länder, die 1848 von nationalistischen Ideen beeinflußt wurden, standen vor den Problemen, die sich aus den Einwirkungen der Politik auf die geschichtliche Interpretation ergaben. Die deutsche Revolution von 1848 nimmt vielleicht deshalb eine einzigartige Stellung ein, weil hier nationale und ideologische Fragen eine gleich wichtige Rolle spielten und weil die zahlreichen Faktoren, die sich auf die Situation in Mitteleuropa auswirkten, besonders komplex waren. Die Frankfurter Nationalversammlung spiegelt deutlicher als jede andere Institution des Jahres 1848 die Mühen und Anstrengungen der damaligen Zeit, nicht nur in den deutschen Bundesländern, sondern auch ganz allgemein in Europa, wider.

I. Unveröffentlichtes

Die folgenden Akten des deutschen Bundesarchivs, Außenstelle Frankfurt am Main, zitiert als Bundesarchiv:

Die Personalakten von Abgeordneten der Frankfurter Nationalversammlung, vor allem die Nachlaßakten.

Die Aufzeichnungen und andere Dokumente zweier parlamentarischer Ausschüsse: des Volkswirtschaftlichen Ausschusses und des Marineausschusses.

Die Aufzeichnungen der parlamentarischen Gruppe Westendhall (Gemäßigte Linke).

Einige Pressekorrespondenzen.

Auskünfte erteilten das Historische Institut der Polnischen Akademie (Polska Akademia Nauk, Instytut Historii) und das Deutsche Adelsarchiv in Marburg an der Lahn.

II. Veröffentlichtes
a) Originalquellen

ANDRIAN-WERBURG, Victor von (anonym), *Österreich und dessen Zukunft* (2. Bde., Hamburg, 1841, 1847).

ARNDT, Ernst Moritz, *Blätter der Erinnerung meistens aus der Paulskirche* (Leipzig, 1849).

ARNETH, Alfred Ritter von, *Aus meinem Leben* (2 Bde., Stuttgart, 1893).
— *Anton Ritter von Schmerling* (Wien, 1895).

BAMBERGER, Ludwig, *Erinnerungen*, Hrsg., Paul Nathan (Berlin, 1899).

BASSERMANN, Friedrich Daniel, *Denkwürdigkeiten* (Frankfurt am Main, 1926).

BERGSTRÄSSER, Ludwig, *Die Verfassung des deutschen Reiches vom Jahre 1849*, mit Vorentwürfen, Gegenvorschlägen und Modifikationen bis zum Erfurter Parlament (Bonn, 1913).
— (Hrsg.), *R. C. T. Eigenbrodt* (Darmstadt, 1914).
— (Hrsg.), »Briefe des Präsident Lette aus dem Frankfurter Parlament«, *Deutsche Rundschau* 178 (1919) 169—84.
— (Hrsg.), *Der politische Katholizismus* 1 (München, 1921).
— (Hrsg.), *Das Frankfurter Parlament in Briefen und Tagebuchblättern* (Frankfurt am Main, 1929).

BESELER, Georg, *Erlebtes und Erstrebtes 1809—1859* (Berlin, 1884).

BESELER, Hans von (Hrsg.), »Aus Georg Beselers Frankfurter Briefen 1848/49«, *Deutsche Revue* 37 (1912) 2 101—13, 230—9, 360—9; 3 110—20, 231—41.

BIEDERMANN, Karl, *Erinnerungen aus der Paulskirche* (Leipzig, 1849).

— *Beiträge zur Geschichte des Frankfurter Parlaments* (Historische Taschenbücher 5, Leipzig, 1887).

— *Mein Leben und ein Stück Zeitgeschichte* (2 Bde., Breslau, 1886—7).

— *50 Jahre im Dienste des nationalen Gedankens,* Aufsätze und Reden (Berlin, 1892).

Biographische Umrisse der deutschen konstituirenden Nationalversammlung (4 Bde., Frankfurt am Main, 1848).

BLUM, Robert, *Fortschrittsmänner der Gegenwart* (Leipzig, 1847).

BORN, Stephan (Hrsg.), *Erinnerungen von J. Temme* (Leipzig, 1893).

BUNSEN, Christian Carl Josias Freiherr von, *Aus seinen Briefen und nach eigener Erinnerung geschildert von seiner Witwe,* Hrsg. Friedrich Nippold (3 Bde., Leipzig, 1868—1871).

DETMOLD, J. H. (zus. mit A. von Boddien), *Thaten und Meinungen des Herrn Piepmeyer, Abgeordneten zur Konstituierenden National-Versammlung* (Frankfurt a. Main, 1848—9).

DIETERICI, F. W. C. (Hrsg.), *Mitteilungen des Statistischen Bureaus in Berlin, 1848,* etc., 1—3 (Berlin, 1848—50).

DROYSEN, Johann Gustav, *Die Verhandlungen des Verfassungsausschusses der deutschen Nationalversammlung,* Erster Teil (Leipzig, 1849).

DUCKWITZ, Arnold, *Denkwürdigkeiten aus meinem öffentlichen Leben von 1841—1866* (Bremen, 1877).

DUNCKER, Max, *Zur Geschichte der deutschen Reichsversammlung in Frankfurt* (Berlin, 1849).

EGELHAAF, Gottlob, »Briefe F. T. Vischers aus der Paulskirche«, *Deutsche Rundschau,* 132 (1907) 203—26; *Deutsche Revue* 34 (1909) 4 212—25, 360—8; 35 (1910) 1 368—71; 106—21.

EISENMANN, Johann Gottfried, *Die Parteyen der teutschen Reichsversammlung ...* (Erlangen, 1848).

FEIGL, Hans, und MOLDEN, Ernst (Hrsg.), *Ph. Fallmerayer, Schriften und Tagebücher* (2 Bde., München, 1913).

FICKER, Adolf, *Bevölkerung der österreichischen Monarchie* (Gotha, 1860).

FONTANE, Theodor, »Von Zwanzig bis Dreissig«, *Gesamtausgabe der erzählenden Schriften,* 4 (Berlin, 1925).

FRÖBEL, Julius, *Ein Lebenslauf* (2 Bde., Stuttgart, 1890—1).

FUCHS, Karl, *Parlamentsbriefe aus Frankfurt 1848/9* (Breslau, 1875).

GAGERN, Heinrich von, *Das Leben des Generals Friedrich von Gagern* (3 Bde., Heidelberg, 1856—7).

GAGERN, Max von, *Jugend-Erinnerungen aus dem Gebiete der Nationalität* (Regensburg, 1889).

GATTI, F. A., *Die Ereignisse des Jahres 1848 in der Steiermark* (Graz, 1850).

Gegenwart, Die, Eine encyklopädische Darstellung der neuesten Zeitgeschichte für alle Stände, 1 *et seq.* (Leipzig: F. A. Brockhaus, 1848).

GEIGER, Ludwig (Hrsg.), *Briefwechsel von Moritz Veit mit Michael Sachs* (Frankfurt am Main, 1897).

GERBER, Marie von (Hrsg.), »Briefe Wilhelm Stahls ... aus der Paulskirche«, *Historisch-Politisches Archiv zur deutschen Geschichte des 19. und 20. Jahrhunderts,* Hrsg., Ludwig Dehio, 1 (München, 1930).

GERLACH, Leopold von, *Denkwürdigkeiten* 1 (Berlin, 1891).

GERVINUS, G. G., Leben. Von ihm selbst, 1860 (Leipzig, 1893).

GERVINUS, V. (Hrsg.), *Hinterlassene Schriften von G. G. Gervinus* (Leipzig, 1872).

GOLTZ, Robert Heinrich von der, *Ideen über die Reorganisation des deutschen Bundes* (Berlin, 1848).

HAIN, Joseph, *Handbuch der Statistik des österreichischen Kaiserstaates (2* Bde., Wien, 1852—3).

HANSEN, Josef, *Rheinische Briefe und Akten zur Geschichte der politischen Bewegung 1830—1850* (2 Bde., Essen, 1919, und Bonn, 1942).

HART, Friedrich, *Ein Tag in der Paulskirche* (Leipzig, 1848).

HARTMANN, Moritz, *Reimchronik des Pfaffen Maurizius* (Frankfurt am Main, 1849).

— »Bruchstücke revolutionärer Erinnerungen«, *Demokratische Studien* 127—215, Hrsg. Ludwig Walesrode (Hamburg, 1861).

— *Briefe aus dem Vormärz,* Hrsg. O. Wittner (Prag, 1911).

— *Briefe,* Hrsg. R. Wolkan (Wien, 1921).

HASSLER, K. D., *Verhandlungen der deutschen verfassunggebenden Reichversammlung zu Frankfurt am Main* (6 Bde., Frankfurt am Main, 1848—9).

HAYM, Rudolf, *Reden und Redner des ersten Preussischen Vereinigten Landtags* (Berlin, 1847).

— *Die deutsche Nationalversammlung ... Ein Bericht aus der Partei des rechten Centrum* (3 Bde., Frankfurt am Main, 1848—50).

— *Aus meinem Leben* (Berlin, 1902).

HÖFKEN, Gustav, »England und Deutschland in bezug auf die Peelschen Handelsreformen«, *Unsere Gegenwart und Zukunft* 3 (1846).

HUBER, E. R., *Dokumente zur deutschen Verfassungsgeschichte* 1 (Stg., 1961).

HÜBNER, Rudolf (Hrsg.), *Aktenstücke und Aufzeichnungen zur Geschichte der Frankfurter Nationalversammlung aus dem Nachlass von Johann Gustav Droysen* (Stuttgart, 1924). Zitiert als Hübner, *Droysen.*

— *Johann Gustav Droysen, Briefwechsel* (2 Bde., Stuttgart 1929). Zitiert als Hübner, *Droysen, Briefwechsel.*

IPPEL, E. (Hrsg.), *Briefwechsel zwischen J. & W. Grimm, Dahlmann und Gervinus* (2 Bde., Berlin, 1885—6).

ISLER, M. (Hrsg.), *Gabriel Riessers Gesammelte Schriften* (4 Bde., Frankfurt am Main, 1867—8).

Jucho, F. (Hrsg.), *Verhandlungen des deutschen Parlaments,* Officielle Ausgabe (Frankfurt am Main, 1848).

Jürgens, Karl, *Zur Geschichte des deutschen Verfassungswerkes 1848—49* (3 Bde., Braunschweig, 1850 und Hannover, 1857).

Kalchberg, Joseph von, *Mein politisches Glaubensbekenntnis* (Wien 1881).

Kerst, Samuel Gottfried, »Briefe des Abgeordneten zum Frankfurter Parlament Kerst aus Meseritz«, Hrsg. Christian Meyer, *Zeitschrift für Geschichte und Landeskunde der Provinz Posen* 2 1 (1883) 319—69; 3 1 (1884) 43—73.

Ketteler, Wilhelm von, *Deutschland nach dem Kriege von 1866* (Mainz, 1867).

Klüpfel, K., »Aus Johannes Fallatis Tagebüchern und Briefen«, *Württembergische Vierteljahrshefte für Landesgeschichte* 8 (1885) 1—36

Koch-Gontard, Clotilde, *Tagebuch . . . über die Konstituierende Deutsche Nationalversammlung zu Frankfurt am Main,* Hrsg. Georg Küntzel (Frankfurt am Main, 1924).

Künssberg, H., *Das deutsche Verfassungswerk 1848* (Frankfurt am Main, 1849).

Laube, Heinrich, *Das erste deutsche Parlament* (3 Bde., Leipzig, 1849).

Mathy, Ludwig (Hrsg.), *Aus dem Nachlass von Karl Mathy. Briefe aus den Jahren 1846/48* (Leipzig, 1898).

Mohl, Robert, *Lebenserinnerungen* (2 Bde., Stuttgart, 1902).

Mohl, Robert, u. a., *Entwurf einer Geschäfts-Ordnung für den verfassunggebenden Reichstag* (Frankfurt am Main, 1848).

Möring, Carl, *Sibyllinische Bücher aus Österreich* (2 Bde., Hamburg, 1848).

Nerrlich, Paul (Hrsg.), *Arnold Ruges Briefwechsel und Tagebuchblätter, 1825—1880* (2 Bde., Berlin, 1886).

Pagenstecher, C. H., *Lebenserinnerungen* (3 Bde., Leipzig, 1913).

Paur, Theodor, »Briefe aus der Paulskirche«, *Mitteilungen aus dem Literatur-Archive in Berlin,* Neue Folge 16 (1919).

Perthaler, Johann, *Erbkaisertum Kleindeutschland* (Ffm., 1849).

Pfizer, Paul, *Politische Aufsätze und Briefe,* Hrsg. Georg Küntzel (Frankfurt am Main, 1924).

Radowitz, J. von, *Gesammelte Schriften* (5 Bde., Berlin, 1852).

— *Nachgelassene Briefe und Aufzeichnungen zur Geschichte der Jahre 1848—1853,* Hrsg. Walter Möring (Stuttgart, 1922).

Rank, Josef, *Erinnerungen aus meinem Leben* (Prag, 1896).

Rapp, Adolf (Hrsg.), *Grossdeutsch-Kleindeutsch,* Stimmen aus der Zeit von 1815 bis 1914 (München, 1922).

Raumer, Friedrich von, *Briefe aus Frankfurt und Paris 1848/49* (2 Bde., Leipzig, 1849).

— *Lebenserinnerungen und Briefwechsel* (2 Bde., Leipzig, 1861).

Rochau, A. L. von, *Grundsätze der Realpolitik* (Stuttgart, 1853).

Ross, Edgar, *Erinnerungen aus meiner öffentlichen Wirksamkeit* (als Manuskript gedruckt, o. J.)

Rossmässler, Emil Adolf, *Mein Leben und Streben,* Hrsg. K. Russ (Hannover, 1874).

Roth, Paul, und Merck, Heinrich, *Quellensammlung zum deutschen öffentlichen Recht seit 1848* (2 Bde., Erlangen, 1850—2).

Rümelein, Gustav, *Aus der Paulskirche. Berichte an den Schwäbischen Merkur aus den Jahren 1848 und 1849,* Hrsg. H. R. Schäfer (Stuttgart, 1892).

Sachsen-Coburg-Gotha, Ernst II. Herzog von, *Aus meinem Leben* 1 (Berlin, 1887)

Schlossar, A., »Politisches von Anastasius Grün. Ungedruckte Briefe an Anton Laschan«, *Deutsche Revue* 22 1 (1897) 129 ff.

Schorn, Carl, *Lebenserinnerungen* (2 Bde., Bonn, 1898).

Schrader, Wilhelm, *Erfahrungen und Bekenntnisse* (Berlin, 1900).

Schultze, J. (Hrsg.), *Max Dunckers politischer Briefwechsel* (Stuttgart, 1923).

Schuselka, Franz, *Österreichische Vor- und Rückschritte* (Hamburg, 1847).

— *Deutsche Fahrten* (2 Bde., Wien, 1849).

Sepp, Johann Nepomuk, *An das Volk von Oberbayern von einem deutschen Parlamentsmitgliede* (München, 1848).

— »Erinnerungen an die Paulskirche«, *Grenzboten, 3. Heft (1903) 694 ff., 780 ff.*

— *Ein Bild seines Lebens* (Regensburg, 1916).

Simson, B. von (Hrsg.), *Eduard von Simson, Erinnerungen aus seinem Leben* (Leipzig, 1900).

Springer, Anton, *Aus meinem Leben* (Berlin, 1892).

Stockmar, Freiherr Christian Friedrich von, *Denkwürdigkeiten,* Hrsg. Ernst von Stockmar (Braunschweig, 1872).

Stremayr, Carl von, *Erinnerungen aus dem Leben* (Wien, 1899).

Stüve, Gustav, J. C. B. *Stüve nach Briefen und persönlichen Erinnerungen* (2 Bde., Hannover, 1900).

— (Hrsg.), *Briefwechsel zwischen Stüve und Detmold . . . 1848 bis 1850* (Hannover, 1903).

Varnhagen von Ense, Karl August, *Aus dem Nachlass,* Hrsg. Ludmilla Assing (14 Bde., Zürich und Hamburg, 1835—58).

Verhandlungen der Versammlung zur Vereinbarung der preussischen Staats-Verfassung (4 Bde., Berlin, 1848).

Vischer, Friedrich Theodor, »Mein Lebensgang«, *Altes und Neues* 3 (Stuttgart, 1882) 250—390.

Vogt, Carl *Der achtzehnte September in Frankfurt am Main* (Frankfurt am Main, 1848).

— *Aus meinem Leben* (Stuttgart, 1896).

Waldburg-Zeil, Konstantin Fürst zu, *Meine Grundsätze* (Schaffhausen, 1850).

Weber, Beda, *Charakterbilder* (Frankfurt am Main, 1853).

Wentzcke, Paul, und Klötzer, Wolfgang, *Der Deutsche Liberalismus im Vormärz: Heinrich von Gagern, Briefe und Reden 1815—1848* (Gött., 1959).

471

Wesendonck, H., »Vom ersten deutschen Parlament. Erinnerungen«, *Die Gegenwart* 54 (1898) 54—7, 72—5.

Wichmann, Wilhelm, *Denkwürdigkeiten aus der Paulskirche* (Hannover, 1888).

Wigard, Franz (Hrsg.), *Stenographischer Bericht über die Verhandlungen der deutschen constituirenden Nationalversammlung zu Frankfurt am Main* (9 Bde., Frankfurt am Main, 1848—9).

— *Vollständiges Inhalts-Verzeichniss zu den Stenographischen Berichten über die Verhandlungen der deutschen constituirenden Nationalversammlung zu Frankfurt am Main und Stuttgart* (Frankfurt am Main, 1850).

Winterwerb, Ph., *Album der deutschen Nationalversammlung. Nach Seibs Lichtbildern gezeichnet und litographiert von H. Hasselhorst,* etc. Frankfurt, 1849).

Wurm, Christian Friedrich, *Die Diplomatie, das Parlament und der deutsche Bundesstaat* (Braunschweig, 1849).

Wurzbach, C. von, *Biographisches Lexikon des Kaisertums Österreich* (60 Bde., Wien, 1856—91). Zitiert als Wurzbach.

Wydenbrugk, Oskar, *Die Neugestaltung des deutschen Vaterlandes* (Weimar, 1848).

Ziegert, August, *Die Aufgabe der konstituierenden Nationalversammlung zu Frankfurt am Main* (Minden, 1848).

Zimmermann, Wilhelm, *Die Deutsche Revolution* (Karlsruhe, [2]1851).

b) Sekundärliteratur

Allgemeine deutsche Biographie (56 Bde., Leipzig, 1875—1912). Zitiert als *ADB,* nur mit Bandzahl.

Apih, Joseph, »Die Slovenische Bewegung im Frühjahr und Vorsommer 1848«, *Österreichisches Jahrbuch* 16 (1892) 196 ff.

Bachem, Karl, *Josef Bachem und die Entwicklung der katholischen Presse in Deutschland* (Bde. 1 & 2, Bonn, 1912).

— *Vorgeschichte, Geschichte und Politik der deutschen Zentrumspartei* (5 Bde., Köln, 1927—9).

Bammel, Ernst, »Gagerns Plan und die Frankfurter Nationalversammlung«, *Archiv für Frankfurts Geschichte,* 5. Folge 11 (1948) 5—33.

— »Der Pakt Simon-Gagern und der Abschluss der Paulskirchen-Verfassung«, Hrsg. Alfred Herrmann, *Aus Geschichte und Politik.*
Festschrift zum 70. Geburtstag von Ludwig Bergsträsser (Düsseldorf, 1954) 57—87.

Becker, »Samuel Gottfried Kerst«, *Grenzmärkische Heimatblätter,* 2. Jg. (1926) 3. Heft 3—20, 4. Heft 5—21.

Behrend-Rosenfeld, Elsbeth, »Die politischen Ideen Oskar von Wydenbrugk's«, *Zeitschrift des Vereins für Thüringens Geschichte,* Neue Folge 25 (2), 26 (1 & 2) (1924—5).

BERGSTRÄSSER, Ludwig, *Studien zur Vorgeschichte der Zentrumspartei.* Beiträge zur Parteigeschichte, Hrsg. Adalbert Wahl, 1 (Tübingen, 1910).

— »Entstehung und Entwicklung der Partei-Korrespondenzen in Deutschland im Jahre 1848/49«, *Zeitungswissenschaft,* 8. Jahrgang 1 (1933) 12—25.

— *Geschichte der politischen Parteien in Deutschland* (München, ⁹1955).

BESELER, O., *Wilhelm H. Beseler, Ein Lebensbild seines Vaters* (Braunschweig, 1914).

BETTELHEIM, Anton, *Neue Österreichische Biographie* (Wien, 1923—35).

BLUM, Hans, *Robert Blum* (Leipzig, 1878).

BÖMMELS, Nicolaus, »Die Abgeordneten für Neuss in den Parlamenten 1848/49«, *Neusser Jahrbuch* (1957).

BOVENSIEPEN, Rudolf, »Bruno Hildebrand«, *Lebensbilder aus Kurhessen und Waldeck,* Hrsg. Ingeborg Schnack, 3 (1942) 205—19.

— »Sylvester Jordan«, *Lebensbilder aus Kurhessen und Waldeck* 4 (1950) 163—86.

BRANDENBURG, Erich, *Die Reichsgründung* (Bd. 1, Leipzig, ²1922).

BRANDIS, C. G. (Hrsg.), »Briefe von Ernst Moritz Arndt aus dem Frankfurter Parlament«, *Deutsche Rundschau,* 81 (1894) 117—28.

BURIAN, Peter, *Die Nationalitäten in »Cisleithanien« und das Wahlrecht der Märzrevolution 1848/9* (Köln, 1962).

CARR, W., *Schleswig-Holstein* (Manchester, 1963).

CASPARY, Anna, *Ludolf Camphausens Leben* (Stuttgart, 1902).

CHARMATZ, Richard, *Minister Freiherr von Bruck* (Leipzig, 1916).

CHRISTERN, Hermann, *F. C. Dahlmanns politische Entwicklung bis 1848* (Leipzig, 1921).

CHROUST, Anton, »Ein Kritiker König Ludwigs I. von Bayern (Carl von Giech)«, *Zeitschrift für bayerische Landesgeschichte* 13 (1942) 53—86.

CONZE, Werner (Hrsg.), *Staat und Gesellschaft im deutschen Vormärz 1815—1848* (Stuttgart, 1962).

DEUERLEIN, Ernst, *Der katholische Klerus in der ersten deutschen National-versammlung* (Münchener Dissertation, 1947).

DEYM, Franz Graf, *Friedrich Graf Deym und die österreichische Frage in der Paulskirche* (Leipzig, 1891).

DÖBERL, M., *Bayern und Deutschland* (München, 1922).

DOR, F., *Franz Josef Ritter von Buss* (Freiburg im Breisgau, 1911).

DROZ, Jacques, *Les Révolutions Allemandes de 1848* (Paris, 1957).

ERASMUS, Siegfried, *Die Juden in der ersten deutschen Nationalversammlung 1848/9* (Weimar, 1941).

ERDINGER, A., *J. Fessler, ein Lebensbild* (Brixen, 1874).

ERICKSON, John, *Panslavism,* Historical Association pamphlet (London, 1964).

EULER, Carl, *F. L. Jahn, sein Leben und Wirken* (Stuttgart, 1851).

EYCK, Erich, »Freiheit und Demokratie 1848—1948«, *Convegno di Scienze Morali Storiche e Filologiche,* 4—10 Ottobre 1948 (Rom, Accademia Nazionale, 1949) 23—95.

EYCK, Frank, *The Prince Consort* (London, 1059).
— dt. Übersetzung: *Prinzgemahl Albert von England. Eine politische Biographie* (Erlenbach-Zürich, Stuttgart, 1961).

EYCK, F. Gunther, »English and French Influences on German Liberalism before 1848«, *Journal of the History of Ideas* 18 3 (1957) 313—41.

FENDRICH, Anton, *Die badische Bewegung der Jahre 1848/49* (Frankfurt am Main, 1924).

FEUZ, Ernst, *Julius Fröbel, seine politische Entwicklung bis 1849* (Bern, 1932).

FRANZ, A., H. *Forster, Fürstbischof von Breslau* (Neisse, 1875).

FRANZ, Georg, *Liberalismus,* die deutschliberale Bewegung in der habsburgischen Monarchie (München, 1955).

FREYTAG, Gustav, *Karl Mathy* (Leipzig, 1870).

FRIEDJUNG, Heinrich, *Österreich von 1848 bis 1860* (Bd. 1, Stuttgart ⁴1918).

FRIEDLÄNDER, Fritz, *Das Leben Gabriel Riessers* (Berlin, 1926).

FRIEDRICH, J., *I. von Döllinger* (3 Bde., München, 1899—1901).

FROMMANN, F. J., *Hermann Freiherr von Rotenhan* (Jena, 1882).

GAGERN, Max von, vgl. unter »Liederbach«.

GERCKE, F., *Heinrich Thöl* (Göttingen, 1931).

GILBERT, Felix, *Johann Gustav Droysen und die preussisch-deutsche Frage* (München, 1931).

GOLLWITZER, H., *Friedrich Daniel Bassermann und das deutsche Bürgertum* (Mannheim, 1955).

GRAFENAUER, Bogo, *Ethnic Conditions in Carinthia* (Ljubljana, 1946).

HAGENAH, Hermann, »Georg Waitz als Politiker«, *Jahrbuch der Schleswig-Holsteinischen Universitätsgesellschaft* 31 (1931) 134—216.

HAMEROW, Theodore S., »The Elections to the Frankfurt Parliament«, *Journal of Modern History* 33 (1961) 15—32.

HANSEN, Joseph, *Gustav von Mevissen* (2 Bde., Berlin, 1906).

HARDEGEN, Friedrich, *Hermann Heinrich Meier* (Berlin, 1920).

HARNACK, Axel von, *Friedrich Daniel Bassermann und die deutsche Revolution von 1848/9* (München, 1920).

HAUSE, Richard, *Der deutsche Nationalstaat in den Flugschriften von 1848/49* (Leipzig, 1915).

HAYM, Rudolf, *Das Leben Max Dunckers* (Berlin, 1891).

HELFERT, Josef Alexander von, *Geschichte der Österreichischen Revolution* (2 Bde., Freiburg im Breisgau, 1907—9).

HENDERSON, W, O., *The Zollverein* (London, ²1959).

HEUSS, Theodor, *Ein Vermächtnis,* Werk und Erbe von 1848 (Stuttgart, 1948).

HIRSCH, Felix, »Eduard von Simson«, *Geschichte in Wissenschaft und Unterricht,* Heft 5 (1965) 261—77.

HOCK, Wolfgang, *Liberales Denken im Zeitalter der Paulskirche,* Droysen und die Frankfurter Mitte (Münster, 1957).

HOLM, Th., *Georg Beseler als Politiker 1848—50* (Dissertation, Tübingen, 1935).

474

HOUBEN, H. H., *Verbotene Literatur von der klassischen Zeit bis zur Gegenwart* (Dessau, 1925).

HUBER, Ernst Rudolf, *Deutsche Verfassungsgeschichte seit 1789* (Bd. 1 & 2, Stuttgart, 1957, 1960).

HÜTTERMANN, Wilhelm, »Parteipolitisches Leben in Westfalen«, *Zeitschrift für Vaterländische Geschichte und Altertumskunde* 68 (1910) 97—230.

IBLER, Hermann, »Die Wahlen zur Frankfurter Nationalversammlung in Österreich 1848«, *Mitteilungen des Österreichischen Instituts für Geschichtsforschung* 48 (1934) 103 ff.

ILWOF, Franz, *Franz Freiherr von Kalchberg* (Graz, 1897).

— *Joseph Freiherr von Kalchberg* (Innsbruck, 1902).

ISLER, M., *Gabriel Riessers Leben* (Frankfurt am Main, ²1871).

JACOBY, Johann, *Heinrich Simon* (Berlin, ²1865).

KEDOURIE, Elie, *Nationalism* (London, ²1961).

— dt. Übersetzung: *Nationalismus* (München, 1971).

KLAIBER, Theodor, *Friedrich Theodor Vischer* (Stuttgart, 1920).

KLÖTZER, Wolfgang, »Die nassauischen Petitionen an die Frankfurter Nationalversammlung 1848—49«, *Nassauische Annalen* 70 (1959) 145—70.

KÖHLER, Jutta, *Friedrich Römer als Politiker* (Stuttgart, 1929).

KOHN, Hans, *Pan-Slavism, its History and Ideology* (Notre Dame, 1953).

— dt. Übersetzung: *Die Slawen und der Westen. Die Geschichte des Panslawismus* (Wien/München, 1956).

KOPSTADT, H., *Hermann von Beckerath, ein Lebensbild* (Braunschweig, 1875).

KOSCH, Wilhelm, *Biographisches Staatshandbuch* (2 Bde., Bern, 1963). Zitiert als BSTH.

KRAUTKRÄMER, Elmar, *Georg Friedrich Kolb* (Meisenheim, 1959).

KRONES, Franz von, *Moritz von Kaiserfeld* (Leipzig, 1888).

KURANDA, Peter, *Grossdeutschland und Grossösterreich ... 1830—1848* (Wien, 1928).

KUSCHE, Lucia, »Schlesiens Anteil an der national-deutschen Entwicklung von 1840 bis 1848 und die schlesischen Abgeordneten im Frankfurter Parlament«, *Zeitschrift des Vereins für Geschichte Schlesiens* 53 (1919) 29—54; 54 (1920) 63—90.

LANZNASTER, Franz A., *Alois Flir* (Innsbruck, 1899).

LAUBERT, Manfred, *Eduard Flottwell* (Berlin, 1919).

LEMPP, Richard, *Die Frage der Trennung von Kirche und Staat im Frankfurter Parlament*, Beiträge zur Parteigeschichte, Hrsg. Adalbert Wahl, 7 (Tübingen, 1913).

LENHART, Ludwig, *Bischof Ketteler, Staatspolitiker, Sozialpolitiker, Kirchenpolitiker* (2 Bde., Mainz, 1966—7).

»LIEDERBACH, M.« [Max von Gagern], *Hermann Müller* (Mainz, 1878).

LILIENTHAL, K. von und MITTERMAIER, W., *Karl Mittermaier* (Berlin, 1922).

LILL, Rudolf, *Die ersten deutschen Bischofskonferenzen* (Freiburg, 1964).

MAETSCHKE, E., »Heinrich Simons politische Entwicklung«, *Zeitschrift des Vereins für Geschichte Schlesiens* 46 (1912).

MANFRONI, M., *Don Giovanni a Prato* (Mailand, 1920).

MARCHETTI, Livio, *Il Trentino nel Risorgimento* (2 Bde., Rom, 1913).

MEINECKE, Friedrich, *Radowitz und die deutsche Revolution* (Berlin, 1913).

— *Weltbürgertum und Nationalstaat* (München, ³1915).

MEINEL, Kurt, *Otto Leonhard Heubner* (Dresden, 1928).

MEISSNER, Alfred, *Geschichte meines Lebens* (2 Bde., Wien, ³1884).

MENZ, S. H., »Christian Minkus«, *Oberschlesien*, 12. Jahrgang (1913) 1 ff.

MISTELLI, Hermann, *Carl Vogt . . . 1817—1849* (Zürich, 1938).

MOHL, Robert von, *Johannes Fallati* (Tübingen, 1856).

MOHR, Gustav, *A. von Soiron* (Köln, 1939).

MOLISCH, P., »Briefe J. Perthalers aus der Paulskirche«, *Mitteilungen des österreichischen Instituts für Geschichtsforschung* 47 (1933) 309—17.

MOLLAT, Georg, *Reden und Redner des ersten deutschen Parlaments* (Osterwiek, 1895).

MÖLLER, Heidrun von, *Grossdeutsch und Kleindeutsch*, Die Entstehung der Worte in den Jahren 1848—1849 (Berlin, 1937).

MOMMSEN, Wilhelm, *Grösse und Versagen des deutschen Bürgertums* (München, 1964).

MÜNCH, Hermann, *Böhmische Tragödie* (Braunschweig, 1949).

NAMIER, L. B., *1848: The Revolution of the Intellectuals*, Nachdruck aus *Proceedings of the British Academy*, ursprünglich in 30 (1944).

— »Nationality and Liberty«, *Convegno di Scienze Morali Storiche e Filologiche*, 4—10 Ottobre 1948 (Rom, Accademia Nazionale, 1949) 162—84. Veröffentlicht in Sir Lewis Namier, *Vanished Supremacies* (London, 1957) 31—53.

NATHAN, Helene, »Graf O. Reichenbach«, *Zeitschrift für die Geschichte Schlesiens* 49 (1915) 73—90.

NEHER, Walter, *Arnold Ruge . . .* (Heidelberg, 1933).

Neue deutsche Biographie, 1 ff. (Berlin, 1953 ff.). Zitiert als *NDB.*

NIEBOUR, Hermann,[1] »Die Hannoverschen Abgeordneten zur Nationalversammlung 1848—49«, *Zeitschrift des Historischen Vereins für Niedersachsen* (1911) 136—54.

— »Plauener in der Frankfurter Nationalversammlung«, *Mitteilungen des Vereins für vogtländische Geschichte und Altertumskunde* 28 (1918) 55—61.

— »Die Abgeordneten Pommerns in der Frankfurter Nationalversammlung«, *Monatsblätter der Gesellschaft für Pommersche Geschichte* (1911) 166—7.

— »Die Vertreter der Provinz Posen in der Frankfurter Nationalversammlung«, *Historische Monatsblätter für die Provinz Posen* 12 5 (1911) 65—74.

— »Die Vertreter der Rheinpfalz in der Frankfurter Nationalversammlung«, *Pfälzische Geschichtsblätter* 6 11 (1910) 97—101.

---

[1] Die folgenden Eintragungen sind nach Regionen alphabetisch geordnet.

— »Die Abgeordneten der Provinz Sachsen in der Frankfurter Nationalversammlung«, *Thüringisch-Sächsische Gesellschaft für Geschichte und Kunst* 4 1 (1914) 46—60.

— »Die Vertreter Schleswig-Holsteins in der Frankfurter Nationalversammlung«, *Die Heimat* 26 1 (1916) 50—3.

NIEBOUR, Hermann, »Die Abgeordneten Steiermarks in der Frankfurter Nationalversammlung«, *Zeitschrift des Historischen Vereins für Steiermark,* 10, 3 & 4 (1912) 241 ff.

— »Die Vertreter Thüringens in der Frankfurter Nationalversammlung«, *Zeitschrift des Vereins für Thüringens Geschichte und Altertumskunde,* Neue Folge 20 Heft 2 (1911) 401—18.

— »Die westfälischen Abgeordneten der Frankfurter Nationalversammlung«, *Westfalen* 3. Heft 2 (1911) 33—45.

— »Biographisches«, im Anhang zu Th. Schnurre, *Die württembergischen Abgeordneten in der deutschen konstituierenden Nationalversammlung zu Frankfurt am Main* (Stuttgart, 1912).

Österreichisches Biographisches Lexikon 1 ff. Graz, 1957 ff.). Zitiert als *ÖBL.*

ONCKEN, W., *Aus dem Leben . . . H. von Beckeraths* (Köln, 1873).

PAILLER, Wilhelm, *Jodok Stülz* (Linz, 1876).

Parlaments-Kalender, Herausgegeben im Auftrage des Märzvereins durch A. Rösler (Frankfurt am Main, 1849).

PASTOR, Ludwig, *August Reichensperger* (2 Bde., Freiburg, 1899).

— *Leben des Freiherrn Max von Gagern 1810—1889* (Kempten, 1912).

PAYER, Friedrich, »Anno 48« (Frankfurt am Main, 1923).

PFÜLF, Otto, *Bischof von Ketteler* (3 Bde., Mainz, 1899).

PHILIPPSON, Johanna, *Über den Ursprung und die Einführung des allgemeinen gleichen Wahlrechts in Deutschland . . .* (Freiburg, 1913).

PLESSNER, Helmuth, *Die verspätete Nation* (Stuttgart, [3]1962).

PÖLLNITZ, G. von, »George Phillips«, *Historische Zeitschrift* 155 (1937) 51—97.

PÖPPELMANN, O., *Georg Beseler und seine Tätigkeit für die Grundrechte des deutschen Volkes . . . 1848* (Greifswald, 1907).

RAAB, Karl Richard, *Hans von Raumer* (Erlangen, 1893).

RANSAUER, M., *Dr. J. Fessler* (Würzburg, 1876).

RAPP, Adolf, *Friedrich Theodor Vischer und die Politik* (Tübingen, 1911).

— *Das Österreichische Problem in den Plänen der Kaiserpartei von 1848* (Tübingen, 1919).

REINKENS, J. H., *Melchior von Diepenbrock* (Leipzig, 1881).

REINÖHL, Walther, *Uhland als Politiker,* Beiträge zur Parteigeschichte, Hrsg. Adalbert Wahl, 2 (Tübingen, 1911).

REPGEN, Konrad, *Märzbewegung und Maiwahlen . . . 1848 im Rheinland* (Bonn, 1955).

— *Hitlers Machtergreifung und der deutsche Katholizismus* (Saarbrücken, 1967).

RÖNNE, Julius von, *Friedrich von Rönne* (Berlin, 1867).

Rosenberg, Hans *Rudolf Haym und die Anfänge des klassischen Liberalismus* (München, 1933).

Rosenthal, D. A., *Konvertitenbilder aus dem 19. Jahrhundert* (3 Bde., Schaffhausen, 1871).

Rössler, Hellmuth, *Zwischen Revolution und Reaktion. Ein Lebensbild des Reichsfreiherrn H. Chr. von Gagern* (Göttingen, 1958).

Rössler, Hellmuth, und Franz, Günther, *Biographisches Wörterbuch zur deutschen Geschichte* (München, 1953).

Rottenkolber, Josef, »Johann Haggenmüller«, *Allgäuer Geschichtsfreund,* Neue Folge 25 (1926) 1—30.

Ruggiero, Guido de, *The History of European Liberalism,* übers. R. G. Collingwood (Oxford, 1927).

— dt. Übersetzung: *Geschichte des Liberalismus in Europa* (München, 1930).

Rümelin, Max, *Gustav Rümelin, Erinnerungen an meinem Vater* (Tübingen, 1927).

Schärl, Walter, *Die Zusammensetzung der bayerischen Beamtenschaft...* *von 1806 bis 1918* (Kallmünz, Opf., 1955).

Schnabel, Franz, *Der Zusammenschluss des politischen Katholizismus in Deutschland... 1848* (Heidelberg, 1910).

— *Deutsche Geschichte im Neunzehnten Jahrhundert* (4 Bde., Freiburg, 1929—37).

Schneider, Eugen F., *Grossdeutsch oder Kleindeutsch.* Untersuchung zu K. Biedermanns »Erinnerungen aus der Paulskirche« (Berlin, 1939).

Schneider, K., *Altenburg in der revolutionären Bewegung 1848/49* (Altenburg, 1913).

Schneider W., *Wirtschafts- und Sozialpolitik im Frankfurter Parlament 1848/9* (Frankfurt am Main, 1923).

Schnizer, Otto, *Gustav Rümelins politische Ideen,* Beiträge zur Parteigeschichte, Hrsg., Adalbert Wahl, 9 (Tübingen, 1919).

Schnurre, Th., *Die württembergischen Abgeordneten in der konstituierenden deutschen Nationalversammlung zu Frankfurt* (Stuttgart, 1912).

Schreibmüller, H., »Heinrich Künssberg«, *Historischer Verein für Mittelfranken* (1930) 223 ff.

Schüssler, Wilhelm, *Die nationale Politik der österreichischen Abgeordneten im Frankfurter Parlament* (Berlin, 1913).

Schwarz, Max, *MdR (Mitglied des Reichstags): Biographisches Handbuch der Reichstage* (Hannover, 1965). Zitiert als *MdR.*

Schweickhardt, Gertrud, *Wilhelm Beseler als Politiker* (Kiel, 1927).

Siebourg, M., *H. von Beckerath* (Krefeld, 1890).

Springer, Anton, *Geschichte Österreichs* (Bd. 2, Leipzig, 1865).

— *F. C. Dahlmann* (2 Bde., Leipzig, 1870—2).

Stadelmann, Rudolf, *Soziale und politische Geschichte der Revolution von 1848* (München, 1948).

STEIGER, Günter, »Die Teilnehmerliste des Wartburgfestes von 1817«, *Darstellungen und Quellen zur Geschichte der deutschen Einheitsbewegung im neunzehnten und zwanzigsten Jahrhundert 4* (Heidelberg, 1963) 65—133.

STENZEL, K. G. W., *G. A. H. Stenzels Leben* (Gotha, 1897).

STÖLZLE, Remigius, *Ernst von Lasaulx* (Münster, 1904).

STRAUSS, Herbert Arthur, *Staat, Bürger, Mensch.* Die Debatten der deutschen Nationalversammlung 1848/1849 über die Grundrechte (Aarau, 1947).

Süss, Edgar, *Die Pfälzer im »Schwarzen Buch«* (Heidelberg, 1956).

SUTTER, Otto Ernst, *Die Linke der Paulskirche* (Frankfurt am Main, 1924).

SYBEL, Heinrich von, *Die Begründung des deutschen Reiches durch Wilhelm I,* 1 (München, ³1890).

THEISS, V., *Erzherzog Johann* (Graz, 1950).

TREITSCHKE, Heinrich von, *Deutsche Geschichte im 19. Jahrhundert* (5 Bde., Leipzig, ursprünglich 1879—94).

— *Historische und Politische Aufsätze* (Leipzig, 1867).

UHDE, W., »Hermann Freiherr von Rotenhan«, *Münchener Historische Abhandlungen,* Heft 3 (München, 1933).

VALENTIN, Veit, *Fürst Karl Leiningen und das deutsche Einheitsproblem* (Stuttgart, 1910).

— *Die erste deutsche Nationalversammlung* (München, 1919).

— *Geschichte der deutschen Revolution von 1848—49* (2 Bde., Berlin, 1930—1).

VOMACKOVA, Vera, *Österreich und der deutsche Zollverein* (Prag, 1963).

WAITZ, Eberhard, *Georg Waitz* (Berlin, 1913).

WALKER, Mack, *Germany and the Emigration 1816—1885* (Cambridge, Mass., 1954).

WARSCHAUER, M., *J. H. Detmold in der Opposition 1838—48* (Hildesheim, 1926).

WEECH, F. von, *Badische Biographien* (6 Bde., Heidelberg, 1875—1935).

WEGENER, August, *Die vorparlamentarische Zeit Peter Reichenspergers* (Köln, 1930).

WENTZCKE, Paul, »Erinnerungen Rüders«, *Jahrbuch für Geschichte des Herzogtums Oldenburg 20* (Oldenburg, 1912) 1 ff.

— »Ostendorf«, *Düsseldorfer Jahrbuch 47* (1955) 297—317.

— *Ideale und Irrtümer des ersten deutschen Parlaments (1848—1849).* Abgeordnete und Beobachter: Kurzbiographien und Literaturnachweise von Wolfgang Klötzer. Darstellungen und Quellen zur Geschichte der deutschen Einheitsbewegung im neunzehnten und zwanzigsten Jahrhundert, 3 (Heidelberg, 1959).

WIEBER, W., *Die politischen Ideen von Sylvester Jordan* (Tübingen, 1913).

WILD, Karl, *Karl Theodor Welcker* (Heidelberg, 1913).

WILHELM, Theodor, *Die englische Verfassung und der vormärzliche deutsche Liberalismus* (Stuttgart, 1929).

WININGER, S., *Große Jüdische Nationalbiographie* (7 Bde., Cernauti, etc., 1925—36). Zitiert als *GJNB*.

WITTNER, Otto, *Moritz Hartmanns Leben und Werke* (2 Bde., Prag 1906—7).

WOHLWILL, Adolf, »Beiträge zu einer Lebensgeschichte C. F. Wurms«, *Zeitschrift des Vereins für Hamburgische Geschichte* 22 (1918) 22—122.

WOLFF, Ernst, *Eduard von Simson* (Berlin, 1929).

WURM-ARNKREUZ, »Mühlfeld«, *Österreichische Rundschau* 55 (1918).

ZIEBURA, Gilbert, »Anfänge des deutschen Parlamentarismus«, Hrsg. Gerhard A. Ritter und Gilbert Ziebura, *Faktoren der politischen Entscheidung.* Festgabe für Ernst Fraenkel zum 65. Geburtstag (Berlin, 1963) 185—236.

ZUCKER, A. E. (Hrsg.), *The Forty-Eighters,* Political Refugees of the German Revolution of 1848 (New York, 1950).

ZWIEDINECK-SÜDENHORST, *Deutsche Geschichte,* 2 (Stuttgart, 1903).

Mitglieder der Frankfurter Nationalversammlung sind durch * gekennzeichnet und mit Daten versehen.

Ahrens, Heinrich* (1808—1874) 250

Andrian-Werburg, Victor von*
(1813—1858) 185

Anti-Erbkaiserliche, s. Preußen
(Preußisches Erbkaisertum)

Arndt, Ernst Moritz* (1769—1860)
28, 29, 31, 125, 218, 265, 305, 307,
359

Arndts, Ludwig* (1803—1878) 263

Arneth, Alfred* (1819—1897)
135, 381, 416

Arnim-Suckow, Heinrich von
(Preußischer Außenminister
März—Juni 1848) 318

Arnoldi, Wilhelm (Bischof von Trier)
38

Auersperg, Alexander von*
(1806—1876; Pseudonym: Anastasius Grün) 95, 114

Auerswald, Hans von* (1792—1848)
116, 368

Augsburger Hof (Zum rechten Zentrum gehörige Gruppe in der
Frankfurter Nationalversammlung, nach ihrem Tagungsort genannt) 231, 369, 381, 383, 384,
393, 416, 418, 422, 430, 450

Augustenburg, Herzöge von
67, 360, 362

Bach, Alexander (Österreichischer
Staatsmann) 373, 389

Baden, Großherzogtum
vor 1848: 41, 44, 51; 1848—1849:
98, 99, 102, 166, 239, 241, 242,
292, 297; Aufstände (1848—1849):
April 1848 41, 74, 75, 292—298;
September 1848 369; Mai 1849 450

Bakunin, Michail (Russischer
Anarchist) 194

Bamberger, Ludwig (Deutscher
Journalist und Politiker) 136, 148,
199

Bassermann, Friedrich Daniel*
(1811—1855) 38, 41, 60, 171, 217,
218, 219; Reichs-Unterstaatssekre-
tär 245; Vorsitzender des Verfassungsausschusses 250, 295; zu Malmö 351, 352; Berliner Mission
391—398, 399, 400, 401, 407, 408

Bauernschmid, Karl Eduard*
(1801—1875) 120

Bayern
vor 1848: 21, 25, 34, 39, 78; 1848—
1849: 59, 80, 81, 99, 102, 112, 180,
186, 241, 242, 246, 423, 429, 444;
Franken 112; Altbayern 99, 112;
Rheinpfalz 112, 148, 159, 166, 239,
241, 306, 423, 450

Beckerath, Hermann von*
(1801—1870) 49, 124, 158, 160,
180, 207, 234, 244, 289, 401

Behr, Wilhelm Joseph* (1775—1851)
27, 117

Beidtel, Carl* (1817—1893) 381

Beisler, Hermann von* (1790—1859)
170, 186, 261, 279, 280

Belgien 145, 304, 307, 308, 315

Berger, Johann Nepomuk*
(1816—1870) 373, 376

Berlin: 108, 136, 391, 448; Märzrevolution (1848) 58, 59; Juniun-
ruhen (1848) 195; Novemberun-
ruhen (1848) 390

Beseler, Georg* (1809—1888) 66, 179,

234; B. und das Erbkaisertum 426;
Gotha 453; B. und Schmerlings
Sturz 404—407; Verfassungsausschuß 247, 248, 249, 252, 253, 257,
264, 269, 288, 349, 350, 385, 386

Beseler, Wilhelm* (1806—1884)
66, 67, 404

Biedermann, Karl* (1812—1901)
169, 231, 235, 277, 384, 450, 453

Bismarck, Otto von 15, 16, 37, 116,
136, 164, 175

Blittersdorf, Friedrich von
(Badischer Minister) 56

Blücher, Gerhard Leberecht von
(Preußischer General) 29

Blum, Hans 163, 164

Blum, Robert* (1807—1848) und der
Deutsch-Katholizismus 39, 104;
Vorparlament 72, 73; Frankfurter
Nationalversammlung 134, 138,
151; Führer der Linken 124, 163 bis
168, 185; B. und die Provisorische
Zentralgewalt 199, 202, 211—213,
231, 233; Verfassungsausschuß 250,
267, 275, 289, 290; B. und Posen
bzw. die polnische Frage 323—325,
332, 333; B. und Malmö 351, 359,
361, 366; Wiener Mission und Hinrichtung 116, 373, 388

Blumenstetter, Joseph* (1807—1885)
123

Böhmen, s. Österreich

Boyen, Hermann von (Preußischer
General und Minister) 25

Brandenburg (Preußische Provinz)
99; Stadt 390, 391, 399

Brandenburg, Friedrich Wilhelm
Graf von (Preußischer General und
Minister) 390, 391, 394, 398, 399,
434

Braun, August Ernst* (1783—1859)
218

Braun, Johann Wilhelm Joseph*
(1801—1863) 122

Braunfels (Parlamentarische Gruppe
der gemäßigten Linken, die für das
Erbkaisertum unter preußischer
Führung eintrat) 437

Braunschweig, Herzogtum 113, 173

Bremen, Freie Stadt 82, 113

Brentano, Lorenz* (1813—1881)
293, 294, 295, 296

Brons, Isaac* (1802—1886) 124

Bruck, Karl von* (1798—1860)
250, 389, 413

Bundesakte von 1815, s. Deutscher
Bund

Bundesmatrikel, s. Deutscher Bund

Bundestag, bzw. Bundesversammlung,
s. Deutscher Bund, Bundesversammlung

Bundesversammlung, s. Deutscher
Bund

Burke, Edmund (Englischer
Philosoph) 155, 156, 188

Burschenschaft, s. Universitäten

Camphausen, Ludolph (Preußischer
Minister und preußischer bevollmächtigter Gesandter in Frankfurt)
58, 59, 207, 216, 244, 397, 434

Casino (Gruppe des rechten Zentrums
in der Frankfurter Nationalversammlung) 131, 180, 245, 247, 346,
348, 349, 351, 356, 359, 362, 366,
368, 369, 383, 384, 393, 394, 404,
406, 407, 426, 427, 428, 429, 445,
447

Cavaignac (Französischer Minister)
229

Claussen, Hans Reimer* (1804—1894)
359

Clemens, Jakob* (1815—1862)
330, 384

Corps, bzw. Landsmannschaften,
s. Universitäten

Cumberland, Herzog von, s. Ernst
August

Dänemark 58, 65, 66, 67, 68, 69, 70,

145, 150, 301, 303; Eiderdänen 66, 67; Jütland 69, 196; s. auch Malmö, Waffenstillstand

Dahlmann, Friedrich Christoph* (1785—1860) 138, 349; D. und England 21; Siebzehn Männer des öffentlichen Vertrauens 60; D. und Schleswig-Holstein 118, 347, 348, 349; Ausschuß für Zentralgewalt 201, 205, 206, 215, 230, 232, 234, 235; Verfassungsausschuß 247 bis 252; Versuch, eine Reichsregierung zu bilden 358; D. und Schmerlings Sturz 404, 405; D. und das Erbkaisertum 426, 438; Rücktritt 451; Gothaer Versammlung 453

Darmstadt, s. Großherzogtum Hessen

Daxenberger, Sebastian* (1809—1878) 120

Detmold, Johann Hermann* (1807—1856) 124, 181, 229, 233, 250, 429

Deutsche Befreiungskriege 24, 29, 31, 125, 248

Deutsche Burschenschaft, s. Universitäten

Deutsche Provisorische Zentralgewalt — Debatten über den Plan 199 bis 233; Errichtung einer D.P.Z. 233 bis 235, 243, 244; Innenpolitik 245, 246, 367, 368, 394—403, 434, 435, 450, 451; D.P.Z. und Österreich 373, 374, 375, 386, 387, 404—419, 420—425; Außenpolitik 310, 340 bis 343, 347, 348, 357; Neubildung der Reichsregierung (September 1848) 358, 359, 366; (Dezember 1848) 404—407

Deutsche Zeitung, Die (Im Jahre 1847 gegründet, zur Förderung des Konstitutionalismus und der deutschen Einheit) 38, 39, 44, 60, 217, 225

Deutscher Bund 22, 23, 24, 45, 65, 85; Bundesakte von 1815 157, 288, 303, 315; Bundesmatrikel 59, 62, 65, 77, 78; Bundesversammlung, Bundestag 43, 55, 61, 62, 64, 65, 68, 69, 71, 79, 81, 129, 150, 185, 197—244; Siebzehn Vertrauensmänner 60, 185, 201, 247, 249

Deutscher Hof (Linke Hauptgruppe in der Frankfurter Nationalversammlung, nach ihrem Tagungslokal genannt) 161, 165, 167, 168, 169, 213, 236, 241, 250, 349, 351, 354, 364, 369, 373

Deutschkatholizismus 37, 38, 39, 44, 109, 123, 124, 164, 166, 250, 272, 275, 279, 280, 287, 439, 440

Deym, Friedrich von* (1801—1853) 381

Dham, Carl* (1809—1871) 268

Diepenbrock, Melchior von* (1798—1853) 171, 172, 175, 233, 278

Dieringer, Franz Xaver* (1811 bis 1876) 123

Dieskau, Julius von* (1798—1878) 213

Dietsch, Carl Theodor* (1819—1857) 298

Direktorium (Reichsdirektorium) s. Reichsverfassung, Abschnitt III

Donnersberg (Äußerste Linke in der Frankfurter Nationalversammlung — nach ihrem Tagungslokal genannt) 148, 165, 167, 181, 212, 236, 237, 293, 294, 296, 298, 323, 349, 354, 364, 369, 373

Döllinger, Ignaz* (1799—1890) 105, 123, 233, 272, 281, 282, 323, 330, 333, 335

Droste-Vischering, Clemens August von (Erzbischof von Köln) 35

Droysen, Johann Gustav* (1808—1884) 66, 138, 179, 247, 248, 249, 250, 252, 350, 363, 385, 386, 404, 405, 426, 446

Duckwitz, Arnold (Bremer Senator und Reichshandelsminister) 245

Eisenmann, Johann Gottfried* (1795—1867) 27, 117

Eisenstuck, Bernhard* (1805—1871) 250, 251, 259, 260, 436, 450

Engels, Friedrich 110

Ernst August, König von Hannover (Herzog von Cumberland) 25, 56

Fallati, Johannes* (1809—1855) 245, 251

Ferdinand I. (Österreichischer Kaiser) 243, 389

Festi, Graf Giuseppe* (1816—1882) 96

Fichte, Johann Gottlieb 29, 31

Fickler, Joseph (Badischer Revolutionär) 75, 225

Ficquelmont, Karl Ludwig von (Österreichischer Minister) 90

Flottwell, Eduard Heinrich* (1786—1865) 203, 216, 221

Flugblätter aus der Deutschen Nationalversammlung, Die (Presseorgan des rechten Zentrums) 366

Francke, Karl Philipp* (1805—1870) 360, 363

Frankfurt am Main (Freie Stadt) 82; Wachensturm (1833) 26, 223; Unruhen (September 1848) 291, 366, 367, 368, 369, 371, 373, 412

Frankfurter Nationalversammlung (Deutsche Verfassunggebende Nationalversammlung, Reichstag) — Abteilungen 138, 139, 182, 183, 186, 187, 201, 411; Ausschüsse 186; Ausschuß f. Heerwesen und Volksbewaffnung (Wehrangelegenheiten) 338; Ausschuß für eine deutsche Marine 196, 219, 339; Ausschuß für die Begutachtung der österreichisch-slawischen Frage 336, 337, 375; Ausschuß für Priorität und Petitionen 199; Ausschuß für Raveaux' Antrag, s. Raveaux; Ausschuß für Unterrichtswesen und Volksunterricht 378; Ausschuß für den Verfassungsentwurf (s. auch unter Reichsverfassung), 247, 248, 250, 256, 295, 312, 317, 385, 431; Ausschuß für völkerrechtliche und internationale Fragen 305, 306, 311, 313, 314, 315, 319, 321, 329, 335, 338, 346; Ausschuß für Volkswirtschaft 247, 250, 251, 255, 259, 260, 261, 262, 263, 459; Ausschuß für die Zentralgewalt, s. Deutsche Provisorische Zentralgewalt; Dreißigerausschuß: 450; Gesamtvorstand: 299; Parlamentsgebäude, s. Paulskirche; Parlamentarische Gruppen, s. Namen der Gruppe (Tagungslokal); Präsidentschaft, s. Heinrich von Gagern bzw. Eduard von Simon; Verfahren 77, 127 bis 130, 138, 139, 182, 183, 184, 231, 232, 233, 295, 309, 363, 386; Verfassung, s. Reichsverfassung; Vizepräsidentschaft, s. Beseler (Wilhelm), Hermann, Riesser, Simson (Eduard), Soiron; Wahlen zur F. N. 61—65, 77—85, 88—102, 106 bis 114, 117, 118; Zentralausschuß für Prüfung der Legitimation 139, 292, 305, 320; Zusammensetzung der F. N.: 108, 114—126; Zusammentreten der F. N. 127, 128, 129

Frankreich 40, 46, 47, 48, 49, 145, 146, 338, 341, 350; F. und Deutschland 18, 19, 20, 24, 25, 26, 30, 31, 32, 46, 47, 48, 49, 53, 60, 61, 145, 146, 179, 199, 229, 326, 345, 433; Elsaß 31, 158

Franz Joseph, Kaiser von Österreich 86, 389, 434

Freie Gemeinden, s. Protestanten

Freie Städte, s. Bremen, Frankfurt a.
Main, Hamburg, Lübeck
Freihandel 442, 443
Freiheitskriege, s. Deutsche Befrei-
ungskriege
Freimaurer 126
Freudentheil, Gottlieb Wilhelm*
(1792—1869) 129
Friedrich Wilhelm II. 390
Friedrich Wilhelm III. (König von
Preußen) 19, 28, 35, 37
Friedrich Wilhelm IV. (König von
Preußen) 16, 37, 58, 70, 103, 152,
173, 174, 207, 208, 244, 268, 269,
318, 390, 395, 396, 397, 400, 401,
402, 408, 418, 425, 431, 432, 434,
435, 438, 439, 440, 448, 449, 453,
461, 465
Fritsch, Johann Nepomuk*
(1791—1872) 380, 381
Fröbel, Julius* (1805—1893) 373, 388
Fürsten Kollegium, Vorschlag eines,
s. Reichsverfassung Sekt. II und IV
Gagern, Friedrich von (General in der
niederländischen Armee) 75, 131,
132, 133, 295
Gagern, Hans, Reichsfreiherr von
(Staatsbeamter, Diplomat und
Schriftsteller) 131—133
Gagern, Heinrich von* (1799—1880)
40, 131, 208; Ministerpräsident des
Großherzogtums Hessen 56, 184;
Präsident der Frankfurter Natio-
nalversammlung 124, 131, 134 bis
138, 156, 236, 243, 295, 363; G.
und Errichtung der Provisorischen
Zentralgewalt 226—230; Berliner
Mission 399—403; Das Programm
für Österreich 384, 385, 396, 407 bis
424; Reichsministerpräsident 404
bis 407, 434, 437, 450, 451, 463
Gagern, Max von* (1810—1889) 132,
134, 215, 245, 250, 343, 361
Galizien, s. Österreich

Gasser, Vinzenz* (1809—1879) 283
Gegenwart, Die (Enzyklopädie, von
Brockhaus in Leipzig gegen 1848
herausgegeben) 122, 319
Geissel, Johannes (Erzbischof von
Köln) 108, 171, 172
Geritz, Joseph Ambrosius*
(1783—1867) 271, 378
Gervinus, Georg* (1805—1871) 38,
60
Gevekoth, Karl Theodor*
(1798—1856) 251
Giskra, Karl* (1820—1879) 331, 332,
361, 381, 382, 421
Gneisenau, Neidhardt von (Preußi-
scher General) 28, 29
Görz, s. Österreich
Goethe, Johann Wolfgang von 30,
265
Göttinger Sieben, Die (Von König
Ernst August i. J. 1837 entlassene
Universitätsprofessoren) 60, 118,
201
Gortschakow, Fürst Alexander (Rus-
sischer Staatsmann) 56
Gothaer Versammlung (Juni 1849)
453
Gottschalk, Andreas (Praktischer
Arzt in Köln und Kommunisten-
führer) 110
Grävell, Wilhelm* (1781—1860) 451
Grenzbote (Politische Wochenzeitung,
i. J. 1841 von Ignaz Kuranda ge-
gründet) 124
Griechisch-orthodoxe Kirche 102, 124
Grimm Jacob* (1785—1860) 32, 33,
179, 265, 266
Großbritannien 50, 145; G. und
Deutschland 21, 22, 53, 179, 185,
189, 248, 266, 303, 433, 459; G.
und Schleswig-Holstein 68, 70,
197, 341, 350
Großdeutsche (Gruppe in der Frank-
furter Nationalversammlung), s.

Preußisches Erbkaisertum, Antierb-
kaiserliche
Grün, Anastasius, s. Auersperg
Gülich, Jacob* (1801–1877) 427
Günther, Georg* (1808–1872) 122,
  165, 366
Gymnasium 119, 121
Habsburger Kaiserreich, s. Österreich
  bzw. Ungarn
Hagen, Carl* (1810–1868) 293
Halein, Kathinka 148
Hambacher Fest (1832) 223, 224
Hamburg (Freie Stadt) 21, 82, 113,
  443
Hannover, Königreich 25; H. vor
  1848 84; H. von 1848 bis 1849 56,
  99, 112, 180, 201, 238, 239, 241,
  246, 355, 357
Hansemann, David (Preußischer Mi-
  nister) 58, 59, 207, 397
Hansestädte, s. Bremen, Hamburg,
  Lübeck
Hardenberg, Karl August von (Preu-
  ßischer Minister) 174
Hartmann, Moritz* (1821–1872)
  124, 159, 373, 388
Haym, Rudolf* (1821–1901) 134,
  135, 136
Hebbel, Friedrich 114
Hecker, Friedrich 41, 60, 61, 70, 71,
  72, 73, 74, 75, 97, 98, 104, 141, 144,
  148, 166, 212, 254, 292, 293, 294,
  295, 297, 298, 299
Heckscher, Johann Gustav*
  (1797–1865) 159, 160, 232, 244,
  310, 342, 346, 347, 348, 358, 360,
  361, 362, 368, 429
Heckscher, Moritz 124
Heidelberger Versammlung (März
  1848) 54, 55, 56; Siebenerausschuß
  55
Heiliges Römisches Reich 17, 30, 243,
  244, 301, 313, 316, 383, 460
Heine, Heinrich 18

Heisterbergk, Franz* (1799–1850)
  268
Helfert, Josef Alexander von (Österreichischer Politiker und Schrift-
  steller) 90
Henkel, Heinrich* (1802–1873) 115
Heppenheimer Versammlung (Okto-
  ber 1847) 41, 56
Herder, Johann Gottfried von 95
Hergenhahn, August* (1804–1874)
  116, 133, 186, 399
Hermann, Friedrich von*
  (1795–1868) 158, 160, 251, 259,
  260, 289, 359, 360
Hermes, Georg (Katholischer Theolo-
  ge in Bonn) 122, 279
Hermessekte (Anhänger von Georg
  Hermes) 279
Hessen, Kurfürstentum (Hessen-Kas-
  sel) 28, 76, 82, 113, 115, 173, 240,
  242; Großherzogtum (Hessen-
  Darmstadt) 40, 56, 59, 113, 133,
  148, 186, 208, 240, 242
Heubner, Otto Leonhard*
  (1812–1893) 126
Hildebrand, Bruno (1812–1878) 251,
  259
Höfken, Gustav* (1811–1889) 311,
  360
Hohenzollern-Monarchie, s. Preußen
Holländischer Hof (Gruppe des lin-
  ken Zentrums in der Frankfurter
  Nationalversammlung, nach dem
  Tagungslokal genannt) 161, 165,
  169
Holstein, Herzogtum, s. Schleswig-
  Holstein
Honoratioren (führende Persönlich-
  keiten einer Ortschaft), s. Frank-
  furter Nationalversammlung, Zu-
  sammensetzung
Huber, Wilhelm* (geb. 1806) 92
Humboldt, Wilhelm von (Preußi-

scher Minister und Gelehrter) 18, 25

Hus 36

Islam, s. Mohammedaner

Istrien, s. Österreich

Italien 200, 301, 303; s. auch unter Österreich (Italiener, Tirol, Venetien)

Itzstein, Adam von* (1775—1855) 41, 56, 73, 167, 236, 293, 296, 297

Jacoby, Johann* (1805—1877) 73, 124, 465

Jahn, Friedrich Ludwig* (1778—1852) 31, 126

Janiszewsky, Jan Chryzostom* (1818—1891) 194, 329, 330

Jaup, Karl* (1781—1860) 186

Jelačič, Joseph (Banus von Kroatien) 371, 377, 387

Johann, Erzherzog (Reichsverweser) 208, 222, 228—236, 243—246, 269, 358, 374, 400, 406, 413; s. auch Deutsche Provisorische Zentralgewalt

Jordan, Sylvester* (1792—1861) 27, 117, 278

Jordan, Wilhelm* (1819—1904) 219, 220, 221, 297, 323, 325, 326, 327, 328, 334, 335, 349, 361, 362

Juden 49, 102; Debatten: 262, 272, 284, 285—289; J. in der Frankfurter Nationalversammlung 124, 125; J. in Posen 319

Jürgens, Karl* (1801—1860) 131, 180, 250, 275, 280, 281, 282, 289, 290, 429

Jütland, s. Dänemark

Kärnten, s. Österreich

Kaiser, Ignaz* (1819—1895) 381

Kalvinismus, s. Protestantismus

Kandern, Schlacht bei (April 1848) 75

Karl, Prinz von Preußen (Jüngerer Bruder König Friedrich Wilhelm IV.) 402

Karlsbader Beschlüsse (1819) 24

Karnevalsgesellschaften 140, 141

Kassel, s. Hessen

Katholische Vereinigung in der Frankfurter Nationalversammlung 171—177, 261, 262, 275, 281, 282, 369, 378

Katholizismus, s. Römisch-Katholische Kirche

Kautzer, Georg* (1807—1875) 285

Kerst, Samuel, Gottfried* (1804—1875) 330, 335

Ketteler, Wilhelm von* (1811—1877) 34, 175, 176, 177, 323, 378

Kirche und Staat bzw. Kirchen untereinander 33—39, 172, 173; s. auch Reichsverfassung Abschn. VI Art. III; wegen Beziehungen verschiedener Kirchen und Religionen s. auch Protestantismus, Röm.-Kath. Kirche usw.

Kirchgeßner, Carl* (1807—1858) 411, 412

Kleindeutsche Partei in der Frankfurter Nationalversammlung, s. Preußisches Erbkaisertum

Klerikalismus, s. Röm.-Kath. Kirche

Knoodt, Peter* (1811—1889) 105, 122, 123

Kölner Dombaufest (August 1848) 269

Kölner Kirchenstreit (1837) 35, 103, 171, 173

Kolb, Georg Friedrich* (1808—1884) 159, 309

Kommunismus 99, 110

Kossuth, Lajos (Ungarischer Minister) 371, 377

Kotschy, Karl* (1789—1856) 283

Kotzebue, August von (Deutscher Schriftsteller) 26

Krain, s. Österreich

Krakau 323

Kremsier (Mähren), Programm von 389, 405, 411, 413

Kuenzer, Dominikus* (1793—1853) 123, 176, 290

Küstenland, s. Österreich (Görz, Istrien, Triest)

Kultusministerium, s. unter den einzelnen Staaten

Kuranda, Ignaz* (1811—1884) 91, 124

Landsberg (Gruppe des rechten Zentrums in der Frankfurter Nationalversammlung) 334, 348, 349, 350, 352, 354, 356, 362, 383, 393, 421, 422, 430

Landsmannschaften, s. Universitäten

Lang, Friedrich* (1778—1859) 128, 129

Lasaulx, Ernst von* (1805—1861) 250, 289, 290

Latour, Graf Theodor von (Österreichischer Minister) 246, 371, 372, 373

Laube, Heinrich* (1806—1884) 118

Lausitz 194

Lehmann, Orla (Dänischer Minister) 66

Leiningen, Fürst Karl zu (Präsident des Reichsministeriums in Frankfurt) 245, 342, 358, 368

Lette, Adolf* (1799—1868) 158, 160, 179, 260, 261

Leue, Friedrich* (1802—1872) 268, 320

Libelt, Carl* (1807—1875) 194

Lichnowsky, Fürst Felix* (1814—1848) 116, 152, 153, 178, 250, 265, 332, 361, 368

Limburg, Herzogtum 84, 113, 304 bis 316, 335, 383, 460

Lindau, Bernhard von 117

Linde, Justin von* (1799—1870) 287, 288, 308

Lindenau, Bernhard von* (1779—1854) 128, 203, 214, 305

Louis Napoleon, Prinz (Präsident, später Kaiser Napoleon III.) 463

Louis Philippe, König der Franzosen 45, 47

Ludwig I., König von Bayern 27, 104

Lübeck (Freie Stadt) 113, 348

Luther, Martin 36, 123

Luthertum, s. Protestantismus

Luxemburg, Großherzogtum 84, 113, 303, 306, 308, 312—315, 383

Mähren, s. Österreich

Männer des öffentlichen Vertrauens, s. Deutscher Bund

Magyaren, s. Ungarn bzw. unter Österreich

Mainz (Stadt und Festung des Deutschen Bundes) 148—152, 196, 367

Malmö, Waffenstillstand (August 1848) 196, 340—367, 393

Manteuffel, Otto von (Preußischer Minister) 394

Marchetti, Dr. Giacomo 97

Mareck, Titus* (1819—1857) 317, 322, 382

Marsilli, Francesco Antonio* (1804—1863) 98

Marx, Karl 41, 110

Mathy, Karl 38, 41, 52, 64, 74, 75, 171, 217, 219, 223, 224, 225, 226, 227, 245, 251, 259, 407, 465

Mayern, Franz von* (1799—1879) 215, 225

Mazzini, Giuseppe (Italienischer Revolutionär 223, 224

Mecklenburg (Großherzogtümer Schwerin und Strelitz) 113, 352, 355, 357

Meinecke, Friedrich (Deutscher Historiker) 216

Mennoniten, s. Protestantismus

Merck, Ernst* (1811—1863) 251, 361

Metternich, Klemens Lothar,

Fürst von (Österreichischer
Staatskanzler) 16, 23, 43, 47, 48,
57, 58, 60, 84, 86, 87, 92, 114, 151,
195, 243, 404

Mevissen, Gustav* (1815—1899)
35, 36, 179, 180, 207, 251, 401

Michelsen, Andreas* (1801—1881)
308

Milani (Bezeichnung für Nachfolger
des Steinernen Hauses, der Rechten
in der Frankfurter Nationalversammlung, nach dem Tagungslokal genannt) 369, 379, 430

Mittermaier, Karl* (1787—1867)
38, 41, 63, 250, 268

Möring, Carl* (1810—1870) 185

Mohammedanischer Glaube 102

Mohl, Moritz* (1802—1888)
251, 265, 285, 286, 287, 288

Mohl, Robert* (1799—1875)
127, 128, 129, 130, 138, 139, 182,
213, 231; Reichsminister 245, 250,
251, 252, 350, 369, 437

Moltke, Graf Carl (Im August 1848
als Regierungschef für Schleswig-
Holstein vorgeschlagen)
347, 351, 364

Montez, Lola (Mätresse König
Ludwigs I. von Bayern)
104, 112, 272, 277, 281

Montgelas, Maximilian Joseph,
Graf von (Bayerischer Minister)
25, 34

Mosle, Johann Ludwig (Offizier des
oldenburgischen Heeres und
Reichskommissar) 374, 387

Mühlfeld, Eugen Megerle von*
(1810—1868) 250, 252, 381

Müller, Johann Georg* (1798—1870)
130

Nägele, Ferdinand* (1808—1879)
121

Namier, Sir Lewis
(Britischer Historiker) 96

Napoleon I., Kaiser der Franzosen
17, 18, 19, 20, 21, 22, 25, 29, 34,
42, 125, 131, 172, 173, 243, 249;
Code Napoléon 20, 25

Napoleon III., s. Louis Napoleon

Nassau, Herzogtum 113, 132, 186,
316

Nauwerck, Carl* (1810—1891)
38, 262, 309, 323, 376

Nerreter, Ernst Louis* (1809—1880)
320

Neuwall, Leopold von* (1810—1867)
155

Neuwestendhall (Aus Westendhall
hervorgegangene Gruppe, unterstützte das preußische Erbkaisertum) 430

Niederlande, Königreich
31, 145, 303—311, 314—316;
s. auch Limburg, Luxemburg

Österreich 46, 57, 58, 102; Ö. und
Deutschland 59, 78, 84—95, 113,
114, 118, 170, 238—246, 302, 363,
370—389, 406—429, 434, 451;
Gagerns Programm für Österreich,
s. Heinrich von Gagern; Gebiete:
Böhmen und Mähren 85—87,
90—94, 95, 118, 193—195, 200,
303, 336, 379, 381—383, 412;
Galizien 194, 323, 331; Görz und
Istrien 85; Kärnten und Krain 85,
94, 303; Steiermark 78, 80, 85, 94,
303; Tirol 78, 84, 85, 90, 96, 113,
114, 192, 200, 283, 284, 303, 338,
357; Triest 85, 94; Venetien 86

Offenburger Manifest der deutschen
Radikalen (September 1847) 41

Oldenburg, Großherzogtum
46, 77, 113

Osterrath, Heinrich Philipp*
(1805—1880) 287

Pagenstecher, Alexander*
(1799—1869) 126, 136

Palacky, F. (Tschechischer Historiker und Staatsmann) 90, 91, 193
Papst, s. Pius XI.
Pariser Hof (Gruppe in der Frankfurter Nationalversammlung, die gegen ein preußisches Erbkaisertum war) 428, 429
Paulskirche (Sitz der Frankfurter Nationalversammlung) 61, 129, 134, 136, 187, 188, 189, 296, 298
Paur, Theodor* (1815—1892) 231, 278, 367
Peter, Ignaz* (1789—1872) 75, 292, 297, 298
Peucker, Eduard von (Preußischer General und Reichskriegsminister) 244, 245, 246
Pfalz, s. Bayern, Rheinpfalz
Pfizer, Paul* (1801—1867) 159, 160, 171, 186
Pfordten, Ludwig von der (Sächsischer und später bayrischer Minister) 56
Phillips, Georg* (1804—1872) 277
Pietismus, s. Protestantismus
Pillersdorf, Franz von (Österreichischer Minister) 90, 93, 192
Pius IX., Papst 105, 280
Plathner, Otto* (1811—1884) 283
Polnische Frage, Die 68, 69, 70, 164, 193, 194, 302; s. auch Österreich (Slawen, Galizien, Posen)
Pommern, s. Königreich Preußen
Posen, Großherzogtum (der zum Königreich Preußen gehörige Teil), i. J. 1848—1849: 68, 69, 70, 78, 84, 85, 194, 197, 317—320, 395; Debatten 320—336, 379
Prag 90—92, 200; Juniaufstand 1848: 195; s. auch Slawenkongreß
Prato, Baron Giovanni a* (1812—1883) 96, 98, 283
Preußen, Königreich, vor 1848: 22,

23, 25, 26, 28, 29, 35, 37, 42; Märzrevolution 58, 59; Wahlen zur Frankfurter Nationalversammlung 78—80, 101, 102, 107—111, 238, 239, 240; P. und die Deutsche Provisorische Zentralgewalt 244, 245; Regierung Brandenburg und Frankfurter Missionen nach Berlin 389, 390, 394—403; Regionen: Brandenburg 239, 241, 401; Ost- und Westpreußen 65, 68, 69, 70, 78, 97, 239, 241, 323, 401; Pommern 239, 241, 348; Posen, s. dort; Rheinland 45, 50, 79, 83, 99, 102, 105, 107, 109, 140, 166, 175, 401; Sachsen (Provinz) 239, 241; Schlesien 38, 99, 110, 111, 194, 239, 241, 401; Westfalen 175, 401; s. auch Berlin, Friedrich Wilhelm IV., Mainz, Posen, Raveaux' Antrag, Schleswig-Holstein
Preußische Unierte Evangelische Kirche, s. Protestantismus
Preußische Erbkaisertum, Plan für 170, 171, 218; Erbkaiserliche 303, 426—440, 448, 453; Antierbkaiserliche 420, 429, 434—440
Protestantismus, allgemein (vor 1848) 35—38, 44; Wahlen 99, 102, 109, 112, 122; P. in der Frankfurter Nationalversammlung 166, 177, 180, 181, 423, 424; s. auch Reichsverfassung, Abschnitt VI, Artikel III—IV; Freie Gemeinden 123, 126; Kalvinismus 271; Luthertum 271; Mennoniten 102, 124, 289, 439, 440; Unierte Evangelische Kirche 273
Provisorische Zentralgewalt, s. Deutsche Provisorische Zentralgewalt
Radetzky, Johann Josef von (Österreichischer General) 192, 195
Radowitz, Joseph Maria von*

(1797—1853) 45, 170, 172, 173, 174, 175, 176, 177, 180, 181, 212, 216, 217, 233, 282, 329, 335, 352, 369, 464

Rank, Josef* (1816—1896) 93, 94

Raumer, Friedrich von* (1781—1873) 305

Raumer, Hans von* (1820—1851) 360

Raveaux, Franz* (1810—1857) 72, 73, 160, 163—169, 231, 452, 453; Antrag über Staatsverfassung und Debatte (Mai 1848) 140—147, 154—162

Reden, Friedrich Wilhelm von* (1804—1857) 309

Reh, Theodor* (1801—1868) 323, 430

Reichenbach, Oskar von* (1815—1893) 124

Reichsdirektorium, Vorschlag für ein, s. Reichsverfassung Abschnitt III

Reichsrat, s. Reichsverfassung Abschnitt IV

Reichsregentschaft 452, 453

Reichstag, s. Reichsverfassung Abschnitt IV

Reichsstatthalter 451

Reichstagszeitung, Die (Organ der Linken) 366

Reichsverfassung, von der Frankfurter Nationalversammlung angenommen 247—251, 434—437, 445 bis 447; Abschnitt I: Das Reich 379—387, 405, 411—425, 442; Abschnitt II: Die Reichsgewalt 378, 442, 443; Abschnitt III: Das Reichsoberhaupt 425—444; Abschnitt IV: Der Reichstag 444, s. auch Wahlgesetze; Abschnitt V: Das Reichsgericht 445; Abschnitt VI: Die Grundrechte des Deutschen Volkes 252—291, 378, 446; Artikel I — Bürgerrecht, Freizü-

gigkeit 256—263, 430; Artikel II — Gleichheit vor dem Gesetz, Stellung des Adels, Schutz vor willkürlicher Verhaftung, Abschaffung der Todesstrafe 264—270; Artikel III — Kirche und Staat 271—291; Artikel IV — Unterricht und Erziehung 291, 367, 378; Artikel VI — Versammlungsfreiheit 256; Artikel VII — Eigentum, Voraussetzungen für Enteignung, Untertänigkeits- und Hörigkeitsrechte 256; Artikel VIII — Gerichtsbarkeit, Beschränkung für Entlassung der Richter, öffentliches und mündliches Gerichtsverfahren, Trennung von Rechtspflege und Verwaltung 256; Artikel X — Die Volksvertretungen in den einzelnen Staaten 256; Artikel XI — Rechte der nicht deutsch redenden Volksstämme 256; Artikel XII — Schutz für die Deutschen im Ausland 256; Abschnitt VII: Die Gewähr der Verfassung 445

Reichensperger, August* (1808—1895) 172, 261, 384

Reitter, Heinrich* (1816—1906) 376, 381

Religion, s. Kirchen

Rheinbund 446

Rheinland, s. Preußen

Rheinpfalz, s. Bayern

Reichsverweser, s. Johann, Erzherzog, bzw. Deutsche Provisorische Zentralgewalt

Riehl, Anton* (1820—1866) 138

Riesser, Gabriel* (1806—1863) 124, 169, 231, 235, 286, 287, 289

Römer, Friedrich* (1794—1864) 52, 56, 113, 116, 133, 158, 159, 160, 161, 186, 267, 452

Römisch-Katholische Kirche 327; vor 1848: 34—39, 44, 109, 319; Wahlen zur Frankfurter Nationalversammlung 99, 102—111, 114, 122 bis 124; R.-k. K. in der Nationalversammlung 137, 166, 180, 233, 237, 323, 324, 327, 329—335, 423, 429, 439, 440; s. auch Katholische Vereinigung; Reichsverfassung, Abschnitt VI, Artikel III—IV

Rönne, Ludwig von* (1798—1865) 251

Romantische Bewegung 32, 33, 34

Ronge, Johannes (Begründer des Deutschkatholizismus) 38

Rotenhan, Hermann von* (1800—1858) 379

Rotteck, Karl von (Liberaler politischer Denker) 219

Rousseau, Jean Jacques 143, 188

Rümelin, Gustav* (1815—1888) 165, 166, 229

Ruge, Arnold* (1802—1880) 38, 104, 165, 166, 168, 213, 345, 373

Rumpfparlament, Stuttgart (Juni 1849) 123, 452, 453

Rußland 22; R. in den Jahren 1848 bis 1849: 46, 68, 69, 70, 197; Die Frankfurter Nationalversammlung und R. 326, 350, 381

Sachsen, Königreich, vor 1848: 38, 78; 1848—1849: 56, 59; Wahlen zur Frankfurter Nationalversammlung 99, 113, 238, 239, 241, 242; S. und Reichsverfassung 450; Provinz Sachsen, s. Preußen

Salzwedell, Gustav von* (1808—1897) 261

Sand, Karl Ludwig (Mörder von Kotzebue) 26

Schaffrath, Wilhelm Michael* (1814—1893) 159, 161

Scheller, Friedrich Ernst* (1791—1869) 267

Scherpenzeel, Johannes Ludovicus, Baron von (1799—1872) 304, 305, 307, 311, 315, 316

Schilling, Ernst* 91, 164

Schlegel, Friedrich (Deutscher Dichter) 34

Schleswig-Holstein (mit Lauenburg) 46, 58, 65—69; Wahlen zur Frankfurter Nationalversammlung 77, 82, 101, 113, 118; S.-H. und die Frankfurter Nationalversammlung 240, 248, 249, 379, 404, 422, 441, 442; s. auch Malmö, Waffenstillstand

Schmerling, Anton, Ritter von* (1805—1893) 114; Österreichischer Präsidialdelegierter 151, 170, 243; Reichsminister 244, 334, 348, 367, 368, 374; Rücktritt 403—408; Österreichischer Bevollmächtigter 413, 416, 417, 429; Rücktritt 436, 437

Schoder, Adolf* (1817—1852) 159, 160, 213, 221, 222, 227, 230, 231, 233, 234, 293, 296, 361

Schönmäckers, Alexander* (1814—1856) 311

Schubert, Friedrich Wilhelm* (1799—1868) 348

Schüler, Christian* (1798—1874) 166

Schüler, Friedrich* (1791—1873) 452

Schuler, Johannes* (1800—1859) 284

Schulz, Wilhelm* (1797—1860) 166

Schuselka, Franz* (1811—1886) 305, 307, 329

Schutzzoll 442, 443

Schwarzenberg, Felix, Fürst (Österreichischer Ministerpräsident) 46, 389, 405, 410, 413, 414, 417, 419, 429

Schweiz 75, 145, 204, 223, 224, 292; Sonderbundkrieg 43, 47

Schwerin-Putzar, Maximilian Graf von* (1804—1881) 117, 186, 278

Schwetschke, Karl Gustav*
(1804—1881) 126
Senff, Emil* (1807—1879) 324
Sepp, Johann Nepomuk*
(1816—1909) 418
Siebenerausschuß, s. Heidelberg
Siebzehn Männer des öffentlichen
Vertrauens, s. Deutscher Bund,
Bundesversammlung
Simon, Heinrich* (1805—1860) 73,
124, 168, 169, 231, 250, 350, 437,
438, 439, 452, 453
Simon, Ludwig* (1810—1872) 166,
199, 200, 293, 297, 311, 321, 351,
361, 417
Simson, Bernhard von 135
Simson, Eduard von* (1810—1899)
124, 125, 135, 136, 155, 289, 295,
399, 400, 401, 402, 411, 412, 440,
448, 465
Slawen 301—303, 317, 318, 332; s.
auch Österreich; Slawenkongreß,
Prag (Juni 1848) 95, 193—195, 317
Slowenen, s. Österreich (Kärnten,
Steiermark)
Soiron, Alexander von*
(1806—1855; Vizepräsident der
Frankfurter Nationalversammlung) 71, 72, 74, 75, 127, 134, 138,
147, 184, 226, 232, 250, 294, 295,
296, 363
Sokratesloge (Tagungsort der öster-
reichischen und verbündeten Mit-
glieder der Frankfurter National-
versammlung) 170
Somaruga, Franz Philipp von*
(1815—1884) 114, 155, 376, 377
Sonderbundkrieg, s. Schweiz
Sozialismus 99, 465
Spanien 140, 152
Springer, Anton 89, 90
Sprissler, Joseph* (1795—1879) 123
Staatenhaus, s. Reichsverfassung Abschnitt II und IV

Stadion, Franz, Graf (Österreichi-
scher Minister) 413
Stahl, Julius 259
Stahl, Wilhelm* (1812—1873) 166,
180, 259, 260
Stedmann, Karl* (1804—1882) 304,
305
Steiermark, s. Österreich
Stein, Karl, Freiherr vom und zum
(Preußischer Staatsmann) 28, 29,
33, 131, 174
Steinernes Haus (Rechte Gruppe in
der Frankfurter Nationalver-
sammlung, nach dem Tagungs-
lokal benannt) 172, 177, 180, 237,
329, 349, 354, 369
Stephan, Erzherzog (Palatin von
Ungarn) 236
Stremayr, Carl von*
(1823—1904) 129, 138
Struve, Gustav von (Badischer
Revolutionär)
60, 71, 73, 74, 148, 369
Stüve, Johann Bertram (Minister in
Hannover)
56, 112, 181, 207, 229, 233, 429
Tafel, Franz* (1800—1869)
123, 278, 279
Thil, Karl du, Baron (Minister von
Hessen-Darmstadt)
40, 56, 132, 133
Thinnes, Friedrich* (1790—1860)
330, 331
Thüringen 240, 242
Tirol s. Österreich
Trampusch, Albert* (c. 1816—1898)
373, 388
Trentino, s. Österreich (Tirol)
Trialismus 112
Triest, s. Österreich
Trützschler, Wilhelm von*
(1818—1849) 202, 211, 213, 217,
221, 230, 359, 464

Tschechen, s. Österreich
(Slawen, Böhmen)
Turnbewegung 126
Uhland, Ludwig* (1787—1862)
33, 60, 384, 452, 453
Unierte Evangelische Kirche in
Preußen, s. Protestantismus
(Unierte Evangelische Kirche)
Universitäten 37; Studenten-
bewegungen (Deutsche Burschen-
schaft) 26, 27, 28, 33, 34, 36, 125,
126, 132, 166, 218, 223, 268; Corps
bzw. Landsmannschaften
26, 126, 177
Ungarn, Königreich 46, 88, 89, 191,
303; Kroatien 193, 376, 377;
Nationale Unabhängigkeits-
bewegung 86, 371, 372, 377, 387
Veit, Moritz* (1808—1864) 124
Venedey, Jacob* (1805—1871)
134, 308, 310, 320, 376, 414, 415
Venetien, s. Österreich
Vereinigte Staaten von Amerika
47, 145, 204, 281
Verfassung, s. Reichsverfassung
Verfassungen der Einzelstaaten,
s. dort
Veto, s. Reichsverfassung,
Abschnitt IV
Victoria, Königin von
Großbritannien 245, 303
Vincke, Georg von* (1811—1875)
154, 155, 156, 157, 158, 170, 173,
181, 212, 216, 222, 233, 235, 361,
369, 384, 419, 420, 465
Vischer, Friedrich Theodor*
(1807—1887) 136, 452, 453
Vogel, Remigius* (1792—1867)
269, 278, 279
Vogt, Carl* (1817—1895) 151, 165,
266, 280, 281, 296, 297, 310, 366,
369, 373, 384, 430, 452
Volkshaus, s. Reichsverfassung,
Abschnitt IV

Vorparlament 55, 59—74; s. auch
Fünfziger-Ausschuß
Wagner, Camillo* (1813—1896) 416
Wahlgesetze für den Reichstag
(Volkshaus) 430, 431, 437, 438, 450
Waitz, Georg* (1813—1886) 350,
361, 363, 383, 385, 404, 405, 427
Wartensleben, Alexander von*
(1807—1883) 178
Waterloo, Schlacht bei (1815)
125, 132
Wartburgfest (1817) 36
Weber, Beda* (1798—1858)
106, 262, 381
Weissenborn, Wilhelm* (1803—1878)
277
Welcker, Karl Theodor* (1790—1869)
41, 56, 72, 152, 185, 218, 219, 221,
250, 374, 387, 427, 429, 435, 436
Weltbürgertum 30, 31, 313, 328
Werner, Johann Peter* (1798—1869)
158, 159, 160, 161
Wernher, Philipp Wilhelm*
(1802—1887) 269, 310
Wesendonck, Hugo* (1817—1900)
130, 166, 211, 212, 217, 311, 351
Westendhall (Gruppe der gemäßigten
Linken in der Frankfurter
Nationalversammlung, nach ihrem
Tagungslokal genannt) 231, 250,
251, 349, 354, 364, 369, 420, 421,
428, 430, 439, 453
Wichmann, Wilhelm* (1820—1888)
270, 352, 384
Wiedenmann, Christian*
(1802—1876) 293, 294
Wien 46, 86, 89, 90, 91, 108, 135,
246, 424; Revolutionäre Unruhen
(1848) März 57; Mai 84, 114, 144,
191, 192, 195; Oktober 303,
371—377, 387, 388, 393
Wiener Kongreß (1815) 17, 22, 45
Wiesner, Adolf* (1807—1867)
293, 382

Wigard, Franz* (1807—1885)
129, 220, 228, 250, 265, 267, 275,
289, 290, 304
Wilhelm I.,
König von Württemberg 46, 56
Wilhelm, Prinz von Preußen, später
als Wilhelm I. König von Preußen
und Deutscher Kaiser 208, 294, 465
Windischgrätz, Fürst Alfred
(Österreichischer Heerführer)
195, 386, 387, 388, 389
Wippermann, Karl* (1800—1857)
359
Wolff, Wilhelm* (1809—1864) 110
Wrangel, Friedrich von
(Preußischer General) 196, 390
Würth, Joseph von* (1817—1855)
114, 381, 406
Württemberg, vor 1848: 21, 23, 33,
155; 1848—1849: 46, 60, 82, 99,
113, 143, 160, 166, 178, 185, 186,
238, 239, 241, 242, 450
Württemberger Hof (Linke
Zentrumsgruppe in der
Frankfurter Nationalversammlung,

nach dem Tagungslokal genannt)
169, 201, 214, 231, 237, 241, 245,
259, 346, 349, 350, 354, 356, 359,
361, 369, 430
Wurm, Christian Friedrich von
(Preußischer General)
307, 315, 350, 351, 360, 418
Wydenbrugk, Oskar von*
(1815—1876)
186, 305, 417, 418, 421, 463
Zachariä, Heinrich* (1806—1875)
305, 309
Zell, Friedrich* (1814—1881) 427
Zentralmärzverein
421, 428, 429, 430
Zigeuner 102
Zimmermann, Wilhelm*
(1807—1878) 135, 167, 351
Zittel, Karl* (1802—1871) 280
Zitz, Franz Heinrich* (1803—1877)
129, 147, 148, 149, 150, 151, 152,
153, 161, 163, 191, 213, 233, 234,
320
Zollverein 44

Erläuterung der Abkürzungen in den Anmerkungen:

ADB	*Allgemeine Deutsche Biographie*
BSTH	Kosch, *Biographisches Staatshandbuch*
GJNB	Wininger, *Große Jüdische Nationalbiographie*
MdR	Schwarz, *Mitglied des Reichstags*
NDB	*Neue Deutsche Biographie*
NÖB	Bettelheim, *Neue Österreichische Biographie*
ÖBL	*Österreichisches Biographisches Lexikon*
Umrisse	*Biographische Umrisse der deutschen konstituierenden Nationalversammlung*

Band- und Seitenzahlen ohne voranstehenden Titel beziehen sich auf Wigard, *Stenographischer Bericht*.